Die unterlassene Hilfeleistung

Europäische Hochschulschriften
Publications Universitaires Européennes
European University Studies

Reihe II
Rechtswissenschaft

Série II Series II
Droit
Law

Bd./Vol. 3121

PETER LANG
Frankfurt am Main · Berlin · Bern · Bruxelles · New York · Oxford · Wien

Edgar Haubrich

Die unterlassene Hilfeleistung

Zur Verfassungsmäßigkeit des § 323c StGB und zur Notwendigkeit seiner verfassungskonformen Restriktion

PETER LANG
Europäischer Verlag der Wissenschaften

Die Deutsche Bibliothek - CIP-Einheitsaufnahme

Haubrich, Edgar:

Die unterlassene Hilfeleistung : zur Verfassungsmäßigkeit des § 323c StGB und zur Notwendigkeit seiner verfassungskonformen Restriktion / Edgar Haubrich. - Frankfurt am Main ; Berlin ; Bern ; Bruxelles ; New York ; Oxford ; Wien : Lang, 2001
(Europäische Hochschulschriften : Reihe 2, Rechtswissenschaft ; Bd. 3121)
Zugl.: Trier, Univ., Diss., 2000
ISBN 3-631-37817-3

D 385
ISSN 0531-7312
ISBN 3-631-37817-3

Meinen Eltern,
meiner Frau Marianne und
meinem Sohn Henrik

Ein Mann ging von Jerusalem nach Jericho hinab und wurde von Räubern überfallen. Sie plünderten ihn aus und schlugen ihn nieder; dann gingen sie weg und ließen ihn halbtot liegen. Zufällig kam ein Priester denselben Weg herab; er sah ihn und ging weiter. Auch ein Levit kam zu dieser Stelle; er sah ihn und ging weiter. Dann kam ein Mann aus Samarien, der auf der Reise war. Als er ihn sah, hatte er Mitleid, ging zu ihm hin, goß Öl und Wein auf seine Wunden und verband sie. Dann hob er ihn auf sein Reittier, brachte ihn zu seiner Herberge und sorgte für ihn. Am anderen Morgen holte er zwei Denare hervor, gab sie dem Wirt und sagte: Sorge für ihn, und wenn du mehr für ihn brauchst, werde ich es dir bezahlen, wenn ich wiederkomme.
Was meinst du: Wer von diesen dreien hat sich als der Nächste dessen erwiesen, der von den Räubern überfallen wurde? Der Gesetzeslehrer antwortete: Der, der barmherzig an ihm gehandelt hat. Da sagte Jesus zu ihm: Dann geh und handle genauso!

Lk 10, 30-37

Vorwort

Die vorliegende Arbeit wurde im Wintersemester 2000/2001 vom Fachbereich Rechtswissenschaft der Universität Trier als Dissertation angenommen.
Das Manuskript wurde im wesentlichen im August 1999 abgeschlossen. Später veröffentlichte Literatur wurde – soweit drucktechnisch möglich – noch eingearbeitet.

Ich danke an dieser Stelle ganz besonders meinem Doktorvater und langjährigem Lehrer Herrn Prof. Dr. Volker Krey für die Betreuung dieser Arbeit sowie die interessanten Jahre an seinem Lehrstuhl. Er hat die Arbeit durch viele hilfreiche Anregungen gefördert.
Ich danke ihm auch für die Erstellung des Erstgutachtens.

Für das Zweitgutachten bedanke ich mich bei Herrn Prof. Dr. Rainer Zaczyk.

Danken möchte ich auch meiner Frau Marianne Haubrich für ihre Geduld und Mithilfe bei der Korrekturarbeit.

Die unterlassene Hilfeleistung

Zur Verfassungsmäßigkeit des § 323 c StGB und zur Notwendigkeit seiner verfassungskonformen Restriktion

Inhaltsverzeichnis

Seiten

Kapitel 1: Der Meinungsstand zur Verfassungsmäßigkeit des § 323 c StGB

Abkürzungsverzeichnis

a.A.	anderer Ansicht
aaO	am angegebenen Ort
Abs.	Absatz
a.E.	am Ende
a.F.	alte Fassung
AfP	Archiv für Presserecht
AG	Amtsgericht
Anm.	Anmerkung
Art.	Artikel (ohne weiteren Hinweis: des Grundgesetzes)
AT	Allgemeiner Teil
BayOBLG	Bayerisches Oberstes Landesgericht
BayVBl	Bayerische Verwaltungsblätter
BayVerfGH	Verfassungsgerichtshof für den Freistaat Bayern
BGB	Bürgerliches Gesetzbuch
BGBl	Bundesgesetzblatt (Teil, Seite)
BGH	Bundesgerichtshof
BGHSt	Entscheidungen des BGH in Strafsachen
BT	Besonderer Teil
BT-Drucks.	Bundestagsdrucksache
BVerwG	Bundesverwaltungsgericht
BVerwGE	Entscheidungen des Bundesverwaltungsgerichts
BVerfG	Bundesverfassungsgericht
BVerfGE	Entscheidungen des Bundesverfassungsgerichts
BverfGG	Bundesverfassungsgerichtsgesetz
ders.	Derselbe
DÖV	Die öffentliche Verwaltung
DRiZ	Deutsche Richterzeitung
DStR	Deutsches Strafrecht
DStZ	Deutsche Strafrechtszeitung
DVBl	Deutsches Verwaltungsblatt
E 1962	Entwurf eines Strafgesetzbuches 1962
EMRK	Europäische Konvention zum Schutz der Menschenrechte und Grundfreiheiten
EuGRZ	Europäische Grundrechtszeitschrift
FamRZ	Zeitschrift für das gesamte Familienrecht
ff	folgende
Fn	Fußnote
FS	Festschrift
GA	Goldammers Archiv für Strafrecht und Strafprozeß
GG	Grundgesetz für die Bundesrepublik Deutschland
ggf.	gegebenenfalls
GS	Gerichtssaal
GSt	Großer Senat
GVBl	Gesetz- und Verordnungsblatt
h.A.	herrschende Ansicht

h.L.	herrschende Lehre
h.M.	herrschende Meinung
i.d.F.	in der Fassung
i.d.R.	in der Regel
i.V.m.	in Verbindung mit
JA	Juristische Arbeitsblätter
JR	Juristische Rundschau
JW	Juristische Wochenschrift
Jura	Juristische Ausbildung
JuS	Juristische Schulung
JZ	Juristenzeitung
KG	Kammergericht
LG	Landgericht
LK	Leipziger Kommentar zum StGB
LM	Entscheidungen des BGH im Nachschlagwerk von Lindenmaier, Möhring u.a.
MDR	Monatsschrift für Deutsches Recht
m.E.	meines Erachtens
m.w.N.	mit weiteren Nachweisen
n.F.	neue Fassung
NJW	Neue Juristische Wochenschrift
NStZ	Neue Zeitschrift für Strafrecht
OLG	Oberlandesgericht
RG	Reichsgericht
RGSt	Entscheidungen des RG in Strafsachen
S.	Seite
SK	Systematischer Kommentar zum StGB
StGB	Strafgesetzbuch
StPO	Strafprozeßordnung
str.	strittig
u.a.	unter anderem
u.ä.	und ähnliche
Verf.	Verfasser
VerwArch	Verwaltungsarchiv
VVDStRL	Veröffentlichungen der Vereinigung der Deutschen Staatsrechtslehrer
VwGO	Verwaltungsgerichtsordnung
ZakDR	Zeitschrift der Akademie für deutsches Recht
ZPO	Zivilprozessordnung
ZRP	Zeitschrift für Rechtspolitik
ZStW	Zeitschrift für die gesamte Strafrechtswissenschaft

Schrifttumsverzeichnis

Abendroth, Wolfgang:	Das Abtreibungsurteil des Bundesverfassungsgerichts, in: Kritische Justiz 1975, S. 121 ff.
Adomeit, Klaus:	Wahrnehmung berechtigter Interessen und Notwehrrecht, in: JZ 1970, S. 495 ff.
v. Alberti:	Notwehr heute und in den Volksrechten. 1898.
Alexy, Robert:	Theorie der Grundrechte. 1. Aufl. 1985.
Amelung, Knut:	Rechtsgüterschutz und Schutz der Gesellschaft. Frankfurt a.M. 1972.
ders.:	Zur Kritik des kriminalpolitischen Strafrechtssystems von Roxin, in: JZ 1982, S. 617 ff.
Androulakis, Nikolaos:	Studien zur Problematik der unechten Unterlassungsdelikte. 1963.
Anschütz, Gerhard:	Die Verfassung des Deutschen Reichs vom 11. Aug. 1919. 14. Aufl. 1933.
Appel, Ivo:	Verfassung und Strafe: zu den verfassungsrechtlichen Grenzen staatlichen Strafens. Berlin. 1998.
Arzt, Gunther:	Zur Garantenstellung beim unechten Unterlassungsdelikt (1.Teil), in: JA 1980, S. 553 ff.
ders.:	Zur Garantenstellung beim unechten Unterlassungsdelikt (2. Teil), in: JA 1980, S. 647 ff; (2. Teil, 2. Hälfte), in: JA 1980, S. 712 ff.
ders.:	Die deutsche Strafrechtswissenschaft zwischen Studentenberg und Publikationsflut, in: Gedächtnisschrift für Armin Kaufmann, 1989, S. 839 ff.
ders.:	Der Ruf nach Recht und Ordnung. 1976.
Arzt/Weber:	Strafrecht, Besonderer Teil, LH 2. 1983.
Bachof:	Grundpflichten als verfassungsrechtliche Dimension, VVDStRL 41, (1983), S. 97 ff.
Badura, Peter:	Grundpflichten als verfassungsrechtliche Dimension, in: DVBl 1982, S. 861 ff.

ders.: Beratungen des Sonderausschusses für die Strafrechtsreform, in BT- Dr. 6. Wahlperiode, S. 1091 ff.

ders.: Staatsrecht, Systematische Erläuterung des Grundgesetzes für die Bundesrepublik Deutschland. 2. Aufl. 1986.

ders.: Der Sozialstaat, in: DÖV 1989, S. 491 ff.

Bärwinkel, Richard: Zur Struktur der Garantieverhältnisse bei den unechten Unterlassungsdelikten. Berlin. 1968.

Barth, Heinrich: Die Nothilfe im neuen deutschen Strafrecht, JW 1935, S. 2320 ff.

Bauer, Heinz: Die Nothilfepflicht im § 330 c StGB und die Rechtspflichten zum Handeln bei den unechten Unterlassungsdelikten. 1940.

Baumann, Jürgen: Über die notwendigen Veränderungen im Bereich des Vermögensschutzes, in JZ 1972, S. 1 ff.

Baumann/Weber: Strafrecht, Allgemeiner Teil. 9. Auflage. 1985.

Baumann/Weber/Mitsch: Strafrecht, Allgemeiner Teil. 10. Auflage. Bielefeld. 1995

Bechtold: Ansprüche des Helfers, insbesondere des Arztes, aus Hilfeleistung, NJW 1953, S. 489 ff.

Behrisch, Christian: Der subjektive Tatbestand der Tötung durch Unterlassen, in: NJW 1960, S. 471.

Bellebaum, Ferdinand: Die Hilfeleistungspflicht im in- und ausländischen Strafrecht der Gegenwart. Diss. Erlangen. 1935.

Bemmann Günter: Zur Frage der Strafwürdigkeit der Abtreibung, in: ZStW 1971, 99, (1971), S. 81 ff.

ders: Wie muß der Rechtsbeugungsvorsatz beschaffen sein? , in: JZ 1973, S. 547 ff.

Benda/Maihofer/Vogel (Hrsg.): Handbuch des Verfassungsrechts der Bundesrepublik Deutschland. Berlin, New York. 2. Aufl. 1994.

Benda, Ernst: Vom Sinn menschlichen Strafens, in: Gareis/Wienat, Hat Strafe Sinn ?. 1974.

Bender, Bernd: Zur Methode der Rechtsfindung bei der Auslegung und Fortbildung gesetzten Rechts, in: JZ 1957, S. 593 ff.

ders.: Inhalt und Grenzen der verfassungskonformen Gesetzesauslegung, in: MDR 1959, S. 441 ff.

Benfer, Jost: Besonderes Strafrecht, 2. Straftaten gegen die Allgemeinheit. 2. Aufl. 1986.

Berckhauer, Friedrich: Soziale Kontrolle der Bagatellkriminalität: Der Ladendiebstahl als Beispiel, in: DRiZ 1976, S. 229 ff.

Berg/Hein/Knape: Allgemeines Polizei- und Ordnungsrecht für Berlin, Kommentar für Ausbildung und Praxis. 6. Aufl. 1990.

Berkemann: Aus der Rechtsprechung des Bundesverfassungsgerichts, JR 1983, S. 441 f.

Berner, Albert Friedrich: Lehrbuch des Deutschen Strafrechtes. 18. Aufl. 1898.

Berner/Köhler: Polizeiaufgabengesetz. 11. Aufl. 1990.

Bernet/Groß/Mende: Polizeirecht in Hessen, Das Recht der Polizei und der sonstigen Gefahrenabwehrbehörden. Kommentar, Loseblatt, Stand: Nov. 1990.

Bethge, Herbert: Die verfassungsrechtliche Problematik der Grundpflichten, in: JA 1985, S. 249 ff.

Bettermann, Karl August: Richterliche Normenkontrolle als negative Gesetzgebung, in: DVBl 1982, s. 91 ff.

ders: Die verfassungskonforme Auslegung, Grenzen und Gefahren. Heidelberg. 1986.

Bettermann-Nipperdey-Scheuner: Die Grundrechte, Handbuch der Theorie und Praxis der Grundrechte, Dritter Band, 1. Halbband. 2. Aufl. 1972.

Bettermann-Nipperdey-Scheuner: Die Grundrechte, Handbuch der Theorie und Praxis der Grundrechte, Dritter Band, 2. Halbband. 2. Aufl. 1972.

Bewer, C: Anm. zu RG, Urteil vom 19.12.1940, 2 D 445/40, Zeitschrift der Akademie für Deutsches Recht, 1941, S. 227 f, in: Zeitschrift der Akademie für Deutsches Recht, 1941, S. 229 f.

Bieback, Sozialstaatsprinzip und Grundrechte, EuGRZ 1995, S. 657 ff.

Binding, Karl: Die Normen und ihre Übertretung, 2. Aufl. 1914.

ders.: Lehrbuch des Gemeinen Deutschen Strafrechts, Besonderer Teil, 2 Bände. 2. Aufl. 1902 - 1905.

Bindokat, Heinz: Teleologie und Analogie im Strafrecht, in: JZ 1969, S. 541 ff.

Blaschick, Luise: Die Hilfeleistungspflicht des § 330 c StGB. Diss. Leipzig. 1937.

Bleckmann, Albert: Staatsrecht II - Die Grundrechte. 4. Auflage. 1997.

Bleckmann, Albert: Begründung und Anwendungsbereich des Verhältnismäßigkeitsprinzips, JuS 1994, S.177 ff.

Blei, Hermann: Strafrecht, Band I, Allgemeiner Teil. 18. Aufl. 1983.

ders.: Strafrecht Band II, Besonderer Teil. 12. Aufl. 1983.

ders.: Schutzbedürfnis und Auslegung, in: Festschrift für Heinrich Henkel zum 70. Geburtstag. 1974.

Bley/Gitter/Heinze/Knopp/Lilge: SGB, Sozialversicherung, RVO. Gesamtkommentar. 3. Buch. Unfallversicherung. Loseblatt.

Blindauer, Arnold: Die folgenschwere unterlassene Hilfeleistung (§ 330 c StGB). Saarbrücken. 1961.

Bockelmann Paul, Volk Klaus: Strafrecht, Allgemeiner Teil. 4. Aufl. 1987

Bockelmann Paul: Strafrecht, Besonderer Teil 3 (Ausgewählte Delikte gegen Rechtsgüter der Allgemeinheit). 1980.

ders.: Zur Reform des Sexualstrafrechts, in: Festschrift für Reinhart Maurach zum 70. Geburtstag. 1972.

ders.: Das Strafrecht des Arztes, in: Lehrbuch der gerichtlichen Medizin. 3. Aufl. 1967.

ders.: Bemerkungen über das Verhältnis des Strafrechts zur Moral und zur Psychologie. Gedächtnisschrift für Gustav Radbruch. 1968.

Böckenförde — Grundrechtstheorie und Grundrechtsinterpretation, NJW 1974, S. 1529.

Boehmer, Johann Samuel Friedrich: — Meditationes in constitutionem criminalem Carolinam, Halae Magdeburgicae, 1774

Bogs, Harald: — Die verfassungskonforme Auslegung von Gesetzen unter besonderer Berücksichtigung der Rechtsprechung des Bundesverfassungsgerichts. Stuttgart, Berlin, Köln, Mainz. 1966.

Bohnert, Joachim — Die Abstraktheit der abstrakten Gefährdungsdelikte - BGH, NJW 1952, 2329, in: JuS 1984, S. 182 ff.

Bonner Kommentar: — Kommentar zum Bonner Grundgesetz, hrsg. von R. Dolzer und K. Vogel. Hamburg. 1950 ff. (Loseblatt).

Boldt, Gottfried: — Johann Samuel Friedrich von Böhmer und die gemeinrechtliche Strafrechtswissenschaft. 1936.

Bottke, Wilfried: — Suizid und Strafrecht. Berlin. 1982.

ders.: — Bemerkungen zum Beschluß des BVerfG zu § 353 d Nr. 3 StGB, in: NStZ 1987, S. 314 ff.

Breidenbach, M.W.A.: — Commentar über das Großherzoglich hessische Strafgesetzbuch, nach authentischen Quellen. 8. Heft. Darmstadt. 1844.

Breuer, Rüdiger: — Grundrechte als Anspruchsnormen, in: Verwaltungsrecht Zwischen Freiheit, Teilhabe und Bindung, Festgabe aus Anlaß des 25 jährigen Bestehens des Bundesverwaltungsgerichts. 1978, S. 89 ff.

ders.: — Baurechtlicher Nachbarschutz, DVBl 1983, S. 431 ff.

ders.: — Grundrechte als Quelle positiver Ansprüche - Zur gewandelten Rolle der Grundrechte im sozialen Rechtsstaat -, Jura 1979, S.401.

Brodag, Wolf-Dietrich: — Strafrecht, Kurzlehrbuch zum Besonderen Teil des StGB. 8. Aufl. 1998.

Brohm: — Demonstrationsfreiheit und Sitzblockaden, JZ 1985, S. 501 ff.

Brehm, Wolfgang: — Die ungefährliche Brandstiftung - BGH, NJW 1975, 1369, in: JuS 1976, S. 22 ff.

Bringewat, Peter: Selbstmord, Suizidpatient und Arztpflichten im Strafrecht, in: NJW 1973, S. 540 ff.

Brunner, Heinrich: Deutsche Rechtsgeschichte, Zweiter Band. 2. Aufl. 1928.

Bruns, Hans-Jürgen: Richterliche Rechtsfortbildung oder unzulässige Gesetzesänderung der Strafdrohung für Mord ? Eine Besprechung des Beschlusses des Großen Senates des BGH vom 19.5.1981 - GS St 1 /81, in: JR 1981, S. 358 ff.

Buchanan: Justice and Charity, Ethics 97 (1987), S. 558 ff.

Bülow: Gesetz und Richteramt. Nachdruck der Ausgabe Leipzig 1885. Aalen. 1972

Bünting, Karl-Dieter: Deutsches Wörterbuch. 1996.

Burkhardt, Björn: Das Unternehmensdelikt und seine Grenzen, in: JZ 1971, S. 352 ff.

Burmeister, Joachim: Die Verfassungsorientierung der Gesetzesauslegung Verfassungskonforme Auslegung oder vertikale Normendurchdringung? 1966.

ders.: Strafzwecke und Strafrecht. 40 Jahre Grundgesetz – Entwicklungstendenzen vom freiheitlichen zum sozialautoritären Rechtsstaat?, in: NJW 1989, S. 1338 ff.

Canaris, Claus-Wilhelm: Systemdenken und Systembegriff in der Jurisprudenz entwickelt am Beispiel des deutschen Privatrechts. Berlin. 1969.

ders.: Die Feststellung von Lücken im Gesetz. Berlin. 1964.

Christ, Heinrich: Entstehung und Grundgedanken des Strafgesetzbuches für das Großherzogtum Hessen vom 1. April 1842. 1968.

Class, Wilhelm: Generalklauseln im Strafrecht, in: Festschrift für Eberhard Schmidt zum 70. Geburtstag. 2. Aufl. 1971.

Clemens: Die Unterlassungsdelikte im deutschen Strafrecht von Feuerbach bis zum Reichsstrafgesetzbuch. 1912.

Coing, Helmut: Grundzüge der Rechtsphilosophie. 5. Aufl. 1993.

Dahm, Georg: Der Methodenstreit in der heutigen Strafrechtswissenschaft, ZStW 57 (1937), S. 225 ff.

ders.: Bemerkungen zum Unterlassungsproblem, in: ZStW 59, 1940, S. 133 ff.

ders.: Anmerkung zum Urteil des RG, 2. StrSen. vom 20. Mai 1940, 2 D 174/40, in: DR 1940, S. 1421 f.

ders.: Verbrechen und Tatbestand, in: Grundfragen der neuen Strafrechtswissenschaft, von Georg Dahm u.a. Berlin 1935, S. 62 ff.

ders.: Verrat und Verbrechen, in: ZStaatsW 95, S. 283 ff.

Dalcke/Fuhrmann/Schäfer: Strafrecht und Strafverfahrensrecht. 1961.

Dähn, Gerd: Problem- und Repitions-Kommentar zum StGB. 2. Aufl. 1982.

Dedes, Christos: Die Arten der Unterlassungsdelikte, in: GA 1977, S. 230 ff.

Degenhart, Christoph: Staatsrecht I, Staatszielbestimmungen, Staatsorgange, Staatsfunktionen. 15. Aufl. 1999.

ders.: Die allgemeine Handlungsfreiheit des Art. 2 I GG, JuS 1990, S. 161.

Dietel/Gintzel: Allgemeines Verwaltungs- und Polizeirecht für Nordrhein-Westfalen. 8. Aufl. 1979.

Dölling: Suizid und unterlassene Hilfeleistung, in: NJW 1986, S. 1011 ff.

Dreher, Eduard: Die Behandlung der Bagatellkriminalität, in: Festschrift für Welzel. 1974, S. 917 ff.

Dreier Horst: Grundgesetzkommentar, Bd. I, Art. 1 - 19. 1996.

Drews/Wacke/Vogel/Martens: Gefahrenabwehr, Allgemeines Polizeirecht (Ordnungsrecht) des Bundes und der Länder. 9. Aufl. 1986.

Driendl, Johannes: Zur Notwendigkeit und Möglichkeit einer Strafgesetzgebungswissenschaft in der Gegenwart. Tübingen. 1983.

Drost: Der Aufbau der Unterlassungsdelikte, Der Gerichtssaal 109, S. 1 ff.

ders.: Das Ermessen des Strafrichters als Problem der Strafrechtsreform, NJW 1955, S. 1256 ff.

Duden: Das große Wörterbuch der deutschen Sprache, Band. 3, 2. Aufl. 1993; Band 5, 2. Aufl. 1994; Band 7, 2. Aufl. 1995

Dürig, Günter: Verfassung und Verwaltung im Wohlfahrtsstaat, in: JZ 1953, S. 193 ff.

ders.: Der Grundrechtssatz von der Menschenwürde. Entwurf eines praktikablen Wertsystems der Grundrechte aus Art. 1 Abs. I in Verbindung mit Art. 19 Abs. II des Grundgesetzes, in: AÖR 81, (1956), S. 117 ff.

Dütz, Wilhelm: Zur privatrechtlichen Bedeutung unterlassener Hilfeleistung (§ 330 c StGB), in: NJW 1970, S. 1822 ff.

Ebermayer-Lobe-Rosenberg: Reichsstrafgesetzbuch, Leipziger-Kommentar, Bd. II. 1951.

Ebert/Kühl: Das Unrecht der vorsätzlichen Straftat, in: Jura 1981, S. 225 ff.

Eckardt, Wolf-Dieter: Die verfassungskonforme Gesetzesauslegung. Ihre dogmatische Berechtigung und ihre Grenzen im deutschen Recht. 1964.

Ehlers, Manfred: Die Nothilfepflicht im Deutschen Strafgesetzbuch (§ 330 c StGB.). Seestadt Rostock. 1939.

Eilsberger, Ruppert: Rechtstechnische Aspekte der verfassungskonformen Strafrechtsanwendung, in: JuS 1970, S. 321 ff.

Engisch, Karl: Die Einheit der Rechtsordnung. Heidelberg. 1935.

ders.: Der Arzt im Strafrecht, in: Monatsschrift für Kriminalbiologie und Strafrechtsreform, 1939, S. 414.

ders.: Auf der Suche nach der Gerechtigkeit, Hauptthemen der Rechtsphilosophie. München. 1971.

ders.: Tun und Unterlassen, in: Festschrift für Wilhelm Gallas zum 70. Geburtstag am 22. Juli 1973. 1973.

ders.: Einführung in das juristische Denken. Stuttgart. 8. Aufl. 1983.

Enneccerus/Nipperdey: Allgemeiner Teil des Bürgerlichen Rechts, Erster Halbband. 11. Bearbeitung. 1959.

Erichsen, Hans-Uwe: Zur Verfassungswidrigkeit der lebenslangen Freiheitsstrafe, in: NJW 1976, S. 1721 ff.

ders.: Das Grundrecht aus Art. 2 Abs. 1 GG, Jura 1987, S. 367 ff.

Erman, Walter: Handkommentar zum Bürgerlichen Gesetzbuch, 1. Band, 9. neubearb. Auflage. 1993.

Eser, Albin: Die Tötungsdelikte in der Rechtsprechung seit BGH - GSSt 1/81 bis Ende Juni 1983 -2.Teil-, in: NStZ 1984, S. 49 ff.

ders.: Schwangerschaftsabbruch zwischen Grundwertorientierung und Strafrecht, in: ZRP 1991, S. 291 ff.

ders.: Das neue Schwangerschaftsabbruchstrafrecht auf dem Prüfstand, NJW 1992, S. 2913 ff.

Etzel, Matthias, Die Aufhebung von nationalsozialistischen Gesetzen durch den Alliierten Kontrollrat (1945-1948). 1992.

Fahlenbock, Kurt: Die unterlassene Hilfeleistungspflicht nach § 330 c StGB und ihre Rechtsfolgen. Köln. 1939.

Fangmann/Blank/Hamner: Grundgesetz. Basiskommentar. 1991.

Fechner, Erich: Freiheit und Zwang im sozialen Rechtsstaat. Tübingen. 1953.

Feinberg: Harm to Others- The Moral Limits of the Criminal Law. 1984.

v. Feuerbach, Amseln: Revision der Grundsätze und Grundbegriffe des positiven peinlichen Rechts, 1. Teil. 1799.

ders.: Lehrbuch des gemeinen in Deutschland geltenden Peinlichen Rechts. 2. Aufl. 1803.

Frank, Reinhard: Das Strafgesetzbuch für das Deutsche Reich nebst dem Einführungsgesetz. 18. Aufl. 1931.

Freisler, Roland: Schutz des Volkes oder des Rechtsbrechers? Fesselung des Verbrechers oder des Richters? Einiges über das zweckmäßige Maß der Bindung des Richters an gesetzliche Straftatbestände, DStR 1935, S. 1 ff.

ders.: Die Strafrechtsnovellen, Jahrbuch des Deutschen Rechts, 1935, S. 520 ff.

Frellesen, Peter: Die Zumutbarkeit der Hilfeleistung. Frankfurt a. M. 1980.

ders.: Anm. zu BGH, StV 1987, S. 21 f, in: StV 1987, S. 22 ff.

Freund: Das Geringfügigkeitsprinzip als strafrechtliche Auslegungsregel, GA 1982, S. 332.

Frotscher: Der Schutz der Allgemeinheit und der individuellen Rechte im Polizei- und Ordnungsrecht, DVBl 1976, S. 695 ff.

Füllgrube, Uwe: Das Problem der unterlassenen Hilfeleistung, in: Kriminalistik 1978, S. 160 ff.

Furtner, Georg: Hilfeleistung nach § 330 c StGB trotz Gefahr eigener strafgerichtlicher Verfolgung, in: NJW 1961, S. 1196 f.

Gallas, Wilhelm: Die strafrechtliche Verantwortlichkeit der am Bau Beteiligten unter besonderer Berücksichtigung des "verantwortlichen Bauleiters". Heidelberg. 1963.

ders.: Zur Revision des § 330 c StGB, in: JZ 1952, S. 396 ff.

ders.: Unterlassene Hilfeleistung nach deutschem Strafrecht, in: Deutsche Landesreferate zum IV. Internationalen Kongreß für Rechtsvergleichung in Paris 1954. Düsseldorf, 1955, S. 344 ff.

Gallwas, Hans-Ullrich: Strafnormen als Grundrechtsproblem, in MDR 1969, S. 892 ff.

Geib: Lehrbuch des Deutschen Strafrechts, 2. Bd., System: Allgemeine Lehren, 1862.

Geiger, Michael: Anm. zu BGH, JZ 1983, S. 151 ff, in: JZ 1983, S. 151 ff.

Geiger, Willi: Der Schwangerschaftsabbruch. Rechtslage und Praxis, in: Festschrift für Herbert Tröndle zum 70. Geburtstag. 1989.

Geilen, Gerd: Unterlassene Verbrechensanzeige und ernsthafte Abwendungsbemühung - BGHSt 19, 295, in: JuS 1965, S. 426 ff.

ders.: Anm. OLG Düsseldorf, NJW 1973, S. 2215 ff, in: NJW 1974, S. 571 ff.

ders.: Probleme des § 323 c StGB, Jura 1983, S. 78 ff.

ders.: Probleme des § 323 c StGB (Schluß), Jura 1983, S. 138 ff.

Georgakis, Jannis: Hilfspflicht und Erfolgsabwendungspflicht im Strafrecht. Leipziger rechtswissenschaftliche Studien Heft 114. Leipzig. 1938.

Giesen/Poll: Recht der Frucht/Recht der Mutter in der embryonalen und fetalen Phase aus juristischer Sicht, JR 1993, S. 177.

Gitter, Wolfgang: Sozialrecht. 4. Aufl. 1996.

Göhler, Erich: Gesetz über Ordnungswidrigkeiten, 12. neub. Aufl. 1998.

Göke: Strafgesetzbuch. 1948.

Göldner, Detlef Christoph: Verfassungsprinzip und Privatrechtsnorm in der verfassungskonformen Auslegung und Rechtsfortbildung – Verfassungskonkretisierung als Methoden- und Kompetenzproblem. 1969.

Göppel, Helmut: Die Zulässigkeit von Arbeitszwang nach Art. 12 Abs. 2 Satz 1 des Grundgesetzes. 1967.

Goerlich, Helmut: Wertordnung und Grundgesetz. Kritik einer Argumentationsfigur des Bundesverfassungsgerichts. Baden-Baden. 1973.

Görlich, Walter: Die Hilfeleistungspflicht bei Unglücksfällen gemäß § 330 c StGB. (insbesondere die Strafbarkeit des Arztes wegen unterlassener Hilfeleistung in Krankheitsfällen). 1943.

Görres-Gesellschaft: Staatslexikon in 5 Bänden. 7. völlig neub. Aufl. 2. Band, 1986.

Gössel, Karl Heinz: Strafrecht, Besonderer Teil, 1. Band. Delikte gegen immaterielle Rechtsgüter des Individuums. 1987.

ders.: Das Rechtsgut als ungeschriebenes strafbarkeitseinschränkendes Tatbestandsmerkmal. Zugleich ein Versuch über das Verhältnis von Rechtsgut, Tatbestand und Norm, in: Festschrift für Dietrich Oehler zum 70. Geburtstag, 1985, S. 97 ff.

Götz, Volkmar: Grundpflichten als verfassungsrechtliche Dimension, in: VVDStRL 41 (1983), S. 8 ff.

ders.: Allgemeines Polizei- und Ordnungsrecht, 12. Aufl. 1995.

Goltdammer: Die Materialien zum Straf-Gesetzbuche für die Preußischen Staaten, aus den amtlichen Quellen nach den Paragraphen des Gesetzbuches zusammengestellt und in einem Kommentar erläutert. Theil II, Den bes. Teil enthaltend. Berlin 1852.

Grimm, Dieter: Die Fristenlösungsurteile in Österreich und Deutschland und die

Grundrechtstheorie, in: JBl 1976, S. 74 ff.

ders.: Das Grundgesetz nach vierzig Jahren, in: NJW 1989, S. 1305 ff.

Grimm, Jakob: Deutsche Rechtsaltertümer, Zweiter Band, 4. Aufl. 1899.

Grimm Jakob und Wilhelm: Deutsches Wörterbuch, 11. Band, III. Abteilung, 1936.

Gropp, Walter: Suizidbeteiligung und Sterbehilfe in der Rechtsprechung, in: NStZ 1985, S. 97 ff.

Große, Christina: Einfluß der nationalsozialistischen Strafgesetzgebung auf das heutige StGB am Beispiel des § 316 a StGB, in: NStZ 1993, S. 525 ff.

Grünhut, Max: Methodische Grundlagen der heutigen Strafrechtswissenschaft, in: Festgabe für Reinhard Frank zum 70 Geburtstag, Neudruck der Ausgabe Tübingen 1930. 1969. Band 1, S. 1 ff.

Grünwald, Gerald: Bedeutung und Begründung des Satzes "nulla poena sine lege", in: ZStW 76 (1964), S. 1 ff.

ders.: Die sachliche Zuständigkeit der Strafgerichte und die Garantie des gesetzlichen Richters, in: JuS 1968, S. 452 ff.

Gülde: Auswirkungen der Strafgesetznovelle vom 28. Juni 1935 auf das Straßenverkehrsrecht, in: JW 1935, S. 3354.

Gündisch: Die Verfassungsbeschwerde gegen gerichtliche Entscheidungen, NJW 1981, S. 1813 ff.

Günther, Hans-Ludwig: Die Genese eines Straftatbestandes. Eine Einführung in Fragen der Strafgesetzgebungslehre, in: JuS 1978, S. 8 ff.

ders.: Strafrechtswidrigkeit und Strafunrechtsausschluß. Köln u.a. 1983.

ders.: Lebenslang für "heimtückischen Mord? Das Mordmerkmal "Heimtücke" nach dem Beschluß des Großen Senats für Strafsachen, in: NJW 1982, S. 353 ff.

ders.: Die Auswirkungen familienrechtlicher Verbote auf das Strafrecht, Erläutert am Beispiel der neuen Diskussion um ein elterliches Züchtigungsrecht durch § 1631 Abs. 2 BGB, Festschrift für Hermann Lange. 1992, S. 877 ff.

Gürtner, Franz: Bericht über die Arbeit der amtlichen Strafrechtskommission, in: Das kommende deutsche Strafrecht, 2. Aufl. 1936.

Gürtner, Franz/ Freisler, Roland: Das neue Strafrecht. 1936.

Guradze, Heinz: Der Stand der Menschenrechte im Völkerrecht. Göttingen. 1956.

Gusy, Christoph: Arbeitszwang - Zwangsarbeit - Strafvollzug - BVerfGE 74, 102, in: JuS 1989, S. 710 ff.

Haak, Volker: Normenkontrolle und verfassungskonforme Gesetzesauslegung des Richters. Eine rechtsvergleichende Untersuchung. Bonn. 1963.

Häberle, Peter: Die Wesensgehaltsgarantie des Artikel 19 Abs. 2 Grundgesetz. 3. Aufl. Heidelberg 1983.

Häfelin, Ulrich: Die verfassungskonforme Auslegung und ihre Grenzen. Festschrift für Hans Huber zum 80. Geburtstag. 1981, S. 241 ff.

Hälschner Hugo: Das gemeine deutsche Strafrecht, 2. Bd., 1887.

Haft, Fritjof: Strafrecht, Besonderer Teil. 7. Aufl. 1998.

ders.: Generalklauseln und unbestimmte Begriffe im Strafrecht, in: JuS 1975, S. 477 ff.

ders.: Die Unterlassungsdelikte - ein Lernprogramm -, JA 1982, S. 473.

Hamann, Andreas: Der "Staatsschutz" im Strafgesetzentwurf und das Grundgesetz, NJW 1962, S. 1845 ff.

ders: Grundgesetz und Strafgesetzgebung. Neuwied, Berlin. 1963.

Hamann/Lenz: A. Hamann/H. Lenz, Das Grundgesetz für die Bundesrepublik Deutschland vom 23. Mai 1949. 2. Auflage 1961.

Hanack, Ernst-Walter: Kriterien für eine Reform des Sexualstrafrechts, in: Verhandlungen des 47. Deutschen Juristentages, 1968, Empfiehlt es sich die Grenzen des Sexualstrafrechts neu zu bestimmen? Gutachten für den 47. Deutschen Juristentag, A 1 ff.

ders.: Zur verfassungsmäßigen Bestimmtheit und strafrechtlichen Auslegung des Begriffs "unzüchtige Schrift" (§ 184 Abs. 1 Nr. 1 StGB, Art. 103 Abs. 2 GG). Eine Besprechung des BGH-Urteils zu "Fanny Hill", JZ 1970, S. 41 ff.

Handwörterbuch: der Sozialwissenschaften. Sechster Band. 1959.

Hantel, Peter: Das Grundrecht der Freiheit der Person nach Art. 2 II 2, 104 GG, in JuS 1990, S. 865 ff.

Hardwig, Werner: Sittlichkeit, sittliche Normen und Rechtsnormen. Festschrift für Heinrich Henkel zum 70. Geburtstag. 1974.

Harzer, Regina: Die tatbestandsmäßige Situation der unterlassenen Hilfeleistung gemäß § 323 c StGB. Ein Beitrag zu einer Theorie des Besonderen Teils des Strafrechts. Frankfurt. 1999.

Hassemer, Winfried: Theorie und Soziologie des Verbrechens. Frankfurt. 1973.

ders.: Anmerkung zum Beschluß des BGH vom 2.8.1983 - 5 StR 503/83, in: JZ 1983, S. 967 ff.

ders.: Einführung in die Grundlagen des Strafrechts. 2. Aufl. 1990.

ders.: Kennzeichen und Krisen des modernen Strafrechts, ZRP 1992, S. 378 ff.

Hattenhauer: Allgemeines Landrecht für die Preußischen Staaten von 1794. Textausgabe 1970.

Hegel: Grundlinien der Philosophie des Rechts. 1820.

Held, Hermann: Die Unzulässigkeit von Hand- und Spanndiensten nach geltendem Verfassungs-, Verwaltungs- und Völkerrecht, in: DVBl 1954, S. 345 ff.

Henkel, Heinrich: Zumutbarkeit und Unzumutbarkeit als regulatives Rechtsprinzip, in: Festschrift für Edmund Mezger zum 70. Geburtstag, 1954, S. 249 ff.

ders.: Einführung in die Rechtsphilosophie, Grundlagen des Rechts. 1964 und 2. Aufl. 1977.

Hepp, F.G.Th.: Commentar über das neue württembergische Straf-Gesetzbuch nach seinen authentischen Quellen, den Vorlagen der Staats-Regierung und den ständischen Verhandlungen des Jahres 1838.

Hermes, Georg: Das Grundrecht auf Schutz von Leben und Gesundheit. Schutzpflicht und Schutzanspruch aus Art. 2 Abs. 2 Satz 1 GG. Heidelberg. 1987.

Herrmann, Wolfgang: Die Reform der Aussagetatbestände. Berlin. 1972.

Herzberg, Rolf Dietrich: Straffreie Beteiligung am Suizid und gerechtfertigte Tötung auf Verlangen, in: JZ 1988, S. 182 ff.

ders.: Das Wollen beim Vorsatzdelikt und dessen Unterscheidung vom bewußt fahrlässigen Verhalten - Teil 1, in: JZ 1988, S. 571 ff.

Herzog, Roman: Der Verfassungsauftrag zum Schutze des ungeborenen Lebens, in JR 1969, S. 441 ff.

Hess, Robert: Die Anzeigepflicht im Strafrecht. Breslau. 1893.

Hesse, Konrad: Grundzüge des Verfassungsrechts der Bundesrepublik Deutschland. 20. Aufl. 1995.

Heußner, Hermann: Folgen der Verfassungswidrigkeit eines Gesetzes ohne Nichtigerklärung, in: NJW 1982, S. 257 ff.

von Hippel, Robert: Deutsches Strafrecht, Band 2, Das Verbrechen. 1930.

ders.: Lehrbuch des Strafrechts. 1932.

ders.: Unterlassungsdelikte und Strafrechtskommission, ZStW 36 (1916), S. 501.

Hirsch, Hans Joachim: Einwilligung und Selbstbestimmung, in: Festschrift für Hans Welzel. 1974, S. 775 ff.

ders.: Der Streit um Handlungs- und Unrechtslehre, insbesondere im Spiegel der Zeitschrift für die gesamte Strafrechtswissenschaft, in: ZStW (93), 1981, S. 831 ff.

ders.: Der Streit um Handlungs- und Unrechtslehre, insbesondere im Spiegel der Zeitschrift für die gesamte Strafrechtswissenschaft (Teil II), in: ZStW (94), 1982, S. 239 ff.

His, Rudolf: Geschichte des deutschen Strafrechts bis zur Karolina. 1928.

Höpfner: Zur Lehre vom Unterlassungsdelikte, ZStW 36 (1916), S. 103 ff.

Hoffmann, Josef: Ethische Grundlagen der Sozialstaatlichkeit, in: Archiv für Rechts und Sozialphilosophie (75), 1989, S. 27 ff.

Hofmann, Hasso: Grundpflichten als verfassungsrechtliche Dimension, in:

VVDStRL 41 (1983), S. 42 ff.

Honig Richard: Die Entwicklungslinie des Unterlassungsdelikts vom römischen bis zum gemeinen Recht, in: Festgabe für Richard Schmidt, Bd. 1. 1932, S. 1 ff.

Horn/Hoyer: Rechtsprechungsübersicht zum 27. Abschnitt des StGB - "Gemeingefährliche Straftaten" -, in JZ 1987, S. 965 ff.

Hruschka, Joachim: Rettungspflichten in Notstandssituationen, in: JuS 1979, S. 385 ff.

ders.: Strafrecht nach logisch-analytischer Methode. 2. Aufl. 1988.

Huber, Ernst Rudolf: Deutsche Verfassungsgeschichte seit 1789, Bd. II, Der Kampf um Einheit und Freiheit, 1830 bis 1850. Dritte Auflage, 1960.

ders.: Der Streit um das Wirtschaftsverfassungsrecht (Schluß), DÖV 1956, S. 200 ff.

Hückinghaus: Die Feuerwehr im preußischen öffentlichen Recht. 1917.

Hufnagel: Kommentar über das Strafgesetzbuch für das Königreich Württemberg, zunächst für Praktiker, mit besonderer Rücksicht auf die gewählten Oberverwaltungsgerichtsbeisitzer. Erster Band. Stuttgart. 1840.

Hund, Horst: Entkriminalisierung - Königsweg oder Notlösung ?, in: ZRP 1994, S. 4 ff.

Huschens, Werner: Die unterlassene Hilfeleistung im nationalsozialistischen Strafrecht. Diss. Freiburg. 1938.

Ipsen, Jörn: Verfassungsrechtliche Schranken des Richterrechts, in: DVBl 1984, S. 1102 ff.

Isensee, Josef: Die verdrängten Grundpflichten des Bürgers, in: DÖV 1982, S. 609 ff.

ders.: Das Grundrecht auf Sicherheit, Zu den Schutzpflichten des freiheitlichen Verfassungsstaates. Berlin. 1983.

Isensee/Kirchhof: Handbuch des Staatsrechts der Bundesrepublik Deutschland. Band I, Grundlagen von Staat und Verfassung, Band I. 1987; Band VI, Freiheitsrechte. 1989.

Jäger, Herbert: Strafgesetzgebung und Rechtsgüterschutz bei

Sittlichkeitsdelikten: eine kriminalsoziologische Untersuchung. Stuttgart. 1957.

Jakobs, Günther: Strafrecht, Allgemeiner Teil. Die Grundlagen und die Zurechnungslehre, Lehrbuch. 2. Aufl. 1991.

Jarass, Hans: Grundrechte als Wertentscheidungen bzw. objektivrechtliche Prinzipien in der Rechtsprechung des Bundesverfassungsgerichts, in: AÖR 110, (1985), S. 363 ff.

ders.: Das allgemeine Persönlichkeitsrecht im Grundgesetz, in: NJW 1989, S. 857 ff.

Jarass/Pieroth: Grundgesetz für die Bundesrepublik Deutschland. 4. Aufl. 1997.

Jellinek, Georg: System der subjektiv-öffentlichen Rechte, 2. Aufl. 1905.

Jescheck/Goldmann: Die Behandlung der unechten Unterlassungsdelikte im deutschen und ausländischen Strafrecht, in: ZStW 77 (1965), S. 109 ff.

Jescheck/Triffterer: Ist die lebenslange Freiheitsstrafe verfassungswidrig ? Dokumentation über die mündliche Verhandlung vor dem Bundesverfassungsgericht am 22. und 23. März 1977. 1. Aufl. 1978, S. 127 ff.

Jescheck Hans-Heinrich/ Weigend Thomas: Lehrbuch des Strafrechts. Allgemeiner Teil. 5. Aufl. 1996.

Jung: Neuregelung des § 218 StGB, JuS 1976, S. 476 ff.

Kaiser, Günther: Kriminalisierung und Entkriminalisierung in Strafrecht und Kriminalpolitik, in: Festschrift für Ulrich Klug zum 70. Geburtstag. Band II. 1983, S. 579 ff.

Kallfelz: Urteilsanmerkung, in: DR 1941, S. 927 ff.

Kant, Immanuel: Metaphysik der Sitten. Herausgegeben von Rolf Toman. Köln. 1995.

Kasseler Kommentar: Sozialversicherungsrecht. Gesamtredaktion: Klaus Niesel. Band 1 und 2. Loseblatt.

Kaufmann, Armin: Die Dogmatik der Unterlassungsdelikte. Göttingen. 1959.

ders.: Die Aufgabe des Strafrechts, in: Strafrechtsdogmatik zwischen Sein und Wert, Gesammelte Aufsätze und Vorträge. 1982,

S. 263 (Hrsg. von Gerhard Dornseifer, Eckhard Horn, Georg Schilling, Wolfgang Schöne, Eberhard Struensee, Diethart Zielinski)

Kaufmann, Arthur: Recht und Sittlichkeit. Tübingen. 1964.

ders.: Subsidiaritätsprinzip und Strafrecht, in: Festschrift für Heinrich Henkel zum 70. Geburtstag. 1974, S. 89 ff.

ders.: Schuldprinzip und Verhältnismäßigkeitsgrundsatz, in: Festschrift für Richard Lange zum 70. Geburtstag. 1976, S. 27 ff.

ders.: Strafrechtspraxis und sittliche Normen, in: JuS 1978, S. 361 ff.

Kaun, Harald: Die Beteiligung am Selbstmord als strafrechtliches Problem. 1960.

Kargl, Walter: Unterlassene Hilfeleistung (§ 323 c StGB) Zum Verhältnis von Recht und Moral, in: GA 1994, S. 247 ff.

Kauczor, Herbert: Ist das Nichteingreifen bei fremden Selbstmord gemäß § 330 c StGB strafbar?, in: NJW 1962, S. 479 ff.

Kelsen, Hans: Reine Rechtslehre. 2. Aufl. 1960.

Kindhäuser: Zur Struktur des Wuchertatbestands, NStZ 1994, S. 105 ff.

Kienapfel, Diethelm: Strafrecht, Allgemeiner Teil. Eine systematische Darstellung des österreichischen Strafrechts, 4. Aufl. 1984.

Kirchhof, Paul: Unterschiedliche Rechtswidrigkeiten in einer einheitlichen Rechtsordnung. Heidelberg. 1978.

Kisker, Gunter: Neue Aspekte im Streit um den Vorbehalt des Gesetzes, in: NJW 1977, S. 1313 ff.

Kissin, Siegfried: Die Rechtspflicht zum Handeln bei den Unterlassungsdelikten, Zugleich ein Beitrag zur Lehre von der materiellen Rechtswidrigkeit. Breslau-Neukirch. 1933.

Klappenbach/Steinitz: Wörterbuch der deutschen Gegenwartssprache, 5. Band, 1976.

Klee K.: Die fahrlässige Tötung in der preußischen Praxis 1792 - 1812. Ein quellenmäßiger Beitrag zur Geschichte der Fahrlässigkeit, Archiv für Strafrecht und Strafprozeßrecht, Bd. 62, (1916), S. 394 ff.

Klein, Eckart: Diplomatischer Schutz und grundrechtliche Schutzpflicht, in: DÖV 1977, S. 704 ff.

ders.: Grundrechtliche Schutzpflicht des Staates, in: NJW 1989, S. 1633 ff.

Kleinfeller: Unterlassene Lebensrettung, DStZ 1921, S. 197 ff.

Klinkenberg, Henning: Die Rechtspflicht zum Weiterleben und ihre Grenzen - Zur Strafbarkeit der Teilnahme am Suizid -, in: JR 1978, S. 441 ff.

Klöpfer, Michael: Zum Grundrecht auf Umweltschutz. Berlin. 1978.

ders.: Der Vorbehalt des Gesetzes im Wandel, in: JZ 1978, S. 685 ff.

Klose: "Ius puniendi" und Grundgesetz, ZStW 86 (1974), S. 33 ff.

Klug, Ulrich: Rechtsphilosophische und rechtspolitische Probleme des Sexualstrafrechts, in: Skeptische Rechtsphilosophie und humanes Strafrecht, Band 2. Materielle und formelle Strafrechtsprobleme. 1981, S. 173 ff.

Knemeyer, Hans-Ludwig: Polizei- und Ordnungsrecht. 5. Aufl. 1993.

ders.: Polizei- und ordnungsrehtsliche Handlungsvollmachten, VVDStRl 35, (1977), S. 221 ff.

Köhler, August: Deutsches Strafrecht, Allgemeiner Teil. 1917.

Köhler, Michael: Freiheitliches Rechtsprinzip und Betäubungsmittelstrafrecht, ZStW 104 (1992), S. 3 ff.

Kohler: Die Menschenhülfe im Privatrecht, in: Iherings, Jahrbücher für die Dogmatik des heutigen römischen und deutschen Privatrechts, 25. Band, 1887, S. 1 ff.

Kohlhaas, Max: Das Recht auf den eigenen Tod, in: NJW 1973, S. 548 ff.

Kohlrausch-Lange: Strafgesetzbuch. 38. Aufl. 19?? und 43. Aufl. 1961.

Krahl, Matthias: Die Rechtsprechung des Bundesverfassungsgerichts und Bundesgerichtshofs zum Bestimmtheitsgrundsatz im Strafrecht (Art. 103 II GG). Frankfurt a.M. 1986.

Krauß, Detlef: Erfolgsunwert und Handlungsunwert im Unrecht, in: ZStW 76, (1964), S. 19 ff.

Kratzsch, Dietrich: Prinzipien der Konkretisierung von abstrakten Gefährdungsdelikten - BGHSt 38, 309, in: JuS 1994, S. 372 ff.

Krebs, Walter: Zum aktuellen Stand der Lehre vom Vorbehalt des Gesetzes, in: Jura 1979, S. 304 ff.

Kress, Johann: Commentatio succincta in constitutionem criminalem Caroli V. imperatoris, Hanoverae. 1744.

Krey, Volker: Verfassungskonforme Gesetzeskorrektur im Rahmen der notwendigen Verteidigung (§ 140 Abs. 1 Nr. 5 StPO)?, in: NJW 1970, S. 1908 f.

ders.: Studien zum Gesetzesvorbehalt im Strafrecht. Eine Einführung in die Problematik des Analogieverbots. Berlin 1977.

ders.: Zur Problematik richterlicher Rechtsfortbildung contra legem (I), in JZ 1978, S. 361 ff.

ders.: Rechtsfindung contra legem als Verfassungsproblem (III), in JZ 1978, S. 465 ff.

ders.: Keine Strafe ohne Gesetz. Einführung in die Dogmengeschichte des Satzes "nullum crimen, nulla poena sine lege". Berlin, New York 1983.

ders.: Gesetzestreue und Strafrecht, ZStW 101 (1989), S. 838 ff.

ders.: Zur Verweisung auf EWG-Verordnungen in Blankettstrafgesetzen am Beispiel der Entwürfe eines Dritten und Vierten Gesetzes zur Änderung des Weingesetzes, EWR 1981, S. 172 ff.

ders.: Zum Gewaltbegriff im Strafrecht. 1. Teil, in: Bundeskriminalamt -BKA- (Hrsg.), Was ist Gewalt? Bd. 1. 1986.

ders.: Strafrecht, Besonderer Teil. Bd. 1. 11. Aufl. 1998.

ders.: Strafrecht, Besonderer Teil. Bd. 2. 11. Aufl. 1997.

ders.: Strafverfahrensrecht. Bd. 1. 1988.

ders.: Das Bundesverfassungsgericht in Karlsruhe - ein Gericht läuft aus dem Ruder, JR 1995, S. 221 ff.

Kreuzer, Arthur: Ärztliche Hilfeleistungspflicht bei Unglücksfällen im Rahmen des § 330 c StGB. Hamburg. 1965.

ders.: Die unterlassene ärztliche Hilfeleistung in der Rechtsprechung, in: NJW 1967, S. 278 ff.

Kriele, Martin: § 218 StGB nach dem Urteil des Bundesverfassungsgerichts, in ZRP 1975, S. 73 ff.

Kriele: Anmerkung zum Urteil des BVerfG vom 25.2.1975, JZ 1975, S. 205 ff, in: JZ 1975, S. 222 ff.

Krug, August Otto: Commentar zu dem Strafgesetzbuch für das Königreich Sachsen vom 11.8.1955. Erste Abtheilung, Allgemeiner Theil. Leipzig. 1855.

ders.: Commentar zu dem Strafgesetzbuche für das Königreich Sachsen vom 11.8.1955. Zweite sehr vermehrte Ausgabe. Dritte Abtheilung, Abhandlungen aus dem Strafrechte. 1861.

Krumbiegel, Peter: Strafnormen als Verfassungsauftrag? Zugleich ein Beitrag zur Neuregelung des "Abtreibungsrechts", in: FamRZ 1975, S. 550 ff.

Kühl, Helmut: Die völkische Nothilfepflicht in Vergangenheit und Gegenwart. Diss. Leipzig. 1937.

Kühl, Kristian: Wertordnung oder Freiheitsordnung? Zur Bedeutung der Rechtsphilosophie für die Kriminalpolitik, in: GA 1977, S. 353 ff.

ders.: Naturrechtliche Grenzen strafwürdigen Verhaltens, in Festschrift für Günter Spendel zum 70. Geburtstag. 1992.

Kühne Hans Heiner: Zeugnisverweigerungsrecht im Strafprozeß - neue Wege für die Anwendung von Grundrechten ? - BVerfGE 33, 367, JuS 1973, S. 687 ff.

Küpper, Georg: Fahrlässige Brandstiftung mit tödlichem Ausgang - BGH, NJW 1989, 2479, in: JuS 1990, S. 187 ff.

Kunig, Philip: Grundrechtlicher Schutz des Lebens, Jura 1991, S. 415 ff.

Lackner, Karl: § 13 StGB - eine Fehlleistung des Gesetzgebers?, in: Festschrift für Wilhelm Gallas zum 70. Geburtstag, 1973, S. 117 ff.

Lackner/Kühl : Strafgesetzbuch. 23. Aufl. 1999.

Lammasch: Der norwegische Strafgesetzentwurf, in: ZStW (14), 1894, S. 505 ff.

Lampe: Recht und Moral staatlichen Strafens, in: Recht und Moral, S. 305 ff.

Lange, Richard: Ordnungswidrigkeiten als Vergehen, in: GA 1953, S. 3 ff.

ders.: Das dritte Strafrechtsänderungsgesetz (Strafrechtsbereinigungsgesetz), NJW 1953, S. 1161 ff.

ders.: Nochmals: Zu § 170 c StGB, FamRZ 1961, S. 161 ff.

Langer, Winrich: Verfassungsvorgaben für Rechtfertigungsgründe Strafrechtssystematische und verfassungsrechtliche Fragen zu § 218 a Abs. 1 StGB n.F. -, in JR 1993, S. 1 ff.

Lang-Hinrichsen, Dietrich: Zur Frage der Verfassungsmäßigkeit der "Fristenlösung" beim Schwangerschaftsabbruch, in: FamRZ 1974, S. 497 ff.

Larenz, Karl: Richterliche Rechtsfortbildung als methodisches Problem, in: NJW 1965, S. 1 ff.

ders.: Methodenlehre der Rechtswissenschaft. 1991.

Leibholz/Rinck/ Hesselberger: Grundgesetz für die Bundesrepublik Deutschland. Kommentar an Hand der Rechtssprechung des Bundesverfassungsgerichts. 7. Aufl. Stand: April 1993.

Leipziger Kommentar (LK): Strafgesetzbuch. 9. Aufl. 1977 (§ 330 c StGB n.F.). Strafgesetzbuch. 10. Aufl. 1978-1989; 11. Aufl. 1992 ff.

Lemmel, Hans-Peter: Unbestimmte Strafbarkeitsvoraussetzungen im Besonderen Teil des Strafrechts und der Grundsatz nullum crimen sine lege. Berlin. 1970.

Lenckner: Wertausfüllungsbedürftige Begriffe im Strafrecht und der Satz "nulla poena sine lege", JuS 1968, S. 304 ff.

ders.: Strafrecht und ärztliche Hilfeleistungspflicht, Praxis der Rechtsmedizin, 1986, S. 570 ff.

Leonhardt, Adolf: Commentar über das Criminal-Gesetzbuch für das Königreich Hannover, Erster Band. 1846.

Leonhard, Wilhelm: Der sogen. Liebesparagraph R.-St.-G.-B. § 360 Ziffer 10. Heidelberg, 1910.

Lerche: Stil, Methode, Ansichten, in: DVBl 1961, S. 690 ff.

Lisken: Freispruch für "Gurtmuffel" - ein Polizeiproblem?, in: NJW 1985, S. 3053 ff.

ders.: "Sicherheit" durch "Kriminalitätsbekämpfung"?, ZRP 1994, S. 49 ff.

v. Liszt: Der Zweckgedanke im Strafrecht, in: Strafrechtliche Vorträge und Aufsätze. 1905, Bd. 1.

Luchterhand, Otto: Grundpflichten als Verfassungsproblem in Deutschland. Berlin. 1988.

Luden: Abhandlungen aus dem gemeinen teutschen Strafrechte, Bd. 2. 1840.

ders.: Handbuch des teutschen gemeinen und particularen Strafrechts, 1. Band. 1847.

Lücke, Jörg: Der allgemeine Schuldausschließungsgrund der Unzumutbarkeit als methodisches und verfassungsrechtliches Problem, in: JR 1975, S. 55 ff.

Lüttger, Hans: Geburtsbeginn und pränatale Einwirkungen mit postnatalen Folgen, in: NStZ 1983, S. 481 ff.

Maiwald, Manfred: Zum fragmentarischen Charakter des Strafrechts, in: Festschrift für Reinhart Maurach zum 70. Geburtstag, 1972, S. 9 ff.

ders.: Grundlagenprobleme der Unterlassungsdelikte, in: JuS 1981, S. 473 ff.

von Mangoldt, Hermann: Grundrechte und Grundsatzfragen des Bonner Grundgesetzes, AÖR, 75 (1949), S. 273 ff.

von Mangoldt/Klein: Das Bonner Grundgesetz, 2. Aufl. Band I. 1957.

von Mangoldt/Klein/Starck: Das Bonner Grundgesetz, Kommentar, Band 1, 3. Aufl. 1984 und 4. Aufl. 1999.

Marcic, Rene: Vom Gesetzesstaat zum Richterstaat, Recht als Maßstab der Macht. Gedanken über den demokratischen Rechts- und Sozialstaat. 1957.

Marezoll Theodor: Das gemeine deutsche Criminalrecht als Grundlage der neuen

	Strafgesetzgebungen. 3. Aufl. Leipzig. 1856.
Martens:	Der Schutz des einzelnen im Polizei- und Ordnungsrecht, DÖV 1976, S. 457 ff.
Marx, Michael:	Zur Definition des Begriffs >Rechtsgut<. Köln. 1972.
Marxen, Klaus:	Der Kampf gegen das liberale Strafrecht. 1975.
Maunz/Dürig/Herzog:	Grundgesetz, Kommentar, 5 Bände (Loseblatt), München. Stand: Juni 1999.
Maunz/Zippelius:	Deutsches Staatsrecht. 30. Aufl. München 1998.
Maurach, Reinhart:	Anm. zu BGH, JR 1956, S. 347 ff, in: JR 1956, S. 348 ff.
ders:	Deutsches Strafrecht, Besonderer Teil. 1. Aufl. 1953 und 5. Aufl. 1969.
Maurach/Schroeder:	Strafrecht, Besonderer Teil, Teilband 2. 6. Aufl. 1981.
Maurach/Schroeder/ Maiwald:	Strafrecht, Besonderer Teil, Teilband 2. Straftaten gegen die Gemeinschaftswerte. 7. Aufl. 1991.
Mayer, Hellmuth:	Strafrecht, Allgemeiner Teil. 1953.
Mayer, Max Ernst:	Rechtsphilosophie. Berlin. 1922.
Meckbach, Chr.:	Anmerkungen über Kayser Carl des V. und des Heiligen Römischen Reichs Peinliche Halsgerichtsordnung. Jena 1756.
Menger, Christian-Friedrich:	Der Begriff des sozialen Rechtsstaates im Bonner Grundgesetz. 1953.
ders.:	Höchstrichterliche Rechtsprechung zum Verwaltungsrecht, in: VerwArch. 50 (1959), S. 387 ff.
Merten, Detlef:	Grundpflichten im Verfassungssystem der Bundesrepublik Deutschland, in: BayVBl 1978, S. 554 ff.
ders.:	Rechtsstaatlichkeit und Gnade. Berlin. 1978.
ders.:	Grundpflichten im Verfassungssystem der Bundesrepublik Deutschland, BayVBl 1978, S. 554 ff.

Mertens Franz Josef: Die Zulässigkeit von Arbeitszwang und Zwangsarbeit nach dem Grundgesetz und der Europäischen Konvention für Menschenrechte und Grundfreiheiten. Köln. 1964.

Metzler, Norbert: Methodik der Rechtsanwendung oder Wie gehe ich nur gg um. Mayen 1994.

Mezger, Edmund: Strafrecht, Studienbuch, Bd. II. 1949.

Michel, Helmut: Die verfassungskonforme Auslegung, in: JuS 1961, S. 274 ff.

Mittermaier C.J.A.: Lehrbuch des gemeinen in Deutschland gültigen Peinlichen Rechts von Dr. Anselm Ritter von Feuerbach. 1847.

ders.: Die Strafgesetzgebung in ihrer Fortbildung, Zweiter Beitrag. 1843.

Model/Müller: Grundgesetz für die Bundesrepublik Deutschland. Taschenkommentar für Studium und Praxis. 11. Aufl. 1996.

Mommsen, Theodor: Römisches Strafrecht. Photomechanischer Nachdruck der Ausgabe von 1899. Darmstadt. 1955.

Morgenstern, Henrike: Unterlassene Hilfeleistung, Solidarität und Recht. Frankfurt a.M. 1997.

Moritz, Herbert: Die Pflicht zum Handeln bei den unechten Unterlassungsdelikten. Marburg, 1941.

Müller, Eberhard: Die strafbare Hülfeverweigerung. Göttingen, 1896.

Müller-Dietz, Heinz: Strafe und Staat. Frankfurt a.M. 1973.

ders.: Zur Problematik verfassungsrechtlicher Pönalisierungsgebote, in: Jung/Müller-Dietz (Hrsg.), § 218 Dimensionen einer Reform. 1983.

Müller-Emmert, Adolf: Sozialschädlichkeit und Strafbarkeit, in GA 1976, S. 291 ff.

v. Münch, Ingo: Grundbegriffe des Staatsrechts I. 5. Aufl. 1993.

v. Münch/Kunig: Grundgesetz-Kommentar. Bd. I. 4. Auflage. München. 1992.

Münchener Kommentar: zum Bürgerlichen Gesetzbuch, Band 4. 3. Aufl. 1997.

Nagler: Urteilsanmerkung, ZAkDR 1940, S. 226

Naucke, Wolfgang: Der Aufbau des § 330 c StGB Zum Verhältnis zwischen Allgemeinem und Besonderen Teil des Strafrechts, in: Festschrift für Hans Welzel zum 70. Geburtstag, 1974, S. 761 ff.

ders.: Über Generalklauseln und Rechtsanwendung im Strafrecht. Tübingen. 1973.

Naujoks, Rolf: Verbesserte Firstenlösung oder befristete Lösung? Fragwürdigkeiten und Widersprüchlichkeiten in den Gründen schwächen die Wirkungskraft einer Entscheidung, in: EuGRZ 1975, S. 359 ff.

Nickel, Egbert: Die Problematik der unechten Unterlassungsdelikte im Hinblick auf den Grundsatz "nullum crimen sine lege". Berlin. 1972.

Niethammer: Lehrbuch des besonderen Teils des Strafrechts. 1950.

Nipperdey, Hans Carl: Die Grundrechte und Grundpflichten der Reichsverfassung. 1. Band. 1930.

North, Albert: Die Nothilfepflicht im deutschen Strafrecht unter Berücksichtigung ihrer geschichtlichen Grundlage sowie der ausländischen Gesetzgebung. Borna-Leipzig, 1906.

Nowakowski, Friedrich: Die Grund- und Menschenrechte in Relation zur strafrichterlichen Gewalt, in: ÖJZ 1965, S. 281 ff.

von Olshausen, J.: Kommentar zum Strafgesetzbuch für das Deutsche Reich, Zweite Band. 11. Aufl. Berlin. 1927.

Oppenhoff, F. D.: Das Strafgesetzbuch für die Preußischen Staaten und das Gesetz über die Einführung desselben. Berlin. 1856.

Oppenhoff Th.F: Das Strafgesetzbuch für das Deutsche Reich. Sechste Ausgabe. Berlin. 1877.

ders.: Das Strafgesetzbuch für das Deutsche Reich. Vierzehnte verbesserte und bereicherte Ausgabe, 1901.

Ossenbühl, Fritz: Die Interpretation der Grundrechte in der Rechtsprechung des Bundesverfassungsgerichts, in: NJW 1976, S. 2100 ff.

Ostendorf, Heribert: Das Geringfügigkeitsprinzip als strafrechtliche Auslegungsregel (zugleich eine Anmerkung zu OLG Hamm NJW 1980, 2537), in: GA 1982, S. 333 ff.

Ott, Wolfgang: Die gemeindliche Straßenreinigung als Natural- und Geldlast.

Berlin. 1978.

Otto, Harro: Grundkurs Strafrecht, Allgemeine Strafrechtslehre. 5. Aufl. 1996.

ders.: Grundkurs Strafrecht, Die einzelnen Delikte. 5. Aufl. 1998.

ders.: Strafwürdigkeit und Strafbedürftigkeit als eigenständige Deliktskategorien?, in: Gedächtnisschrift für Horst Schröder, 1978, S. 53 ff.

ders.: Konzeption und Grundsätze des Wirtschaftsstrafrechts (einschließlich Verbraucherschutz), ZStW 96.1 (1984), S. 339 ff.

ders.: Recht auf den eigenen Tod, DJT Gutachten 1986, D.

ders.: Anm. zu OlG München, NJW 1987, S. 2940, in: JK 88, StGB § 323 c/2.

ders.: Anmerkung zum Beschluß des BVerfG vom 18.10.1989 - 1 BvR 1013/89 -, in: NStZ 1990, S. 178 ff.

Pawlik, Michael: Unterlassene Hilfeleistung: Zuständigkeitsbegründung und systematische Struktur, GA 1995, S. 360 ff.

Pawlowski, Hans-Martin: Die Aufgabe des Richters bei der Bestimmung des Verhältnisses von Recht, Sittlichkeit und Moral, in: Archiv für Rechts- und Sozialphilosophie, (50), 1964.

Pedotti, Ernst: Die Unterlassung der Nothilfe mit besonderer Berücksichtigung des geltenden und künftigen schweizerischen Rechtes. Aarau, 1911.

Pestalozza, Christian: Verfassungsprozeßrecht. 3. Aufl. 1991.

ders.: Gesetzgebung im Rechtsstaat, in: NJW 1981, S. 2081 ff.

Peters, Karl: Urteilsanmerkung, in: JZ 1972, S. 85 f.

ders.: Beschränkung der Tatbestände im Besonderen Teil, ZStW 77 (1965), S. 470 ff.

ders.: Die freie Entfaltung der Persönlichkeit als Verfassungsziel, in: Festschrift für Rudolf Laun zu seinem 70. Geburtstag, 1953, S. 669 ff.

Pfannmüller, Norbert: Die vorsätzliche Begehungstat und der § 330 c StGB, MDR 1973, S. 725 ff.

Pfeiffer/Maul/Schulte: Strafgesetzbuch. 1969.

Pflitsch, Siegfried: Die Hilfeverpflichtung im Deutschen Strafrecht. Diss. Bonn. 1951.

Philipps Lothar: Der Handlungsspielraum - Untersuchungen über das Verhältnis von Norm und Handlung im Strafrecht. Frankfurt. 1974.

Pieroth/Schlink: Grundrechte, Staatsrecht II. 15. Aufl. 1999.

Poetzsch-Hesster, Fritz: Handkommentar der Reichsverfassung. 3. Aufl. 1928.

Preisedanz, Holger: Strafgesetzbuch. 30. Aufl. 1978.

Prümm, Hans Paul: "Verfassungskonforme Auslegung" –BverfGE 35, 263, in: JuS 1975, S. 299 ff.

ders.: Verfassung und Methodik. Beiträge zur verfassungskonformen Auslegung, Lückenergänzung und Gesetzeskorrektur unter besonderer Berücksichtigung des vierten Änderungsgesetz zum Bundesverfassungsgerichtsgesetz. 1977.

Radbruch, Gustaf: Rechtsphilosophie, 8. Aufl. Herausgegeben von Erik Wolf und Hans-Peter Schneider. 1973.

Ranft, Otfried: Rechtsprechungsbericht zu den Unterlassungsdelikten - Teil 1, in: JZ 1987, S. 859 ff.

Ratsch, Kurt: Führerflucht und Nothilfepflicht. Diss. Rostock. 1940.

Rebmann/Roth/Herrmann: Gesetz über Ordnungswidrigkeiten, Kommentar, 3. Aufl. Loseblatt, Stand: April 1999.

Reiff/Wöhrle/Heinz: Polizeigesetz für Baden-Württemberg, 3. Aufl. 1984.

Rein, Wilhelm: Das Criminalrecht der Römer von Romulus bis Justinianus. 1844.

Reihe Alternativkommentare: Strafgesetzbuch, Band 1, Allgemeiner Teil. 1990. Gesamtherausgeber: Rudolf Wassermann.

Reihe Alternativkommentare: Kommentar zum Grundgesetz für die Bundesrepublik Deutschland. Band 1. Art. 1 - 20. Gesamtherausgeber: Rudolf Wassermann. 2. Aufl. 1989.

Reis, Hans: Die Rechtsprechung des US-Supreme Court zum Schwangerschaftsabbruch und die deutsche Rechtstradition, in: Festschrift für Willi Geiger zum 65. Geburtstag. 1974, S. 113 ff.

ders.: Das Lebensrecht des ungeborenen Kindes als Verfassungsproblem. Tübingen. 1984.

Von Repgow, Eike: Der Sachsenspiegel (Landrecht) von Dr. Hans Christoph Hirsch. 1936.

Riegel, Reinhard: Polizei- und Ordnungsrecht in der Bundesrepublik Deutschland. 1981.

Rippa, Gabriele: Anm. BGH, NStZ 1987, S. 127, in: NStZ 1988, S. 553.

Robbers, Gerhard: Sicherheit als Menschenrecht: Aspekte der Geschichte, Begründung und Wirkung einer Grundrechtsfunktion. Baden-Baden. 1987.

Roellecke, Gerd: Prinzipien der Verfassungsinterpretation in der Rechtsprechung des Bundesverfassungsgerichtes, in: Bundesverfassungsgericht und Grundgesetz, Festgabe aus Anlaß des 25 jährigen Bestehens des Bundesverfassungsgerichts, Zweiter Band, Verfassungsauslegung. 1. Aufl. 1976. S. 22 ff.

ders.: Grundrechte und Abtreibungsverbot, in: Baumann, Das Abtreibungsverbot des § 218 StGB, eine Vorschrift, die mehr schadet als nützt. 1971, S. 39 ff.

Röwer: Der Irrtum über die Grenzen der Hilfspflicht des § 330 c StGB, in: NJW 1959, S. 1263 f.

Roos Gerhard: Entkriminalisierungstendenzen im Besonderen Teil des Strafrechts. Frankfurt a.M. 1981.

Roxin, Claus: Verwerflichkeit und Sittenwidrigkeit als unrechtsbegründende Merkmale im Strafrecht, JuS 1964, S. 373.

ders.: Sinn und Grenzen staatlicher Strafe, in: JuS 1966, S. 377.

ders.: Unterlassung, Vorsatz und Fahrlässigkeit, Versuch und Teilnahme im neuen Strafgesetzbuch, in: JuS 1973, S. 197 ff.

ders.: Kriminalpolitik und Strafrechtssystem, 2. Aufl. 1973.

ders.: Strafrecht, Allgemeiner Teil, Band I, Grundlagen, Der Aufbau der Verbrechenslehre. 3. Aufl. 1997.

Rubo, Ernst Traugott: Kommentar über das Strafgesetzbuch für das deutsche Reich. Berlin. 1879.

Rudolphi, Hans-Joachim: Die verschiedenen Aspekte des Rechtsgutsbegriffs, in: Festschrift für Richard M. Honig, 1970, s. 151 ff.

ders.: Straftaten gegen das werdende Leben, in: ZStW 83 (1971), S. 105 ff.

ders.: Inhalt und Funktionen des Handlungsunwertes im Rahmen der personalen Unrechtslehre. Festschrift für Rheinhart Maurach zum 70. Geburtstag, 1972.

ders.: Die Bedeutung eines Gewissensentscheides für das Strafrecht, in: Festschrift für Hans Welzel zum 70. Geburtstag, 1974, S. 605 ff.

ders.: Anmerkung zum Beschluß des AG Tiergarten vom 2.3.1990, NStZ 1991, S. 236, in: NStZ 1991, S. 237 ff.

Rüfner: Einführung in das Sozialrecht. 1977.

Rüping, Hinrich: Grundriß der Strafrechtsgeschichte. 3. Aufl. 1998.

Rüpke, Giselher: Schwangerschaftsabbruch und Grundgesetz: eine Antwort auf das in der Entscheidung des Bundesverfassungsgerichts vom 25.2.1975 ungelöste Verfassungsproblem. 1. Aufl. Frankfurt. 1975.

Rump/Hammer: Zur Verfassungswidrigkeit des § 217 StGB, in: NStZ 1994, S. 69 ff.

Rutkowsky: Die Rechtsprechung des Reichsgerichts zu dem normativen Schuldelement und das unechte Unterlassungsdelikt, DR 1939, S. 1041.

Sachs, Michael: Bindungswirkungen bei verfassungskonformer Gesetzesauslegung durch das Bundesverfassungsgericht, in: NJW 1979, S. 344 ff.

ders.: Die relevanten Grundrechtsbeeinträchtigungen, in: JuS 1995, S. 303.

Saladin, Peter: Grundrechtsfeform in rechtsvergleichender Sicht, in: Festschrift für Hans R. Klecatsky, 2. Teilband. 1980.

Samper/Honnacher: Polizeiaufgabengesetz -PAG- Gesetz über die Aufgaben und Befugnisse der Bayerischen Staatliche Polizei. 14. Aufl. 1987.

Samson, Erich: Begehung und Unterlassung, in: Festschrift für Hans Welzel zum 70. Geburtstag. 1974.

Sauer, Wilhelm: Kausalität und Rechtswidrigkeit der Unterlassung. Festgabe für Reinhard von Frank zum 70. Geburtstag, 16. Aug. 1930, Bd. I, 1930.

ders.: Das Unterlassungsdelikt. Seine Stellung im Gefährdungs- und Willensstrafrecht, in: Der Gerichtssaal 114, S. 279 ff.

ders.: Allgemeine Strafrechtslehre. 3. Aufl. 1955.

ders.: System des Strafrechts, Besonderer Teil. 1954.

Sax, Walter: Sterbehilfe durch vorzeitigen Abbruch einer Intensivbehandlung, in: JZ 1975, S. 137 ff.

ders.: "Tatbestand" und Rechtsgutsverletzung (I), in: JZ 1976, S. 9 ff.

Schack, Friedrich: Die verfassungskonforme Auslegung, in: JuS 1961, s. 269 ff.

Schäfer, Helmut: Grundlagen des Rechts. Einführung in das Rechtsdenken. 1989.

Schäfer, Karl: Das Gesetz zur Änderung des Strafgesetzbuchs vom 28. Juni 1935 (RGBl. I, 839), in: JW 1935, S. 2323 ff.

Schaffstein: Das Verbrechen als Pflichtverletzung, in: Grundfragen der neuen Rechtswissenschaft. Berlin 1935, S. 108.

ders.: Das Verbrechen eine Rechtsgutverletzung?, DStR 1935, S. 97 ff.

ders.: Der Streit um das Rechtsgutverletzungsdogma, DStR 1937, S. 335 ff.

Schambeck, Herbert: Ethik und Staat. Berlin. 1986.

Scheffler, Uwe: Zur Strafbarkeit von "Gaffern", in: NJW 1995, S. 232 ff.

Schenke, Wolf-Rüdiger: Der Umfang der bundesverfassungsgerichtlichen Überprüfung, in: NJW 1979, S. 1321 ff

Schenke: Anmerkung zum Beschluß des BVerfG vom 14.5.1985, DVBl 1985, S. 1367 f.

Schlaich, Klaus: Das Bundesverfassungsgericht. 4. Aufl. 1997.

ders.: Das Bundesverfassungsgericht - Stellung, Verfahren, Entscheidung, in: JuS 1982, S. 437 ff.

Schmalz, Dieter: Methodenlehre für das juristische Studium. 3. Aufl. 1992.

ders.: Grundrechte. 3. Aufl. 1997.

Schmid, Stefan: Einführung in die Philosophie des Rechts. München. 1991.

Schmid, Werner: Anmerkungen über den Codicem Juris Bavarici Criminalis. 1988.

Schmid: Das strafbare Unterlassen in heutiger Rechtsprechung, DStR 1936, S. 424 ff.

Schmidt-Assmann, Eberhard: Anwendungsprobleme des Art. 2 Abs. 2 GG im Immissionsschutzrecht, AÖR (106), 1981, S. 205 ff.

ders.: Besonderes Verwaltungsrecht. 11. Auflage. 1999

Schmidhäuser, Eberhard: Fluchtverbot und Anzeigegebot bei Verkehrsunfällen, JZ 1955, S. 433 ff.

ders: Strafrecht, Allgemeiner Teil, Lehrbuch. 2. Aufl. 1975.

ders.: Strafrecht, Allgemeiner Teil, Studienbuch. 2. Aufl. 1984.

ders.: Strafrecht, Besonderer Teil. 2. Aufl. 1983.

ders.: Anm. zu AG München, NStZ 1986, S. 458 f, in: NStZ 1986, S. 460 ff.

ders.: Gesinnungsmerkmale im Strafrecht. 1958.

Schmidt, Eberhard: Die Besuchspflicht des Arztes unter strafrechtlichen Gesichtspunkten. Heidelberg, 1949

ders.:	Einführung in die Geschichte der deutschen Strafrechtspflege, 3. Aufl. 1965.
ders.:	Verfassungskonforme Auslegung des § 116 StGB ?, JR 1968, S. 321 ff.
ders.:	Anm. zum Urteil des BayOblG vom 26.11.1968, JZ 1969, S. 395 ff.
Schmidt, Walter:	Das polizeiliche und militärische Aufforderungsrecht zur Nothilfeleistung nach § 360 Ziffer 10 StGB. unter besonderer Berücksichtigung des Verhältnisses zwischen Wehrmacht und Polizei nach dem gegenwärtigen Rechtszustand. Göttingen, 1931.
Schmidt-Bleibtreu/ Klein:	Kommentar zum Grundgesetz. 9. Aufl. 1999.
Schmidt-Salzer, Joachim:	Vorkonstitutionelle Gesetze, verfassungskonforme Auslegung und ungeschriebene unbestimmte Rechtsbegriffe, in: DÖV 1969, S. 97 ff.
Schmitt, Rudolf:	Der Anwendungsbereich von § 1 Strafgesetzbuch (Art. 103 Abs. 2 Grundgesetz), in: Festschrift für Hans-Heinrich Jescheck zum 70. Geburtstag, 1985, S. 223 ff.
ders.:	Der Arzt und sein lebensmüder Patient, in: JZ 1984, S. 866 ff.
ders.:	Das Recht auf den eigenen Tod, in: MDR 1986, S. 617 ff.
Schneider, Hans:	Fünf Jahre Grundgesetz, in: NJW 1954, S. 937 ff.
Schneider Hans-Peter:	Die Gesetzmäßigkeit der Rechtsprechung, DÖV 1975, S. 443 ff.
Schneidewin:	Anmerkung zum Urteil des OLG Stuttgart vom 19.4.1951, MDR 1951, S. 566 f, in: MDR 1951, S. 567 ff.
Schöne, Wolfgang:	Unterlassene Erfolgsabwendungen und Strafgesetz, Zur gesetzlichen Regelung unechter Unterlassungsdelikte. Köln. 1974.
Schönke:	Strafgesetzbuch. Kommentar. 4. Aufl. 1949.
Schönke/Schröder:	Strafgesetzbuch. Kommentar. 25. Aufl. 1997.
Scholz, Georg:	Grundgesetz I, Grundlagen Die Grundrechte. 6. Aufl. 1990.

Scholz, Rupert: Die Koalitionsfreiheit als Verfassungsproblem. 1971.

Schramm, Hermann: Die Nothilfepflicht nach § 360 Ziff. 10 RStGB und ihre Reform. München, 1936.

Schreiber: Gesetz und Richter. 1975.

Schreiber, Hans-Ludwig: Recht und Ethik - am Beispiel des Arztrechts. Festschrift für Hans Dünnebier zum 75. Geburtstag. 1982.

Schröder, Horst: Anm. zu BGH, JR 1958, S. 184 ff, in: JR 1958, S. 186 ff.

ders.: Die Bestimmtheit von Strafgesetzen am Beispiel vom groben Unfug, in: JZ 1969, S. 775 ff. JZ 1969, S. 775 ff.

ders.: Die Unterlassungsdelikte, Tübinger Festschrift für Eduard Kern, 1968, S. 457 ff.

Schubert/Regge/Schmid/Schröder: Kodifikationsgeschichte Strafrecht. 1988.

Schünemann Bernd: Grund und Grenzen der unechten Unterlassungsdelikte: zugleich ein Beitrag zur strafrechtlichen Methodenlehre. Göttingen. 1971

Schultz, Hans: Abschied vom Strafrecht, in: ZStW 92 (1980), S. 611 ff.

Schuppert, Gunnar: Zur Frage der Verfassungsmäßigkeit und verfassungskonformen Auslegung und Anwendung von § 353 d Ziffer 3 StGB, in AfP 1984, S. 67 ff.

Schwarz, Joachim: Die Unterscheidung zwischen echten und unechten Unterlassungsdelikten. München. 1967.

Schwarze, Friedrich Oskar: Commentar zum Strafgesetzbuch für das Deutsche Reich. 5. Aufl. 1884.

Schweiger, Karl: Selbstmord und Hilfeleistungspflicht, in: NJW 1955, S. 816 ff.

Schwind/Gietl/Zwenger: Der (non-helping) bystander-Effekt, in: Kriminalistik 1991, S. 233 ff.

Seebald, Rudolf: Relative Rechtswidrigkeit und partiell strafrechtsfreier Raum als Denkmodell zu § 218 StGB, in: GA 1974, S. 336 ff.

Seebode, Manfred: Freisprüche für "Gurtmuffel" - Bemerkungen, über die Freiheit, sich selbst zu schützen, JR 1986, S. 265 ff.

Seeler: Beihilfe zum Selbstmord – unterlassene Hilfeleistung?, in: NJW 1958, S. 1860.

Seelmann, Kurt: Opferinteressen und Handlungsverantwortung in der Garantenpflichtdogmatik, GA 1989, S. 241 ff.

ders.: "Unterlassene Hilfeleistung" oder: Was darf das Strafrecht?, in: JuS 1995, S. 281 ff.

Seetzen, Uwe: Bindungswirkung und Grenzen der verfassungskonformen Gesetzesauslegung, in: NJW 1976, S. 1997 ff.

Seewald, Otfried: Gesundheit als Grundrecht: Grundrechte als Grundlage von Ansprüchen auf gesundheitsschützende staatliche Leistungen. 1982.

Seifert/Hömig: Grundgesetz für die Bundesrepublik Deutschland. Taschenkommentar. 4. Aufl. 1991.

Seitz, Werner: Die Erfolgsabwendungspflicht und ihre Abgrenzung gegenüber der Hilfspflicht des § 330 c StGB. 1938.

Siebenhaar: Der Begriff der Gemeingefährlichkeit und die gemeingefährlichen Delikte nach dem Reichsstrafgesetzbuche, ZStW 4 (1884), S. 245 ff.

Sieber, Ulrich: Die Abgrenzung von Tun und Unterlassen bei der "passiven" Gesprächsteilnahme - Zugleich eine Besprechung der Entscheidung BGH 3 StR 398/81 vom 10.2.1982 -, JZ 1983, S. 431.

Simon, Helmut: "Die verfassungskonforme Gesetzesauslegung", in: EuGRZ 1974, S. 85 ff.

Skouris, Wassilios: Teilnichtigkeit von Gesetzen. Berlin. 1973.

Spanner, Hans: Die verfassungskonforme Auslegung in der Rechtsprechung des Bundesverfassungsgerichts, in AÖR 91 (1966), S. 503 ff.

Spendel, Günter: "Heimtücke" und gesetzliche Strafe bei Mord. Zum Urteil des BGH v. 26.8.1982 - 4 StR 357/82, in: JR 1983, S. 269.

Spengler, Bernd: Aids und unterlassene Hilfeleistung, in: DRiZ 1990, S. 259 ff.

Starck, Christian: Europas Grundrechte im neuesten Gewand, in: Festschrift für

Hans Huber zum 80. Geburtstag, 1981, S. 467 ff.

Stein, Ekkehart: Staatrecht 16. Aufl. 1998.

Stein, Erwin: Die verfassungsrechtlichen Grenzen der Rechtsfortbildung durch die Rechtsprechung, in: NJW 1964, S. 1745 ff.

Steiner, Udo: Besonderes Verwaltungsrecht. 6. Aufl. 1999.

Stenglein Melchior: Commentar über das Strafgesetzbuch für das Königreich Bayern und das Gesetz über die Einführung des Strafgesetzbuches und des Polizeistrafgesetzbuches. Nachdruck, Frankfurt am Main. Kodifikationsgeschichte Strafrecht.
1. Das Einführungsgesetz und des Strafgesetzbuches allgemeine Bestimmungen - Nachdruck der Ausgabe München, Kaiser 1861 -. 1989.
2. Des Strafgesetzbuches besondere Bestimmungen über die einzelnen strafbaren Handlungen - Nachdruck der Ausgabe München, Kaiser, 1862 -. 1989.

ders.: Sammlung der deutschen Strafgesetzbücher, Bd. I, 1858.

Stern, Klaus: Menschenwürde als Wurzel der Menschen- und Grundrechte, in: Festschrift für Hans Ulrich Scupin zum 80. Geburtstag. 1983.

ders.: Das Staatsrecht der Bundesrepublik Deutschland, Band I, Grundbegriffe und Grundlagen des Staatsrechts, Strukturprinzipien der Verfassung, 2. Aufl. 1984.

ders.: Das Staatsrecht der Bundesrepublik Deutschland, Band III, Allgemeine Lehren der Grundrechte, 1. Halbband, 1988.

Stieve, Hermann: Die unterlassene Hilfeleistung ihre Behandlung im deutschen Strafrecht, sowie deren geschichtliche Grundlage. Diss. Erlangen. 1936.

Stober, Rolf: Grundpflichten und Grundgesetz. Berlin. 1978.

ders.: Entwicklung und Wandel der Grundpflichten, in: Recht und Staat im sozialen Wandel, Festschrift für Ulrich Scupin zum 80. Geburtstag, 1983, S. 643 ff.

Storsberg, Günther: Der gegenwärtige Umfang der Nothilfepflicht im Strafgesetzbuch. Göttingen, 1952.

Stratenwerth, Günter: Zur Relevanz des Erfolgsunwertes im Strafrecht. Festschrift für Friedrich Schaffstein zum 70. Geburtstag, 1975, S. 177 ff.

ders.: Strafrecht, Allgemeiner Teil I. 3. Aufl. 1981.

Stree Walter: Deliktsfolgen und Grundgesetz. Zur Verfassungsmäßigkeit der Strafen und sonstigen strafrechtlichen Maßnahmen. 1960.

Streng, Franz: Unterlassene Hilfeleistung als Rauschtat?, in: JZ 1984, S. 114 ff.

Systematischer Kommentar (SK): Strafgesetzbuch, Band I, Band II.

Tiedemann, Klaus: Tatbestandsfunktionen im Nebenstrafrecht. Tübingen. 1969.

ders.: Die mutmaßliche Einwilligung, insbesondere bei Unterschlagung amtlicher Gelder – OLG Köln, NJW 1968, 2348, in: JuS 1970, S. 108 ff.

ders.: Die Fortentwicklung der Methoden und Mittel des Strafrechts unter besonderer Berücksichtigung der Entwicklung der Strafgesetzgebung, in: ZStW 86, (1974), S. 303 ff.

ders.: Verfassungsrecht und Strafrecht. Heidelberg. 1991.

Traeger, Ludwig: Das Problem der Unterlassungsdelikte im Straf- und Zivilrecht, in: Festgaben für Ludwig Enneccerus dargebracht von den Mitgliedern der Juristischen Fakultät zu Marburg a.L. 1913, S. 5 ff.

ders.: Zu den Entwürfen zu einem deutschen Strafgesetzbuch, in: ZStW 43 (1923), S. 117 ff.

Treviranus, Hans: Nochmals: Diplomatischer Schutz und grundrechtliche Schutzpflicht, in: DÖV 1979, S. 35 ff.

Tröndle/Fischer : Strafgesetzbuch und Nebengesetze, 49. Aufl. 1999.

Uber, Giesbert: Arbeitszwang, Zwangsarbeit, Dienstpflichten, in: Hamburger Festschrift für Friedrich Schack zu seinem 80. Geburtstag. 1966.

Ulsenheimer, Klaus: Anm. zu BGH, StV 1986, S. 201, in: StV 1986, S. 201 ff.

ders.: Zumutbarkeit normgemäßen Verhaltens bei Gefahr eigener Strafverfolgung, GA 1972, S. 218 ff.

Umbach/Clemens: Bundesverfassungsgerichtsgesetz. Mitarbeiterkommentar und Handbuch. 1992.

Vermander, Eduard: Unfallsituation und Hilfspflicht im Rahmen des § 330 c StGB. 1969.

Vogler, Theo: Möglichkeiten und Wege einer Entkriminalisierung, in: ZStW 90 (1978), S. 132 ff.

Vogt, Alfons: Das Pflichtproblem der kommissiven Unterlassung, ZStW 63, 1951, S. 381 ff.

Volk, Klaus: Strafrecht und Wirtschaftskriminalität, in: JZ 1982, S. 85 ff.

ders.: Entkriminalisierung durch Strafwürdigkeitskriterien jenseits des Deliktsaufbaus, in: ZStW 97 (1985), S. 871 ff.

Volz G.B.: Die Werke Friedrichs des Großen. Band 7. 1912.

Wach Adolf: Der besondere Teil des meuesten Entwurfs des Deutschen Strafgesetzbuches, in: DStZ 1921, Sp. 67 ff, 131 ff.

Wachenfeld, Friedrich: Lehrbuch des deutschen Strafrechts, 1914.

Wagner Heinz: Kommentar zum Polizeigesetz von Nordrhein-Westfalen und zum Musterentwurf eines einheitlichen Polizeigesetzes des Bundes und der Länder. 1987.

Wahl/Masing: Schutz durch Eingriff, in: JZ 1990, S. 553 ff.

Walzendorff, Kurt: Polizeidienstpflicht. Ein Beitrag zur Entwicklungsgeschichte der modernen Staatsverwaltung, in VerwArch (15), 1907, S. 523 ff.

Wank, Rolf: Die verfassungsgerichtliche Kontrolle der Gesetzesauslegung und Rechtsfortbildung durch die Fachgerichte, JuS 1980, S. 545 ff.

Wassermann, Rudolf: Das Recht auf den eigenen Tod, in: DRiZ 1986, S. 291 ff.

von Weber, Hellmuth: Das Notstandsproblem und seine Lösung in den deutschen Strafgesetzentwürfen von 1919 und 1925.

Weber, Ulrich: Die Überspannung der staatliche Bußgeldgewalt, in: ZStW 1980, (92), 1980, S. 313 ff.

ders.: Zur strafrechtsgestaltenden Kraft des Zivilrechts, in: Festschrift für Fritz Bauer, 1981, S. 133 ff.

Welzel, Hans: Das deutsche Strafrecht. 3. Aufl. 1954; 11. Aufl. 1969.

ders.: Über den substantiellen Begriff des Strafgesetzes, in: Festschrift für Eduard Kohlrausch, 1944, S. 101 ff.

ders.: Zur Dogmatik der echten Unterlassungsdelikte, insbesondere des § 330 c StGB, in: NJW 1953, S. 327 ff.

Weinberger: Rechtslogik: Versuch einer Anwendung moderner Logik auf das juristische Denken. 2. Aufl. Berlin. 1989.

Weis, Ludwig: Das Strafgesetzbuch für das Königreich Bayern samt dem Gesetze vom 10. November 1861 zur Einführung des Strafgesetzbuches und des Polizeistrafgesetzbuches. Erster Band. Nördlingen. 1863.

Weiske/Hildebrand: Der Sachsenspiegel (Landrecht) nach der ältesten Leipziger Handschrift. 11. Unver. Auflage. 1929.

Weiß: Das Lebensrecht ungeborener Kinder und ihr strafrechtlicher Schutz in der Schwangerschaft, JR 1993, S. 449 ff.

Wessels/Beulke: Strafrecht. Allgemeiner Teil: Die Straftat und ihr Aufbau, 29. neub. Aufl. 1999.

Wessels/Hettinger: Strafrecht, Besonderer Teil, Straftaten gegen Persönlichkeits- und Gemeinschaftswerte, 1. Band. 23. Aufl. 1999.

Wieczorek, Eberhard: Strafrecht, Kurzlehrbuch. 6. Aufl. 1994.

Wiedenroth, Herbert: Die Verletzung der Hilfeleistungspflicht (unter besonderer Berücksichtigung der historischen Entwicklung im germanischen Recht und der ausländischen Gesetzgebung.). Diss. Erlangen. 1936.

Wilda, Wilhelm Eduard: Das Strafrecht der Germanen. Geschichte des Deutschen Strafrechts, Band 1. Halle. 1842.

Wildanger, Heribert: Die Nothilfepflicht nach der neuen Fassung des § 330 c StGB (Drittes Strafrechtsänderungsgesetz vom 4.8.1953). Köln, 1955.

Wintrich, Josef M.: Zur Problematik der Grundrechte. 1957

Woesner: Generalklausel und Garantiefunktion der Strafgesetze, NJW 1963, S. 273 ff.

ders.: Strafrechtlicher und sittlicher Schuldvorwurf, NJW 1964, S. 1 ff.

ders.: Grundgesetz und Strafrechtsreform, NJW 1966, S. 1730 ff.

Wolf, Erik: Felhlende Strafbestimmungen, in: JW 1935, S. 2096 f.

ders.: Krisis und Neubau der Strafrechtsreform, ARSP 28 (1935), S. 349 ff.

Wolff: Die Abgrenzung von Kriminalunrecht zu anderen Unrechtsformen in: Hassemer (Hrsg.), Strafrechtspolitik. 1988, S. 137 ff.

Wollschläger, Christian: Die Geschäftsführung ohne Auftrag, Theorie und Praxis. Berlin. 1976.

Wolter, Jürgen: Verfassungskonforme Restriktion und Reform des Nötigungstatbestandes, in: NStZ 1986, S. 241 ff.

ders.: Verfassungsrecht im Strafprozeß- und Strafrechtssystem. Zugleich ein Beitrag zur Verfassungsmäßigkeit der Norm und zum rechtsfreien Raum "vor dem Tatbestand", in: NStZ 1993, S. 1 ff.

Würtenberger, Thomas: Die geistige Situation der deutschen Strafrechtswissenschaft. 1959.

Zaczyk, Rainer: Strafrechtliches Unrecht und die Selbstverantwortung des Verletzten. Heidelberg. 1993.

Zielinski, Diethart: Handlungs- und Erfolgsunwert im Unrechtsbegriff. 1973.

Zimmermann, Theo: Der Wortlaut des Gesetzes im Spiegel höchstrichterlicher Rechtsprechung, in: NJW 1956, S. 1262 ff.

Zipf, Heinz: Kriminalpolitik. 2. Aufl. 1990.

Zippelius, Reinhold: Verfassungskonforme Auslegung von Gesetzen, in: Bundesverfassungsgericht und Grundgesetz, Festgabe aus Anlaß des 25 jährigen Bestehens des Bundesverfassungsgerichts, Zweiter Band. 1976.

Zippelius, Reinhold: Rechtsphilosophie. 1982.

Zitelmann, Ernst: Ausschluß der Widerrechtlichkeit, in: Archiv für die civilistische Praxis, 99, (1906), S. 1 ff.

Zoepfl, Heinrich: Die Peinliche Gerichtsordnung Kaiser Karl's V. nebst der Bamberger und der Brandenburger Halsgerichtsordnung, 3. Ausgabe. 1883.

Einführung

§ 1 Problemstellung

Keine Gesellschaft kann völlig auf ein Mindestmaß an Solidarität und wechselseitiger Hilfsbereitschaft ihrer Mitglieder verzichten. Von dem einzelnen wird prinzipiell erwartet, daß er Mitmenschen hilft, die sich in einer akuten Lebensgefahr oder vergleichbaren Notlage befinden, sofern er hierzu in der Lage ist. Dennoch kommt es häufig zu Vorfällen, in denen zahlreiche Personen untätig zuschauen, obwohl jemand dringend ihrer Hilfe bedarf.
Meldungen in der Presse, wie beispielsweise die, daß drei Kinder im Münchener Olympiasee ertranken, weil zwanzig Personen, die den dreißigminütigen Todeskampf der Kinder bemerkt haben mußten, untätig geblieben waren, rufen bei dem Leser Bestürzung hervor[1].

In einem derartigen Fall stellt sich nicht nur die Frage nach der Existenz einer moralischen Pflicht zur Hilfeleistung, sondern auch die nach der Strafbarkeit der Unterlassenden. Denn unser Strafgesetzbuch (StGB) enthält bekanntlich in § 323 c hinsichtlich der unterlassenen Hilfeleistung folgende Regelung:

"Wer bei Unglücksfällen oder gemeiner Gefahr oder Not nicht Hilfe leistet, obwohl dies erforderlich und ihm den Umständen nach zuzumuten, insbesondere ohne erhebliche eigene Gefahr und ohne Verletzung anderer wichtiger Pflichten möglich ist, wird mit Freiheitsstrafe bis zu einem Jahr oder mit Geldstrafe bestraft."

Genauso wie die Untätigkeit des einzelnen bei einem gravierenden Unglücksfall in der Bevölkerung eine Welle der Empörung und den Ruf nach dem Strafrecht auslöst, stößt umgekehrt eine umfassende Inanspruchnahme des einzelnen im Interesse seiner Mitmenschen bzw. der Gemeinschaft auf herbe Kritik. Dies gilt insbesondere, wenn die entsprechenden Solidaritätspflichten mit einem **strafrechtlichen** Sanktionsmechanismus verknüpft werden.

Die Strafvorschrift der unterlassenen Hilfeleistung ist Ausdruck einer zwischen *Individualismus und Kollektivismus bestehenden Spannungslage*. Das zeigt sich bereits in der tatbestandlichen Fassung des § 323 c StGB. Auf der einen Seite besitzt dieses Delikt wegen der drei Bedürfnisfälle
- Unglücksfall, gemeine Gefahr und Not -
einen weiten Anwendungsbereich. Auf der anderen Seite hat der Gesetzgeber die strafbewehrte Pflicht zur Hilfeleistung unter den Vorbehalt der Zumutbarkeit gestellt.

Die Strafvorschrift des § 323 c StGB ist, was ihre Vereinbarkeit mit dem Grundgesetz (GG) anbetrifft, nicht ohne verfassungsrechtliche Brisanz. Denn der Gesetzgeber ist auf relativ vage Tatbestandsmerkmale ausgewichen, um wegen des zuvor beschriebenen Spannungsverhältnisses der Vielgestaltigkeit des Lebens Rechnung tragen zu können. Die Zulässigkeit der Verwendung derartiger Rechtsbegriffe findet aber ihre Grenze in dem strafrechtlichen Bestimmtheitsgebot des Art. 103 II GG. Im übrigen könnte beim heutigen § 323 c StGB in Anlehnung an das historische Vorbild des § 330 c StGB i.d.F. vom 28.6.1935[2] das Pendel zu

---

1 Siehe dieses Beispiel bei Schwind, Giertl/Zwenger, Kriminalistik 1991, S. 233.
2 Im Folgenden: § 330 c StGB a.F.

weit in Richtung Kollektivismus ausgeschlagen sein. Denn der Gemeinschaftsgebundenheit des einzelnen wird - anders als 1935 - heute durch die Grundrechte eine Grenze gesetzt.

Daher ist die Strafvorschrift der unterlassenen Hilfeleistung im Hinblick auf ihre Vereinbarkeit mit dem GG nicht ohne Kritik geblieben.

§ 2 Gegenstand und Schwerpunkt der Arbeit

Im folgenden wird sich die Abhandlung der Problematik der Verfassungsmäßigkeit des § 323 c StGB zuwenden. Diese Vorschrift nimmt nämlich im StGB, abgesehen von § 138, eine absolute Sonderstellung ein. Denn sie richtet an völlig *Unbeteiligte* ein strafbewehrtes Gebot zur Hilfeleistung in Notfällen.

Die Auseinandersetzung mit der Verfassungsmäßigkeit des § 323 c StGB und den insoweit vertretenen Ansichten impliziert die Frage, welche Anforderungen das GG an die Pönalisierung menschlichen Verhaltens im allgemeinen stellt. Aus diesem Grunde bildet die Darstellung der Grenzen des kriminalpolitischen Gestaltungsspielraumes des Gesetzgebers einen Schwerpunkt der Arbeit.

An der Strafvorschrift des § 323 c StGB ist immer wieder Kritik wegen ihres aus der Zeit des Nationalsozialismus stammenden unmittelbaren Vorläufers, des § 330 c StGB i.d.F. von 1935, laut geworden. Daher wird sich die vorliegende Studie der historischen Herkunft des Vergehens der unterlassenen Hilfeleistung eingehend zuwenden.

Weiterhin bildet die Auseinandersetzung mit der Frage nach der Zulässigkeit und den Grenzen der verfassungskonformen Auslegung einen Schwerpunkt der Arbeit. Denn nach h.M. in Rechtsprechung und Literatur darf ein Gesetz nicht für verfassungswidrig erklärt werden, sofern es in Übereinstimmung mit dem GG interpretiert werden kann (verfassungskonforme Auslegung als normerhaltendes Prinzip).
Darüber hinaus wird zu Recht angenommen, daß sich die Auslegung ganz allgemein
- also auch losgelöst vom Normenkontrollverfahren -
an den Wertentscheidungen des Grundgesetzes zu orientieren hat (verfassungskonforme Konkretisierung von Generalklauseln und unbestimmten, normativen Rechtsbegriffen).

Das eigentliche Hauptgewicht der folgenden Abhandlung wird aber die Ermittlung des für die Verfassungsmäßigkeitsüber-prüfung der Strafvorschrift der unterlassenen Hilfeleistung relevanten einfachgesetzlichen *Kontrollgegenstandes* und des verfassungsrechtliche*n* *Kontrollmaßstab*es bilden.

§ 3 Überblick über den Gang der Untersuchung

Die Arbeit beginnt, im Rahmen des ersten Hauptteiles, zunächst mit einem kurzen Überblick über die Bedeutung des Grundgesetzes für die Strafgesetzgebung. Sodann zeigt sie auf, welche besondere Problematik § 323 c StGB in formeller und materieller verfassungsrechtlicher Hinsicht aufwirft. Den Abschluß des ersten Hauptteiles bildet die Auseinandersetzung mit der Frage der Bedeutung der historischen Herkunft einer Strafvorschrift für ihre

Verfassungsmäßigkeit und die Darstellung der Geschichte der strafbewehrten Hilfeleistungspflicht.

Innerhalb des zweiten Hauptteiles wendet sich die Arbeit zuerst den zur Verfassungsmäßigkeit des § 323 c StGB in Rechtsprechung und Literatur vertretenen Auffassungen zu. Hierbei wird versucht, die in die bisherige Diskussion zur Verfassungsmäßigkeit eingeführten Gesichtspunkte möglichst erschöpfend darzustellen. Anschließend befaßt sie sich mit dem Meinungsstand zur Notwendigkeit einer verfassungskonformen Auslegung der Strafvorschrift der unterlassenen Hilfeleistung. Hierbei zeigt sie die in Rechtsprechung und Literatur bestehende Tendenz zu einer extensiven Auslegung des § 323 c StGB auf.

In der Folge geht es im dritten Hauptteil um die Bedeutung der **verfassungskonformen Auslegung** für die Überprüfung der Verfassungsmäßigkeit eines Gesetzes sowie deren Grundlagen und Grenzen. Auf der Basis des in der vorliegenden Untersuchung vertretenen Ansatzes zur Notwendigkeit der strikten Beachtung der Grenzen der verfassungskonformen Auslegung und zum Erfordernis, eine Strafvorschrift zunächst auf ihre Vereinbarkeit mit dem strafrechtlichen Bestimmtheitsgebot zu überprüfen, geht es sodann um die "einfachgesetzliche" Auslegung des § 323 c StGB. Der Tatbestand des § 323 c StGB wird dabei zunächst ohne Berücksichtigung der verfassungsrechtlichen Wertungen ausgelegt und hierbei das durch die Strafvorschrift der unterlassenen Hilfeleistung geschützte Rechtsgut herausgearbeitet. Sollten hinsichtlich der einzelnen Tatbestandsmerkmale Auslegungszweifel verbleiben, werden diese jeweils am Ende der "einfachgesetzlichen Auslegung" dargestellt.

Nach der Konkretisierung des *Kontrollgegenstandes*, des Straftatbestandes des § 323 c StGB, im Wege der **einfachgesetzlichen** Auslegung schließt sich im vierten Hauptteil die eigentliche Verfassungsmäßigkeitsüberprüfung dieser Vorschrift an. Zunächst versucht die Studie dabei, eine "Systematisierung" des aus dem GG für die Überprüfung der Verfassungsmäßigkeit einer Strafvorschrift resultierenden *Kontrollmaßstabes* vorzunehmen. Hieran schließt sich die Ermittlung und Konkretisierung des für die Kontrolle der Verfassungsmäßigkeit des § 323 c StGB bedeutsamen Prüfungsmaßstabes in formaler und materieller Hinsicht an. Den Beginn wird dabei die Klärung der Frage nach der Vereinbarkeit des § 323 c StGB mit dem strafrechtlichen ***Bestimmtheitsgebot*** des Art 103 II GG sowie des Art. 104 I GG bilden. Anschließend arbeitet die Untersuchung den für die Kontrolle des Straftatbestandes der unterlassenen Hilfeleistung relevanten, materiellen, verfassungsrechtlichen Prüfungsmaßstab heraus. Hierbei wird zum einen zwischen der "Hilfeleistungspflicht als solcher" und ihrer "Strafbewehrung" sowie zum anderen zwischen der jeweiligen grundrechtlichen Bedeutung für den Hilfspflichtigen und den Hilfsbedürftigen differenziert. Im Rahmen der Behandlung der Grundrechtsrelevanz der strafbewehrten Hilfeleistungspflicht in bezug auf den Hilfsbedürftigen befaßt sich die Arbeit auch eingehend mit der Problemaik, ob § 323 c StGB Ausdruck eines verfassungsrechtlichen Pönalisierungsgebotes ist oder nicht. Den Abschluß des vierten Hauptteiles und dieser Abhandlung insgesamt wird die Überprüfung des durch "einfachgesetzliche Auslegung" konkretisierten Straftatbestandes des § 323 c StGB am eingehend untersuchten verfassungsrechtlichen Prüfungsmaßstab darstellen[3].

3 Die Habilitationsschrift von Regina Harzer mit dem Titel "Die tatbestandsmäßige Situation der unterlassenen Hilfeleistung gemäß § 323 c StGB" ist erst nach Fertigstellung des Manuskriptes dieser Arbeit erschienen. Dennoch wurde nachträglich versucht die wesentlichen Ergebnisse jener Schrift zumindest in den Fußnoten zu berücksichtigen. Im Gegensatz zu Harzer, die primär von einem rechtsphilosophischen Ansatz ausgeht, wird diese Arbeit die verfassungsrechtlichen Aspekte des § 323 c StGB in den Vordergrund stellen.

Erster Hauptteil:
Die Relevanz der Verfassung für die Gültigkeit und Auslegung des Straftatbestandes der unterlassenen Hilfeleistung nach § 323 c StGB

- unter besonderer Berücksichtigung der Entstehungsgeschichte dieser Vorschrift

Kapitel 1: Einführung in die verfassungsrechtliche Problematik des § 323 c StGB

§ 4 Problemstellung : Die Relevanz des Grundgesetzes für die Straftatbestände *im allgemeinen*

A. Die Bedeutung des Grundgesetzes für die *Schaffung* neuer Straftatbestände

I. Der Wirkungsgrad der Normierungen des Grundgesetzes für die Strafgesetzgebung

Die Erkenntnis, daß die Ausübung staatlicher Strafgewalt eine Vielzahl verfassungsrechtlicher Fragen aufwirft, gehört heute zum anerkannten Gemeingut sowohl der Rechtsprechung als auch der verfassungsrechtlichen[4] und strafrechtlichen[5] Literatur. Staatliche Strafgewalt von verfassungsrechtlicher Relevanz wird aber nicht erst bei der Anwendung von Strafgesetzen, sondern bereits bei der Schaffung von Straftatbeständen durch den Gesetzgeber ausgeübt[6]. Schon in der Androhung von Strafe liegt ein Grundrechtseingriff von besonderem Gewicht[7].

In der Verfassung der Bundesrepublik Deutschland finden sich nur vereinzelt Bestimmungen, in denen die Befugnis des Staates zum Strafen explizit angesprochen wird (Art. 26 Abs. 1 Satz 2 GG und Art. 143 GG a.F.). Eine nähere Betrachtung der Verfassung, namentlich der Art. 9 Abs. 2, 11 Abs. 2, 12 Abs. 3, 44 Abs. 2, 46, 60 Abs. 2, 74 Ziffer 1, 102, 103 Abs. 2 und 3, 104, Art. 140 GG i.V.m. Art. 141 Weimarer Reichsverfassung (WRV) zeigt aber, daß sie die staatliche Strafgewalt als Selbstverständlichkeit voraussetzt[8].

---

4 Gallwas, MDR 1969, S. 892 ff, 892; Hamann, Grundgesetz und Strafgesetzgebung, S.11; Häberle, Die Wesensgehaltsgarantie des Art. 19 Abs. 2 Grundgesetz, S. 12, 14; Sax, Grundsätze der Strafrechtspflege in: Bettermann/Nipperdey/Scheuner, Die Grundrechte III/2, S. 909; ders., JZ 1976, S. 9 ff, 11; Schuppert, AfP 1984, S. 67 ff.

5 Eser in: Schönke/Schröder, Vorb. § 1, Rdnr. 27; Jescheck in: LK, Einleitung, Rdnr. 3, 9; Stree, Deliktsfolgen und Grundgesetz, S.1; Tiedemann, Tatbestandsfunktion im Nebenstrafrecht, S. 25 f; ders., Verfassungsrecht und Strafrecht, S. 1; siehe auch Appel, Verfassung und Staat, S. 46, der ausdrücklich hervorhebt, dass es zu den Eigentümlichkeiten des Verhältnisses von Verfassungsrecht und Strafrecht zähle, „dass das (materielle) Strafrecht wohl dasjenige Rechtsgebiet ist, das sich am längsten und am nachhaltigsten dem Einfluß des Verfassungsrecht entzogen hat.

6 Hill, § 156 Verfassungsrechtliche Gewährleistungen gegenüber der staatlichen Strafgewalt, Rdnr. 3, in: Isensee/Kirchhof, Handbuch des Staatsrechts der Bundesrepublik Deutschland, Bd. VI, Freiheitsrechte; Müller-Emmert, GA 1976, S. 291 ff, 291, der betont, daß die Androhung von Strafe und die Existenz eines Verbotes bereits die Freiheit des einzelnen berührt.

7 BVerfG, Beschluß vom 9.3.1994, NJW 1994, S. 1577, 1578, (Cannabisentscheidung); siehe auch die abweichende Meinung des Richters Sommer zum o.g. Beschluß, NJW 1994, S. 1588.

8 Hamann aaO, S. 14; Hill, aaO, Rdnr. 3; Stree, aaO, S. 5; a.A. wohl Sax, Grundsätze der Strafrechtspflege, aaO, S. 936, wenn er ausführt, daß die Strafe als Institution "nicht grundgesetzlich gesichert" ist.

Daher wird lediglich vereinzelt die Möglichkeit, die staatliche Strafgewalt aus dem Grundgesetz abzuleiten, geleugnet[9]. Während nach einer Auffassung das Recht des Gesetzgebers, Strafen anzudrohen, bereits der Gesetzgebungskompetenz des Art. 74 Nr. 1 GG entnommen werden kann[10], lokalisiert eine verbreitete Meinung in der Literatur die eigentliche Grund-lage der staatlichen Strafgewalt im Rechtsstaatsprinzip[11], das in Art. 20 Abs. 3 bzw. Art. 28 Abs. 1 GG Eingang in die Verfassung gefunden hat. Denn das Staatsstrukturprinzip der Rechtsstaatlichkeit verpflichte den Gesetzgeber nicht nur formal zur Gewährleistung von Rechtssicherheit, sondern gebiete ihm auch die Verwirklichung materieller Gerechtigkeit[12]. Letzterer Aspekt der Rechtsstaatlichkeit stelle ihm die Aufgabe, eine Rechtsordnung zu schaffen, die auf die Erlangung und den Erhalt öffentlicher Sicherheit und sozialer Ordnung gerichtet sei. Bedingung für die Erfüllung jener Aufgabe sei die Gewährleistung des *inneren Friedens* durch den Staat. Diese Friedenssicherung erfordere die Abgrenzung der persönlichen Freiheit, welche der eine Mensch im Verhältnis zu der des anderen beanspruchen dürfe sowie den Schutz der ihm zukommenden Freiheit[13].

Angesichts jener Aufgabe der Sicherung des inneren Friedens besitzt das Strafrecht, als Bestandteil der Sozialordnung, neben den übrigen Instrumentarien der Sozialkontrolle entscheidende Bedeutung[14]. Hierbei gehört die Abgrenzung der Freiheitsbereiche der Menschen nicht zu der primären Regelungsmaterie des Strafrechts. Jene Bereiche menschlicher Freiheit werden nämlich zumeist bereits durch das Zivilrecht und das öffentliche Recht abgegrenzt[15]. Das Strafrecht tritt als Instrument der Konfliktverarbeitung[16] zur Sicherung der besonders wichtigen Bedingungen des menschlichen Zusammenlebens und der Garantie der Unverbrüchlichkeit der Rechtsordnung[17] grundsätzlich erst in Erscheinung, sofern die übrigen Instrumentarien der Sozialkontrolle versagen. Insoweit wird auch von der sekundären bzw. akzessorischen Natur des Strafrechts[18] gesprochen.

---

9 Klose, ZStW 86 (1974), S. 33, 50, 51, der insofern für ein reines "Maßnahmenrecht" eintritt.

10 Roxin, Strafrecht, AT, Band. I, § 2 I, Rdnr. 1.

11 Günther, JuS 1978, S. 8 ff, 9; Hamann, aa0, S. 14; Hanack, Gutachten zum 47. DJT 1968, Rdnr. 27; Merten, Rechtsstaatlichkeit und Gnade, S. 21 ff; Rudolphi, Festschrift für Honig, 1970, S. 151, 158 ff; ders., Festschrift für Welzel, 1974, S. 605, S. 617; Woesner, NJW 1966, S. 1730.

12 Vgl. zur materiellen Komponente des Rechtsstaatsprinzips, BVerfGE 7, 89, 92; 7, 194, 196; 20, 330, 331; Bleckmann, JuS 1994, S. 177, 179; Jescheck/Weigend, Strafrecht AT, § 4 III.

13 Badura, Beratungen des Sonderausschusses für die Strafrechtsreform, S. 1091 ff, S. 1097; Marx, Zur Definition des Begriffs Rechtsgut, S. 54, 60.

14 BVerfGE 32, 40, 48; Blei, Strafrecht I, AT, S. 378; Günther, JuS 1978, S. 8, 9; Hanack, aaO, Rdnr. 27; Hassemer in: Alternativkommentar zum StGB, Vor § 1, Rdnr. 298 ff; Jakobs, Strafrecht, AT, 2/1; Jescheck in: Leipziger Kommentar, Einleitung, Rdnr. 1, 2; Jescheck/Weigend, Strafrecht, AT, § 1 I; Kaufmann Armin, Strafrechtsdogmatik zwischen Sein und Wert, S. 263; Lackner, Festschrift für Gallas, 1973, S. 117 ff, 118; Rudolphi in: Systematischer Kommentar, Vor § 1, Rdnr. 1.

15 Dies ist aber keineswegs immer der Fall. Zur Funktion des Strafrechts, Freiheitsbereiche der Menschen gegeneinander abzugrenzen, vgl.: Jescheck/Weigend, Strafrecht, AT, § 7 II 1, 2; Starck, Festschrift für Huber, 1981, S. 467 ff, S. 475.

16 Hassemer, Theorie und Soziologie des Verbrechens, S. 224.

17 Blei, Strafrecht, AT, S. 378; Jescheck in: Leipziger Kommentar, Einleitung, Rdnr. 2; Jescheck/Weigend, Strafrecht, AT, § 1 I 1.

18 Günther, Strafrechtswidrigkeit und Strafunrechtsausschluß, 1983, S. 154 f; siehe auch, Rudolphi in: Systematischer Kommentar, Vor § 1 StGB, Rdnr. 5.

Da, wie noch zu zeigen sein wird, die Strafe stets mit einem Eingriff in die Freiheitsrechte der Bürger verbunden ist, namentlich bereits durch die **Androhung** von Geld- und Freiheitsstrafe die Schutzbereiche der Art. 2 Abs. 1 und Art. 2 Abs. 2 S. 2 i.V.m. Art. 104 GG[19] berührt sind, erscheint es naheliegend, die Strafgewalt neben dem Rechtsstaatsprinzip auch aus den Gesetzesvorbehalten jener Grundrechte abzuleiten. Der Gesetzgeber bedarf nämlich für den durch die Strafe bedingten Eingriff in die Freiheitsrechte der Bürger einer Ermächtigungsgrundlage, die ihm die Gesetzesvorbehalte der betroffenen Grundrechte gewähren. Für diese bisher vernachlässigte Sichtweise, die Strafgewalt ebenfallls unmittelbar in den entsprechenden Grundrechtsschranken verankert anzusehen, sprechen insbesondere die ausdrücklichen Gesetzesvorbehalte der Art. 9 Abs. 2 und Art. 11 Abs. 2 GG[20].

Da man in der Verfassung Aussagen zu den grundsätzlichen Regeln für das Zusammenleben der Menschen und die Organisation des Staates erwarten darf, verdient es der Hervorhebung, daß im Grundgesetz eine ausdrückliche Normierung zur Konstituierung der Strafgewalt fehlt[21].

Eine ähnliche Feststellung läßt sich bezüglich der expliziten verfassungsrechtlichen Begrenzungen der Strafgesetzgebung als Ausschnitt der staatlichen Strafgewalt treffen[22]. Neben der Aussage zur Abschaffung der Todesstrafe in Art. 102 äußert sich das Grundgesetz nur in Art. 103 Abs. 2 eindeutig zu den formalen Grenzen[23], also u.a. der Technik, welche von der Legislative bei der Verhaltenspönalisierung zu beachten ist. Die Schranken, welche das Grundgesetz für die Strafgesetzgebung aufrichtet, sind indes nicht nur ***formaler*** Natur. Denn sowohl die Grundrechte[24] als auch andere verfassungsrechtliche Bestimmungen
- namentlich die Staatsstrukturprinzipien der Rechtsstaatlichkeit[25] , Demokratie und Sozialstaatlichkeit[26] -
an welche die Strafgesetzgebung, wie auch jede andere Gesetzgebung, gebunden ist, stellen ***materielle***, d.h. inhaltliche Anforderungen an die Strafgesetze[27].

Es wäre daher verfehlt, von einer Neutralität des Grundgesetzes in bezug auf die Strafgesetzgebung zu sprechen. Die ausdrücklichen Regelungen des Grundgesetzes zur staatlichen Strafgewalt sowie der formalen und materiellen Anforderungen an die Strafgesetzgebung als deren Ausschnitt werden nämlich durch solche Normierungen ergänzt, die jene strafrechtlichen Bereiche nur indirekt zum Gegenstand haben. Somit kann davon ausgegangen werden, daß einerseits die Befugnis des Staates zum Strafen als ein Mittel der Friedens-

---

19 BVerfG, Beschluß vom 09.3.1994, NJW 1994, S. 1577, 1578; abweichende Meinung des Richters Sommer zum o.g. Beschluß, NJW 1994, S. 1588.

20 vgl. zu diesem Ansatz, Häberle, aaO, S. 25.

21 Rudolphi, Festschrift für Welzel, 1974, S. 605 ff, S. 617.

22 Tiedemann, Verfassungsrecht und Strafrecht, S. 3.

23 Vgl. zum bloßen formalen Charakter des Art. 103 Abs. 2 GG im Hinblick auf das Bestimmtheitsgebot, der vor ungerechten Gesetzen keinen Schutz bietet, BVerfGE 47, 109, 123; 75, 329, 341; Günther, Strafrechtswidrigkeit, S. 210, 211; Lemmel, Unbestimmte Strafbarkeitsvoraussetzungen, S. 165.

24 BVerfGE 6, 389, 432 ff; 11, 234, 238; 17, 306, 313; 47, 109, 116; 50, 142, 152; 57, 250, 268; 71, 206, 213; 80, 244, 252; NJW 1987, S. 43, 48; NJW 1994, S.1577, 1578.

25 BVerfGE 6, 389, 439; 34, 261, 267.

26 BVerfGE 45, 187, 223.

27 BVerfG NStZ 1985, S. 173; BVerfGE 75, 239, 340; Hamann, NJW 1962, S. 1845, 1846 ff.; Müller-Dietz, Strafe und Staat, 1973, S. 34; Tiedemann, Verfassungsrecht und Strafrecht, S. 3.

sicherung verfassungsrechtlich legitimiert ist, andererseits aber die Strafgesetzgebung unter der Herrschaft des Grundgesetzes trotz der geringen expliziten Begrenzungen nicht schrankenlos ist[28].

II. Freiheitssicherung durch Freiheitseingriff

Das Strafrecht schützt das friedliche Zusammenleben der Bürger[29], indem es sozialschädliche Verhaltensweisen zu verhindern sucht[30]. Kennzeichnendes Wesensmerkmal des Strafrechts in Erfüllung seiner Funktion, die Grundlagen für ein gedeihliches Zusammenleben in der Gemeinschaft zu sichern, ist seine "Zweischneidigkeit"[31], die bekanntermaßen v. Liszt bereits durch die Metapher der Strafe als "zweischneidiges Schwert" beschrieben hat[32]:

Einerseits sichert das Strafrecht den Schutz von Rechtsgütern wie z.B. das Leben (§§ 211 ff StGB), den Körper (§§ 223 ff) und das Eigentum (§§ 242 ff)[33], mithin also von Werten, welche auch den Grundrechten der Art. 2 Abs. 2 und 14 GG zugrunde liegen[34] und als Verfassungsrechtsgüter bezeichnet werden[35]. Andererseits findet mit diesem Schutz durch Strafnormen zugleich ein ganz massiver Eingriff in den grundrechtlich geschützten Freiheitsbereich der Bürger statt[36].

---

28 Hill, aaO, Rdnr. 4; Roxin, Strafrecht, AT, Band I, § 2 IV, Rdnr. 9.

29 BVerfGE 32, 40, 48; Blei, Strafrecht I, AT, S. 378; Jescheck/Weigend, Strafrecht, AT, § 1 I 1, 2; Kaufmann, Strafrechtsdogmatik zwischen Sein und Wert, S. 263; Roxin, Strafrecht, AT, Band I, § 2 X, Rdnr. 36; vgl. allgemein zur Friedenssicherungsfunktion des Rechts, Engisch, Auf der Suche nach der Gerechtigkeit, S. 282; Henkel, Einführung in die Rechtsphilosophie, S. 47.

30 BVerfGE 45, 187, 254; Badura, Beratungen des Sonderausschusses für die Strafrechtsreform, S. 1091 ff, 1092; Benda, in: Gareis/Wienat, Hat Strafe Sinn?, S. 16 ff, 20; Sax, Grundsätze der Strafrechtspflege, aaO., S. 909, 919.

31 Badura, aa0, S. 1091 ff, 1097; Eser in: Schönke/Schröder, Vorbem., § 1, Rdnr. 27; Günther, Strafrechtswidrigkeit, S. 152; ders., JuS 1978, S. 8 ff, 10; Hassemer, ZRP 1992, S. 378, 380; Hill, aa0, Rdnr. 1, 19; Jescheck/Weigend, Strafrecht, AT, § 1 I 2; Krumbiegel, FamRZ 1975, S. 550 ff, 552; Kühl, GA 1977, S. 353 ff, 363; Müller-Emmert, GA 1976, S. 291 ff, 291; Müller-Dietz, Strafe und Staat, 1973, S. 7, 8; Roos, Entkriminalisierungstendenzen im Besonderen Teil des Strafrechts, S. 52.

32 Liszt, Aufsätze und Vorträge I, S. 126, 161.

33 Zur freiheitssichernden Funktion des Strafrechts, vgl.: Badura, aaO, S. 1097; Driendl, Zur Notwendigkeit und Möglichkeit einer Strafgesetzgebungswissenschaft, S. 8; Günther, JuS 1978, S. 8, 9; Häberle, aaO, S. 14, 15, 60; Hassemer, Theorie und Soziologie des Verbrechens, S. 33 f, 51 f, 231; Hill, aaO, Rdnr. 1, 19; Jescheck/Weigend, Strafrecht, AT, § 1 I 2; Marx, aaO, S. 40, 48, 55, 60, 61; Nowakowski, ÖJZ 1965, S.281 ff, 281; Seebode, Festschrift für Günter Spendel, S. 75 f; Tiedemann, Tatbestandsfunktion im Nebenstrafrecht, 1969, S. 30; Vogler, ZStW 90 (1978), S. 132 f, 143.

34 Fraglich ist allerdings, ob der Begriff des grundrechtlichen Wertes sich mit dem des Rechtsgutes deckt, da ersterer in der Regel der Konkretisierung durch das Strafrecht bedarf. Vgl. Eser in: Schönke/Schröder, Vorb. § 1 StGB, Rdnr. 27; Hamann, NJW 1962, S. 1845, 1847; Hassemer in: Alternativkommentar, vor § 1 StGB, Rdnr. 198; Sax, Grundsätze der Strafrechtspflege, aaO., S. 911, 912, welche diese Frage verneinen, ohne den engen Bezug der grundgesetzlichen Wertordnung mit der strafrechtlichen Rechtsgüterordnung zu leugnen.

35 Häberle, aaO, S. 7.

36 Zum Charakter der Strafe als dem einschneidendsten, dem Staat zur Verfügung stehenden Zwangsmittel, vgl.: BVerfGE 6, 389, 483; 25, 269, 286; 80, 203, 258; NJW 1994, S. 1577, 1578; Appel, Verfassung und Strafe, S. 19; Badura, aa0, S. 1091; Benda, aa0, S. 16 ff, 17; Günther, Strafrechtswidrigkeit, S. 161 f, 214; ders. JuS 1978, S. 8 ff, 11; Jescheck/Weigend, Strafrecht AT, § 1 I 2, § 4 II; Otto, Grundkurs, Strafrecht, Allgemeine Strafrechtslehre, § 1, Rdnr. 48; ders., ZStW 96.1 (1984), S. 339, 347.

Dieser Eingriff in die Grundrechte der Bürger erfolgt regelmäßig auf zweifache Weise[37].

Erstens: Der Imperativ, welcher jeder Strafvorschrift zugrundeliegt[38], erweist sich bereits als solcher

- von dem Fall bloßer Konkretisierung der immanenten Schranken eines Grundrechts durch die Strafvorschrift abgesehen[39] -

als Grundrechtseingriff[40]. Jenes auch als Primärnorm[41] bezeichnete Verbot bzw. Gebot kann je nach seinem Regelungsgehalt in recht unterschiedliche Freiheitsrechte eingreifen. So ist es möglich, daß der Sollenssatz nicht nur den Schutzbereich der von Art. 2 Abs. 1 GG erfaßten allgemeinen Handlungsfreiheit[42], sondern namentlich auch den der speziellen Freiheitsrechte, wie z.B. Art. 5[43] und Art. 12 GG[44], berührt.

Zweitens: Die Strafbewehrung ("wird bestraft") als solche greift, unabhängig von der Art und Höhe der konkret angedrohten Strafe, stets in das durch Art. 2 Abs. 1 i.V.m. Art. 1 Abs. 1 GG geschützte allgemeine Persönlichkeitsrecht des potentiellen Täters ein[45]. Der Grund hierfür liegt in der stigmatisierenden Wirkung ("Verrufswirkung"), welche mit jeder Strafe für den Bürger verbunden ist[46]. Sie beinhaltet nämlich ein sozialethisches Unwerturteil über den Täter[47]. Indem er als Krimineller gebrandmarkt wird, stellt bereits die Bemakelung durch den Strafausspruch eine Übelszufügung erheblichen Ausmaßes dar[48]. Weiterhin berührt jeder Straf-tatbestand infolge der Androhung von Freiheitsstrafe die seitens Art. 2 Abs. 2 i.V.m. Art. 104 Abs. 1 GG geschützte Freiheit der Person[49] sowie aufgrund der Androhung von

---

37 Vgl. BVerfGE 9, 83, 87; NJW 1994, S. 1577, 1578, 1582, wo ausdrücklich zwischen dem Verbot des Handeltreibens mit Cannabisprodukten und der bewehrenden Strafandrohung unterschieden wird; ebenso Appel, aa0., S. 79 ff; Badura, aaO, S. 1091; Gallwas, MDR 1969, S. 892, 893; Günther, Strafrechtswidrigkeit, S. 170; ähnlich Stree, Deliktsfolgen und Grundgesetz, S. 3 ; siehe auch Lagodny, Strarecht vor den Schranken der Grundrechte, S. 6, 77 ff, 81 der insoweit im Rahmen der Grundrechtsprüfung streng zwischen « Verhaltens- und Saktionsvorschriften » unterscheidet.

38 Engisch, Einführung in das juristische Denken, S. 20 ff; siehe auch Otto, Grundkurs Strafrecht, § 1, Rdnr. 23 der insoweit von "Pflichtenordnung" spricht.

39 Müller-Dietz, aaO, S. 8.

40 BVerfG NJW 1994, S. 1577, 1577, 1581; Gallwas, MDR 1969, S. 892, 893; Lagodny, aa0, S. 85 weist zu Recht darauf hin, dass die „Verhaltensvorschrift" schon mit Inkrafttreten in die Grundrechte ihrer Adressaten eingreife, weil das entsprechende Verhalten schon durch das Gesetz selbst verboten sei.

41 Günther, Strafrechtswidrigkeit, S. 155; siehe auch Baumann/Weber, Strafrecht, AT, 9. Aufl., § 3 II 3, wenn es dort heißt, daß die Gebote und Verbote "hinter den Tatbeständen" stehen.

42 BVerfG NJW 1954, S. 1577, 1578.

43 BVerfGE 11, 234, 238.

44 BVerfGE 47, 109, 116.

45 BVerfG, abweichende Meinung der Richterin Graßhof, NJW 1994, S, 1585; Hamann, Grundgesetz und Strafgesetzgebung, S. 31; ders., NJW 1962, S. 1845, 1846; Otto, Grundkurs Strafrecht, § 1, Rdnr. 48. Nach Lagodny, aa0., S. 97, 127, 287 ff wird dieses Grundrecht durch die Strafbewehrung lediglich berührt. Der Eingriff erfolge erst durch die Ausführung der „Sanktionsvorschrift".

46 Badura, aa0, S. 1091 ff, 1091; Benda, aa0, S. 16, S. 17 f; Günther, Strafrechtswidrigkeit, S. 161; siehe zur Bemakelung durch den Urteilsausspruch auch Kaufmann, aa0, S. 265; Krey, Strafrecht, BT, Band 1, Rdnr. 72.

47 BVerfGE 25, 269, 286; 27, 18, 29; Hund, ZRP 1994, S. 4, 5.

48 Vgl. Fußnote 36.

49 Badura, aaO, S. 1091; Gallwas, MDR 1969, S. 892, 893; Lagodny, aa0., S. 64, 116; Otto, ZStW 96.1

Geldstrafe die von Art. 2 Abs. 1 GG umfaßte allgemeine Handlungsfreiheit[50]. Die Funktion des Art. 2 Abs. 1 GG als Maßstab für die Strafbewehrung wird zumindest dann häufig vernachlässigt, wenn das Verbot bzw. Gebot als solches schon an diesem Grundrecht zu messen ist. Es sei aber nochmals ausdrücklich hervorgehoben, daß bereits die Androhung der Freiheits- oder Geldstrafe und nicht erst ihre Verhängung durch den Richter, bzw. die Vollstreckung Grundrechtsrelevanz in dem zuvor beschriebenen Sinne besitzt[51].

Diese differenzierende Betrachtungsweise darf aber nicht zu einer Vernachlässigung des engen Zusammenhanges führen, der zwischen den beiden zuvor beschriebenen Eingriffsebenen, die jeder Strafvorschrift immanent sind, besteht.

Zum einen erlangt nämlich der durch den Sollenssatz bedingte Eingriff in die Grundrechte der Bürger gerade mittels der Strafbewehrung, insbesondere aufgrund ihrer stigmatisierenden Wirkung, sein besonderes Gewicht. Infolge dessen erscheint die Annahme berechtigt, der auf den einzelnen ausgeübte psychische Zwang zur Befolgung eines Verbots bzw. Gebots sei i.d.R. am größten, wenn die Mißachtung nicht nur eine dem Bereich des Zivilrechts oder des öffentlichen Rechts angehörende Rechtsfolge, sondern eine **Strafe** nach sich zieht. Anders als im Falle jener Sanktionen wird der Bürger das Risiko der Bestrafung regelmäßig nicht auf sich nehmen, was zu der Intensivierung des von dem Sollenssatz ausgehenden Grundrechtseingriffs führt[52]. Hiervon kann zumindest bei **dem Bürger** infolge gesellschaftlicher Sozialisation **bekannten** Strafvorschriften ausgegangen werden.

Zum anderen ist wegen des aus Art. 1 GG und dem Rechtsstaatsprinzip abgeleiteten Schuldgrundsatzes[53]

- der sich mit dem Verhältnismäßigkeitsgrundsatz im engeren Sinne überschneidet[54] -

zu berücksichtigen, daß die Höhe der konkret angedrohten Strafe in einem angemessenen Verhältnis zum Verschulden des Täters, namentlich zur Gewichtigkeit des geschützten Rechtsgutes, stehen muß. Tatbestand und Rechtsfolge müssen in einem sachgerechten Verhältnis zueinander stehen[55].

(1984), S. 339, 347.

50 Gallwas, MDR 1969, S. 892, 893; Schmalz, Grundrechte, Rdnr. 400. Der Art. 2 Abs. 1 GG wird vorliegend nicht durch die in Art. 14 Abs. 1 GG enthaltene Eigentumsgarantie verdrängt, da dieses Grundrecht nur konkrete Eigentumspositionen und nicht das Vermögen als solches schützt; Bryde in: v.Münch, Grundgesetz-Kommentar, Art. 14 GG, Rdnr. 23; Lagodny, aa0, S. 133; Papier in: Maunz/Dürig/Herzog, Art. 14 GG, Rdnr. 160 f.

51 BVerfG, NJW 1994, S. 1577, 1578, 1582; abweichende Meinung des Richters Sommer zum o.g. Beschluß, NJW 1994, S. 1588; Müller-Emmert, GA 1976, S. 291; Rudolphi in: SK, Vor § 1, Rdnr. 12; Zipf, Kriminalpolitik, S. 101.

52 Das ist auf die abschreckende Wirkung der Strafe zurückzuführen, unabhängig davon, ob man sie mit spezieller oder negativer Generalprävention beschreibt: Kaufmann Armin, Strafrechtsdogmatik zwischen Sein und Wert, S. 274; Roxin, Strafrecht, AT, Band I, § 3 III, Rdnr. 25.

53 BVerfGE 20, 323, 331; 25, 269, 286; 27, 18, 29; 45, 187, 228; 50, 205, 214; 54, 100, 108; 80, 244, 255; NJW 1994, S. 1577, 1579.

54 BVerfGE 34, 261, 266; 50, 125, 133; 50, 205, 215.

55 BVerfGE 6, 389, 439; 9, 167, 169; 20, 323, 331; 25, 269, 286; 27, 18, 29; 45, 187, 260; 50, 5, 13; 50, 205, 214; 54, 100, 108; 75, 1, 16.

Der enge Zusammenhang zwischen der dem Straftatbestand zugrundeliegenden Verhaltenspflicht und deren Strafbewehrung darf jedoch nicht darüber hinwegtäuschen, daß im Hinblick auf die unterschiedliche Intensität des Eingriffs der Strafvorschrift in die Grundrechte der Bürger zwischen folgenden drei Ebenen differenziert werden sollte:

a) die der Strafvorschrift, ungeachtet der Pönalisierung, immanente Verhaltenspflicht,
b) die Strafbewehrung der Verhaltenspflicht zum Schutze des jeweiligen Rechtsgutes und
c) die Art und Höhe der konkret angedrohten Strafe[56].

Diese besondere Grundrechtseingriffsintensität von Strafvorschriften, welche diejenige von auf dem Gebiet des Zivil- oder Verwaltungsrechts erlassenen Verboten und Geboten übersteigt, muß sich der Gesetzgeber stets vergegenwärtigen, wenn er das Strafrecht als Instrument der Freiheitssicherung einsetzt[57].

Die vorstehenden Ausführungen sollten verdeutlichen, daß der Einsatz des Strafrechts regelmäßig zu einer "mehrpoligen Rechtsbeziehung" von grundrechtlicher Relevanz führt. Vereinfachend läßt sich dieses Rechtsverhältnis, an dem der Staat, der potentielle Täter und das potentielle Opfer beteiligt sind, durch das geometrische Schaubild eines Dreiecks erfassen[58]. Das Strafrecht schützt mithin die grundrechtliche Freiheit des einzelnen oder der Gesamtheit von Bürgern auf Kosten der Freiheit des potentiellen Täters. Der Staat ist als Mittler berufen, die infolge des Einsatzes des Strafrechts regelmäßig auftretenden Grundrechtskollisionen durch gerechte Abgrenzung der Freiheitssphären zu lösen[59].

III. Das Strafrecht als "angewandtes Verfassungsrecht"

---

56 Amelung, JZ, 1982, S. 617, 618; Badura, aaO, S. 1091 ff; Gallwas, MDR 1969,S. 892, 893; Günther, Strafrechtswidrigkeit, S. 155, 170; Müller-Dietz, aaO, S. 8, 34. Die Judikatur des BVerfG ist hinsichtlich dieser Differenzierung uneinheitlich. Während sich in seiner Rechtsprechung Entscheidungen finden, die eindeutig zwischen diesen drei Ebenen unterscheiden (BVerfGE 9, 83, 87,88, 25, 44, 54, 57, 250, 270, 272, NJW 1994, 1577), wird in anderen nur zwischen den beiden letzten Stufen (BVerfGE 36, 41, 45, 46; 37, 201, 212, 50, 125, 138; NStZ 1985, S. 173) bzw. nur zwischen den beiden ersten Stufen differenziert (BVerfGE 80, 244, 255). Vgl. auch aus dem Bereich des Ordnungswidrigkeitenrechts die ursprünglich nicht bußgeldbewehrte Gurtanlegepflicht: BVerfG VRS 72, S. 1 = NJW 1987, S. 180; OLG Hamm VRS 69, S. 147, 150 = NJW 1985, S. 1790, 1791; AG Albstadt NJW 1985, S. 927; AG Würzburg JR 1986, S. 304; Lisken, NJW 1985, S. 3054; Seebode, JR 1986, S. 265, 268; zur Schutzhelmpflicht, BVerfG NJW 1982, S. 1276. Letztlich läßt sich diese Unterscheidung auf die Binding`sche Normentheorie zurückführen: Binding, "Die Normen und ihre Übertretung", Bd. 1, Normen und Strafgesetze, S. 133, 255 ff.

57 Köhler, ZStW 104 (1992), S. 3, 15.

58 Vgl. zu diesem aus der Grundrechtsdogmatik (Ableitung einer Schutzpflicht aus den Grundrechten), dem Ordnungsrecht (Anspruch des Bürgers auf Einschreiten gegen den Störer) und dem Baurecht bekannten Rechtsdreieck: Alexy, Theorie der Grundrechte, S. 410 ff, 424 f; Breuer, Festgabe aus Anlaß des 25-jährigen Bestehens des Bundesverwaltungsgerichts, S. 89 f, 103 ff; ders., DVBl 1983, S. 431; Hermes, Das Grundrecht auf Schutz von Leben und Gesundheit, S. 204 ff; Isensee, Das Grundrecht auf Sicherheit, S. 34; Stern, Das Staatsrecht der Bundesrepublik Deutschland, Bd. III/1, S. 946.

59 Geiger, Festschrift für Tröndle, 1989, S. 647 ff, 655 f; Jarass, AöR 110 (1985), S. 363 ff, 382 f; Müller-Dietz in: Jung/Müller-Dietz (Hrsg.), § 218 StGB Dimensionen einer Reform, S. 77, 90; siehe auch Amelung, JZ 1982, S. 617, 618 und Marx, aaO, S. 55, der von einer Kollisionssphäre, wo der Freiheitsanspruch des Einzelnen den "gleichgerichteten Freiheitsansprüchen der anderen" begegnet, spricht.

In der Literatur setzte sich bereits relativ früh das Verständnis vom Strafverfahrensrecht als "angewandtem Verfassungsrecht" durch[60]. Diese Formulierung dient dazu, die ausgeprägte Beziehung des Strafprozesses zur Verfassung zu kennzeichnen. Denn kaum eine andere Rechtsmaterie läßt dem Rechtsanwender eine solche Vielzahl von verfassungsrechtlich geschützten Interessen, die das einfache Gesetzesrecht durchdringen und um Anerkennung ringen, so klar vor Augen treten wie gerade das Strafverfahrensrecht. Vereinfachend, unter Außerachtlassung sonstiger verfassungsrechtlich geschützter Interessen der Allgemeinheit, läßt sich nämlich formulieren, daß im Strafprozeß das verfassungsrechtliche Gebot der Durchsetzung des staatlichen Strafanspruchs mit dem Freiheitsinteresse der Bürger, dem ebenfalls Verfassungsrang zukommt, zusammentrifft. Aufgabe der Legislative ist es nun, diese widerstreitenden Kollektiv- und Individualinteressen durch die Schaffung eines der Verfassung

- welcher die allgemeingültigen und übergeordneten Aussagen für das Verhältnis des Staates zum Bürger zu entnehmen sind -

entsprechenden Strafverfahrensrechts zu einem gerechten Ausgleich zu bringen. Letzterer erfordert stets eine Interessenabwägung, sofern nicht der, durch die Wesensgehaltsgarantie des Art. 19 Abs. 2 GG geschützte, Kernbereich der Grundrechte dem Freiheitsinteresse des einzelnen absoluten Vorrang vor dem staatlichen Strafverfolgungsinteresse zukommen läßt[61]. Einerseits darf bei Anwendung des Strafprozeßrechts dessen verfassungsrechtliche Sensibilität nicht außer acht gelassen werden. Andererseits wäre es aber sicherlich genau so verfehlt, die prinzipielle Eigenständigkeit dieses Rechtsgebietes zu leugnen und der Versuchung zu unterliegen, die vom Gesetzgeber verfolgten Zielsetzungen mit Hilfe einer vermeintlichen Ausstrahlungswirkung gewisser Verfassungsgrundsätze zu überspielen[62].

Daß zwischen den einzelnen ***Strafgesetzen*** und dem Verfassungsrecht ebenfalls ein äußerst enger Zusammenhang besteht, liegt nahe. Daher ist es um so erstaunlicher, daß diesem Aspekt in der Vergangenheit in der straf- und verfassungsrechtlichen Literatur, von sehr speziellen Abhandlungen, namentlich solchen zu Art. 103 Abs. 2 GG einmal abgesehen[63], erst relativ spät Beachtung[64] geschenkt worden ist[65]. Daher vermag auch die im Anschluß an die bekannten Entscheidungen des Bundesverfassungsgerichts zum Schwangerschaftsabbruch[66], zur lebenslangen Freiheitsstrafe[67] und zur Nötigung[68] mit jener Thematik in der Literatur erfolgte Auseinandersetzung nicht darüber hinwegzutäuschen, daß immer noch zahlreiche

---

60 So Sax, Grundsätze der Strafrechtspflege, aa0, S. 909 ff, 910, 966; siehe auch BGHSt 19, 325, 330; Krey, Strafverfahrensrecht, Bd. 1, 1988, Rdnr. 73 ff.

61 Wolter, NStZ 1993, S. 1, 4.

62 Arzt kleidet diese Warnung in die Formulierung, "daß unser Prozeßrecht dabei ist, ... zu einer Kolonie des Verfassungsrechts zu verkommen", vgl. Gedächtnisschrift für Armin Kaufmann, S. 839, 847; siehe auch Krey, JR 1995, S. 221 ff; 265 ff.

63 Krey, Studien zum Gesetzesvorbehalt im Strafrecht, Lemmel, Unbestimmte Strafbarkeitsvoraussetzungen.

64 Siehe aber: Hamann, Grundgesetz und Strafgesetzgebung, 1963.

65 Freund, GA 1982, S. 332, 334; Tiedemann, Verfassungsrecht und Strafrecht, S. 4.

66 BVerfGE 39, 1 ff; 88, 203 ff.

67 BVerfGE 45, 187 ff.

68 BVerfGE 73, 206 ff.

Fragen auf diesem Gebiet der Klärung harren[69]; dies gilt insbesondere für die Frage, ob es dem Gesetzgeber von Verfassungs wegen rechtsverbindlich verboten oder geboten sein kann, bestimmte Verhaltensweisen zu kriminalisieren. Abhandlungen hierzu haben häufig die Frage nach einer Wechselwirkung zwischen den materiellen und formellen seitens des Grundgesetzes an die Inkriminierung menschlichen Verhaltens gestellten Anforderungen vernachlässigt. Beispielsweise fand die Problematik, daß die ***verfassungskonforme Auslegung*** einer Strafvorschrift, um deren Vereinbarkeit mit den materiellen Pönalisierungsschranken zu erreichen, nicht den Bestimmtheitsgrundsatz des Art. 103 Abs. 2 GG verletzen darf, bislang wenig Aufmerksamkeit[70].

Erst allmählich setzt sich die Erkenntnis durch, daß es nicht nur im Strafverfahrensrecht (formelles Strafrecht), sondern auch im materiellen Strafrecht[71], also in den einzelnen Straftatbeständen um "angewandtes Verfassungsrecht" geht[72].

Der zwischen den Strafvorschriften und den Grundrechten bestehende enge Zusammenhang, wie er zu Beginn kurz skizziert worden ist, spricht für die Richtigkeit jenes Verständnisses. Denn letztlich kann der einzelne Straftatbestand, genau wie die strafprozessuale Bestimmung, als das Resultat einer gesetzgeberischen Interessenabwägung, welche sich an der Verfassung zu orientieren hat, verstanden werden[73].

Zum einen ist nämlich bereits der jeder Strafvorschrift zugrunde liegende Sollenssatz als das Produkt einer abwägenden Entscheidung der Legislative zu qualifizieren. Zum anderen erfordert die Beantwortung der Frage, ob jener Imperativ eine Strafbewehrung erfahren und von welcher Art und Höhe diese beschaffen sein soll, eine zusätzliche Abwägung[74], wobei in die eine Waagschale neben dem Allgemeininteresse, welches an der Sicherung der für das friedliche Zusammenleben erforderlichen Bedingungen besteht, das Individualinteresse des potentiellen Opfers an strafrechtlichem Schutz und in die andere Waagschale das Interesse des Bürgers, in seiner Freiheitssphäre nicht unnötig durch strafbewehrte Verhaltensnormen eingeschränkt zu werden, zu legen ist.

---

69 Roxin, Strafrecht, AT, Band I, § 2, Rdnr. 25, 26.

70 Siehe aber, Hanack, JZ 1970, S. 41, (44); Schmidt, JR, 1968, S. 321, (324); vgl. auch Krey, JR 1995, S. 221, 227, der an der neueren Rechtsprechung des Bundesverfassungsgerichts kritisiert, daß dessen Versuch dem rechtsstaatlichen Postulat der "Gerechtigkeit" im Rahmen der verfassungskonformen Auslegung von Strafgesetzen Rechnung zu tragen, völlig auf Kosten des ebenfalls im Rechtsstaatsprinzip verankerten Grundsatz der "Rechtssicherheit" erfolge.

71 Zur Differenzierung materielles und formelles Strafrecht, vgl. Baumann/Weber/Mitsch, Strafrecht AT, § 4, Rdnr. 1; Krey, Strafverfahrensrecht, Band 1, Rdnr. 1 ff.

72 Callies, NJW 1989, S. 1338 ff, 1342; ders., NJW 1985, S. 1506 ff, 1510; Herrmann, Die Reform der Aussagetatbestände, 1972, S. 105; Lange in: Probleme der Strafrechtsreform (1963), S. 75 ff, 98; ders., sehr zurückhaltend noch in Kohlrausch-Lange, § 2, Anm. III, A 6 c; Sax, aaO, S. 909, 910; Tiedemann, aaO, S. 27 f; Woesner, NJW 1966, S. 1729. Dennoch stellt das Strafgesetzbuch, worauf Harzer, aa0, S. 20 zu Recht hinweist, kein "Ausführungsgesetz zum Grundgesetz" dar. Eine derartige Annahme verbietet sich, wie noch zu zeigen ist, wegen des weiten kriminalpolitischen Gestaltungsspielraums des Gesetzgebers.

73 Brohm, JZ 1985, S. 501, 502.

74 Günther, Strafrechtswidrigkeit, S. 170; Hassemer, Theorie und Soziologie des Verbrechens, S. 221; Wolter, NStZ 1993, S. 1, 5; siehe zur Bedeutung der Interessen- und Güterabwägung in der Rechtsprechung des BVerfGs auch, Roellecke in: Bundesverfassungsgericht und Grundgesetz, 2. Band, 1976, S. 22, 27 f.

Damit die vom Gesetzgeber im Rahmen dieser beiden Abwägungsvorgänge erzielten Ergebnisse vor der Verfassung Bestand haben, müssen folgende drei Bedingungen erfüllt sein: Erstens muß der Sollenssatz der Verfolgung eines legitimen Zwecks dienen und darf auch nicht gegen den Grundsatz der Verhältnismäßigkeit verstoßen. Diesem Grundsatz muß zweitens die Strafbewehrung als solche sowie drittens die konkrete Art und Höhe der angedrohten Strafe gerecht werden, was u.a. voraussetzt, daß jener Zweck von einem die nachteiligen Folgen der Pönalisierung aufwiegenden Gewicht ist.

Schon an dieser Stelle sei erwähnt, daß die Bedeutung der Grundrechte nicht ausschließlich darin besteht, im Interesse des potentiellen Täters für eine Begrenzung der staatlichen Strafgewalt zu streiten. Denn nach der neueren, zutreffenden verfassungsrechtlichen Dogmatik kommt den Grundrechten nicht nur die Funktion von Abwehrrechten i.d.S. der Sicherung des status negativus des Bürgers[75], sondern eine weitere Dimension, nämlich die einer Schutzfunktion[76] zu, die den Gesetzgeber unter gewissen Voraussetzungen verpflichten kann, aktiv zum Schutze der Bürger tätig zu werden.

Der Blick auf die Schutzfunktion der Grundrechte verdeutlicht ebenfalls, daß die Verfassung demzufolge nicht lediglich die Schaffung von Unrechtstatbeständen[77], vielmehr auch die Statuierung von Rechtfertigungsgründen beeinflußt[78], da auch die Rücknahme des strafrechtlichen Schutzes eine Interessenabwägung im zuvor dargelegten Sinne erfordert[79]. Jener Wandel in der Grundrechtsdogmatik hat zu der neuen Tendenz, von dem Gesetzgeber die Kriminalisierung bestimmter Verhaltensweisen zu fordern, geführt, welche inzwischen zu einem Kennzeichen des modernen Strafrechts geworden ist[80].

IV. Die Gestaltungsfreiheit des Strafgesetzgebers und ihre formale und materielle Begrenzung durch das Grundgesetz

Bereits im Hinblick auf die Normenhierarchie wäre es einerseits fehlerhaft, die Bedeutung des Verfassungsrechts als auf die Kriminalpolitik begrenzt anzusehen und dem Grundgesetz nur einen untergeordneten Stellenwert für das einfache Strafrecht beizumessen[81]. Andererseits muß aber aus den nachfolgenden Gründen davor gewarnt werden, die inhaltlich bestimmende Wirkung des Staatsrechts auf die einzelnen Straftatbestände überzubetonen. Infolge der

---

75 Böckenförde, NJW 1974, S. 1529, 1530 und 1537; Breuer, Jura, 1979, S. 401; Ossenbühl, NJW 1976, S. 2100 ff.; grundlegend Jellinek Georg, System der subjektiv-öffentlichen Rechte, S. 85 ff., 94 ff.

76 Breuer, aaO.; Kratzsch, JuS 1994, S. 372, 378; Weiß, JR 1993, S.449, 454; kritisch bezüglich dieses Grundrechtsverständnisses, Lisken, ZRP 1994, S. 49, 50.

77 Zum Begriff des Unrechtstatbestandes als Tatbestand im engeren Sinne, vgl. Wessels/Beulke, Strafrecht, AT, Rdnr. 118.

78 Zur Bedeutung des Verfassungsrechts für die Statuierung von Rechtfertigungsgründen im allgemeinen, vgl. Tröndle/Fischer, StGB, Vor § 32, Rdnr. 2; Wolter, NStZ 1993, S. 1, (7) und im Hinblick auf den Schwangerschaftsabbruch im besonderen, vgl. BVerfGE 39, 1 ff; 88, 203 ff; JR 1990, S. 102, 105; Dürig in: Maunz/Dürig/Herzog, Kommentar zum Grundgesetz, Art. 2 Abs. 2 GG, Rdnr. 15; Geiger, Festschrift für Herbert Tröndle, S. 647 ff, 650 f, 653; Günther, Strafrechtswidrigkeit, S. 196 ff; Langer, JR 1993, S. 1, 3; Otto, NStZ 1990, S. 178 ff; Rüpke, Schwangerschaftsabbruch und Grundgesetz, S. 66, 67.

79 Berkemann, JR 1993, S. 441, 443,444.

80 Hassemer, ZRP 1992, S. 378, 380.

81 So aber Tiedemann, Verfassungsrecht und Strafrecht, S. 6, 59; kritisch Freund, GA 1982, S. 332, 334; Wolter, NStZ 1993, S. 1 ff.

Notwendigkeit, zeitlich bedingte gesellschaftliche Veränderungen in gewissen Grenzen aufzufangen, sind die verfassungsrechtlichen Bestimmungen durch einen hohen Abstraktionsgrad[82] gekennzeichnet. Mangels detaillierter Vorgaben an die Legislative besitzen sie weder für das Strafrecht noch für andere Rechtsmaterien eine Wirkung in dem Sinne, daß die zur Regelung eines Lebensbereiches erlassenen einfachgesetzlichen Normierungen nur mit ***einem*** bestimmten Inhalt verfassungsmäßig, mit einem anderen hingegen ipso iure verfassungswidrig wären.

Daher gehört es heute zu den verfassungsrechtlich gesicherten Erkenntnissen, daß der demokratisch legitimierte Gesetzgeber, der unter der Herrschaft des Grundgesetzes über die Rechtsetzungsprärogative verfügt[83], für seine legislative Tätigkeit einen weiten rechtspolitischen Gestaltungsspielraum besitzt[84]. Diese im Demokratieprinzip (Art. 2O I GG) und im Gewaltenteilungsgrundsatz (Art. 20 III GG) verankerte Befugnis zur Ausübung legislativen Ermessens kommt dem Gesetzgeber natürlich auch im Rahmen seiner Tätigkeit auf dem Gebiet des Strafrechts, bei der Beantwortung der Frage, ***"ob"*** und ***"wie"*** er ein bestimmtes Verhalten pönalisiert, zu[85].

Zum einen obliegt mithin der Legislative die grundsätzliche kriminalpolitische Entscheidung, ***"ob"*** sie ein bestimmtes Interesse zum strafrechtlichen Rechtsgut erhebt[86] und vor welchen Verhaltensweisen sie es schützt. Im Rahmen der vorliegenden Abhandlung wird unter dem Aspekt des ***"Ob"*** der Kriminalisierung ebenfalls der Umfang der Verhaltenspönalisierung mit einbezogen, also die Regelung der Frage, ob nur die Vollendung oder auch der Versuch, nur die Vorsatz- oder auch die Fahrlässigkeitstat, nur die Verletzung oder auch die konkrete bzw. die abstrakte Gefährdung eines Rechtsgutes strafbar sein sollen[87]. Zum anderen befindet der Gesetzgeber in der Regel auch frei über das ***"Wie"***, also die Art, das Mindest- und Höchstmaß der Strafe, die er für das inkriminierte Verhalten androht[88].

Dieser gesetzgeberische Gestaltungsspielraum ist aber nicht unbegrenzt. Obwohl der Wirkungsgrad der verfassungsrechtlichen Schranken wegen ihres hohen Abstraktionsgrades

---

82 Appel, Verfassung und Strafe, S. 98; Badura, Staatsrecht, Systematische Erläuterung für die Bundesrepublik Deutschland, A, Rdnr.14;
Häberle, aaO, S. 8.

83 Krey, JR 1995, S. 221 ff.

84 Vgl. allgemein zum Gestaltungsspielraum des Gesetzgebers, Badura, aa0, F, Rdnr. 14; Stein, Staatsrecht, § 20 II 2.

85 BVerfGE 27, 18, 29 f; 32, 40, 48; 37, 201, 212; 39, 1 44 f; 45, 272, 289; 50, 125, 138; 50, 142, 162; 51, 60, 74; 71, 108, 115; 80, 182, 186; Badura, Beratungen des Sonderausschusses für die Strafrechtsreform, S. 1091; Bockelmann/Volk, Strafrecht AT, S. 10; Günther, Strafrechtswidrigkeit, S. 240; Hanack, Gutachten zum 47. DJT, 1968, Rdnr. 31; Hassemer in: Alternativkommentar zum StGB, Vor § 1, Rdnr. 221, 222; Kaiser, aaO, S. 579 ff, 596; Krey, Studien zum Gesetzesvorbehalt im Strafrecht, 1977, S. 150; Lagodny, aaO, S. 92 f; Langer, JR 1993, S. 1, 3; Müller-Dietz, aaO, S. 35; Stree, aaO, S. 9.

86 BVerfGE 50, 142, 162; 51, 60, 74; NStZ 1985, S. 173; BayObIG NJW 1969, S. 2297.

87 Zum Teil werden diese Gesichtspunkte i.S.d. "wie" der Pönalisierung verstanden, vgl.: BVerfGE 39, 1, 44; 50, 142, 162; Hassemer, Theorie und Soziologie des Verbrechens, S. 197; ders. in: Alternativkommentar zum StGB, Vor § 1, Rdnr. 223; zum Verständnis dieser Gesichtspunkte im vorgenannten Sinne, vgl.: BVerfGE 6, 389, 439; 11, 234, 238; 25, 44, 54; 36, 41, 42 f; 47, 109, 116; 57, 250, 270; Günther, Strafrechtswidrigkeit, S. 215 f; Jescheck/Weigend, Strafrecht AT, § 7 I ; Schmidhäuser, Strafrecht AT, Lehrbuch, 1975, 2/Rdnr.14; Stree, aaO, S. 3 f.

88 BVerfGE 50, 125, 138; Stree, aaO, S. 9.

nicht überschätzt werden darf[89], ist es dennoch denkbar, daß das Grundgesetz jene Schranken, anders als bei sonstigen Regelungsmaterien, für die Strafgesetze enger gezogen hat[90].

Auch die ***Verfassungsschranken*** für die gesetzgeberische Entscheidung über die Kriminalisierung menschlichen Verhaltens betreffen also die Frage nach dem "ob" **und** dem "wie" der Strafbarkeit[91]. Daher kann eine Strafvorschrift bereits alleine deshalb verfassungswidrig sein, weil die ihr zugrundeliegende Sollensvorschrift, z.B. mangels Verfolgung eines legitimen Zwecks, gegen die Verfassung verstößt[92]. Denkbar ist jedoch ebenfalls, daß die Verfassungswidrigkeit erst aus der Pönalisierung als solcher bzw. der Art und der Höhe der konkreten Strafbewehrung folgt[93].

Die verfassungsrechtlichen Beschränkungen des Gestaltungsspielraumes der Strafgesetzgebung sind, wie bereits angesprochen, formaler und materieller Natur:

Verfassungsrechtliche Schranken möchte ich dann als formal bezeichnen, wenn sie sich nicht inhaltlich auf die Strafgesetzgebung auswirken. Als Beispiel wäre das Bestimmtheitsgebot für Strafgesetze, welches aus Art. 103 Abs. 2 GG abgeleitet wird, zu nennen[94]. Es verpflichtet den Gesetzgeber erstens zur Tatbestandsbestimmtheit, d.h. dazu, die Tatbestandsmerkmale so konkret zu umschreiben, daß Tragweite und Anwendungsbereich der Straftatbestände zu erkennen sind, und zweitens zur Gesetzesbestimmtheit der Strafandrohung. Zwar soll keineswegs die freiheitssichernde Funktion des Art. 103 Abs. 2 GG geleugnet werden[95], die darin besteht, daß ohne vorherige gesetzliche Strafbestimmung ein Verhalten nicht be-straft werden und der ***Ausschluß von zu unbestimmten generalklauselartigen Straftatbeständen*** zu einer berechenbaren Pönalisierung führen kann[96]. Jedenfalls bietet diese ***formale*** Kriminalisierungsschranke aber keinen Schutz vor ungerechten Strafgesetzen, sofern der Gesetzgeber sich nur im Hinblick auf das Bestimmtheitsgebot einer korrekten Beschreibung des Tatbestandes bedient.

Eine mögliche Ausübung des kriminalpolitischen Gestaltungsspielraumes, welche zu solchen der Gerechtigkeit zuwiderlaufenden Strafgesetzen führt, ist dem Gesetzgeber jedoch durch die

---

89 Deshalb geht das BVerfG von dem Grundsatz aus, daß bei der Überprüfung von Strafgesetzen besondere Zurückhaltung geboten sei, vgl. BVerfGE 45, 187, 237; 75, 329, 343; 80, 182, 185; 80, 244, 255; Hill, aa0, § 156, Rdnr.7.

90 BVerfGE 34, 261, 266; 45, 187, 223; 47, 109, 116; Abweichende Meinung des Richters Sommer zum Beschluß des BVerfG vom 9.3.1994, NJW 1994, S. 1588; Badura, aaO, S. 1091; Bockelmann/Volk, aaO, S.10 ff; Schuppert, AfP 1984, S. 67 ff, 70; siehe auch Günther, Strafrechtswidrigkeit, S. 204, 209 der betont, daß dem Verhältnismäßigkeitsgrundsatz im engeren Sinne im Strafrecht im Vergleich zu anderen Rechtsgebieten gesteigerte Bedeutung zukomme.

91 Nowakowski, ÖJZ 1965, S. 281 ff, 281; Stree, aaO, S. 3 ff.

92 BVerfGE 9, 83, 87 f; NStZ 1985, S. 383, 386.

93 BVerfGE 6, 389, 439; 25, 44, 54; 36, 42, 46; 57, 250, 270.

94 Vgl. zu diesem Verständnis des Art. 103 Abs. 2 GG, BVerfGE 47, 109, 123; Amelung, JZ 1982, S. 617; Günther, Strafrechtswidrigkeit, S. 210, 211; Jescheck/Weigend, Strafrecht, AT, § 4 II 1; Lemmel, Unbestimmte Strafbarkeitsvoraussetzungen, S. 165; Otto, Grundkurs Strafrecht, § 1, Rdnr. 37; siehe auch zur Differenzierung zwischen Form und Inhalt von Strafgesetzen, Badura, Beratungen des Sonderausschusses für die Strafrechtsreform, S. 1091; a.A. Roxin, Kriminalpolitik, S. 24, der aus Art. 103 Abs. 2 GG das Geringfügigkeitsprinzip für die Tatbestandsauslegung ableitet.

95 BVerfGE 75, 329, 341; Hamann, Grundgesetz und Strafgesetzgebung, S. 50.

96 Vgl. Klug Ulrich, aaO., S. 173 ff.

materiellen Schranken der Verfassung, namentlich die Grundrechte[97] und die Staatstrukturprinzipien wie z.B. das Rechtsstaats-[98], Demokratie-[99] und Sozialstaatsprinzip[100], verwehrt. Es gehört heute zum Gemeingut der zum Strafrecht vertretenen verfassungsrechtlichen Dogmatik, daß es nicht nur die "außerrechtlichen" Kategorien der Humanität, Liberalität und Rationalität sind, welche für die Verhaltenspönalisierung inhaltliche Maßstäbe bieten, wie dies zum Teil früher vor der Strafrechtsreform in den 60er Jahren angenommen worden ist[101].

Der Versuch, die von Rechtsprechung und Literatur aus der Verfassung abgeleiteten materiellen Pönalisierungsschranken zu strukturieren, stellt sich wegen der zahlreichen Streitfragen als schwieriges Unterfangen dar.

Eine Grobgliederung läßt sich gewinnen, wenn man von der Hypothese ausgeht, daß dem Gesetzgeber bei der Kriminalisier-ung von Handlungen bzw. Unterlassungen sowohl *verfassungsrechtliche Kriminalisierungsverbote* als auch *verfassungsrechtliche Kriminalisierungsgebote* Schranken ziehen können. Im folgenden wird von einer Begrenzung des gesetzgeberischen Gestaltungsspielraumes nach ***"oben"*** und nach ***"unten"*** gesprochen.

Die Studie wird sich zunächst der Begrenzung des Gestaltungsspielraumes nach "oben" zuwenden.

In dieser Hinsicht hatte die Literatur in der Vergangenheit in erster Linie nur die Problematik, in welchem Verhältnis die angedrohte Strafe zu dem inkriminierten Verhalten stehen müsse, in den Blick genommen[102]. Erst seit kurzer Zeit bezieht sie die primär zu beantwortende Frage, welche Verhaltensweisen der Gesetzgeber überhaupt pönalisieren darf, in die Betrachtung mit ein[103].

Heute wird hierzu die Auffassung vertreten, daß die Verfassung dem Gesetzgeber verbieten kann, ein bestimmtes Verhalten zu kriminalisieren. Daher erscheint es angebracht, von ***Pönalisierungsverboten*** zu sprechen, die man m.E. in ***absolute*** und ***relative*** unterteilen kann. Standort der ***absoluten Pönalisierungsverbote***[104] ist das Verhältnis des Strafrechts zur Moral,

---

97 BVerfGE 6, 389, 432 ff; 11, 234, 238; 17, 306, 313; 47, 109, 116; 50, 142, 152; 57, 250, 268; 71, 206, 213; 80, 244, 252; NJW 1987, S. 43, 48; NJW 1954, S. 1577, 1578; Gallwas, MDR 1969, S. 892, 893; Günther, JuS 1978, S. 8, 11; Hamann, Grundgesetz und Strafgesetzgebung, 1963, S. 34 ff.

98 BVerfGE 6, 389, 439; 34, 261, 267; zur grundlegenden Bedeutung des Rechtsstaatsprinzip als Pönalisierungsgrenze, vgl. Müller-Dietz, Strafe und Staat 1973, S. 34; siehe auch Badura, Beratungen des Sonderausschusses für die Strafrechtsreform, S. 1091, 1092; Hanack, Gutachten zum 47. DJT, 1968, Rdnr. 27 ff; Kaiser, Festschrift für U.Klug, Bd. II, S. 579, 591.

99 Amelung, Rechtsgüterschutz und Schutz der Gesellschaft, S. 318; Hermann, Die Reform der Aussagetatbestände, S. 106.

100 BVerfGE 45, 187, 223; Amelung aaO., S. 319; Hamann, Grundgesetz und Strafgesetzgebung, S. 31; Hermann, aaO; Hill, in: Isensee/Kirchhof aa0, § 156, Rdnr. 17, 18.

101 Vgl. hierzu Müller-Dietz aaO., S. 14.

102 Günther, Strafrechtswidrigkeit, S. 215 ff.

103 Zipf, Kriminalpolitik, S. 101 f; vgl. auch die abweichende Meinung der Richterin Graßhof zum Beschluß des BVerfG vom 9.3.1994, NJW 1994, S. 1585.

104 Die vorgenommene Charakterisierung eines Pönalisierungsverbotes als ein absolutes setzt aber voraus, daß auf eine bestimmte Gesellschaftsform, hier die der Bundesrepublik, abgestellt wird; vgl. Amelung, Rechtsgüterschutz und Schutz der Gesellschaft, S. 358, 363, 368, 370, 382; Jakobs, Strafrecht AT, 2/21.

Ethik bzw. Sittlichkeit[105], wobei unter letzterem Begriff nicht nur eine solche auf geschlechtlichem Gebiet zu verstehen ist[106]. Im Gegensatz zu der vom BVerfG in einer älteren Entscheidung[107], gestützt auf die im Rahmen des Art. 2 Abs. 1 GG enthaltene Schranke des Sittengesetzes[108], vertretenen Auffassung, nimmt die heute wohl h.L., die ebenso wie die Rechtsprechung in der Strafe, ungeachtet ihrer general- oder spezialpräventiven Wirkung, ein sozialethisches Unwerturteil[109] bezüglich des Täters erblickt, an: Das Strafrecht habe alleine die Aufgabe, das friedliche Zusammenleben[110] und demzufolge ausschließlich die Lebensbedingungen der Bürger zu sichern[111]. Da die friedliche Koexistenz der Menschen durch ein Verhalten, das *ausschließlich* unsittlich (mit anderen Worten: moralwidrig) ist oder nur einer bestimmten Ideologie zuwiderläuft, nicht beeinträchtigt werden könne, verbiete sich zu dessen Unterbindung der Einsatz der Strafe[112]. Teilweise berufen sich die Vertreter dieser h.L. zur Stützung ihrer Auffassung auf die

---

105 Für eine weitgehende Emanzipation des Strafrechts vom Sittengesetz, vgl. Müller-Emmert, GA 1976, S. 291, 294, 296; gegen die Theorie des Strafrechts als "ehtischem Minimum", vgl. Baumann/Weber/Mitsch, Strafrecht AT, § 3, Rdnr. 4 einerseits und § 3, Rdnr. 5 andererseits; gegen die Trennung des Strafrechts von der Moral, vgl. Badura, Beratungen des Sonderausschusses, S. 1091; Lampe, Recht und Moral staatlichen Strafens in: Recht und Moral, S. 305 f; für eine Anknüpfung des Strafrechts an sozialethische Pflichten, vgl. Bockelmann, Gedächtnisschrift für Radbruch, 1968, S. 252, 256 ff; Hanack, Gutachten zum 47. DJT, 1968, Rdnr. 29.

106 Anders für den Sprachgebrauch, Jäger, Strafgesetzgebung und Rechtsgüterschutz, S. 29; Marx, Zur Definition des Begriffs Rechtsgut, S. 84, 85; zu dem Verständnis wie hier, Rudolphi in: Systematischer Kommentar, Vor § 1, Rdnr. 1, 5, 10.

107 BVerfGE 6, 389, 433 ff; kritisch zu dieser Entscheidung, Müller-Emmert, GA 1976, S. 291, 297 ff; Rudolphi, Festschrift für Honig, S. 151, 160.

108 Die Bedeutung dieser Grundrechtsschranke ist aber stark umstritten. Die heute h.L. legt den Begriff des Sittengesetzes, entsprechend dem Auslegungstopos der Einheit der Verfassung, in Anlehnung ihres Funktionszusammenhanges zu den übrigen Wertentscheidungen der Verfassung, namentlich ihrem Ziel zur "Offenheit und Neutralität" aus. Vgl., Degenhart, JuS 1990, S. 161, 164; Erichsen, Jura 1987, S. 367, 372; ders. in: Isensee/Kirchhof, Handbuch des Staatsrechts, Bd. VI, § 152, Rdnr. 41. So wird betont, daß die Schranke des Sittengesetzes in der verfassungsmäßigen Ordnung aufgehe, da die allgemein anerkannten Wertvorstellungen, die das Sittengesetz ausfüllten, in einer Rechtsnorm ihren Niederschlag gefunden haben müssen, Jarass, NJW 1989, S. 857, 861; ders. in: Jarass/Pieroth, Grundgesetz, Art. 2 GG, Rdnr. 16; Seifert/Hömig, Grundgesetz, Art. 2 GG, Rdnr. 7; ähnlich Leibholz/Rinck/Hesselberger, Grundgesetz, Art. 2 GG, Anm. 11. Nach a.A. verweist das Sittengesetz auf die überlieferten sittlichen Vorstellungen, vgl. Mangoldt/Klein/Starck, Das Bonner Grundgesetz, Bd. 1, 3. Aufl., Art. 2 Abs. 1 GG, Rdnr. 26; ähnlich Model/Müller, Grundgesetz, Art. 2 GG, Anm. 4.B, der auf die sittlichen Normen, die Allgemeingut der abendländischen Kultur sind, verweist. Andere interpretieren das Sittengesetz i.S.d. herrschenden Moralvorstellungen, Schmidt-Bleibtreu/Klein, Kommentar zum GG, Art. 2 GG, Rdnr. 13.

109 BVerfGE 22, 49,79; 25, 269, 286; 27, 18, 29; 43, 101, 105; BGHSt 5, 28, 32; 11, 263, 266; Bockelmann/Volk, Strafrecht AT, S. 2; Günther, Strafrechtswidrigkeit, S. 161; Hamann, aaO, S. 27; Krey, Studien zum Gesetzesvorbehalt im Strafrecht, 1977, S. 219; Otto, Gedächtnisschrift für Schröder, 1978, S. 53, 54; ders., ZStW 96.1 (1984), S. 339, 346.

110 Hanack, Gutachten zum 47. DJT., 1968, Rdnr. 27; Lackner, Festschrift für Gallas, 1973, S. 117, 118.

111 Baumann/Weber/Mitsch, Strafrecht AT, § 3, Rdnr. 4; Gössel, Festschrift für Oehler, S. 97 ff, 99, 100; Müller-Emmert, GA 1976, S. 291 ff, 293, 294; Rudolphi, Festschrift für Honig, S. 151 ff, 157f, 165 f; abweichend Bockelmann, Festschrift für Maurach, S. 391 ff, 413, der annimmt, daß eine Pönalisierung auch bei Verstößen gegen das Sittengesetz gerechtfertigt ist.

112 Hermann, aaO, S. 110, 111; Jäger, aaO, S. 39, 68, 121 f; Jakobs, Strafrecht AT, 2/21; Kühl, GA 1977, S. 353, 363; Marx, aaO, S. 86; Müller-Emmert, GA 1976, S. 291, 294; Müller-Dietz, Strafe und Staat, S. 46; ders. in: Jung/Müller/Dietz, aaO, S. 77, 96; Rudolphi, in: Systematischer Kommentar, Vor § 1 StGB, Rdnr. 1, 5, 10; Roxin, JuS 1966, S. 377, 382; a.A.: Bockelmann/Volk, Strafrecht AT, § 3 II 1; Jescheck in: Leipziger Kommentar, Band I, Vor § 13, Rdnr. 8.

Ableitung der Strafgewalt aus dem Rechtsstaatsprinzip[113]. Andere verweisen auf das in Art. 20 GG verankerte Demokratieprinzip[114] oder auf Art. 4 GG[115] bzw. Art. 1 GG[116]. Diese Bestimmungen legten dem Gesetzgeber die Verpflichtung zur Toleranz auf[117] und verwehrten es ihm, den Bürger sittlich zu bevormunden. Da nach dieser Auffassung Verhaltensweisen, die lediglich moralwidrig sind, unter keinen Umständen pönalisiert werden dürfen, kann demzufolge von ***absoluten Pönalisierungsverboten*** gesprochen werden.

Der Statuierung solcher absoluten Pönalisierungsverbote liegt der Versuch zugrunde, für die Überprüfung der Verfassungsmäßigkeit eines Strafgesetzes einen *materiellen Verbrechensbegriff* zu gewinnen. Denn eine begrenzende Wirkung für den gesetzgeberischen Gestaltungsspielraum vermag ein *formaler Verbrechensbegriff*
- dem das Verständnis des Verbrechens als schuldhafte Verwirklichung straftatbestandsmäßigen Unrechts, an welche das Strafgesetz die Rechtsfolge der Strafe knüpft, zugrunde liegt -
nicht zu entfalten[118]. Bei der Suche nach dem materiellen Verbrechensbegriff ist man in der Vergangenheit von recht unterschiedlichen Ansätzen ausgegangen[119]. So darf nach einer Auffassung die Pönalisierung nur an sozialschädliche Verhaltensweisen anknüpfen[120]. Andere stellen darauf ab, ob ein gravierender Verstoß gegen die Sozialethik vorliegt[121]. Während die Vertreter der letzteren Ansicht überwiegend der Sozialethik eine nur negative begrenzende, Funktion beimessen, richtet Welzel die Aufgabe des Strafrechts positiv am Schutze der elementaren Handlungswerte aus[122]. Der von ihm vertretenen Sichtweise wird zunehmend ihre Unvereinbarkeit mit den Wertvorstellungen der Verfassung über die Aufgabe des

---

113 Marx, aaO, S. 86; Rudolphi, Festschrift für Honig 1970, S. 151, 159.

114 Hanack, Gutachten zum 47. DJT., 1968, Rdnr. 27; Müller-Emmert, GA 1976, S. 291, 294; Roxin, JuS # 1966, S. 377, 381; Rudolphi in: Systematischer Kommentar, Vor § 1 StGB, Rdnr. 1.

115 Müller-Emmert aaO, S. 294 ff; Müller-Dietz, Strafe und Staat, S. 25; siehe auch Stratenwerth, Strafrecht AT 1, Rdnr. 63, der betont, daß "die Grenze zwischen dem zulässigen und dem verbotenen Verhalten, wenn immer möglich, so gezogen werden" muß, "daß sie kein Gewissen verletzt".

116 Hassemer, in: Alternativkommentar zum StGB, Vor § 1 StGB, Rdnr. 209; Müller-Emmert, GA 1976, S. 291, 298.

117 Kaiser, Festschrift für Klug, Band II, S. 579, 592; Schmidhäuser, Strafrecht AT, Lehrbuch, 2/14.

118 Zur ermessensbegrenzenden Funktion der Legislative durch einen materiellen Verbrechensbegriff, vgl. Jäger, aaO, S. 19; Jescheck/Weigend, Strafrecht AT, § 7 I 1; Sax, Grundsätze der Strafrechtspflege, aaO, S. 910, 911; Vogler, ZStW 90 (1978), S. 132, 137; Volk, ZStW 97.1 (1985), S. 871, 900; Wolff in: Hassemer (Hrsg.), Strafrechtspolitik, S. 137; Zipf, Kriminalpolitik, S. 106 ff; kritisch zum materiellen Verbrechensbegriff Bockelmann/Volk, Strafrecht AT, S. 2; Gössel, Festschrift für Oehler, S. 97, 99.

119 Vgl. zu diesen unterschiedlichen Ansätzen: Bockelmann/Volk aaO, S. 10; Jäger, aaO, S. 20 f; Kaiser, aaO, S. 579, 586; Stratenwerth, Strafrecht AT I, Rdnr. 50 ff; Vogler, aaO, S. 132, 137, 138.

120 Gössel, Festschrift für Oehler, S. 97, 99 f; Jäger aaO, S. 39; Jakobs, Strafrecht AT, 2/21, 25; Müller-Emmert, GA 1976, S. 293, 294; Otto, Grundkurs Strafrecht, § 1, Rdnr. 37; Rudolphi in: Systematischer Kommentar, Vor § 1, Rdnr. 1; ders., Festschrift für Honig, 1970, S. 151, 166; Schmidhäuser, Strafrecht AT, Lehrbuch, 2/14; siehe auch Hassemer in: Alternativkommentar zum StGB, Vor § 1, Rdnr. 204.

121 Maiwald, Festschrift für Maurach, 1972, S. 9, 21; Welzel, Das Deutsche Strafrecht, S. 1. In dem Schutz des sozialethischen Minimums erschöpfen sich die mit dem Strafrecht verfolgbaren legitimen Zwecke aber nicht. Das BVerfG, welches ebenfalls prinzipiell auf diesen Gesichtspunkt abstellt, geht zu recht davon aus, daß, zum Schutze des eigenen Staates, die in den §§ 94 und 99 StGB erfolgten Kriminalisierungen, der an sich sozialethisch neutralen Spionagehandlungen, verfassungsmäßig sein müßten, NStZ 1995, S. 383, 386.

122 Welzel, aaO, S. 2 ff.; ders., Festschrift für Kohlrausch, 1944, S. 101, 106 ff; ähnlich Kaufmann Armin, Strafrechtsdogmatik zwischen Sein und Wert, 1982, S. 275, der eine wesentliche Aufgabe des Strafrechts im Rechtsgüterschutz durch Stärken der rechtstreuen Gesinnung erblickt.

Strafrechts entgegengehalten[123]. Denn letztlich diene das Strafrecht in dem von Welzel verstandenen Sinne primär der Stärkung der rechtstreuen Gesinnung. Seine Ansicht berge daher die Gefahr in sich, daß zur Unterbindung zukünftiger, die Lebensbedingungen der Menschen tatsächlich beeinträchtigenden Verhaltensweisen das Instrumentarium des Strafrechts auch schon dann eingesetzt werde, wenn es diese Eignung gegenwärtig noch nicht aufweise.

Trotz zahlreicher Kontroversen zu Einzelfragen wird heute in der Literatur überwiegend die Auffassung vertreten, eine Strafvorschrift müsse dem Schutze eines Rechtsgutes dienen[124]. Zur Theorie der "Sozialschädlichkeit" bestehen dabei große Gemeinsamkeiten. Während ein Teil der Vertreter der Sozialschädlichkeitslehre nämlich ein Verhalten nur dann als sozialschädlich einstuft, sofern es ein Rechtsgut beeinträchtige[125], ist nach dem Verständnis des anderen Teiles der Vertreter dieser Lehre die Theorie der "Sozialschädlichkeit" als Fortentwicklung der Rechtsgutkonzeption zu verstehen[126]. Letztlich liegt sowohl der "Sozialschädlichkeitslehre" als auch der "Rechtsgutkonzeption" gemeinsam die Tendenz zugrunde, die Pönalisierung ausschließlich moralwidrigen Verhaltens zu verhindern; denn beide Ansichten sehen die Funktion des Strafrechts in der Aufrechterhaltung der sozialen Ordnung[127].

Zwischen sämtlichen Auffassungen bestehen Übereinstimmungen, da nach heutigem Verständnis sowohl objektive (Erfolgsunwert) als auch personale (Handlungsunwert) Momente am Verbrechensbegriff ihren Anteil haben [128].

Da der Begriff des Rechtsgutes rein *formal* aber nicht mehr und nicht weniger als rechtlich geschütztes Gut bedeutet[129], sieht sich die überwiegende Literatur dazu gezwungen, die Gestaltungsfreiheit des Strafgesetzgebers durch die Gewinnung eines *materiellen* Rechtsgutsbegriffs[130] zu begrenzen. Sie ist deshalb bestrebt, das Rechtsgut für die Abgrenzung des sozialschädlichen vom auschließlich moralwidrigen Verhalten fruchtbar zu

---

123 Rudolphi in: Systematischer Kommentar, Vor § 1 StGB, Rdnr.2; a.A. wohl Häberle, aaO, S. 26; Roxin, Strafrecht, AT, Band I, § 2, Rdnr. 35.

124 Jäger, aaO, S. 121 f; Marx, aaO, S. 73; Otto, ZStW 96.1 (1984), S. 339, 341 ff; Rudolphi in: SK, Vor § 1, Rdnr. 2; siehe andererseits auch Jescheck in: Leipziger Kommentar, Vor, § 13, Rdnr. 8, Fn 5, der davon ausgeht, daß der Gesetzgeber auch reine Aktverbrechen, z.B. die Unzucht mit Tieren, unter Strafe stellen darf.

125 Rudolphi in: Systematischer Kommentar, Vor § 1 StGB, Rdnr. 2; Stratenwerth, Strafrecht AT I, Rdnr. 52 ff. Zu den Gemeinsamkeiten zwischen der "Rechtsgutlehre" und der Anknüpfung an die Sozialethik zur Bestimmung des strafbaren Verhaltens, vgl. Otto, Grundkurs, Strafrecht, § 1, Rdnr. 36 ff.

126 Hassemer, Einführung in die Grundlagen des Strafrechts, S. 25.

127 Maiwald, aaO, S. 9, 21 ff; siehe auch Otto, ZStW 96.1 (1984), S. 339, 344, der darauf hinweist, daß für die Bestimmung eines Rechtsgutes eine "sozialethische Vorwertung" erforderlich sei.

128 Jäger, aaO, S. 20 f.

129 Rudolphi in: Systematischer Kommentar, Vor § 1 StGB, Rdnr. 4. In seiner formalen Funktion kommt dem Rechtsgut ausschließlich Bedeutung für die Auslegung der geltenden Straftatbestände zu, vgl. Marx, aaO, S. 19; Rudolphi, Festschrift für Honig, 1970, S. 151, 154.

130 Gössel, Festschrift für Oehler, S. 97, 99 f; Günther, Strafrechtswidrigkeit, S. 149; Hassemer, Theorie und Soziologie des Verbrechens, S. 20 ff, 27 ff, der von der systemkritischen Aufgabe des Rechtsgutes spricht; Marx, aaO, S. 3, 14, 17; Rudolphi, Festschrift für Honig, S. 151, 154; Zipf, Kriminalpolitik, S. 107; siehe auch Blei, Strafrecht AT, S. 92; Stratenwerth, Strafrecht AT 1, Rdnr. 56.

machen[131]. Der Staat dürfe nur solche Verhaltensweisen pönalisieren, die ein Rechtsgut verletzen oder gefährden. Das Rechtsgut ist insofern in seiner negativen, die Strafgewalt begrenzenden Funktion, angesprochen. Eine positive Funktion bei der Begrenzung der staatlichen Strafgewalt erfüllt das Rechtsgut dagegen nicht, da nicht jede Strafvorschrift, der ein Rechtsgut zugrunde liegt, ipso iure verfassungsmäßig ist[132]. Die Bestimmung, welches Interesse[133], welcher Zustand[134] bzw. welche Funktionseinheit[135] strafrechtlichen Schutz verdient, soll dabei eine Wertung voraussetzen[136]. Als Maßstab hierfür wird überwiegend die Verfassung herangezogen[137]. Ausgehend von der Erkenntnis, daß unter der Herrschaft des Grundgesetzes in der Bundesrepublik eine ganz bestimmte Gesellschaftsform zur Entstehung gelangt sei, hält ein Teil der Lehre den Gesetzgeber nur zum ***Schutz*** solcher Bedingungen für das Zusammenleben durch das Strafrecht für befugt, die, unter Berücksichtigung soziologischer Erkenntnisse, für diese bundesrepublikanische Gesellschaftsordnung unerläßlich sind[138]. Für andere Autoren stellt sich, obwohl sie die Gleichsetzung der strafrechtlichen Rechtsgüterordnung mit der grundgesetzlichen Wertordnung zumeist ausdrücklich ablehnen, erstere weitgehend als eine Konkretisierung der in der Verfassung enthaltenen bzw. aus ihr ableitbaren Werte dar[139]. Angesichts der NS-Vergangenheit erscheint es jedoch äußerst fraglich, ob der Rechtsgutbegriff überhaupt in der Lage ist, dieser ihm zugedachten Aufgabe, den Gesetzgeber beim Erlaß von Strafvorschriften zu beschränken, gerecht zu werden[140]. Ebenso wird heute bezweifelt, daß der Begriff der

---

131 Klug in: Skeptische Rechtsphilosophie, Band 2, S. 173, 185 ff, 193; Müller-Emmert, GA 1976, S. 291, 293; Roxin, JuS 1966, S. 377, 381; Rudolphi, Festschrift für Maurach, 1972, S. 51, 71 ff.

132 Zur negativen Funktion des Rechtsgutes siehe, Hassemer, Theorie und Soziologie des Verbrechens, S. 200, 214 ff.

133 Baumann/Weber/Mitsch, Strafrecht AT, § 3, Rdnr. 10.

134 Jäger, aaO, S. 13; Roxin, JuS 1966, S. 377, 381 f; Welzel, Das deutsche Strafrecht, S. 4.

135 Jakobs, Strafrecht, AT, 2/15; Otto, Grundkurs Strafrecht, § 1, Rdnr. 32; ders., ZStW 96.1. (1984), S. 339, 344; Rudolphi in: Systematischer Kommentar, Vor § 1 StGB, Rdnr. 8; ders. Festschrift für Honig 1970, S. 151, 163.

136 Marx, aaO, S. 15, 24.

137 Roxin, Strafrecht, AT, Band I, § 2; Rdnr. 9 m.w.N.

138 Amelung, Rechtsgüterschutz und Schutz der Gesellschaft, S. 325; Hassemer, Theorie und Soziologie des Verbrechens, S. 221 ff; ders., Einführung in die Grundlagen des Strafrechts, S. 25; Müller-Emmert, GA 1976, S. 291, 298; Rudolphi in: Systematischer Kommentar, Vor § 1 StGB, Rdnr. 5; ders., Festschrift für Honig, S. 151, 162; Zipf, Kriminalpolitik, S. 107.

139 Hassemer in: Alternativkommentar zum StGB, Vor § 1, Rdnr.198; ders., Theorie und Soziologie des Verbrechens, S. 231; Hermann, aaO, S. 105; Otto, ZStW 96.1 (1984), S. 339, 347; Rudolphi in: Systematischer Kommentar, Vor § 1 StGB, Rdnr. 5; ders., Festschrift für Honig, S. 151, 158 f; Sax, Grundsätze der Strafrechtspflege, aaO, S. 911 ff; siehe auch Marx, aaO, S. 40, der als Vertreter einer "monistischen Rechtsgutstheorie", ausgehend von der durch Art. 1 Abs.1 GG geschützten Menschenwürde fordert, daß "Schutzobjekt des Strafrechts der Mensch sein muß" und es Zweck des Strafrechts sein müsse, die freie Selbstverwirklichung des Menschen zu sichern und zu erhalten (S. 60). Mithin seien Rechtsgüter nur diejenigen Gegenstände, die der Mensch zu seiner freien Selbstverwirklichung braucht. Hinsichtlich der Anknüpfung an die obersten Grundsätze der Verfassung zur Bestimmung des strafbaren Verhaltens, siehe auch: Günther, Strafrechtswidrigkeit, S. 240; Kaiser, Festschrift für Klug, Band 2, 1983, S. 579, 591; Klug, aaO, S. 173, 176; Zipf, Kriminalpolitik, S. 103. Vgl. auch zum Rückgriff auf die "Wertordnung des GG" für die Beantwortung der Frage, vor welchen Verhaltensweisen ein Rechtsgut zu schützen ist, Günther, JuS 1978, S. 8, 13; Otto, Gedächtnisschrift für Schröder, 1978, S. 53, 55 ff; ders., ZStW 96.1, (1984), S. 339, 347 ff; kritisch hinsichtlich eines engen Bezuges der Rechtsgüter zur grundgesetzlichen Wertordnung, Tiedemann, Tatbestandsfunktion, S. 29 ff.

140 Wohl verneinend, Hirsch, Festschrift für Hans Welzel 1974, S. 775, 785; Vogler, ZStW 90 (1978), S.

"Sozialschädlichkeit" ein wissenschaftlich exaktes Kriterium sei, welches der Strafgesetzgebung hinreichende Grenzen setzen könne[141]. Denn gleichgültig, ob man auf den Begriff des Rechtsguts zurückgreift oder nicht, erfordert die Bestimmung der Sozialschädlichkeit stets eine normative Wertung. Deshalb ist zum einen umstritten, ob die Verfassung für die vom Gesetzgeber vorzunehmende Bewertung der Sozialschädlichkeit einen hinreichend konkretisierbaren Bezugsrahmen zur Verfügung stellt[142]. Zum anderen ist die Feststellung, ein bestimmtes menschliches Verhalten laufe diesem verfassungsrechtlichen Bezugsrahmen tatsächlich zuwider, problematisch. Daher wird heute zunehmend hervorgehoben, daß eine Strafvorschrift nicht bereits dann ipso iure verfassungsmäßig sei, wenn sie ein Rechtsgut schütze bzw. sozialschädliches Verhalten verhindere[143].

Größere Bedeutung für die Begrenzung der staatlichen Strafgewalt besitzen daher die ***relativen Pönalisierungsverbote***, insbesondere der ***Verhältnismäßigkeitsgrundsatz***[144]. Dieser, aus dem Rechtsstaatsprinzip[145] bzw. den Grundrechten[146] abgeleitete, Grundsatz besteht bekanntlich aus den drei Einzelprinpzipien der Geeignetheit, der Erforderlichkeit und der Angemessenheit des Mittels[147], wobei den beiden letzteren Prinzipien für das Strafrecht die größte Bedeutung zukommt. Der Verhältnismäßigkeitsgrundsatz, namentlich in seiner Ausprägung der Angemessenheit des Mittels (Verhältnismäßigkeit im engeren Sinne), ist

- worüber die in der Verfassungsjudikatur im Anschluß an die Grundsatzentscheidung des BayVGH[148] ergangenen Entscheidungen nicht hinwegtäuschen dürfen [149] -

---

132, 140, der jedoch aus dem Strafzweck der positiven Generalprävention ein "Geringfügigkeitsprinzip" zur Begrenzung des kriminalpolitischen Gestaltungsspielraumes des Gesetzgebers ableitet; Volk, JZ 1982, S. 85, 88; kritisch auch Bockelmann/Volk, Strafrecht AT, S. 10 f; Günther, Strafrechtswidrigkeit, S. 149; Kaiser, aaO, S. 579, 587 f; Kaufmann Arthur, Festschrift für Henkel, S. 89, 102, der darauf hinweist, daß es keinen der Legislative vorgegebenen Kreis von Rechtsgütern gibt.

141 Hirsch, Festschrift für Welzel, 1974, S. 781 ff; Kaiser, aaO, S. 579, 587, 590; Müller-Dietz, Strafe und Staat, S. 18; Volk, ZStW 89 (1985), S. 871, 900; siehe auch Maiwald, Festschrift für Maurach, 1972, S. 9, 12; Ostendorf, GA 1982, S. 333, 341.

142 Kühl, GA 1977, S. 353, 356 f.

143 Müller-Emmert, GA 1976, S. 291, 301; Müller-Dietz, Strafe und Staat, S. 31 ff; Vogler, ZStW 90 (1978), S. 132, 138; Otto, ZStW 96.1 (1984), S. 339, 346.

144 Bockelmann/Volk, Strafrecht AT, S. 12; Benda, aaO, S. 16, 29 ff; Driendl, Zur Notwendigkeit und Möglichkeit einer Strafgesetzgebungswissenschaft, S. 33 ff; Gallwas, MDR 69, S. 892, 894 f; Günther, Strafrechtswidrigkeit, S. 234; ders., JuS 1978, S. 8, 11 ff; Hassemer in: Alternativkommentar zum StGB, Vor § 1, Rdnr. 207, 293; ders. Theorie und Soziologie des Verbrechens, S. 196, 197; Kaiser, aaO, S. 579, 591, 593; Kaufmann Armin, Strafrechtsdomatik zwischen Sein und Wert, S. 276; Kratzsch, JuS 1984, S. 372, 377; Müller-Emmert, GA 1976, S. 291, 301; Nowakowski, ÖJZ 1965, S. 281 ff, 284; Otto, Grundkurs Strafrecht, § 1, Rdnr. 48; ders., ZStW 96.1 (1984), S. 339, 347; Rudolphi in: Systematischer Kommentar, Vor § 1, Rdnr. 13 ff; Schmidhäuser, Strafrecht AT, Lehrbuch, 2/14; Tiedemann, ZStW 86 (1974), S. 303, 309 f; Volk, ZStW 97 (1985), S. 871, 887; Zipf, Kriminalpolitik, S. 101 f.

145 BVerfG NStZ 1995, S. 383, 385; Bleckmann, JuS 1994, S. 177, 178; Kaufmann Arthur, Festschrift für Lange, 1976, S. 27, 31; Müller-Dietz, Strafe und Staat, S. 34.

146 BVerfGE 19, 342 (349); Hill in: Isensee/Kirchhof, § 156, Rdnr 21; Schnapp in: v. Münch, Grundgesetz-Kommentar, Band 1, Art. 20 GG, Rdnr. 27; Stern, Das Staatsrecht der Bundesrepublik Deutschland I, § 20 IV 7 d, S. 865.

147 Vgl. zum terminologischen und dogmatischen Verständnis des Verhältnismäßigkeitsgrundsatzes i.d.S.: Badura, Staatsrecht, C, 28; Krey, Strafverfahrensrecht, Band 1, Rdnr. 89 (Anm. 31, 32); v. Münch, Grundbegriffe des Staatsrechts I, Rdnr. 254 f; ders. in: v. Münch, Grundgesetz-Kommentar, Band 1, Vorb. Art. 1-19 GG, Rdnr. 55; Schuppert, AfP 1984, S. 67, 68.

148 BayVGH 3 n.F. II, 109, 114, wenn es dort heißt, daß "...das Strafübel in einem gerechten Verhältnis zur

nicht erst im Rahmen der Problematik des rechten Verhältnisses zwischen Unrechtsgehalt der Tat zur Art und Höhe der angedrohten Strafe, also dem ***"Wie"*** der Pönalisierung maßgeblich; vielmehr ist jenem Grundsatz bereits zuvor, bei der primär zu beantwortenden Frage nach dem ***"Ob"*** der Inkriminierung, Beachtung zu schenken[150].

Das Prinzip der Erforderlichkeit des Mittels verlangt für jede Kriminalisierung menschlichen Verhaltens das Vorliegen eines Strafbedürfnisses[151]. Die Strafe muß das einzige hinreichenden Erfolg versprechende Mittel sein, um ein als sozialschädlich erkanntes Verhalten zu unterbinden. Wenn in der Literatur von der Subsidiarität[152] bzw. der ultima ratio-Funktion des Strafrechts[153] im Instrumentarium des Gesetzgebers gesprochen wird, so ist hiermit das gleiche gemeint.

Das Prinzip der Angemessenheit des Mittels fordert, dass die Nachteile der Strafe nicht außer Verhältnis zu dem erstrebten Erfolg stehen dürfen[154]. Nichts anderes besagt die Auf-fassung, welche für die Pönalisierung sozialschädlichen Verhaltens die vorherige Feststellung der Strafwürdigkeit[155] postuliert. Dieses Erfordernis wird allerdings vereinzelt nicht aus dem Verhältnismäßigkeitsgrundsatz, sondern aus dem allgemeinen Gleichheitssatz des Art. 3 Abs. 1 GG abgeleitet[156].

Schwere der Straftat und zum Verschulden des Täters stehen muß".

149 BVerfGE 6, 389, 439; 20, 329, 331; 25, 269, 286; 27, 18, 29; 34, 261, 267; 41, 121, 125; 45, 187, 259.

150 BVerfGE 28, 175, 188; 51, 60, 74; NStZ 1995, S. 383, 385; siehe auch Günther, Strafrechtswidrigkeit, 1983, S. 215, 216.

151 Badura, Beratungen des Sonderausschusses für die Strafrechtsreform, S. 1091, 1094; Günther, Strafrechtswidrigkeit, S. 192 ff; ders., JuS 1978, S. 8, 11 ff; Hanack, Gutachten zum 47. DJT. 1968, Rdnr. 31; Jescheck/Weigend, Strafrecht AT, § 7 I 1 a; Kaiser, Festschrift für Klug, Bd. II, 1983, S. 579, 581; Krey, Strafrecht BT, Band 2, Rdnr. 565; Otto, Grundkurs Strafrecht, § 1, Rdnr. 50; ders., ZStW 96.1 (1984), S. 339, 348; ders., Gedächtnisschrift für Schröder, 1978, S. 53, 56 f; siehe auch Volk, JZ 1982, S. 85, 88; ders., ZStW 97 (1985), S. 871, 896, 898.

152 Günther, Strafrechtswidrigkeit, 1983, S. 192 f; Hassemer, Alternativkommentar zum StGB, Vor § 1, Rdnr. 206; Jakobs, Strafrecht AT, 2/27; Müller-Emmert, GA 1976, S. 291, 302; Otto, ZStW 96.1 (1984), S. 339, 361; abweichend Baumann/Weber/Mitsch, Strafrecht AT, § 3, Rdnr. 19; Jescheck/Weigend, Strafrecht AT, § 1 I 2, Kaufmann, Festschrift für Henkel, 1974, S. 89, 102; Roxin, JuS 1966, S. 377, 382; Rudolphi in: Systematischer Kommentar, Vor § 1, Rdnr. 14; ders., ZStW 83 (1971), S. 105, 114, 115, welche das Subsidiaritätsprinzip mit "Angemessenheitskriterien" anreichern.

153 BVerfGE 39, 1, 47; Driendl, Zur Notwendigkeit und Möglichkeit einer Strafgesetzgebungswissenschaft, S. 33 ff; Müller-Dietz, Festschrift für Dreher, 1977, S. 97, 108; ders. in: Jung/Müller-Dietz, aaO, S. 77, 90; Otto, ZStW 96.1 (1984), S. 303, 322; Ostendorf, GA 1982, S. 333, 341 f; Tiedemann, ZStW 86 (1974), S. 303, 322.

154 Vgl. Häberle, Die Wesensgehaltsgarantie des Art. 19 Abs. 2 GG, 1983, S. 52, der betont, daß das Strafrecht dem Grundrecht gleich- und höherwertige Rechtsgüter schützen müsse.

155 Benda, aaO, S. 16, 23; Günther, Strafrechtswidrigkeit, S. 237; ders., JuS 1978, S. 8, 12 f; Jescheck/Weigend, Strafrecht AT, § 7 I 1; Krey, Strafrecht BT, Band 2, Rdnr. 565; Otto, Grundkurs Strafrecht, § 1, Rdnr. 49; ders., Gedächtnisschrift für Schröder, 1978, S. 53, 54 ff; ders., ZStW 96.1 (1984), S. 339, 342. Von dieser Terminologie weicht Sax, Grundsätze der Strafrechtspflege, aaO, S. 923, ab. Den hier mit dem Begriff der Strafwürdigkeit gekennzeichneten Sachverhalt erfaßt er durch den terminus des "Strafe-Verdienens" und verwendet den Begriff der Strafwürdigkeit als Oberbegriff für die beiden Aspekte des "Strafe-Verdienens" und des "Strafe- Bedürfens". In diesem Sinne auch Gallwas, MDR 1969, S. 892, 894; Hamann, Grundgesetz und Strafgesetzgebung, S. 27 ff. Zu den unterschiedlichen Verwendungen des Begriffs der Strafwürdigkeit, vgl. Alwert, Strafwürdiges Versuchen, S. 21 ff; Schmidhäuser, Strafrecht AT, Lehrbruch 2/14; Volk, ZStW 97, 1985, S. 871, 872 f.

156 Badura, Protokolle des Sonderausschusses, S. 1091, 1092, 1094, Gallwas, MDR 1969, S. 892, 894;

Das Bestreben des Ausschlusses unangemessenen Strafens liegt ebenfalls der These zugrunde, die Strafe dürfe nur der Reali-sierung des ethischen Minimums dienen, wobei wegen der Forderung nach der ***Sozial***schädlichkeit des Verhaltens das ***sozial***ethische Minimum gemeint ist. Mit anderen Worten: eine Befugnis zum Einsatz der Strafe bestehe nur dann, wenn es darum gehe, die elementaren Werte des Gemeinschaftslebens vor Beeinträchtigungen zu schützen. Seit Binding bezeichnet man diese Beschränkung des Strafrechts auf den Schutz der für das Zusammenleben der Bürger zwingend erforderlichen Lebensbedingungen auch als die "fragmentarische Natur des Strafrechts"[157].

Derartige aus dem Verhältnismäßigkeitsgrundsatz abgeleiteten Pönalisierungsverbote möchte ich als relativ bezeichnen, da die Feststellung der Geeignetheit des Mittels eine Prognose über die Wirkung der Strafe zur Verhinderung des sozialschädlichen Verhaltens erforderlich macht. Ebenfalls ist im Rahmen der Prüfung der Erforderlichkeit des Mittels eine solche Beurteilung ex ante über die Auswirkungen der übrigen, dem Gesetzgeber zur Verhaltensbeeinflussung verfügbaren, Möglichkeiten notwendig[158]. Hinzu kommt, daß der Verhältnismäßigkeitsgrundsatz im engeren Sinne keine Aussagen darüber trifft, welche Auswirkungen und Bedingungen eines staatlichen Eingriffs in die Abwägung einzustellen sind[159]. Daher ist letztlich stets eine den Erfolgs- und Handlungsunwert des zu kriminalisierenden Verhaltens berücksichtigende, wertende verfassungsrechtliche Entscheidung des Gesetzgebers erforderlich[160].

Somit wird durch den Verhältnismäßigkeitsgrundsatz der legislative Gestaltungsspielraum prinzipiell nicht in der Weise eingegrenzt, daß ein inhaltlich hinreichend bestimmtes Strafgesetz nur bei einem exakt aus dem Grundgesetz deduzierbaren Inhalt der Verfassung entspricht, mit einem anderen Inhalt aber ipso iure verfassungswidrig wäre[161]. Dem Gesetzgeber verbleibt vielmehr ein großer Spielraum legislativen Ermessens[162], während eine Strafvorschrift, die nicht dem Schutze eines Rechtsgutes dient, sondern nur auf die Unterbindung ausschließlich moralwidrigen Verhaltens gerichtet ist, automatisch dem Verdikt der Verfassungswidrigkeit verfällt.

Hierin liegt jedoch gerade der besondere Wert dieser relativen Pönalisierungsverbote, da sie der Legislative für die Schaffung von Straftatbeständen zwar einerseits eine unüberschreitbare

---

Müller-Dietz, Strafe und Staat, S. 34; siehe auch Jescheck/Weigend, Strafrecht AT, § 4 II 2, die das Erfordernis der Angemessenheit der Strafe aus der Pflicht des Staates zur Wahrung der Menschenwürde (Art. 1 Abs. 1 GG) i.V.m. der Binding, Jescheck/Weigend, Strafrecht AT, § 7 II; Kaufmann Gewährleistung der allgemeinen Handlungsfreiheit (Art. 2 Abs. 1 GG) ableiten.

157 Binding, Lehrbuch, Bes. Teil, S. 20 ff; Jescheck/Weigend, Strafrecht AT, § 7 II; Kaufmann Arthur, Festschrift für Henkel, 1974, S. 89, 103; Maiwald, Festschrift für Maurach, 1972, S. 9; Peters, ZStW 77 (1965), S. 470, 475; Welzel, Das deutsche Strafrecht, S. 6.

158 Müller-Dietz, Strafe und Staat, S. 36.

159 BVerfG, NStZ 1995, S. 383, 385.

160 BVerfGE 39, 42; Gallas in: Beiträge zur Verbrechenslehre, 1968, S. 8 ff; Günther, Strafrechtswidrigkeit, S. 238 f; ders., JuS 1978, S. 8, 13 f; Hanack, Gutachten zum 47. DJT., Rdnr. 32 ff; Otto, Gedächtnisschrift für Schröder, 1978, S. 53, 56, 64; ders., ZStW 96.1 (1984), S. 339, 348; Peters, ZStW 77 (1965), S.470, 475; siehe auch Jescheck in: Leipziger Kommentar, Band 1, Einleitung, Rndr. 4; Jescheck/Weigend, Strafrecht AT, S. § 1 III 2, § 7 I 1, der als drittes Merkmal den in der Tat zum Ausdruck kommenden Gesinnungsunwert heranzieht.

161 Müller-Dietz, Strafe und Staat, S. 35; Vogler, ZStW 90 (1978), S. 132, 139.

162 Roxin, Strafrecht, AT, § 2, Rdnr. 39.

äußere Grenze aufrichten, ihr andererseits aber genügend Freiraum zugestehen, um flexibel auf neuere gesellschaftliche Veränderungen reagieren zu können.

Dem gesetzgeberischen Ermessen sind, was die Pönalisierung menschlichen Verhaltens anbetrifft, durch die Verfassung nicht nur Grenzen nach ***"oben"***, sondern auch nach ***"unten"*** gesetzt. Dieser Aspekt wird häufig im Rahmen der Diskussion um die Entkriminalisierung von Eigentums- und Vermögensdelikten übersehen[163]. Denn in der neueren Rechtsprechung und Literatur wird angenommen, das Grundgesetz könne den Gesetzgeber zum Erlaß eines Strafgesetzes verpflichten und ihm demzufolge auch die Aufhebung eines bereits erlassenen Strafgesetzes verwehren. Insoweit ist der gesetzgeberische Gestaltungsspielraum materiell durch die sogenannten ***Pönalisierungsgebote***[164] nach "unten" begrenzt. Der Anspruch auf Verbindlichkeit, mit dem die hier zuvor erwähnten Thesen aufgestellt worden sind, darf nicht darüber hinwegtäuschen, daß die Fragen, ob solche Pönalisierungsgebote überhaupt anzuerkennen sind[165], aus welchen Bestimmungen der Verfassung sie sich ergeben können und welchen konkreten Umfang sie besitzen, nach wie vor äußerst kontrovers diskutiert werden. Für ihre Herleitung stellt man zum einen auf das Rechtsstaats-[166] oder das Sozialstaatsprinzip[167] ab. Zum anderen wird, ohne den Versuch ihrer verfassungsrechtlich dogmatischen Einordnung zu unternehmen, argumentiert, es müsse einen Kernbereich des Strafrechts geben, der nicht zur Disposition des Gesetzgebers stehe[168]. Überwiegend

---

163 Vgl. Baumann, JZ 1972, S. 1 ff, 3; Baumann/Weber/Mitsch, Strafrecht AT, § 3, Rdnr. 23, wenn es dort heißt: "Eine Strafrechtsnorm bedarf der Begründung, nicht ist umgekehrt die Streichung einer Strafrechtsnorm oder die sonstige Reduzierung des Strafrechtsumfanges begründungspflichtig"; siehe auch Berckhauer, DRiZ 1976, S. 229 ff, 236 f; siehe aber andererseits Jescheck/Weigend, Strafrecht AT, § 7 II 1; Jescheck in: Leipziger Kommentar, Einleitung, Rdnr. 9; Jung, JuS 1976, S. 476 f.

164 Zum Begriff der Pönalisierungsgebote, vgl. Zipf, Kriminalpolitik, S. 104, 105.

165 Bejahend, Giesen/Poll, JR 1993, S. 177, 178; Kaiser, Festschrift für Klug, 1983, Bd. 2, S. 579 ff, 591, 592; Kunig, Jura 1991, S. 415 ff, 419; Langer, JR 1993, S. 1 ff, 9; v. Münch Ingo in: v. Münch, Grundgesetz, Kommentar, Art. 2 GG, Rdnr. 57 ff; ders. Grundbegriffe des Staatsrechts I, Rdnr. 129, 224; Roxin, Strafrecht, AT, Band I, § 2, Rdnr. 36, 37; Rudolphi in: Systematischer Kommentar, Vor § 1, Rdnr. 1; ders. noch zurückhaltend in: ZStW 1971, S. 105 ff, 114; Rüpke, Schwangerschaftsabbruch und Grundgesetz, S.62; Zipf, aaO, S. 104; Kritisch zur Ableitung von Pönalisierungsgeboten aus der Verfassung: Denninger in: Alternativkommentar zum GG, Band 1, Vor Art. 1 GG, Rdnr. 34; Eser, NJW 1992, S. 2913, 2922; Jarass/Pieroth, Grundgesetz für die Bundesrepublik Deutschland, Art. 2 GG, Rdnr. 52 a; Kriele, JZ 1975, S. 222 ff; ders., ZRP 1975, S. 73 ff; v. Münch Eva Maria in: v. Münch, Kommentar zum GG, Bd. 1, Art. 6 GG, Rdnr. 23; Podlech in: Alternativkommentar zum GG, Band 1, Art. 2, Abs. 2 GG, Rdnr. 19; Pieroth/Schlink, Grundrechte, Rdnr. 470; Roellecke, aaO, S. 22, S. 41 f; Zurückhaltend hinsichtlich der Annahme von Pönalisierungsgeboten: Grimm, JBl 1976, S. 74 ff, 79; Müller-Dietz, Festschrift für Dreher 1977, S. 97, 106 f, 116; ders. in: Jung/Müller-Dietz, § 218 StGB, Dimensionen einer Reform, S. 77 ff, 88, 89; ders. wohl noch ablehnend in: Strafe und Staat, S. 51; Verneinung von Pönalisierungsgeboten: BVerfGE 39, 1, 69 ff, (Minderheitsvotum); Abendroth, Kritische Justiz, 1975, S. 121, 123 ff; Hassemer in: Alternativkommentar zum StGB, Vor § 1, Rdnr. 199; Herrmann, aaO., S. 930; Herzog, JR 1975, S. 441, 444 f; Naujoks, EuGRZ 1975, S. 359, 362 ff; Sax, Grundsätze der Strafrechtspflege, aaO, S. 930; Seebald, GA 1974, S. 336, 339.

166 Arzt, Der Ruf nach Recht und Ordnung, S. 60, 61; Hamann, aa0, S. 14, 31, 49, 86, 88; Merten, Rechtsstaatlichkeit und Gnade, S. 21 ff; Lang-Hinrichsen, FamRZ 1974, S. 497 ff, 504; Roos, Entkriminalisierungstendenzen im Besonderen Teil des Strafrechts, S. 54, 55.

167 Arzt, aa0, S. 60, 61; Hamann, aa0, S. 21; Lang-Hinrichsen, FamRZ 1974, S. 497 ff, 504; Roos, aa0, S. 56; Tiedemannn, Tatbestandsfunktion im Nebenstrafrecht, S. 30; ders., ZStW 86, (1974), S. 303 ff, 311; a.A. Isensee, Das Grundrecht auf Sicherheit, S. 33.

168 BVerfGE 27, 18, 28, 29 (zum Verständnis der Entscheidung des BVerfG in diesem Sinne: Merten, aaO, S. 22; Reis, Festschrift für Geiger, 1974, S. 113 ff, 142; gegen diese Annahmen: Müller-Dietz in:

lokalisiert man die Pönalisierungsgebote allerdings in den Grundrechten. Während vereinzelt angenommen wird, es lasse sich aus der in Art. 1 Abs. 1 GG geschützten Menschenwürde ein Minimalprogramm der Strafgesetzgebung ableiten[169], rekurriert die überwiegende Meinung auf das jeweilige spezielle Grundrecht[170]. So wird betont, es entstehe ein unzureichendes Bild über die Bedeutung der Grundrechte für die Strafgesetzgebung, wenn man sie nur als Abwehrrechte[171] in den Blick nehmen, die weitere Dimension als Schutzrecht[172] aber vernachlässigen würde.

Es erscheint daher nicht ausgeschlossen zu sein, daß die Verfassung in bezug auf die Strafgesetzgebung nicht nur eine nach "oben" begrenzende, sondern auch eine verpflichtende Wirkung entfalten und den Gesetzgeber auch für Bereiche außerhalb der ausdrücklichen Normierung des Art. 26 Abs. 1, Satz 2 GG[173] zur Pönalisierung bestimmter Verhaltensweisen verpflichten kann[174]. Bekanntlich hat das BVerfG[175] der Legislative auf dem Gebiet des Schwangerschaftsabbruchs die Pönalisierung bestimmter Verhaltensweisen für den Fall auferlegt, daß der Schutz des ungeborenen Lebens auf andere Weise nicht zu erreichen sei. In

---

Jung/Müller-Dietz, aa0, S. 77 ff, 80); Dreher, Festschrift für Welzel, 1974, S. 917 ff, 930, 931; Bockelmann/Volk, Strafrecht AT, S. 11; Göhler, Ordnungswidrigkeitengesetz, Vor § 1, Rdnr. 7, 8; Rebmann/Roth/Hermann, Ordnungswidrigkeitengesetz, Vor § 1, Rdnr. 11; siehe auch Vogler, ZStW 90, (1978), S. 132 ff, 155.

169 Badura, Beratungen des Sonderausschusses für die Strafrechtsreform, S. 1098; Würtenberger, Die geistige Situation der deutschen Strafrechtswissenschaft, S. 74 ff.

170 Zur Möglichkeit der Ableitung von Pönalisierungsgeboten aus den Grundrechten: BVerfGE 39, 1, 51 ff; Alexy, Theorie der Grundrechte, S. 413; Badura, Staatsrecht, C 22, C 38 ; Isensee, aa0, S. 40; Klein, NJW 1989, S. 1633 ff, 1637, 1638; Krumbiegel, FamRZ 1975, S. 550 ff, 554; Lorenz, § 128 Physische Existenz und Privatbereich in: Isensse/Kirchhof, Handbuch des Staatsrechts der Bundesrepublik Deutschland, Bd. VI, Rdnr. 59, 60; Maunz/Dürig/Herzog, aaO, Art.1 I GG, Rdnr. 33; Art. 2 II GG, Rdnr. 22; v. Münch, aaO, Art. 2 GG, Rdnr 52, 57; Nowakowski, ÖJZ 1965, S. 281 ff, 282; Starck in: Mangoldt/Klein/Starck, Das Bonner Grundgesetz, Band 1, Art. 2 II GG, Rdnr. 197 (für das Leben), Rdnr. 218 (für die körperliche Unversehrtheit), Rdnr. 229 (für die Freiheit der Person); Stern, Das Staatsrecht der Bundesrepublik Deutschland, Bd. III/1, S. 941 f, 948 f; Wahl/Massing, JZ 1990, S. 553 ff, 559.

171 Badura, Staatsrecht, C 1 ff; Hesse, Grundzüge des Verfassungsrechts, Rdnr. 277 ff; Ossenbühl, NJW 1976, S. 2100 ff; Robbers, Sicherheit als Menschenrecht, S. 121 ff; Schmidt-Bleibtreu/Klein, aaO, Vorb. v. Art. 1 GG, Rdnr. 2 ff; Schmidt-Assmann, AÖR (106), 1981, S. 205, 215 f; Stein, Staatsrecht, § 29, § 54.

172 Zur Ableitung einer Schutzpflicht aus der objektiv rechtlichen Wertordnung der Verfassung, bzw. dem objektiv-rechtlichen Gehalt der Grundrechte: BVerfGE 39, 1, 41 (Fristenlösung); 46, 160, 164 (Schleyer-Urteil); 53, 50, 57 (Mülheim-Kärlich); 56, 54, 73 (Fluglärm-Entscheidung); 76, 1, 49 (Art. 6 GG); 77, 170, 214 (C-Waffen-Entscheidung); siehe auch HessVGH JZ 1990, S. 88, 89; Badura, Staatsrecht, C 16; Grimm, NJW 1989, S. 1305, 1308; Hesse in: Benda/Maihofer/Vogel, Handbuch des Verfassungsrechts der Bundesrepublik Deutschland, § 5, Rdnr. 23, 49 ff.; Isensee, aa0, S. 49; Klein, DÖV 1977, S. 704, 705; ders., NJW 1989, S. 1633, 1635 f; Lorenz, aaO, Rdnr. 43, 44; Pieroth/Schlink, aaO, Rdnr. 88 ff; Stern, aaO, S. 931; zur Ableitung der Schutzpflicht unmittelbar aus Art. 1 Abs. 3 i.V.m. Art. 1 Abs. 1, Satz 2 GG, Stein, Staatsrecht, § 57 V; siehe auch allgemein zu den grundrechtlichen Schutzpflichten: Kloepfer, Zum Grundrecht auf Umweltschutz, S. 18, 20; Maunz/Zippelius, Deutsches Staatsrecht, § 23 II, 24 II; Schmidt-Bleibtreu/Klein, aa0, Art. 2 GG, Rdnr. 20 b, 25; Starck, aaO, Art. 2 II GG, Rdnr. 140 f, 156 f; Treviranus, DÖV 1979, S. 35 ff.

173 Zur Bedeutung des Art. 26 Abs. 1, Satz 2 GG im Hinblick auf die Anerkennung von Pönalisierungsgeboten: Hamann, aaO, S. 14; Herrmann, aaO, S. 106.

174 Vgl. allgemein zu den grundrechtlichen Schutzpflichten und der Strafgesetzgebung: Driendl, Zur Notwendigkeit und Möglichkeit einer Strafgesetzgebungswissenschaft, S. 12 ff.

175 BVerfGE 39, 1, 42, 51 ff; 88, 203 ff.; vgl. hierzu Reis, Das Lebensrecht des ungeborenen Kindes, S. 147 ff; Stein, Staatsrecht, § 32 II a.

Anlehnung an Isensee[176] spricht das BVerfG dabei neuerdings von einem ***Untermaßverbot***, das der Gesetzgeber angesichts der von ihm zu erfüllenden Schutzpflicht beachten müsse[177].

Nicht so bekannt dürfte eine Entscheidung des Europäischen Gerichtshofs für Menschenrechte[178] sein, in der aus Art. 8 EMRK ein Pönalisierungs**gebot** zum Schutz der Privatsphäre vor Eingriffen in den Sexualbereich abgeleitet worden ist.

B. Die Relevanz des Grundgesetzes für die *vorhandenen* Straftatbestände

I. Die Bedeutung der Verfassung als Prüfungsmaßstab für die Gültigkeit einer Strafrechtsnorm

Es ist indes nicht nur erforderlich, die Wertungen der Verfassung bei der *Schaffung neuer Straftatbestände* heranzuziehen. Vielmehr bildet das Grundgesetz zugleich auch den Maßstab, d.h. die *Kontrollnorm*[179] zur Überprüfung der Verfassungsmäßigkeit *bestehender* Strafgesetze. Falls ein gesetzlicher Straftatbestand, mag er vor- oder nachkonstitutioneller Natur sein, nicht als Ergebnis einer die formalen und materiellen Schranken des Grundgesetzes beachtenden gesetzgeberischen Entscheidung angesehen werden kann, ist er wegen Verstoßes gegen die Normierungen des Grundgesetzes als höherrangiges Recht nichtig.

II. Die Funktion der Verfassung als Auslegungsmaßstab eines Strafgesetzes

Dem Grundgesetz kommt aber nicht alleine die Funktion einer ***Kontrollnorm*** in dem zuvor bezeichneten Sinne zu, daß ein ihm zuwiderlaufendes Strafgesetz ipso iure dem Verdikt der Verfassungswidrigkeit verfällt.

Vielmehr besitzt die Verfassung bereits im Vorfeld der Nichtigkeitserklärung in zweifacher Hinsicht wesentliche Bedeutung für die ***Auslegung bestehender Straftatbestände***[180]:

Anknüpfend an die Rolle des Grundgesetzes als Kontrollnorm haben sowohl die Fachgerichte als auch das Bundesverfassungsgericht[181] die *verfassungskonforme Auslegung im weiteren Sinne*[182] als *normerhaltendes Prinzip*[183] bei der Überprüfung der Verfassungsmäßigkeit von

---

176 Isensee in: Isensee/Kirchhof, Handbuch des Staatsrechts, Band V, § 111, Rdnr. 165 ff.

177 BVerfGE 88, 203, 254.

178 Urteil vom 26.3.1985, Urteil- Nr. 16/1983/72/110, EuGRZ 1985, S. 297, 298 f.

179 Burmeister, Die Verfassungsorientierung der Gesetzesauslegung, S. 27; Stern, Das Staatsrecht, Bd.III, § 73 IV 4, S. 1317.

180 Vgl. zum Einfluß des aus der Verfassung ableitbaren Prinzips des "Strafbedürfnisses" auf die Auslegung von Strafgesetzen, Blei, Festschrift für Henkel, 1974, S. 109 ff; Ostendorf, GA 1982, S. 333, 341 f; Otto, Gedächtnisschrift für Schröder, S. 53, 68 f. Vgl. zum Einfluß des Prinzips der "Strafwürdigkeit" auf die Auslegung, Günther, Strafrechtswidrigkeit, S. 217 ff; Volk, ZStW 97 (1985), S. 871, 873.

181 BVerfGE 48, 40, (45), a.A. Bettermann, Die verfassungskonforme Auslegung, S. 32, für nachkonstitutionelle Gesetze wegen der den Instanzgerichten im Hinblick auf Art. 100 GG fehlenden Verwerfungskompetenz.

182 Anlehnend an die in der juristischen Methodenlehre vertretene h.A., die drei Stufen richterlicher

Strafgesetzen zu berücksichtigen. Die verfassungskonforme Auslegung wurde im Anschluß an eine Entscheidung des Bayerischen Verfassungsgerichtshofes[184] vom Bundesverfassungsgericht primär zur Vermeidung der Nichtigkeitsfeststellung von Gesetzen entwickelt[185]; dies mit der Folge, letztere komme nur in Betracht, wenn jede innerhalb der Grenzen verfassungskonformer Rechtsfortbildung mögliche Auslegung der Verfassung zuwiderlaufe.

Die Tatsache der weitgehenden Anerkennung dieser normerhaltenden Funktion darf aber nicht darüber hinwegtäuschen, daß die verfassungskonforme Auslegung im Hinblick auf das Gewaltenteilungsprinzip[186] und die Gefahr des Eingriffs der Fachgerichtsbarkeit in den Kompetenzbereich des Bundesverfassungsgerichts[187] dennoch Bedenken im allgemeinen und im Rahmen ihrer Anwendung bei Strafgesetzen im besonderen ausgesetzt ist. Bei letzteren kann das Bestreben der Normerhaltung nämlich insbesondere in ein Spannungsverhältnis zur Beachtung des aus Art. 103 Abs. 2 GG abzuleitenden Bestimmtheitsgebotes treten[188]. Eine

---

Rechtsfortbildung, nämlich erstens die secundum legem, zweitens die praeter legem und drittens die contra legem erfolgende, unterscheidet (vgl. Bender, JZ 1957, S. 593 ff; Bruns, JR 1981, 358, 362; Günther, NJW 1982, S. 353, 356 f; Krey, Strafverfahrensrecht, Bd. 1, Rdnr. 79 ff, 88 ff; ders. JZ 1978, S. 361; ders. ZStW 101 (1989), S. 838, 839) versteht der Verfasser unter dem Begriff der verfassungskonformen Auslegung i.e.S. nur die Rechtsfindung secundum legem und verwendet den Begriff der verfassungskonformen Auslegung i.w.S. als Oberbegriff für die beiden ersten Stufen der richterlichen Rechtsfortbildung, von denen die dritte, die verfassungskonforme Gesetzeskorrektur abzugrenzen ist. Vgl. zur Differenzierung zwischen verfassungskonformer Auslegung, Gesetzesergänzung und Gesetzeskorrektur, Bogs, Die verfassungskonforme Auslegung von Gesetzen, S. 33, 46, 62; Eckardt, Die verfassungskonforme Gesetzesauslegung, S. 42, 55, 60, 71; Krey, Strafverfahrensrecht, Bd. 1, Rdnr. 79 ff; ders., NJW 1970, S. 1908 f; ders., JZ 1978, S. 465, 467; Larenz, Methodenlehre der Rechtswissenschaft, S. 340; Michel, JuS 1961, S. 274, 279 f; Prümm, Verfassung und Methodik, S. 112 (der zur verfassungskonformen Auslegung i.w.S. auch die verfassungskonforme Gesetzeskorrektur zählt); Schack, JuS 1961, S. 269, 272 f; Schmalz, Methodenlehre, Rdnr. 363; Spendel, JR 1983, S. 269, 271; Stein, NJW 1964, S. 1745, 1750; Tröndle in: StGB, Leipziger Kommentar, 1. Bd., § 1, Rdnr. 51; Zippelius, Bundesverfassungsgericht und Grundgesetz, 1976, S. 108, 116 ff. Zum Teil wird die verfassungskonforme Auslegung i.w.S. auch als Oberbegriff für ihre verschiedenen Funktionen als normerhaltendes Prinzip und Interpretationsprinzip verstanden, Simon, EuGRZ 1974, S. 85 f, 86.

183 Eser in: Schönke/Schröder, Vorb. § 1 StGB, Rdnr. 30; Krey, Strafverfahrensrecht, Band 1, Rdnr. 79 ff; Schenke, NJW 1979, S. 1321, 1325; Schuppert, AfP 1984, S. 67, 73; Stein, Staatsrecht, § 18 III, 2; Tiedemann, Tatbestandsfunktion im Nebenstrafrecht, S. 38 f; Zipf, Kriminalpolitik, S. 105; Zippelius, Bundesverfassungsgericht und Grundgesetz, 1976, S. 108, 110. Kritisch zu diesem Verständnis, Prümm, aaO, S. 93 ff. Vgl., auch Burmeister, Die Verfassungsorientierung der Gesetzesauslegung, S. 49, 125, der diese Funktion der verfassungskonformen Auslegung ablehnt. Insoweit wird auch von der verfassungskonformen Auslegung als Inhaltskontrolle (Wank, JuS 1980, S. 545, 547) bzw. einem konservierenden Prinzip (Schack, JuS 1961, S. 269, 270) gesprochen.

184 BayVerfGHE 4 II, 30, (31).

185 Seit BVerfGE 2, 266, (282) im Anschluß an den BayVerfGHE 4 II, 30, (31).

186 Diese Gefahr besteht vordringlich dann, wenn die Grenzen der verfassungskonformen Rechtsfortbildung mißachtet werden. Brohm, JZ 1985, S. 501, 503; Eilsberger, JuS 1970, S. 321, 325; Krey, JR 1995, S. 221, 222 ff; Stern, Staatsrecht, Bd. I, § 4 III 8 d.

187 Vgl., Bogs, Die verfassungskonforme Auslegung von Gesetzen, S. 33; Bettermann, Die verfassungskonforme Auslegung, S. 31, 32; Grünwald, JuS 1968, S. 452, 458; Heußner, NJW 1982, S. 257, 262; Ipsen, DVBl 1984, S. 1102; 1104; Krey, aa0; Seetzen, NJW 1976, S. 1997, 2001.

188 BGH, JR 1992, S. 206, 207; kritisch Schmidt, JR 1968, S. 321, 324. Vgl. zu dem Verhätlnis der verfassungskonformen Auslegung zum allgemeinen Bestimmtheitsgebot von Gesetzen, Bogs, aaO, S. 83; Brohm, JZ 1985, S. 501, 503; Burmeister, aaO, S. 24, 25, 74, 125; Gündisch, NJW 1981, S. 1813, 1819; Pestalozza, NJW 1981, S. 2081, 2087; Prümm, aa0, S. 91; Stern, Das Staatsrecht, Bd. III, § 73, IV, 4, S. 1318.

Entschärfung dieser besonderen Problematik versuchte der Gesetzgeber im Zuge der Novellierung des Bundesverfassungsgerichtsgesetzes (BVerfGG) im Jahre 1970 zu erreichen, indem durch Änderung des § 79 die Wiederaufnahme des Strafverfahrens ebenfalls für den Fall ermöglicht wurde, daß das Strafurteil auf der Auslegung einer Norm beruht, die vom Bundesverfassungsgericht für unvereinbar mit dem Grundgesetz erklärt worden ist[189]. Hinzu kommt, daß das Ergebnis der verfassungskonformen Auslegung in den Urteilstenor mit aufgenommen wird. Da die Entscheidungen des BVerfG jedoch gemäß § 31 Abs. 1 Satz 3 BVerfGG im Bundesgesetzblatt zu veröffentlichen sind, sofern ein Gesetz im Rahmen eines Normenkontrollverfahrens mir dem Grundgesetz für vereinbar erklärt wird, entspricht ihre Publikation der eines Gesetzes[190].

Die Verfassung beeinflußt aber nicht nur die Auslegung solcher Strafgesetze, deren Verfassungsmäßigkeit zweifelhaft ist und bei denen sich demzufolge die Normgültigkeitsfrage stellt[191]:
Häufig können generalklauselartige bzw. unbestimmte, normative Rechtsbegriffe beinhaltende Strafgesetze, die zumindest nicht von vornherein in materieller Hinsicht verfassungsrechtlich bedenklich sein müssen, ausschließlich aufgrund vorherigen Rückgriffs auf die Wertentscheidungen der Verfassung konkretisiert werden[192] (sog. Verfassungskonforme Konkretisierung von Generalklauseln bzw. unbestimmten, normativen Rechtsbegriffen). Das Grundgesetz ist hier in seiner Funktion als *Erkenntnisnorm*[193] und die verfassungskonforme Auslegung hier als *"allgemeines Interpretationsprinzip"*[194] angesprochen.

Die Tatsache, daß es ein relativ unbestimmter Straftatbestand ist, welcher dabei der Konkretisierung zugeführt wird, ruft auch bei dieser Erscheinungsform der verfassungskonformen Auslegung die Frage hervor, ob diese, selbst wenn sie zur Einschränkung des Strafbarkeitsbereiches führt, mit dem Bestimmtheitsgebot vereinbar ist. Letzteres wird überwiegend angenommen[195].

§ 5 Die spezielle verfassungsrechtliche Problematik des § 323 c StGB *im besonderen*

A. Die Frage nach der im Hinblick auf das Bestimmtheitsgebot des Art. 103 II GG *formalen Verfassungsmäßigkeit* des § 323 c StGB

I. Die gesetzestechnischen Schwierigkeiten der Beachtung des Bestimmtheitsgebotes des Art. 103 II GG bei der Strafbewehrung von ***Geboten*** (echte Unterlassungsdelikte) im allgemeinen

---

189 Bettermann, aaO., S. 27; Prümm, aaO., S. 33, 163.

190 Seit BVerfGE 30, 1, (3); 47, 285; siehe auch Sachs, NJW 1979, S. 344, 345; Schlaich, JuS 1982, S. 437, 441, 442.

191 Burmeister, aaO, S. 36; Prümm, aaO, S. 93.

192 Prümm, JuS 1975, S. 299, 302.

193 Burmeister, aa0, S. 27, 127; Stern, Das Staatsrecht, Bd. III, § 73 IV, 4, S. 1317.

194 Krey, Strafverfahrensrecht, Bd. 1, Rdnr. 91; insoweit wird auch von der verfassungsorientierten Auslegung gesprochen, Schlaich, JuS 1982, S. 437, 441, 442; Seetzen, NJW 1976, S. 1997, 1998; Simon, EuGRZ 1974, S. 85, 86; Stern, Das Staatsrecht, Bd. I, § 4 III 8 d; Wank, JuS 1980, S. 545, 548; Wolter, NStZ 1986, S. 241, 247.

195 BVerfGE 47, 109, 122; 71, 108, 114; Lange, FamRZ 1961, S. 161, 163; vgl. allgemein zu dieser Funktion der einschränkenden Auslegung, BGHSt 4, 24, 32; OLG Hamburg MDR 1964, S. 860, 861.

Der Grund dafür, zuerst die Frage der inhaltlichen Bestimmtheit des § 323 c StGB anzusprechen, liegt nicht allein in den insoweit in der Vergangenheit an der Verfassungsmäßigkeit dieser Strafvorschrift erhobenen gravierenden Bedenken begründet[196]. Zwei wesentliche Gesichtspunkte sprechen nämlich dafür, grundsätzlich jede Strafvorschrift zunächst auf ihre Vereinbarkeit mit Art. 103 Abs. 2 GG hin zu überprüfen[197]:

Erstens muß vor der materiellrechtlichen Überprüfung der inhaltliche Prüfungsgegenstand geklärt sein. Zweitens scheidet eine verfassungskonforme Auslegung aus, sofern sie auf die erstmalige Bestimmung des normativen Gehalts der Strafvorschrift hinauslaufen würde, da diese in einem demokratischen Staat dem Gesetzgeber vorbehalten bleiben muß[198].

Bei den Unterlassungsdelikten kommt noch ein besonderer Grund hinzu. Bei ihnen stellt sich wegen ihres Wesensunterschiedes[199] zu den Begehungsdelikten und dem hieraus resultierenden höheren Formulierungsbedarf die Frage der inhaltlichen Bestimmtheit stets in voller Schärfe[200].

Mit der Statuierung von Begehungsdelikten wirkt der Strafgesetzgeber nämlich *"der Verschlechterung des Rechtsgutpotentials"* des einzelnen oder der Allgemeinheit entgegen[201]. Der Rechtsunterworfene wird zu einem *"Nichtstun"* angehalten[202]. Ihm werden grundsätzlich Eingriffe verboten, welche die Verletzung oder Gefährdung eines bestimmten Handlungsobjektes[203] zur Folge haben.

Hingegen zielen die echten und unechten Unterlassungsdelikte stets auf die *"Verbesserung eines Rechtsgutpotentials"*[204] in einer bestimmten Lage ab. Diese Sichtweise ist selbst den Vertretern der h.M., die die beiden Unterlassungdeliktskategorien danach abgrenzen, ob dem Normadressaten eine Pflicht zur Erfolgsabwendung oder nur zur bloßen Tätigkeit auferlegt ist[205], nicht verschlossen, da sie sich zu dem Eingeständnis gezwungen sehen, letztere seien nicht als *"bloße Geschäftigkeit"* i.S. eines Selbstzweckes zu verstehen. Denn auch die echten

---

196 Frellesen, Die Zumutbarkeit der Hilfeleistung, S. 218 ff; Geilen, Jura 1983, S. 78, 84; Sauer, System des Strafrechts, BT, S. 324, 325.

197 Die Rechtsprechung des BVerfG ist insoweit uneinheitlich, vgl. BVerfGE 47, 109, 116; 71, 206, 213; 75, 329, 340; 80, 244, 252.

198 BVerfGE 8, 71, (79); 9, 83, (87); Stern, Das Staatsrecht, Bd. III, § 73 IV 4, S. 1318.

199 North, Die Nothilfepflicht im deutschen Strafrecht, S. 50.

200 Rutkowsky, DR 1939, S. 1041; siehe auch, Philipps, Der Handlungsspielraum - Untersuchungen über das Verhältnis von Norm und Handlung im Strafrecht, S. 15 ff; Seelmann, GA 1989, S. 241, 247 f; ders., JuS 1995, S. 281, 282 f; vgl. zu den unechten Unterlassungsdelikten, Bärwinkel, Zur Struktur der Garantieverhältnisse bei den unechten Unterlassungsdelikten, S. 18.

201 Sieber, JZ 1993, S. 431, 434; ähnlich Samson, Festschrift für Hans Welzel, 1974, S. 579, 593, 595.

202 Rutkowsky, aa0.

203 Vgl. zum Begriff des Handlungsobjektes und seiner Unterscheidung vom Rechtsgut: Blei, Strafrecht I, AT, S. 83, 89 f; Hassemer in: Alternativkommentar zum StGB, Vor § 1, Rdnr. 263, 264; Jäger, Strafgesetzgebung und Rechtsgüterschutz, S. 15; Jakobs, Strafrecht AT, 2/6; Otto, Grundkurs, Strafrecht, AT, § 1, Rdnr. 42.

204 Sieber, aa0.

205 Blei, Strafrecht I, AT, S. 313; Bockelmann/Volk, Strafrecht, AT, S. 133; Georgakis, Hilfspflicht und Erfolgsabwendungspflicht, S. 15 f; Jescheck/Weigend, Lehrbuch des Strafrechts, AT, § 58 III 2; Maurach, Deutsches Strafrecht, BT, S. 468; Spendel in: LK § 323 c StGB, Rdnr. 19; Welzel, NJW 1953, S. 327, 328.

Unterlassungsdelikte dienen letztlich dem Schutze eines Rechtsgutes in einer bestimmten Gefahrensituation[206].

Die in einem strafbewehrten ***Verbot*** zum Ausdruck kommende Pflicht zum "Nichttun" darf, von den in den Rechtfertigungsgründen beschriebenen besonderen Ausnahmesituationen einmal abgesehen, generell von jedem Rechtsunterworfenen mit dem Anspruch auf strikte Befolgung gefordert werden. Demzufolge sind derartige Pflichten für den Gesetzgeber relativ einfach zu beschreiben und ihr Inhalt für die Adressaten regelmäßig erkennbar.

Dem einzelnen können aus folgenden Gründen aber eher ***"Nichtstörungspflichten"*** als Pflichten, aktiv Maßnahmen zum Rechtsgüterschutz anderer zu ergreifen, aufgebürdet werden:

Erstens ist zu berücksichtigen, daß sich stets eine Vielzahl von Personen in Not befinden, was den Gesetzgeber zu einer Auswahl, welche von ihnen Hilfe erfahren sollen, zwingt[207]. Zweitens kann der einzelne nicht immer helfen, um nicht selbst Gefahr zu laufen, hilfsbedürftig zu werden[208]. Drittens stellen die Handlungs***gebote***, wie noch zu zeigen sein wird, im Vergleich zu den Verboten einen stärkeren Eingriff in die individuelle Handlungsfreiheit des einzelnen dar.

Da demzufolge nicht jeder, der durch *aktives Tun*, zum Rechtsgüterschutz eine Leistung erbringen kann, vom Staat hierzu auch bei Strafe angehalten werden darf, sieht der Strafgesetzgeber sich vor die Aufgabe gestellt, die strafbewehrte ***Verpflichtung*** des einzelnen, zur "Verbesserung des Rechtsgutpotentials" anderer Maßnahmen zu ergreifen, durch Begrenzung des Täterkreises, durch nähere Beschreibung der die Handlungspflicht auslösenden tatbestandlichen Situation und durch Einschränkung der Pflicht auf den Bereich des Zumutbaren zu relativieren[209]. Bereits der hieraus folgende erhöhte Formulierungsbedarf birgt die große Gefahr der inhaltlichen Unbestimmtheit derartiger Strafgesetze in sich. Mit Rücksicht auf die recht unterschiedlichen Gefahren, vor denen der Gesetzgeber durch die Normierung der Unterlassungsdelikte bestimmte Rechtsgüter schützen will und der für ihn mangelnden Vorhersehbarkeit der Mittel, welche dem Normadressaten zur "Verbesserung der Rechtsgüter in bestimmten Situationen" zur Verfügung stehen, muß er sich, schon alleine für die Beschreibung des rechtlichen Sollens, eines im Vergleich zu den Begehungsdelikten regelmäßig wesentlich höheren sprachlichen Abstraktionsniveaus bedienen[210]. Dies hat bei den echten Unterlassungsdelikten, weil hier eine Pflicht zur Tätigkeit mit Richtung auf einen bestimmten "Rettungserfolg" normiert wird, prinzipiell zur Folge, daß für den einzelnen alleine aufgrund des Tatbestandes, ohne Rückgriff auf die konkreten Umstände des Einzelfalles, oft nicht erkennbar ist, welches Verhalten von ihm rechtlich verlangt wird[211].

---

206 Mayer, Strafrecht AT, S. 119; Schmidhäuser, Strafrecht AT, Lehrbuch, 16. Abschn., Rdnr. 16; ders. Strafrecht AT, Studienbuch, 12. Abschn., Rdnr. 10; vgl. insofern auch Hruschka, Strafrecht nach logisch analytischer Methode, S. 428; Jakobs, Strafrecht AT, 28/11.

207 Kant, Metaphysik der Sitten, hrsg. von Toman, Bd. 5, S. 547; Philipps, aa0, S. 15 ff.

208 Wolff in: Hassemer (Hrsg.), Strafrechtspolitik, S. 137, 174 ff.

209 Seelmann, JuS 1995, S. 281, 282 f.

210 Storsberg, Der gegenwärtige Umfang der Nothilfepflicht im StGB, S. 50; Rutkowsky, DR 1939, S. 1041.

211 Jescheck/Weigend, Lehrbuch des Strafrechts AT, § 59 I; siehe auch Jakobs, 28/11; vgl. zu § 330 c StGB i.d.F. vom 28.6.1935: Blaschick, Die Hilfeleistungspflicht, S. 18, 22; Huschens, aaO., S. 47; Kühl, Die

Beispielsweise läßt sich ohne Kenntnis der Hilfsmittel, die einem Nichtschwimmer zur Verfügung stehen, wenn es darum geht, einen Menschen vor dem Ertrinken zu bewahren, nicht beurteilen, was für ihn erforderliche Hilfe i.S. des § 323 c StGB ist[212].

II. Beachtung des Bestimmtheitsgebotes speziell bei § 323 c StGB ?

Der Strafgesetzgeber hat zwar innerhalb des Tatbestandes des § 323 c StGB im prinzipiellen Gegensatz zu den unechten Unterlassungsdelikten, bei dem er regelmäßig auf die explizite Festlegung des Täterkreises verzichtet[213], die Strafbarkeitsvoraussetzungen vollständig geregelt. Dennoch erweist sich jene generalklauselartige[214] Strafvorschrift angesichts des Bestimmtheitsgebotes als problematisch[215].

Die ersten ernsthaften Bedenken tauchen schon auf, wenn die drei Bedürfnisfälle[216] - "Unglücksfall, gemeine Gefahr und Not" -, die der Umschreibung der die Hilfeleistungspflicht auslösenden tatbestandlichen Situation[217] dienen, einer kritischen Betrachtung unterzogen werden. Sofort wird deutlich, daß § 323 c StGB insoweit in einem diametralen Gegensatz zu dem die Fälle der Anzeigepflicht ***enumerativ aufzählenden*** § 138 StGB steht[218]. Der Begriff des Unglücksfalles, dem in bezug auf die Hilfeleistungspflicht im täglichen Leben die größte praktische Bedeutung zukommt[219], enthält zwar bereits nach seinem semantischen Gehalt i.S. der Alltagssprache die Merkmale des (drohenden) Schadens[220] und der gewissen zeitlichen Nähe des Schadenseintritts[221], läßt aber die Art der Rechtsgüter, die

---

völkische Nothilfepflicht, S. 55; Ratsch, Führerflucht und Nothilfepflicht, S. 24; vgl. zu § 330 c StGB i.d.F. vom 04.8.1953: Kreuzer, Ärztliche Hilfeleistungspflicht bei Unglücksfällen, S. 115.

212 § 138 StGB, der die Tätigkeit eindeutig und bestimmt bezeichnet, unterscheidet sich insofern wesentlich von § 323 c StGB, Bauer, Die Nothilfepflicht, S. 9.

213 Vgl. zur diesbezüglichen Kritik an der inhaltlichen Bestimmtheit der unechten Unterlassungsdelikte, Marxen, Der Kampf gegen das liberale Strafrecht, S. 260.

214 Zum Teil wird der Begriff der "Generalklausel" zur Bezeichnung besonders unbestimmter normativer Rechtsbegriffe verwendet, vgl. Class, Festschrift für E. Schmidt, S. 122, 125; hier soll er als "Gegenbegriff einer kasuistischen Tatbestandsbildung" Verwendung finden, vgl. Canaris, Die Feststellung von Lücken im Gesetz, S. 184; Krey, Studien zum Gesetzesvorbehalt, S. 81.

215 Harzer, aa0, S. 2 weist völlig zu Recht darauf hin, daß der Wortlaut des § 323 c StGB kompliziert und schwieriger zu verstehen ist als man denkt.

216 Dieser Begriff wurde erstmals vom BayobGH in der Entscheidung vom 29.03.1873 (Sammlung III, S. 132) verwandt; vgl. North, aa0, S. 33; siehe auch Huschens, aa0, S. 31; Pedotti, Die Unterlassung der Nothilfe, S. 172; Wiedenroth, Die Verletzung der Hilfeleistungspflicht, S. 33.

217 Dölling, NJW 1986, S. 1011, 1013; Jescheck/Weigend, Lehrbuch des Strafrechts, AT, § 59 I; Kreuzer, aa0, S. 34; Otto, Grundkurs, Strafrecht, AT, S. 170.

218 Storsberg, Der gegenwärtige Umfang der Nothilfepflicht im Strafgesetzbuch, S. 113.

219 Lenckner, Praxis der Rechtsmedizin 1986, S. 570. 578.

220 RGSt 71, 187, 189; 71, 200, 203; BGHSt 2, 150, 151; 3, 65, 66; 6, 147, 152; 14, 282, 286; Schmidhäuser, Strafrecht, BT, 16. Abschn., Rdnr. 5, S. 207.

221 Geilen, Jura 1983, S. 78, 87; Spendel in: LK, § 323 c StGB, Rdnr. 38; Rudolphi in: SK, § 323 c StGB, Rdnr. 5; nach Schmidhäuser, Strafrecht AT, Studienbuch, S. 41, Rdnr. 50; ders., NStZ 1986, S. 460 der bereits eingetretene Schaden. Strittig ist daher, ob es genügt, wenn der Schaden unmittelbar bevorsteht, mithin noch kein Teilschaden eingetreten ist, BGHSt 6, 147, 152; NStZ 1983, S. 454; BayOblG VRS 24, S. 60, 61; a.A. RGSt 71, 187, 189; 200, 203; 75, 70; 75, 162; 77, 303; BGHSt 2, 150, 151; Bellebaum, Die Hilfeleistungspflicht, S. 5.

betroffen sein müssen, um von einem Unglücksfall sprechen zu können, weitestgehend offen[222].

Ebenso wie bei der gemeinen Gefahr und Not ist beispielsweise fraglich, ob ein drohender Sach[223]- oder Vermögensschaden[224] zur Auslösung der Hilfeleistungspflicht genügt.

Die Zweifel an der inhaltlichen Bestimmtheit des § 323 c StGB nehmen nicht etwa ab, sondern zu, sobald die gesetzliche Beschreibung des rechtlichen Sollens, also die von dem einzelnen verlangte erforderliche Hilfe und ihre Begrenzung durch das Zumutbarkeitskorrektiv, in die Betrachtung einbezogen wird.

Bei näherer Analyse erweist sich der relativ eindeutig erscheinende Begriff der "Hilfe" ohne Ausrichtung auf ein konkretes Ziel als "neutral"[225]. Selbst der Bezug auf die Abwehr von Schäden bei Vorliegen bestimmter Bedüfnisfälle verhindert nicht, daß der Hilfsbegriff immer noch mehreren sprachlichen Deutungen zugänglich ist[226]. Eine unmißverständliche Konkretisierung erhält der Hilfsbegriff selbst durch das Merkmal *"erforderlich"* nicht, weil dieses infolge der Verwendung in einem Konzessivsatz ("obwohl") nicht ohne weiteres als der näheren Beschreibung der Eigenschaft der Hilfe dienend angesehen werden kann. Einerseits kann vom Leisten "erforderlicher Hilfe" bereits dann gesprochen werden, wenn der Normadressat, obwohl ihm mehr möglich gewesen wäre, *irgend etwas* Zweckmäßiges zur Verhinderung des drohenden Schadens getan hat. Selbst diese minimalen Anforderungen müßten aber nicht erfüllt sein, wenn der Bedürftige von dritter Seite Hilfe erfährt und der Begriff "erforderlich" ein Synonym für "notwendig" darstellt. Andererseits könnte "erforderliche" Hilfe erst dann vorliegen, wenn der Pflichtige die erfolgversprechensten Maßnahmen, die ihm möglich waren, erbracht hat.

Obwohl das "Zumutbarkeitskorrektiv"[227] des § 323 c StGB die erhebliche eigene Gefahr und die Verletzung anderer wichtiger Pflichten aufzählt, erweist es sich dennoch schon infolge der fehlenden Angabe der Rechtsgüter, denen Schaden drohen muß (erhebliche eigene Gefahr) und mangels jeder gesetzlichen Konkretisierung des Begriffs der anderen wichtigen Pflichten nach Art, Grund etc. als äußerst unbestimmt[228]. Die Zumutbarkeitsklausel deutet zwar auf das Erfordernis einer im Einzelfall zwischen den Interessen des Hilfsbedürftigen und des Hilfspflichtigen vorzunehmenden Interessenabwägung hin, verzichtet aber völlig auf die

222 Geilen, Jura 1985, S. 78, 84; vgl. zur diesbezüglichen Kritik bereits an § 360 Ziff. 10 RGStGB, Leonhard, Der sogenannte Liebesparagraph, S. 78; Müller, Die strafbare Hülfeverweigerung, S. 6 und § 330 c StGB i.d.F. vom 4.8.1953, Schöne, Unterlassene Erfolgsabwendungen, S. 52, 78, 100; Vermander, Unfallsituation, S. 16, 23.

223 Verneinend, Blei, Strafrecht II, BT, S. 163; Blindauer, Die folgenschwere unterlassene Hilfeleistung, S. 37; Kreuzer, aaO, S. 38 (für den Unglücksfall); Pflitsch, Die Hilfeverpflichtung im Deutschen Strafrecht, S. 45; Otto, Die einzelnen Delikte, § 67, Rdnr. 4; Schmidhäuser, Strafrecht, BT, Abschn. 16, Rdnr. 5; Vermander, aaO, S. 27.

224 Verneinend, Seitz, Die Erfolgsabwendepflicht, S. 52 und die o.G.

225 Huschens, aaO, S. 73 ff; Schöne, aaO, S. 58.

226 Jakobs, Strafrecht, AT, 28/11.

227 In der Literatur wird § 323 StGB auch als "offener Tatbestand" bezeichnet, da letztlich die Zumutbarkeit entscheide, ob eine Hilfeleistungspflicht besteht, vgl. Schöne, aaO, S. 92.

228 Zurückhaltender Seelmann, JuS 1995, S. 281, 283.

Angabe des hierzu maßgeblichen normativen Bezugrahmens[229]. Fraglich ist daher, ob es insoweit auf den individuellen Wertmaßstab des Richters, das herrschende Sittengesetz oder die der Rechtsordnung immanenten Wertentscheidungen ankommt.

Es dürfte naheliegend sein, daß sich die Bedenken an der inhaltlichen Bestimmtheit einer Strafvorschrift verstärken, wenn sich innerhalb ihres Tatbestandes die undeutlichen Merkmale in einem solchen Umfang häufen[230].

B. Die Frage nach der *materiellen Verfassungsmäßigkeit* des § 323 c StGB

I. Die Erhebung der *sozialethischen Pflicht zur Hilfeleistung* zu einer ***Rechtspflicht*** und die weitgehende Gleichsetzung der Befugnis mit der Verpflichtung zur Hilfeleistung

1. Der rechtslogische Zusammenhang zwischen dem Recht zur Hilfeleistung und der gesetzlichen Hilfeleistungspflicht

§ 323 c StGB wird von Teilen des Schrifttums als völlig illiberale Strafvorschrift gescholten[231]. Es mag zwar vorerst dahinstehen, ob eine derartige Charakterisierung zutreffend ist; doch sei eingeräumt, daß echte Unterlassungsdelikte, die durch Strafbewehrung von ***Geboten*** die Freiheit des Bürgers einschränken, im Besonderen Teil des StGB eine krasse Ausnahmeerscheinung darstellen[232]. Ferner wird angenommen, die unterlassene Hilfeleistung gehöre nicht dem Kernunrecht[233], sondern dem übrigen Kriminalitätsbereich an, innerhab dessen der gesetzgeberische Gestaltungsspielraum besonders wirksam sei. Vor dem historischen Hintergrund der im Jahre 1935 durch den nationalsozialistischen Gesetzgeber erfolgten Aufwertung des ehemaligen ***Übertretungs***tatbestandes des § 360 Ziff. 10 RStG durch Normierung des § 330 c StGB ***a.F.*** zum Vergehen[234] wird erwogen, ob nicht eine Ahndung der unterlassenen Hilfeleistung als Ordnungswidrigkeit ausreichend wäre[235]: § 323 c StGB habe, ähnlich wie § 185 StGB, die Funktion einer ***"Lückenbüßervorschrift"*** zur Pönalisierung solcher als strafwürdig erachteten Verhaltensweisen, die keinem anderen Straftatbestand unterfallen[236]; dabei stehe der Straftatbestand der unterlassenen Hilfeleistung in enger Beziehung zur ***Sittlichkeit***, was die Gefahr der übermäßigen Extension der tatbestandlichen Rechtspflicht heraufbeschwöre[237]. Eine solche Extension wäre meines Erachtens noch bedenklicher, wenn sich die weitere in der Literatur vertretene Annahme der

---

229 Frellesen, aa0, S. 22, 218, 219.

230 Otto, ZStW 96.1 (1984), S. 339, 371.

231 Geilen, Jura 1983, S. 78, 84; kritisch i.d.S. auch Arzt, JA 1980, S. 553, 556; Stratenwerth, Strafrecht AT 1, Rdnr. 156; siehe auch Weber, ZStW 1980, S. 313, 320, 321.

232 Baumann/Weber, Strafrecht, AT, 9. Aufl., § 18 I 1, S. 234; Kaufmann Armin, Strafrechtsdogmatik zwischen Sein und Wert, S. 266. Das gleiche gilt für das Verhältnis der Gebote zu den Verboten auf dem Gebiet der Sozialethik, vgl. Schmidhäuser, Gesinnungsmerkmale im Strafrecht, S. 164 f.

233 LG Mannheim NJW 1990, S. 2212, 2213.

234 LG Mannheim NJW 1990, S. 2212, 2213; Bechtold, NJW 1953, S. 489, 490.

235 Vgl. Lange, GA 1953, S. 3, 5, 13.

236 Kreuzer, aa0, S. 33; ders., NJW 1967, S. 278. Den § 323 c StGB in der Strafrechtswissenschaft zukommenden Charakter als "Auffangtatbestand" betont Harzer, aa0, S. 6 ebenfalls.

237 Woesner, NJW 1964, S. 1, 4.

stärkeren Belastung des Rechtsunterworfenen durch Gebote im Vergleich zu Verboten als richtig erweisen sollte[238].

Diese Ausführungen mögen als Hinweis dafür genügen, daß § 323 c StGB auch in materieller Hinsicht verfassungsrechtliche Brisanz aufweist.

Doch soll noch ergänzend auf einen weiteren Punkt aufmerksam gemacht werden, der in Rechtsprechung und Literatur

- wenn man von den Stellungnahmen zur Problematik, ob § 323 c StGB die Pflicht zur Hinderung eines Selbstmordes begründet, absieht -

häufig vernachlässigt wird: Im Rahmen effektiver Hilfeleistung können nämlich ***Eingriffe*** in die Rechtsgüter des Hilfsbedürftigen oder Dritter erforderlich werden, zu denen diese Strafvorschrift selbst nicht ermächtigt[239]. Die Strafbewehrung der Hilfeleistungspflicht wäre verfassungsrechtlich bedenklich, wenn dem Rechtsunterworfenen die Befugnis fehlen würde, der in § 323 c StGB enthaltenen Rechtspflicht nachzukommen[240]. Denn eine Rechtsordnung, die eine derartige Hilfe gebieten, sie jedoch an anderer Stelle als Begehungsdelikt verbieten würde, hätte einen Normwiderspruch[241] par excellence zur Folge. Dieser würde das aus dem Grundsatz der Einheit der Rechtsordnung abzuleitende Gebot, bei der Schaffung rechtlicher Regeln zu einem "systemgerechten"[242] und ***widerspruchsfreien*** Ergebnis zu gelangen[243], verletzen. Folge wäre die gegenseitige Aufhebung der gleichrangigen widersprüchlichen Pflichten[244].

Eine Rechtsordnung, die im Geltungsbereich widersprüchlicher Normierungen eine ordnende Kraft nicht zu entfalten vermag[245] und den Bürger, gleichgültig wie auch immer er sich verhält, der Gefahr aussetzt, Rechtspflichten zu verletzen, verstößt in erster Linie gegen die

---

238 Bauer, aa0, S. 42, 43; Bärwinkel, aa0, S. 17, 18; Ehlers, Die Nothilfepflicht, S. 43; Hruschka, JuS 1979, S. 385, 386; Kaufmann, Die Dogmatik der Unterlassungsdelikte, S. 86; Luchterhand, Grundpflichten als Verfassungsproblem, S. 584; Mertens, Die Zulässigkeit von Arbeitszwang, S. 44; Schramm, Die Nothilfepflicht, S. 92; a.A. Jakobs, Strafrecht, AT, 28/13.

239 Krey, Strafrecht, BT, Bd. 1, Rdnr. 212. Erst die Rechtfertigungsgründe verleihen Eingriffsbefugnisse, vgl. Krey, aa0, Rdnr. 465.

240 Zur Notwendigkeit, daß soziale wie rechtliche Normen prinzipiell ohne innere Widersprüche miteinander vereinbar sein müssen, vgl. Stratenwerth, Strafrecht, AT 1, Rdnr. 61.

241 Dieser Begriff bezeichnet den Fall, daß eine Rechtsordnung an einen Tatbestand zwei sich ausschließende Rechtsfolgen knüpft. Hiervon sind die Wertungs- und Prinzipienwidersprüche zu unterscheiden, vgl. Canaris, Systemdenken und Systembegriff, S. 116, 117; Engisch, Die Einheit der Rechtsordnung, S. 46; ders., Einführung in das juristische Denken, S. 162; Günther, Strafrechtswidrigkeit, S. 96; Larenz, Methodenlehre, S. 334, 335; Weinberger, Rechtslogik, S. 237.

242 Stern, Das Staatsrecht, Bd. I, § 20 IV, 4, S. 837, 838.

243 Canaris, aa0, S. 16; Engisch, aa0, S. 160, 162; Günther, aa0, S. 95; ders., Festschrift für Hermann Lange, 1992, S. 877, 892; Kirchhof, Unterschiedliche Rechtswidrigkeiten, S. 8; Zielinski, Handlungs- und Erfolgsunwert im Unrechtsbegriff, S. 294.

244 Günther, Festschrift für Hermann Lange, 1992, S. 877, 879.

245 vgl. zum Verbot der Widersprüchlichkeit der Rechtsordnung, BVerfG JR 1990, S. 102, 105; Günther, Strafrechtswidrigkeit, S. 99, 100; Henkel, Einführung in die Rechtsphilosophie, 2. Aufl., S. 441; Kirchhof, aa0, S. 9.

Gerechtigkeitsidee[246] und in zweiter Linie gegen die aus dem Rechtsstaatsprinzip abzuleitenden Gebote der Rechtssicherheit und der Verwirklichung von Normenklarheit[247]. Allerdings sind die verfassungsrechtlichen Bedenken gegen derart widersprüchliche Normierungen erst bei Fehlen einer Kollisionsregel und der Möglichkeit, den Vorrang einer der kollidierenden Pflichten nach den Grundsätzen der juristischen Methodenlehre[248] willkürfrei zu bestimmen, durchgreifend[249].

Aus den folgenden Gründen besteht indes zwischen § 323 c StGB und den Begehungsdelikten ein solcher Normwiderspruch in dem zuvor beschriebenen Sinne nicht. Erstens bringt die Rechtsordnung den Gedanken der mitmenschlichen Solidarität nicht nur in § 323 c StGB, sondern an zahlreichen anderen Stellen, insbesondere durch die Statuierung von Rechtfertigungsgründen (§ 32 Abs. 2 StGB, § 227 Abs. 2 BGB, § 15 Abs. 2 OwiG ***<Nothilfe>***, § 34 StGB, §§ 228, 904 BGB, § 16 OWiG <Notstand> und mutmaßliche Einwilligung) zum Ausdruck[250] und räumt dem Hilfspflichtigen insoweit gleichzeitig Eingriffs- bzw. Handlungsbefugnisse[251] ein. Zweitens läßt das Zumutbarkeitskorrektiv des § 323 c StGB die Pflicht zur Hilfeleistung zurücktreten, sofern ihre Erfüllung nicht ohne Verletzung anderer wichtiger Pflichten möglich ist.

Dessen ungeachtet darf das Spannungsverhältnis, das zwischen dem Solidaritätsprinzip und dem in der Rechtsordnung ebenfalls enthaltenen Autonomieprinzip[252] entstehen kann, nicht verkannt werden[253]. Denn infolge der Erhebung der ehemals sittlichen Hilfeleistungspflicht zur strafbewehrten ***Rechtspflicht*** wächst die Gefahr, daß in den Autonomiebereich einer anderen Person eingegriffen wird; und dadurch entsteht die Gefahr der ***Bestrafung*** des Hilfspflichtigen, der unter Verkennung seiner fehlenden Befugnis hierzu in die Rechtssphäre des "Hilfsbedürftigen" eindringt, aus einem Begehungsdelikt[254].

---

246 Canaris, aa0, S. 16; Larenz, Methodenlehre, S. 334.

247 BVerfGE 1, 14, (16, 45); 31, 275, (290); Canaris, aa0, S. 17; Günther, Strafrechtswidrigkeit, S. 95; vgl. zur ordnenden Funktion des Rechtsstaates in bezug auf das gesellschaftliche Leben, Schmidt-Aßmann in: Isensee/ Kirchhof, Handbuch des Staatsrechts, Bd. 1, § 24, Rdnr. 18.

248 Vgl. zu dieser Notwendigkeit, Engisch, Einführung in das juristische Denken, S. 163; Kelsen, Reine Rechtslehre, S. 211; Kirchhof, aa0, S. 27.

249 In einem solchen Fall sind die beiden sich widersprechenden Normen jedenfalls wegen Verstoßes gegen das Willkürverbot als ungültig anzusehen, Canaris, aa0, S. 122, 124; Engisch, Einführung in das juristische Denken, S. 162, 163, 298; Schreiber, Logik des Rechts, S.60.

250 Vgl. zur GoA als Ausdruck mitmenschlicher Solidarität, Ermann, Handkommentar zum BGB, Vor § 677, Rdnr.1; Kohler, IherJB (1887), S. 1, 42 ff; Zitelmann, AfP (99), 1906, S. 1, S. 105; siehe aber auch Seiler in: Münchener Kommentar, Kommentar zum BGB, Bd. 4, Vor § 677, Rdnr. 1 und Wollschläger, Die Geschäftsführung ohne Auftrag, S. 24 ff, 31, die betonen, daß mit dem Gedanken der Solidarität nur ein kleiner Anwendungsbereich der GoA beschrieben sei.

251 BVerfG JR 1990, S. 102, 105; Adomeit, JZ 1970, S. 495, 497; Hirsch in: LK, Vor § 32 StGB, Rdnr. 64, 65; Lenckner in: Schönke/Schröder, Vorbem. § 32 ff StGB, Rdnr. 10-11.

252 Vgl. hierzu, Kratzsch, JuS 1994, S. 372, 377; Stratenwerth, AT, 1, Rdnr. 156. Zur Entwicklung des Begriffs der Selbstverantwortung im Strafrecht siehe, Zaczyk, Strafrechtliches Unrecht und die Selbstverantwortung des Verletzten, S. 5 ff.

253 Dölling, NJW 1986, S. 1011, 1014; Peters, JZ 1972, S. 85; Sauer, Allgemeine Strafrechtslehre, S. 92; siehe auch Hirsch in: LK, Vor § 32 StGB, Rdnr. 132; Jescheck/Weigend, Lehrbuch des Strafrechts AT, § 34 VII 2; Mayer, Strafrecht AT, S. 168; Welzel, Das Deutsche Strafrecht, 1968, S. 92, 93 für die mutmaßliche Einwilligung und Ermann, aa0, Rdnr. 1; Weber, Festschrift für Fritz Bauer, S. 133, 139 für die GoA und Lenckner in: Schönke/Schröder, § 34 StGB, Rdnr. 38.

254 Peters, JZ 1972, S. 85.

2. Die verfassungsrechtliche Frage der Befugnis des Gesetzgebers zur Erhebung der sozialethischen Hilfeleistungspflicht zu einer ***Rechts***pflicht

Die Stellungnahmen in Rechtsprechung und Literatur, sofern sie sich überhaupt zur Frage der materiellen Verfassungsmäßigkeit des § 323 c StGB äußern, beschränken sich regelmäßig auf die Aussage: Diese Strafvorschrift dürfe trotz ihres unmittelbar aus dem Jahre 1935 stammenden Vorläufers, des § 330 c StGB a.F., nicht als Tradierung nationalsozialistischen Denkens angesehen werden[255]. Bereits seinerzeit habe in der Gesellschaft der Gedanke des extremen Individualismus zu Recht dem der mitmenschlichen Solidarität Platz machen müssen. Diese Überlegungen, ihre Richtigkeit einmal unterstellt, dringen indes nicht zum eigentlichen Kern des Problems vor[256]: Es geht nämlich um das ***Verfassungsproblem***, in welchem Umfang das Grundgesetz dem Gesetzgeber erlaubt, ***ethische*** Pflichten zu ***Rechts***pflichten zu erheben ***und*** ihre Strafbewehrung auszusprechen.

Schon die Verifizierung der These:

Auch in unserer pluralistischen Gesellschaft, in der es keine feststehende absolute Moral schlechthin, sondern wegen der Vielfalt der zum Teil miteinander konkurrierenden konträren Werte[257] nur eine dem stetigen Wandel[258] unterliegende "Moral-Vielfalt" gebe[259], bestehe die ethische Pflicht[260] zur mitmenschlichen Solidarität,

bereitet kaum lösbare Schwierigkeiten. Denn im Gegensatz zu früheren Zeiten ist unsere Gesellschaft nicht mehr durch Konformität der in ihr etablierten Werte und des Rechts geprägt[261].

Dennoch läßt sich selbst für unsere heutige Zeit[262], die durch Schnellebigkeit gekennzeichnet ist und in dem die Menschen, da sie in die Erledigung vielfältiger Aufgaben eingespannt sind,

---

255 Blindauer, aa0, S. 10; Frellesen, aa0, S. 111 ff; Gallas, Deutsche Landesreferate zum IV. Internationalen Kongreß für Rechtsvergleichung, S. 344, 346 ff; Kreuzer, Ärztliche Hilfeleistungspflicht bei Unglücksfällen, S. 20 ff; Wildanger, aa0, S. 15.

256 Harzer, aa0, S. 65 weist ebenfalls zu Recht darauf hin, daß die Legitimität des § 323 c StGB nicht alleine mit dem dieser Strafvorschrift zugrundeliegenden ehtischen Gebot begründet werden kann.

257 Benda, aaO, S. 16, 18; Bockelmann, Gedächtnisschrift für Radbruch, 1968, S. 252; ders., Festschrift für Maurach, 1972, S. 391, 396; Kaufmann Arthur, JuS 1978, S. 361, 365; Klug in: Skeptische Rechtsphilosophie und humanes Strafrecht, Bd. 2, S. 173, 176; Müller-Dietz, Strafe und Staat, S. 24; Stratenwerth, Strafrecht AT I, Rdnr. 63.

258 Henkel, Einführung in die Rechtsphilosophie, 2. Aufl., S. 88; Mayer, Rechtsphilosophie, S. 47.

259 Engisch, aaO, S. 83; Kaufmann, JuS 1978, S. 361, 365; Kelsen, aaO, S. 70; Schmid, Einführung in die Philosophie des Rechts, S. 56; Schreiber, aaO, S. 633, 635.

260 Terminologisch wird einer verbreiteten Übung folgend nicht zwischen "Ethik", "Moral" und "Sittlichkeit" unterschieden, vgl. Bockelmann, Gedächtnisschrift für Radbruch, 1968, S. 252, 257; Engisch, Auf der Suche nach der Gerechtigkeit, 1971, S. 82; Hardwig, Sittlichkeit, sittliche Normen und Rechtsnormen, S. 19, 22; Henkel, Einführung in die Rechtsphilosophie, 1977, S. 66; Hoffmann, AfRS 1989, S 27, 29; Kaufmann Arthur, Recht und Sittlichkeit, S. 7; ders. JuS 1978, S. 361, 362; Schambeck, Ethik und Staat, S. 14; Schreiber, Festschrift für Dünnebier, 1982, S. 633, 635; Staatslexikon, 3. Band 1987, S. 1219 ff; a.A. Kelsen, Reine Rechtslehre, S. 60; Mayer, Rechtsphilosophie, S. 47; Pawlowski, AfRS 1964, S. 503, 515; Radbruch, Rechtsphilosophie, S. 127.

261 Benda, aa0, S. 16, 18.

262 Vgl. diejenigen Stimmen in der älteren Literatur, die einhellig vom Bestehen einer sittlichen Pflicht zur Hilfe in Notfällen ausgingen: Bellebaum, Die Hilfeleistungspflicht im in- und ausländischen Strafrecht

weniger für die Not ihrer Mitmenschen offen zu sein scheinen[263], die *Existenz* der ethischen Pflicht zur Hilfeleistung nachweisen[264], während hingegen Aussagen zu ihrem *konkreten Umfang* kaum möglich sind[265].

Die "Pflicht zur Nächstenhilfe" ist zunächst Bestandteil der "Hochethik"[266], also der in unserem Kulturkreis existierenden religiösen und weltanschaulichen Systeme[267]. Während der Islam eine solche ethische Pflicht, von Ausnahmefällen abgesehen, nicht kennt[268], gehört sie bei uns, wie ein Blick in das im Neuen Testament der Bibel enthaltene Gleichnis vom barmherzigen Samariter beweist, in ihrer umfassendsten Ausprägung, dem Gebot der "Nächstenliebe"[269], zu einer der ***Kernaussagen der christlichen Glaubenslehre***[270].

Sie ist aber nicht nur dort, sondern auch in den "niederen Sphären" der Sittlichkeit beheimatet[271]. Das Menschenbild des Grundgesetzes ist nicht das eines "sozialen Robinsons"; vielmehr geht die Verfassung von einem gemeinschaftsgebundenen Individuum[272] aus. Trotz insoweit bestehender zahlreicher Gegensätze im Detail existiert ein Grundkonsens darüber, keine Gesellschaft komme ohne ein ***Mindestmaß an Solidarität*** aus[273].

Während die Verpflichtung zur Hilfeleistung, der Differenzierung zwischen Individual- und Sozialethik[274] folgend, nur vereinzelt als ***individualethische***, die Verantwortung des Menschen gegen sich selbst berührende Pflicht qualifiziert wird

---

der Gegenwart, S. 32; Georgakis, Hilfspflicht und Erfolgsabwendungspflicht im Strafrecht, S. 1; Huschens, Die unterlassene Hilfeleistung im nationalsozialistischen Strafrecht, S. 49; Kühl, Die völkische Nothilfepflicht in Vergangenheit und Gegegenwart, S. 16; Müller, Die strafbare Hülfeverweigerung, S. 2; Leonhard, Der sogenannte Liebesparagraph, RStG § 360 Ziff. 10, 1920, S. 14; Pedotti, Die Unterlassung der Nothilfe, S. 49, 132; Schmidt, Das polizeiliche und militärische Aufforderungsrecht zur Hilfeleistung, S. 11; Stieve, Die unterlassene Hilfeleistung, S. 12, 28.

263 Siehe Geiger, Festschrift für Tröndle, 1989, S. 647, 667, der davon spricht, daß die spontane menschliche Zuwendung und Hilfe selten geworden ist.

264 BGHSt 19, 295, 299=NJW 1964, S. 1330, 1331.

265 Siehe generell zur Problematik, die Reichweite sozialer Normen zu bestimmen, Hassemer in: Alternativkommentar zum StGB, Vor § 1, Rdnr. 312.

266 Vgl. zu diesem Begriff, Henkel, aaO, S. 70.

267 Henkel, aaO, S. 71.

268 LG Mannheim NJW 1990, S. 2212, 2213 m.w.N.

269 Das Gebot der Nächstenliebe stellt das höchste Gebot der christlichen Ethik dar, vgl. Storsberg, Der gegewärtige Umfang der Nothilfepflicht im StGB, S. 123. Siehe auch Pflitsch, Die Hilfeverpflichtung im deutschen Strafrecht, der die Grundlage der strafrechtlichen Hilfeverpflichtung in der christlich-ethischen Pflicht, dem Nächsten in Not zu helfen, sieht.

270 BGHSt 6, 147, 151; LG Mannheim, aaO.

271 Staatslexikon, 7.Aufl. 1986, S. 397 ff, 405, 410.

272 BVerfGE 4, 7, 15; 7, 377, 402; 8, 274, 329; 12, 51; 33, 303, 334; 45, 187, 227. Siehe zum "Menschenbild des Grundgesetzes" auch, Häberle, aaO, S. 5; Kaufmann, Festschrift für Henkel, 1974, S. 89, 96, der von >> sozialer Individualität<< spricht; Lang-Hinrichsen, FamRZ 1974, S. 497, 502; Marx, Zur Definition des Begriffs >Rechtsgut<, S.43, 51 f; Schmidt-Bleibtreu/Klein, Kommentar zum Grundgesetz, Vorb. v. Art. 1 GG, Rdnr. 20; Stree, Deliktsfolgen und Grundgesetz, S. 49 f.

273 Schäfer, Grundlagen des Rechts, S. 40; siehe auch Badura, Staatsrecht, D 35, der davon ausgeht, daß die der Gesellschaft auferlegte Solidarität der Gesellschaftsmitglieder im Sozialstaatsprinzip ihren Niederschlag gefunden hat.

274 Zur Differenzierung Sozialethik/Individualethik, bzw. Sozialmoral/Individualmoral, vgl. Bockelmann, Gedächtnisschrift für Radbruch, 1968, S. 252, 257; Bockelmann/Volk, Strafrecht AT, S. 3; Engisch, aaO, S. 94; Hardwig, aaO, S. 19, 22; Schambeck, aaO, S. 14; Stratenwerth, Strafrecht AT I, Rdnr. 51;

- gewissermaßen gemäß der Maxime: "edel sei der Mensch, ***hilfreich*** und gut!" -,

betont die vorherrschende Meinung ihren ***sozialethischen*** Charakter[275]. Letztere Charakterisierung scheint mir zutreffend zu sein, da es sich bei der Hilfeleistungspflicht um eine sittliche Anforderung handelt, die nach der in der Allgemeinheit vorherrschenden Anschauung als Regel für den sozialen Kontakt im Interesse der anderen Mitglieder bzw. der Gesamtheit besteht[276].

Was den konkreten Umfang der Hilfeleistungspflicht anbetrifft, soll es hier mit der Feststellung sein Bewenden haben, daß die "Hochethik" in weit größerem Maße als die Sozialmoral, die sich eher mit einem Mindestmaß an Solidarität begnügt, den einzelnen zur Hilfeleistung verpflichtet. Da in unserer Gesellschaft Freiheit und Autonomie des Individuums ebenfalls einen hohen Stellenwert besitzen, verblassen die Konturen, wenn es darum geht, den Umfang der ethischen Hilfeleistungspflicht zu bestimmen.

In § 330 c StGB i.d.F. vom 28.6.1935 war zwar wegen des tatbestandlichen Verweises auf das "gesunde Volksempfinden" die nahe Beziehung der strafbewehrten Hilfeleistungspflicht zur Ethik, noch stärker als in der heutigen Strafvorschrift des § 323 c StGB, zum Ausdruck gekommen. Dennoch bedarf es nicht des Rückgriffs auf die "Gesinnungsethik", welche die Hilfe um ihrer selbst willen fordert, um jenen engen Zusammenhang zwischen Moral und Recht zu verdeutlichen, der auch der ***heutigen*** Strafvorschrift über unterlassene Hilfeleistung immanent ist[277]. Schließlich sei daran erinnert, daß die Rechtsprechung und ihr folgend weite Teile der Lehre auf das Sittengesetz rekurrieren, um die Zumutbarkeit der Hilfeleistung und damit letztlich ihren Umfang zu bestimmen.

Im Gegensatz zu verschiedenen ausländischen Rechtsordnungen, welche eine strafbewehrte Rechtspflicht zur Hilfeleistung nicht kennen, wird durch § 323 c StGB ein Bereich berührt, der nach liberaler Auffassung der Moral vorbehalten bleiben soll. Daher stellt sich die Frage nach dem Verhältnis zwischen Recht und Moral, eine Frage, die Rudolf von Ihering einst als das Kap Horn der Rechtsphilosophie bezeichnet hat[278] und welche eine ***tatsächliche*** und eine ***sollensmäßige*** Komponente aufweist, wobei letztere nicht nur von rechtsphilosophischem, sondern auch von verfassungsrechtlichem Interesse ist.

In der Rechtsphilosophie wird heute das ***tatsächliche*** Verhältnis von Recht und Moral vielfach durch das Bild zweier sich schneidender Kreise beschrieben, was besagen soll: Es gibt im wesentlichen drei Arten von Normen, nämlich erstens moralisch indifferente, zweitens solche, die ***nur*** ethischer Natur sind und drittens solche innerhalb der Schnittstelle, die sowohl der Ethik als auch dem Recht zuzuordnen sind[279].

Wessels/Beulke, Strafrecht AT, Rdnr. 9; Woesner, NJW 1964, S. 1, 2.

275 Bockelmann, aaO, S. 252, 257; Fahlenbock, Die unterlassene Hilfeleistungspflicht nach Paragraph 330 c, S. 24; Henkel, aaO, S. 72.

276 Zum Begriff der Sozialmoral/-ethik vgl, Bockelmann/Volk, Strafrecht AT, S. 2; Henkel, aaO, S. 71, 72; Schmid, aaO, S. 56; Schreiber, aaO, S. 633, 645.

277 Kaun, Die Beteiligung am Selbstmord, S. 122 f; Vermander, Unfallsituation und Hilfspflicht, S. 21.

278 Zitiert nach Henkel, Einführung in die Rechtsphilosophie, S. 67.

279 Bockelmann, aaO, S. 252, 257; Engisch, aaO, S. 97; Henkel, aaO, S. 87; Kaufmann, Recht und Sittlichkeit, S. 9; ders., JuS 1978, S. 361, 363; Schäfer, aaO, S. 37; Schreiber, aaO, S. 633, 639.

Die Frage, wie das Recht beschaffen sein ***soll***, wenn es zu einer Berührung mit der Sittlichkeit kommt, beantworten neuere rechtsphilosophische Abhandlungen dahingehend, daß das Recht von seinen Adressaten nur die Realisierung des ethischen Minimums bzw. der einfachen Sittlichkeit verlangen dürfe[280]. Desweiteren wird, anknüpfend an die ältere philosophische Tradition[281], zwischen Güter***verletzung*** sowie Gütererhaltung und, bezogen auf die Ebene des Rechts, zwischen Verbots- und Gebotsnormen differenziert[282]. Allerdings wird heute in der Philosophie[283], im Gegensatz zu früher[284], von vielen davon ausgegangen, zumindest die Hilfspflicht könne in bedeutsamen Notsituationen dem Bereich des Rechts zugeordnet werden, obwohl man nach wie vor annimmt, daß das Recht, da es sich bescheidenere Ziele setzen müsse, anders als die Ethik

- die ein Verhalten vornehmlich unter dem Aspekt der Nächstenliebe, oder - weniger prätentiös formuliert -
des Altruismus beurteile -

von den Rechtsunterworfenen eher die Nichtvornahme von Eingriffen in einen fremden Lebensbereich (neminem laedere) als allgemein eine Tätigkeit zur Erhaltung von Rechtsgütern anderer verlangen dürfe[285].

Im Gegensatz hierzu wird in totalitären Systemen häufig die Forderung aufgestellt, das Recht sei an die Moral anzugleichen[286], wobei der Versuch der Realisierung jener Forderung vielfach mit schwerwiegenden Eingriffen in die Freiheit des Individuums verbunden ist. Im geschichtlichen Teil dieser Abhandlung wird noch zu zeigen sein, daß jenes Postulat

- neben der Betonung des Gemeinwohls -

dem nationalsozialistischen Gesetzgeber zur Rechtfertigung des 330 c StGB a.F.[287] diente.

---

280 Bockelmann, Gedächtnisschrift für Radbruch, 1968, S. 252, 256; Engisch, Auf der Suche nach der Gerechtigkeit, S. 97; Kaufmann, Arthur, Rechtsphilosophie im Wandel, S. 227; ders., Recht und Sittlichkeit, S. 42.

281 Kant, Metaphysik der Sitten, Einleitung in die Rechtslehre, bzw. Einleitung in die Tugendlehre S. 285, 561; Feuerbach, Revision der Grundsätze und Grundbegriffe des positiven peinlichen Rechts, 1. Teil, 1799, S. 65.

282 Seelmann in: Alternativkommentar zum StGB, § 13, Rdnr. 47 ff.

283 Buchanan, Justice and Charity, Ethics 97 (1987), S. 558 ff; Feinberg, Harm to Others - The Moral Limits of the Criminal Law, S. 126; Wolff, in: Hassemer, Strafrechtspolitik, S. 137, 177, 181, 201, 223.

284 Hegel, Grundlinien der Philosophie des Rechts, 1820, § 38; Kant, Metaphysik der Sitten, Einleitung in die Rechtslehre bzw. Einleitung in die Tugendlehre, S. 475.

285 Bindokat, JZ 1969, S. 541, 543 f; siehe hierzu auch, Bockelmann, Gedächtnisschrift für Radbruch, 1968, S. 252, 257 f.

286 Jäger, Strafgesetzgebung und Rechtsgüterschutz, S.35, 36; Kaufmann, Recht und Sittlichkeit, 1964, S. 8; ders., JuS 1978, S. 361, 363; Schreiber, aaO, S. 633, 640; Staatslexikon, 3. Bd., 1987, S. 1219, 1220.

287 Ehlers, Die Nothilfepflicht im deutschen StGB, S. 1; Fahlenbock, aaO, S. 24, 26 f; Huschens, aaO, S. 48, 49; Seitz, Die Erfolgsabwendepflicht und ihre Abgrenzung gegenüber der Hilfspflicht, S. 10; Schmidt, aaO, S. 11; Stieve, aaO, S. 28; Storsberg, aaO, S. 124; Wiedenroth, Die Verletzung der Hilfeleistungspflicht, S. 14, 15.

Wie in der heutigen bundesrepublikanischen Gesellschaftsordnung das Verhältnis des Rechts zur Moral beschaffen sein soll, richtet sich nach den Wertentscheidungen der Verfassung. Hieraus folgt, daß es bereits im Hinblick auf die Funktion der Grundrechte als Abwehrrechte

- sie dürfen nur auf Grund von Gesetzen und nur unter strikter Beachtung des Verhältnismäßigkeitsgrundsatzes eingeschränkt werden -

nicht ausreichend sein kann, die Strafvorschrift alleine mit der ihr zugrundeliegenden sozialethischen Pflicht zur Hilfeleistung zu rechtfertigen. Mit Rücksicht auf die Freiheitsrechte des einzelnen ist vielmehr entscheidend, in welchem Umfang das Grundgesetz dem Gesetzgeber die Befugnis zur Verrechtlichung und Strafbewehrung jener sittlichen Pflicht zugestanden hat[288].

3. Zur verfassungsrechtliche Problematik einer weitgehenden Gleichsetzung der Befugnis zur Hilfeleistung mit einer Rechtspflicht hierzu

Die innerhalb des Tatbestandes des § 323 c StGB unter Verzicht auf das Erfordernis einer zwischen dem Normadressaten und dem Bedürftigen existierenden besonderen sozialen Beziehung erfolgte weitreichende Transformation der sozialethischen in eine **rechtliche** Pflicht zur Hilfeleistung hat zu einer dem Recht sonst i.d.R. wesensfremden Belastung des Bürgers geführt. Der einzelne wird in einer bestimmten Ausnahmesituation, für deren Zustandekommen er nicht verantwortlich ist, im Wege einer ***"Zufallspflicht"***[289] herangezogen.

Dem Umstand, daß derjenige, welcher im Falle des rechtfertigenden Notstandes einen Eingriff in seine Rechte dulden muß, sich in einer vergleichbaren Lage befindet, wird in der Literatur durch Betonung des zwischen § 323 c und § 34 StGB insoweit bestehenden engen Zusammenhanges Rechnung getragen[290]. Ausgehend von der Prämisse, von der **aktiven Handlungspflicht** gehe im Vergleich zur Duldungspflicht eine stärkere Belastung des einzelnen aus, wird gefordert, die Hilfeleistungspflicht des § 323 c StGB müsse hinter der Pflicht, Eingriffe im Interesse des Hilfsbedürftigen zu ertragen, zurückbleiben[291]. Der weitere zwischen § 323 c und § 34 StGB bestehende Zusammenhang, nämlich der, daß die Pflicht zur Hilfeleistung eine entsprechende *Befugnis* voraussetzt, wird in der Literatur aber regelmäßig vernachlässigt.

Die enge Beziehung, welche zwischen der *Nothilfepflicht* (§ 323 c StGB) und den Rechtfertigungsgründen im allgemeinen, also nicht nur zwischen ihr und § 34 StGB existiert, soll im folgenden an Hand von Beispielen veranschaulicht werden:

---

288 Lange, GA 1953, S. 3, 6; Seelmann, JuS 1995, S. 281, 283.

289 Pedotti, Die Unterlassung der Nothilfe, S. 110, 168; Morgenstern, Unterlassene Hilfeleistung, Solidarität und Recht, S. 134.

290 Storsberg, Der gegenwärtige Umfang der Nothilfepflicht im StGB, S. 90; siehe auch Frellesen, Die Zumutbarkeit der Hilfeleistung, S. 208, 209, 220, 221.

291 Blindauer, Die folgenschwere unterlassene Hilfeleistung, S. 72; Hruschka, Strafrecht nach logisch-analytischer Methode, S. 96; Wildanger, Die Nothilfepflicht, S. 77.

Die Nothilfepflicht stellt sich am unkompliziertesten dar, wenn der einzelne sie erfüllen kann, ohne gleichzeitig in die Rechtssphäre des Hilfsbedürftigen oder eines unbeteiligten Dritten eingreifen zu müssen.

Die in der Rechtsprechung bezüglich der Hinderung eines fremden Suizides[292], der ärztlichen Behandlung gegen den Willen des Hilfsbedürftigen[293] oder der Verhinderung des gegen einen anderen gerichteten verbrecherischen Angriffs[294] ergangenen Entscheidungen zeigen allerdings, daß die Dinge nicht immer so einfach liegen und eine ***effektive Hilfeleistung*** häufig die ***tatbestandsmäßige Verwirklichung eines Begehungsdeliktes*** erforderlich macht. In solchen Fällen beurteilt sich die Befugnis zur Hilfeleistung als Bedingung der hiermit korrespondierenden Pflicht danach, ob im Einzelfall die Voraussetzungen eines *Rechtfertigungsgrundes* erfüllt sind, denen insofern die Funktion einer Schaltstelle zur Entscheidung über die Frage der Strafbarkeit wegen Unterlassens oder aktiven Tuns zukommt[295].

Infolge weitgehender Angleichung der rechtlichen an die sozialethische Pflicht zur Hilfeleistung reduziert sich der Bereich, innerhalb dessen zwar jedermann zur Hilfeleistung befugt, nicht aber verpflichtet ist[296]. Die bislang nur noch verbliebene schmale Randzone birgt für den einzelnen, der als Unbeteiligter regelmäßig den Notsituationen des § 323 c StGB fernsteht und demzufolge selten die Voraussetzungen des einschlägigen Rechtfertigungsgrundes sicher beurteilen kann, die Gefahr, *sich entweder wegen unterlassener Hilfeleistung oder eines Begehungsdeliktes strafbar zu machen*. Das gilt selbst unter Berücksichtigung der strafrechtlichen Irrtumsregeln.

Neben diese, dem § 323 c StGB eigentümliche Belastung des Pflichtigen tritt, was fast stets übersehen wird, die Gefährdung der grundrechtlich geschützten Werte des "Hilfsbedürftigen" und u.U. die der sonstigen "unbeteiligten Dritten". Diese Gefährdung entsteht, wenn der Normadressat des § 323 c StGB versucht, seiner vermeintlichen Hilfeleistungspflicht nachzukommen und hierbei, ohne dazu befugt zu sein, in die Rechte anderer eingreift. Ungeachtet dessen, ob § 323 c StGB in bezug auf den Hilfsbedürftigen der Erfüllung einer grundrechtlichen Schutzpflicht dient, gehen von dieser Strafvorschrift also nicht nur positive Auswirkungen auf seine Grundrechte aus.

II. Notwendigkeit einer besonderen verfassungsrechtlichen Legitimation für die Erhebung der sozialethischen Pflicht zur Hilfeleistung zu einer *strafbewehrten Rechtspflicht* ?

---

292 Die Rechtsprechung sieht den Suizid, unabhängig davon, ob dieser auf einer freiverantwortlichen Willensentscheidung beruht, als Unglücksfall an, vgl. BGHSt 6, 147; 148 ff; BGH JR 1956, S. 347 ff; BGHSt 13, 162, 168; 33, 367, 376; OLG München JZ 1988, S. 201, 206; a.A. noch BGHSt 2, 150, 151.

293 Zweifelhaft im Ergebnis ist insoweit die Entscheidung BGH NStZ 1983, S. 313; vgl. allgemein zur Problematik der Krankheit als Unglücksfall, RGSt 75, 160, 162; 77, 301, 303; RG DR 1941, S. 925, 926; BGHSt 6, 147, 152, 153; 21, 50, 52; BGH NStZ 85, 409; BGH, MDR 1985, S. 285; AG Groß-Gerau NJW 1982, S. 709.

294 RGSt 71, 187, 189; BGHSt 3, 65, 66; BGH GA 1971, S. 336; BGHSt 30, 391, 397; OLG Düsseldorf NJW 1983, S. 767 f.

295 Maurach/Schroeder/Maiwald, Strafrecht, BT, Tb. 2, § 55 II, Rdnr. 21.

296 Vgl. allgemein zu dem Erfordernis, daß die Möglichkeit straflos eine Nothilfe leisten zu dürfen mehr Fälle umfassen sollte, als die Pflicht, die Nothilfe leisten zu müssen, Pedotti, aaO, S. 146.

1. Das Hinausgehen des Gesetzgebers über die "Verpflichtung zur Nichtstörung des öffentlichen Friedens" durch die Statuierung einer allgemeinen strafbewehrten Hilfeleistungspflicht

Besondere Brisanz in dem zuvor beschriebenen Sinne kommt der Verrechtlichung der Sittenpflicht zur Hilfeleistung gerade infolge der an ihre Nichtbeachtung geknüpften ***strafrechtlichen*** Sanktion zu.

Die vorliegende Studie hat bereits darauf hingewiesen, es stelle ein Wesensmerkmal des deutschen Strafrechts dar, daß es zahllose strafbewehrte ***Verbote***, aber nur wenige strafbewehrte ***Gebote*** gibt[297] und daß solche Unterlassungsdelikte, die auf das Erfordernis einer besonderen Beziehung des Täters zum geschützten Rechtsgut (Garantenstellung) verzichten, eine absolute Ausnahmeerscheinung bilden[298].

Es drängt sich daher die Frage auf, ob dieses faktische Phänomen eine verfassungsrechtliche Ursache hat. Eine solche besteht m.E. in der Tat. Denn das Erfordernis, die Auferlegung von Pflichten zu rechtfertigen, versteht sich für einen Rechtsstaat von selbst, der den *Vorrang der Freiheit des Individuums* vor seiner im Interesse des Gemeinwohls erfolgenden Inanspruchnahme dadurch, daß er die Freiheitsrechte an den Beginn seiner Verfassung stellte, deutlich zum Ausdruck gebracht hat[299].

Aufgrund des zwischen menschlichem Tun und Unterlassen im Hinblick auf das soziale Engagement, die kriminelle Energie und den Handlungsunwert bestehenden Wesensunterschiedes ist die Begründungslast des Gesetzgebers bei der Strafbewehrung von Geboten im Vergleich zu Verboten wesentlich höher[300].

Die Ursache dafür liegt in folgendem begründet:

Die Rechtsgemeinschaft darf von dem einzelnen selbstverständlich erwarten, daß er den sozialen Frieden nicht stört[301]. Daher kann sie von ihm, ungeachtet der Richtigkeit der These, alle Grundrechte seien von vornherein durch eine ***"Nichtstörungsklausel"*** immanent begrenzt[302], die Unterlassung von Eingriffen in fremde Lebensbereiche ("neminem laedere") fordern[303], ohne hierzu einer besonderen Legitimation zu bedürfen. In der Regel ist insoweit die auf hinreichend gesicherter Erkenntnis beruhende Prognose des Gesetzgebers, der Schutz eines Rechtsgutes des einzelnen oder der Gemeinschaft erfordere den Einsatz der Kriminalstrafe und dieses Instrumentarium sei nicht unangemessen, völlig ausreichend.

---

297 Baumann/Weber, Strafrecht, AT, 9. Aufl., § 18 I 1, S. 234; Weber, ZStW 92 (1980), S. 313, S. 320 ff; vgl. jedoch zur Kritik an der "Ausuferungstendenz in der Anerkennung von Rechtspflichten, deren Verletzung als Unterlassungsdelikt bestraft wird", Jescheck/Goldmann, ZStW 77, S. 133; Marxen, Der Kampf gegen das liberale Strafrecht, S. 260.

298 Kreuzer, Ärztliche Hilfeleistungspflicht bei Unglücksfällen, S. 21; Stieve, Die unterlassene Hilfeleistung, S. 21.

299 Bethge, JA 1985, S. 249, 254; Isensee, DÖV 1982, S. 609, 616.

300 Geilen, Jura 1983, S. 138, 145; Haft, Strafrecht, BT, S. 284.

301 Samson, FS für Hans Welzel, 1974, S. 579, 581 ff.

302 Dürig in: Maunz/Dürig/Herzog, Grundgesetz, Kommentar, Art. 2 Abs. 1, Rdnr. 22 ff, 74, 76.

303 Bindokat, JZ 1969, S. 541, 543; Vogt, ZStW 63 (1951), S. 381, 383.

Obwohl jedes geordnete Gemeinwesen sicherlich ohne ein Mindestmaß an Solidarität nicht auskommt[304], kann demgegenüber von dem einzelnen nicht ohne weiteres das Leisten eines aktiven Beitrages zur Verbesserung der Bedingungen menschlicher Koexistenz erwartet werden[305]. Mithin geht ein strafbewehrtes ***Gebot***, das auf die Erreichung dieses Zieles gerichtet ist, hinsichtlich der Anforderungen, die es an den einzelnen stellt, weit über die Verpflichtung hinaus, den öffentlichen Frieden nicht durch aktives Tun zu stören[306], da beide Arten menschlichen Verhaltens (Tun und Unterlassen) völlig wesensverschieden sind[307]. Daher kann ein staatliches Gemeinwesen, auch wenn es neben dem hohen Stellenwert, den es der Autonomie der Person eingeräumt hat[308], ihre *Gemeinschaftsgebundenheit im Sinne sozialstaatlicher Brüderlichkeit* betont[309], wegen der grundrechtlich verbürgten Freiheit nicht jeden Menschen bei Strafe dazu zwingen, die seinem Mitmenschen drohenden Rechtsgutbeeinträchtigungen abzuwenden[310].

Aus diesen Gründen erscheint es naheliegend, daß die Pönalisierung eines ***Gebotes***, im Gegensatz zu der eines ***Verbotes***, der besonderen Legitimation bedarf[311]; dies insbesondere dann, wenn eine Strafvorschrift wie § 323 c StGB auf eine besondere soziale Beziehung des Pflichtigen zum Begünstigten[312] verzichtet[313].

2. Das bei der gesetzlichen Strafbewehrung von Geboten im Vergleich zu Verboten gesteigerte Bedürfnis nach verfassungsrechtlicher Legitimation

a) Zurückhaltung des Grundgesetzes hinsichtlich Aussagen zur Pflichtenstellung des Bürgers

Im Rahmen der um die Grundpflichten des einzelnen[314] geführten Diskussion wurde erwogen, daß zur Begründung von ***Handlungspflichten*** wegen des von dem einzelnen geforderten

---

304 Isensee, DÖV 1982, S. 609, 614, 615.

305 Morgenstern, aa0, S. 93 hebt zutreffend hervor, daß Solidaritätspflichten als Beeinträchtigung des Freiheitsraumes des einzelnen nach wie vor einem besonderen "Rechtfertigungsdruck" unterlägen. Siehe auch: Kühl, Festschrift für Günter Spendel, S. 75, 93, der insoweit auf die Differenzierung I. Kants zwischen Rechts- und Tugendpflichten hinweist.

306 Kreuzer, aaO, S. 20, 21.

307 Dürig, aa0, Art. 2 Abs. 1, Rdnr. 85, Fn 2.

308 Stratenwerth, Strafrecht, AT I, Rdnr. 156.

309 Badura, DVBl 1982, S. 861, 868.

310 Bärwinkel, Zur Struktur der Garantieverhältnisse, S. 18; Müller, Die strafbare Hülfeverweigerung, S. 8; Schramm, Die Nothilfepflicht, S. 59; Storsberg, Der gegenwärtige Umfang der Nothilfepflicht, S. 114.

311 I.d.S.: Kreuzer, aa0, S. 21.

312 Die unechten Unterlassungsdelikte erscheinen wegen dieses Anknüpfungspunktes unbedenklicher. Vgl. zur Möglichkeit die Garantenpositionen auf den Grundgedanken der sozialen mitmenschlichen Nähe zurückzuführen, Androulakis, Studien zur Problematik der unechten Unterlassungsdelikte, S. 159; Roxin, Kriminalpolitik und Strafrechtssystem, S. 19. Vgl. hinsichtlich der Problematik des Stufenverhältnisses der Garantenpositionen, Arzt, JA 1980, S. 553, 555; Kaufmann, Die Dogmatik der Unterlassungsdelikte, S. 275 f; Roxin, aa0, S. 19; Schöne, Unterlassene Erfolgsabwendungen und Strafgesetz, S. 346; Schünemann, Grund und Grenzen der unechten Unterlassungsdelikte, S.46.

313 Arzt, JA 1980, S. 553, 556.

314 Als Grundpflichten versteht die überwiegende Auffassung die in der Verfassung selbst angelegten Pflichten, deren Erfüllung der einzelne Mensch dem Staat schuldet. Vgl., Badura, DVBl 1982, S. 861, 868; Bethge, JA 1985, S. 249, 251; Merten, BayVBl 1978, S. 554, 555; Stober, Grundpflichten und Grundgesetz, S. 12, 13; ders. Festschrift für Scupin, 1983, S. 643. Vgl. zum Versuch der Definition eines materiellen Grundpflichtenbegriffs, Luchterhand, Grundpflichten als Verfassungsproblem in

stärkeren Engagements und der hieraus resultierenden stärkeren Belastung im Gegensatz zu den Unterlassungspflichten nicht jedes öffentliche Interesse ausreichend sei[315]; vielmehr müßten solche Handlungspflichten im Grundgesetz bereits ansatzweise enthalten sein. Das Spannungsverhältnis zwischen Sittlichkeit und weltanschaulicher Neutralität, das infolge der Normierung von Handlungspflichten enstehen könne[316], spreche ebenfalls für eine besondere Legitimation dieser Pflichten.

Mag sich nun die zuvor geschilderte Auffassung als zutreffend oder falsch erweisen, jedenfalls würde sich die Beurteilung der materiellen Verfassungsmäßigkeit des § 323 c StGB einfacher darstellen, ließe sich die Hilfeleistungspflicht unmittelbar aus einer Bestimmung des Grundgesetzes ableiten[317].

Ein derartiger Versuch, die Hilfeleistungspflicht auf das Grundgesetz zu stützen, stellt auf den ersten Blick aber ein zweifelhaftes Unterfangen dar. Während einige Länderverfassungen[318], dem Vorbild der Weimarer Reichsverfassung[319] folgend[320], einen Katalog der Grundpflichten bzw. sonstigen Pflichten enthalten

- und dabei zum Teil ausdrücklich die Pflicht normieren, bei individuellen Unglücksfällen und besonderen allgemeinen Notständen Hilfe zu leisten[321] -

hat das Grundgesetz den **Pflichten**status der Bürger im Gegensatz zu den Grundrechten nur punktuell und rudimentär geregelt[322]. Zwar ist Normierungsgegenstand des Art. 35 Abs. 2 Satz 2 GG u.a. die tatbestandliche Situation des besonders schweren Unglücksfalles. Da die Adressaten dieser Vorschrift aber die Länder sind, findet sich im Grundgesetz keine Bestimmung, welche die Menschenpflicht zur Hilfeleistung expressis verbis zum Inhalt hat.

Dennoch mehren sich in der Literatur die Stimmen, die, von völlig unterschiedlichen Ansätzen ausgehend, eine Ableitung jener Pflicht aus der Verfassung für möglich erachten[323].

Deutschland, S. 587.

315 Bleckmann, Staatsrecht II, Die Grundrechte, § 11, Rdnr. 325, 326 ; vgl. auch Bethge, JA 1985, S. 249, 252, der darauf hinweist, daß die Leistungspflichten der Grundpflichten über die durch in Grundrechtsschranken statuierten Duldungspflichten hinausgehen.

316 Bleckmann, aa0, § 11, Rdnr. 325; Isensee, DÖV 1982, S. 609, 616.

317 Vgl. zu der Möglichkeit, daß strafrechtliche Tatbestände Grundpflichten enthalten, Schneider, NJW 1954, S. 937, 941. Der Frage, ob die Pflicht zur Solidarität eine aus der Verfassung ableitbare Grundpflicht darstellt, wendet sich Morgenstern, aa0, S. 97 ff zu.

318 Bayerische Verfassung vom 02.12.1946, Zweiter Hauptteil: Grundrechte und Grundpflichten; Bremische Verfassung vom 21.10.1947, Erster Hauptteil: Grundrechte und Grundpflichten; Rheinland-Pfälzische Verfassung vom 18.5.1947, Erster Hauptteil: Grundrechte und Grundpflichten; Saarländische Verfassung vom 15.12.1947, 1. Hauptteil: Grundrechte und Grundpflichten.

319 Vgl. "Zweiter Hauptteil: Grundrechte und Grundpflichten der Deutschen". Die Nothilfepflicht bei Unglücksfällen nach § 360 Nr. 10 RStGB wurde als Dienst zugunsten des Gemeinwesens i.S.d. Art. 133 Abs. 1 WRV angesehen, vgl. Anschütz, Die Verfassung des Deutschen Reichs, Art. 133 WRV, Anm. 1.

320 Badura, DVBl 1982, S. 861 f, 867; Bethge, JA 1985, 249; Maunz/Zippelius, Deutsches Staatsrecht, § 32.

321 Art. 122 BayerVerf.; Art. 10 Bremer Verf.; Art. 22 Rheinl.-Pfälzische Verf.; Art. 19 Saarl. Verfassung. Im Hinblick auf die fehlende Gesetzgebungszuständigkeit der Länder zur Konkretisierung dieser Pflichten sind diese Bestimmungen bedeutungslos, vgl. Hofmann, VVDStRL 41, (1983), S. 42, 50.

322 Bethge, JA 1985, S. 249.

323 Die Literatur läßt es häufig offen, ob es sich bei der Hilfeleistungspflicht, sei es bei individuellen

Während einige die Rechtspflicht zur Hilfeleistung als herkömmliche allgemeine Dienstleistungspflicht i.S. des Art. 12 Abs. 2 GG ansehen[324], gehen andere davon aus, sie komme unmittelbar in der in Art. 1 Abs. 1 GG enthaltenen Verpflichtung zum Schutze der Menschenwürde[325] zum Ausdruck. Wiederum andere rekurrieren auf das Sozialstaatsprinzip[326]. Eine mögliche Konsequenz der unmittelbaren Herleitung der Hilfeleistungspflicht als Grundpflicht oder sonstige verfassungsrechtliche Pflicht aus dem Grundgesetz wäre aber lediglich, daß die Legitimität des von § 323 c StGB verfolgten Zweckes erwiesen wäre, nicht aber gleichzeitig die materielle Verfassungsmäßigkeit dieser ***Straf***vorschrift im übrigen. Letzteres würde nämlich voraussetzen, daß der Gesetzgeber in § 323 c StGB die entsprechende verfassungsrechtliche Wertung zutreffend, insbesondere
- was für die Handlungspflichten sehr bedeutsam ist - unter strikter Beachtung des Verhältnismäßigkeitsgrundsatzes[327] ausgestaltet hat[328].

b) Stärkere Eingriffsintensität in die Freiheitsrechte des Bürgers bei dem Erlaß von ***strafbewehrten*** Geboten

Die Gefahr der Mißachtung des Verhältnismäßigkeitsgrundsatzes ist bei der Strafbewehrung von Geboten außerordentlich groß, wenn sich die zwar umstrittene[329], aber überwiegend ver-

---

Unglücksfällen bzw. allgemeinen Notlagen, wirklich um eine Grundpflicht, deren Erfüllung dem einzelnen im Interesse der Gemeinschaft obliegt (i.d.S. Maunz, aa0, § 22 I, II 2; Merten, BayVBl. 1978, S. 554, 559; Stober, aa0, S. 643; Weber, Handwörterbuch der Sozialwissenschaften, 1959, S. 573), oder um eine sonstige verfassungsrechtliche Pflicht handelt, die dem Adressaten gegenüber einzelnen Mitmenschen auferlegt worden ist. Luchterhand, aa0, S. 588 sieht die Hilfeleistungspflicht zwar als formelle, nicht aber als materielle Grundpflicht an, da ihre objektive Bedeutung für das Gemeinwesen und der Grad ihrer Belastung für den einzelnen gering sei.

324 Breuer in: Isensee/Kirchhof, Handbuch des Staatsrechts, Bd. VI, § 147, Rdnr. 93; Götz, VVDStRL 41, (1983), S. 8 ff, 28; Guradze, Der Stand der Menschenpflicht im Völkerrecht, S. 193; Gusy, JuS 1989, S. 710, 713; Göppel, Die Zulässigkeit von Arbeitszwang, S. 125, 130, 234; Hamann, Das Grundgesetz, Art. 12, Anm. 9; Held, DVBl 1954, S. 345; Mangoldt/Klein, Das Bonner GG, 2. Aufl. 1957, Bd. I, Art. 12, Anm. VII, 2 b; Mertens, Die Zulässigkeit von Arbeitszwang, S. 128; Model/Müller, GG für die Bundesrepublik, Art. 12 GG, Rdnr. 27; siehe auch Ott, Die gemeindliche Straßenreinigung, S. 18 f, 88; a.A. Luchterhand, aa0, S. 507, 528, 529; Rittstieg in: Alternativkommentar zum GG, Bd. 1, Art. 12 GG, Rdnr. 159; Scholz, Grundgesetz I, Grundlagen, S. 211.

325 Luchterhand, aa0, S. 443, 454, 462, 558.

326 Fechner, Freiheit und Zwang im sozialen Rechtsstaat, S. 14; vgl. auch Maunz/Zippelius, aa0, § 22 II 2, welche die Pflicht aus dem Sozialstaatsprinzip ableiten und die Ermächtigung zu ihrer Statuierung dem Art. 12 Abs. 2 GG entnehmen; siehe auch Bleckmann, aa0, § 11, Rdnr. 325 ff; Hamann, aa0, S. 64; Krey, Strafrecht, BT, Bd. 1, Rdnr. 806 a; Morgenstern, aa0, S. 108 ff (welche die Solidariätspflicht daneben in den Grundrechten verankert ansieht). Voraussetzung hierfür sei ein Grundrechtsverständnis, das in den Grundrechten eine objektiv zu verwirklichende Wertordnung erblicken würde. Widersprüchlich Badura, DVBl 1982, S. 861, 869, wenn er betont, daß eine Generalklausel über die Grundpflichten im Sozialstaatssatz gesehen werden kann, aber eine allgemeine Grundpflicht der Gemeinschaftsgebundenheit oder der Solidarität verneint; a.A. Isensee, DÖV 1982, S. 609, 613; zweifelnd auch Luchterhand, aa0., S. 493.

327 Bleckmann, aa0, § 11, Rdnr. 327.

328 Bethge, JA 1985, S. 249, 254, 257; Bleckmann, aa0, § 11, Rdnr. 327; Weber, aa0, S. 574; ähnlich Isensee, DÖV 1982, S. 609, 612, 616; vgl. aber auch Luchterhand, aa0, S. 558, 570, der davon ausgeht, daß speziell die Pflicht zur Hilfeleistung als ethisch begründete Menschenpflicht self executing ist und der Staat lediglich befugt sei, die Sanktionen in bezug auf ihre Verletzungen auszugestalten.

329 Seelmann, JuS 1995, S. 281, 282.

tretene Meinung als zutreffend erweisen sollte, Gebote hätten im Vergleich zu Verboten eine stärkere Einschränkung der individuellen Freiheit zur Folge[330].

Wie an späterer Stelle noch ausführlicher darzustellen ist, sieht die herrschende Ansicht die Ursache der besonderen Belastung des einzelnen durch Gebote in folgendem begründet: Lediglich letztere verlangten dem einzelnen einen ***"Energieeinsatz"*** ab[331]. Entscheidender sei aber, daß jedes Gebot sich als eine ***"Bündelung" von Verboten*** der seiner Befolgung widersprechenden Verhaltensweisen darstelle. Denn durch das Gebot, eine ganz bestimmte Tätigkeit vorzunehmen bzw. ein Ziel zu erreichen, würden dem einzelnen de facto eine Vielzahl von Handlungen verboten. Die Vornahme anderer Tätigkeiten als der vorgeschriebenen sei der Erfüllung des Gebotes nämlich regelmäßig abträglich[332].

Alleine in dieser den Geboten eigenen speziellen Belastung des Normadressaten erschöpfen sich ihre bei Prüfung des Verhältnismäßigkeitsgrundsatzes zu beachtenden Besonderheiten aber nicht. So birgt das Unterlassen der zugunsten einer notleidenden Person zu erbringenden Hilfe, zumal wenn der Pflichtige nicht in einer besonderen sozialen Beziehung zu ihr steht, nur wenig kriminelle Energie in sich[333]. Daher stellt sich jeweils die Frage, ob der hieraus resultierende geringe ***Handlungs***unwert[334] durch die Wertigkeit des seitens der Gebotsnorm geschützten Rechtsgutes, also im Hinblick auf den ***Erfolgs***unwert, kompensiert wird.

Diese Spezifika der Auferlegung von Handlungspflichten führen zwar nicht dazu, daß der Gesetzgeber für die Strafbewehrung von Geboten außer der ihm allgemein nach dem Grundgesetz zustehenden Strafgewalt noch einer zusätzlichen ausdrücklichen verfassungsrechtlichen Legitimation bedürfe. Jene Spezifika haben aber zur Folge, daß die Feststellung der materiellen Verfassungsmäßigkeit eines echten Unterlassungsdeliktes der sorgfältigen Prüfung am Maßstab des Verhältnismäßigkeitsgrundsatzes, insbesondere seiner Ausprägung der Angemessenheit des Mittels, bedarf[335].

Kapitel 2: Die Bedeutung der historischen Herkunft des § 323 c StGB für die Verfassungsmäßigkeit dieser Vorschrift

§ 6 Allgemeines zur Relevanz der geschichtlichen Entwicklung einer Strafvorschrift für ihre Verfassungsmäßigkeit

---

330 Bleckmann, aa0, § 11, Rdnr. 327; Bärwinkel, aa0, S. 17; Bauer, Die Nothilfepflicht, S. 42 ff; Engisch, Monatsschrift für Kriminalbiologie und Strafrechtsreform 1939, S. 414, 422, 423; ders., FS für Gallas, 1973, S. 163, 173; Georgakis, Hilfspflicht und Erfolgsabwendungspflicht, S. VII; Hruschka, JuS 1979, S. 385, 386; Kaufmann, aa0, S. 86; Kissin, Die Rechtspflicht zum Handeln, S. 93 ff; Moritz, Die Pflicht zum Handeln bei den unechten Unterlassungsdelikten, S. 25; Schmidhäuser, JZ 1955, S. 433, 435; ähnlich, Blindauer, aa0, S. 1; Ehlers, Die Nothilfepflicht, S. 43; Spendel in: LK, § 323 c StGB, Rdnr. 156.

331 In diesem Sinne, Engisch, FS für Gallas, S. 163, 173; Sieber, JZ 1983, S. 431, 434 f.

332 Engisch, aa0, S. 423; Bauer, aa0, S. 42; Kissin, aa0, S. 93 ff; Schramm, aa0, S. 92.

333 Roxin, JuS 1973, S. 197, 200; Sauer, Allgemeine Strafrechtslehre, S. 89.

334 Bringewat, NJW 1973, S. 540 ff; Sieber, JZ 1983, S. 431, 436; im Vergleich zu den unechten Unterlassungsdelikten ist der Unwertgehalt des § 323 c StGB noch weiter reduziert, Dölling, NJW 1986, S. 1011, 1012.

335 Schöne, Unterlassene Erfolgsabwendungen und Strafgesetz, S. 98, 99.

A. Vermutung der Verfassungsmäßigkeit eines nachkonstitutionellen Strafgesetzes?

Bevor wir uns den in Rechtsprechung und Literatur zur Frage der Verfassungsmäßigkeit des § 323 c StGB vertretenen unterschiedlichen Auffassungen zuwenden, soll im folgenden zunächst untersucht werden, ob der geschichtlichen Herkunft einer Strafvorschrift allgemeine Bedeutung für die Überprüfung ihrer Konformität mit dem Grundgesetz, präziser formuliert, für die Methodik der Normenkontrolle, zukommt.

Der Judikatur des Bundesverfassungsgerichts ist insoweit zu entnehmen, daß der Entstehungsgeschichte nicht nur im Rahmen der historischen Auslegung[336] als eines von mehreren für die Ermittlung des Normsinns einschlägigen Auslegungselementen[337], Bedeutung beigemessen wird. Vielmehr spielt die Normgenese, auch in bezug auf verfassungskonforme Auslegung, Verhältnismäßigkeitsüberprüfung und die Beachtung des Bestimmtheitsgebotes eine entscheidende Rolle.

Angesichts der Prämisse, von der Nichtigkeit eines Strafgesetzes dürfe nur dann ausgegangen werden, wenn es keine mit der Verfassung übereinstimmende Auslegung zuläßt, zudem angesichts des Umstandes, daß das Bundesverfassungsgericht bekanntlich die Forderung nach verfassungskonformer Auslegung auch mit der Vermutung der Vereinbarkeit eines Gesetzes mit dem Grundgesetz begründet[338], erscheint es nicht nur ***zweckmäßig***, sondern ***zwingend*** geboten zu sein, der Verfassungsmäßigkeitsüberprüfung methodisch eine Betrachtung der **Entstehungsgeschichte** als Vorüberlegung voranzustellen. Ließen sich nämlich die Befugnis und die Pflicht, Gesetze verfassungskonform auszulegen, nur mit dieser Vermutung rechtfertigen, so wäre, mit Rücksicht auf die dann notwendige Differenzierung zwischen vor- und nachkonstitutionellen Gesetzen, ihre Entstehungsgeschichte stets vorab zu klären. Denn wegen des Zeitpunktes des Inkrafttretens des Grundgesetzes könnte nur für letztere Strafgesetze davon ausgegangen werden, der Gesetzgeber habe bei ihrem Erlaß die Bestimmungen der Verfassung beachten wollen[339].

Allerdings läßt die Judikatur des Bundesverfassungsgerichts jegliche Ausführung zu der Frage, worauf jene Vermutung basieren soll, vermissen[340]. In der Literatur wird die Berechtigung, von einer solchen Vermutung auszugehen, z.T. verneint da sie weder eine ***reale*** noch eine ***legale*** Grundlage habe[341]. Gegen jene Vermutung sprächen zum einen die zahl-

---

336 Siehe zu dem historischen Auslegungselement, Metzler, Methodik der Rechtsanwendung, S. 141; Engisch, Einführung in das juristische Denken, S. 92 ff.

337 In der jurisitischen Methodenlehre wird bekanntlich überwiegend angenommen, daß zwischen den einzelnen (grammatische, historische, systematische und teleologische) Auslegungselementen kein festes Rangverhältnis bestehe (vgl. BVerfGE 35, 263, 279; Schmalz, Methodenlehre, Rdnr. 277).

338 BVerfGE 2, 266, 282; 8, 28,34; 32, 373, 382 f; 49, 148, 157.

339 Bender, MDR 1959, S. 441, 442; Michel, aa0, S. 274, 275; Spanner, AÖR 91, (1966), S. 503, 506; a.A. Eckardt, aa0, S. 41, der auch für nachkonstitutionelle Gesetze von der Vermutung der Verfassungsmäßigkeit ausgeht.

340 Dieser fehlende Hinweis wird in der Literatur häufig kritisiert; vgl. Pestalozza, Verfassungsprozeßrecht, S. 10; Spanner, aa0, S. 503, 505.

341 Bettermann, Die verfassungskonforme Auslegung, S. 24, 25; Michel, JuS 1961, S. 274. Zustimmend zur Rechtsprechung des BVerfG, Eckardt, Die verfassungskonforme Gesetzesauslegung, S. 40, 41; Mangoldt/Klein/Starck, Das Bonner Grundgesetz, Kommentar, Bd. 1, Art. 1, Abs. 3, Rdnr. 281; Leipholz/Rinck/Hesselberger, Grundgesetz für die Bundesrepublik Deutschland, Bd. I, Einf., Rdnr. 13.

reichen bereits erfolgten Normkassationen[342]; sie stehe zudem im Widerspruch zu dem Mißtrauen, welches das Grundgesetz durch die Institutionalisierung der Verfassungsgerichtsbarkeit und speziell der Ausgestaltung des Normenkontrollverfahrens gegenüber dem Gesetzgeber zum Ausdruck gebracht habe[343].

Dennoch dürfte meines Erachtens der Ansicht des Bundesverfassungsgerichts zuzustimmen sein, da Grundlage der Vermutung der ***Achtungsanspruch*** ist, den der Gesetzgeber sehr wohl nach der Konzeption des Grundgesetzes genießt. Er wird insbesondere in der das "konkrete Normenkontrollverfahren" regelnden Vorschrift des Art. 100 Abs. 1 GG deutlich[344]. Angesichts der Autorität des demokratisch legitimierten Gesetzgebers räumt diese Bestimmung der Fachgerichtsbarkeit nämlich für nachkonstitutionelle Gesetze

- im Gegensatz zu vorkonstitutionellen -

nur eine Prüfungs-, aber keine Verwerfungsbefugnis ein[345]. Zudem wird durch die Notwendigkeit des Bestehens erheblicher Zweifel an der Verfassungsmäßigkeit eines Gesetzes als Voraussetzung für die Einleitung des konkreten Normenkontrollverfahrens der Besonderheit der Verfassungsbestimmungen im Sinne einer Konkretisierungsbedürftigkeit in erheblichem Ausmaße Rechnung getragen. Verfassungsnormen stellen in weitem Umfange Rahmenvorschriften dar. Sie besitzen einen Bereich, dessen Sinnermittlung der juristischen Methodenlehre nicht zugänglich ist[346] und dessen Ausfüllung letztlich eine politische Entscheidung des Gesetzgebers erfordert. Aus diesem Grunde kommt der Legislative ein weiter rechtspolitischer Gestaltungsspielraum und im Verhältnis zur Judikative eine Konkretisierungsprärogative zu[347]. Sofern zur Entscheidung eines konkreten Falles der rechtlich maßgebliche Sinn der Verfassungsbestimmung nicht geklärt werden kann, muß davon ausgegangen werden, daß die gesetzgeberische Entscheidung den politischen Bereich des Grundgesetzes betraf und mithin verfassungsmäßig ist. Der Rechtsprechung ist es insofern verwehrt, ihre Entscheidung an die Stelle der gesetzgeberischen zu setzen[348].

Letztlich kann die Frage, ob jene Vermutung der Verfassungsmäßigkeit von nachkonstitutionellen Gesetzen anzuerkennen ist, unentschieden bleiben, da das Bundesverfassungsgericht

- offenbar wegen des zwischen der verfassungskonformen und der systematischen Auslegung bestehenden engen Zusammenhanges[349] sowie auf Grund der vertikalen Normenhierarchie[350] -

---

Zustimmend für nachkonstitutionelle Gesetze, Spanner, aa0, S. 506.

342 Bettermann, aa0, S. 25.

343 Bettermann, aa0, S. 24; Michel, aa0, S. 274.

344 BVerfGE 2, 124, (129 ff); 11, 126, (129 ff) ständige Rechtsprechung, jeweils m.w.N.; Hesse, Grundzüge des Verfassungsrechts, Rdnr. 683 ff.

345 Hesse, aa0, Rdnr. 685.

346 Larenz, Methodenlehre der Rechtswissenschaft, S. 364.

347 Stein, NJW 1964, S. 1745, 1746.

348 BVerfGE 36, 1, LS 2.

349 BVerfGE 51, 304, 323; 75, 201, 218.

350 BVerfGE 51, 304, 323; 70, 35, 63.

auch die vorkonstitutionellen Strafgesetze einer verfassungskonformen Auslegung für zugänglich hält[351].

Die eigentliche Problematik der verfassungskonformen Auslegung liegt aber weniger in ihrer Herleitung als vielmehr in der Bestimmung ihrer ***Grenzen***[352]; sie sind in der Vergangenheit vom Bundesverfassungsgericht nicht immer genügend berücksichtigt worden[353]. Hier nun ist die Stelle erreicht, an welcher der Entstehungsgeschichte entscheidende Relevanz für die verfassungskonforme Auslegung beizumessen ist.

Dies versteht sich für die Vertreter der ***subjektiven Auslegungstheorie***[354] von selbst, da sie davon ausgehen, die Rechtsfindung secundum legem und mithin die verfassungskonforme Auslegung i.e.S. werde nicht nur ***formal*** mittels des möglichen Wortsinns, sondern auch ***materiell*** durch den vom Gesetzgeber erkennbar mit Erlaß der Vorschrift verfolgten Regelungszweck begrenzt[355]. Die Entstehungsgeschichte ist aber auch für die Befürworter der ***objektiven Auslegungstheorie*** nicht völlig bedeutungslos[356], weil sie regelmäßig für den Fall der ***"Verkehrung"*** der deutlich vom Gesetzgeber mit Erlaß der Vorschrift verfolgten Regelungsabsicht ***in ihr Gegenteil*** eine Überschreitung der Schranken verfassungskonformer Auslegung anerkennen[357]. Besonders klar kommt dies in der Rechtsprechung des BVerfG zum Ausdruck: Ungeachtet seines plakativen Bekenntnisses zur objektiven Auslegungstheorie[358] hat das Gericht immer wieder betont: Die verfasssungskonforme Auslegung dürfe nicht dem (eindeutigen) Willen des Gesetzgebers widersprechen[359], sie dürfe das gesetzgeberische Ziel nicht in einem wesentlichen Punkt verfehlen oder verfälschen[360].

Eine Überschreitung der zwischen der verfassungskonformen Rechtsfortbildung secundum legem bzw. praeter legem einerseits sowie der Gesetzeskorrektur andererseits bestehenden Grenzen begründet die Gefahr, der mit der verfassungskonformen Auslegung i.w.S. verfolgte Zweck, die Kassation des Gesetzes ***aus Achtung vor dem Gesetzgeber*** zu vermeiden, werde ad absurdum geführt. Denn zumindest dann, wenn infolge der Neuinterpretation des Inhalts

---

351 BVerfGE 9, 83, 88.

352 Michel, aa0, S. 274; Spanner, aa0, S. 505.

353 Kritik haben insbesondere die Entscheidungen des BVerfG (E, 49, 148;50, 115; 54, 277; 55, 205) zu § 554 b ZPO (vgl. Bettermann, aa0, S. 47, 48; die Entscheidung (E, 9, 194) zum rheinland-pfälzischen Verwaltungsgerichtsgesetz von 1950 (vgl. Bettermann, aa0, S. 48) und die Entscheidung (E 70, 35 ff) zur Auslegung des § 47 Abs. 1 Nr. 1 VwGO in bezug auf Bebauungsplangesetze der Freien und Hansestadt Hamburg (vgl. Schenke, DVBl 1985, S. 1367 ff) erfahren.

354 Während Ziel der Auslegung nach der subjektiven Theorie (Willenstheorie) die Erforschung des psychologischen Willens des historischen Gesetzgebers ist, sieht die objektive Auslegungstheorie den Sinn der Auslegung in der Ermittlung des normativen, dem Gesetz selbst innewohnenden Zwecks. Vgl. zu den verschiedenen Auslegungstheorien, Engisch, Einführung in das juristische Denken, S. 85 ff; Larenz, Methodenlehre der Rechtswissenschaft, S. 316 ff; Metzler, Methodik der Rechtsanwendung, S. 141.

355 Menger, VerwArch 50 (1959), S. 387, 389.

356 Vgl. zu dieser Problematik, Zippelius, Bundesverfassungsgericht und Grundgesetz, Bd. 2, S. 108, 117, 119.

357 Zippelius, aa0, S. 117.

358 BVerfGE 1, 299, 312; 10, 235; 11, 126, 129 ff; 34, 269, 288 f; und öfter; dazu m.w.N. Krey, Studien zum Gesetzesvorbehalt, S. 176 ff.

359 BVerfGE 3, 248, 252; 4, 144, 151; 9, 89, 102; 9, 109, 118; und öfter; dazu m.w.N. Krey aa0.

360 BVerfGE 8, 28, 34.

der Rechtsnorm das von der Legislative mit ihrem Erlaß verfolgte Ziel ins Gegenteil verkehrt wird, kommt es zu einem ***Übergriff in den Gestaltungsspielraum des demokratisch legitimierten Gesetzgebers***. Ein solcher Übergriff ist seinem Autoritätsanspruch abträglicher als die Normaufhebung[361]. Daher ist fraglich, ob die Grenzen der verfassungskonformen Auslegung i.w.S. nicht schon früher, nämlich bei Modifikation der gesetzgeberischen Regelungsabsicht überschritten werden[362] und wieweit eine Unterscheidung zwischen vor- und nachkonstitutionellen Gesetzen zu treffen ist[363].

Da der Respekt vor der Ersten Gewalt es gebietet, unnötige Eingriffe in ihren Kompetenzbereich zu vermeiden, erweist es sich als zweckmäßig, der eigentlichen Verfassungsmäßigkeitsüberprüfung einer Strafvorschrift die Ermittlung der vom Gesetzgeber mit ihrem Erlaß verfolgten Regelungsabsicht voranzustellen.

B. Beachtlichkeit des Wandels der Verhältnisse im Hinblick auf die Verfolgung eines den Grundrechtseingriff legitimierenden Zweckes der Strafvorschrift

Die Strafgewalt ist, wie bereits zuvor dargelegt, unter der Herrschaft des Grundgesetzes Pönalisierungsschranken unterworfen. Es sind insbesondere die Grundrechte, die den einzelnen vor unnötigen Eingriffe in seine Freiheit bewahren, da sie nur unter strikter Beachtung des Verhältnismäßigkeitsgrundsatzes eingeschränkt werden dürfen[364].

Die Auferlegung einer Belastung darf keinem Selbstzweck dienen, d.h. die jeweilige Strafvorschrift muß einen legitimen Zweck, der vor der Verfassung Bestand hat, verfolgen. Nach dem Einzelelement des Verhältnismäßigkeitsgrundsatzes, der "Geeignetheit des Mittels", muß das pönalisierte Verbot bzw. Gebot den von der Legislative mit Erlaß der Strafvorschrift angestrebten Zweck fördern, was aber letztlich prinzipiell von der Entwicklung, die die gesellschaftlichen Verhältnisse nach ihrem Erlaß nehmen, abhängig ist. Dieser Ungewißheit

---

361 BVerfGE 70, 35, 65; Bettermann, aaO, S. 46.

362 Diese Problematik klingt in den von der Rechtsprechung und Literatur zur Bestimmung der Grenzen der verfassungskonformen Auslegung verwandten Formulierungen an. Während z.T. angenommen wird, daß durch sie der erkennbare eindeutige gesetzgeberische Wille i.S. der in der Norm angelegten Grundentscheidungen, Wertentscheidungen und Regelungszwecke nicht verfälscht oder in das Gegenteil verkehrt werden dürfe (BVerfGE 8, 28, 34; 8, 71, 78, 79; 9, 89, 102; 18, 97, 111; 54, 277, 298; 59, 330, 334; 70, 35, 63, 64; Michel, aaO, S. 274, 279; Bogs, Die verfassungskonforme Auslegung, S. 68, der insoweit gleichbedeutend von dem Verbot der Umformung des Regelungskerns der Norm spricht), bzw. von dem in der Norm zum Ausdruck kommenden gesetzgeberischen Willen das Maximum dessen aufrecht zu erhalten sei, was nach der Verfassung möglich sei (BVerfGE 8, 28, 34; 9, 194, 200; 33, 52, 69, 70; 35, 263, 280; 48, 40, 46; enger noch die Entscheidung BVerfGE 4, 331, 350, die darauf abstellte, daß durch die verfk.Ausl. der Wille des Gesetzgebers möglichst wenig beeinträchtigt werden darf; siehe auch BVerfGE 52, 357, 368; Schenke aaO, S. 1369), ist es nach a.A. bereits unstatthaft im Wege der verfassungskonformen Auslegung die erkennbaren Ziel- und Zweckmäßigkeitsentscheidungen des Gesetzgebers zu modifizieren (Zippelius, aaO, S. 108, 119), die gesetzgeberischen Zwecke zu überspielen (Prümm, Verfassung und Methodik, S. 250 ff.) bzw. vom historisch festgestellten Willen des Gesetzgebers abzuweichen (Eckardt, aaO, S. 56).

363 In der Literatur ist die Auffassung weit verbreitet, daß jene, die verf.Ausl. begrenzende Funktion des gesetzgeberischen Willens, mit zunehmendem Alter der Rechtsnorm abnehme (Bender, MDR 1959, S. 441, 446; Bogs, aaO, S. 75; Schmalz, Methodenlehre, Rdnr. 248; a.A. Eckardt, aaO, S. 55; Prümm, aaO, S. 255 f).

364 BVerfGE 30, 250, 263.

trägt das BVerfG allgemein, also nicht nur bei solchen auf dem Gebiet des Wirtschaftsrechts erlassenen Gesetzen, deren Zielerreichung in starkem Maße durch die künftige Entwicklung geprägt wird, Rechnung, indem es die Geeignetheit des Mittels aus der Sichtweise "ex ante" prüft und dem Gesetzgeber eine "Einschätzungsprärogative" zugesteht[365]. Allerdings unterliege die Legislative hinsichtlich wirtschaftslenkender Gesetze der Pflicht zur "Nachbesserung"[366]; der Gesetzgeber sei verpflichtet ein Gesetz aufzuheben oder zu ändern, wenn die tatsächliche Entwicklung einen anderen als den prognostizierten Verlauf genommen habe[367]. Diese Überlegungen besitzen wegen des Dauercharakters und des besonders schweren Grundrechtseingriffs, der ihre Anwendung für die Bürger bringt, auch für die Strafgesetze Gültigkeit.

Die durch den zeitlichen Wandel eingetretenen Veränderungen der gesellschaftlichen Verhältnisse und Anschauungen können außerdem dazu führen, daß der Legislative zur Erreichung ihres Zieles, anders noch als im Zeitpunkt des Erlasses des Strafgesetzes, nunmehr ein milderes Mittel zur Verfügung steht oder jenem Ziel nicht mehr die für die Angemessenheit der Pönalisierung notwendige Gewichtigkeit beizumessen ist.

Daher ist es denkbar, daß ein Strafgesetz alleine infolge des Zeitablaufs in verfassungsrechtlicher Hinsicht bedenklich[368] geworden sein mag bzw. eine Auslegung, die früher noch verfassungskonform war, heute dem Grundgesetz wegen jenes Wandels widersprechen kann[369].

Eine der eigentlichen Verfassungsmäßigkeitsüberprüfung vorausgehende gründliche Untersuchung der Entstehungsgeschichte eines Strafgesetzes, unter besonderer Berücksichtigung der Regelungsintention des Gesetzgebers, fördert die Erkennbarkeit jener verfassungsrechtlichen Bedenken in dem zuvor beschriebenen Sinne.

C. Relevanz für die Beachtung des Bestimmtheitsgebotes des Art. 103 II GG

Die zum Bestimmtheitsgebot für Strafgesetze (Art. 103 II GG) ergangene Judikatur des Bundesverfassungsgerichts zeigt, daß auch der umgekehrte Fall möglich ist: Ein Strafgesetz kann in verfassungsrechtlicher Hinsicht infolge fortschreitendem Zeitablauf unbedenklich werden.

Nach der Auffassung des Bundesverfassungsgerichts dient das strafrechtliche Bestimmtheitsgebot einem doppelten Zweck: Durch das Erfordernis, dem **Normadressaten** vorhersehbar zu machen, welches Verhalten mit welcher Strafe bedroht sei, gewährleiste es

365 BVerfGE 25, 1, 12; 30, 250, 263; 39, 210, 226.

366 Benda/Maihofer/Vogel, Handbuch des Verfassungsrechts, § 18, Rdnr. 82; Degenhart, Staatsrecht I, Rdnr. 328.

367 BVerfGE 25, 1, 13; 30, 250, 263; 33, 171, 189 ff; 39, 210, 226.

368 BVerfGE 19, 119, 126 ff; 23, 50, 58. Nach a.A. wird ein Gesetz, selbst wenn sich nachträglich herausstellt, daß es auf einer Fehlprognose beruht, nicht verfassungswidrig. Den Gesetzgeber treffe nur eine Anpassungspflicht. Vgl. Ossenbühl, BVerfG und GG, 1976, S. 518.

369 BVerfGE 59, 336, 356 f; Larenz, Methodenlehre der Rechtswissenschaft, S. 353.

zum einen primär dessen rechtsstaatlichem Schutz[370]. Zum anderen bezwecke Art. 103 Abs. 2 GG sekundär durch die Aufstellung eines strengen Gesetzesvorbehalts die Sicherung des Gewaltenteilungsprinzips[371].

Das Bundesverfassungsgericht geht in ständiger Rechtsprechung davon aus, einem Straftatbestand werde infolge der Verwendung allgemeiner Begriffe, die in besonderem Maße der Auslegung bedürftig sind, nicht zwingend die gebotene Bestimmtheit genommen[372]. Der Gesetzgeber könne nämlich zur Beschreibung des Unrechts, um der Vielgestaltigkeit der Lebensverhältnisse Rechnung zu tragen, nicht stets auf solche unbestimmten Rechtsbegriffe und Generalklauseln verzichten.

Desweiteren dürfe, was die Beurteilung der Beachtung des strafrechtlichen Bestimmtheitsgebotes durch den Gesetzgeber betreffe, auf außerhalb des Strafgesetzes liegende Bezugspunkte zurückgegriffen werden. Folglich sei die für den Normadressaten erforderliche Vorhersehbarkeit bereits dann gegeben, wenn das Strafgesetz einen Vorläufer habe, zu dem eine gefestigte Rechtsprechung existiere[373].

Das BVerfG geht jedoch noch einen Schritt weiter. Es soll genügen, wenn eine solche Judikatur sich inzwischen zu dem zu überprüfenden Strafgesetz gebildet habe[374]. Die Richtigkeit der letzteren Annahme soll an dieser Stelle zwar noch dahingestellt sein. Jedenfalls ist aber wegen des normvollendenden Charakters, den bereits die Auslegung einer Strafvorschrift besitzt, Recht als das Resultat des arbeitsteiligen Zusammenwirkens zwischen Legislative und Judikative anzusehen. Mithin ist für den einzelnen das von ihm geforderte Verhalten vorhersehbar, falls zu der Vorläufervorschrift bereits eine gefestigte Rechtsprechung existierte. Dies gilt vor allem dann, wenn die zur vorausgegangenen Vorschrift erfolgte Judikatur in das Bewußtsein der Rechtsgemeinschaft eingegangen ist.

Auch aus diesem Grunde ist es sinnvoll, vorab die Entstehungsgeschichte eines Strafgesetzes in den Blick zu nehmen.

§ 7 Besondere Bedeutung der geschichtlichen Entwicklung des § 323 c StGB für seine Verfassungsmäßigkeit

Der Entstehungsgeschichte ist hinsichtlich der Überprüfung der Verfassungsmäßigkeit des § 323 c StGB nicht nur die zuvor geschilderte allgemeine, sondern auch eine besondere Bedeutung beizumessen. Die vorliegende Arbeit hat ja bereits darauf aufmerksam gemacht, daß

---

370 BVerfGE 14, 174, 185, 186; 14, 245, 251; 25, 269, 285; 26, 41, 42; 32, 346, 362; 37, 201, 207 f; 41, 314, 319; 47, 109, 120; 50, 142, 164 f; 51, 60, 73; 55, 144, 152; 57, 250, 262; 64, 389, 393 f; 75, 329, 341; 78, 374, 382; 80, 244, 256.

371 Dieser weitere Zweck wird ausdrücklich erst betont in BVerfGE 47, 109, 120; seitdem ständige Rechtsprechung, vgl. BVerfGE 71, 108, 114; 75, 329, 341; 78, 374, 382; NJW 1987, S. 43, 44.

372 BVerfGE 3, 225, 242 f; 3, 242, 255; 4, 352, 358; 11, 234, 237; 19, 166, 177; 21, 209, 215; 21, 245, 261; 32, 346, 364; 37, 206, 208; 41, 314, 319 f; 48, 48, 56; 49, 168, 181; 55, 144, 152; 71, 108, 114 f; 75, 329, 341; NJW 1987, S. 43, 44.

373 BVerfGE 28, 175, 183 zu § 100 e StGB a.F.

374 BVerfGE 26, 41, 43 zum ehemaligen § 360 Abs. 1 Nr. 11 StGB ("grober Unfug"); EuGRZ 1977, S. 308, 309; BVerfGE 48, 48, 56, 57 zu § 240 Abs. 1 Nr. 4 KO; BVerfGE 57, 250, 262 zu § 99 Abs. 1 Nr. 1 StGB; BVerfGE 78, 374, 388.

es der **nationalsozialistische** Gesetzgeber war, der durch Kodifikation des § 330 c StGB i.d.F. vom 28.6.1935 die strafbewehrte Nothilfepflicht, indem er auf das Erfordernis der vorherigen polizeilichen Aufforderung verzichtete, sehr stark extendiert hat.

Soweit gegenwärtig allerdings alleine die nationalsozialistische Herkunft eines Strafgesetzes zum Anlaß genommen wird, seine Verfassungsmäßigkeit anzuzweifeln[375], ist eine solche Vorgehensweise zwar prinzipiell fragwürdig. Speziell die strafbewehrte Nothilfepflicht in der Form, wie sie in § 323 c StGB ihre Ausgestaltung gefunden hat, könnte aber dennoch als Überbleibsel Gesetz gewordener nationalsozialistischer Ideologie anzusehen sein. Denn der nationalsozialistische Gesetzgeber rechtfertigte die Strafvorschrift des § 330 c StGB a.F. mit der Abkehr von einer ausgeprägten individualistischen und der Hinwendung zu einer den Grundsatz ***"Gemeinnutz geht vor Eigennutz"*** betonenden kollektivistischen Sichtweise, was die Pflichtenstellung des einzelnen in der Gemeinschaft anbetrifft. Die vorliegende Studie wird noch zeigen, daß später aber der demokratische Gesetzgeber die strafbewehrte Nothilfepflicht nur geringfügig geändert hat, obwohl nach der Wertordnung des Grundgesetzes der sozialen Verantwortlichkeit keine Priorität gegenüber der individuellen Freiheit zukommt.

Daher bedarf aus diesem Grunde gerade die historische Entwicklung der strafbewehrten Hilfeleistungspflicht der näheren Untersuchung, wobei der Schwerpunkt auf die Prüfung gelegt werden soll, ob und inwieweit zwischen ihrer jeweiligen konkreten Ausgestaltung und dem jeweils im Volk herrschenden Zeitgeist ein Zusammenhang besteht.

Eine historische Betrachtung darf, will sie dem Vorwurf einer einseitigen Blickrichtung entgehen, sich nicht auf die zuvor bezeichneten Gesichtspunkte beschränken. Es erscheint nämlich ebenso naheliegend, die Gründe für die unterschiedliche Ausgestaltung der Nothilfepflicht auf völlig anderen Ebenen zu suchen.

Obwohl § 323 c StGB, anders als § 360 Ziff. 10 RStGB und § 330 c StGB a.F., tatbestandlich nicht mehr unmittelbar auf das Polizeirecht Bezug nimmt, ist dennoch auch bei ihm die enge Beziehung zu diesem Rechtsgebiet unverkennbar.
Da § 323 c StGB den einzelnen im Falle eines individuellen Unglücksfalles, gemeiner Gefahr und Not, also in tatbestandlichen Situationen

- die zumindest dann, wenn das Leben oder in erheblichem Maße die körperliche Unversehrtheit eines anderen bedroht sind, vorliegen -

zur Hilfeleistung verpflichtet, berührt diese Strafvorschrift einen Bereich, der, wie ein Blick auf die polizeilichen Generalklauseln zeigt, der Gefahrenabwehr zuzurechnen ist. Die Abwehr von Gefahren gehört nach heutigem Verständnis aber primär zum Aufgabenbereich der Polizei- und Ordnungsbehörden. Diese dürfen unbeteiligte Personen zur Erfüllung der ihnen übertragenen Aufgaben ausnahmsweise im Falle des polizeilichen Notstandes unter strikter Beachtung des Grundsatzes der Verhältnismäßigkeit heranziehen. Demzufolge werden die Bestimmungen, welche die Inanspruchnahme des "Nichtverantwortlichen" zur Gefahrenabwehr regeln, als exzeptionelle und eng auszulegende Ausnahmevorschriften ange-

---

375 Große, NStZ 1993, S. 525, 527.

sehen[376]. Es erscheint daher nicht ausgeschlossen, daß in der Vergangenheit zwischen der Ausgestaltung der strafbewehrten Nothilfepflicht und der Organisation des Staates, insbesondere dem Entwicklungsgrad der Polizeigewalt, eine enge Wechselwirkung bestanden hat. Denkbar ist nämlich, daß eine solche Strafvorschrift als Kompensation für das im Staat fehlende bzw. noch nicht weit entwickelte Polizeiwesen diente[377].

Möglicherweise ergeben sich, was die geschichtliche Entwicklung betrifft, Berührungspunkte zwischen der Strafvorschrift der unterlassenen Hilfeleistung und jener der unterlassenen Verbrechensanzeige. Heute ist überwiegend anerkannt, daß die Strafvorschrift des § 138 StGB, zumindest neben der Rechtspflege als Organ der Verbrechensverhütung, die durch die geplante Tat bedrohten Rechtsgüter[378], also u.U. auch den einzelnen als den Träger der Individualrechtsgüter, schützt. Desweiteren nimmt die h.M. in Rechtsprechung und Literatur an, die bevorstehende Straftat könne einen Unglücksfall darstellen[379]. Meines Erachtens kann die Anzeigepflicht als solche, was häufig übersehen wird, als Hilfeleistung für den Bedürftigen angesehen werden[380]. Ist die Anzeige, wie in den älteren Rechten häufig anzutreffen ist, unmittelbar an den von einem Verbrechen Bedrohten zu richten, so versetzt sie ihn in die Lage, ***Maßnahmen zum Selbstschutz*** zu ergreifen, stellt also eine Hilfe zur Selbsthilfe

376 Berg/Hein/Knappe, Allgemeines Polizei- und Ordnungsrecht für Berlin, Kommentar, § 13, Anm. 3 c; Friauf in: Schmidt-Aßmann, Besonderes Verwaltungsrecht, 2. Abschn., Rdnr. 108; Götz, Allgemeines Polizei- und Ordnungsrecht, Rdnr. 239; Knemeyer, Polizei- und Ordnungsrecht, Rdnr. 268; Riegel, Polizei- und Ordnungsrecht, S. 101; Schenke in: Steiner, Besonderes Verwaltungsrecht, II. Abschnitt, Rdnr. 190, 197. Polizeiliche Maßnahmen gegen den Nichtverantwortlichen sind grundsätzlich auf ein Mindestmaß zu beschränken, vgl. Reiff/Wöhrle/Wolf, Kommentar zum Polizeigesetz für Baden/Württemberg, § 9, Rdnr. 16. Erwähnt sei in diesem Zusammenhang, daß in der polizeirechtlichen Literatur das Verhältnis des § 323 c StGB zu den Vorschriften über die Heranziehung des "Nichtverantwortlichen" umstritten ist. Während eine Minderansicht (Götz, aa0, Rdnr. 240; Schenke, aa0, Rdnr. 233; Reiff/Wöhrle/Wolf, aa0, § 9, Rdnr. 2; Wagner, Kommentar zum Polizeigesetz von Nordrhein-Westfalen, § 6, Rdnr. 30) die Auffassung vertritt, daß es wegen des Erlasses des § 323 c StGB im Rahmen der Anwendungsbereichs dieser Strafvorschrift keines Rückgriffs mehr auf die polizeirechtlichen Vorschriften über den "Nichtverantwortlichen" bedürfe, geht die h.M. nach wie vor davon aus, daß diese Strafvorschrift weder eine Ermächtigungsgrundlage zum Erlaß von Verfügungen darstelle, noch ihre Adressaten zum Verantwortlichen für die abzuwehrende Gefahr im polizeirechtlichen Sinne werden lasse (Berg/Hein/Knape, Allgemeines Polizei- und Ordnungsrecht für Berlin, § 13 ASOG, Rdnr. 2; Berner/Köhler, Polizeiaufgabengesetz, Kommentar, Art. 10 PAG, Rdnr. 1; Dietel/ Gintzel, Allgemeines Verwaltungs- und Polizeirecht, S. 137, 138; Drews/Wacke/Vogel/Martens, Gefahrenabwehr, § 22.1, S. 331, 332; Samper/Honnacher, Polizeiaufgabengesetz, Art. 10 PAG, Anm. 17.

377 Fahlenbock, Die unterlassene Hilfeleistungspflicht, S. 13; Huschens, Die unterlassene Hilfeleistung, S. 8; Pedotti, Die Unterlassung der Nothilfe, S. 1 ff; Pflitsch, Die Hilfeverpflichtung im deutschen Strafrecht, S. 22, 47.

378 Tröndle/Fischer, § 138, Rdnr. 1; Krey, Strafrecht, BT, Bd. 1, Rdnr. 635. Andere stellen nur auf das bedrohte Rechtsgut ab: Cramer in: Schönke/Schröder, § 138, Rdnr. 1; Hanack in: LK, § 138, Rdnr. 2, 3; Rudolphi in: SK, § 138, Rdnr. 2. Der enge Zusammenhang zwischen § 138 und § 323 c wird besonders deutlich bei Otto, Grundkurs Strafrecht, Die einzelnen Delikte, § 67 III 1 a, der beide Strafvorschriften als Delikte gegen die "mitmenschliche Solidarität" deutet; Kindhäuser, NStZ 1994, S. 105, 107 nimmt an, daß das Strafrecht in den §§ 138, 323 c StGB den Handlungsgeboten aus erwarteter Mindestsolidarität deutliche Grenzen gesetzt habe; siehe auch Jakobs, Strafrecht, AT, 28/11.

379 BGHSt 3, 65, 66; 11, 353, 355; 14, 282, 285; 19, 167, 169; 30, 391, 397; MDR 1971, S. 722; NStZ 85, S. 24; 93, S. 441; Blei, Strafrecht II, BT, S. 162; Spendel in: LK, § 323 c, Rdnr. 45.

380 So bereits, Kohler, Iherings Jahrbücher für die Dogmatik des heutigen römischen und deutschen Privatrechts, 25. Bd., (1887), S. 1, 5; Pedotti, aa0, S. 65, 145; Schwarz, Die Unterscheidung zwischen echten und unechten Unterlassungsdelikten, S. 32. In diesem Sinne auch Harzer, aa0, S. 15, 48.

dar. Muß der Verpflichtete hingegen die staatlichen Präventivorgane informieren, so wird letzteren die Möglichkeit eingeräumt, den Gefährdeten zu schützen.

Ebenfalls besteht die Möglichkeit, daß ursprünglich selbst die als strafwürdig erachteten Unterlassungen, die heute vorrangig den unechten Unterlassungen unterfallen, nur im Wege der strafbewehrten Nothilfepflicht inkriminiert werden konnten, mithin zwischen ihrer Ausgestaltung und der dogmatischen Weiterentwicklung der Omissivdelikte eine Wechselwirkung besteht. Denn seit dem Altertum bis zur Neuzeit waren in den jeweiligen Kodifikationen neben den Begehungsdelikten nur die echten Unterlassungsdelikte geregelt worden[381].

A. Geschichte der strafbewehrten gesetzlichen Hilfeleistungspflicht

1. Das römische Recht

Dem römischen Recht waren zwar Notstandsrechte[382] nicht unbekannt, wie z.B. die Befugnis, das Nachbarhaus einzureißen, um ein Übergreifen des Feuers auf das eigene Haus zu verhüten, zeigt[383]. Eine allgemeine, sich an jedermann wendende Nothilfepflicht, sei es nun bei individuellen Unglücksfällen oder Situationen gemeiner Gefahr und Not, war dem römischen Recht aber fremd[384].

Nur in Ausnahmefällen waren bestimmte, in gewissen Sonderverhältnissen stehende Personen, zur Hilfeleistung verpflichtet[385].

So mußte der Soldat seinem Führer nicht nur im Kampf, sondern auch bei einem Überfall durch Räuber beistehen[386]. Als Grundlage für diese Pflicht kann die militärische Gehorsams- und Treuepflicht angesehen werden[387]. Die Pflicht des Sklaven, seinen Hausherrn zu bewachen und zu beschützen[388], basierte auf einem Abhängigkeits- und Dienstverhältnis[389].

Das Verwandtschaftsverhältnis war die Wurzel der die nächsten Angehörigen treffenden Pflicht, einer Frau bei Angriffen auf ihre Geschlechtsehre Beistand zu leisten[390].

---

381 Honig, Festgabe für Richard Schmidt, Bd. 1, 1932, S. 1 ff, 28.

382 v. Weber, Das Notstandsproblem, S. 26.

383 Dig. 47, 9, 3, 7; 43, 24, 7, 4; 9, 2, 49, 1.

384 Geib, Lehrbuch des Deutschen Strafrechts, 2. Bd., S. 190; Luden, Abhandlungen aus dem gemeinen teutschen Strafrechte, Bd. 2, (1840), S. 237; Mommsen, Röm. Strafrecht, 1899, S. 621; vgl. auch, Huschens, Die unterlassene Hilfeleistung, S. 10; North, Die Nothilfepflicht im deutschen Strafrecht, S. 3 ff; Pedotti, Die Unterlassung der Nothilfe, S. 7 ff; Pflitsch, Die Hilfeverweigerung im Deutschen Strafrecht, S. 18; Vermander, Unfallsituation und Hilfspflicht, S. 2.

385 Leonhard, Der sog. Liebesparagraph, RStGB, 360 Ziff, 10, S. 3; Pflitsch, Die Hilfeverpflichtung im Deutschen Strafrecht, S. 19; Schramm, Die Nothilfepflicht nach Paragraph § 360 Ziff. 10 RStGB, S. 82.

386 Dig. 49, 16, 6, 8, 9; vgl. Mommsen, aaO, S. 621; Rein, Das Criminalrecht der Römer, S. 120.

387 North, aa0, S. 4.

388 Dig. 29, 5, 1, 18; vgl. Honig, aa0, S. 1, 18, 25; Mommsen, aa0, S. 621; Rein, aa0, S. 120.

389 Pflitsch, Die Hilfeverpflichtung im deutschen Strafrecht, S. 19.

390 North, aa0, S. 4.

Eine Verletzung dieser Pflichten zog recht unterschiedliche Rechtsfolgen nach sich. Während der Soldat wie ein Täter bestraft wurde, löste die Verletzung der Pflicht, Angriffe auf die Geschlechtsehre der Frau abzuwenden, keine strafrechtlichen Rechtsfolgen aus[391].

Neben der Pönalisierung der unterlassenen Nothilfe, im Rahmen der zuvor beschriebenen ***Sonderverhältnisse*** kennt das römische Recht, wenn auch nur in wenigen Fällen, die Pflicht, bevorstehende Verbrechen anzuzeigen. Es fand eine Bestrafung der unterlassenen Anzeige aber nur dann statt, wenn es sich, wie bei der Verschwörung und der Münzverfälschung, um eine allgemeine, jedermann treffende Pflicht handelte bzw. wenn der Sohn es unterließ, seinem Vater mitzuteilen, daß ein anderer Sohn ihm nach dem Leben trachtete[392]. Während das Delikt der Münzverfälschung ein Rechtsgut bedroht, das nach heutigem Verständnis nicht der Strafvorschrift der unterlassenen Hilfeleistung unterfällt, basierte die Anzeigepflicht des Sohnes wiederum auf einem Sonderverhältnis, so daß diese beiden Fälle nicht i.S. einer rudimentären allgemeinen Hilfeleistungspflicht verstanden werden können. Da die Bedrohung der inneren Sicherheit des Staates, sofern sie eine gewisse Erheblichkeitsschwelle überschreitet, aber eine gemeine Gefahr i.S.v. § 323 c StGB sein kann[393], stellte die im römischen Recht jedermann treffende Pflicht, Verschwörungen anzuzeigen, eine Art Nothilfepflicht, präziser formuliert, **Staats**nothilfepflicht dar.

Der Grund für die Vernachlässigung der allgemeinen Pflicht zur Hilfeleistung im römischen Recht liegt nicht nur in dessen individualistischer Grundhaltung, wie dies vielfach angenommen wird[394], sondern ebenfalls in der ausgeprägten Organisation des römischen Staatswesens, das deshalb weitgehend auf die Mithilfe der Bürger verzichten konnte[395].

II. Das kanonische Strafrecht:

Die Existenz des in der christlichen Glaubenslehre enthaltenen höchsten Gebotes, den Nächsten wie sich selbst zu lieben[396], legt die Vermutung nahe, das kanonische Recht, welches sich im Mittelalter entwickelt hat, kenne eine Strafvorschrift der unterlassenen Hilfeleistung. Es ist aber äußerst fraglich, ob die in dem corpus juris canonici für ein solches Delikt sprechenden Stellen[397] nicht nur eine sittliche, sondern auch eine **strafrechtliche** Pflicht begründeten. Während früher unter Berufung auf die älteren Kanonisten, aufgrund der

---

391 Pedotti, aaO, S. 9.
392 Rein, aaO, S. 120.
393 Spendel in: LK, § 323 c StGB, Rdnr. 66.
394 Kühl, Die völkische Nothilfepflicht in Vergangenheit und Gegewart, S. 16; Stieve, Die unterlassene Hilfeleistung, S. 7.
395 Huschens, aaO, S. 11.
396 Gleichnis vom barmherzigen Samariter, Luk. 10, 29.
397 c. 6 § 2 X de hom. V 12: "qui potuit liberare homimen a morte et non liberavit, eum occidit"; cap. 6 de sentent excomn. in 6 to 5,11: " cum licet cuilibet suo vicino vel proximo pro repellenda ipsius iniuria suum impertiri auxilium; imo si potest et negligit, videatur iniurianten favere ac esse particeps eius culpae"; can. 7 causa. 23 quaest 3: " non in inferenda, sed in depellenda iniuria lex virtutis est. Qui enim non repellit a socio iniuriam, si potest, tam est in vitio, quam ille, qui facit" und c. 47 X de sentent excomm. V. 39: "...Excommunicatus est dolose permittens clericum percuti, ex quo poterat prohibere, et non prohibuit"... "facients et consentients pari poena plectendos catholica condemnat autoritas, eos etiam deliquentibus favere interpretans, qui quum possint, manifesto facinori desinunt obviare".

in Fußnote 397 genannten Bestimmungen, die Existenz eines kirchenrechtlichen Deliktes der unterlassenen Hilfeleistung bejaht wurde[398], wird sie von der neueren Auffassung verneint[399].

Gegen das Bestehen der Strafbewehrung der Nothilfepflicht im kanonischen Recht spreche die Tatsache, sie sei nicht als delictum sui generis ausgestaltet worden[400] und fände nur bei der Erörterung anderer Rechtssätze wie z.B. in cap. 6 § 2 X, V, 12, bei der Bestrafung einer versuchten, aber verhinderten Beihilfe[401], Erwähnung. Ebenso habe cap. 47 X V.39, welcher den Kleriker verpflichtet, ein Verbrechen gegen den Priester, den Priester ein solches gegen den Bischof, bzw. den Mönch ein solches gegen den Abt anzuzeigen, diesen Personen also einen Sonderschutz zukommen läßt, lediglich eine Art der Teilnahme oder Begünstigung durch passives Verhalten des Täters zum Gegenstand[402].

Meines Erachtens spricht entscheidend gegen die Existenz einer strafbewehrten Nothilfepflicht im kanonischen Recht jedoch die Tatsache, daß im corpus juris canonici keine exakte Trennung zwischen moralischen und rechtlichen Vorschriften vollzogen worden war[403].

III. Das germanische Strafrecht

Es ist schwierig, Aussagen über das ältere germanische Recht zu treffen, da die Germanen ursprünglich die geltenden Rechtssätze von Generation zu Generation nur mündlich weitergegeben haben[404]. Mangels schriftlicher Kodifikationen konnten bisher keine aus ältester Zeit stammenden Quellen ausfindig gemacht werden, welche die Existenz einer allgemeinen Pflicht zur Hilfeleistung zu bezeugen vermögen.

Dennoch ist die Feststellung berechtigt, daß das germanische Recht, was die Heranziehung der Bürger zum Zwecke der Förderung des Gemeinwohls anbetrifft, sich wesentlich von dem römischen Recht unterschied. Die Menschen waren in ausgeprägtem Umfange zur aktiven Mitarbeit für das Gemeinwesen verpflichtet[405].

Für die Beantwortung der Frage, ob dem germanischen Recht eine Pflicht bekannt gewesen ist, die mit der heutigen Hilfeleistungspflicht vergleichbar ist, erscheint es mir zwingend notwendig zu sein, zwischen der Stellung des einzelnen im Sippenverband und in der Völkerschaft zu differenzieren[406].

---

398 v. Alberti, Notwehr heute und in den Volksrechten 1898, S. 37; Geib, Lehrbuch des Deutschen Strafrechts 1862, Bd. 2, S. 190 ff, 390; Heß, Die Anzeigepflicht im Strafrecht, S. 8; Schramm, aa0, S. 83, der betont, daß dieses kanonische Recht, Einfluß auf das ältere deutsche Recht gehabt habe.

399 Blindauer, Die folgenschwere unterlassene Hilfeleistung, S. 2, 3; Huschens, Die unterlassene Hilfeleistung, S. 11; Marzezoll, Das gemeine deutsche Criminalrecht als Grundlage der neuen Strafgesetzgebungen, S. 136; North, aa0, S. 5, 6; Stieve, Die unterlassene Hilfeleistung, S. 7; Wiedenroth, Die Verletzung der Hilfeleistungspflicht, S. 12 ff.

400 Pedotti, aa0, S. 16; Wiedenroth, aa0, S. 12.

401 Pedotti, aa0, S. 17.

402 North, aa0, S. 6; Pedotti, aa0, S. 17, 18.

403 Marezoll, aa0, S. 136, Fn. 2.

404 Pflitsch, aa0, s. 4; Rüping, Grundriß der Strafrechtsgeschichte, Rdnr. 10 f; Wilda, Das Strafrecht der Germanen, S. 121.

405 Pedotti, aa0, S. 18; Wilda, aa0, S. 143; Wolzendorff, Verwaltungsarchiv 15 (1907), S. 523, 524.

406 Vgl. insoweit auch, North, aa0, S. 8, 9; Pflitsch, aa0, S. 4, 5. Zur "Völkerschaft" siehe unten, Fn 405.

Kennzeichen des germanischen Sippenverbandes war nämlich die starke und enge verwandtschaftsähnliche Beziehung, welche die einzelnen Mitglieder miteinander verband[407]. Die wechselseitigen Hilfspflichten, die innerhalb der Sippe zu erfüllen waren und von denen Tacitus in seiner Germania berichtet, sind weniger mit der allgemeinen Nothilfepflicht, die jeder gegenüber dem Nächsten zu erfüllen hat, vergleichbar[408]. Die Beziehungen, die innerhalb der Sippe herrschten, begründeten nach heutigem Verständnis eher ein besonderes Garantieverhältnis. Die häufig zitierte Stelle von Tacitus in cap. 21 der Germania "quem cumque mortalium arcere tecto nefas habetur" spricht nicht gegen diese Einordnung.

Die Anforderungen, die an die Menschen gestellt wurden, wurzelten jedoch nicht nur in dem Funktionsinteresse der Sippengemeinschaft. Da die Organisation des germanischen Staatswesens noch nicht sehr weit fortentwickelt gewesen war, hatten die einzelnen Volksgenossen in zahlreichen Lebensbereichen Anteil an der Ausübung der staatlichen Gewalt[409]. Sie waren in ihrer Eigenschaft als Mitglied der Völkerschaft[410] nicht bloß zur Sicherung des äußeren, sondern auch zur Wahrung und Wiederherstellung des inneren Friedens berufen[411] und daher sowohl auf strafrechtlichem als auch auf zivilrechtlichem Gebiet einander wechselseitig dazu verpflichtet, sich zu ihrem Recht zu verhelfen. Dies dürfte u.a. ein Grund für die privatrechtliche Auffassung von Verbrechen und Strafe gewesen sein, welche im älteren germanischen Recht herrschte[412]. Dem einzelnen Volksgenossen oblagen also Aufgaben, die heute, im Hinblick auf das Gewaltmonopol des Staates, von staatlichen Organen wahrgenommen werden[413]. Es erscheint mir berechtigt, derartige Schlußfolgerungen aufgrund des Aussagegehaltes gewisser aus späterer Zeit stammender Rechtsquellen, in denen die ältere germanische Rechtstradition weitgehend erhalten geblieben ist, ziehen zu dürfen:

Die uns überlieferte Stelle des Gulathinggesetzbuches

- "Wird die kundliche Schuld nicht bezahlt, so soll der Gläubiger auswählen, so viele Dingmänner er will, ihm zur Were des Schuldners zu folgen und daselbst von dem Gute des Muthwilligen zu nehmen nach dem Werth der Schuld und für volle Busse, dem Rechte gemäß. Alle Bauern sind schuldig innerhalb der Dingmark diese Fahrt zu fahren und brüchig ist eine Unze Silber dem König ein jeder, der nicht mitfährt."[414] -

zeigt, daß dem einzelnen z.B. die Wahrnehmung von Aufgaben auf dem Gebiete der Zwangsvollstreckung oblagen.

---

407 Huschens, aaO, S. 5; Rüping, aaO, S. 4; Wilda, aaO, S. 124.

408 North, aaO, S. 9.

409 Kühl, Die völkische Nothilfepflicht, S. 17; Wilda, aaO, S. 136.

410 Die Völkerschaft kann als die hierarchisch oberhalb der Sippe bzw. den Stämmen und den später sich entwickelnden Ortsgemeinden stehende organisatorische Einheit angesehen werden, vgl. Pflitsch, aaO, S.5; Wilda, aaO, S. 124, 125, 129.

411 Brunner, Deutsche Rechtsgeschichte, 2. Bd., S. 304.

412 Wachenfeld, Lehrbuch des deutschen Strafrechts, S. 16; vgl. zum späteren Wandel infolge Stärkung der königlichen Macht zur öffentlichrechtlichen Auffassung hin, Schmidt, Eberhard, Einführung in die Geschichte der deutschen Strafrechtspflege, S. 41.

413 Vgl. zum staatlichen Gewaltmonopol, Krey, Zum Gewaltbegriff im Strafrecht, 1 Teil, Rdnr. 18 - 22; ders. Strafrecht, BT, Bd. 1, Rdnr. 328 b.

414 Magnus Lag. Gulath, K.c.3.p. 479, zitiert nach Wilda, aaO, S. 140.

Für die Beantwortung der Frage, ob im germanischen Recht eine der heutigen Nothilfepflicht vergleichbare Pflicht existierte, kommt dem *"Gerüfte"*, als einer Art Hilferuf[415], entscheidende Bedeutung zu.

Was die Voraussetzungen für die Erhebung des Gerüftes anbe-trifft, wird im folgenden zwischen dem "Gerüfte" bei einem verbrecherischen Angriff (Notwehrhilfe) und einer drohenden Gemeingefahr (Notstandshilfe) unterschieden:

Erstens ist die Erhebung des "Gerüftes" als Bedingung für das Vorliegen einer *"handhaften Tat"*[416], der nach den für das alte germanische Strafverfahren geltenden Regelungen die sofortige Aburteilung des Täters folgte[417], anzutreffen. Es bestanden zwar gebietsbezogene Unterschiede hinsichtlich der rechtswidrigen Taten, die eine Verpflichtung zur Folge des Gerüftes auszulösen vermochten[418]. Gemeinsamkeiten dürften aber in bezug auf die weitreichenden, an die Folgepflicht gestellten, Anforderungen bestanden haben. Exemplarisch sei daher auf eine Stelle in König Knuts (1017-1037) Gesetze I, cap. 26 § 1 verwiesen, wo eine Beschränkung der Pflicht, i.S. eines irgendwie gearteten Zumutbarkeitskorrektivs, nicht ersichtlich ist, wenn es dort heißt: "Und wenn jemand Geschrei hört, womit ein Dieb verfolgt wird, und es versitzt, gelte er den Ungehorsam gegen König oder reinige sich vollständig"[419]. Derjenige, der "es versitzt" machte sich strafbar[420]. Zum Teil wird angenommen, derjenige, welcher dem Gerüfte nicht folgte, hätte, wie der eigentliche Täter, für die Tat einstehen müssen[421].

Nochmals hervorzuheben ist, daß diese Pflicht in äußerst engem Zusammenhang mit dem Gerichtsverfahren stand[422]. Denn die den Täter festnehmenden Personen mußten, sofern jener nicht sofort getötet worden ist, in dem späteren Gerichtsverfahren als sogenannte "Schreimannen"[423] zum Zwecke der Tatbestandsfeststellung durch ihre eidlichen Aussagen das Geschehene bekunden[424]. Obwohl das *"Gerüfte"* in bestimmten Volksgebieten mit dem Ausdruck *"hilfio"* verbunden wurde[425], erscheint es mir wegen seiner engen Beziehung mit der Ge-richtsbarkeit zweifelhaft, ob neben dem mit der Gerüftsfolgepflicht wohl primär intendierten Zweck der Verfolgung und Festnahme des Täters[426] auch der Beistand für den gegenwärtig von einem Verbrechen Bedrohten beabsichtigt worden ist[427]. Denn die Beendigung des Deliktes, wie die Fälle der Tötung zeigen, führte nicht zum Erlöschen der

---

415 Brunner, aa0, S. 305, 628; Grimm, Deutsche Rechtsaltertümer, 2. Bd., S. 517.

416 Vgl. zum Begriff der handhaften Tat, Schmidt Eberhard, Einführung in die Geschichte der deutschen Strafrechtspflege, S. 38 ff.

417 Brunner, aa0, S. 629; ursprünglich durfte sogar der von dem Verletzten festgenommene Täter sofort getötet werden, vgl. Schmidt Eberhard, aa0, S. 81.

418 Überwiegend waren dies die Verbrechen des Mordes und des Totschlages. Lediglich die angelsächsischen Gesetze ließen den Raub und den Diebstahl hinzutreten. Vgl. North aa0, S. 7.

419 Zitiert nach Wilda, aa0, S. 140 (Grimm, Rechtsaltertümer, S. 876).

420 His, Geschichte des deutschen Strafrechts bis zur Karolina, S.2.

421 North, aa0, S. 7.

422 North, aa0, S. 8.

423 Die "Schreimannen" waren sog. Eidhelfer des Klägers, vgl. Schmidt, aa0, S. 40.

424 Wilda, aa0, S. 141.

425 Grimm, aa0, S. 517.

426 Schmidt, aa0, S. 81.

427 I.d.S. wohl die überwiegende Auffassung, vgl. Brunner, aa0, S. 305; Wilda, aa0, S. 139; Pedotti, aa0, S. 20.

Pflicht, dem Gerüfte Folge zu leisten. In diesem Fall diente das Gerüfte wohl in erster Linie dazu, die Tat zu "verklaren", da die Tötung oder Verletzung des Angreifers nur dann durch Notwehrhandlung als gerechtfertigt galt, wenn der Angegriffene das Gerüfte erhob[428]. Naheliegend ist daher auch die Annahme, es habe sich bei der im Zusammenhang mit der "handhaften Tat" stehenden Folgepflicht um eine *"erweiterte Dingpflicht"* gehandelt[429]. Andererseits spricht aber hiergegen zum einen, daß nicht immer genau auf die "Dinghörigkeit" geachtet[430] und zum anderen sicherlich dem nach der Verfolgung ergriffenen Räuber oder Dieb die Beute, zum Zweck, sie dem Berechtigten zurückzugeben, abgenommen worden ist. Daher kann meines Erachtens davon ausgegangen werden, die Verpflichtung, dem Gerüfte bei Verbrechen zu folgen, sei zumindest rudimentär mit der allgemeinen Hilfeleistungspflicht vergleichbar, zumal ihre Adressaten nicht nur die Freien waren.

In dieser Hinsicht ist die zweite im germanischen Recht aufzufindende Fallgruppe der Erhebung des Gerüftes wesentlich eindeutiger. Bei gemeiner Gefahr und Not (Feuer- und Überschwemmungsgefahr, feindlichen Überfällen etc.) ließ die Erhebung des Gerüftes, das anläßlich derartiger Notlagen häufig mit dem Setzen von Notzeichen (z.B. Sturmgeläute) einherging[431], eine allgemeine, jedermann treffende Rechtspflicht zur Notstandshilfe entstehen, deren Mißachtung eine öffentliche Strafe, die *"Geweddezahlung"* zur Folge hatte.

Von den nordischen Stämmen sind uns weitere Fälle der Notstandshilfe, die im Zusammenhang mit der Seefahrt stehen, bekannt. Als Beispiel sei das Gesetz des König Magnus von Dänemark erwähnt, in dem es heißt:

"Wenn jemand ein Schiff aussetzen oder an Land ziehen will, so soll er einen Gebotsstock so weit umher senden, dass er eine hinlängliche Zahl Männer zur Hülfe erhält; wer nicht kommt, zahlt 1 Unze Silber"[432].

Die Vernachlässigung der Strandhilfe, welche die Verpflichtung, dem Schiffbrüchigen bei der Bergung seiner Güter behilflich zu sein, zum Gegenstand hatte und die der Nothilfe näher als die o.g. Pflicht steht, wurde schärfer, nämlich mit mehr als einer Unze Silber, bestraft[433].

Die letzteren Beispiele zeigen: Mit der Zunahme der Gemeindegröße nahmen die familiären Bindungen ab, was zu einer allmählichen Vernachlässigung der sittlichen Pflicht zur Hilfe führte, deren Beachtung ehemals für die Menschen noch eine Selbstverständlichkeit gewesen war. Folge war die Umwandlung der diesbezüglichen Sitten- in eine Rechtspflicht[434].

IV. Das fränkische Strafrecht

---

428 His, aa0, S. 36; Schmidt, aa0, S. 40.
429 North, aa0, S. 8.
430 Wilda, aa0, S. 139.
431 North, aa0, S. 8; Pedotti, aa0, S. 20.
432 Magnus Gulath. Landsl. c. 23. p. 370, zitiert nach Wilda, S. 142.
433 Vgl. Kap. 23 der Landsloeg des König Magnus Hakonarson (1263-1280), wiedergegeben bei Wilda, aa0, S.142, Anm. 4).
434 Wilda, aa0, S. 142, 143.

Die Verpflichtung des einzelnen, insbesondere zur Sicherung des inneren Friedens im Falle eines verbrecherischen Angriffs dem "Gerüfte" zu folgen, blieb noch bis weit in die fränkische Zeit erhalten[435]. Der Grund hierfür dürfte darin liegen, daß das Staatswesen immer noch über keine organisierte Polizeigewalt verfügte[436].

So wurden auch in der fränkischen Zeit weitreichende Anforderungen an die Pflicht, dem "Gerüfte" zu folgen, gestellt. Ein bemerkenswertes Zeugnis hierüber gibt eine aus dem westerlauwerschen Friesland stammende Rechtsquelle, nämlich Art. 59, § 18 der Jurisprudentia frisica, in der es heißt:

"Wer den Ruf hört, er sei alt oder jung, er sei durstig oder hungrig, leide an Hitze oder Kälte, er soll nicht solange warten, um seine Kleider zu wechseln, sondern soll Gottes Feind verfolgen. Wer ihn zuerst trifft, den Schächter, soll ihn ergreifen"[437].

Wie bereits dem germanischen Recht, so war auch dem fränkischen Recht nicht nur eine Notwehr-, sondern auch eine Notstandshilfepflicht bekannt gewesen. Dies belegt die Stelle

- "de liberis homnibus, qui circa maritima loca habitant, si nuntius venerit, ut ad succurendum debeant venire et hoc neglexernit, unusquisque solidos viginti componat mediaetatem in dominico, medieatatem ad populum -

in Cap. miss. aus dem Jahre 802, Nr. 34 c. 13 b, I 100"[438].

Wenn nach der aus dem Jahre 853 stammenden Cap. Silvacense C. 5 II 272

- "au aliquius sonum in de audierit, et at latronem accidiendum concurratur"[439] -

derjenige, der dem Gerüfte nicht Folge leistete, mit dem Königsbann belegt wurde, so zeichnete sich bereits ein Wandel der Rechtsnatur dieser Pflicht im Vergleich zum germanischen Recht deutlich ab. Nachdem sie dort in engem Zusammenhang mit der Ausübung staatlicher Gewalt durch den einzelnen selbst gestanden hatte, entwickelte sie sich in der fränkischen Zeit zu einer Untertanenpflicht i.S. eines öffentlichen Polizeidienstes[440], die sich nach Auffassung von Brunner zusammen mit anderen Pflichten unter dem Gesichtspunkt *"öffentlicher Fronden"* erfassen läßt[441].

V. Das mittelalterliche Strafrecht bis zur Rezeption

Nicht nur in der fränkischen Zeit, sondern noch bis in das hohe Mittelalter, lassen sich in hinreichender Zahl Rechtsquellen nachweisen, die den Schluß auf das Bestehen einer allgemeinen Hilfeleistungspflicht erlauben.

---

435 Brunner, aa0, S. 305.
436 Brunner, aa0, S. 304.
437 v. Richthofen, Rechtsquellen, S. 424.
438 Zitiert nach Brunner, aa0, S. 312.
439 Zitiert nach Brunner, aa0, S. 307.
440 Wolzendorff, Verwaltungsarchiv 15 (1907), S. 523, 538.
441 Brunner, aa0, S. 307.

In der Literatur wird häufig angenommen[442], die Nothilfepflicht habe in dem zwischen 1220 und 1235 ent-standenen[443] *Sachsenspiegel* in besonderer Vielfalt Erwähnung gefunden. Dies treffe namentlich für die Verpflichtung, Hilfe im Falle eines verbrecherischen Angriffs zu leisten, also der Notwehrhilfepflicht, zu.

Denn Art. 64 des Zweiten Buches des Sachsenspiegels lautete:

"§ 1. Weib oder magd, die wegen notzucht vor gericht klagen, die sollen klagen mit gerüft wegen handhafter tat und wegen der notzucht, die sie da beweisen müssen.
§ 2. Die ferner einen mit diebesgut oder mit raub gefangenen vor gericht bringen, die sollen klagen mit gerüft wegen handhafter tat, die sie mit den leuten vorbringen.
§ 3. Wer ferner einen toten vor gericht bringt und klagt wegen missetat, die an ihm getan ist, der soll klagen mit gerüft wegen handhafter tat, die da offenkundig ist.
§ 4. Wer ferner beraubt ist und weiß, wohin der raub gebracht ist, will er, daß ihm der richter dahin folge, er muß ihn mit gerüft dorthin laden und klagen mit gerüft wegen handhafter tat, die er dort beweisen will.
§ 5. Wo keine handhafte tat vorliegt, da muß man ohne gerüft klagen, wenn man ohne Schaden bleiben will"[444].

Die Verpflichtung, dem Gerüfte zu folgen, war strafbewehrt, wie sich aus Art. 53 des Ersten Buches ergibt:

"§ 1. Wer nicht folgt, wenn man das gerüft schreit, oder seine klage nach recht nicht durchführt, oder einen mann zum kampf fordert, der ihm mit recht entgeht, oder wer zum gesetzten ding zur zeit nicht kommt, oder es ganz versäumt, oder wenn er während des dinges etwas spricht oder tut wider recht, oder wer nicht bezahlt im ding zugesprochene schuld: wegen jeder dieser sachen zahlt der dem richter gewette. ... ."

Der Formulierung des Art. 71, § 3, Zweites Buch:

"Waffen darf man führen, wenn man dem gerüft folgt; dem sollen von rechts wegen folgen alle, die zu ihren jahren gekommen sind, sofern sie ein schwert führen können, es hindere sie denn echte not, außer pfaffen und frauen und kirchnern und hirten",
ist zu entnehmen, daß die Gerüftsfolgepflicht, weil von ihr nur gewisse Personengruppen befreit waren, grundsätzlich von allgemeiner Natur gewesen ist.

Entgegen der in der Literatur vielfach vertretenen Ansicht[445] erscheinen indes Zweifel angebracht, ob den zuvor zitierten Stellen des Sachsenspiegels, namentlich Art. 64 des Zweiten Buches, wirklich eine Hilfeleistungspflicht zum Zwecke der Abwehr der hier bezeichneten Angriffe entnommen werden kann. Denn nach Art. 64 § 3 des Zweiten Buches mußte auch derjenige mit Gerüft klagen, "der einen toten vor gericht bringt". Offensichtlich ging es auch hier darum, die Notwehrhandlung nachzuweisen. Daher liegt die Annahme nahe,

---

442 Fahlenbock, aa0, S. 10 ff; Pedotti, aa0, S. 21; Wiedenroth, aa0, S. 20.
443 Vgl. zum Entstehungszeitpunkt des Sachsenspiegels, Rüping, aa0, Rdnr.61.
444 Eike von Repgow, Der Sachsenspiegel (Landrecht) von Hirsch Christoph, 1936.
445 Fahlenbock, aa0, S. 10 ff; Pedotti, aa0, S. 21; Wiedenroth, aa0, S. 20.

die Gerüftsfolgepflicht habe insoweit in engem Zusammenhang mit dem Gerichtsverfahren gestanden, als sie dazu diente, daß der Angegriffene später über eine ausreichende Anzahl von Eideshelfern verfügte.[446]. Für die These, das Gerüfte habe eine Hilfeleistung für den Angegriffenen bezweckt, könnte die Aussage: "Alles lebende, das bei der notzucht gegenwärtig war, soll man enthaupten", wie sie in Art. 1 § 1 Satz 3 des Dritten Buches des Sachsenspiegels enthalten war, sprechen. Letzte Gewißheit besteht meines Erachtens insofern nicht, denn die Ursache für diese strenge Bestrafung könnte aber in dem gegen den Anwesenden bestehenden Verdacht der Beteiligung zu sehen sein. Eindeutiger weist die Vorschrift des Art. 78 § 5 des dritten Buches, in der es heißt:

"Ieclich man mùz mit helfe weren stete, burge unde lant unde lib sines herren unde màges unde mannes, unde sines vnds, wider herren und mage unde manne, die sie gewaldeclichen suchen, unde muz wol suffe sie striten, unde en tut wider sine trueren nicht, deste her selbe ires selben habe nicht en neme"[447]
auf die Existenz einer umfassenden allgemeinen Hilfeleistungspflicht bei verbrecherischen Angriffen hin[448].

Dem Sachsenspiegel war, wie die Bestimmung des Art. 56, § 1 des Zweiten Buches

- "Welche dörfer am wasser liegen und einen damm haben, der sie vor der flut bewahrt: jedwedes dorf soll seinen teil des dammes festigen vor der flut. Kommt aber die flut und bricht den damm und ladet man mit dem gerüft dazu, alle die binnen dem damm gesessen sind, wer von ihnen nicht hilft bessern den damm, der hat verwirkt alles erbe, das er binnen dem damm hat." -
zeigt, aber auch eine Pflicht zur ***Notstandshilfe*** bei gemeiner Gefahr bekannt.

Außer dem Sachsenspiegel wiesen auch andere Landrechte Nothilfepflichten auf, vornehmlich aber solche, die ***Notwehrhilfe*** gegen verbrecherischer Angriffe betreffen. Bemerkenswert ist insofern allerdings, daß diese Pflichten hinsichtlich der Art ihrer sie auslösenden Delikte, des Umfanges der an den Adressaten gestellten Anforderungen und der Strafen im Falle ihrer Mißachtung sehr unterschiedlich ausfielen, wie die im folgenden erwähnten Beispiele belegen mögen.

Die Bewahrung einer Frau vor dem bevorstehenden Verbrechen der Vergewaltigung kann wohl als die am häufigsten anzutreffende tatbestandliche Situation angesehen werden, welche die Pflicht zur Notwehrhilfe auszulösen vermochte.
Hervorhebung verdient, was die Bestrafung anbetraf, insofern der ***Schwabenspiegel*** von 1275-1276, wo es in Nr. 254 heißt:

"Und das ain maget oder ain beib in notnuffte genomen wirt vnd birt sy in ain haus gefurt wider iren willen oder ob es dar inn geschicht vnd si ruft vnd ir niemant zu hilf chomen mag

446 Rüping, aa0, Rdnr. 93 ff.
447 Zitiert nach Weiske/Hildebrand, Der Sachsenspiegel (Landrecht) nach der ältesten Leipziger Handschrift, S. 124.
448 Kühl, aa0, S. 18; North, aa0, S. 9; Pflitsch, aa0, S. 16. Allerdings sei nicht verschwiegen, daß insoweit Zweifel auftauchen, sobald man die Fassung des Sachsenspiegels von Eike von Repgow heranzieht, wenn es dort heißt: " Jeder mann darf helfen verteidigen, orte, burgen und land ...".

mag man des die leut vnd das haus da die lewt inne sind selb drit uberzeugen mit den die ir rueffenn habent gehort man sol uber die leut richten also das man in das haubt ab slach. man soll alles das uich ab totenn das inn dem haus ist gebesen kaczen vnd hund vnd huner. vnd das sy ain maget gebesen ist vnd das man das selb drit erczeuget so sol man in der es getan hat lebentig pegraben.
..."[449].

Im übrigen war der Schwabenspiegel, der im süddeutschen Raum Geltung besaß, in bezug auf die Statuierung sonstiger Fälle der Nothilfepflicht wesentlich zurückhaltender als der Sachsenspiegel[450]. Ursache hierfür dürfte der Einfluß der römischen Rechtslehre bei seiner Entstehung gewesen sein[451].

Während viele Landrechte noch keine Begrenzung der strafbewehrten Hilfeleistungspflicht vorgenommen hatten, finden wir aber auch in dieser Epoche bereits solche Kodifikationen, die eine Einschränkung im Wege des Zumutbarkeitskorrektivs vorsahen.

Als Beispiel für die erste Kategorie von Landrechten sei das aus dem Jahre 1280 stammende "Kleine Keiserrecht" genannt, das in Buch II Cap. 59 folgende Bestimmung enthielt:

"waz in dem riche lebet un vernunft hat, es sy mit wie grozzer wirdigkeit es sy, dem hat der keiser gebotten bi des richtes hulden, daz er helffe unrecht gewalt wern *mit lib und mit gut in den tod*. awen man auch die helfe gefordert wider unrechten gewalt, dut er die hant darzu nicht, ab er gehelfen mag, so hat er sich glich jem gegeben, der die unrechten gewalt tut, in dem keisers ungnade. sint der keiser gesprochen hat: unrecht gewalt sal alle die werlt vertriben"[452].

Exemplarisch für die zweite Art der Landrechte[453] sei der Große Landfrieden Ludwig des Bayern von 1317 erwähnt, in welchem sich die Stelle findet:

"(2) ... unde is daz in disen ziln ieman den koufmann oder ieman der in disem friden ist, gewalt dut an libe oder an gute, *darzu sol mengelich helfen unde vrumeclichen dun*, daz ze wernde unde zubeschuttende und waz man dar zu tut, daran soll nieman freveln"[454].
Diese Stelle ist auch insoweit interessant, als in dem Passus -*"und waz man dar zu tut, daran soll nieman freveln"* - die *enge Beziehung der Hilfeleistungspflicht zu den Rechtfertigungsgründen* zum Ausdruck kommt.

Zudem wird in zahlreichen aus dieser Zeit stammenden Rechtsnormen die *nahe Beziehung, welche zwischen der Verbrechensanzeige- und der Verbrechenshinderungspflicht* i.S. einer

449 Schwabenspiegel, Kurzform, Herausgegeben von Eckhardt, II, Zweiter Landrechtsteil, Lehnrecht.
450 Fraglich ist, ob der Schwabenspiegel überhaupt weitere Nothilfepflichten enthielt. Nr. 151 b spricht m.E. nicht hierfür.
451 Pflitsch, aa0, S. 18.
452 Zitiert nach Wiedenroth, aa0, S. 21, 22; siehe auch Geib, Lehrbuch des Deutschen Strafrechts, 2. Bd., S. 191.
453 Siehe aber auch Zweites Buch, Art. 71, § 3 des Sachsenspiegels.
454 Zitiert nach Pflitsch, aa0, S. 15.

allgemeinen Hilfeleistung besteht, deutlich. Das gilt namentlich für den Fall, daß die Warnung an den Gefährdeten selbst zu richten war[455].

Als Beispiel sei wiederum das "Kleine Keiserrecht" erwähnt, das zum einen in Buch II, Cap. 19 folgende Bestimmung enthielt:

"der Keiser hat geboten allen den luten, die in dem riche lebin, daz ein iglich man sal dez gewarnet sin, wa er jeman sicht gen uf eim wege, und wil ubel ding volnfuren, daz er sal angrifen, und sal in antwurten in des Keisers vinsternisse. Sint geschriben stet: ein iglich man, der bose bilde treit, den sal der Keiser wandeln zu dem besten"[456].

Zum anderen war in Buch II, Cap. 58 normiert:

"Ein iglich mensche sal wiszen, daz der Keiser hat geboten und gesatzt: wa ieman stet, und siehet einen schaden tun, offenberlich oder heimlich, den er gewarnen mag, daz er dem mit rechte ist schuldig zu warnen, tut ers nit, er ist den schaden schuldig zu getten, alz het er in mit der hand getan. Sint der Keiser hat gesprochen: wer dem anderen sihet schaden tun, der sal ez warn[457]."

Häufiger als in den Landrechten finden wir in den einzelnen ***Stadtrechten*** die Nothilfepflicht geregelt[458]. Vergleichbar mit den Landrechten verpflichteten sie, wie z.B. die Handfeste von Zofingen, den einzelnen entweder bei jeglichen Delikten[459] oder, wie beispielsweise das Stadtrecht von Nordhausen, nur bei bestimmten Arten kriminellen Unrechts zur *Notwehrhilfe*[460].

In den einzelnen Stadtrechten war, anders als in den Landrechten, der *Notstandshilfepflicht* bei gemeiner Gefahr und Not, namentlich der Brandgefahr, größere Beachtung geschenkt worden. Während im Falle eines Brandes nach einigen Stadtrechten, wie beispielsweise dem Münchener Stadtrecht aus dem Jahre 1347, der Nürnberger Feuerordnung aus dem 15. Jahrhundert sowie der Straßburger Verordnung über das Verhalten bei Feuersbrünsten und Volksaufläufen aus dem Jahre 1492, nur Angehörige bestimmter Zünfte zur Hilfe verpflichtet waren[461], so daß insofern von einer allgemeinen Hilfeleistungspflicht nicht gesprochen werden kann, war eine derartige Beschränkung anderen Stadtrechten, wie der Handfeste von Zofingen, fremd[462].

---

455 Vgl. zu dem Zusammenhang der Nichtanzeige bzw. der Nichthinderung von Verbrechen, Hess, Die Anzeigepflicht im Strafrecht, S. 9.

456 Zitiert nach Hess, aa0, S. 9.

457 aa0.

458 North, aa0, S. 9 ff; Pflitsch, aa0, S. 21 ff; Vermander, aa0, S. 4.

459 North, aa0, S. 9, 10.

460 Nordhausen Statut C III. 58: "Wo in der stat witpilde eyn mort, eder eyn totslag, eder wunden gesche, von gesten an icheime, di in dem wichbilde besezzen were, da sal eyn iclich, der daz geschrey vornemet, zeu volgen: wer daz nicht entette, der uorlose zewo marg geyn den rat vnde solde eyn iar inne legen". Zitiert nach Geib, Lehrbuch des Deutschen Strafrechts, 2. Band, S. 191.

461 North, aa0, S. 13; Pflitsch, aa0, S. 24.

462 North, aa0, S. 13; Pflitsch, aa0, S. 23.

Die in ihnen geregelten Strafen der Stadtverweisung bzw. des Eigentumsverlustes legen die Schlußfolgerung nahe, der Grund, die Vernachlässigung der mitmenschlichen Solidarität nicht nur als Sittenverstoß zu bewerten, sondern sie im Sinne der Verletzung einer **Rechts**pflicht zu ahnden, sei in der erheblichen Störung des Zusammengehörigkeitsgefühls zu erblicken[463], das infolge der geringen territorialen Ausdehnung zwischen den Bürgern herrschte. Ferner war das Rettungs- und Polizeiwesen immer noch nicht weit fortentwickelt.

Dennoch wird zu dieser Zeit bereits ansatzweise bemerkbar, daß mit dem Erstarken der staatlichen Organisation ein Verzicht auf die Kodifikation einer allgemeinen Nothilfepflicht einherging. So hatte die Bildung von Zünften zur Folge, daß in gewissen Stadtrechten nicht mehr jedermann, vielmehr nur noch Angehörige bestimmter Berufsgruppen zur Brandbekämpfung herangezogen wurden. Offensichtlich erwartete man von ihnen wegen ihrer fachlichen Qualifikation eine, im Vergleich zur Tätigkeit von Laien, effektivere Abwehr der Feuergefahr. Desweiteren sind uns Stadtrechte bekannt, die keine persönliche Hilfeleistung, sondern lediglich eine unverzügliche Information an die Obrigkeit forderten. So heißt es z.B. in der Ordnung der Reichsstadt Überlingen:

"Wer es unterläßt, bei Ansichtigwerden von Körperverletzungen um Hilfe zu rufen, um dadurch weiteres Unglück zu vermeiden und die Festnahme des Delinquenten zu bewirken, zahlt zur Strafe der Stadt 5 Pfund und muss ein Jahr lang die Stadt meiden[464]."

VI. Die peinliche Gerichtsordnung Kaiser Karls V. von 1532

In der aus dem Jahre 1532 stammenden Constitutio Criminalis Carolina (CCC) Kaiser Karls V. findet sich, wie bereits in der von Johann Freiherr von Schwarzenberg herrührenden Constitutio Criminalis Bambergensis von 1507, der "mater Carolinae", keine Vorschrift, welche die allgemeine Nothilfepflicht ausdrücklich zum Gegenstand hatte[465].

Überhaupt waren in der CCC an die **Unterlassungen**

- wobei seinerzeit begrifflich nicht zwischen echten und unechten Unterlassungsdelikten unterschieden wurde[466], eine Differenzierung, die erst ab dem 19. Jahrhundert erfolgte[467] -

nur äußerst selten Strafen geknüpft worden. Beispielsweise war in den Art. 122 und 123 CCC die Nichthinderung der Unzucht der Ehefrau und der Kinder durch den Ehegatten, die Eltern sowie den Hauseigentümer der aktiven Förderung gleichgestellt. Art. 180 CCC inkriminierte neben dem "Aushelfen" auch das "Auskommen", d.h. das Entweichenlassen des Gefangenen.

---

463 Pflitsch, aa0, S. 11, 47; Vermander, aa0, S. 4.
464 Zitiert nach Pflitsch, aa0, S. 30.
465 Fahlenbock, Die unterlassene Hilfeleistung, S. 15; Huschens, aaO, S. 11; Kühl, Die völkische Nothilfepflicht, S. 19; Pflitsch, aa0, S. 20, 36; Stieve, Die unterlassene Hilfeleistung, S. 8; Wiedenroth, aa0, S. 29; Vermander, aaO, S. 4.
466 In der Literatur wird angenommen, daß die genaue Herausarbeitung dieser beiden Kategorien strafbaren Unterlassens erstmals von Luden vorgenommen worden war. Vgl. Clemens, Die Unterlassungsdelikte im deutschen Strafrecht, S. 12.
467 Rüping, Grundriß der Strafrechtsgeschichte, Rdnr. 153.

Ferner ordnete Art. 136 CCC die Strafbarkeit mangelnder Beaufsichtigung schädlicher Tiere an.

Allerdings hat in der CCC selbst die Pflicht, bevorstehende Verbrechen zu verhindern bzw. anzuzeigen, die uns in einzelnen Kodifikationen des frühen Mittelalters begegnet war, keine ausdrückliche Erwähnung gefunden. Der Grund für die sehr zurückhaltende Regelung von Unterlassungsdelikten ist in der Rezeption des römischen Rechts durch die CCC zu finden[468].

Es erscheint erwägenswert, ob gewisse Ausschnitte der unterlassenen Hilfeleistung nicht trotzdem einzelnen Straftatbeständen der CCC unterfielen, so beispielsweise, ob die *unterlassene Verbrechenshinderung* nach Art. 177, welcher "Von straff der fürderung, hilff und beistandt der missthätter" handelte, mit peinlicher Strafe belegt werden konnte. Die Vorschrift des Art. 177 hatte folgenden Wortlaut:

"Item so jemand eynem missthätter zu übung eyner missthatt, wissentlicher vnd geuerlicher weiss einicherley hilff, beistandt oder fürderung, wie das alles namen hat, thut, ist peinlich zu straffen, als aber vorsteht, inn eynem fall onderst dann inn dem andern, darumb sollen inn disen fellen, die vrtheyler mit berichtung der verhandlung, auch wie solchs an leib oder leben soll gestrafft werden, als obsteht radts pflegen"[469].

Im Gegensatz zu späteren Zeiten, in denen man die unterlassene Verbrechenshinderung auch im Falle des Fehlens einer entsprechenden vorherigen Zusage an den Begehungstäter als ***"negative Beihilfe"*** ansah, hatten die Kommentatoren der CCC einhellig die Auffassung vertreten, dass Art. 177 keine allgemeine jedermann treffende Pflicht begründe, dem von einem Verbrechen bedrohten Mitmenschen Beistand zu leisten. Die herrschende Auffassung ging vielmehr davon aus, daß nur die infolge besonderer persönlicher Beziehung bzw. beruflicher Stellung in einem Sonderverhältnis stehenden Personen, sofern sie trotz vorhandener Möglichkeit die Abwehr eines drohenden Verbrechens unterließen, nach dieser Vorschrift bestraft werden könnten[470].

VII. Die Epoche des gemeinen Strafrechts:

Die CCC galt als die wichtigste der geschriebenen Quellen des ***"gemeinen Strafrechts"***, also der strafrechtlichen Regelungen, denen nicht nur in einzelnen Territorialstaaten, sondern überall in Deutschland subsidiäre Geltung beigemessen wurde[471]. Obwohl in der CCC, wie wir gesehen haben, keine allgemeine strafbewehrte Nothilfepflicht normiert war, erscheint deren Existenz im gemeinen Strafrecht aber aus folgenden Gründen nicht von vornherein ausgeschlossen zu sein. Denn auch dort, wo die Carolina in Geltung stand, blieben entsprechend der in ihrer Vorrede enthaltenen salvatorischen Klausel die "alten,

468 Luden, Handbuch des teutschen gemeinen und particularen Strafrechts, 1. Bd., S. 83.

469 Zitiert nach, Zoepfl Heinrich, Die Peinliche Gerichtsordnung Kaiser Karl's V., 3. Ausgabe 1883. Die Bambergische und Brandenburgische Halsgerichtsordnung enthielten jeweils in Art. 203 nahezu gleichlautende Vorschriften.

470 Boehmer, Johann Samuel Friedrich, Meditationes in constitutonem criminalem Carolinam, Art. 177, § 7; Kress Johann, Commentatio in constitutionem Caroli V, Art. 177, p. 583, 585.

471 Vgl. zur Definition des gemeinen Strafrechts und der weiteren Quellen (canonisches und römisches Recht) Luden, Handbuch des teutschen gemeinen und particularen Strafrechtes, 1 Bd., S. 103.

wohlherbrachten rechtmessigen und billichen gebreuche" erhalten. Im übrigen schlossen die Art. 104 und 105 CCC nur die Belegung solcher Handlungen mit "straffe am lebenn, eeren, leip oder glieder" aus, die nicht nach dem römischen Recht mit peinlicher Strafe bedroht oder hinsichtlich derer keine nach dem römischen Recht bzw. der Carolina vorhandenen Regelungslücken anzunehmen waren.

Die Praktiker der mittelalterlich-italienischen Rechtslehre erörterten stets nur einen Ausschnitt der allgemeinen Hilfeleistung, nämlich die Pflicht, bevorstehende Verbrechen zu verhindern oder anzuzeigen. Sie gingen jedoch von dem Grundsatz aus, die Nichthinderung oder -anzeige von Verbrechen seien straflos[472]. Die Ausnahme, welche insoweit von ihnen anerkannt wurde, kann nicht ohne weiteres als eine rudimentäre Nothilfepflicht verstanden werden. Beispielsweise waren sowohl Julius Clarus[473] als auch Tiberius Decianus[474] der Ansicht, nur im Falle des bevorstehenden ***crimen laesae maiestatis*** würde den einzelnen Staatsbürger eine umfassende Hinderungspflicht treffen. Hingegen vermochte nach der Ansicht von Farinacius[475] die persönliche Beziehung zu dem Täter (Vater, Vormund) bzw. die besondere berufliche Stellung des einzelnen, eine derartige Pflicht zu begründen.

Der ganz überwiegende Teil der deutschen Rechtslehre hatte sich, was die prinzipielle Verneinung der Pflicht, bevorstehende Verbrechen zu verhindern oder anzuzeigen, anbetraf, den italienischen Praktikern angeschlossen. Es galt der Grundsatz "nemo tenetur delictis alienis obviare alterumve defendere"[476]. Die beiden Unterlassungen, die regelmäßig im Zusammenhang mit der außerordentlichen Teilnahme Erörterung fanden, wurden von der h.M. nur im Falle eines ***"crimen atrox"***[477] oder bei Vorliegen einer speziellen Beziehung des Unterlassenden zum Täter des Begehungsdeliktes (Dienstherr zum Dienstunterworfenen, Eltern zu den Kindern, Ehegatten untereinander) für strafbar erachtet[478].

Die beiden extremen Gegenauffassungen, die Nichthinderung oder Nichtanzeige von Verbrechen seien **stets straflos** bzw., wie u.a. von Meckbach[479] angenommen, **immer strafbar**, hatten nur wenige Anhänger gefunden[480].

---

472 Geib, Lehrbuch des Deutschen Strafrechts, 2. Bd., S. 391.

473 Clarus behandelt die Verbrechenshinderungspflicht im Zusammenhang mit der Teilnahme in den Abs. 1-4 der 87 quaestio des § fin. d. practica criminalis sive recept. sent. l. quintus, S. 389 der Ausg. Frankfurt a.M., 1590.

474 Tiberius Decianus, Tractus Criminalis, Francfordi 1591, Bd. 2, lib. VII Kap. 24, Nr. 22- 24, S. 217, lib. VIII Kap. 14, S. 40.

475 Opera criminalia part V tit 15 de consultaribus, auxiliataribus et mandatoribus quaestio 130 Nr. 67.

476 Boldt, Johann Samuel Friedrich von Böhmer und die gemeinrechtliche Strafrechtswissenschaft, S. 497.

477 Unter dem Begriff des crimen atrox wurden schwerste, den Staat beeinträchtigende Delikte verstanden. Vgl., Boldt, aa0., S.497.

478 Boehmer, Johann Samuel Friedrich, Meditationes in constitutionem criminalem Carolinam, Art. 177, § 7; Carpzov, quaest 11 n. 44-55; quaest 134 n. 63; Kress, Commentatio in constitutionem criminalem Caroli V, Art. 177 p. 583, 585; Matthaeus, De crimnibus ad libr. XLVII et XLVIII Dig. commentarius ed. v. Antverpiae, 1761, Proleg I n. 15.16. Siehe auch, Boldt, aa0, S. 288 ff; Geib, Lehrbuch des Deutschen Strafrechts, 2. Bd., S. 391; Luden, aa0, S. 217 ff; Marezoll, Das gemeine deutsche Criminalrecht als Grundlage der neueren Strafgesetzgebungen, S. 135 ff; Mittermaier, Lehrbuch des gemeinen in Deutschland gültigen Peinlichen Rechts von Dr. Anselm Ritter von Feuerbach, S. 93, Note I. d. Hrsg.

479 Meckbach Chr., Anm. über Kayser Carl des V. und des Heiligen Römischen Reichs Peinliche Halsgerichtsordnung, Jena 1756, Art. 177, S. 358-362).

480 Vgl. die Nachweise bei Geib, aa0, S. 392.

Hingegen fand in der Literatur die Pflicht zur Notstandshilfe kaum Erwähnung. Eine Ausnahme bildete Leyser, der in seiner Dissertation "de iniuriis, quae non faciendo fiunt" (1734) die Ansicht vertrat, die Bürger einer Stadt, nicht hingegen Fremde, würden sich im Falle der unterlassenen Hilfe bei Bränden strafbar machen[481].

VIII. Die Kodifikationen des Absolutismus bzw. aufgeklärten Absolutismus

Eine nähere Betrachtung der aus dieser Epoche stammenden Kodifikationen zeigt, daß in ihnen der strafbewehrten Hilfeleistungspflicht in recht unterschiedlicher Weise Beachtung geschenkt worden ist. Während sie in einigen Kriminalordnungen bzw. Gesetzbüchern keinen Eingang gefunden hat oder nur rudimentär geregelt worden ist, widmete ihr das Allgemeine Landrecht für die preußischen Staaten von 1794, wie an späterer Stelle noch zu zeigen sein wird, einen vergleichsweise breiten Raum. Ein auffälliges Kennzeichen der Ausgestaltung der Hilfeleistungspflicht in dieser Zeit war grundsätzlich der mit der Anzeige von Verbrechen und der Verbrechensbeihilfe bestehende enge Normierungszusammenhang.

Chronologisch steht der von Wigulaeus Xaver Aloysius Kreittmayr (1705-1790) verfaßte und aus dem Jahre ***1751 stammende Codex Juris Bavarici Criminalis*** am Beginn jener Epoche. Dieses Gesetzeswerk kann, wie wir noch sehen werden, exemplarisch für die in den anderen Gesetzesbüchern getroffene Reglementierung der Pflicht zur Nächstenhilfe herangezogen werden. Die einzige Bestimmung in dem Werk von Kreittmayr, welche nach dem **heutigen Verständnis von der Hilfeleistungspflicht** mit ihr verglichen werden kann und zudem auch nur einen Ausschnitt ihres gegenwärtigen Anwendungsbereichs darstellt, findet sich in § 2 des "Von Straff der Wissenschaft, Bemühung, Beyhülf oder Verdacht eines Criminal-Verbrechens" überschriebenen Zwölften Kapitels.
Diese Bestimmung hatte folgenden Inhalt:

"Wer von dem Vorhaben eines malefizischen Verbrechens gute Wissenschaft und Anzeigungen hat, solches aber weder zeitlich anzeiget, noch sonst zu verhindern suchet, ohngeachtet er sowohl eines als das andere, ohne besorgliche Gefahr und Ungelegenheit leicht hätte thun können, oder etwan gar von Amts wegen thun sollen, der ist in beeden Fällen arbitariè zu bestrafen, doch wird letzteren Falls die Straff geschärfet, ..."[482].

Der Wortlaut des § 2 zeigt, daß die in einem echten Alternativitätsverhältnis stehenden Pflichten der Verbrechensanzeige oder -hinderung nur durch malefizische Verbrechen ausgelöst wurden und selbst insoweit begrenzt waren, als sie ohne besorgliche Gefahr und Ungelegenheit erfüllbar sein mußten. Ferner ist der Formulierung des § 2 mit hinreichender Eindeutigkeit zu entnehmen, der Adressat sei nicht verpflichtet gewesen, die aus dem Verbrechen für das Opfer resultierenden Folgen zu lindern z.B. dem Verletzten medi-zinische Hilfe zukommen zu lassen.

Wie einige andere aus dieser Epoche stammenden Strafgesetzbücher enthielt auch der Codex Juris Bavarici Criminalis außer der Pflicht zur Nothilfe im Falle eines verbrecherischen Angriffs keine allgemeine Hilfspflicht bei sonstigen Unglücksfällen, gemeiner Gefahr und Not,

481 Vgl. den Hinweis bei Clemens, Die Unterlassungsdelikte im deutschen Strafrecht, S. 7.
482 Zitiert nach Werner Schmid, Anmerkungen über den Codicem Juris Bavarici Criminalis, S. 65, 66.

was gerade für diese Kodifikation bemerkenswert ist. Denn ihr Verfasser vertrat die Ansicht, es laufe dem natürlichen Recht zuwider, wenn jemand, wo er kann, Schaden von anderen nicht abzuwenden oder zu verhindern suche[483].

In der aus dem Jahre 1769 stammenden **Constitutio Criminalis Theresiana** war die allgemeine Hilfeleistungspflicht ebenfalls nur sehr zurückhaltend geregelt worden. Anhaltspunkte für die Existenz einer Hilfeleistungspflicht finden sich gleich zu Beginn in den §§ 13 und 14 des, die Überschrift **"auf was Weis von wem, oder wider wen eine Übelthat begangen werde?"** tragenden, dritten Artikels der Theresina.
§ 13 hatte folgenden Wortlaut:

"Auch ausser dem Falle einer Zuthat, und Mitwirkung gereichet die alleinige Wissenschaft einer von Jemanden zu begehen vorhabenden, oder auch nur besorglichen, oder schon begangenen Missethat in denen dem anderten Theile dieser peinlichen Gerichtsordnung ausgezeichneten Fällen dem wissenden zur Schuld, und Straffmäßigkeit, wenn selber entweder die vorsehende Missethat, die er wohl thuentlich verhindern könnte, wissentlich, und dazu stillschweigend geschehen läßt; oder die zu Abwendung einer besorglichen Uebelthat obliegende Warnigung, und Abhelffmittel vernachläßiget, oder die schuldige Anzeige der vollbrachten Missethat, und des Thäters außer acht setzet."

Der Inhalt des § 14 wird im folgenden nur auszugsweise, soweit er für die folgende Untersuchung von Bedeutung ist, wiedergegeben:

"Ueberhaupt aber, und wenn schon in ein - oder anderen Begebenheiten diese peinliche Gerichtsordnung hierwegen nichts ausdrücklich verordnet, bleibt jedoch folgendes zur allgemeinen Maßregel festgestellet: Das Jedermänniglich ein wissentlich bevorstehend - gemeinschädliches Uebel, wenn es in seiner Macht stehet, zu verhinderen oder allenfalls zur gerichtlichen Vorkehrung zeitlich anzuzeigen;...Wer nun dieser allgemeinen Schuldigkeit zuwider handelt, kann nach Bewandnis einer unterlauffenden Gefährde, Schuld, oder Saumseligkeit von Landgerichts wegen gestraffet werden."

Entgegen der bisher in der Literatur vertretenen Auffassung[484] kann, obwohl nach dem Wortlaut des § 14 jedermann verpflichtet war, ein *"bevorstehend-gemein-schädliches Übel"* zu verhindern, diese Bestimmung nicht als Beleg dafür herangezogen werden, nach der Theresiana habe eine allgemeine, über die Notwehrhilfe bei verbrecherischen Angriffen hinausgehende, vor allem die Notstandshilfe ebenfalls umfassende, Hilfeleistungspflicht bestanden. Dies ergibt sich bereits eindeutig aus der systematischen Stellung dieser Vorschrift; § 14 darf nämlich nicht isoliert von § 13 des 3. Artikels und Art. 28 ("von Angebung eines Thäters, oder Denunciation") betrachtet werden. Nach § 13 des Art. 3 wurde derjenige als Teilnehmer bestraft, welcher in den "in dem anderten Theile dieser peinlichen Gerichtsordnung ausgezeichneten Fälle" eine "Missethat" trotz Möglichkeit weder hinderte noch der ihm obliegenden Pflicht der Warnung oder Anzeige nachkam. Diese Bestimmung wurde in zwei Fällen, nämlich in dem der Gotteslästerung (56. Artikel, § 1) sowie dem des "Laster der beleidigt-weltlichen Majestät, und Landesverrätherey" (61. Artikel, § 2) relevant.

483 North, aa0, S. 19.
484 North, aa0, S. 19; wohl auch Pedotti, aa0, S. 32.

Die Schlußfolgerung, wegen des zwischen § 13 und § 14 des 3. Artikels bestehenden Zusammenhanges ginge der Begriff des "bevorstehend-gemeinschädlichen Uebels" über den des gemeingefährlichen Delikts hinaus, verbietet sich wegen des im 28. Artikel enthaltenen § 7, der folgenden Wortlaut hatte:

"Wobey jedoch zu merken, daß von solcher Angebungsschuldigkeit (ausser des Lasters Unser-beleidigten Majestät, des Hochverraths, und einer landesgefährlichen Aufruhr, wie auch ausser deren wahrscheinschlich bervorstehend-gemeinschädlichen Uebeln, und Mißhandlungen) in allanderen Verbrechen die Blutsverwandte bis auf den dritten, und die Verschwägerte bis auf den anderten Grad einschließlich, ingleichen auch die Eheleute hiermit ausgenommen, somit in dem blossen nicht-Angebungsfall einer schon begangenen Missethat weder zur Verantwortung, noch zur Straffe gezogen werden sollen."

Letzterer Vorschrift kann mit Eindeutigkeit entnommen werden, der Theresiana habe der Begriff *"bevorstehend-gemeinschädliches Uebel"* nur als Bezeichnung einer bestimmten Deliktskategorie gedient. Abschließend bleibt daher festzuhalten: Auch die Theresiana kannte nur eine Nothilfepflicht im Falle bevorstehender verbrecherischer Angriffe, wobei selbst diese auf einen bestimmten Kreis von Delikten begrenzt war. Anders als im Codex Juris Bavarici Criminalis standen die Verbrechensanzeige und -hinderungspflicht in einem Subsidiaritätsverhältnis. Der einzelne war ausschließlich dann zur Anzeige an die Obrigkeit verpflichtet, wenn ihm die Hinderung des entsprechenden Verbrechens unmöglich war[485].

Dem ***Allgemeinen Gesetzbuch über Verbrechen und derselben Bestrafung Kaiser Joseph II von Österreich aus dem Jahre 1787 (Josephina)***, in dessen Normierungen der von Joseph von Sonnenfels vermittelte Zeitgeist der Aufklärung Eingang gefunden hat[486], war nicht lediglich eine allgemeine Hilfeleistungspflicht, sondern auch die Pflicht, Verbrechen zu hindern, völlig fremd. Hingegen findet sich im dritten Kapitel ("Von Verbrechen, die auf den Landesfürsten, und den Staat unmittelbar Beziehung haben)" eine Anzeigepflicht bezüglich bevorstehender Verbrechen, welche jedoch auf die Delikte des Landesverrats (§ 47) und des Tumults (§ 51) beschränkt ist. Dem Unterlassenden drohte eine Bestrafung als Teilnehmer. Diese Anzeigepflichten stehen in gewissem Zusammenhang mit der allgemeinen Hilfeleistungspflicht, da letztere nach heutigem Verständnis ebenfalls die innere Sicherheit des Staates schützt.

Die in § 2 des Ersten Hauptstücks der, ebenfalls aus dem Jahre ***1787*** stammenden, ***"Allgemeinen Kriminalgerichtsordnung" Kaiser Joseph II. von Österreich*** enthaltene Anzeigepflicht, die sich auf Verbrechen wie Mord, Raub und Brandlegung bezog, kann im Rahmen dieser Untersuchung, ob der "Josephina" eine strafbewehrte Hilfeleistungspflicht bekannt gewesen ist, von vornherein vernachlässigt werden, da jene Pflicht nicht für den Fall des Bevorstehens, vielmehr alleine der Vollendung dieser Delikte, galt.

Im Gegensatz zur "Josephina" wurde in der aus dem *Jahre **1792/1795*** herrührenden ***neuen Bambergischen peinlichen Gesetzgebung*** der allgemeinen Hilfeleistungspflicht wiederum

485 Demgegenüber nennt Harzer, aaO, S. 39 Art. 3 § 14 der Theresiana als einen Beispielsfall der Nothilfepflicht.

486 Rüping, aaO, Rdnr. 244.

ein größerer Stellenwert eingeräumt. Während der im dritten Abschnitt des ersten Teils enthaltene § 42 den Rechtsunterworfenen eine Anzeigepflicht für vergangene Verbrechen auferlegte, statuierte § 40 eine allgemeine Pflicht zur Verbrechenshinderung, soweit die Erfüllung dieser Pflicht ohne eigene Verletzung möglich war. Die Höhe der angedrohten Strafe, die sich nach der Schwere des abzuwehrenden Delikts richtete, reichte bis zu einer vierjährigen Zuchthausstrafe oder achtjährigem Festungsarrest. Daneben hatte der Unterlassende eine Verurteilung zum Schadensersatz zu erwarten. Hervorhebung verdient dabei die folgende Tatsache: Die in § 40 verankerte Nothilfepflicht war nicht auf die Verbrechensabwehr begrenzt, da es in dieser Vorschrift heißt, daß "auch diejenigen, welche den durch einen unvermuteten Zufall in Todes- oder sonstige Gefahr geratenen Personen ihre Hilfe versagen, nach richterlichem Ermessen in Ermangelung näherer Vorschrift zu gebührender Ahndung genommen werden."[487]

In Zeitalter des (aufgeklärten) Absolutismus hat die strafbe-wehrte Hilfeleistungspflicht ihre umfangreichste Regelung in dem ***Allgemeinen Landrecht für die Preußischen Staaten von 1794 (ALR)***, dessen strafrechtlicher Teil von Ernst Ferdinand Klein (1744-1810) unter dem Einfluß von Karl Gottlieb Suarez (1746-1798) ausgearbeitet worden ist, erfahren.

Zunächst finden wir in dem "Zweyten Theil, Zwanzigster Titel, Erster Abschnitt" des ALR im Rahmen der Regelungen über die *"Theilnehmung an den Verbrechen Anderer"* drei Vorschriften, welche in engem Zusammenhang mit der Anzeigepflicht eine allgemeine Verbrechenshinderungspflicht normierten:

"§ 80. Wer von einem Verbrechen, wodurch die Sicherheit des Staates, oder Leben, Gesundheit, Ehre oder Vermögen eines Menschen einer erheblichen Gefahr ausgesetzt werden, vor dessen Ausführung Wissenschaft erhält, ist schuldig, dasselbe durch Anzeige bey der Obrigkeit, oder durch Benachrichtigung dessen, gegen welchen das Unternehmen gerichtet ist, zu verhindern.
§ 81. Fehlt es ihm an Zeit und Gelegenheit, das Verbrechen durch obrigkeitliche Hülfe, oder durch Benachrichtigung dessen, welcher dabey Gefahr läuft zu hintertreiben: so muß er selbst, so weit es ohne seine eigene oder eines Dritten beträchtliche Gefahr geschehen kann, dasselbe zu hintertreiben, bemüht seyn.
§ 82. Wer das Verbrechen auf die §. 80. 81. vorgeschriebene Art zu hindern unterläßt, ist, wenn er einer zuverlässigen Wissenschaft des vorhabenden Verbrechens überführt werden kann, nicht nur zum Schadensersatze verbunden: sondern er muß auch, nach Verhältniß seiner Bosheit oder Fahrlässigkeit bestraft werden."

Auffallend an diesen Regelungen ist: Die Verbrechen, welche die Anzeige-, Benachrichtigungs- oder Hinderungspflicht auszulösen vermochten, waren durch Aufnahme eines enumerativen Kataloges von Rechtsgütern, denen eine erhebliche Gefahr drohen mußte, genau bestimmt[488]. Nicht nur die Verbrechenshinderungspflicht, sondern zumindest auch die Pflicht, den Betroffenen von dem ihm bevorstehenden Verbrechen zu benachrichtigen, kann,

---

487 North, aa0, S. 20.

488 Vgl. zu den weiteren im ALR normierten Anzeigepflichten, Wolzendorff, Verwaltungsarchiv 15 (1907), S. 523, 541 f, der diese insgesamt als allgemeine Polizeidienstpflichten ansah.

wie bereits festgestellt worden ist, als Ausschnitt der allgemeinen Hilfeleistungspflicht verstanden werden.

Das Bestreben des ALR, diese, im Interesse des potentiellen Opfers, normierten Pflichten für den Adressaten zumutbar auszugestalten, ist unverkennbar. Zwar standen die Anzeige- und die Benachrichtigungspflicht in einem echten Alternativitätsverhältnis; ihnen gegenüber war aber die für den Helfer riskantere Verbrechenshinderungspflicht subsidiär. Zudem war letztere Pflicht durch die Voraussetzung, daß sie ohne "eigene oder eines Dritten beträchtliche Gefahr" erbringbar sein mußte, begrenzt.

Die Vorschrift des § 82 ist aus zwei Gründen beachtenswert. Zum einen bestand nach ihr die Möglichkeit, den Unterlassenden nicht nur mit den herkömmlichen Strafen zu belegen, sondern ihn auch zum Schadensersatz zu verurteilen. Zum anderen wird aus dieser Bestimmung erkennbar: Die fahrlässige Verletzung der oben genannten Pflichten wurde, sofern der Täter zuverlässige Kenntnis von dem bevorstehenden Verbrechen hatte, ebenfalls als strafwürdig erachtet.

Die Regelungen des ALR, über die strafbewehrte Hilfeleistungspflicht erschöpften sich aber nicht in den zuvor beschriebenen Pflichten zur **"Notwehrhilfe"** im Falle eines bevorstehenden Verbrechens. Denn innerhalb des "Zweyten Teils, Zwanzigster Titel, Elfter Abschnitt" finden sich weitere Normierungen, denen insgesamt die Überschrift "Rettung aus Todesgefahr" vorangestellt war und welche i.S. einer allgemeinen Hilfeleistungspflicht interpretiert werden können:

"§. 782. Wer ohne eigne erhebliche Gefahr, einen Menschen aus der Hand der Räuber oder Mörder, aus Wasser- und Feuersnoth, oder aus einer anderen drohenden Lebensgefahr retten könnte; und es unterläßt: soll, wenn der andre wirklich das Leben einbüßt, vierzehntägige Gefängnisstrafe leiden.
§. 783. Außerdem soll seine Lieblosigkeit, und deren erfolgte Bestrafung, zu seiner Beschämung und andern zur Warnung, öffentlich bekannt gemacht werden.
§. 784. Dagegen soll der Edelmuth desjenigen, welcher einem seiner Nebenmenschen das Leben gerettet hat, namentlich und öffentlich bekannt gemacht, auch sonst nach Befinden belohnt werden.
§. 785. Wer einen Scheintodten antrifft, muß bey Vermeidung der §. 782. angedrohten Strafe, ihm schleunige Hülfe leisten, und hat dafür vom Staate Vergütung der Auslagen, und die in den Polizeygesetzen bestimmte Belohnung zu erwarten."

Nach dem sogenannten ***"Lieblosigkeitsparagraphen"*** des § 782 II 20 ALR[489], dessen Namen wohl auf den in § 783 II 20 verwandten Begriff der "Lieblosigkeit" zurückzuführen ist, bestand nicht nur die Pflicht zur Notwehr-, sondern auch zur Notstandshilfe. Zudem bezog erstere sich auch auf das Ergreifen von Maßnahmen, die der Behebung der dem Opfer aus

489 Vgl. zu dieser Bezeichnung, Kühl, aa0, S. 21; Müller Eberhard, Die strafbare Hülfeverweigerung, S. 42; North, aa0, S. 22, 31 und Pedotti, aa0, S. 33. Die Herkunft jenes Begriffes wird von diesen Verfassern allerdings nicht erläutert. Nach Morgenstern, aa0, S. 39 rührt die Bezeichnung daher, daß gemääß § 783 ALR die "Lieblosigkeit" öffentlich bekannt gemacht werden soll.

dem noch fortdauernden bzw. bereits vollendeten Verbrechen noch drohenden Gefahr für sein Leben dienten.

Im Gegensatz zum heutigen § 323 c StGB vermochte also nach dieser Vorschrift nur eine drohende Lebensgefahr die allgemeine Hilfeleistungspflicht auszulösen. Desweiteren erforderte die "Verwirkung" der vergleichsweise niedrigen vierzehntägigen Gefängnisstrafe, daß der Hilfsbedürftige tatsächlich sein Leben verloren hatte. Anders als das nach dem Wortlaut des § 782 AlR den Anschein haben mag, setzte die Strafbarkeit nach dieser Vorschrift die Kausalität der unterlassenen Hilfe für den Tod des Bedürftigen voraus[490].

Die restriktive Normierung der allgemeinen Hilfeleistungspflicht und sowohl die in § 784 II 20 ALR als auch die in § 785 II 20 ALR vorgesehene Belohnung nach den Polizeigesetzen lassen erkennen: Der Gesetzgeber des ALR hat die Rettung der in Not geratenen Menschen in erster Linie als Aufgabe des Staates und nicht der Bürger angesehen. Daß die Gewährung von Sicherheit in erster Linie als Aufgabe des Staates angesehen worden ist, ergibt sich aus dem in § 1 des ALR normierten Rechtsgrundsatz, wenn es dort heißt:

"Der Staat ist für die Sicherheit seiner Unterthanen in Ansehung ihrer Person, ihrer Ehre, ihrer Rechte, und ihres Vermögens zu sorgen verpflichtet"[491].

Berücksichtigt man indes, daß die Normierungen des ALR vor allem unter Vermittlung Friedrichs des Großen in besonderem Maße durch die Aufklärungsphilosophie, die bekanntlich die Gewährung größtmöglicher menschlicher Freiheit postulierte, beeinflußt worden war, und vergleicht man vor diesem Hintergrund die Regelungen der Hilfeleistungspflicht mit denjenigen späterer Kodifikationen, so erscheint ihr sachlicher Umfang, den sie in diesem Gesetz gefunden hatte, dennoch als äußerst bemerkenswert.

Eine Betrachtung der die Hilfeleistungspflicht normierenden Regelungen des ALR darf jedoch nicht vernachlässigen: Neben der Freiheit und Gleichheit der Menschen war die Brüderlichkeit, verstanden i.S. der Humanität, wie die dritte in der französischen Revolution erhobene Forderung belegt, ebenfalls eine äußerst wesentliche Zielsetzung der Aufklärungsphilosophie. Hierzu sei der folgende ergänzende Hinweis gestattet: Auch Immanuel Kant bejahte eine Pflicht zur Mitmenschlichkeit, und zwar unter Berufung auf die Würde des Menschen; hierzu schrieb er im Abschnitt "Von Tugendpflichten gegen andere Menschen aus der ihnen gebührenden Achtung" in seinem später im Jahre 1797 erschienenen Werk "Metaphysik der Sitten": "Ein jeder Mensch hat rechtmäßigen Anspruch auf Achtung von seinen Nebenmenschen und wechselseitig ist er dazu auch gegen jeden anderen verbunden"[492].
Die von Rousseau verwandte Formulierung: "Durch diese heilige, erhabene, wahre Religion erkennen sich die Menschen, die alle Kinder eines und desselben Gottes sind, als Brüder an"[493], verdeutlicht Rousseaus Ableitung des Wertes der Mitmenschlichkeit aus der Liebe zum Nächsten. Kant unterschied zwischen Rechts- und Tugendpflichten. Letztere sah er einer

490 Klee, Archiv für Strafrecht und Strafprozeßrecht, Bd. 62, (1916), S. 394, 395.
491 Isensee, Das Grundrecht auf Sicherheit, S. 9.
492 Kant I., Metaphysik der Sitten, S.558.
493 Rousseau, Gesellschaftsvertrag, S. 188 f.

Gesetzgebung nicht als zugänglich an[494]. Die Pflicht, anderen Menschen in Not zu helfen, erachtete er als eine Tugendpflicht[495], d.h. konkret als eine der drei von ihm unterschiedenen Liebespflichten[496].

Mitmenschlichkeit im persönlichen Umgang miteinander, verstanden als sittlicher Wert und ihre gesetzliche Erzwingung sind also grundverschieden, was namentlich Thomasius, dessen Lehren die Normierungen des ALRs maßgeblich beeinflußt haben[497], dazu veranlaßte, für eine strikte Trennung von rechtlich erzwingbaren und solchen der Moral vorzubehaltenden Pflichten einzutreten[498]. Andererseits forderte Friedrich der Große, anlehnend an die Theorien von Wolff, die Freiheit des Individuums müsse zugleich verantwortungsgebunden sein und erblickte die oberste Bürgerpflicht in der Wahrheit, "daß wir gegen die anderen so handeln sollen, wie wir von ihnen behandelt zu werden wünschen"[499]. Diese Auffassung zur Stellung des einzelnen in der Gemeinschaft kommt gleich zu Beginn des ALRs innerhalb der Einleitung in § 73 zum Ausdruck, wenn es dort heißt:

"Ein jedes Mitglied des Staates ist, das Wohl und die Sicherheit des gemeinen Wesens, nach dem Verhältnis seines Standes und Vermögens, zu unterstützen verpflichtet."

Die Regelungen, welche die strafbewehrte Hilfeleistungspflicht im ALR gefunden hat, dürften daher im Ergebnis ein Kompromiß zwischen den verschiedenen in dieser Zeit über die Beziehung des einzelnen zu seinen Mitmenschen und dem Gemeinwesen als solchen vertretenen Auffassungen gewesen sein[500].

Der außerordentlich große textliche Umfang der Normierungen, die Pflicht zur Hilfeleistung betreffend, ist darauf zurückzuführen, daß die Verfasser, der Ansicht Montesquieus folgend, den Richtern nicht die Befugnis zur Gesetzesauslegung belassen wollten[501] und sich somit gezwungen sahen, Vorschriften zu schaffen, die alles bis ins letzte Detail regeln sollten.

Abschließend sei darauf hingewiesen, daß es später, zur Zeit der Partikularstrafgesetzgebung im 19. Jahrhundert, nicht mehr zu einer auch nur annähernd so weitreichenden Ausgestaltung der Pflicht zur Hilfeleistung kam wie im ALR, obwohl dieses ja, verglichen mit der heutigen Strafvorschrift des § 323 c StGB, die Nothilfepflicht äußerst restriktiv normiert hatte.

IX. Die Partikularstrafgesetzgebung des 19. Jahrhunderts:

Die deutschen Mittel- und Kleinstaaten folgten dem Vorbild des Preußischen Allgemeinen Landrechts nicht. So wurde in den zu dieser Zeit erlassenen Straf- bzw. Kriminalgesetz-

494 Kant I., Metaphysik der Sitten, S. 287. Siehe hierzu: Kühl, Festschrift für Günter Spendel, S. 75, 80 f, 86 ff.

495 Kant I., aa0, S. 475. Zur Qualifizierung der Hilfspflicht durch Kant als "Tugendpflicht" siehe auch Harzer, aa0, S. 40; Morgenstern, aa0, S. 60, 91; Kühl, aa0, S. 81, 92.

496 Kant I., aa0, S. 546.

497 Rüping, aa0, Rdnr. 239 ff.

498 Rüping, aa0, Rdnr. 222 f..

499 Regierungsformen und Herrscherpflichten 1777, in: Die Werke Friedrichs des Großen, hrsg. von G.B. Volz, Bd. 7, 1912, S. 226.

500 Hattenhauer, Allgemeines Landrecht für die Preußischen Staaten von 1794, Einführung, S. 30 ff.

501 Hattenhauer, aa0, Einführung, S. 19.

büchern generell darauf verzichtet, neben der *Pflicht zur Verbrechenshinderung* auch eine solche zur *Notstandshilfe* aufzunehmen. Nur vereinzelt fand sich die Statuierung letzterer in den Polizeistrafgesetzbüchern wieder.

Die folgende Betrachtung wird sich zunächst den Kriminalgesetzbüchern zuwenden, wobei die Untersuchung insoweit *chronologisch* nach dem Zeitpunkt ihres Erlasses vorgehen wird.

Zu Beginn der Epoche der Partikularstrafgesetzgebung stand das aus dem Jahre *1813* stammende ***"Strafgesetzbuch für das Königreich Baiern"***, dessen Verfasser bekanntlich Paul Johann Anselm von Feuerbach (1775-1833) war[502]. Die maßgeblichen Vorschriften über die Verbrechenshinderung, als Ausschnitt der allgemeinen Hilfeleistungspflicht, enthielten die im III. Kapitel des I. Buches stehenden Art. 78 und 79.

Art. 78, der inhaltlich von *"Dritter Grad der Gehülfen"* handelte, hatte den nachfolgenden, auszugsweise wiedergegebenen, Wortlaut:

"Jeder Unterthan ist schuldig, Verbrechen oder Vergehen, welche in seiner Gegenwart vorbereitet oder angefangen werden, oder von welchen er sonst weiß, daß sie geschehen sollen, entweder durch schleunige Anzeige bei der nächsten Obrigkeit, oder durch Warnung der dadurch gefährdeten Person, und im Falle der Unthunlichkeit des Vorigen, durch Herbeirufen oder Herbeiholen Anderer, oder durch sonstige in seiner Macht habende Mittel, so weit es ohne Gefahr für ihn selbst oder einen Dritten geschehen kann, zu verhindern. Wer diese Bürgerpflicht durch sein Verschulden nicht erfüllt hat, soll mit öffentlichem Verweise, oder nach Umständen mit Gefängnisstrafe von einem Tage bis zu einem Monate bestraft werden. ...."

Dem Wortlaut dieser Vorschrift ist mit Eindeutigkeit zu entnehmen: Polizeiübertretungen vermochten die gegenüber der Anzeige und Warnung subsidiäre Deliktshinderungspflicht nicht auszulösen. Die letztere Pflicht war zudem durch ein *Zumutbarkeitskorrektiv* eingeschränkt, das in auffälliger Weise nicht nur auf die dem Unterlassenden, sondern auch auf die einem Dritten im Falle der Pflichterfüllung drohende Gefahr abstellte. Darüber hinaus waren nach Art. 79 nahe Angehörige des Täters sowohl von der Anzeige- als auch der Verbrechenshinderungspflicht, sofern letztere einer Anzeige gleichkam, befreit. Stand der Täter allerdings zu dem Hinderungspflichtigen in einem besonderen Gewaltverhältnis (Minderjährige, die Ehegattin zum Ehemann), mußte letzterer sich der erwiesenermaßen in seiner Macht stehenden Mittel bedienen, "dem Verbrechen eigenmächtig zuvorzukommen, dasselbe zu erschweren, oder zu verhindern", um Straffreiheit zu erlangen. Ein erheblich höherer Strafrahmen kam nach dem zweiten Absatz des Art. 78 dann zur Anwendung, wenn der Pflichtige die Warnung, Anzeige bzw. Hinderung bei strafbaren Taten, die eine schwerere Strafe als das Gefängnis zur Folge hatten, aus eigenem Interesse an der Tat unterließ.

Bereits der aus dem Jahre 1810 herrührende *Entwurf des Gesetzbuches über Verbrechen und Vergehen für das Königreich Baiern* hatte in den Art. 80 und 81, bezüglich der Verbrechenshinderungspflicht, annähernd gleiche Bestimmungen enthalten; insbesondere stimmte der zuvor wiedergegebene Absatz 1 des Art. 78 mit dem des Art. 80 wörtlich

502 Rüping, aaO, Rdnr. 248, 272.

überein[503]. Im Vergleich zum Entwurf hatte das spätere Gesetz allerdings in Art. 79 Abs. 1 den wegen der "Bande der Natur" von der Anzeige- und Verbrechenshinderungspflicht befreiten Personenkreis etwas eingeschränkt[504]. Die Vorschrift des Art. 78 wurde damit begründet, der Staat habe nicht nur ein Interesse daran, Verbrechen zu bestrafen, sondern auch ein solches an ihrer Verhinderung[505]. Die in Art. 78 enthaltenen Pflichten erscheinen daher als das Ergebnis einer konsequenten Fortsetzung der von v. Feuerbach vertretenen Theorie des psychologischen Zwangs.

Bereits in dem Wortlaut des Art. 78 Abs. 1 klingt die Auffassung des damaligen Gesetzgebers von der Verpflichtung der Untertanen, Verbrechen und Vergehen zu verhindern, als einer *"allgemeinen Bürgerpflicht"* an. Die Protokolle des "königlichen geheimen Raths" belegen, daß die Vergehensstrafe im Hinblick auf die nicht sehr hoch erachtete Strafwürdigkeit der Verletzung dieser Pflicht als ausreichend angesehen worden war[506].

Das ***Strafgesetzbuch für die Herzoglich-Oldenburgischen Lande vom 10.09.1814*** verlangte von den Bürgern ebenfalls nur die Hinderung von Verbrechen und Vergehen. Die insoweit maßgeb-lichen Vorschriften der Art. 84 und 85 stimmten wörtlich mit den Art.78 und 79 des Strafgesetzbuches für das Königreich Baiern von 1813 überein.

Hingegen hatte das ***Württembergische Strafgesetzbuch vom 01. März 1839*** in Art. 93 in bezug auf die Pflicht, künftige Straftaten zu verhindern, im Gegensatz zu der, vergangene Straftaten anzuzeigen, keine Beschränkung auf gewisse Deliktskategorien vorgenommen. Die im IV. Kapitel des Allgemeinen Teils enthaltene Vorschrift des Art. 93 hatte folgenden, vorliegend nur zum Teil wiedergegebenen, Wortlaut:

"Wer von dem Vorhaben eines Andern, eine strafbare Handlung zu begehen, bei welcher ein Verfahren von Amtswegen Statt findet, glaubhafte Kenntnis hat, ist schuldig, ein solches Verbrechen oder Vergehen entweder durch schleunige Anzeige bei der Obrigkeit, oder durch Warnung des Gefährdeten, oder durch andere in seiner Macht stehende Mittel zu verhindern, soweit solches ohne Gefahr für ihn selbst oder einen Dritten geschehen kann. Die Unterlassung wird mit Gefängnis oder Geldstrafe bestraft. Dieselbe Verpflichtung und gleiche Rüge finden auch in Ansehung solcher Vergehungen Statt, die nur auf erhobene Klage der Betheiligten Gegenstand richterlicher Untersuchung sind; doch fällt bei diesen die Obliegenheit zur Anzeige bei der Obrigkeit hinweg."

Die durch das Zumutbarkeitskorrektiv eingeschränkten drei Pflichten der Anzeige, Warnung und Verbrechenshinderung standen in dieser Vorschrift wiederum in einem *echten Alternativitätsverhältnis* zueinander. Die in Art. 92 genannten nahen Angehörigen des Täters waren zwar von der Anzeige bei der Obrigkeit und ggf. von der Warnung des Gefährdeten, wenn diese der Anzeige gleichkam, nicht aber von der Verbrechenshinderung befreit.

---

503 Vgl. den Entwurf des Gesetzbuches über Verbrechen und Vergehen für das Königreich Baiern in: Schubert/ Regge/Schmid/Schröder, Kodifikationsgeschichte Strafrecht, S. 35 ff.

504 Anmerkungen zum Strafgesetzbuche für das Königreich Baiern nach den Protokollen des Königlichen geheimen Raths, Erster Band, S. 212.

505 Anmerkungen, aa0, S. 209.

506 Anmerkungen, aa0, S. 209, 210.

Während die Anzeigepflicht bei derartigen Delikten, die nur auf erhobene Klage der Beteiligten Gegenstand richterlicher Untersuchung sein konnten, entfiel, blieben die beiden übrigen Pflichten bestehen.

Die Entstehungsgeschichte des Art. 93 zeigt, daß die Frage, ob der Gesetzgeber überhaupt befugt sei, die moralische Pflicht der Verbrechenshinderung, namentlich die der Denunziation des Täters, zur Rechtspflicht zu erheben, innerhalb der verschiedenen Commissionen kontrovers diskutiert worden war[507]. Der Vorschlag, diese Rechtspflichten personell auf bestimmte Adressaten (Eltern, Pfleger und Ehegatten), bzw. sachlich auf bestimmte Deliktsarten zu begrenzen, vermochte sich allerdings nicht durchzusetzen[508]. An der im übrigen um die Ausgestaltung dieser Vorschrift geführten Diskussion ist bemerkenswert: Für den Pflichtigen wurde die Anzeige bei der Obrigkeit als belastender als die eigentliche Verbrechenshinderung angesehen[509]. Der besonderen Herkunft der in Art. 93 enthaltenen Pflichten aus dem Bereich der Moral und dem zwischen Tun und Unterlassen bestehenden Wesensunterschied hatte die Praxis dadurch Rechnung getragen, daß sie an das Vorliegen der Gefahr geringere Anforderungen als an die Voraussetzungen der Rechtfertigung durch Notwehr im Falle der aktiven Rechtsverletzung stellte[510].

Im Gegensatz zum Strafgesetzbuch für das Königreich Württem-berg begrenzte § 48 des ***Kriminalgesetzbuches für das Herzogtum Braunschweig vom 10.7.1840*** diese Pflichten auf einen fest umrissenen Kreis von dreizehn Delikten. Zusätzlich war für die Bestrafung die tatsächliche Begehung des jeweils zu hindernden Verbrechens erforderlich.

Besondere Hervorhebung verdient Satz 3 jenes § 48, der folgenden Wortlaut hatte:

"Wer weiß, daß ein Unschuldiger wegen irgend eines Verbrechens zur Untersuchung und Haft gezogen oder durch gerichtliches Erkenntnis zu einer Strafe verurtheilt oder von der Instanz absolvirt ist, den Thäter kennt und ihn nicht anzeigt, soll nach gleichen Grundsätzen bestraft werden."

Bereits aus dem Wortlaut dieser Bestimmung wird die gesetzgeberische Intention, dem zu Unrecht Verfolgten Hilfe zukommen zu lassen, deutlich.

In dem ***Criminalgesetzbuch für das Königreich Hannover vom 8.8.1840*** findet sich lediglich in Art. 68 Nr. 6, der auf die Vorschrift des Art. 67 Nr. 5 Bezug nahm, eine Regelung, die mit einer strafbewehrten allgemeinen Hilfeleistungspflicht in Zusammenhang gebracht werden könnte. Zwischen zwei Graden der Beihilfe unterscheidend, betrachtete Art. 67 Nr. 5 diejenigen als "Gehülfen des höheren Grades", "welche vorsätzlich die in ihrer väterlichen Gewalt oder unter ihrer Aufsicht stehenden Personen, wenn sie es konnten, ohne sie der Obrigkeit anzuzeigen, an der Ausführung des von ihnen beabsichtigten Verbrechens nicht hinderten und an den Vortheilen desselben auf irgend eine Art theilnahmen." Fehlte jenem

507 Hufnagel, Kommentar über das Strafgesetzbuch für das Königreich Württemberg, S. 189, 190.
508 Hufnagel, aa0.
509 Hufnagel, aa0.
510 Hufnagel, aa0, S. 193.

Personenkreis diese besondere sachliche Beziehung zur Tat, so wurden sie nach Art. 68 Nr. 6 als "Gehülfen des geringeren Grades" angesehen.

Das Criminalgesetzbuch für das Königreich Hannover hatte die im Entwurf ursprünglich vorgesehene Pönalisierung der allgemeinen Verbrechenshinderungspflicht im Falle des Eigennutzes nicht übernommen. Allerdings war der Gesetzgeber auch dem entgegengesetzten Vorschlag, die Nichthinderung von Verbrechen, außer in bezug auf staats- und landesverräterischer Handlungen, ausdrücklich für straflos zu erklären, weil die Entscheidung über das Tätigwerden in den übrigen Fällen dem Gewissen der Bürger überlassen bleiben müsse, nicht gefolgt. Ohne den restlichen Bereich für straflos zu erklären, ordnete das Criminalgesetzbuch für das Königreich Hannover in Art. 126 nur eine allgemeine Pflicht zur Hinderung staats- oder landesverräterischer Verbrechen an und beschränkte die Deliktshinderungspflicht außerdem auf den Fall bestehender besonderer Rechtsverhältnisse[511]. Obwohl Art. 68 Nr. 6 an die väterliche Gewalt anknüpfte, wies diese Bestimmung aber Rudimente einer allgemeinen Hilfeleistungspflicht, insoweit als die persönliche Beziehung ihres Adressaten zum Begehungstäter keine Garantenposition zu begründen vermochte, auf. Bezüglich weiterer Einzelheiten wird auf die späteren Ausführungen zum Strafgesetzbuch für das Großherzogtum Hessen verwiesen.

Nach dem im Fünften Kapitel -"Von der Teilnahme an einem Ver-brechen, der Beihilfe und der Begünstigung"- enthaltenen Art. 39 des ***Criminalgesetzbuches für das Herzogtum Sachsen-Altenburg vom 3.5.1841*** wurde derjenige wegen Begünstigung bestraft, wer ein Verbrechen, obwohl er von dessen Vorhaben infolge glaubwürdiger Nachricht oder eigener Wahrnehmung Kenntnis hatte, nicht "durch das ihm zu Gebote stehende wirksamste Mittel, mindestens durch Anzeige bei der Obrigkeit oder einer dadurch bedrohten Person" zu verhindern suchte. Außer bei dem "Vorhaben eines Hochverrathes, eines Staatsverrathes im Kriege, eines Aufruhrs, eines Mordes, einer Körperverletzung unter den Art. 132 unter 5) angegebenen Verhältnissen, einer Nothzucht, eines Raubes, eines Diebstahles mit Waffen, einer Brandstiftung, oder der Verfertigung falschen Metall- oder Papiergeldes" war für die Bestrafung erforderlich, daß eine Deliktshinderung wegen eines "eigenen mittel- oder unmittel-baren Vortheiles" an der Tat bzw. unter Verletzung einer "Amtspflicht" unterblieb.

Verglichen mit den sonstigen aus dieser Zeit der Partikularstrafgesetzgebung stammenden und die Verbrechenshinderungspflicht regelnden Kriminalgesetzbüchern wies Art. 39 des Kriminalgesetzbuches für das Herzogtum Sachsen-Altenburg folgende Besonderheit auf. Von dem Adressaten wurde das ihm zu Gebote stehende wirksamste Mittel zur Deliktshinderung verlangt.

Gemäß Art. 41 Abs. 2 entfiel die Verpflichtung zu den in Art. 39 näher beschriebenen Anzeigen und Warnungen hingegen für den Fall, daß ihre Erfüllung ein Einschreiten der Behörden gegen bestimmte nahe Angehörige zur Folge gehabt hätte.

---

511 Leonhardt Adolph, Commentar über das Criminal-Gesetzbuch für das Königreich Hannover, Erster Band, 1846, S. 289, 290.

Dem ***Strafgesetzbuch für das Großherzogtum Hessen vom 17.9.1841*** war eine Bestimmung über die allgemeine Pflicht zur Nothilfe unbekannt[512].

Allenfalls die Vorschrift des Art. 88 Nr. 2 kann partiell mit einer solchen Pflicht verglichen werden. Hiernach war bestimmt, denjenigen, der "seine Ehefrau oder die unter seiner häuslichen Gewalt stehenden Kinder oder Pflegekinder, wenn es ohne Anzeige bei der Obrigkeit geschehen kann, an der Ausführung der von ihnen beabsichtigten That nicht hindert", mit der für die Begünstigung angedrohten Strafe zu belegen.

Bei der Schaffung dieser Bestimmung war sich der Gesetzgeber bewußt, Art. 88 Nr. 2 habe keinen Fall der Begünstigung zum Gegenstand. Zum einen war die ursprünglich im Entwurf von 1837 noch als erforderlich erachtete Voraussetzung, daß der Ehemann "an dem Erfolge oder an den Vortheilen" der Tat teilnimmt, nicht in den Tatbestand aufgenommen worden. Zum anderen hatte der Gesetzgeber eine systematische Trennung zur Begünstigung vollzogen. War die zuvor bezeichnete Strafvorschrift im Entwurf noch als unselbständige, im übrigen die Begünstigung betreffende Bestimmung des Art. 82 Nr. 4 enthalten gewesen, so ist sie später zu einem eigenen Tatbestand erhoben worden. Obwohl diese Unterlassung als eine Art negativer Hilfeleistung angesehen wurde, griff der Gesetzgeber dennoch, die besondere Familienbande des Täters berücksichtigend, auf den Strafrahmen der Begünstigung zurück[513].

Die Vorschrift des Art. 88 Nr. 2 ist aber nur insoweit mit einer Nothilfepflicht vergleichbar, als dem Ehemann geboten wird, bevorstehende Verbrechen seiner Ehefrau und erwachsenen Kinder zu hindern. Denn in bezug auf die minderjährigen Kinder würde nach heutigem Verständnis regelmäßig eine Bestrafung wegen unechten Unterlassens in Betracht kommen. Da Adressat der Verbrechenshinderungspflicht alleine der Ehemann war, kann diese nur im weitesten Sinne mit der Nothilfepflicht verglichen werden. Denn wesentliches Kennzeichen letzterer Pflicht ist gerade ihr Bezug auf jedermann.

Die Hinderung bevorstehender Verbrechen wurde zwar seinerzeit als allgemeine Menschen- und Bürgerpflicht angesehen[514]. Auf die Statuierung einer strafbewehrten allgemeinen Verbrechenshinderungspflicht war aber bewußt verzichtet worden, da man diese angesichts der sonstigen dem Staat zur Aufrechterhaltung des Rechtsfriedens verbleibenden Mittel als entbehrlich erachtete[515].

Hinzu kommt, daß es nach damaliger h.A. dem Gesetzgeber grundsätzlich verwehrt war, das Nichtbefolgen moralischer Gebote mit gesetzlichen Strafen zu bedrohen. Dies sollte selbst dann gelten, wenn jemand es unterließ, einen anderen zu retten, der sich in Lebensgefahr befand. Derartige Strafen wurden als lächerlich angesehen, da es effektiver erschien, solche Menschen der Verachtung des Volkes preiszugeben[516]. Zudem empfand man die Pflicht zur positiven Tätigkeit als außergewöhnliche Last für den einzelnen. Im Hinblick auf das Gebot

---

512 Christ Heinrich, Entstehung und Grundgedanken des Strafgesetzbuchs für das Großherzogtum Hessen vom 1. April 1842, S. 171.

513 Breidenbach, Commentar über das Großherzoglich hessische Strafgesetzbuch, 8. Heft, 1844, S. 383, 399, 402.

514 Breidenbach, aa0, S. 419.

515 Breidenbach, aa0, S. 414.

516 Mittermaier, Die Strafgesetzgebung in ihrer Fortbildung, Zweiter Beitrag, 1843, S. 43.

der Trennung von Recht und Moral wurde insofern ein sehr wichtiger Grund gefordert, der vorliegend jedoch nicht als gegeben erachtet wurde[517].

So fand sich im Strafgesetzbuch für das Großherzogtum Hessen, außer in den Art. 134 und 138 ("Hoch- oder landesverrätherische Verschwörung"), lediglich in Art. 92 eine weitere Pflicht, die Begehung bevorstehender Verbrechen zu verhindern, allerdings begrenzt auf die Inhaber eines besonderen öffentlichen Amtes.

Das ***Strafgesetzbuch für das Großherzogtum Baden vom 6.3.1845*** regelte die "Unterlassene Verhinderung von Verbrechen" in § 146, ähnlich wie die anfangs beschriebenen Strafgesetze, losgelöst von der Verbrechensteilnahme und der Begünstigung.
§ 146 hatte folgenden Wortlaut:

"Wer nach erlangter glaubhafter Kenntnis von dem Vorhaben eines Andern, ein bestimmtes mit Todes- oder lebenslänglicher oder zeitlicher Zuchthausstrafe nicht unter zehn Jahren bedrohtes Verbrechen zu begehen, solches nicht durch zeitige Anzeige bei der Obrigkeit, oder durch Warnung der Gefährdeten, oder durch andere in seiner Macht stehende Mittel, so weit es ohne Gefahr für ihn selbst oder Einen seiner Angehörigen (§. 81) geschehen konnte, zu verhindern gesucht hat, wird, wenn es zum Anfange der Ausführung des Verbrechens kam, von Gefängnis- oder Geldstrafe getroffen, oder in schwereren Fällen mit Arbeitshaus bis zu zwei Jahren bestraft."

Der Inhalt der zuvor genannten Vorschrift zeigt: Der badische Gesetzgeber wollte der uferlosen Ausdehnung der Nothilfepflicht bereits dadurch begegnen, daß er, durch die Angabe eines Mindeststrafrahmens des zu verhindernden Verbrechens, diese Pflicht auf bestimmte Deliktskategorien begrenzte. Da die im Nachbarland für die Gesetzgebung zuständigen Organe die Ansicht vertreten hatten, die vorliegend gewählte Art der Restriktion würde auf Kosten der Vorsehbarkeit der Existenz der Verbrechenshinderungspflicht im konkreten Fall für den Bürger erfolgen, war in Art. 93 des Strafgesetzbuches für das Königreich Württemberg bewußt auf eine derartige Regelung verzichtet worden. Zwar ließ nach § 146 des Badischen Strafgesetzbuches, vergleichbar mit den anderen aus dieser Zeit stammenden Regelungen, nicht nur die **dem Normadressaten drohende Gefahr** die Nothilfepflicht entfallen. Bemerkenswert ist aber, daß der Anwendungsbereich des Zumutbarkeitskorrektivs nicht auf eine Gefährdung beliebiger Dritter, sondern nur auf die von Angehörigen ausgedehnt wurde. Eine weitere Begrenzung der drei gleichrangig nebeneinander stehenden Pflichten der Anzeige bei der Obrigkeit, der Warnung des Gefährdeten und der Verbrechenshinderung im eigentlichen Sinne erreichte der badische Gesetzgeber dadurch, daß die Strafbarkeit den Anfang der Ausführung des Verbrechens voraussetzte. Wie bereits in anderen Kriminalgesetzbüchern, so begegnet uns auch im Badischen Strafgesetzbuch wiederum eine Vorschrift, nämlich § 147, nach der nahe Angehörige des Täters im Sinne von § 145 bzw. der Beichtvater sowohl von der Anzeigepflicht als auch von der der Warnung des Gefährdeten, sofern diese der Anzeige gleichkam, nicht aber von Verbrechenshinderung befreit gewesen waren.

517 Breidenbach, aa0, S. 414.

Im ***Strafgesetzbuch für das Herzogtum Nassau vom 14. April 1849*** war keine Normierung enthalten, welche mit der strafbewehrten allgemeinen Hilfeleistungspflicht verglichen werden könnte. Selbst die gewisse Fälle der Gehilfenschaft betreffende Strafvorschrift des Art. 88, die eine Pflicht zur Verbrechenshinderung festlegte, darf insofern nicht herangezogen werden, da sie sich nur an einen begrenzten Personenkreis wandte. Denn derjenige, der "vermöge seines Amtes oder öffentlichen Dienstes, oder vermöge eines besonderen, von seinem Vorgesetzten erhaltenen Befehls oder Auftrags, die Begehung von Verbrechen zu hindern verpflichtet ist", würde aufgrund der heutigen strafrechtlichen Dogmatik als Garant nach den Grundsätzen der unechten Unterlassungsdelikte bestraft werden.

In dem am ***12. Juli 1850*** sowie dem am ***14. April 1852*** erlassenen ***Strafgesetzbuch für die Thüringischen Staaten*** war jeweils in Art. 39 eine Pflicht zur Verbrechenshinderung normiert. Diese Strafvorschriften stimmten in struktureller Hinsicht nahezu völlig mit der bereits erwähnten Vorschrift des Art. 39 des Kriminalgesetzbuches für das Herzogtum Sachsen-Altenburg überein. Sie unterschieden sich äußerst geringfügig von dieser Bestimmung, was den enumerativen Katalog der aufgeführten Verbrechen und den sachlichen Umfang der Verbrechenshinderungspflicht betraf.

Das ***Strafgesetzbuch für das Königreich Sachsen vom 11.8.1855*** folgte der seinerzeit dominierenden Auffassung, daß die Rechtspflichten der Bürger in erster Linie auf die Vermeidung von Handlungen, welche die Interessen anderer oder der Gesamtheit der Bevölkerung beeinträchtigen, mithin auf das nenimen laedere gerichtet sein müßten. Demgemäß stellte jene Kodifikation Unterlassen bestimmter positiver Tätigkeiten, ähnlich wie bereits auch andere aus dieser Zeit stammende Strafgesetzbücher, nur ausnahmsweise unter Strafe[518]. Nach dem in dieser Epoche herrschenden staatsrechtlichen Verständnis wurden die Funktionen des Staates aber nicht, wie dies der Vorstellung von einem "Nachtwächterstaat" entsprochen hätte, auf die Abwehr von Rechtsbeeinträchtigungen beschränkt. Die Förderung des öffentlichen Wohls, so nahm man an, unterfalle ebenfalls der staatlichen Zuständigkeit. Zur Erfüllung dieser Aufgabe dürfe der Staat seine Bürger heranziehen und demzufolge die ihrer Natur nach ethische Pflicht, fremde Interessen zu unterstützen, in eine Rechtspflicht zur positiven Tätigkeit umwandeln. Namentlich den echten Unterlassungsdelikten maß man polizeiliche Qualität bei, da ihre Statuierung letztlich auf die Aufgabe des Staates, bedeutsame Interessen positiv zu fördern, zurückgehe[519].

Diesem Zeitgeist folgend fand sich in dem Strafgesetzbuch für das Königreich Sachsen nur die innerhalb des Allgemeinen Teils in Art. 70 normierte Verbrechenshinderungspflicht, die mit einer allgemeinen Hilfeleistungspflicht vergleichbar ist.

Der Gesetzgeber hatte ursprünglich, wie die Motive belegen, erwogen, dieses Unterlassungsverbrechen in den Besonderen Teil des Strafgesetzbuches aufzunehmen, sich letztlich aber dennoch für den o.g. Standort entschieden, weil er, ohne dies allerdings in der Überschrift

---

518 Krug, Commentar zu dem Strafgesetzbuche für das Königreich Sachsen vom 11.8.1855, Zweite sehr vermehrte Ausgabe, Dritte Abtheilung, 1861, S. 21.

519 Krug, Commentar zu dem Strafgesetzbuche für das Königreich Sachsen, Dritte Abtheilung, aaO, S. 21, 22.

dieser Vorschrift zum Ausdruck zu bringen, von einer engen Verwandtschaft dieses Straftatbestandes mit der Begünstigung ausgegangen war[520].

Die Bestimmung des § 70 lautete:

"Unterlassene Verhinderung eines bevorstehenden Verbrechens. Wer von den Vorhaben eines Verbrechens unter Umständen Nachricht erhält, wo er diese Nachricht für wahr halten musste, ist schuldig, unverzüglich die geeigneten Schritte zu thun, um die Ausführung des Verbrechens, je nach Verschiedenheit der Fälle, durch Anzeige bei der Obrigkeit oder einem der nächsten Aufsichtsbeamten, oder durch Benachrichtigung des Bedrohten, oder auf jede andere gesetzlich statthafte Weise zu verhindern, dafern nicht die Verhinderung mit Gefahr für ihn selbst oder seine Angehörigen verbunden ist. Die Verletzung dieser Pflicht zieht, wenn es sich um das Verbrechen des Hochverrahtes, des militärischen Verrathes (Militärstrafgesetzbuch §. 81.82.), des Staatsverrahtes, des Aufruhrs, des Mordes, der Körperverletzung unter den Art. 169 angegebenen Verhältnissen, des Raubes, der Nothzucht, des Diebstahls mit Waffen, der Brandstiftung, oder des Falschmünzens handelt, Gefängnis- oder Arbeitshausstrafe bis zu vier Jahren nach sich. Ist bei Unterlassung der Verhinderung nicht zugleich ein eigener Vortheil beabsichtigt oder eine Amtspflicht verletzt worden, so kann in Fällen, wo keine höhere Strafe als sechs Monate Gefängnis als angemessen erscheint, statt der Gefängnisstrafe auf Geldstrafe bis zu sechshundert Thalern erkannt werden. Bei anderen Verbrechen soll die Unterlassung der Verhinderung dann, und zwar mit Gefängnis bis zu einem Jahre bestraft werden, wenn dieselbe wegen eines eigenen mittelbaren oder unmittelbaren Vortheils dabei, oder mit Verletzung einer Amtspflicht geschehen ist, und das Verbrechen, um dessen Nichthinderung es sich handelt, zu den von amtswegen zu bestrafenden gehört."

Dieser Straftatbestand stimmte also inhaltlich weitgehend mit den bereits dargestellten Vorschriften des Kriminalgesetzbuches für das Herzogtum Sachsen-Altenburg und des Thüringischen Strafgesetzbuches überein, allerdings mit der Ausnahme, daß hier die dem Normadressaten bzw. einem seiner Angehörigen drohende Gefahr von der Pflichterfüllung befreite. Art. 66 des Entwurfs des sächsischen Strafgesetzbuches hatte die dem Angehörigen drohenden Gefahr hierfür noch nicht genügen lassen[521]. Obwohl der sächsische Gesetzgeber generell die Anzeige bei der Obrigkeit oder bei einem der nächsten Aufsichtsbeamten als das effizienteste Mittel der Verbrechenshinderung angesehen hatte, glaubte er dennoch auf die Pönalisierung der unterbliebenen unmittelbaren Nothilfe nicht verzichten zu können. Hierbei hatte er vor Augen, diese könne im Einzelfall der mittelbaren überlegen sein, und ihr Unterlassen würde insofern eine besondere Strafwürdigkeit begründen[522].

Indem Art. 70 die Verbrechenshinderung nur in gesetzlich statthafter Weise verlangte, versuchte der sächsische Gesetzgeber der Gefahr entgegenzuwirken, es könne bei Erfüllung dieser Pflicht zu rechtswidrigen Eingriffen in die Rechtsgüter des Täters oder unbeteiligter Personen kommen.

---

520 Krug, Commentar zu dem Strafgesetzbuche für das Königreich Sachsen, Erste Abtheilung, S. 159.
521 Krug, aa0, S. 158.
522 Krug, aa0, S. 159.

War die Verbrechenshinderungspflicht - als Ausschnitt der allgemeinen Hilfeleistungspflicht - zu Beginn der Partikulargesetzgebung noch in engem Zusammenhang mit der Teilnahmeform der Beihilfe bzw. dem Straftatbestand der Begünstigung geregelt worden, so gewann am Ende dieser Epoche die Erkenntnis an Boden, sie wäre von beiden zu scheiden. Diese Entwicklung, welche sich schon bei Erlaß des Strafgesetzbuches für das Königreich Sachsen anbahnte, setzte sich in dem Strafgesetzbuch für das Königreich Bayern vom 10.11.1861 fort.

Ein Vergleich der Regelung über die unterlassene Verbrechens-hinderungspflicht in dem aus dem Jahre 1813 stammenden *Strafgesetzbuch für das Königreich Baiern* mit derjenigen des späteren *Strafgesetzbuches für das Königreich Bayern vom 10.Nov.1861* verdeutlicht in besonderem Maße, daß der in der Literatur vertretenen Auffassung[523], diese Pflicht sei in diesem Zeitalter nie als selbständiges Delikt behandelt worden, nicht gefolgt werden kann. Hatte ersteres sie noch unter dem Aspekt der Teilnahme, namentlich als "Dritter Grad der Gehülfen" behandelt, so erfuhr sie in der letzteren Kodifikation innerhalb des sich im Allgemeinen Teil befindlichen Art. 62 bereits eine spezielle Regelung, wobei die Kommentarliteratur zu dieser Bestimmung ihren inhaltlichen Wesensunterschied zur Teilnahme und Begünstigung besonders unterstrich[524].

Die Strafvorschrift des Art. 62 hatte folgenden Wortlaut:

"Inländer und im Inlande sich aufhaltende Ausländer, welche glaubhafte Kenntnis von der bevorstehenden Ausführung eines Hochverraths, Landesverraths, Aufstandes, eines Verbrechens der Majestätsbeleidigung, der Fälschung von Geld oder öffentlichen Creditpapieren, einer Nothzucht, eines Mordes, Raubes, Menschenraubes oder eines das Leben von Menschen gefährdenden gemeingefährlichen Verbrechens erlangt haben und sich in der Lage befinden, dasselbe ohne Gefahr für sich oder andere schuldlose Personen durch Anzeige bei der Obrigkeit, Warnung des Bedrohten oder auf andere Weise abwenden zu können, gleichwohl aber dies unterlassen, sollen, wenn das Verbrechen wirklich ausgeführt oder ein strafbarer Versuch zur Ausführung gemacht worden ist, mit Gefängnis bis zu einem Jahre oder an Geld bis zu zweihundert Gulden bestraft werden. Die in Art. 61 bezeichneten Personen unterliegen jedoch dieser Strafbestimmung nicht, wenn ihnen die Verhinderung des Verbrechens nur durch Anzeige bei der Obrigkeit möglich gewesen wäre."

Diese Bestimmung hat den Bereich der strafbaren unterlassenen Verbrechenshinderung im Vergleich zu ihrem Vorläufer erheblich eingeschränkt. Denn die Pflicht war in Art. 62 auf einen enumerativen Katalog von Delikten begrenzt und die Strafbarkeit an die Voraussetzung geknüpft, daß die zu verhindernde Tat wirklich zur Ausführung, zumindest aber in das Versuchsstadium gelangte. Der Gesetzgeber ging zwar nach wie vor davon aus, dem Schutze, welcher die Bürger infolge der bestehenden staatlichen Gesetze und Einrichtungen genössen, stünde als Kehrseite ihre Verpflichtung zur Verhinderung bevorstehender Verbrechen gegenüber. Trotzdem erkannte er aber bereits, daß dem diese Pflicht anordnenden Straftatbestand der Charakter einer **Ausnahmebestimmung** zukommen müsse[525]. Demzufolge wurde auch die Problematik, es handele sich bei ihr primär um eine moralische Pflicht,

523 North, aa0, S. 25.
524 Weis Ludwig, Das Strafgesetzbuch für das Königreich Bayern, Erster Band, S. 180.
525 Weis, aa0, S. 180.

die "nur durch eine positive gesetzliche Vorschrift zur Zwangspflicht gemacht werden konnte", thematisiert[526]. Folgerichtig wurde in der Literatur die Auffassung vertreten, diese Bestimmung, welche dem Bürger die Auswahl der Mittel zur Verbrechenshinderung überließ[527], dürfe nicht extensiv interpretiert werden[528].

Im Vergleich zu Art. 78 des Strafgesetzbuches für das Königreich Baiern von 1813 ging allerdings mit dieser Restriktion des Tatbestandes eine deutliche Erhöhung des Strafrahmens einher.

Die zur Zeit der Partikularstrafgesetzgebung erlassenen Kriminal- und Strafgesetzbücher normierten also, wie zu Beginn bereits erwähnt, nur bezüglich der Abwehr drohender verbrecherischer Angriffe strafbewehrte Notwehrhilfepflichten, die zudem im einzelnen erheblich voneinander abwichen.

In dieser Epoche finden sich lediglich in einigen Polizeistrafgesetzbüchern vereinzelt Normierungen, die eine weitergehende Pflicht zur *Notstandshilfe* zum Gegenstand hatten.

So war beispielsweise nach einer ***im Jahre 1830 im Herzoglich Oldenburgischen Lande erlassenen Verordnung***:

"Jeder Untertan schuldig, zur Abwendung einer andern drohenden Gefahr oder zur Rettung verunglückter Personen durch Verwendung eigener Kräfte, Warnung der gefährdeten Person, Herbeirufen oder Herbeiholen anderer, schleunige Anzeige bei der nächsten Obrigkeit und sonstige in seiner Macht stehende Mittel, soweit es ohne Gefahr für ihn selbst oder einen Dritten geschehen kann, beizutragen"[529].
Bezüglich des Strafrahmens wurde danach differenziert, ob der Hilfspflichtige ein Interesse an der Entstehung des Unglücksfalles hatte oder nicht, und je nachdem wurde entweder auf Abs. 1 oder Abs. 2 des Art. 84 des Strafgesetzbuches für die Herzoglich-Oldenburgischen Lande vom 10.9.1814 verwiesen.

In diesem Zusammenhang bedarf auch der, die Überschrift "Versäumnis der Pflicht, Notleidende zu retten" tragende, Art. 33 des ***würtembergischen Polizeistrafgesetzbuches vom 02.10.1839*** der Erwähnung; er lautete:

"Wer ohne eigene Gefahr einen Menschen, der sich in Lebensgefahr befindet, zu retten im Stande ist, und die Erfüllung dieser allgemeinen Pflicht unterläßt, hat Verweis oder Geldbuße bis zu 10 Gulden, und wenn der Andere das Leben verloren, oder einen bleibenden körperlichen Nachtheil erlitten hat, Arreststrafe bis zu 4 Wochen zu erwarten."[530]

---

526 Stenglein M., Kommentar über das Strafgesetzbuch für das Königreich Bayern, Erster Theil, S. 523.

527 Für die Strafbarkeit wurde es allerdings als ausreichend erachtet, wenn der Unterlassende ein "offenbar unwirksames Mittel" ergriffen hatte, obwohl ihm ein "offenbar wirksames Mittel" zur Verfügung stand. Vgl.. Stenglein, aa0, S. 525.

528 Weis, aa0, S. 180.

529 Vgl. den Hinweis bei Stenglein, Sammlung der deutschen Strafgesetzbücher, 1858, Bd. I, S. 44, Anm. 26.

530 Zitiert nach Hepp, Commentar über das neue würrtembergische Straf-Gesetzbuch, S. 618.

Der würtembergische Gesetzgeber intendierte mit dem Erlaß dieser Vorschrift, das zwischen der unterlassenen Lebensrettung durch Garanten und anderen Personen bestehende Strafwürdigkeitsgefälle abzumildern[531].

Das ***Polizeistrafgesetzbuch für Hannover vom 25.5.1847*** enthielt hinsichtlich der strafbewehrten allgemeinen Hilfeleistungspflicht folgende besondere Regelungen:

"§ 195
Wer zu Rettungsversuchen die ihm zu Gebote stehenden Mittel: Obdach, Feuerung, Lagerstatt und dergleichen herauszugeben weigert, verwirkt Verweis oder Geldbuße bis zu zehn Thalern.
§ 196
Wer dagegen mit eigener Lebensgefahr einen Menschen aus Lebensgefahr rettet, hat öffentliche Belobung oder Belohnung zu erwarten. Ist die mit eigener Lebensgefahr unternommene Rettung erfolglos geblieben, so ist nach den Umständen zu ermessen, ob und welche Belohnung oder Belobung verdient sei[532]."

Wie der systematische Zusammenhang der beiden Vorschriften belegt, wurde von den Bürgern kein ***personeller*** Einsatz zur Lebensrettung verlangt[533].

In der zuvor erwähnten Vorschrift des § 195 klang bereits an, daß selbst für die Entstehung dieser eingeschränkten Hilfeleistungspflicht, die für die Lebensrettung benötigten *sachlichen* Mittel zur Verfügung zu stellen, ein zuvor an den Pflichtigen ergangenes **Gebot** erforderlich gewesen war. Wie im folgenden noch darzustellen ist, prägte eine derartige, für die Begründung der Pflicht zur Hilfeleistung erforderliche Voraussetzung lange Zeit den Charakter der späteren Straftatbestände über die unterlassene Hilfeleistung.

Zum Ende der Epoche der partikularen Strafgesetzgebung war, wie der Erlaß des insoweit nicht an die Tradition des ALRs anknüpfenden ***Preußischen Strafgesetzbuches vom 18.4.1851*** zeigt, dieser Wandel in der Behandlung der allgemeinen Hilfeleistungspflicht bereits eingeleitet. Genügte bisher alleine das Vorliegen einer bestimmten tatbestandlichen Situation, um für den Bürger die originäre **Hilfeleistungspflicht** zur Ent-stehung zu bringen, so stellte sie sich nunmehr in § 340 Ziff. 7 PreußStGB als eine von der vorherigen polizeilichen Aufforderung abgeleitete Pflicht dar.

§ 340 Ziff 7 PreußStGB, dessen systematischer Standort der "Titel 1: Uebertretungen in Beziehung auf die Sicherheit des Staats und die öffentliche Ordnung" war, hatte folgenden Wortlaut:

"Mit Geldbuße bis zu funfzig Thalern oder Gefängnis bis zu sechs Wochen wird bestraft:
7) wer bei Unglücksfällen oder bei einer gemeinen Gefahr oder Noth, von der Polizeibehörde oder deren Stellvertreter zur Hülfe aufgefordert, keine Folge leistet, obgleich er der Aufforderung ohne erhebliche eigne Gefahr genügen kann".

531 Hepp, aa0, S. 618.
532 Zitiert nach Geib, Lehrbuch des Deutschen Strafrechts, 2. Bd., S. 192.
533 North, aa0, S. 26.

Vorbild dieser Strafvorschrift war nicht das ALR, sondern der wie folgt lautende ***Art. 475 Nr. 12 des französischen Code pénal von 1810 i.d.F. von 1832***[534]:

"Seront punis d'amende depuis six franc jusqu'á dix franc inclusivement, cuex qui le pouvant auront refusè ou négligé de faire les travaux, le service ou de prèter le secours, dont ils auront été requis, dans les circonstances d'accidens, tumultes, naufrage, inondation, incendie ou autres calamités ainsi que dans les cas de brigandages, pillages, flagrant délit, clameur publique ou d'exècution judiciaire"[535]

Ein Vergleich der beiden Vorschriften zeigt: Der preußische Gesetzgeber hat die Regelung des Art. 475 Nr. 12 Code pénal bezüglich der Hilfeleistungspflicht keineswegs nur übernommen, sondern sie zuvor einigen bedeutsamen Modifikationen unterzogen. So sind in § 340 Ziff. 7 PreußStGB die zahlreichen Bedürfnisfälle wie Tumulte, Überschwemmungen, Feuersbrünste, Raub, Plünderung etc., die dem Code pénal zur Beschreibung der tatbestandlichen die Hilfspflicht auslösenden Situation dienten, unter Verwendung der Oberbegriffe Unglücksfall, gemeine Gefahr und Not auf drei reduziert. Anders als nach Art. 475 Nr. 12 des Code pénal in der Auslegung, die diese Vorschrift durch den französischen Cassationshof gefunden hatte, ließ die deutsche Rechtsprechung einen individuellen Unglücksfall genügen; es mußte sich also nicht um einen solchen handeln, der einen unbestimmten großen Kreis von Personen betraf[536].

Desweiteren hat der preußische Gesetzgeber auf die Statuierung einer Hilfspflicht bei der bloßen "Ausführung eines obrigkeitlichen Befehls", namentlich bei der Vollstreckung richterlicher Entscheidungen, verzichtet, da eine solche von dem **Vereinigten Ständischen Ausschuß**[537] als eine zu weite Ausdehnung obrigkeitlicher Gewalt gerügt worden war[538]. Im Gegensatz zu Art. 475 Nr. 12 Code pénal ordnete § 340 Ziff. 7 PreußStGB unter Rückgriff auf einen Beschluß des Staatsrates an, daß die Nothilfepflicht ohne erhebliche eigene Gefahr für den Adressaten erfüllbar sein mußte. Dem weitergehenden Vorschlag des Ständischen Ausschusses, jede Gefahr sei als Entschuldigungsgrund anzuerkennen, war der preußische Gesetzgeber allerdings nicht gefolgt[539].

Obwohl dieser bei der Schaffung des § 340 Ziff. 7 PreußStGB die von ihm in § 475 Nr. 12 des code pénal vorgefundene Regelung der Hilfeleistungspflicht nicht ohne Abweichungen übernahm, darf dennoch festgestellt werden, daß er deren Grundstruktur beibehalten und mit der vorherigen in Preußen existierenden Rechtstradition gebrochen hatte:

---

534 Goltdammer, Die Materialien zum Straf-Gesetzbuche für die Preußischen Staaten, Theil II, S. 721.

535 Zitiert nach, Müller, Die strafbare Hülfeverweigerung, S. 3.

536 Müller, Die strafbare Hülfeverweigerung, S. 6, 12.

537 Gemäß der Verordnung über die Einberufung des Vereinigten Ständischen Ausschusses und dessen Befugnisse vom 03. Febr. 1847 setzte sich dieser aus 104 Mitgliedern zusammen, und zwar aus 96 Mitgliedern (44 waren Vertreter der Ritterschaft, 32 der Städte und 20 der Landgemeinden) der ständischen Ausschüsse aus den Provinziallandtagen der Provinzen Ost- und Westpreußen, Mark Brandenburg, Pommern, Schlesien, Posen, Sachsen, Westfalen und der Rheinprovinz zuzüglich je zwei Fürsten der Provinzen Westfalen und der Rheinprovinz sowie je einem Vertreter des Herrenstandes der Provinzen Ost- und Westrpreußen, Posen, Pommern und Mark Brandenburg. Siehe Huber, Deutsche Verfassungsgeschichte seit 1789, Bd. II, S. 488 ff.

538 Goltdammer, Materialien, aa0, S. 721.

539 Walzendorff, Verwaltungsarchiv 15 (1907), S. 523, 562.

Einerseits war im Gegensatz zu § 782 ALR die Bestrafung nicht mehr von einem infolge der Unterlassung tatsächlich eingetretenen Schaden abhängig. Andererseits vollzog sich ein Wandel bezüglich des Charakters der **Nothilfepflicht**. Denn die nunmehr für ihre Begründung erforderliche polizeiliche Aufforderung führte zu dem Verlust ihrer eigenständigen Funktion, dem Gefährdeten *unmittelbar* zugute zu kommen. Nachdem der preußische Gesetzgeber die polizeiliche Aufforderung zwischen den Bedürfnisfall und die Pflichtbegründung gestellt hatte, erschien die Pflicht, dem Nächsten zu helfen, nicht mehr als eine originäre, sondern nur noch als eine abgeleitete[540].

Fraglich ist, ob diese Feststellung die in der Literatur häufig anzutreffende Auffassung rechtfertigen kann, jener strukturelle Wandel der Nothilfepflicht habe eine Änderung ihrer Zielrichtung in der Weise bewirkt, daß sie nun nicht mehr primär dem Schutz der Rechtsgüter des Hilfsbedürftigen, vielmehr, wie zahlreiche andere öffentliche Leistungspflichten, die Unterstützung der Polizeibehörden bezweckte[541].

Zu dieser Problematik sei hier nur folgendes gesagt: Offenbar hatte der preußische Gesetzgeber die erstarkte Polizei zwar als die für die Behebung von Notlagen in erster Linie zu-ständige Institution angesehen, trotzdem aber geglaubt, auf die Mithilfe der Bürger in gewissen Situationen nicht verzichten zu können. Die Unterstützung der Polizei durch die Bürger bei der Erfüllung ihrer Aufgabe der Gefahrenabwehr diente aber keinem Selbstzweck. Denn letztlich war die Tätigkeit der Polizei, die in bestimmten Bedürfnisfällen Förderung durch die Bürger erfahren sollte, darauf gerichtet, dem Gefährdeten Hilfe in Notlagen zukommen zu lassen. Die polizeiliche Aufforderung, welche zwischen den Bedürfnisfall und die Begründung der Hilfeleistungspflicht getreten war, änderte lediglich die Funktion der Hilfspflicht dahingehend ab, daß sie nicht mehr originär, sondern nur noch abgeleitet die Rechtsgüter des Hilfsbedürftigen schützte.

Das preußische Strafgesetz enthielt neben dieser allgemeinen Vorschrift des § 340 Ziff. 7 in § 200 eine spezielle Regelung hinsichtlich der besonderen Hilfeleistungspflicht für Ärzte.

§ 200 PreußStGB hatte folgenden Wortlaut:

"Medizinalpersonen, welche in Fällen einer dringenden Gefahr ohne hinreichende Ursache ihre Hilfe verweigern, sollen mit Geldbuße von zwanzig bis zu fünfhundert Thalern bestraft werden."

Diese Regelung kann aber nicht im Sinne einer allgemeinen Hilfeleistungspflicht verstanden werden, da sie sich nicht an jedermann, sondern nur an einen beschränkten Personenkreis wandte.

Allerdings stellte die Strafvorschrift des § 39 PreußStGB, was häufig übersehen wird[542], eine Bestimmung dar, die einen Ausschnitt der unabgeleiteten Hilfeleistungspflicht zum

540 Walzendorff, Verwaltungsarchiv 15 (1907) S. 523, 561 f, sah daher die Bestimmung des § 340 Ziff. 7 PreußStGB "inwieweit den Untertanen eine Pflicht zur Hilfeleistung gegenüber der Polizei obliegt" als eine einheitliche Regelung der Polizeidienstpflicht an.

541 North, aa0, S. 27.

542 Siehe aber Pedotti, aa0, S. 42.

Gegenstand hatte. Aufgrund dieser Regelung war nämlich jedermann, sofern die Begehung eines in dieser Vorschrift enumerativ aufgeführten Deliktes bevorstand, verpflichtet, "der Behörde oder der durch das Verbrechen bedrohten Person zur rechten Zeit Anzeige zu machen."

X. Das Strafgesetzbuch für den Norddeutschen Bund:

Die Regelung, welche die Nothilfepflicht in § 340 Ziff. 7 PreußStGB gefunden hatte, ist später mit geringfügigen redaktionellen Modifikationen als § 360 Ziff. 10 in das neue Strafgesetzbuch für den Norddeutschen Bund übernommen worden. Der ursprüngliche aus dem Jahre 1869 stammende Entwurf hatte zwar aus unerklärlichen Gründen keine entsprechende Vorschrift, die Nothilfepflicht betreffend, enthalten[543]. Der Beschluß der IV. Kommission vom 31.3.1870 hatte aber dennoch letztlich zur Aufnahme dieser Bestimmung geführt.

XI. Das Reichsstrafgesetzbuch von 1871:

Bekanntlich ist aus dem Strafgesetzbuch für den Norddeutschen Bund infolge § 2 des Gesetzes vom 15.5.1871 das Strafgesetzbuch für das Deutsche Reich hervorgegangen, wobei der Reichstag die Vorschrift des § 360 Ziff. 10 ohne Änderung übernommen hatte[544]. Der später als "Liebesparagraph" bezeichnete Übertretungstatbestand des § 360 Abs. 1 Ziff. 10 RStGB von 1871 wies daher folgende Fassung auf:

"Mit Geldstrafe bis zu einhundertfünfzig Mark oder mit Haft wird bestraft:
10) wer bei Unglücksfällen oder gemeiner Gefahr oder Noth von der Polizeibehörde oder deren Stellvertreter zur Hülfe aufgefordert, keine Folge leistet, obgleich er der Aufforderung ohne erhebliche eigene Gefahr genügen konnte."

Die Herkunft der Bezeichnung dieser Bestimmung als **"Liebesparagraph"** ist bislang ungeklärt. Eine Ansicht[545] geht davon aus, diese Terminologie sei von den Medizinern verwandt worden. Offenbar glaubte die Ärzteschaft, obwohl § 360 Ziff. 10 RStGB auch individuelle Unglücksfälle umfaßte, sich von jeder Hilfeleistungspflicht entbunden, weil die Bestimmung des § 200 PreußStGB nicht in das RStGB übernommen worden war[546]. Zudem hatte § 144 Abs. 2 Gewerbeordnung die ehemaligen besonderen Bestimmungen, welche den Medizinalpersonen unter Androhung von Strafen einen Zwang zur ärztlichen Hilfe auferlegte, ausdrücklich aufgehoben[547]. Nach anderer Ansicht[548] ist jene Bezeichnung auf Theorie und Praxis zurückzuführen. Letztlich läßt sich heute die genaue Herkunft des Schlagwortes "Liebesparagraph" nicht mehr klären, da diejenigen Vertreter der Literatur, die den Begriff verwandten, sich entweder mit dieser Frage überhaupt nicht auseinandersetzten[549] bzw. es

543 Wildanger, aa0, S. 3.
544 Wildanger, aa0, S. 3.
545 Berner, Lehrbuch des Deutschen Strafrechts, S. 691; North, aa0, S. 44; Wiedenroth, Die Verletzung der Hilfeleistungspflicht, S. 38
546 Rubo, Kommentar über das Strafgesetzbuch für das deutsche Reich, 1879, S. 1024.
547 Leonhard, aa0, S. 75.
548 Schramm, Die Nothilfepflicht nach Paragraph 360 Abs. 1 Ziff. 10, S. 94; Wolf, JW 1933, 2096.
549 Beispielhaft sei insofern auf die im Jahre 1910 erschienene Dissertation von Leonhard verwiesen, die

versäumten, ihren Sprachgebrauch zu belegen. Ungeachtet dessen erweist sich die Bezeichnung des § 360 Ziff. 10 RStGB als "Liebesparagraph" wegen der geringfügigen, dem Helfer auferlegten Belastung und nicht zuletzt der ihm im Hinblick auf die Notwendigkeit der polizeilichen Aufforderung fehlenden Befugnis, eigenständig über Art und Umfang der zu erbringenden Hilfe zu entscheiden, letztlich als Ironie[550].

Der Übertretungstatbestand des § 360 Ziff. 10 RStGB stellte nämlich ein Blankettstrafgesetz dar[551]. Der **polizeilichen Aufforderung**[552], wurde für die Strafbarkeit konstitutive Bedeutung beigemessen[553]. Bei der Erfüllung der von jedermann geforderten Hilfeleistung, die in dem Dulden von Eingriffen, dem Erbringen körperlicher Leistungen oder dem Zurverfügungstellen von Sachleistungen bestehen konnte[554], blieb dem Bürger kaum ein eigener Entscheidungsspielraum[555]. Obwohl man die Polizei allgemein für verpflichtet erachtete, sich bei der Festlegung des inhaltlichen Umfanges ihres Verlangens *objektiv* an den Kriterien der Erforderlichkeit und Zweckmäßigkeit der Gefahrenabwehr sowie *subjektiv* am persönlichen Leistungsvermögen des Inanspruchgenommenen zu orientieren[556], war dem Hilfspflichtigen trotzdem die Überprüfung der Zweckmäßigkeit des geforderten Verhaltens, sofern es nicht offenbar unsinnig war, verwehrt[557]. Wirksamkeit wurde der an keine bestimmte Form gebundenen polizeilichen Aufforderung bereits dann beigemessen, wenn die sachlich und örtlich zuständige Polizeibehörde oder deren Stellvertreter dem die entsprechende Befugnis erkennenden Adressaten ihr Begehren individuell mit hinreichender Klarheit und Bestimmtheit vor Augen geführt hatte[558].

---

sich trotz des Titels "Der sogenannte Liebesparagraph, RStGB, § 360 Ziff. 10" mit dieser Frage nicht beschäftigt.

550 In diesem Sinne: Wolf, JW 1935, S. 2096.

551 Vgl. allgemein zum Begriff des Blankettstrafgesetzes im engeren und weiteren Sinne, Krey, EWR 1981, S. 172 ff.

552 Bellebaum, aa0, S. 6; North, aa0, S. 53 ff; Pedotti, aa0, S. 189 erachteten diese Strafvorschrift selbst, und zwar unter Verweis auf die zu § 475 Ziff. 12 code pénal und die zu § 340 Ziff. 7 PreußStGB herrschend gewesene Verwaltungspraxis als Ermächtigungsgrundlage zum Erlaß der Aufforderung an. Siehe auch Schmidt, Das polizeiliche und militärische Aufforderungsrecht, S. 55, 56, der sowohl diese Strafvorschrift als auch das polizeiliche Notstandsrecht als Ermächtigungsgrundlage ansah, sofern ein solches, wie z.B. in Preußen existierte.

553 North, aa0, S. 57; Olshausen, Kommentar zum Strafgesetzbuch für das Deutsche Reich, 2. Bd. 1927, S. 1964; Schmidt, aa0, S. 15; Schramm, aa0, S. 48.

554 Es war allerdings umstritten, ob der einzelne, im Hinblick auf die in § 360 Ziff. 10 RStGB enthaltene "Jedermann-Pflicht", zum Einsatz besonderer Berufskenntnisse verpflichtet war, wie dies die h.M. annnahm, vgl. Bellebaum, aa0, S. 12; North, aa0, S. 81, Pedotti, aa0, S. 218, Schramm, aa0, S. 75 ff; a.A. Müller, aa0, S. 15.

555 North, aa0, S. 78.

556 Leonhard, aa0, S. 19.

557 North, aa0, S. 90; Pedotti, aa0, S. 213 ff; Traeger, Festgabe für Ludwig Enneccerus, 1913, S. 10; Schramm, aa0, S. 72. Überwiegend wurde auch dem Strafrichter im Hinblick auf das der Polizei bei der Aufforderung zustehende Ermessen eine derartige Berechtigung abgesprochen, vgl. Oppenhoff, Das Strafgesetzbuch für das Deutsche Reich, 1901, S. 933, § 360 Ziff. 10 RStGB, Rdnr. 75; von Schwarze, Commentar zum Strafgesetzbuche für das Deutsche Reich 1884, S. 939.

558 Bellebaum, aa0, S. 8, 9; North, aa0, S. 59, 64, 66 ff; Leonhard, aa0, 15, 17; Olshausen, Kommentar zum Strafgesetzbuch für das Deutsche Reich, 2. Bd., 1927, S. 1965; Oppenhoff, aa0, Rdnr. 74; Pedotti, aa0, S. 194 ff, von Schwarze, aa0, S. 939. Schwierigkeiten bereitete insbesondere die Festlegung des Kreises der Stellvertreter, namentlich, ob der Schutzmann miteinzubeziehen sei, vgl. Schramm, aa0, S. 54.

Der Kern des Unrechts, das diesem Übertretungstatbestand zugrunde lag, wurde von der ganz überwiegenden Meinung in Anbetracht des Tatbestandsmerkmal der polizeilichen Aufforderung in der Verletzung der dem einzelnen gegenüber der Polizei obliegenden Gehorsamspflicht erblickt. Folglich qualifizierte man diese Strafvorschrift als *Ungehorsamsdelikt*[559] oder bezeichnete sie umgangssprachlich als *Trotzdelikt*[560]. Im Zeitalter der modernen Geldwirtschaft wurde die Auferlegung dieser besonderen öffentlichen Last, welche den Bürger zu einem aktiven Tun verpflichtete und die von der Pflicht, die öffentliche Ordnung nicht zu stören, grundverschieden war, als eine Ausnahmeerscheinung angesehen[561]. Obwohl demzufolge prinzipiell die im Wege öffentlicher Abgaben finanzierten staatlichen Institutionen zur Erfüllung derartiger Aufgaben der Gefahrenabwehr für zuständig erachtet wurden, glaubte man nicht, auf den Bürgern auferlegte Hilfspflichten schlechthin verzichten zu können[562]. Diese Auffassung wurde ebenfalls bezüglich der durch § 139 RStGB statuierten Anzeigepflicht vertreten. Die Literatur ging teilweise davon aus, § 360 Ziff. 10 und § 139 RStGB beruhten, was den Grund der Strafbarkeit anbetraf, auf demselben Gedanken[563]. Dies war wohl darauf zurückzuführen, daß beide Bestimmungen die Unterstützung der Präventivorgane bezweckten und auch § 139 RStGB eine Art Hilfeleistung für die von einem bevorstehenden Verbrechen bedrohte Person zum Gegenstand hatte, da die Anzeige auch an ihn gerichtet werden konnte[564].

Zur Zeit der Weimarer Republik gehörte es zur herrschenden staatsrechtlichen Doktrin, in der strafbewehrten "polizeilichen Dienstleistungspflicht" des § 360 Ziff. 10 RStGB eine durch Art. 133 Abs. 1 der Weimarer Reichsverfassung gerechtfertigte Grundpflicht zu sehen[565].

Während des gesamten Geltungszeitraumes jener Strafvorschrift war die Auffassung, daß sie weniger dem privaten Interesse des Hilfsbedürftigen als vielmehr dem Zweck der Förderung der öffentlichen Sicherheit und Wohlfahrtspflege diene, vorherrschend[566]. Die Strafwürdigkeit wurde daher nicht in der Verletzung der *materiellen* ethischen Pflicht, dem Nächsten in Not zu helfen, sondern *formell* in der Mißachtung der subsidiären, die Polizei bei der Gefahrenabwehr unterstützenden Verpflichtung erblickt[567].

---

559 Bellebaum, aa0, S. 15; Leonhard, aa0, S. 30; Schmidt Walter, aa0, S. 58; siehe auch Müller, aa0, S. 17.

560 Binding, Lehrbuch des Gemeinen Deutschen Strafrechts, Besonderer Teil, 2. Bd., 2. Abt., S. 741; i.d.S. auch Kreuzer, Ärztliche Hilfeleistungspflicht, S. 15.

561 Schmidt, aa0, S. 11.

562 Vgl. von Weber, Das Notstandsproblem, S. 21 ff, 108, der es in erster Linie als eine Aufgabe des Staates ansah, dem in Not geratenen Menschen zu helfen, jenen aber für befugt hielt, private Personen zur Unterstützung heranzuziehen. Grundsätzlich wurde die Polizei im Hinblick auf die polizeiliche Generalklausel des ALR II 17 § 10 für die Behebung der dem einzelnen drohenden Gefahren für zuständig erachtet, Höpfner, ZStW 36, (1916), S. 103, 126.

563 Berner, aa0, S. 691.

564 von Schwarze, Commentar zum Strafgesetzbuch für das Deutsche Reich, 1884, S. 435.

565 Anschütz, Die Verfassung des Deutschen Reichs vom 11.8.1919, Art. 133, Anm. 1; Nipperdey, Die Grundrechte und Grundpflichten der Reichsverfassung, 2. Bd. 1930, S. 290; Poetzsch-Hesster, Handkommentar der Reichsverfassung, S. 441; siehe auch Schmidt Walter, aa0, S. 11. Art. 133 Abs. 1 der Weimarer Reichssverfassung lautete: "Alle Staatsbürger sind verpflichtet, nach Maßgabe der Gesetze persönliche Dienste für den Staat und die Gemeinde zu leisten."

566 Bellebaum, aa0, S. 15; Kohler in: Iherings, Jahrbücher für die Dogmatik des heutigen römischen und deutschen Privatrechts, 25. Bd., 1887, S. 1, 6; Müller, aa0, S. 7, 48; North, aa0, S. 81; siehe auch aus späterer Zeit, Kühl, aa0, S. 35; Stieve, S. 10.

567 Schramm, aa0, S. 88; siehe auch Wildanger, aa0, S. 3.

Es dominierte insoweit die Meinung, es handele sich bei der Vorschrift des § 360 Ziff. 10 RStGB um ein *"ethisch neutrales Formaldelikt"*[568], dessen Übertretung, wegen seiner zuvor beschriebenen Zielrichtung, keine Verletzung oder Gefährdung eines bestimmten Rechtsgutes nach sich ziehen könne. Begünstigt durch die von der Privatperson erbrachten Tätigkeiten werde nicht der Hilfsbedürftige selbst, sondern zumindest **primär** die Polizei. Daher stelle der Ungehorsam gegenüber der Verwaltung, präziser formuliert, die Nichtbefolgung der polizeilichen Aufforderung, kein kriminelles Unrecht dar[569]. Das Unrecht, welches von dem Täter bei diesem echten Unterlassungsdelikt verwirklicht werden würde, erschöpfe sich in der Mißachtung des Gebotes und mache ihn nicht für den eingetretenen Erfolg verantwortlich[570]. Diese Schlußfolgerungen veranlaßten viele dazu, den Übertretungstatbestand des § 360 Ziff. 10 RStGB als ein *"Polizei- bzw. Verwaltungsdelikt"* zu qualifizieren[571].

Ausgehend von recht unterschiedlichen Ansätzen lag einer hiervon abweichenden Mindermeinung die Vorstellung zugrunde, diese Strafvorschrift sei, ungeachtet ihrer Einordnung als Polizeidelikt[572], sehr wohl Ausdruck kriminellen Unrechts.

Teilweise begründete man diese Ansicht im Wege der Herausarbeitung eines durch diese Vorschrift geschützten eigenständigen Rechtsgutes. Zwar wurde in Übereinstimmung mit der herrschenden Meinung angenommen, die Hilfeleistungspflicht bestünde in erster Linie im öffentlichen Interesse, da ihre Wirkung dem Hilfsbedürftigen lediglich mittelbar, reflexhaft zugute komme. Als geschütztes Rechtsgut müsse aber die öffentliche Ordnung angesehen werden. Denn der Grund der Pönalisierung läge nicht in der Mißachtung des polizeilichen Gebotes, sondern in der Gefahr der Infizierung anderer durch das von der Nichterfüllung ausgehende schlechte Beispiel[573].

Später begründeten andere den kriminellen Charakter der Strafvorschrift des § 360 Ziff. 10 RStGB, unabhängig vom Rechtsgüterschutz, mit der inneren sittlichen Rechtfertigung, die der Hilfeleistungspflicht trotz ihres formalen Charakters zukomme[574].

Auf heutige Verhältnisse übertragen, brachte dieser Meinungsstreit die Problematik der materiellen Differenzierung zwischen Straf- und Ordnungswidrigkeitenrecht zum Ausdruck. Denn seinerzeit war bereits die Richtigkeit der Einordnung des § 360 Ziff. 10 in das RStGB wegen des engen Zusammenhanges zwischen der Hilfeleistungspflicht und der polizeilichen Gefahrenabwehr angezweifelt worden[575].

---

568 Vgl. zu diesem später in der Literatur verwandten Begriff, Lange, GA 1953, S.3, 5.
569 Leonhard, aa0, S. 30; Olshausen, aa0, S. 1966.
570 Leonhard, aa0, S. 29, 30.
571 Leonhard, aa0, S. 29; siehe auch aus neuerer Zeit: Blindauer, aa0, S. 8; Lange, aa0, S. 5. Vgl. allgemein zu den zur Differenzierung "Rechtsverbrechen und Polizeidelikten" vertretenen konträren Auffassungen: Wachenfeld, Lehrbuch des Deutschen Strafrechts, 1914, S. 74, 75.
572 North, aa0, S. 87 ff.
573 North, aa0, S. 90; a.A. Pedotti, aa0, S. 98, 100, der die Nothilfe selbst als das geschützte Rechtsgut ansah.
574 Georgakis, Hilfspflicht und Erfolgsabwendungspflicht im Strafrecht, S. 2, 3.
575 Bauer, Die Nothilfepflicht im Paragraph 330 c StGB, S. 1.

Der Minderansicht ist dahingehend zu folgen, daß dieser Übertretungstatbestand sicherlich dem Rechtsgüterschutz diente, und zwar sowohl dem Kollektiv- als auch dem Individualrechtsgüterschutz: Die tatbestandliche Ausgestaltung des § 360 Ziff. 10 RStGB, insbesondere das Merkmal der polizeilichen Aufforderung, legt die Annahme nahe, daß durch diese Vorschrift *unmittelbar* das öffentliche Funktionsinteresse an der polizeilichen Gefahrenabwehr geschützt werden sollte. Die Unterstützung der präventiv polizeilichen Tätigkeit konnte aber nicht i.S. eines Selbstzweckes verstanden werden[576]. Damals wie heute wird ein derartiger Polizeieinsatz ja letztlich unter anderem von dem Ziel geleitet, die Individualrechtsgüter der gefährdeten Personen vor Schaden zu bewahren. Deshalb dürfen auch sie, soweit der Anwendungsbereich des § 360 Ziff. 10 RStGB reichte, durch diese Strafvorschrift als geschützt angesehen werden.

Indes genügt die Herausarbeitung eines durch § 360 Ziff. 10 RStGB geschützten eigenständigen Rechtsgutes nicht, um den **kriminellen** Charakter dieser Vorschrift aufzuzeigen. Denn nach der heute überwiegend vertretenen Auffassung kann die Beziehung des Straf- zum Ordnungswidrigkeitenrecht nicht im Sinne eines materiellen Aliudverhältnisses verstanden werden. Deshalb verbietet sich eine ausschließlich auf qualitative Kriterien abstellende Unterscheidung[577].

Aus diesem Grunde ist die Feststellung einer tieferen inneren ethischen Rechtfertigung der § 360 Ziff. 10 RStGB zugrundeliegenden Pflicht für eine Einordnung als **strafwürdiges** Unrecht ebenfalls nicht ausreichend.

Vergegenwärtigt man sich die Möglichkeit des fließenden Überganges zwischen Strafrecht und Ordnungswidrigkeitenrecht, so wird deutlich, daß die Ordnungswidrigkeiten keineswegs stets "sozialethisch farblose Lässigkeiten" sein müssen[578]. Nach der heute überwiegend vorgenommenen "gemischt quantitativ-qualitativen" Betrachtungsweise ist ein Verhalten, das zwar einen gewissen sozialethischen Unrechtsgehalt aufweist, dessen Strafwürdigkeit aber unerheblich erscheint, als Ordnungswidrigkeit einzustufen[579].

In der Gesellschaft war zwar während der gesamten Geltungsdauer des § 360 Ziff. 10 RStGB das an den einzelnen gerichtete sozialethische Gebot, dem sich in Not befindlichen Nächsten unmittelbar ohne vorherige Aufforderung zu helfen, existent geblieben[580]. Jedoch hatte der Gesetzgeber im Hinblick auf den besonderen Wert, welcher der individuellen Freiheit ebenfalls zukommt, darauf verzichtet, diese moralische zu einer **rechtlichen** Hilfspflicht zu erheben. Es wurde also gerade die Erheblichkeit der Strafwürdigkeit der Verletzung des originären sozialethischen Hilfeleistungsgebotes verneint. Infolge der Aufnahme des für das Unrecht konstitutiven Merkmals der polizeilichen Aufforderung war vom Gesetzgeber die ehemals selbständige Hilfeleistungspflicht bewußt in eine unselbständige Pflicht zur Unterstützung der Polizei umgewandelt und dem ethischen Bereich entrückt worden. Es sollte formal nur der Ungehorsam gegenüber der Polizei bestraft werden, so daß nach heutigem

576 So wurde auch angenommen, daß das Gebot letztlich auf die Verhinderung schädlicher Erfolge abziele, vgl. Traeger, aa0, S. 10, 73.

577 Göhler, Vor § 1, Rdnr. 5; Rebmann/Roht/Hermann, Vor § 1, Rdnr. 8.

578 Jescheck/Weigend, Lehrbuch des Strafrechts, AT, § 7 V, 3 b.

579 Rebmann/Roht/Hermann, Vor § 1, Rdnr. 9.

580 North, aa0, S. 88

Verständnis dieses Polizeidelikt materiell wohl eher der Kategorie des Ordnungswidrigkeitenrechts als dem des Strafrechts zuzurechnen wäre[581].

Die zurückhaltende Ausgestaltung, welche die Pflicht zur Hilfeleistung in der Vorschrift des § 360 Ziff. 10 RStGB erfahren hatte, wurde später, vor allem in der zur Zeit des Nationalsozialismus erschienenen Literatur, als Produkt eines übertrieben liberalistisch-individualistischen Rechtsdenkens angeprangert[582]. Diese Kritik erweist sich als vordergründig, da sie die zur Zeit der Geltung des § 360 Ziff. 10 RStGB hinsichtlich der Strafbarkeit der unechten Unterlassungsdelikte geführte Diskussion vernachlässigt. Eine objektive, unvoreingenommene Aussage zum Inhalt dieses Übertretungstatbestandes muß aber die Ommissivdelikte in die Betrachtung miteinbeziehen. Denn es scheint naheliegend, daß der damalige Gesetzgeber bei der Kodifikation des § 360 Nr. 10 RStGB von einem abnehmenden Strafbedürfnis bezüglich der allgemeinen Nothilfepflicht ausgegangen war: Zahlreiche Fälle des als strafwürdig erachteten Unterlassens konnte er infolge der zu den unechten Unterlassungsdelikten fortgeschrittenen Dogmatik ja nunmehr als von deren Anwendungsbereich erfaßt ansehen. Jedenfalls spricht hierfür die später in der Diskussion der Strafrechtsreform thematisierte Überlegung, das Bedürfnis für die Schaffung der strafbewehrten Nothilfepflicht und deren konkrete Ausgestaltung dürften nicht isoliert von den Ommissivdelikten beurteilt werden[583].

Im 18. Jahrhundert gehörte nämlich die Erkenntnis, daß jedes Delikt nicht nur durch aktives Tun, sondern prinzipiell auch duch Unterlassen begangen werden kann, noch nicht zum anerkannten Gemeingut der Strafrechtswissenschat. Die strafbare Nichthinderung eines Erfolges wurde regelmäßig nur im Zusammenhang mit dem Verbrechen der Tötung erörtet[584]. Erst um das Jahr 1800 setzte sich die Erkenntnis durch, jeder Straftatbestand könne grundsätzlich auch durch Unterlassen verwirklicht werden[585]. Dennoch war anfangs die Gleichstellung von Tun und Unterlassen, in Anlehnung an den Systematisierungsversuch von v. Feuerbach, der insoweit eine besondere vertragliche oder gesetzliche Rechtspflicht forderte, sehr zurückhaltend bejaht worden. Gewisse Fälle des als strafwürdig erachteten Unterlassens, die mangels spezieller Rechtspflicht in dem zuvor bezeichneten Sinne nicht dem aktiven Tun gleichgestellt werden konnten, ließen sich nur durch eine strafbewehrte Nothilfepflicht als Auffangvorschrift erfassen. Obwohl aber auch noch später die Forderung der Trennung des moralischen Gebots, dem Nächsten in Not zu helfen, von einer diesbezüglichen Rechtspflicht erhoben worden war[586], führten die sozialen Veränderungen in der Gesellschaft trotzdem zu einer stetigen Erweiterung des Personenkreises, der bereits im Wege der Ommissivdelikte dazu verpflichtet war, den einem anderen drohenden Schaden abzuwenden. Denn inzwischen waren die engen Lebensverhältnisse und das vorausgegangene gefährdende Tun, ohne Rück-

581 In diesem Sinne wohl auch Lange, aaO, S. 3, 5.

582 Bauer, aaO, S. 1; Fahlenbock, aaO, S. 16; Huschens, aaO, S. 1, 14; Ratsch, Führerflucht und Nothilfepflicht, S. 9 f; Schramm, aaO, S. 108, 109; Wiedenroth, aaO, S. 51, 103 f; Wildanger, aaO, S. 3.

583 von Hippel, ZStW 36 (1916), S. 501, 513; Höpfner, ZStW 36, (1916), S. 103, 121 f.

584 Clemens, Die Unterlassungsdelikte im deutschen Strafrecht, S. 6 ff, 17 ff; von Hippel, aaO, S. 504.

585 Feuerbach, Lehrbuch des gemeinen in Deutschland geltenden Peinlichen Rechts, 2. Aufl. 1803, § 24; siehe auch von Hippel, aaO, S. 504 m.w.N.; ders., Lehrbuch des Strafrechts, 100.

586 Traeger, aaO, S. 67.

sicht auf die Rechtsnatur der hieraus resultierenden Pflichten, als weitere, die Garantenstellung begründenden Verhältnisse anerkannt worden[587].

Als maßgebender allgemeiner normativer Gesichtspunkt für die Gleichstellung von Tun und Unterlassen wurde schließlich das, aufgrund besonderer Beziehung zu dem schützenswerten Interesse beruhende, berechtigte Vertrauen der Gemeinschaft auf die Tätigkeit einer bestimmten Person angesehen[588]. Denn es siegte die Erkenntnis, die auf den unechten Unterlassungsdelikten basierende Strafbarkeit habe nichts mit der Kausalität im naturwissenschaftlichen Sinne zu tun.

Die Extension der unechten Unterlassungsdelikte hatte zur Folge, daß der Gesetzgeber nicht mehr wie früher gezwungen war, sämtliche als strafwürdig erachtete Unterlassungen im Wege einer weitreichenden strafbewehrten Nothilfepflicht zu erfassen. Im übrigen sah er das vernichtende Urteil der öffentlichen Meinung als ausreichende Sanktion für denjenigen an, der, obschon er nicht in einer besonderen Beziehung zum Hilfsbedürftigen stand, diesem nicht ohne vorherige Aufforderung Hilfe leistete, obwohl ihm dies ohne weiteres möglich gewesen wäre[589].

Daher kann das Bestreben des Staates nach Selbstbeschränkung in der Auferlegung von Belastungen für den einzelnen im Interesse anderer bzw. der Gemeinschaft nicht ausschließlich mit der zu dieser Zeit erhobenen Forderung nach größtmöglicher Freiheit des Individuums erklärt werden. Neben jenem Aspekt ist vielmehr ein weiterer Gesichtspunkt zu berücksichtigen: Der Gesetzgeber hatte wegen des verbesserten Organisationsgrades staatlicher Einrichtungen, namentlich des Polizeiwesens, im Vergleich zu früheren Zeiten das **Bedürfnis**, Privatpersonen zur Erfüllung von Aufgaben der Gefahrenabwehr heranzuziehen, erheblich geringer eingeschätzt[590]. Das Merkmal der polizeilichen Aufforderung war zudem nicht nur aus dem Grund, das Nothilfegebot im Hinblick auf das Freiheitsinteresse des Individuums zu begrenzen, in den Tatbestand des § 360 Ziff. 10 RStGB aufgenommen worden[591]. Denn es diente insbesondere auch dazu, dem einzelnen die Notwendigkeit seiner Hilfeleistung zu verdeutlichen und deren Inhalt angesichts des Bedürfnisses an einer *organisierten* Hilfstätigkeit genau festzulegen[592].

Die Zweckmäßigkeit dieses Tatbestandsmerkmals ist aber bereits zur Zeit der Geltung des § 360 Ziff. 10 RStGB kontrovers diskutiert worden. So war in der Literatur bereits erkannt worden, daß die Effektivität der Hilfeleistung häufig von einem sofortigen Handeln abhängen

587 Traeger, aa0, S. 77, 104.
588 Traeger, aa0, S. 107 ff.
589 Klee, Archiv für Strafrecht und Strafprozeßrecht, Bd. 62, (1916), S. 394, 419.
590 Kohler, aa0, S. 1, 5; Traeger, aa0, S. 67 f. So ist in Deutschland ein organisiertes Feuerwehrwesen erst Mitte des 19. Jahrhundts entstanden, vgl. Hückinghaus, Die Feuerwehr im preußischen öffentlichen Recht, S. 10.
591 Es soll nicht geleugnet werden, daß dies, in der früheren so auch in der späteren Literatur, als der wichtigste von diesem Tatbestandsmerkmal zu erfüllende Zweck angesehen worden ist, vgl. Bauer, aa0, S. 20; Frellesen, aa0, S. 156; Georgakis, aa0, S. 3, 4; Kreuzer, aa0, S. 16; Müller, aa0, S. 35, 36; Vermander, aa0, S. 16.
592 Bellebaum, aa0, S. 9; Leonhard, aa0, S. 17; Müller, aa0, S. 14; North, aa0, S. 66; Pedotti, aa0, S. 202.

und demzufolge die Notwendigkeit der polizeilichen Aufforderung den Erfolg der rechtlichen Nothilfepflicht, vereiteln könne[593].

Dieses Tatbestandsmerkmal war aber keineswegs in alle die Hilfeleistungspflicht speziell regelnden reichsrechtlichen Vorschriften aufgenommen worden.

Im Gegensatz zu § 9 der Strandungsordnung vom 17. Mai 1874[594] verzichtete § 145 RStGB i.V.m. der Kaiserlichen Verordnung vom 15. August 1876, welche das Verhalten von Schiffern auf See nach einem Zusammenstoß zum Gegenstand hatte[595], aus verständlichen Gründen auf dieses Erfordernis.

Art. 11 des Internationalen Übereinkommens vom 23. Sept. 1910[596] enthielt eine weitere seerechtliche Nothilfevorschrift. Hiernach war der Kapitän verpflichtet, den auf See in Lebensgefahr angetroffenen Personen Beistand zu leisten, soweit er hierzu, ohne ernste Gefahr für sein Schiff und dessen Besatzung sowie der Reisenden, imstande war[597]. Hingewiesen sei auch auf das Gesetz, betreffend die Verpflichtung deutscher Kauffahrteischiffe zur Mitnahme hilfsbedürftiger Seeleute, vom 27. Dez. 1872. Hiernach bestand für jedes deutsche Kauffahrteischiff, welches von einem außerdeutschen Hafen zu einem deutschen Hafen oder einem des Kanals, Großbritaniens, des Sundes, des Kategorats oder einem nichtdeutschen Hafen der Nord- oder Ostsee fuhr, die Verpflichtung, deutsche Seeleute bzw. ausländische, die unmittelbar zuvor auf einem deutschen Schiffe in Dienst gewesen waren, mitzunehmen, sofern sie sich im Ausland in hilfsbedürftigem Zustand befanden[598].

Heftig umstritten war, ob § 22 des Gesetzes über den Verkehr mit Kraftfahrzeugen vom 3. Mai 1909 (RGBl. S.437) dem Kraftfahrzeugführer nicht nur verbot, die Unfallstelle zu verlassen, sondern ihm auch gebot, den Verletzten Hilfe zu leisten[599]. Diese Vorschrift lautete:

"Der Führer eines Kraftfahzeuges, der nach einem Unfall (§ 7) es unternimmt, sich der Feststellung des Fahrzeuges und seiner Person durch die Flucht zu entziehen, wird mit

---

593 Müller, aa0, S. 35; demzufolge waren ausländische Strafgesetzentwürfe, die zumindest für den Fall der Lebensgefahr eine unmittelbare Hilfeleistungspflicht statuieren wollten, auf Zustimmung gestoßen, vgl. Lammasch, ZStW 14 (1894), S. 505, 516; siehe auch North, aa0. S. 146, 147, der neben § 360 Ziff. 10 RStGB eine unmittelbare strafbewehrte Lebensrettungspflicht forderte.

594 Anstelle der allgemeinen Polizeibehörden war der Strandvogt zuständig, die Unterstützungspflicht der Bürger zu begründen, vgl., Bellebaum, aa0, S. 17; North, aa0, S. 111. Mangels eigener Strafbewehrung wurde die Verletzung dieser Pflicht nach § 360 Ziff. 10 RStGB bestraft, vgl. Kühl, aa0, S. 37. Die gleiche Strafe traf aber auch denjenigen, der es unterließ, "die von ihm wahrgenommene Strandung oder Seenot e eines Schiffes sofort dem Strandvogte oder der Gemeindebehörde anzuzeigen". Vgl., Hälschner, Das gemeine deutsche Strafrecht, 2. Bd. S. 984.

595 Den Wortlaut dieser Verordnung gibt Müller, aa0, S. 37 ff. wieder. Sie regelt nicht Fälle unechter Unterlassungsdelikte, da für die Strafbarkeit eine Garantenpflicht, insbesondere aus vorausgegangenem gefährdendem Tun, nicht verlangt worden ist. Allerdings war die aus ihr resultierende Beistandspflicht auf die Führer der Schiffe, die an der Kollision beteiligt waren, begrenzt gewesen. Vgl., Bellebaum, aa0, S. 17; Hälschner, aa0, S. 987; North, aa0, S. 110.

596 RGBl. 1913, S. 78.

597 Kühl, aa0, S. 38.

598 Hälschner, aa0, S. 986.

599 I.d.S: Bellebaum, aa0, S. 18; Huschens, aa0, S. 96; Ratsch, aa0, S. 19; a.A. Fahlenbock, aa0, S. 43; Stieve, aa0, S. 43, da nur das Verlassen in hilfloser Lage bestraft werde.

Geldstrafe bis zu 10 000 RM. oder mit Gefängnis bis zu zwei Monaten bestraft. Er bleibt jedoch straflos, wenn er spätestens am nächstfolgenden Tage nach dem Unfall Anzeige bei einer inländischen Polizeibehörde erstattet und die Feststellung des Fahrzeuges und seiner Person bewirkt.

Verläßt der Führer des Kraftfahrzeuges eine bei dem Unfall verletzte Person vorsätzlich in hilfloser Lage, so wird er mit Gefängnis bis zu 6 Monaten bestraft. Sind mildernde Umstände vorhanden, so kann auf Geldstrafe erkannt werden."

Zum Teil enthielt auch das Landesrecht spezielle Bestimmungen bezüglich der Nothilfepflicht. Während z.B. § 44 Ziff. 4 des preußischen Feld- und Forstpolizeigesetzes vom 01. April 1880 und Art. 30 Ziff. 4 des württembergischen Forstpolizeigesetzes vom 19. Febr. 1902 die Verpflichtung, bei Waldbränden Hilfe zu leisten, ebenfalls von der vorherigen Aufforderung, sei es auch nur die einer Privatperson, abhängig machten[600], war ein derartiges Erfordernis z.B. für die Strafbarkeit nach den §§ 204, 205 i.V.m. 207 des preußischen Bergrechts von 1865 nicht konstituierend[601].

Denjenigen Regelungen, die eine unmittelbare Hilfeleistungspflicht statuierten, war regelmäßig gemeinsam, daß sie sich nicht an jedermann, sondern nur an einen begrenzten Personenkreis wandten[602]. Demzufolge waren sie auch nur z.T. mit der Normierung einer allgemeinen Nothilfepflicht vergleichbar.

Die Auffassung, § 360 Ziff. 10 RStGB sei in allen wesentlichen, die Strafbarkeit der unterlassenen Hilfeleistung betreffenden Fragen sowohl hinter den früheren als auch späteren Regelungen zurückgeblieben, erweist sich bei näherer Betrachtung ebenfalls als Trugschluß.

Im Gegensatz zu den älteren Vorschriften war die Nothilfepflicht nicht mehr nur auf die **Menschen** drohenden Gefahren begrenzt. Denn einig war man sich darüber, die Polizei dürfe aufgrund der in § 360 Ziff. 10 RStGB normierten Bedürfnisfälle den einzelnen auch zum Zwecke der Unterstützung ihrer Tätigkeit zum Schutz von Sachwerten bzw. des Vermögens heranziehen[603].

Vergleicht man den Übertretungstatbestand des § 360 Ziff. 10 RStGB mit den späteren, die Hilfeleistungspflicht regelnden Strafvorschriften, so erweist sich jener bezüglich der Schuldform als die extensivere Regelung. Nach einer besonders für die Polizeidelikte entwickelten Doktrin war anerkannt, auch ohne ausdrückliche gesetzliche Regelung sei die fahrlässige Begehensweise strafbar, sofern dies nach der ratio legis der speziellen Vorschrift geboten erscheine[604]. Das Vorliegen dieses Erfordernisses wurde für den Übertretungs-

600 Leonhard, aa0, S. 66.

601 In diesem Sinne auch Fahlenbock, aa0, S. 44. Allerdings ist der Wortlaut des § 205, abgesehen von der Hilfspflicht der Besitzer benachbarter Bergwerke, nicht völlig eindeutig.

602 Eine Ausnahme bildete § 21 des preußischen Feuerlöschgesetzes vom 15.12.1933. Vgl. Kühl, aa0, S. 30.

603 Das wurde zumindest für die gemeine Gefahr angenommen. Vgl., Oppenhoff, Das Strafgesetzbuch für Das Deutsche Reich, 1901, S. 933; Olshausen, aa0, 2. Bd., S. 1964; Rubo, aa0, S.1025.

604 RGSt 38, 104; Köhler, Deutsches Strafrecht, Allgemeiner Teil, 1917, S. 242; vgl. bereits für das preußische StGB, Oppenhoff, Das Strafgesetzbuch für die Preußischen Staaten, 1867, S. 550. A.A. v. Hippel, Deutsches Strafrecht, Bd. 2, S. 368.

tatbestand des § 360 Ziff. 10 RStGB von der überwiegenden Auffassung, nicht zuletzt wegen der zu § 340 Abs. 1 Nr. 7 PreußStGB maßgeblich gewesenen Praxis, bejaht[605].

XII. Die Entwürfe eines Strafgesetzbuches bis zur 4. Strafrechtsnovelle vom 28.6.1935

1. Vorentwurf zu einem deutschen Strafgesetzbuch von 1909

Obwohl sich allmählich die Erkenntnis durchsetzte, die in § 360 Ziff. 10 RStGB vorgenommene Ausgestaltung der Hilfeleistungspflicht könne in der Praxis zu äußerst unbefriedigenden Ergebnissen führen, war ihre Behandlung in der Strafrechtsreform vor 1933 dennoch sehr zurückhaltend.

So hatte noch der aus dem Jahre 1909 stammende Vorentwurf zu einem Deutschen Strafgesetzbuch in § 308 Ziff. 8 den *Tatbestand* der bisherigen Regelung im wesentlichen unverändert beibehalten. Ohne daß auch nur eine Ausführung in der amtlichen Begründung der Kommission zu dieser Bestimmung enthalten gewesen wäre[606], erhöhte man allerdings den *Strafrahmen* geringfügig von 150,-- auf 200,-- Reichsmark bzw. von sechs Wochen auf zwei Monate Haft.

2. Gegenentwurf zum Vorentwurf zu einem Deutschen Strafgesetzbuch von 1911

Der nur zwei Jahre später von den Professoren Kahl, von Lilienthal, von Liszt und Goldschmidt erarbeitete Gegenentwurf übernahm in § 358 Ziff. 13 die Fassung, die der Tatbestand der unterlassenen Hilfeleistung im Vorentwurf gefunden hatte. Die Verfasser sahen die geringfügigen Änderungen, die der ehemalige Tatbestand des § 360 Ziff. 10 RStGB im Vorentwurf erfahren hatte, als lediglich "stilistischer Natur" an[607]. Hingegen nahmen sie eine entscheidende Modifikation des Strafrahmens vor. Unter Heraufsetzung der Geldstrafe zu dem Höchstbetrag von 500,-- Reichsmark verzichteten sie völlig auf die Androhung der Haftstrafe. Wegen der Fragwürdigkeit der generalpräventiven Wirkung eines solchen Straftatbestandes in bezug auf wohlhabende Personen erfuhr dieser Entwurf in der Folgezeit heftige Kritik[608].

3. Entwurf der amtlichen Strafrechtskommission von 1913

Dieser Kommissionsentwurf leitete die entscheidende Wende in der Behandlung der allgemeinen Hilfeleistungspflicht ein.
Der Tatbestand der unterlassenen Hilfeleistung als eines Ungehorsamsdeliktes wurde um eine an die Tradition des § 782 II 20 ALR anknüpfende Tatbestandsalternative ergänzt[609]. Der em-

---

605 Bellebaum, aaO, S. 12, 13; Leonhard, aaO, S. 17, 30; Olshausen, aaO, Bd. 2, S. 1966; North, aaO, S. 91 ff; Pedotti, aaO, S. 223; Schmidt, aaO, S. 58; Wildanger, aaO, S. 142.

606 Vgl. die Kritik von Bellebaum, aaO, S. 30.

607 Gegenentwurf zum Vorentwurf zu einem Deutschen Strafgesetzbuch, aufgestellt von den Professoren Lilienthal, Kahl, von Liszt und Goldschmidt 1911, Begründung, S. 333.

608 Bellebaum, aaO, S. 30; Schramm, aaO, S. 2.

609 Entgegen der Ansicht von Weber, Das Notstandsproblem, S. 22 war nicht erst im E 1919, sondern bereits in dem Entwurf der amtlichen Strafrechtskommission von 1913 an den im Preußischen Allgemeinen Landrecht von 1794 in § 782 Teil II, Titel 20 zur Nothilfepflicht enthaltenen Gedanken angeknüpft

pfohlene Übertretungstatbestand des § 415, der somit beide bereits bekannten Formen der Hilfeleistung aufwies und mit "Unterlassener Hilfeleistung" überschrieben war, hatte folgenden Wortlaut:

"Mit Haft oder Geldstrafe wird, soweit nicht nach § 24 schwerere Strafe eintritt, bestraft;
1. wer bei Unglücksfällen oder bei gemeiner Gefahr oder Not keine Hilfe leistet, obwohl er von der Polizeibehörde oder deren Vertreter dazu aufgefordert wird und der Aufforderung ohne erhebliche eigene Gefahr genügen kann;
2. wer es vorsätzlich unterläßt, einen anderen aus einer Lebensgefahr zu retten, obwohl er ihn ohne Gefahr für Leib oder Leben retten kann; die Tat ist nur strafbar, wenn der Gefährdete in der Gefahr das Leben verloren hat"[610].

Diese Vorschrift entsprang dem Standpunkt der Kommission, die Fälle, in denen das Rechtsgefühl für die Bestrafung moralwidrigen Unterlassens spreche, nicht durch Ausdehnung des Anwendungsbereichs der unechten Unterlassungsdelikte, sondern künftig durch vorsichtige Extension der Nothilfepflicht zu erfassen[611].

Der Vorschlag, das Ungehorsamsdelikt im Wege der Statuierung einer auf den bedeutsamsten Bedürfnisfall der Bedrohung des unersetzbaren Rechtsgut *Leben* begrenzten, selbständigen unmittelbaren Hilfeleistungspflicht zu erweitern, ist zwar seinerzeit nicht auf generelle Ablehnung gestoßen[612]. Allerdings gab man zum einen zu bedenken, die Entscheidung über die Notwendigkeit der Ausdehnung der in § 360 Ziff. 10 RStGB verankerten Nothilfepflicht würde letztlich von der vorherigen Beantwortung der Frage, ob die zu den unechten Unterlassungsdelikten existierende Dogmatik der Korrektur i.S. der Erweiterung der Strafbarkeit bedürfe, abhängen[613]. Zum anderen monierte man bezüglich der Ausgestaltung, welche die allgemeine Lebensrettungspflicht im Entwurf erfahren hatte, es sei keine Auswahl zwischen mehreren hilfsfähigen Personen getroffen worden, was aber wegen der eventuell bestehenden unterschiedlichen persönlichen Beziehungen zum Hilfsbedürftigen, nicht zuletzt zur Vermeidung der Gefahr der Einmischung in dessen persönliche Interessen, erforderlich gewesen wäre. Da der Entwurf die Vermögensinteressen des Hilfspflichtigen nicht beachten würde, nähme er auch zu geringe Rücksicht auf das von ihm zu erbringende Opfer[614].

Später, zur Zeit des Nationalsozialismus, ist § 415 Nr. 2 des Entwurfs aufgrund der erfolgten Aufnahme der Voraussetzung, daß der Gefährdete in der tatbestandlichen Situation sein Leben verloren haben mußte, kritisiert worden. So wandte man ein, es sei allein an den verbrecherischen Willen anzuknüpfen, die Strafe müsse also unabhängig von einem Erfolg eintreten[615].

4. StGB-Entwurf von 1919

---

worden. Wie hier, Wildanger, aaO, S. 6.

610 Zitiert nach Bellebaum, aaO, S. 30, 31.

611 von Hippel, ZStW 36, (1916), S. 501, 516.

612 Befürwortend die aus § 415 Nr. 2 E 1913 hervorgegangene Vorschrift des § 291 E 1919, v. Weber, aaO, S. 22, 23.

613 von Hippel, aaO, S. 501, 513.

614 Höpfner, ZStW 36, (1916), S. 103, 126 ff.

615 Bellebaum, aaO, S. 31; Huschens, aaO, S. 15.

Der StGB-Entwurf von 1919 lehnte sich offensichtlich an die vorausgegangene Regelung des Kommissionsentwurfes an, vollzog aber eine systematische Trennung der beiden Tatbestandsalternativen.

Die erstere fand als § 199 im 8. Abschnitt dieses Entwurfs, der die Überschrift "Auflehnung gegen die Staatsgewalt" trug, ihren Standort. Gleichzeitig wurde der ursprüngliche Übertretungstatbestand zu einem Vergehen aufgewertet. Begründet wurde die Erhöhung des Strafrahmens (Geldstrafe bis zu 3.000,-- Reichsmark oder Gefängnis bis zu sechs Monaten) mit der besonderen Verwerflichkeit der Gesinnung, welche bei der Nichterfüllung der Hilfeleistungspflicht zutage trete, und der Möglichkeit von schweren Folgen für den Bedürftigen[616].

Die Zulässigkeit der weitergehenden Anhebung des Strafrahmens ist in der Literatur verneint worden, da § 199 des Entwurfs lediglich eine "Zufallspflicht" zum Gegenstand habe. Im Unterschied zu den unechten Unterlassungsdelikten fehle es an einem besonderen, in der Person des Unterlassenden liegenden Grundes, ihn für die unterbliebene Behebung des einem anderen drohenden Rechtsgutverlustes verantwortlich zu machen[617].

Der Entwurf hat ferner einige gravierende Änderungen am Tatbestand vorgenommen. Der Beschreibung der die Hilfeleistung auslösenden tatbestandlichen Situation diente nur noch der Begriff der "Gemeingefahr", worunter der Entwurf nach der in § 9 Nr. 5 enthaltenen Legaldefinition Fälle verstand, in denen Menschenleben oder in bedeutendem Maße das Eigentum gefährdet wären. Erstmals erfuhr das Zumutbarkeitskorrektiv eine Erweiterung dahingehend, daß die Befolgung der polizeilichen Aufforderung "ohne Verletzung sonstiger wichtiger Interessen" möglich sein mußte[618].

Die zweite in § 415 des erwähnten Kommissionsentwurfs ent-haltene Tatbestandsalternative war nunmehr innerhalb des 18. Abschnittes ("Todesdelikte") in den Vergehenstatbestand des § 291 umgewandelt worden. Im Vergleich zum Kommissionsentwurf hatte man hier eine nicht unwesentliche Erhöhung der Strafbarkeit vorgenommen. § 291 des StGB-Entwurfs von 1919, der bei Bestehen einer Garantenstellung durch die Tötungsdelikte verdrängt werden sollte, dehnte nämlich die objektive Bedingung der Strafbarkeit auf den Eintritt einer schweren Körperverletzung aus und schränkte das Zumutbarkeitskorrektiv auf den Fall der erheblichen Eigengefahr ein. Neben der vorsätzlichen sollte auch die fahrlässige Begehensweise strafbar sein.

5. StGB-Entwurf von Radbruch 1922

Im Vergleich zum vorhergehenden Entwurf bahnte sich im StGB-Entwurf von Radbruch wiederum eine restriktivere Regelung der strafrechtlichen Hilfeleistungspflicht an. Das Ungehorsamsdelikt des § 199 StGB-Entwurf von 1919 war allerdings hinsichtlich des Tatbestandes wörtlich übernommen und als § 217 ("Unterlassene Hilfeleistung") in den 16. Abschnitt "Gemeingefährliche Handlungen, Störungen des öffentlichen Verkehrs"

---

616 Denkschrift zum Entwurf 1919; Blaschick, aa0, S. 8; Schramm, aa0, S. 100; Wildanger, aa0, S. 7.
617 Traeger, ZStW 43, (1923), S. 117, 121.
618 Schramm, aa0, S. 100.

eingegliedert worden. Hervorhebung verdient, daß dieser Entwurf, im Gegensatz zu dem aus dem Jahre 1919 stammenden, eine Begrenzung der Geldstrafe auf einen Betrag in der Höhe von 3.000, -- Reichsmark nicht mehr vorsah, so daß ihre Verhängung bis zur Höchstgrenze möglich gewesen wäre.

Hingegen ist das Delikt der "Unterlassenen Lebensrettung" in § 228 dieses Entwurfs zu einem Begehenstatbestand umgestaltet worden, und zwar mittels der Formulierung : "Wer wissentlich und gewissenlos einen anderen in unmittelbare Lebensgefahr bringt, wird mit strengem Gefängnis bestraft". Aufgrund verschiedener Bedenken, die gegen die im StGB-Entwurf von 1919 enthaltene Strafvorschrift der unterlassenen Lebensrettung erhoben worden waren[619], hatte der Entwurf von Radbruch also auf die Statuierung einer unmittelbaren Nothilfepflicht, selbst in der eingeschränkten Ausprägung einer allgemeinen Lebensrettungspflicht, verzichtet.

6. Amtlicher Entwurf eines Allgemeinen Deutschen Strafgesetzbuches von 1924/25

Der Amtliche Entwurf eines Allgemeinen Deutschen Strafgesetzbuches war in den §§ 220 und 231 von den im StGB-Entwurf von Radbruch beinhalteten Regelungsvorschlägen nicht abgewichen, sondern hatte sie ohne jede Änderung übernommen.

7. Entwurf eines Allgemeinen Deutschen Strafgesetzbuches von 1927

Der Entwurf eines Allgemeinen Deutschen Strafgesetzbuches von 1927 kehrte bezüglich der Regelung der Hilfeleistungspflicht beinahe vollständig zu der im Übertretungstatbestand des § 360 Ziff. 10 RStGB enthaltenen Ausgangslage zurück.

§ 401 des Entwurfs hatte folgenden Wortlaut:

"Wer bei gemeiner Gefahr oder Not oder bei Unglücksfällen der polizeilichen Aufforderung zur Hilfeleistung nicht nachkommt, obwohl er der Aufforderung ohne erhebliche eigene Gefahr und ohne Verletzung anderer wichtiger Interessen genügen kann, wird mit Geldstrafe bestraft."

Im Widerspruch zu den ihm unmittelbar vorausgegangenen Entwürfen sollten also alle Bedürfnisfälle, wenn auch in umgekehrter Reihenfolge, wieder Aufnahme in den Tatbestand finden. Der Vorschlag, das Zumutbarkeitskorrektiv zu erweitern, ist in diesem Entwurf allerdings aufrechterhalten worden, so daß die Hilfeleistungspflicht insoweit eine restriktivere als die in § 360 Ziff. 10 RStGB enthaltene Regelung erfahren sollte[620].

Das traf ebenfalls auf die Rechtsfolgen zu. Einerseits sah der Entwurf vor, die angedrohte Geldstrafe auf die zulässige Höchstgrenze auszudehnen. Andererseits hatte in § 401 des Entwurfs die Haftstrafe überraschenderweise keine Aufnahme in den Kreis der Sanktionen gefunden.

619 Kleinfeller, DStZ 1921, S. 197 ff; Wach, DStZ 1921, S. 138.
620 Blaschick, aa0, S. 8.

Wie bereits die beiden vorhergehenden, verzichtete auch dieser Entwurf auf die Schaffung eines allgemeinen, jedermann zur Lebensrettung verpflichtenden Straftatbestandes.

XIII. § 330 c StGB i.d.F. des Gesetzes zur Änderung des Strafgesetzbuches vom 28.6.1935

Später, zur Zeit des Nationalsozialismus, sind die in den vorhergehenden Entwürfen zur Nothilfepflicht enthaltenen Regelungsvorschläge wegen ihrer Ineffizienz, was die Behebung von Notlagen betreffen, kritisiert worden. Desweiteren wurde behauptet, jene Entwürfe hätten den inzwischen eingetretenen gesellschaftlichen Wandel völlig vernachlässigt. So war schon in der vor der nationalsozialistischen Machtergreifung am 30. Jan. 1933 erschienenen Literatur betont worden, man lebe in einer "Übergangszeit" und die Pflichten des einzelnen Staatsbürgers müßten sich, im Gegensatz zu früher, stärker an der Förderung des Gemeinwohls und den privaten Interessen anderer als an dem Schutze der individuellen Freiheit orientieren[621].

Aus diesem Grund hat sich die nach 1933 vom Reichsjustizminister Franz Gürtner im Auftrage Adolf Hitlers einberufene *Amtliche Strafrechtskommission* im Rahmen ihrer Arbeiten an einem neuen Strafgesetzbuch insbesondere auch mit der Novellierung der Strafvorschrift der unterlassenen Hilfeleistung beschäftigt.

Da die Kommission offenbar den wesentlichsten Mangel der bisherigen Vorschrift des § 360 Ziff. 10 RStGB in der für die Entstehung der Nothilfepflicht erforderlichen polizeilichen Aufforderung erblickte, hatte der von ihr ursprünglich unternommene Änderungsvorschlag, der auf den damaligen Staatsminister und Präsidenten des Volksgerichtshofs Dr. Thierack zurückging, folgende Fassung erfahren:

"Wer bei Unglücksfällen oder gemeiner Not nicht Hilfe leistet, obwohl dies nach gesunder Volksanschauung von ihm gefordert werden kann, wird mit Gefängnis bis zu zwei Jahren oder Haft bestraft"[622].

Die Strafrechtskommission ließ sich insoweit von der Überlegung leiten, die den Unglücksfällen und den sonstigen Notlagen regelmäßig räumlich näher als die Behörden stehenden Volksgenossen könnten bereits effektive Maßnamen zu ihrer Behebung ergreifen, noch ehe staatliche Stellen möglicherweise auch nur Kenntnis von der bedrohlichen Situation erlangen würden. Hinzu komme, daß, anders als im Stadium der durch die spätere Kenntnisnahme der Behörden bedingten Fortentwicklung der Gefahren, bei sofortiger Tätigkeit der Volksgenossen zur wirksamen Notlagenbekämpfung noch relativ geringfügige und den Pflichtigen wenig belastende Maßnahmen völlig ausreichend sein könnten. Die Strafrechtskommission verwies insofern auf das Beispiel des Spaziergängers, der in einsamer Waldgegend die Entstehung eines Waldbrandes bemerke.

---

621 Sauer, Festgabe für v. Frank, Bd. I, S. 202, 225; ders. GS 114, S. 278, 285, der hervorhebt, daß seit 1910 eine Extension der Strafbarkeit aufgrund der unechten Unterlassungsdelikte infolge Einbeziehung ursprünglicher Sittenpflichten stattgefunden habe. Äußerst zurückhaltend aber Kissin, Die Rechtspflicht zum Handeln bei den Unterlassungsdelikten, S. 100 f. hinsichtlich der Statuierung eines allgemeinen strafbewehrten Nothilfegebotes zur Lebensrettung.

622 Bericht über die Arbeit der Amtlichen Strafrechtskommission, in: Gürtner, Das kommende deutsche Strafrecht, Besonderer Teil, 2. Aufl., 1936, S. 305.

Jene Erwägungen sprächen dafür, daß der einzelne Volksgenosse, falls die gesunde Volksanschauung dies gebiete, auch ohne vorherige polizeiliche Aufforderung unmittelbar zur Erbringung erforderlicher Hilfe verpflichtet sein müsse[623].

Der nationalsozialistische Gesetzgeber hat dann, um künftigen Mißständen entgegen wirken zu können, die Reformbedürftigkeit des § 360 Nr. 10 RStGB als so dringlich erachtet, daß er die endgültige Verabschiedung und Inkraftsetzung des sich noch in Arbeit befindlichen neuen Strafgesetzbuches nicht abwarten wollte[624].

Deshalb enthielt bereits das Gesetz zur Änderung des Strafgesetzbuches vom 28. Juni 1935[625] bezüglich der Nothilfepflicht mit Wirkung vom 01. Sept. 1935 in Art. 9 "Unterlassene Hilfeleistung" folgende Regelung:

"1. Hinter § 330 b des Strafgesetzbuchs wird als § 330 c folgende Vorschrift eingefügt:

§ 330 c

Wer bei Unglücksfällen oder gemeiner Gefahr oder Not nicht Hilfe leistet, obwohl dies nach gesundem Volksempfinden seine Pflicht ist, insbesondere wer der polizeilichen Aufforderung zur Hilfeleistung nicht nachkommt, obwohl er der Aufforderung ohne erhebliche eigene Gefahr und ohne Verletzung anderer wichtiger Pflichten genügen kann, wird mit Gefängnis bis zu zwei Jahren oder mit Geldstrafe bestraft.

2. In § 360 Abs. 1 des Strafgesetzbuchs wird die Nr. 10 gestrichen[626]."

Die Strafvorschrift der unterlassenen Hilfeleistung hatte somit ihren systematischen Standort im siebenundzwanzigsten Abschnitt "Gemeingefährliche Verbrechen und Vergehen" gefunden.

Anlaß für die Aufwertung des ehemaligen Übertretungstatbestandes des § 360 Ziff. 10 RStGB zum Vergehen und die weitreichende Extension der Nothilfevorschrift war, wie der amtlichen Begründung entnommen werden kann, insbesondere das Bestreben, die Bürger bei der Bekämpfung von Waldbränden effektiver als bisher einsetzen zu können.

Eine Teillösung durch Verschärfung der Strafe, die § 40 Abs. 1 Nr. 4 des preußischen Feld- und Forstpolizeigesetzes vom 1. April 1880 für die Mißachtung der Hilfeleistungspflicht androhte, hatte der nationalsozialistische Gesetzgeber wegen der Unzweckmäßigkeit der polizeilichen Aufforderung im allgemeinen als unzureichend angesehen[627]. In der amtlichen

623 Bericht über die Arbeit der Amtlichen Strafrechtskommission, aa0, S. 305.
624 Die amtlichen Begründungen, in: Amtliche Sonderveröffentlichungen der Deutschen Justiz, Die Strafrechtsnovellen vom 28. Juni 1935, S. 27; siehe auch Huschens, aa0, S. 29; Wildanger, aa0, S. 9.
625 RGBl. I 1935, S. 839.
626 Amtliche Sonderveröffentlichungen der Deutschen Justiz, 1935, aa0, S. 10.
627 Die Amtlichen Begründungen, aa0, S. 42.

Begründung berief er sich hinsichtlich dieser weitreichenden Änderung der bisherigen Nothilfevorschrift ausdrücklich auf den "seit der nationalsozialistischen Erhebung eingetretenen Wandel in den Anschauungen über die Pflichten des einzelnen gegenüber der Volksgemeinschaft und sein Verhältnis zu den Volksgenossen" [628].

Der damalige Gesetzgeber vertrat die Auffassung, die rechtliche Hilfeleistungspflicht sei wegen der Abhängigkeit ihrer Entstehung und ihres Umfanges von den besonderen Umständen des Einzelfalles nur durch eine allgemein gehaltene Strafvorschrift erfaßbar[629]. In dem Tatbestandsmerkmal des "gesunden Volksempfindens" glaubte er insofern den zur Festlegung des Umfanges der Nothilfepflicht benötigten allgemeinen Maßstab gefunden zu haben.

Hierzu sei hervorgehoben, daß der nationalsozialistische Gesetzgeber erstmals in dem Gesetz zur Änderung des Strafgesetzbuches auf diese Formulierung rekurrierte und sie ledig-lich an einer weiteren Stelle, nämlich in § 2 zur Aufhebung des rechtsstaatlichen Grundsatzes nullum crimen sine lege, verwandte[630].

Ein Vergleich des § 330 c StGB i.d.F. des Gesetzes vom 28.6.1935 mit § 360 Ziff. 10 RStGB zeigt, daß ersterer zwar bezüglich der Normierung der die Nothilfepflicht auslösenden Bedürfnisfälle an die bisherige Strafvorschrift anknüpfte, sich aber dennoch in drei wesentlichen Punkten von der bisherigen Regelung unterschied[631]:

1. Der ehemalige Übertretungstatbestand war zum *Vergehen* aufgewertet worden, womit der nationalsozialistische Gesetzgeber den höheren Stellenwert, den er im Vergleich zum Normgeber des Reichsstrafgesetzbuches der Nothilfepflicht beimaß, zum Ausdruck bringen wollte.
2. Das *"Zumutbarkeitskorrektiv"* hatte eine Erweiterung erfahren. Der Adressat sollte nicht nur im Falle der ihm drohenden erheblichen eigenen Gefahr, sondern nunmehr auch bei Verletzung anderer wichtiger Pflichten von der Hilfeleistungspflicht befreit sein.
3. Das Tatbestandsmerkmal der *vorherigen polizeilichen Aufforderung* hatte innerhalb § 330 c StGB seine für das Unterlassen strafbarkeitsbegründende Bedeutung eingebüßt. Der polizeilichen Aufforderung zur Hilfeleistung, bezüglich deren Erlasses auf § 330 c StGB rekurriert werden konnte[632], kam nämlich nur noch die Funktion eines Beispiels zu[633].

---

628 Die Amtlichen Begründungen, aa0.

629 Zustimmend Barth, JW 1935, S. 2320, 2321, der eine inhaltlich bestimmte Strafvorschrift nicht einmal für wünschenswert erachtete.

630 Die Amtlichen Begründungen, aa0, S. 27, 28; siehe auch, Bauer, aa0, S. 50; Blaschick, aa0, S. 22; Ehlers, aa0, S. 14; Fahlenbock, aa0, S. 23; Freisler, DStR 1935, S. 1 ff; Huschens, aa0, S. 43; Stieve, aa0, S. 12, 27; besonders deutlich bringt dies Schäfer, JW 1935, S 2323, zum Ausdruck, wenn er ausführt: "Statt `nulla poena sine lege' gilt jetzt der Satz: `nullum crimen sine poena'".

631 Fahlenbock, aa0, S. 17; Görlich, Die Hilfeleistungspflicht bei Unglücksfällen gemäß § 330 c StGB, S. 4; Huschens, aa0, S. 30; Stieve, aa0, S. 13.

632 Ehlers, aa0, S. 29 ff; Huschens, aa0, S. 70 ff; Kühl, aa0, S. 58 ff; Storsberg, aa0, S. 94; Wiedenroth, aa0, S. 54.

633 Insofern war allerdings umstritten gewesen, ob die polizeiliche Aufforderung alleine zur Begründung der Pflicht zur Nothilfe ausreichend war (i.d.S., Wiedenroth, aa0, S. 52), oder der Nachweis, daß sie nach gesundem Volksempfinden geboten war, hinzukommen mußte (i.d.S. Stieve, aa0, S. 34).

Der entscheidende Unterschied der beiden Strafvorschriften lag in dem Verzicht des § 330 c StGB auf die konstitutive Bedeutung des Polizeibefehls begründet[634]. Denn hierdurch hatte die strafbewehrte Nothilfepflicht ihren selbständigen Charakter wiedergewonnen und ihre Eigenschaft als Ungehorsamsdelikt verloren[635]. § 330 c StGB a.F. stellte sich also als extreme Gegenposition zu § 360 Ziff. 10 RStGB dar, was den inhaltlichen Umfang der Kriminalisierung der unterlassenen Hilfeleistung und den Strafrahmen anbetraf.

Daher drängt sich die Frage auf, ob die strafbewehrte Nothilfepflicht, wie sie in § 330 c StGB a.F. ihre Ausgestaltung erfahren hatte, Ausdruck der im Nationalsozialismus zum Ver-hältnis des Individuums zur Gemeinschaft vertretenen Ideologie gewesen ist oder ob sich in dieser Neufassung von 1935 lediglich der, losgelöst von jener NS-Ideologie, in Richtung Sozialstaatlichkeit eingetretene gesellschaftliche Wandel widerspiegelte.

Unzweifelhaft ist die gesetzgeberische Intention, die mit der Schaffung des § 330 c StGB verfolgt worden war, nämlich künftig einen besseren Schutz vor Waldbränden zu gewährleisten, in weltanschaulicher Hinsicht völlig neutral. Als Antwort auf die vorausgegange Frage wäre diese Feststellung, die nicht zum eigentlichen Kern der Problematik des § 330 c StGB vorstößt, indes völlig unzureichend, da der Schutz vor Waldbränden nur der Anlaß, wohl kaum aber die entscheidende Ursache für die Änderung der strafbewehrten Nothilfepflicht gewesen war[636]. Dieses Ziel hätte den nationalsozialistischen Gesetzgeber sicher nicht dazu veranlassen können, die Nothilfevorschrift bereits vor der Verabschiedung des geplanten künftigen Strafgesetzbuches zu novellieren[637].

Denn unverkennbar ist, daß die in § 360 Ziff. 10 RStGB in bezug auf den Pflichtenstatus der gesellschaftlichen Mitglieder zum Ausdruck gekommene liberale Auffassung innerhalb des Tatbestandes des § 330 c StGB einer geänderten Sichtweise Platz machen mußte[638]. In der während der Zeit des Nationalsozialismus erschienenen Literatur wurde überwiegend die Meinung vertreten, es habe bei der Schaffung des § 330 c StGB die wahre Absicht des Gesetzgebers darin bestanden, unter Anknüpfung an die ältere deutsche, namentlich germanische Rechtstradition, bei der Neuregelung der Nothilfepflicht den vorherigen Einfluß fremden Rechts zu beseitigen[639]. Zudem habe hierdurch der im Nationalsozialismus in bewußtem Gegensatz zum Liberalismus zur rechtlichen Stellung des einzelnen in der Gesellschaft eingenommene Standpunkt verdeutlicht werden sollen[640]. Es dominierte nämlich die Ansicht, die neue Gesellschaftsordnung basiere nicht mehr auf dem Gedanken des Egoismus des einzelnen und dem Schutz seiner individuellen Freiheit, sondern auf dem

---

634 Kargl, GA 1994, S. 247, 251.

635 Kargl, aa0.

636 Blindauer, aa0, S. 32; Ehlers, aa0, S. 11; Frellesen, aa0, S. 102; Georgakis, aa0, S. 11; Huschens, aa0, S. 29.

637 Der in der Literatur erfolgte Hinsweis (Wolf, JW 1935, S. 2096 ff; ähnlich Sauer, Festgabe für v. Frank, S. 202,.223 f), daß es bislang neben den unechten Unterlassungsdelikten keinen "Auffangtatbestand" gebe, um gewisse Fälle des Unterlassens durch "Nichtgaranten" entsprechend ihrer Strafwürdigkeit pönalisieren zu können, dürfte ebenfalls nicht der entscheidende Grund gewesen sein.

638 RG, DR 1941, S. 925, 926.

639 Huschens, aa0, S. 9, 15; Kühl, aa0, S. 20, 39; Schramm, aa0, S. 95; vgl. auch Pedotti, aa0, S. 264 für das schweizerische Recht.

640 Blaschick, aa0, S. 19; Ehlers, aa0, S. 7; Fahlenbock, aa0, S. 17; Georgakis, aa0, S. 4; Huschens, aa0, S. 1; Kühl, aa0, S. 39; Seitz, aa0, S. 10.

völkischen Gemeinschaftsgedanken[641]. Im Gegensatz zu früher fragte man weniger nach der Zumutbarkeit von Belastungen[642], sondern postulierte eher ***"die restlose Inpflichtnahme jedes einzelnen für die Volksgemeinschaft"***[643]. Das neue Zusammengehörigkeitsgefühl, das von dem Gedanken ***"Gemeinnutz geht vor Eigennutz"*** geprägt gewesen war[644], wurde als Grundlage der Treuepflicht des einzelnen gegenüber der Volksgemeinschaft und den Volksgenossen angesehen. Ihrerseits ist die Hilfeleistungspflicht i.S. eines Bestandteils der Pflicht zur Treue, die jeder Volksgenosse der Gemeinschaft schuldete, verstanden worden[645]. Da der Tatbestand des § 330 c StGB nicht voraussetzte, daß es zu einem Schaden desjenigen, welcher der Hilfeleistung bedurfte, kam, wurde der eigentliche Grund für die Bestrafung nicht in der Verletzung oder Gefährdung eines Rechtsgutes, sondern in der schlechten Gesinnung[646], die in dem Treuebruch des einzelnen gegenüber der Volksgemeinschaft bzw. dem Volksgenossen zutage trat, erblickt[647].

Demzufolge ist die an keiner Stelle des Strafgesetzes definierte Generalklausel des "gesunden Volksempfindens"[648], die sowohl die *Rechtsquelle*, aus der die Hilfeleistungspflicht entspringt, als auch den Maßstab zur Festlegung ihres Inhalts und Umfanges darstellen sollte, in Anlehnung an die völkische Treuepflicht konkretisiert worden[649]. Hiermit wurde der Zweck verfolgt, die ehemals postulierte Trennung von Recht und Moral im nationalsozialistischen Staat zu beseitigen[650].

---

641 Barth, JW 1935, S. 2320; Wiedenroth, aa0, S. 51; vgl. auch Drost, GS 109, S. 1, 2; Schmid, DStR 1936, S. 424.

642 Ratsch, aa0, S. 21; Stieve, aa0, S. 21; mit aller Deutlichkeit geht dies aus der von Barth, JW 1935, S. 2320, 2321, verwandten Formulierung - "Es kommt ja nicht darauf an, den Volksgenossen vor allzu strengen Anforderungen und Zumutungen sicherzustellen, sondern darauf, daß er seine Pflicht erfüllt."- hervor.

643 Wolf E., ARSP 28 (1935), S. 349; ders., Krisis und Neubau der Strafrechtsreform, 1933, S. 33.

644 Huschens, aa0, S. 22; Stieve, aa0, S. 8.

645 Gülde, JW 1935, S. 3354, Schmid, DStR 1936, S. 424.

646 So betonte das RG stets, daß nach dem Sinn des § 330 c StGB das Unterlassen als solches wegen der rücksichtslosen Gesinnung, die in ihm zutage getreten ist, unabhängig davon ob und welche Folge das Unterlassen der Hilfeleistung gehabt habe, bestraft werde. Vgl., RGSt 71, 200, 203 = JW 1937, 1813, 1814; JW 1937, 2645; RGSt 74, 199, 200 m. Anm. Dahm, DR 1940, S. 1421; RGSt 75, 355, 359; DR 1943, S. 1103 ff; RGSt 77, 300, 303. Diese Ansicht wurde von dem RG unabhängig davon vertreten, daß es je nach der Lage des Falles das Leben, den Leib oder das Eigentum des durch den Unglücksfall Betroffenen, als das durch § 330 c StGB geschützte Rechtsgut angesehen hat, RG DR 1940, S. 2063; RGSt 74, 199, 202. Siehe auch, Dahm, ZStW 59 (1940), S. 133, 156; ders., DR 1940, S. 1421; Ehlers, aa0, S. 9 ff; Georgakis, aa0, S. 6, 7; Huschens, aa0, S. 22; Seitz, aa0, S.50; Stieve, aa0, S. 33; Wiedenroth, aa0, S. 80; Wolf E., ARSP 28 (1935), S. 355; a.A. Kohlrausch-Lange (38.Aufl.) § 330 c, Anm. 1; Nagler, ZAkDR 1940, S. 26, der die "Würde des Staates" als das geschützte Rechtsgut ansah.

647 Schaffstein, Das Verbrechen als Pflichtverletzung, S.110 ff; Schmid, DStR 1936, S. 424. Die überwiegende Literatur stellte auf den Treuebruch gegenüber der Volksgemeinschaft ab (Bellebaum, aa0, S. 33; Göhrlich, aa0, S. 5; Huschens, aa0, S. 22; Ratsch, Führerpflicht Nothilfepflicht, S. 24; Stieve, aa0, S. 13), was wohl darauf zurückzuführen ist, daß man den Staat als diejenige Institution ansah, die sich zum Schutze der Volksgenossen der Hilfe des einzelnen bediente. Andere stellten zumindest daneben auch auf den Treuebruch gegenüber den Volksgenossen ab (Blaschick, aa0, S. 42; Fahlenbock, aa0, S. 28; Georgakis, aa0, S. 4).

648 Storsberg, aa0, S. 36.

649 Fahlenbock, aa0, S. 24; Huschens, aa0, S. 48; Stieve, aa0, S. 29.

650 Ehlers, aa0, S. 1, 7; Fahlenbock, aa0, S. 26; Huschens, aa0, S. 49. Besonders deutlich bringt dies Stieve, aa0, S. 27 zum Ausdruck:"Durch die Hereinnahme dieses Begriffes in das Strafrecht ist nunmehr die bisher größte Annäherung zwischen Moral und Recht erreicht."

Während der gesamten Geltungsdauer des § 330 c StGB blieb umstritten, ob dieses Tatbestandsmerkmal, dem konstitutive Bedeutung für die Strafbarkeit der unterlassenen Hilfeleistung beigemessen wurde[651], sich auf etwas Reales, nämlich die völkische Sittenordnung[652] oder auf ein Ideal beziehe[653]. Allerdings bestand Einigkeit darüber, seine Funktion dürfe nicht in der Förderung von Rechtssicherheit erblickt werden[654], und für die im Einzelfall vorzunehmende inhaltliche Bestimmung des Begriffs sei die Auffassung der Mehrheit der Volksgenossen zumindest dann nicht maßgebend, wenn sie der Förderung des Gemeinschaftsgedankens im Sinne nationalsozialistischer Grundsätze als abträglich erscheinen würde[655]. Letztlich entschied also der Richter aufgrund subjektiver Wertung darüber, was dem gesunden Volksempfinden entsprach[656].

Berücksichtigt man zudem, daß zur Zeit des Nationalsozialismus der Kreis der strafbewehrten Rechtspflichten generell eine erhebliche Ausweitung erfahren hat[657], ist die Annahme naheliegend, die Bürger sollten mittels der Strafvorschrift des § 330 c StGB zum Kollektivismus i.S. der nationalsozialistischen Weltanschauung erzogen werden[658]. Denn gerade solche Straftatbestände, die dem Bereich des Gesinnungsstrafrechts angehören bzw. in diesem Sinne interpretierbar sind, können hinsichtlich der Erziehung des Bewußtseins der Bevölkerung einen nicht zu unterschätzenden Beitrag leisten.

In der späteren, insbesondere unmittelbar nach dem Zusammenbruch des dritten Reiches zu § 330 c StGB erschienenen Literatur und Rechtsprechung, die sich mit der Fortgeltungsfrage beschäftigte, vertrat man gleichwohl überwiegend die Meinung, diese Strafvorschrift könne keineswegs nur als Produkt nationalsozialistischer Ideologie verstanden werden[659].

Ob dem zu folgen ist, soll hier noch dahinstehen: Mit dieser Problematik wird sich die Studie aus Gründen des besseren Verständnisses erst nach der abschließenden Betrachtung der weiteren historischen Entwicklung der Nothilfepflicht befassen.

---

651 Nach h.M. kam dem Tatbestandsmerkmal des gesunden Volksempfindens nicht nur eine strafbarkeitsbegrenzende Wirkung zu. Vielmehr war es entscheidend für Entstehen, Inhalt und Umfang der Hilfeleistungspflicht gewesen. Vgl., RGSt 74, 69, 71; DR 1940, S. 2063; DR 1942, S. 1223; Bauer, aa0, S. 50; Ehlers, aa0, S. 14; Fahlenbock, aa0, S. 23,; Wiedenroth, aa0, S. 58; a.A. Görlich, Die Hilfeleistungspflicht bei Unglücksfällen, der diesem Merkmal nur eine strafbarkeitsbegrenzende Bedeutung beimessen wollte.

652 RGSt 71, 200, 203; DR 1939, S. 713; Bauer, aa0, S. 50, 51; Georgakis, aa0, S. 5; Görlich, aa0, S. 12; Huschens, aa0, S. 49; Kühl, aa0, S. 50.

653 Blaschick, aa0, S. 25, wenn sie ausführt, daß das Volk künftig zu einem einheitlichen Gemeinschaftsempfinden erzogen würde. Fahlenbock, aa0, S. 25; vgl. auch Storsberg, aa0, S.42.

654 Ehlers, aa0, S. 7; Freisler, Deutsches Strafrecht 1935, S. 12; Huschens aa0, S. 43, 44; Stieve, aa0, S. 29.

655 Blaschick, aa0, S. 25; Ehlers, aa0, S. 18; Fahlenbock, aa0, S. 25; Schäfer, JW 1935, S. 2323, 2324; Wiedenroth, aa0, S. 35. Besonders deutlich wurde dies von Huschens, aa0, S. 35 zum Ausdruck gebracht: "Maßstab für die Abgrenzung des im Sinne des § 330 c noch bedeutungsvollen von dem strafrechtlich i irrelevanten Ereignisse kann nur das gesunde Volksempfinden auf Grund des Gedankenguts nationalsozialistischer Grundsätze sein".

656 Ehlers, aa0, S. 18; Stieve, aa0, S. 29.

657 Dies galt in besonderem Maße auch für die Strafbarkeit aufgrund unechten Unterlassens, Drost, GS 109, S. 1, 2 ff; Sauer, GS 114, 278, 285 f.

658 In diesem Sinne, Barth, JW 1935, S. 2320, 2321; Freisler, Das neue Strafrecht als nationalsozialistisches Bekenntnis, in: Gürtner/Freisler, Das neue Strafrecht, 1936, S. 38 f.

659 Pflitsch, aa0, S. 49, 50.

XIV. Entwurf der amtlichen Strafrechtskommission von 1936

Im Entwurf der amtlichen Strafrechtskommission aus dem Jahre 1936 war der strafrechtlichen Verantwortlichkeit einer Person wegen Unterlassens große Bedeutung zuerkannt worden. Hierauf wies schon die Tatsache, daß bereits im allgemeinen Teil der Begründung zu dieser Problematik eingehend Stellung bezogen wurde, hin[660].

Der Kommissionsentwurf wandte sich in Anlehnung an die "Kieler Schule", deren Hauptvertreter Dahm und Schaffstein waren[661], gegen das Dogma, das strafrechtliche Unrecht stelle sich primär als Rechtsgutsverletzung dar, und sprach sich für die Umgestaltung des Strafgesetzbuches zum Willensstrafrecht aus[662]. Nach Ansicht der Kommission waren Straftaten *Pflichtverletzungen*: Entscheidendes Kennzeichen sei die mangelnde Gesinnung, die in dem Verstoß gegen die Anforderungen, welche die völkische Schicksalsgemeinschaft an die Treue des Bürgers stelle, zum Ausdruck komme.

Demzufolge wurde im Entwurf in bewußter Abkehr vom liberalen Strafrechtsverständnis die sittliche Grundausrichtung der Unterlassungsdelikte, welche die Eigenschaft des einzelnen Volksgenossen als Glied des Volkes und seine diesbezügliche Pflichtenstellung betonen sollte, propagiert. Dem Entwurf lag der Gedanke zugrunde, das Unrecht müsse, gleichgültig, ob es auf aktivem Tun oder Unterlassen beruhen würde, stets gleich bewertet werden[663]. Deswegen hat die amtliche Strafrechtskommission nicht nur den echten, sondern auch den unechten Unterlassungsdelikten große Aufmerksamkeit gewidmet.

Bezüglich der unechten Unterlassungsdelikte war in § 13 des Entwurfs bestimmt:

"Wer es pflichtwidrig unterläßt zu handeln, wird wie ein Handelnder bestraft, wenn er nach gesundem Volksempfinden als Täter oder Teilnehmer verantwortlich ist"[664].

Die Verfasser des Entwurfs sahen es als zwingende Notwendigkeit an, den bisher von Rechtsprechung und Literatur fest abgegrenzten Kreis von Garantenpositionen und hiermit einhergehend die Strafbarkeit der Ommissivdelikte erheblich zu erweitern, um dem neuen Verständnis zur Pflichtenstellung des einzelnen in der Gemeinschaft Rechnung zu tragen[665]. Von dem Bestreben, nur noch das Volksgewissen als Rechtsquelle anzuerkennen, geleitet, um Recht und Sittlichkeit in Einklang zu bringen, sollte künftig jede Pflicht, die einem Volksgenossen nach dem sittlichen Empfinden des Volkes oblag, für die Begründung der Garantenpflicht ausreichend sein[666]. Die Kommission setzte insofern wohl voraus, eine

---

660 Entwurf eines Deutschen Strafgesetzbuches 1936 nebst Begründung, Bd. II, S. 3, 4.
661 Dahm, Verbrechen und Tatbestand, S. 62 ff; ders. ZStaatsW 95, 283 ff; ders. ZStW 57, 230 ff; ders. ZStW 59, 133 ff; Schaffstein, Das Verbrechen als Pflichtverletzung, S. 111 ff; ders. DStR 1935, S. 97; ders. DStR 1937, 335.
662 Entwurf eines Deutschen Strafgesetzbuchs 1936 nebst Begründung, Bd. II, S. 4.
663 Entwurf eines Deutschen Strafgesetzbuchs 1936 nebst Begründung, Bd. II, S. 4.
664 Entwurf eines Deutschen Strafgesetzbuchs 1936 nebst Begründung, Bd. I, S. 4.
665 Entwurf eines Deutschen Strafgesetzbuchs 1936 nebst Begründung, Bd. II, S. 29.
666 Entwurf eines Deutschen Strafgesetzbuchs 1936 nebst Begründung, Bd. II, S. 21. Die Extension der unechten Unterlassungsdelikte in diesem Sinne war z.T. in der Literatur bereits gefordert worden, vgl. Barth, JW 1935, S. 2320, 2322.

Abgrenzung der Strafbarkeit wegen unechten und echten Unterlassens sei nach *Tätertypen* möglich[667].

Im Gegensatz zu den unechten Unterlassungsdelikten hielt die amtliche Strafrechtskommission die Vornahme wesentlicher Änderungen an der erst kurz vor Fertigstellung ihres Entwurfes novellierten Strafvorschrift der unterlassenen Hilfeleistung nicht mehr für erforderlich. Dies zeigt sich bereits in der Fassung, welche der Straftatbestand als § 317 erfahren sollte, wenn es hier hieß:

"Wer bei gemeiner Gefahr, gemeiner Not, einem Unfall oder der hilflosen Lage eines Menschen pflichtwidrig nicht Hilfe leistet, insbesondere wer der polizeilichen Aufforderung zur Hilfeleistung nicht nachkommt, obwohl er ohne erhebliche eigene Gefahr und ohne Verletzung anderer wichtiger Pflichten helfen kann, wird mit Gefängnis bis zu zwei Jahren oder mit Haft bestraft"[668].

In dem Entwurf ist also lediglich bei der Aufzählung der die Nothilfepflicht auslösenden Bedürfnisfälle eine Modifikation vorgenommen und das Tatbestandsmerkmal des "gesunden Volksempfindens" durch das der Pflichtwidrigkeit ersetzt worden. Der Begründung ist zu entnehmen, die Strafrechtskommission wollte dem Begriff des "Unfalles" offensichtlich keine andere Bedeutung als dem des "Unglücksfalles" beimessen. Sie faßte den Unfall als ein Ereignis auf, das zwar einzelnen Menschen widerfahren könne, aber stets die ernste Verletzung oder gar den Tod des Betroffenen erfordere[669]. Den Maßstab für die Pflichtwidrigkeit der unterlassenen Hilfeleistung bildete nach wie vor das "gesunde Volksempfinden", obwohl die Kommission auf die ausdrückliche Aufnahme dieses Tatbestandsmerkmales verzichtet und statt dessen das der Pflichtwidrigkeit verwandt hatte[670].

Die Strafrechtskommission sah demzufolge die Änderungen, die sie am Tatbestand des § 330 c StGB vorgenommen hatte, als nur von stilistischer Natur an[671].

XIV. Weitergeltung des § 330 c StGB a.F. nach 1945

Nach dem Zusammenbruch des Dritten Reiches ist § 330 c StGB i.d.F. vom 28.6.1935, im Gegensatz zu anderen aus nationalsozialistischer Zeit herrührenden Straftatbeständen, durch das Besatzungsrecht nicht ausdrücklich aufgehoben worden[672].

Das *Criminal Code Committee* wollte zwar hinsichtlich der Regelung der Nothilfepflicht wieder zu dem aus vornationalsozialistischer Zeit stammenden Übertretungstatbestand zurückkehren und § 330 c StGB folgende Fassung geben:

---

667 Jedenfalls ging Dahm, ZStW 59 (1940), S. 133, 143, 153, 157 davon aus, daß dem Tätertyp insoweit die Funkton einer entscheidenden Richtlinie zukommen würde, da der Typus des Täters in beiden Fällen ein verschiedener wäre, nämlich: "Dort der feige, gleichgültige, rücksichtslose Mensch, der seine volksgenössische Pflicht nicht erfüllt, hier der Mörder." Kritisch, Sauer, GS 114, S. 279, 285 ff.

668 Entwurf eines Deutschen Strafgesetzbuchs 1936 nebst Begründung, Bd. I, S. 41.

669 Entwurf eines Deutschen Strafgesetzbuchs 1936 nebst Begründung, Bd. II, S. 205.

670 Huschens, aa0, S. 30.

671 Entwurf eines Deutschen Strafgesetzbuchs 1936 nebst Begründung, Bd. II, S. 205.

672 Storsberg, Der gegenwärtige Umfang der Nothilfepflicht im Strafgesetzbuch, S. 1.

"Wer bei Unglücksfällen oder gemeingefährlicher Not von der Polizeibehörde oder deren Stellvertretern zur Hilfe aufgefordert keine Folge leistet, obgleich er der Aufforderung ohne erhebliche eigene Gefahr genügen könnte, wird mit 150 Reichsmark oder Haft bestraft."

Dieser Vorschlag wurde aber sowohl vom British Special Legal Research Unit als auch von deutscher Seite wegen des Strafmaßes, das man als unbefriedigend erachtete, kritisiert[673].

Dennoch blieb anfangs nach dem Jahre 1945, obwohl eine ausdrückliche Aufhebung des § 330 c StGB a.F. nicht erfolgt war, die Weitergeltung dieser Strafvorschrift in Rechtsprechung und Lehre heftig umstritten. Die Ursache lag darin begründet, daß 1935 die Vokabel des "gesunden Volksempfindens" Eingang in den Tatbestand gefunden hatte. Demzufolge erschien es zweifelhaft, ob § 330 c StGB a.F., speziell was seine erste Tatbestandsalternative anbetraf, mit Art. IV Ziff. 7 des Gesetzes der Militärregierung Nr. 1 (MRG 1)[674] und Art. II Ziff. 3 der Proklamation des Kontrollrates Nr. 3 (KRPrkl. 3)[675] vereinbar sei. Die Bedenken, die gegen die Fortgeltung des § 330 c StGB a.F. angemeldet wurden, richteten sich also weniger gegen den materiellen Gehalt der Regelung dieser Strafvorschrift als vielmehr gegen ihre inhaltliche Unbestimmtheit.

Die zur Problematik der Weitergeltung des § 330 c StGB vertretenen, recht unterschiedlichen Auffassungen lassen sich, an ihrem Ergebnis orientiert, folgendermaßen zusammenfassen:

1. An die Stelle des nicht mehr anwendbaren § 330 c StGB a.F. ist wieder § 360 Ziff. 10 RStGB getreten.
2. Unter Streichung der Worte "nach gesundem Volksempfinden" gilt § 330 c StGB a.F. weiter.
3. Die in § 330 c StGB a.F. enthaltene strafbewehrte unmittelbare Hilfeleistungspflicht ist nicht mehr anwendbar.
4. Innerhalb des Tatbestandes des § 330 c StGB a.F. wird das nationalsozialistische Schlagwort des "gesunden Volksempfindens" durch einen weltanschaulich nicht vorbelasteten Begriff ersetzt.
5. Die Fortgeltung des § 330 c StGB a.F. besteht in uneingeschränktem Umfange[676].

Auf die beiden ersten Auffassungen, die sich im Rahmen der um die Weitergeltung des § 330 StGB a.F. geführten Diskussion von vornherein nicht durchzusetzen vermochten, soll an dieser Stelle nur ganz kurz eingegangen werden.

---

673 Etzel, Die Aufhebung von nationalsozialistischen Gesetzen durch den Alliierten Kontrollrat (1945-1948), S. 195 f.

674 Art. IV Ziff. 7 MRG 1 hatte folgenden Wortlaut: "Anklagen dürfen nur erhoben, Urteile nur erlassen und Strafen nur verhängt werden, falls ein zur Zeit der Begehung der Handlung in Kraft befindliches Gesetz diese Handlung ausdrücklich für strafbar erklärt. Bestrafung von Taten unter Anwendung von Analogie oder nach angeblichem 'gesunden Volksempfinden' ist verboten."

675 Art. II Ziff. 3 KRPrkl. 3 vom 20.10.1945 bestimmte: "Kein Gericht darf irgendeine Handlung auf Grund von 'Analogie' oder im Hinblick auf das sogenannte 'gesunde Volksempfinden' für strafbar erklären, wie das bisher im deutschen Strafrecht der Fall war."

676 Vgl. zu diesen einzelnen Positionen Morgenstern, aa0. S. 47.

Der Gesetzgeber des am 1. Nov. 1945 erlassenen und am 10. Nov. 1950 wieder aufgehobenen thüringischen Strafgesetzbuches war offenbar wegen des in § 330 c StGB a.F. verwandten Begriffs des "gesunden Volksempfindens", ähnlich wie bereits das Criminal Code Committee, nicht von der Fortgeltung dieser Strafvorschrift ausgegangen und zur früheren Regelung des § 360 Ziff. 10 RStGB zurückgekehrt[677].

Die zweite Ansicht wollte den Bestimmungen des Art. IV Ziff. 7 MRG 1 und Art. II Ziff. 3 KRPrkl. 3 im Wege der Streichung des Satzteiles "obwohl dies nach gesundem Volksempfinden seine Pflicht ist" Rechnung tragen und die Strafvorschrift des § 330 c StGB a.F. im übrigen in vollem Umfange aufrechterhalten [678].

Gegen diesen Vorschlag wurde geltend gemacht, er hätte die Schaffung eines völlig neuen Straftatbestandes, dessen Inhalt zudem weit über die bisherige nationalsozialistische Regelung hinausginge, zum Ergebnis[679]. Demzufolge wurde argumentiert, daß das Resultat der Streichung des Satzteiles *"obwohl dies nach gesundem Volksempfinden seine Pflicht ist"* eine bislang noch nicht Gegenstand einer Strafvorschrift gewesene unbegrenzte Nothilfepflicht wäre. Denn die Aufgabe jenes Merkmals innerhalb des Gesamtgefüges des Tatbestandes hätte darin bestanden, den Inhalt und den Umfang der Hilfeleistungspflicht festzulegen[680].

Größere Bedeutung innerhalb der um die Fortgeltung des § 330 c StGB a.F. geführten Diskussion kam den folgenden Auffassungen zu.

Zahlreiche Oberlandesgerichte gelangten mit Rücksicht auf Art. IV Ziff. 7 MRG 1 und Art. II Ziff. 3 KRPrkl. 3 zu dem Ergebnis, wegen des Begriffs des "gesunden Volksempfindens" sei der erste Halbsatz des § 330 c StGB a.F., präziser formuliert, die in der Strafvorschrift normierte unmittelbare Hilfeleistungspflicht, nicht mehr anwendbar. Insoweit ging man von folgender Überlegung aus:

Die Beantwortung der Frage, ob die zuvor genannten Vorschriften des Besatzungsrechts die Anwendung einer aus nationalsozialistischer Zeit stammenden Strafvorschrift verbiete, erfordere die Feststellung der Funktion, die der Formulierung des "gesunden Volksempfindens" innerhalb des Tatbestandes zugekommen sei. Denn die mit jenen Bestimmungen verfolgte Intention läge in dem künftigen Ausschluß willkürlicher Entscheidungen durch den Richter. Demzufolge müsse, was die Fortgeltung derartiger Strafvorschriften anbetreffen würde, danach differenziert werden, ob der Begriff des "gesunden Volksempfindens" innerhalb eines festumrissenen Tatbestandes nur die Funktion einer erläuternden Auslegungsregel oder hingegen die eines strafbarkeitsbegründenden Tatbestandsmerkmals besessen habe. Anders als im ersten Fall erscheine bei letzterem die Gefahr der Willkür nicht ausgeschlossen, so daß sich die Anwendung solcher Strafvorschriften verbiete. Der Tatbestand des § 330 c StGB a.F. gehöre, soweit er eine unmittelbare Hilfeleistungspflicht statuiere, der letzteren Kategorie an, da der Begriff des "gesunden Volksempfindens" den

677 Vgl. OlG Hessen, Senat Kassel, Urteil vom 22.4.1948, NJW 1947/48, S. 488, 489; Storsberg, aaO, S. 2, 3.

678 Göke, Strafgesetzbuch, § 330 c, Anm. 1, b, aa; Empfehlung des Präsidenten des Zentraljustizamtes, erwähnt im Urteil des OLG Stuttgart vom 19.4.1951, MDR 1951, S. 566.

679 OlG Hamm, Urteil vom 19.2.1949, MDR 1949, S. 767.

680 OlG Stuttgart, Urteil vom 19.4.1951, MDR 1951, S. 566.

Inhalt und Umfang der Nothilfepflicht nicht nur begrenze, sondern erst konstitutiv festlege. Daher sei § 330 c StGB a.F. nur noch dann anwendbar, wenn der einzelne durch die Polizeibehörde zur Hilfeleistung aufgefordert worden sei[681].

Schließlich setzte sich aber die Auffassung durch, die von der Weitergeltung des § 330 c StGB a.F. in vollem Umfang aus-ging und innerhalb der zwischen zwei Grundrichtungen unterschieden werden konnte. Es herrschte Einigkeit darüber, der Grundgedanke des § 330 c StGB a.F. habe nicht rein nationalsozialistischem Gedankengut entsprochen. Diese Bestimmung sei vielmehr als Ausdruck der Fortentwicklung des Rechts anzusehen gewesen. Allerdings waren die Meinungen hinsichtlich der Frage, auf welchem Wege der durch Art. IV Ziff. 7 MRG 1 und ARt. II Ziff. 3 KRPrkl. 3 aufgestellten Forderung, bei Anwendung des § 330 c erster Halbsatz StGB a.F. willkürliche Auslegungen auszuschließen, Rechnung getragen werden könnte, geteilt.

Nach der erstmals vom OLG Koblenz im Urteil vom 12.2.1948[682] entwickelten Meinung sollte der in § 330 c StGB a.F. verwandte Begriff des "gesunden Volksempfindens" durch den, seinem sachlichen Gehalt zwar entsprechenden, aber in weltanschaulicher Hinsicht neutralen Begriff der *"guten Sitten"* ersetzt werden; denn ersterer sei infolge der Funktion, die er zur Zeit des Nationalsozialismus erfahren habe, nämlich jegliches der nationalsozialistischen Ideologie dienendes Ergebnis zu begründen, vorbelastet. Daher müsse zur Feststellung, ob im konkreten Falle eine Hilfspflicht bestünde, auf die Verkehrsauffassung rekurriert werden. Dieser Meinung haben sich in der Folgezeit weitere Oberlandesgerichte angeschlossen[683]. Später ist beispielsweise das Kammergericht davon ausgegangen, es könnten zur Bestimmung des Inhalts und des Umfanges der Hilfeleistungspflicht an die Stelle des "gesunden Volksempfindens" ohne weiteres auch die Begriffe der "allgemeinen Menschenpflicht" oder des "allgemeinen Sittlichkeitsempfindens" treten[684]. Die Vertreter der Literatur, welche sich dieser Auffassung angeschlossen hatten[685], nahmen allerdings teilweise an, diese neuen Begriffe würden den "Pflichtenkreis" des Adressaten enger umreißen, als das bisher durch den des "gesunden Volksempfindens" geschehen sei.

Die faktisch endgültige Klärung der umstrittenen Frage, ob § 330 c StGB a.F. fortgelte, erfolgte schließlich durch das Urteil des BGH vom 28.6.1951[686]. Das Gericht vertrat die Meinung, daß § 330 c StGB a.F. uneingeschränkt in vollem Umfange anwendbar sei und erachtete vor allem die Ersetzung des "gesunden Volksempfindens" durch einen anderen Maßstab zur Bestimmung und Begrenzung der Nothilfepflicht nicht für erforderlich. Denn sofern zur Vermeidung willkürlicher Auslegungsergebnisse bei der Abgrenzung der strafwürdigen von der nicht strafwürdigen Untätigkeit, dem wirklichen Gehalt des "gesunden

---

681 OLG Kiel, Urteil vom 2.7.1947, Schl.HA 1947, S. 232; OLG Hessen, Urteil vom 22.1.1948, DRZ 1948, S. 218 = NJW 1947/48, S. 488; OLG Hamm, Urteil vom 19.2.1949, MDR 1949, S. 767; OLG Oldenburg, Urteil vom 6.6.1950, MDR 1950, S. 568; OLG Stuttgart, Urteil vom 19.4.1951, MDR 1951, S. 566; vgl. auch Schneidewin, MDR 1951, S. 567.

682 NJW 1948/49, S. 489, 490.

683 OLG Neustadt, Urteil vom 9.3.1949, SJZ 1949, S. 650.

684 KG Berlin-West, Urteil vom 7.3.1951, VRS 3, S. 266, 267.

685 Ebermayer in: Ebermayer-Lobe-Rosenberg, Reichsstrafgesetzbuch, Leipziger Kommentar, Bd. II, 1951, § 330 c Anm.1; Schmidt Eberhard, Die Besuchspflicht des Arztes unter strafrechtlichen Gesichtspunkten, S. 6.

686 BGHSt 1, 266 ff=MDR 1951, S. 564; siehe auch die spätere Entscheidung in BGHSt 3, 65, 66.

Volksempfindens" entsprechend, auf das tatsächliche und nicht auf das angebliche Rechtsempfinden des Volkes abgestellt werde, läge kein Verstoß gegen das Besatzungsrecht vor[687].

An der in der Rechtsprechung um die Fortgeltung des § 330 c StGB a.F. geführten Diskussion war auffallend, daß wegen des Begriffs des "gesunden Volksempfindens" der Schwerpunkt auf die Vereinbarkeit dieser Strafvorschrift mit Art. IV Ziff. 7 MRG 1 und Art. II Ziff. 3 KRPrkl. 3 gelegt worden war.

Nur vereinzelt wurde die unmittelbare Nothilfepflicht des § 330 c StGB a.F. einer weitergehenden Überprüfung, nämlich in materieller Hinsicht, unterzogen. Soweit dies geschah, beschränkte man sich regelmäßig auf die Behauptung, daß ihr Grundgedanke nicht zu beanstanden sei, weil die Pflicht, dem Nächsten in Not zu helfen, sich nicht nur in der den Gemeinschaftsgedanken stark betonenden nationalsozialistischen Ideologie, sondern auch innerhalb der Ethik, namentlich der christlichen Glaubenslehre, auffinden lasse[688]. Zum eigentlichen Kern des Problems, nämlich zu der Frage, ob der Gesetzgeber zur Verrechtlichung, vor allem zur Strafbewehrung dieser ethischen Pflicht befugt sei, stieß man aber nur selten vor. Eine Ausnahme bildete das Urteil des OLG Oldenburg[689], das diese Frage aber letztlich unentschieden lassen konnte, da es von einem Verstoß des § 330 c Halbsatz 1 StGB a.F. gegen das Besatzungsrecht ausgegangen war[690].

XVI. Neufassung der Bestimmung durch das 3. Strafrechtsänderungsgesetz vom 4.8.1953

Durch das 3. Strafrechtsänderungsgesetz vom 4. Aug. 1953[691], das am 1. Okt. 1953 in Kraft getreten ist, hat § 330 c StGB nunmehr die dem heutigen § 323 c StGB entsprechende inhaltliche Neufassung erhalten.

In erster Linie hatte der Gesetzgeber sich wegen des in § 330 c StGB a.F. verwandten Begriffs des "gesunden Volksempfindens" zur Novellierung dieser Strafvorschrift veranlaßt gesehen, obwohl die Rechtsprechung des BGH von ihrer Fortgeltung ausgegangen war[692]. Die Argumentation der Rechtsprechung war offensichtlich nicht in der Lage gewesen, letzte an der Verfassungsmäßigkeit dieser Strafvorschrift bestehende Zweifel auszuräumen. Andererseits ging die Legislative, wie zuvor bereits die Judikatur, davon aus, der § 330 c StGB a.F. immanente Grundgedanke sei ohne weiteres mit heutigem Rechtsdenken vereinbar. Daß die Statuierung der strafbewehrten allgemeinen Nothilfepflicht in dieser weitreichenden Form ein Vordringen des Rechts in einen Bereich, der früher der Ethik vorbehalten gewesen war, zur Folge gehabt hatte, wurde als das Ergebnis einer bereits vor der Zeit des Nationalsozialismus eingeleiteten Entwicklung von einer extrem individualistischen zu einer

---

687 BGHSt 1, 266, 268; im Ergebnis zustimmend: Boehmer, Grundlagen der bürgerlichen Rechtsordnung, S. 66; Dalcke, Strafrecht und Strafverfahrensrecht, § 330 c, Anm. 1a; Mezger, Strafrecht, Studienbuch, Bd. II, 1949, S. 210; Niethammer, Lehrbuch des besonderen Teils des Strafrechts, S. 398; Schönke, Strafgesetzbuch, 4. Aufl. 1949, Vorb. v. § 330 c; Welzel, Das Deutsche Strafrecht, 2. Aufl. 1949, S. 228; ders. NJW 1953, S. 328.

688 OLG Koblenz, Urteil vom 12.2.1948, aaO.

689 Urteil vom 6.6.1950, VRS 2, S. 386, 387.

690 Siehe auch den Ansatz des OLG Stuttgart, Urteil vom 19.4.1961, aaO.

691 BGBl. I S. 735, 743, 750.

692 BT-Drucksache I/Nr. 3713 vom 29.9.1952, S. 43.

die soziale Verantwortlichkeit und die Abhängigkeit aller Staatsbürger voneinander betonenden gesellschaftlichen Auffassung angesehen. Daher sollten erst in zweiter Linie mit der Neuregelung der unterlassenen Hilfeleistung "rechtspolitische Bedenken" ausgeräumt werden, die gegen die Strafvorschrift des § 330 c StGB a.F. erhoben worden waren[693]. Vor diesem Hintergrund sind die Änderungen, welche am ehemaligen Straftatbestand vorgenommen worden waren, zu sehen.

Ausgehend von der Prämisse, daß bei der unterlassenen Hilfeleistung "die Strafwürdigkeit durch die Versäumung einer wirklichen Chance zu erfolgreicher Schadensabwendung begründet wird"[694], wollte der Gesetzgeber mit der Aufnahme des Tatbestandsmerkmals "erforderlich" der potentiellen Auslegung dieses Delikts im Sinne eines Gesinnungsstrafrechts entgegentreten. Mit der Verwendung der allgemein gehaltenen Formel der Zumutbarkeit bezweckte er, das gerade bei dieser Strafvorschrift auftauchende Spannungsverhältnis zwischen Rechtssicherheit und materieller Gerechtigkeit abzuschwächen. Einerseits sollte das Tatbestandsmerkmal ausreichenden Raum dafür lassen, den individuellen Umständen des Einzelfalles, wie z.B. der vom Gesetzgeber in der Regel für erforderlich erachteten räumlichen Beziehung zwischen Verpflichteten und in Not Geratenen, Rechnung tragen zu können. Andererseits versprach der Gesetzgeber sich im Vergleich zum Begriff des "gesunden Volksempfindens" hiervon aber die Möglichkeit einer genaueren Abgrenzung des straffreien vom strafbaren Unterlassen.

In Anbetracht der Statuierung einer "Jedermannspflicht" hielt der Gesetzgeber die Reduzierung der Höchststrafe auf ein Jahr für angebracht, zumal er davon ausging, daß Unterlassungstaten, die einen höheren Strafwürdigkeitsgehalt aufwiesen, regelmäßig der Anwendungsbereich der unechten Unterlassungsdelikte unterfallen würden[695].

Demzufolge war die Gesetzesänderung geringfügig, da nur eine Korrektur hinsichtlich der Festlegung des Umfanges der Hilfeleistungspflicht und des Strafrahmens vorgenommen worden war.

XVII. Der amtliche Enwurf eines Strafgesetzbuches von 1962 (E 62)

Im Jahre 1954, also bereits kurze Zeit nach der Neufassung des § 330 c StGB durch das 3. StrÄndG vom 4. Aug. 1953, hatte die Große Strafrechtskommission die Arbeiten zur Reform des materiellen Strafrechts aufgenommen. Ergebnis ihrer bis zum Jahre 1959 dauernden Tätigkeit war der Entwurf 1960 (E 60), der von der Bundesregierung, nach Vornahme einiger Änder-ungen, als Entwurf 1962 (E 62) in den Bundestag eingebracht wurde.

Ein wichtiges Reformanliegen dieses Entwurfs bestand darin, die Straftatbestände des Besonderen Teils in inhaltlicher Hinsicht zu präzisieren. So war von Hellmuth Mayer kritisiert worden, der BGH habe bisher keine einzige derjenigen Strafvorschriften, deren Ver-

---

693 BT-Drucksache I/Nr. 3713 vom 29.9.1952, S. 43.
694 aa0.
695 BT-Drucksache I/Nr. 3713 vom 29.9.1952, S. 44.

fassungsmäßigkeit wegen ihrer Unbestimmtheit als zweifelhaft erschienen war, kritisch auf ihre Vereinbarkeit mit Art. 103 GG geprüft. Als Beispiel nannte er u.a. § 330 c StGB n.F.[696]

Im Rahmen der Novellierung des § 330 c StGB n.F. konnte die Strafrechtskommission an die "Vorschläge und Bemerkungen der Sachbearbeiter des Bundesjustizministeriums zum Thema Unterlassene Hilfeleistung" anknüpfen. Die Nothilfebestimmung hatte durch das Bundesjustizministerium als § 304 folgenden Fassungsvorschlag erfahren:

"(1) Wer bei Unglücksfällen oder bei gemeiner Gefahr oder Not nicht Hilfe leistet, obwohl dies erforderlich und ihm den Umständen nach zuzumuten, insbesondere ohne erhebliche eigene Gefahr und ohne Verletzung anderer wichtiger Pflichten möglich ist, wird mit Gefängnis bis zu einem Jahr, mit Strafhaft oder mit Geldstrafe bestraft.
(2) Hat der Täter den Unglücksfall, die Gefahr oder die Not verursacht, so ist die Strafe Gefängnis bis zu fünf Jahren oder Strafhaft."[697]

Der Wortlaut des Abs. 1 des § 304 stimmte, abgesehen davon, daß den Bedürfnisfällen der gemeinen Gefahr und Not die Präposition "bei" vorangestellt worden war, mit dem des § 330 c StGB vollständig überein. Da diese Nothilfevorschrift erst kurz zuvor bei Erlaß des 3. StrÄndGes einer gesetzgeberischen Überprüfung unterzogen worden war, hatte das Bundesjustizministerium kein erneutes Bedürfnis dafür gesehen, sie einer Änderung zu unterziehen. Hierzu wurde u.a. geltend gemacht:

Letztlich könnten auch die bei der praktischen Anwendung des § 330 c StGB n.F. aufgetauchten Auslegungsfragen ein solches Bedürfnis nicht begründen. Denn nach geltendem Recht sei es bereits statthaft, den Begriff des Unglücksfalles in dem überwiegend von der Lehre geforderten Sinne, es komme auf den Teileintritt eines Schadens nicht an, auszulegen. Die Klärung sonstiger offener Zweifelsfragen, beispielsweise ob das Unternehmen eines Selbstmordes einen Unglücksfall darstelle, könne Rechtsprechung und Wissenschaft überlassen bleiben[698].

Als Ausgleich der beim Straftatbestand der Verkehrsunfall-flucht geplanten Strafrahmenreduzierung hatte das Bundesjustizministerium in § 304 Abs. 2 eine Strafschärfung für die unterlassene Hilfeleistung vorgeschlagen; diese Vorschrift lautete:

"Hat der Täter den Unglücksfall, die Gefahr oder die Not verursacht, so ist die Strafe Gefängnis bis zu fünf Jahren oder Strafhaft."

Zur Begründung hierfür heißt es: Hierin komme der Gedanke zum Ausdruck, in erster Linie könnte derjenige zur Hilfeleistung verpflichtet werden, "der selbst für das Entstehen der Gefahrenlage ursächlich gewesen ist."[699]

---

696 Materialien zur Strafrechtsreform, 1. Band, Gutachten der Strafrechtslehrer, 1954, S. 268.
697 Niederschriften über die Sitzungen der Großen Strafrechtskommission, 9. Band, Bes. Teil, 1959, S. 564.
698 Niederschriften über die Sitzungen der Großen Strafrechtskommission, aa0, S. 564.
699 Niederschriften über die Sitzungen der Großen Strafrechtskommission, aa0, S. 564.

Letzterer Vorschlag des Bundesjustizministeriums hat dazu ge-führt, daß die Strafrechtskommission im Rahmen ihrer Reformarbeiten bezüglich der Strafvorschrift der unterlassenen Hilfeleistung sich weniger mit deren *Grundgedanken* und *problematischen Anwendungsfällen* als vielmehr mit jener Strafschärfung befaßte.[700] Indes wurden andere Aspekte nicht vollends vernachlässigt, da die Kommission sich bei der Beschäftigung mit der Frage nach der kriminalpolitischen Zweckmäßigkeit, die strafbewehrte Nothilfevorschrift um einen Qualifikationstatbestand zu erweitern, gezwungen sah, auf deren Wurzeln einzugehen.

So wurde seitens des Kommissionsmitgliedes Lange der vom Bundesjustizministerium vorgeschlagene neue Absatz 2 schon deshalb als fragwürdig angesehen, weil seiner Meinung nach bereits die strafbewehrte Pflicht zur Hilfeleistung als solche die zwischen Ethik und Recht bestehende Grenze überschritten habe. Mit der Neufassung des aus nationalsozialistischer Zeit stammenden § 330 c StGB, der als Gesinnungsstrafrecht ausgelegt worden sei, im Wege des 3. StrÄndGes habe man die uferlose strafrechtliche Haftung, die sich nur *moralisch* begründen lasse, nicht beseitigen können. Die Strafbarkeit der unterlassenen Hilfeleistung solle man daher nicht noch weiter extendieren.[701]

Von den übrigen Kommissionsmitgliedern sind diese Bedenken genereller Natur, die gegen die strafbewehrte Nothilfepflicht erhoben wurden, im wesentlichen mit folgenden Argumenten zurückgewiesen worden:

§ 330 c StGB a.F. sei eine "Art Schrittmacher für die Begründung und strafrechtliche Anerkennung sozialer Pflichten"[702]. Die Strafvorschrift der unterlassenen Hilfeleistung stelle, wie ein Rechtsvergleich mit den Strafgesetzbüchern anderer Staaten zeige, keine deutsche Eigentümlichkeit dar[703].

Ferner wurde innerhalb der Strafrechtskommission angenommen, daß der dieser Strafvorschrift zugrundeliegende Rechtsgedanke nicht in der nationalsozialistischen Ideologie seinen Ursprung genommen hatte. Denn jene Strafvorschrift habe in gewissem Sinne schon in § 291 E 1919 und § 401 E 1927 Vorläufer gehabt. Die Auffassung, § 330 c StGB n.F. diene nicht dem Rechtsgüterschutz, sei verfehlt. Die Pönalisierung der unterlassenen Hilfeleistung erfolge zwar nicht wegen der *Verletzung* eines Rechtsgutes, wohl aber im Hinblick auf die durch Versäumung einer Rettungschance bedingte Gefährdung von Personen oder Sachen.[704] Obgleich der ganz überwiegenden Mehrheit der Strafrechtskommission die strafbewehrte Nothilfepflicht also keineswegs als bedenklich erschien, lehnte sie dennoch den vom Bundesjustizministerium vorgeschlagenen Qualifikationstatbestand ab. Statt dessen sprach sie sich für eine Anhebung der in § 330 c StGB n.F. bislang angedrohten Höchstfreiheitsstrafe von einem auf zwei Jahre Gefängnis aus, um gewissen, in Zusammenhang mit der Verkehrsunfallflucht auftauchenden, besonders strafwürdigen Fällen der unter-lassenen Hilfeleistung Rechnung tragen zu können. Nach Ansicht der Kommission hätte § 304 Abs. 2 zu der fehlerhaften Annahme einer lex specialis *zur Strafbarkeit wegen unechten Unterlassens infolge Ingerenz* geführt. Zumindest befürchtete man aber die Entstehung erheblicher

700 Niederschriften über die Sitzungen der Großen Strafrechtskommission, aa0, S. 369.
701 Niederschriften über die Sitzungen der Großen Strafrechtskommission, aa0, S. 371.
702 Niederschriften über die Sitzungen der Großen Strafrechtskommission, aa0, S. 372.
703 Dazu näher Blindauer, Die folgenschwere unterlassene Hilfeleistung, S. 12 ff.
704 Niederschriften über die Sitzungen der Großen Strafrechtskommission, aa0, S. 375.

Abgrenzungsschwierigkeiten. Der innerhalb der Kommission geäußerten Anregung, anstelle des Falles der Gefahrverursachung eine Qualifizierung für den Fall der *Lebensgefahr* vorzunehmen, ist nicht weiter nachgegangen worden.

Ergebnis der Beratungen der Strafrechtskommission war schließlich, innerhalb des Abschnittes "Störung der öffentlichen Ordnung" folgende Vorschrift aufzunehmen:

" § 226

Unterlassene Hilfeleistung

Wer bei Unglücksfällen oder bei gemeiner Gefahr oder Not nicht Hilfe leistet, obwohl nach den Umständen Hilfeleistung erforderlich und ihm zuzumuten, insbesondere ohne erhebliche eigene Gefahr und ohne Verletzung anderer wichtiger Pflichten möglich ist, wird mit Gefängnis bis zu zwei Jahren, mit Strafhaft oder mit Geldstrafe bestraft."[705]

§ 226 unterschied sich von dem durch das Bundesjustizministerium vorgeschlagenen § 304 Abs. 1 nur geringfügig. Die Strafrechtskommission hatte die Formulierung "nach den Umständen" dem Begriff der Hilfeleistung vorangestellt. Dies sollte der Verdeutlichung dienen, die Beurteilung der Erforderlichkeit der Hilfe sei nicht vom Standpunkt ex post, sondern ex ante zu treffen. Hingegen ist die Kommission dem weitergehenden Vorschlag von Gallas
- mit dem er Schutzbehauptungen des Täters besser ausschließen wollte -
die Hilfeleistung künftig anstelle am objektiven Merkmal der Erforderlichkeit, am subjektiven Begriff der Gebotenheit auszurichten, nicht gefolgt.

Nachdem sich bereits die Vollkommission gegen eine spezielle Qualifizierung der Nothilfevorschrift im Interesse der Erfassung äußerst strafwürdiger Fälle der Verkehrsunfallflucht entschieden hatte, sprach sich später auch die Unterkommission gegen eine solche Strafschärfung aus.[706] Weiterhin lehnte sie die Ergänzung des § 226 um folgendes Regelbeispiel ab:

"(2) In besonders schweren Fällen ist die Strafe Gefängnis von sechs Monaten bis zu fünf Jahren. Ein besonders schwerer Fall liegt in der Regel vor, wenn der Täter die Hilfe einem Schwerverletzten versagt."[707]

Da die Strafrechtskommission die Strafvorschrift der unterlassenen Hilfeleistung nicht von der Überschrift des 1. Titels des vierten Abschnittes *"Straftaten gegen den Gemeinschaftsfrieden"* als abgedeckt ansah, entschloß sie sich nach weiteren Beratungen, dieser Bestimmung innerhalb des Entwurfs einen anderen Standort zu geben[708]:

Die Annahme, die Strafvorschrift der unterlassenen Hilfeleistung betreffe das Mitleid mit dem Menschen[709], führte dazu, sie im E 1960 unter der Numerierung § 238 als eigenständigen

705 Niederschriften über die Sitzungen der Großen Strafrechtskommission, aa0, S. 567.
706 Niederschriften über die Sitzungen der Großen Strafrechtskommission, aa0, S. 447.
707 Niederschriften über die Sitzungen der Großen Strafrechtskommission, aa0, S. 567.
708 Niederschriften über die Sitzungen der Großen Strafrechtskommission, 10. Band, Bes. Teil, 1959, S. 372.
709 Niederschriften über die Sitzungen der Großen Strafrechtskomission, aa0, S. 375.

vierten (vor dem fünften, die Tierquälerei betreffenden) Titel in den 2. Abschnitt *"Straftaten gegen die Sittenordnung"* einzugliedern.

Der mit "Unterlassene Hilfe" überschriebene § 232 des Entwurfs 1962, der von der damaligen Bundesregierung in den Bundestag eingebracht worden war, hat einerseits den zuvor genannten Standort beibehalten, jedoch der Strafvorschrift folgende neue Fassung gegeben:

"(1) Wer bei Unglücksfällen oder bei gemeiner Gefahr oder Not nicht hilft, obwohl nach den Umständen Hilfe erforderlich und ihm zuzumuten, namentlich ohne erhebliche eigene Gefahr und ohne Verletzung anderer wichtiger Pflichten möglich ist, wird mit Gefängnis bis zu einem Jahr, mit Strafhaft oder mit Geldstrafe bestraft.
(2) Hat der Täter den Unglücksfall, die Gefahr oder die Not verursacht, so ist die Strafe Gefängnis bis zu drei Jahren oder Strafhaft, wenn die Tat nicht in anderen Vorschriften mit schwererer Strafe bedroht ist."[710]

Bezüglich der Rechtfertigung des der Strafvorschrift der unterlassenen Hilfeleistung zugrundeliegenden Rechtsgedankens stimmte die Begründung des E 62 mit jener vom Gesetzgeber bei Erlaß des 3. StrÄndG verwandten überein. Der E 62 hat innerhalb des § 232 Abs. 1 im wesentlichen die bestehende Strafvorschrift des § 330 c StGB beibehalten, aber dem Vorschlag der Strafrechtskommission folgend eine Umstellung der Worte "nach den Umständen" vorgenommen. Hierdurch sollte verdeutlicht werden, daß die Frage, ob Hilfe erforderlich ist, "nach der tatsächlichen Lage, wie sie sich dem unvoreingenommenen Betrachter im Zeitpunkt der Tat darbietet", zu beantworten sei.[711]

Im Gegensatz zum E 1960 ging man im E 1962 davon aus: Der besonderen Strafwürdigkeit der unterlassenen Hilfeleistung in gewissen Fällen, vornehmlich wenn der Täter die Gefahr, wie z.B. bei der Verkehrsunfallflucht, selbst verursacht habe und demzufolge i.d.R. im Vergleich mit anderen Personen primär zur Hilfe aufgerufen sei, sei nicht im Wege der Erhöhung des Grundstrafrahmens, sondern nur durch einen besonderen zweiten Absatz Rechnung zu tragen. Hintergrund dessen war die Erwägung, in derartigen Situationen trete nicht stets eine Strafbarkeit auf der Grundlage unechten Unterlassens ein. Um in diesen Fällen der gegebenenfalls höheren Strafwürdigkeit gerecht werden zu können, müsse ein Auffangtatbestand ge-schaffen werden, der einen gegenüber dem Normalfall der unterlassenen Hilfeleistung erhöhten Strafrahmen aufweise[712].

XVIII. Der Alternativentwurf eines StGB (AE)

Im Vergleich zu den beiden zuvor behandelten Entwürfen hat der AE in Anlehnung an frühere Reformbemühungen (§ 415 Nr. 2 E 1913 und § 291 E 1919) konzeptionell einen völlig anderen Weg zur Normierung der strafbewehrten Nothilfepflicht eingeschlagen. Die Verfasser des AE erkannten zwar an, daß bestimmte Rechtsgüter wegen ihres besonderen Wertes einen allumfassenden - d.h. nicht nur Beeinträchtigungen verbietenden, sondern im Falle ihrer Gefährdung auch positive Maßnahmen *gebietenden* - strafrechtlichen Schutz

710 BT-Drucksache IV/Nr. 650, S. 396.
711 BT-Drucksache IV/Nr. 650, S. 397.
712 BT-Drucksache IV/Nr. 650, S. 397.

erfahren müßten. Sie kritisierten aber, die Nothilfepflicht sei bisher nur in *einer* Strafvorschrift geregelt worden, was einen "ufer- und konturenlosen" Rechtsgüterschutz zur Folge gehabt habe. Denn prinzipiell werde aufgrund des § 330 c StGB, ohne daß eine einschränkende Auslegung dieser Bestimmung zwingend geboten sei, jedes vom Gesetzgeber infolge seiner Aufnahme in das StGB anerkannte Rechtsgut, dem bei einem dort genannten Bedürfnisfalle Schaden drohen könne, in gleicher Weise geschützt.[713]

Der AE sah vor, anstelle der bislang einzigen Strafvorschrift der unterlassenen Hilfeleistung systematisch jeweils im Anschluß an bestimmte, *wichtige Rechtsgüter schützende Begehungsdelikte* besondere, die Nothilfe regelnde Tatbestände treten zu lassen. Die Verfasser des AE versprachen sich hiervon gegenüber der bisherigen Regelung Vorteile in dreifacher Hinsicht. *Erstens* sei das Rechtsgut, das von jedermann zu schützen sei, klar erkennbar. *Zweitens* ließen sich die Pflichtvoraussetzungen genauer als bisher umschreiben. *Drittens* könne man Abstufungen im Strafrahmen vornehmen.

Der AE enthielt innerhalb des 3. Titels: "Straftaten gegen die körperliche Unversehrtheit" ein Beispiel für diese Regel-ungstechnik. Die §§ 115 und 115 a des AE, welche die Nothilfe für den speziellen Fall der Leibes- und Lebensgefahr regelten, hatten folgenden Wortlaut:

" § 115
Unterlassene Hilfeleistung bei Leibes- und Lebensgefahr

Wer als Zeuge einer Leibes- oder Lebensgefahr, bei einem Unglücksfall oder als zur Abwendung dieser Gefahr persönlich Aufgeforderter die Hilfe nicht leistet, die zur Abwendung der Gefahr erforderlich erscheint, wird mit Geldstrafe bis zu einem Jahr bestraft. Die Hilfspflicht besteht nicht, wenn die erforderliche Hilfeleistung den Täter in Leibes- oder Lebensgefahr bringen würde.

§ 115 a
Entschädigung

Wer zum Zwecke der Hilfeleistung Aufwendungen macht oder bei ihr Schaden erleidet, wird aus der Staatskasse entschädigt. Das gilt auch, wenn eine Hilfeleistungspflicht nach § 115 Satz 2 nicht besteht."[714]

In seiner Begründung stellte der AE klar, daß nur an *wenige* weitere, zum Schutz wichtigster Rechtsgüter die Hilfeleistungspflicht selbständig regelnde Tatbestände, wie "z.B. an eine Vorschrift zum Schutze bedeutender und unersetzlicher Sachwerte und Kulturwerte, deren Erhaltung im Interesse der Allgemeinheit liegt", gedacht sei.[715]

Durch den systematischen Zusammenhang der Leibes- mit der Lebensgefahr innerhalb des § 115 wollte der AE zum Ausdruck bringen, nur erhebliche Beeinträchtigungen der

---

713 Alternativentwurf eines Strafgesetzbuches, Besonderer Teil, Straftaten gegen die Person, Erster Halbband, 1970, S. 59.
714 Alternativentwurf eines Strafgesetzbuches, aa0, S. 58, 60.
715 Alternativentwurf eines Strafgesetzbuches, aa0, S. 59.

körperlichen Unversehrtheit könnten die Hilfeleistungspflicht auslösen. § 103 des AE schloß es aus, den versuchten Suizid als Unglücksfall anzusehen. Mittels der Verwendung der Formulierung "die Hilfe nicht leistet, die zur Abwendung der Gefahr erforderlich erscheint" wollten die Verfasser des AE bewirken, daß die Verpflichtung zur Hilfe künftig stärker am Erfolg orientiert werde und "das Unterlassen guten Zuspruchs oder bloßer Erleichterung" straflos bleibe.[716] Die Tendenz des AE, im Vergleich zur damals bestehenden Strafvorschrift des § 330 i.d.F. des 3. StrÄndG und zu § 232 E 1962 eine erhebliche Restriktion der strafrechtlichen Hilfeleistungspflicht herbeizuführen, ist unverkennbar.

Diese Grundhaltung war von dem Gedanken begleitet, den Helfer möglichst vor allen nachteiligen Folgen seiner Hilfe zu bewahren. § 115 a sollte die Mängel, die das geltende Recht nach Ansicht der Verfasser des AE insoweit immer noch aufweist, beheben, um die Bereitschaft des einzelnen, im Interesse seiner Mitmenschen tätig zu werden, zu erhöhen.

Die Reformbemühungen, die aus den unterschiedlichen Vorschlägen der Entwürfe, die Strafvorschrift der unterlassenen Hilfeleistung zu novellieren, hervorgehen, sind später von dem Gesetzgeber allerdings nicht in die Tat umgesetzt worden.

Ihre Fassung, die jene Vorschrift durch das 3. StrÄndG vom 4. Aug. 1953 gefunden hatte, ist nur noch geringfügigen gesetzlichen Änderungen unterzogen worden.

Das 1. StrRefG vom 25. Juni 1969[717] ersetzte den Ausdruck "Gefängnis" durch den der Freiheitsstrafe.

Nachdem das EGStGB vom 2.März 1974[718] der Strafvorschrift die Bezeichnung als "Unterlassene Hilfeleistung" gegeben hatte, erhielt sie durch das 18. StrÄndG vom 28. März 1980[719] ihre gegenwärtige Numerierung als § 323 c StGB.

B) Fazit

Die geschichtliche Untersuchung hat ergeben, daß die Entwicklung der strafbewehrten Hilfeleistungspflicht nicht durch einen kontinuierlichen, sondern einen recht wechselhaften Verlauf gekennzeichnet ist. Epochen, in denen der einzelne in ausgeprägtem Maße zugunsten seiner Mitmenschen bzw. der Gemeinschaft in Anspruch genommen wurde, folgten solche, die eine derartige Inpflichtnahme nicht oder kaum kannten. Meines Erachtens ist es verfehlt, diesen Entwicklungsverlauf nur auf *eine* Ursache, beispielsweise den unterschiedlichen staatlichen Organisationsgrad, zurückzuführen. Denn zum einen hat die strafbewehrte Hilfeleistungspflicht sich nicht kontinuierlich fortentwickelt und zum anderen ist es keineswegs so, daß jene Pflicht heute, was den gesetzlich normierten Anwendungsbereich sowie den Umfang der Inanspruchnahme des einzelnen betrifft, im Vergleich zu früheren Zeiten einen Mindeststandard erreicht hätte. Vielmehr sind die Gründe, weshalb die Nothilfepflicht recht unterschiedlich ausgestaltet worden war, äußerst komplex.

716 Alternativentwurf eines Strafgesetzbuches, aa0, S. 59.
717 BGBl. I S. 645, 657, 680.
718 BGBl. I S. 469, 502, 648.
719 BGBl. I S. 373, 374, 379.

Dem römischen Recht war, außerhalb bestehender Sonderverhältnisse, eine allgemeine, an jedermann gerichtete Rechtspflicht zur Hilfeleistung wegen seiner individualistischen Grundhaltung und des für damalige Verhältnisse hohen staatlichen Organisationsniveaus, fremd.

Hingegen kannte das germanische Recht sowohl eine Pflicht zur Notwehr- als auch zur Notstandshilfe, die beide die Erhebung des ***"Gerüftes"*** als Voraussetzung hatten. Stellte sich wegen des Fehlens staatlicher Organe die Erfüllung der Nothilfepflicht, insbesondere im Zusammenhang mit der ***"handhaften Tat"***, zunächst als Ausübung staatlicher Gewalt durch den einzelnen dar, so erscheint bereits in der Frankenzeit eher ihre Qualifizierung als eine in Beziehung zum öffentlichen Polizeidienst stehende Untertanenpflicht gerechtfertigt zu sein.

Später, während des Mittelalters bis zur Rezeption des römischen Rechts, wurde der Hilfeleistungspflicht, zumindest was die im Falle eines Notstandes zu leistende anbetraf, weniger in den einzelnen Land- als vielmehr in den Stadtrechten Beachtung geschenkt. Zu dieser Zeit wurde bereits der zwischen der Notwehrhilfepflicht und der Verbrechensanzeigepflicht bestehende enge Zusammenhang deutlich. Denn einige Stadtrechte ließen neben oder an Stelle der eigentlichen Verbrechenshinderung die Warnung des Gefährdeten genügen. Mit der Erstarkung der Staatsgewalt ging eine Reduktion der strafbewehrten Hilfeleistungspflicht hinsichtlich ihrer Anwendungsfälle und des Umfanges des von dem einzelnen geforderten Verhaltens einher. So waren nach einigen Stadtrechten beispielsweise nur noch die Mitglieder gewisser Zünfte zur Brandbekämpfung verpflichtet bzw. wurde die Hilfeleistungspflicht bei verbrecherischen Angriffen auf die Information der Obrigkeit beschränkt.

In der Folgezeit verschwand, bedingt durch die Rezeption des römischen Rechts, die strafbewehrte Nothilfepflicht völlig aus den jeweiligen Kodifikationen. So enthielt die Peinliche Gerichtsordnung Kaiser Karls des V. keine einzige Vorschrift, die auch nur Rudimente einer allgemeinen Nothilfepflicht aufwies

- eine Feststellung, die im übrigen auf die gesamte Epoche des gemeinen Strafrechts zutrifft.

Zur Zeit des Absolutismus bzw. aufgeklärten Absolutismus fand die Hilfeleistungspflicht in einigen Kriminalordnungen ebenfalls keinen Platz, während andere nur die Nothilfepflicht im Falle eines verbrecherischen Angriffs, in engem Zusammenhang mit der Deliktsanzeigepflicht bzw. der Verbrechensbeihilfe, regelten, die Notstandshilfe aber völlig vernachlässigten. Eine bedeutsame Ausnahme bildete das aus dem Jahre 1794 stammende ALR, das der Normierung der Hilfeleistungspflicht einen sehr breiten Raum gewidmet hat. Beeinflußt sowohl durch den Geist der Aufklärungsphilosophie, welche die Tugendpflichten dem Bereich der Moral zuordnete, als auch durch eine die Gemeinschaftsgebundenheit des Individuums betonende zeitliche Strömung, blieb das ALR aufgrund eines Kompromisses, was die Regelung der Nothilfepflicht betrifft, noch weit hinter der heutigen Gesetzeslage zurück. Denn im Gegensatz zur Verbrechenshinderung vermochte nach § 782 Abs.2 ALR nur die tatbestandliche Situation der Lebensgefahr eine Pflicht zur Notstandshilfe auszulösen.

Trotzdem kam es später für einen langen Zeitraum nicht mehr zu einer auch nur annähernd ebenso weitreichenden Normierung der Hilfeleistungspflicht. Dies trifft vor allem auch auf die Epoche der Partikularstrafgesetzgebung zu. Die zu dieser Zeit herrschende staatsrechtliche Doktrin sah den Staat nämlich nur ausnahmsweise als befugt an, den Bürger zur Erfüllung der eigentlich ihm obliegenden Aufgabe, das öffentliche Wohl zu fördern, heranzuziehen. Im übrigen war die Annahme weit verbreitet, daß der einzelne zur Hilfeleistung in gravierenden Notfällen eher durch die ihm im Falle der Untätigkeit drohende gesellschaftliche Verachtung als durch eine strafrechtliche Sanktion motiviert werden könne. Folglich hatten die Landesgesetzgeber generell darauf verzichtet, neben der Pflicht zur Notwehrhilfe eine solche zur Notstandshilfe in die Straf- bzw. Kriminalgesetzbücher aufzunehmen. Letzterer Pflicht wurde lediglich in einigen Polizeistrafgesetzbüchern und zwar regelmäßig auf den Bedürfnisfall der Lebensgefahr begrenzt, Beachtung geschenkt. Hingegen wichen die Kriminalordnungen, was die Ausgestaltung der tatbestandlichen Situation, die eine Notwehrhilfepflicht auszulösen vermochte, betraf, stark voneinander ab. Während einige jede strafbare Handlung genügen ließen, war in anderen Strafgesetzbüchern diese Pflicht auf einen enumerativen Katalog bzw. auf eine bestimmte Kategorie von Delikten beschränkt. Ebenso erheblich waren die Unterschiede bezüglich des von dem einzelnen geforderten Verhaltens. Die Pflicht zur Anzeige des Verbrechens bei der Obrigkeit, zur Warnung des Betroffenen bzw. zur Verbrechenshinderung standen entweder in einem echten Alternativitäts- oder Stufenverhältnis. Seinerzeit wurde die Anzeigepflicht als eine Form der zum Teil wesentlich weiter-gehenden Hilfeleistungspflicht verstanden[720]. Allerdings ging die Gesetzgebung davon aus, die größere Belastung für den einzelnen bedeute die Pflicht zur Denunziation. Der enge systematische Regelungszusammenhang, der anfangs zwischen jenen drei Pflichten einerseits und der Verbrechensbeihilfe bzw. der Begünstigung andererseits bestanden hatte, wurde später aufgegeben.

Während der gesamten Dauer der Partikularstrafgesetzgebung war also nur eine äußerst zurückhaltende Normierung der strafbewehrten Hilfeleistungspflicht erfolgt. Nicht nur, daß das am Ende dieser Epoche stehende PreußStGB von 1851 diese Entwicklung fortgesetzt hätte; es verstärkte sie zudem noch erheblich. Der nach dem Vorbild des Art. 475 Nr. 12 des code pènal von 1810 geschaffene § 340 Ziff. 7 PreußStGB stand, was das Wesen der Nothilfepflicht betrifft, am Beginn einer völlig neuen Phase, innerhalb derer jene Pflicht für lange Zeit ihre restriktivste Regelung erfahren sollte. § 340 Ziff. 7 PreußStGB, der insoweit mit dem heutigen § 323 c StGB übereinstimmte, hatte zwar durch die Verwendung der drei Bedürf-nisfälle - Unglücksfall, gemeine Gefahr und Not - die tatbestandliche Situation weitgehender als je eine andere Vorschrift zuvor umschrieben. Aufgrund des Einflusses französischen Rechts war die Entstehung der Nothilfepflicht, sofern man von einzelnen in den Polizeistrafgesetzbüchern bereits enthalten gewesenen Bestimmungen absieht, aber *erstmals* von der vorherigen Entscheidung eines staatlichen Organs abhängig gemacht worden. Neben einer Reduzierung des Anwendungsbereiches hatte dies die Änderung des Deliktscharakters der strafbewehrten Nothilfepflicht zu einem Polizeidelikt zur Folge, da die *Hilfe für den Bedürftigen* ihre selbständige Funktion verloren hatte.

In der Form, welche das PreußStGB dem Delikt der unterlassenen Hilfeleistung gegeben hatte, gelangte dieses schließlich, ohne daß wesentliche Änderungen vorgenommen worden wären, über das Strafgesetzbuch für den Norddeutschen Bund als § 360 Abs. 1 Nr. 10 in das Reichsstrafgesetzbuch von 1871.

---

720 Geilen, JuS 1965, S. 426, 431.

Die Entwürfe zu einem Strafgesetzbuch, die vor der nationalsozialistischen Machtergreifung erarbeitet worden waren, hatten ebenfalls im wesentlichen an jener Regelung festgehalten, allerdings zum Teil, für den Fall der drohenden Lebensgefahr, die Rückkehr zu einer unmittelbaren Hilfeleistungspflicht vorgesehen.

Erst mit Erlaß des § 330 c StGB a.F. im Jahre 1935 schlug das Pendel, was das Ausmaß der Nothilfepflicht anging, wieder in die entgegengesetzte Richtung um. Indem der nationalsozialistische Gesetzgeber, unter Beibehaltung der umfassenden drei Bedürfnisfälle

- des Unglücksfalles, der gemeinen Gefahr und Not-

der polizeilichen Aufforderung ihre konstitutive Bedeutung für die Strafbarkeit nahm und bezüglich der Entstehung sowie des Umfanges der Hilfeleistungspflicht auf den Maßstab des gesunden Volksempfindens abstellte, hatte er eine unmittelbare Nothilfepflicht geschaffen, die hinsichtlich ihres Ausmaßes die Suche nach einem Vorbild vergebens erscheinen ließe. Die geschichtliche Untersuchung hat nämlich ergeben: Vor dem Jahre 1935 hat eine unmittelbare Hilfeleistungspflicht stets nur bei Vorliegen gewisser, eng umgrenzter tatbestandlicher Situationen bestanden.

Sollte eine derart extensive Ausgestaltung der Nothilfe-pflicht Anlaß zu Bedenken geben, müßten diese auf die heutige Vorschrift des § 323 c StGB übertragen werden. Denn die gegenwärtige Regelung der Hilfeleistungspflicht ist, was die Anwendungsfälle und den Umfang des von dem einzelnen geforderten Verhaltens angeht, obwohl sie insoweit nicht mehr auf den Maßstab des gesunden Volksempfindens rekurriert, kaum restriktiver angelegt als ihre Vorläufer. Der demokratische Gesetzgeber hat nämlich bei Erlaß des 3. Strafrechtsänderungsgesetzes, abgesehen von der Beseitigung des nationalsozialistischen Vokabulars und der Reduzierung des Strafrahmens, ein Bedürfnis zur Vornahme von wesentlichen Korrekturen an der Nothilfepflicht verneint[721]. In der Folgezeit ist, wie die vorliegende Studie gezeigt hat, lediglich von den Verfassern des AE eine gravierende Änderung der Hilfeleistungspflicht vorgeschlagen worden. Die Realisierung ihres Vorschlages, im jeweiligen Anschluß an die dem Schutze bedeutsamer Rechtsgüter dienender Begehungsdelikte einen entsprechenden allgemeinen Gebotstatbestand zu normieren, hätte zu einer erheblichen Verringerung des Anwendungsbereiches der strafbewehrten Hilfeleistungspflicht geführt.

Nach umfangreicher Untersuchung der geschichtlichen Entwicklung kann nunmehr die anfangs gestellte Frage, ob § 330 c StGB a.F. als ein Produkt nationalsozialistischer Weltanschauung angesehen werden muß, beantwortet werden.

Die überwiegende Auffassung verneint dies mit folgender Begründung. Nach Erlaß des § 360 Nr. 10 RStGB habe sich in der Folgezeit, insbesondere seit Ende des 19. Jahrhunderts, ein Wandel des gesellschaftlichen Bewußtseins vollzogen. Der zur Stellung des einzelnen in der Gesellschaft vertretene, extrem individualistische Standpunkt zur Zeit der Schaffung des StGB von 1871 sei allmählich dem Gedanken der ***sozialen Verantwortlichkeit*** des einzelnen

---

721 Furtner, NJW 1961, S. 1196; Kargl, GA 1994, S. 247, 252 f.

gegenüber der Gemeinschaft gewichen[722]. Die Entwicklung des liberalen Staates hin zum Sozialstaat, der zur Erfüllung seiner Fürsorgeaufgaben in erheblichem Maße auf die Mitwirkung des einzelnen angewiesen sei, habe zu einer stärkeren Betonung der sozialen Verant-wortlichkeit des Individuums beigetragen[723]. Einen Beweis dafür, daß die in der Gesellschaft zur Pflichtenstellung des Individuums überwiegend vertretene Anschauung sich in einer Phase des Umbruchs befunden habe, dürfe den vor der nationalsozialistischen Machtergreifung erarbeiteten Strafgesetzentwürfen entnommen werden, da diese bereits Vorschläge zur Regelung einer unmittelbaren Hilfeleistungspflicht enthalten hätten[724]. Zudem könne die Normierung einer strafbewehrten, allgemeinen unmittelbaren Nothilfepflicht durch den nationalsozialistischen Gesetzgeber Anfang des 20. Jahrhunderts nicht als eine typisch deutsche Erscheinung angesehen werden[725]. Denn schon kurze Zeit zuvor hätten auch zahlreiche ausländische Staaten ähnliche Gesetze erlassen bzw. an ihrer Vorbereitung gearbeitet[726]. Folglich könne die Nothilfepflicht, wie sie in § 330 c StGB a.F. ihren Niederschlag gefunden habe, nicht als das Ergebnis einer bestimmten ideologischen Weltanschauung angesehen werden. Zur Begründung der Behauptung, der "Grundgedanke" dieser Vorschrift sei durchaus mit heutigem Rechtsdenken in Einklang zu bringen, wird insofern auf das in der christlichen Glaubenslehre enthaltene Gebot der Nächstenliebe[727] und auf den Humanitätsgedanken[728] verwiesen.

Diese Erwägungen erscheinen mir aus folgenden Gründen nur zum Teil zutreffend zu sein: Weder in den aus älterer Zeit stammenden Strafgesetzen noch in den zuvor genannten Entwürfen war nämlich eine strafbewehrte unmittelbare Nothilfepflicht enthalten, die auch nur einen annähernd extensiven Anwendungsbereich oder hohen Strafrahmen wie die Regelung des § 330 c StGB a.F. aufwies. So war in der Vergangenheit

- erinnert sei z.B. an § 782 ALR, § 415 Nr. 2 des amtlichen Entwurfs der Strafrechtskommission von 1913 oder § 291 des StGB-Entwurfs von 1919 -

---

722 Amtliche Begründung, BT-Drucksache I/Nr. 3713 vom 29.9.1952, S. 44; OLG Koblenz JW 1947/48, S. 489; Gallas, JZ 1952, S. 396; ders., Unterlassene Hilfeleistung nach Deutschem Strafrecht, in: Deutsche Landesreferate zum IV. Internationalen Kongreß für Rechtsvergleichung in Paris 1954, S. 344, 346; Dölling, NJW 1986, S. 1011, 1013; Maurach, Deutsches Strafrecht, BT, 1. Aufl.(1953), S. 364 f; Mezger, Strafrecht II, BT, 2. Aufl. (1951), S. 213; Schweiger, NJW 1955, S. 816, 817; Welzel, Das Deutsche Strafrecht, 1. Aufl. (1947), S. 223; ders., NJW 1953, S. 327, 328; Seelmann, JuS 1995, S. 281, 282.

723 Gallas, Unterlassene Hilfeleistung nach Deutschem Strafrecht, aa0, S. 344, 346; Welzel, Das Deutsche Strafrecht, aa0, S. 223; ders., NJW 1953, S. 327, 328.

724 BGHSt 6, 147, 151; Niederschriften über die Sitzungen der Großen Strafrechtskommission, aa0, S. 374; Gallas, Unterlassene Hilfeleistung nach deutschem Strafrecht, aa0, S. 346.

725 Gallas, JZ 1952, S. 396, 397; Seelmann, JuS 1995, S. 281, 282.

726 Art. 450 Niederländisches StGB von 1881; § 296 des Entwurfs eines Schweizerischen StGB von 1918; Art. 593 Italienisches StGB von 1930; Art. 247 Polnisches StGB von 1932; § 342 des vorläufigen Entwurfes eines Japanischen StGB, Bes.Teil von 1940; Art. 63 des Code pènal i.d.F. vom 25.6.1945; Art. 307 Griechisches StGB von 1950; § 227 Tschechoslowakisches StGB von 1950; Art. 147 Jugoslawisches StGB. Der genaue Wortlaut der meisten zuvor zitierten Strafvorschriften wurde von Blindauer, Die folgenschwere unterlassene Hilfeleistung, S. 12 ff. wiedergegeben.

727 BGHSt 6, 147, 151; Kreuzer, aa0, S. 21.

728 Henkel, Einführung in die Rechtsphilosophie, 1964, S. 133, 135, 257.

diese Art der Hilfeleistungspflicht stets auf extreme Notlagen, beispielsweise die der Lebensgefahr beschränkt gewesen[729] bzw. die Bestrafung von der Realisierung der Gefahr abhängig gemacht worden.

Vergleichbare Restriktionen der Nothilfepflicht dieser Art fehlten innerhalb des Straftatbestandes des § 330 c StGB a.F. aber völlig. Das gilt vor allem für den Anwendungsbereich, da bei Umwandlung der unselbständigen, mittelbaren Nothilfepflicht des § 360 Nr. 10 RStGB in eine unmittelbare die inhaltlich weitreichende tatbestandliche Situation dieser Strafvorschrift beibehalten worden war. Der nationalsozialistische Gesetzgeber war zwar davon ausgegangen, daß beispielsweise die Bedrohung von Sachwerten nur im Falle der gemeinen Gefahr zur Begründung der Hilfeleistungspflicht ausreichend sei. Infolge des sprachlich nicht exakt fixierten Bedeutungsgehaltes der drei Bedürfnisfälle hatte § 330 c StGB a.F. aber in Rechtsprechung und Lehre rasch eine extensivere Auslegung erfahren. Die Verweisung auf den Maßstab des "gesunden Volksempfindens", selbst wenn man ihn unbeeinflußt von einer politischen Anschauung, entsprechend dem wirklichen Gehalt i.S. des Rechtsempfindens des Volkes hätte handhaben können, war ebenfalls kaum geeignet, der Nothilfepflicht hinsichtlich Entstehung und Umfang Grenzen zu setzen. Denn in wirklichen Zweifelsfällen brachte die Anwendung dieser Klausel den Rechtsanwender in unlösbare Schwierigkeiten.

Daher kann meines Erachtens der herrschenden Meinung nicht uneingeschränkt zugestimmt werden. Ihr ist zwar insoweit beizupflichten, als die im Jahre 1935 erfolgte Normierung der unmittelbaren Nothilfepflicht als solche nicht als ein partielles Spiegelbild Gesetz gewordener nationalsozial-istischer Ideologie angesehen werden muß. Gegen eine derartige Annahme spricht von vornherein die historische Entwicklung der strafbewehrten Hilfeleistungspflicht. Das Charakteristikum der **unmittelbaren** Hilfspflicht stellte kein Novum dar. Zudem war die Unpraktikabilität des Erfordernisses einer *vorherigen polizeilichen Aufforderung* schon längst erkannt worden.

Jedoch war der nationalsozialistische Zeitgeist dennoch nicht ohne Einfluß auf die konkrete Ausgestaltung der strafbewehrten Nothilfepflicht geblieben. Der uneingeschränkte Vorrang, den man zur Zeit des Nationalsozialismus der Förderung des Gemeinwohls gegenüber dem Schutze der individuellen Freiheit eingeräumt hatte, dürfte nämlich nicht nur für den hohen Strafrahmen des § 330 c StGB a.F., sondern auch für die fehlende Beschränkung des Anwendungsbereiches dieser Strafvorschrift auf den Schutz eines enumerativen Kreises bedeutsamer Rechtsgüter und für den weitreichenden Umfang der Hilfeleistungspflicht ursächlich geworden sein. Die Novellierung des § 360 Ziff. 10 RStGB noch vor Inkrafttreten des geplanten neuen Strafgesetzbuches kann nicht anders erklärt werden, als daß der Gesetzgeber durch eine weitreichende Inpflichtnahme der Bürger im Wege des § 330 c StGB a.F. diese zu gemeinschaftsgebundenen Individuen erziehen wollte, die ihre eigenen Interessen hinter dem Wohl des Gemeinwesens und der anderen zurückstellen. Da der Staat seinerzeit bereits über ein äußerst funktionsfähiges Polizei- und Rettungswesen verfügte, kann nicht davon ausgegangen werden, es sei ein besonderes kriminalpolitisches Bedürfnis bzw. die Vielzahl der erwarteten Anwendungsfälle im täglichen Leben gewesen, die den Gesetzgeber zum Erlaß einer derart ausgedehnten strafbewehrten Hilfeleistungspflicht

729 Das gleiche gilt für die in der Literatur vorgeschlagene Reform, bzw. Ergänzung des § 360 Ziff. 10 RStGB, vgl. North, aaO, S. 416, 417.

bewogen hätten. Hinzu kommt, daß im Gegensatz zu § 330 c StGB a.F. die entsprechenden ausländischen Strafvorschriften auf den Schutz bedeutsamer Rechtsgüter beschränkt worden waren[730].

Daher ist als Ergebnis der geschichtlichen Untersuchung der strafbewehrten Hilfeleistungspflicht festzuhalten: Aus historischer Sicht können gegen die heutige Strafvorschrift des § 323 c StGB keine Bedenken erhoben werden, was die Unmittelbarkeit der Hilfeleistungspflicht anbetrifft. Anlaß zu Zweifeln bietet die derzeitige Regelung aber im Hinblick auf ihren weiten normativen Anwendungsbereich und den Umfang des von dem einzelnen geforderten Verhaltens[731].

730 Siehe Fußnote 726.

731 Harzer, aa0, S. 49 kann also darin zugestimmt werden, daß die Strafvorschrift der unterlassenen Hilfeleistung nicht erst durch nationalsozialistisches Denken hervorgebracht worden ist. Allerdings hätte m.E. wohl kaum ein anderer als der nationalsozialistische Gesetzgeber dieser Strafvorschrift einen derart weiten Anwendungsbereich gegeben.

Zweiter Hauptteil:
Die Ansichten in Rechtsprechung und Literatur zur Verfassungsmäßigkeit und Notwendigkeit einer verfassungskonformen Restriktion des § 323 c StGB

Kapitel 1: Der Meinungsstand zur Verfassungsmäßigkeit des § 323 c StGB

§ 8 Allgemeine Darstellung der in der bisherigen Diskussion zur Verfassungsmäßigkeit des § 323 c StGB eingeführten Gesichtspunkte

A. Beachtung des strafrechtlichen Bestimmtheitsgebotes (Art. 103 II GG) als formale Anforderung an die Verfassungsmäßigkeit der Strafvorschrift des § 323 c StGB

Eine nähere Betrachtung der zu § 323 c StGB ergangenen Judikatur zeigt, daß diese Strafvorschrift in der Rechtsprechung bislang keiner eingehenden Prüfung auf ihre Verfassungsmäßigkeit unterzogen worden ist. Die Ursache hierfür dürfte u.a. in dem Erlaß des 3. Strafrechtsänderungsgesetzes vom 4.8.1953 liegen. Innerhalb des § 330 c StGB n.F. waren nunmehr als Maßstab zur Bestimmung des Umfanges der Hilfeleistungspflicht anstelle des infolge nationalsozialistischer Ideologie anrüchig gewordenen Begriffs des "gesunden Volksempfindens" das "Zumutbarkeitskorrektiv" und die "Erforderlichkeit" der Hilfe getreten. Diese gesetzliche Änderung hatte das Ende der in der Rechtsprechung zur Vereinbarkeit der Strafvorschrift der unterlassenen Hilfeleistung mit dem Bestimmtheitsgrundsatz geführten Diskussion zur Folge. Obwohl es fraglich erscheint, daß der neue Maßstab der Zumutbarkeit dem Bürger die Grenzen der Strafbarkeit der unterlassenen Hilfeleistung tatsächlich klarer vor Augen treten läßt als der vorherige des "gesunden Volksempfindens", wurden jene in der Rechtsprechung gegen die hinreichende Bestimmtheit des § 330 c StGB a.F. geäußerten Bedenken nicht auf die neue Strafvorschrift übertragen[1].

Das soll aber nicht heißen, die Judikatur habe in der Folgezeit dem Grundgesetz keine Bedeutung in bezug auf die Strafvorschrift der unterlassenen Hilfeleistung beigemessen. Die gegenteilige Auffassung würde die, wenn auch vereinzelt gebliebenen, Entscheidungen vernachlässigen, die betonen, bei der Auslegung, insbesondere der Konkretisierung der Zumutbarkeitsklausel des § 323 c StGB, dürfte die Ausstrahlungswirkung der Grundrechte nicht verkannt werden[2].

---

1 BGHSt 6, 147, 151 f. In dieser Entscheidung hebt der BGH, der bekanntlich von der Weitergeltung des § 330 c StGB a.F. ausgegangen war, hervor, daß durch jene Änderung "der Tatbestand (einer rechtsstaatlichen Forderung gemäß) bestimmter abgegrenzt" worden sei.

2 BVerfGE 32, 98, 105 ff; BGHSt 7, 268, 271 f; OLG Hamm NJW 1965, S. 212, 213; OlG Stuttgart MDR

Da der gesetzliche Tatbestand des § 323 c StGB infolge der zuvor angesprochenen weitgehenden "Verrechtlichung" der sozialethischen Pflicht, dem Nächsten in Not zu helfen, "konturenlos"[3] und generalklauselartig4 erscheint, steht die Literatur der Frage der Verfassungsmäßigkeit dieser Strafvorschrift wesentlich kritischer gegenüber als die Rechtsprechung[5]. Die bislang auf dem Gebiete des Straf- und Verfassungsrechts erschienenen Abhandlungen, in denen zur verfassungsrechtlichen Problematik des § 323 c StGB Stellung genommen wird, behandeln nicht die insoweit einschlägige Thematik in ihrer Gesamtheit, sondern stets nur einzelne Aspekte. Zudem wird im wesentlichen nicht ausreichend auf die einschlägigen Erkenntnisse des Staatsrechts zurückgegriffen.

Neben der Befugnis des Gesetzgebers zur Strafbewehrung der aus dem Bereich der Ethik herrührenden Hilfeleistungspflicht[6] wurde der Frage, ob § 323 c StGB mit dem Bestimmtheitsgebot für Strafgesetze des Art. 103 II GG vereinbar ist, die größte Aufmerksamkeit gewidmet. An anderer Stelle wurde bereits hervorgehoben, daß dieser Grundsatz den Gesetzgeber vor größere Schwierigkeiten bei der Normierung von Gebots- als von Verbotsstraftatbeständen stellt. Hinsichtlich der Fragestellung, ob es ihm im Rahmen des § 323 c StGB gelungen ist, jene Schwierigkeiten zu überwinden, werden folgende Merkmale des gesetzlichen Tatbestandes problematisiert:
Erstens: Die zur Beschreibung der tatbestandlichen Situation verwandten drei Bedürfnisfälle: Unglücksfall, gemeine Gefahr und Not.
Zweitens: Das Zumutbarkeitskorrektiv.
Drittens: Die "Erforderlichkeit" der Hilfe.

Schon innerhalb der zu § 360 Ziff. 10 RStGB erschienenen Literatur war zum Teil kritisiert worden, der Gesetzgeber habe weder expressis verbis innerhalb dieser Strafvorschrift selbst, noch an anderer Stelle des Reichsstrafgesetzbuches Anhaltspunkte zur Konkretisierung der drei zur Beschreibung der tatbestandlichen Situation verwandten relativ unbestimmten Bedürfnisfälle zur Verfügung gestellt[7]. Die hieraus für die Vorhersehbarkeit des strafbaren

---

1964, S. 1024, 1025.

3 Alternativentwurf eines Strafgesetzbuches, BT, Straftaten gegen die Person, 1. Halbband, S. 59; Geilen, Jura 1983, S. 78, 84; Kargl, GA 1994, S. 246, 252; Sauer, System des Strafrechts, BT, S. 324; Schöne, Unterlassene Erfolgsabwendungen und Strafgesetz, S. 88, 90; Vermander, aa0, S. 17.

4 Kreuzer, NJW 1967, S. 278; ders. Ärztliche Hilfeleistungspflicht bei Unglücksfällen im Rahmen des § 330 c StGB, S. 76.

5 So erhebt Hellmuth Mayer gegenüber dem BGH den Vorwurf, daß dieser das Bestimmtheitsgebot generell nicht ernst genug nehme und bislang keine einzige Strafvorschrift, deren Gültigkeit, wie beispielsweise § 330 c n.F. wegen ihrer Unbestimmtheit fragwürdig war, auf ihre Vereinbarkeit mit Art. 103 GG geprüft habe, vgl. Materialien zur Strafrechtsreform, 1 Band, Gutachten der Strafrechtslehrer, 1954, S. 268.

6 Kreuzer, Ärztliche Hilfeleistungspflicht bei Unglücksfällen, S. 21; Wildanger, Die Nothilfepflicht nach der neuen Fassung des 330 c StGB, S. 15; siehe auch Sauer, Allgemeine Strafrechtslehre, S. 92.

7 Leonhard, Der sogenannte Liebesparagraph RStGB § 360 Ziff. 10, 1910, S. 7, 8; Müller, Die strafbare

Verhaltens für den Bürger erwachsenden nachteiligen Folgen sah man allerdings wegen der strafbarkeitskonstitutiven Bedeutung der polizeilichen Aufforderung, welche ihm die Entstehung der strafbaren Hilfeleistungspflicht klar vor Augen treten ließ, als geringfügig an[8]. Hingegen ist heute die Annahme weit verbreitet, daß sich infolge der Umwandlung der unselbständigen in eine selbständige, bezüglich ihrer Entstehung von der vorherigen polizeilichen Aufforderung unabhängigen Nothilfepflicht diese Problematik, was die Erkennbarkeit der Strafbarkeitsgrenzen anbetrifft, wesentlich verschärft habe[9]. Aufgrund der Gesetzesänderung könne der Bürger nur noch dem gesetzlichen Tatbestand des § 323 c StGB entnehmen, ob er in einer bestimmten Situation Adressat der strafbewehrten Hilfeleistungspflicht sei. Dies stelle sich jedoch aus folgenden Gründen sowohl für ihn als auch für den Richter, der über die Strafbarkeit zu entscheiden habe, als ein schwieriges Unterfangen dar. Den Begriffen des Unglücksfalles, der gemeinen Gefahr und Not könne zwar ohne weiteres wegen der Verwendung, die sie innerhalb des Tatbestandes des § 323 c StGB gefunden hätten, ihre immanente Zielrichtung, die Abwehr von Schäden, entnommen werden. Das Gesetz enthalte aber ausdrücklich nicht den geringsten Hinweis zur Kategorie der Rechtsgüter, denen der Schaden - welchen es abzuwenden gelte - drohen müsse. Angesichts der äußersten Dehnbarkeit der drei Begriffe lasse sich der Kreis der relevanten Rechtsgüter durch einfachgesetzliche Auslegung ebenfalls nicht willkürfrei bestimmen[10]. In der Tat dürfte kaum ein Individualrechtsgut vorhanden sein, das man innerhalb der zu § 323 c StGB existierenden reichhaltigen Literatur noch nicht unter die "tatbestandliche Situation" dieser Vorschrift subsumiert hätte[11]. Hatte noch Geilen die Frage, ob beispielsweise neben dem Leben, der Gesundheit, der Freiheit, der sexuellen Integrität, dem Eigentum und des Vermögens auch der nasciturus zu den Rechtsgütern gehöre, von denen Schaden abgewendet

---

Hülfeverweigerung, S. 6.

8 Schramm, aa0, S. 44.

9 Storsberg, aa0, S. 113 ff.

10 Frellesen, aa0, S. 214; Geilen, Jura 1983, S. 78, 80, 84 f; Schöne, aa0, S. 51 f, 78, 84; Vermander, aa0, S. 16 ff; zur besonderen Schwierigkeit der Bestimmung des Begriffsinhalts der gemeinen Gefahr und Not, vgl. Bockelmann, Lehrbuch der gerichtlichen Medizin, S. 3; Wiedenroth, aa0, S. 43. In der zur Zeit des Nationalsozialismus erschienenen Literatur war teilweise diese allgemein gehaltene Fassung der Bedürfnisfälle befürwortet worden, da gerade sie es sei, die dem Gesetzgeber ermögliche, alle, auch die nicht von vornherein voraussehbaren, strafwürdigen Fälle unterlassener Hilfeleistung zu erfassen, vgl. Blaschick, Die Hilfeleistungspflicht des § 330 c StGB, S. 22; siehe auch die amtliche Begründung zu § 330 c i.d.F. vom 28.6.1935 in Amtliche Sonderveröffentlichungen der Deutschen Justiz, Die Strafrechtsnovellen vom 28. Juni 1935, S. 42.

11 Schöne, aa0, S. 84. So dürfte einem juristischen Laien kaum verständlich sein, wenn er in der Literatur (vgl. Spendel in: LK, § 323 c StGB, Rdnr. 30) bei Vermeidung der Strafbarkeit nach § 323 c für verpflichtet erachtet wird, zum Schutze der Ehre seines Nächsten tätig zu werden, um den gegen ihn zu Unrecht bestehenden Verdacht, einen Kaufhausdiebstahl begangen zu haben, zu entkräften.

werden müsse, nur provokativ in den Raum gestellt[12], so war sie in Rechtsprechung[13] und Literatur[14] später im positiven Sinne beantwortet worden.

Die Gegenansicht, die zwar einräumt, die Bedürfnisfälle seien relativ unbestimmt normiert, hält es aber gleichwohl für möglich, im Wege der Auslegung unter Berücksichtigung der Umstände des Einzelfalles Bereiche positiver und negativer Gewißheit zu gewinnen[15].

Andere Vertreter der Literatur gehen im Gegensatz zur Rechtsprechung davon aus, daß die Ersetzung des Begriffs "des gesunden Volksempfindens" durch die Zumutbarkeitsklausel die Fragwürdigkeit des Tatbestandes der unterlassenen Hilfeleistung, was seine Vereinbarkeit mit dem Bestimmtheitsgrundsatz betreffe, nicht beseitigt habe[16]. Denn letztlich beruhe die Strafbarkeit auf einer Wertung des Richters; er entscheide, ob dem einzelnen die Hilfeleistung in der konkreten Situation zumutbar gewesen sei[17]. Der Tatbestand der Strafvorschrift des § 323 c StGB selbst enthalte aber nicht alle maßgeblichen Kriterien für dieses abschließend zu treffende Urteil. Es handele sich insoweit um einen "offenen Tatbestand"[18].

Das Zumutbarkeitskorrektiv, wie es in § 323 c StGB Verwendung gefunden habe, stelle trotz beispielhafter Aufzählung der erheblichen eigenen Gefahr und der Verletzung anderer wichtiger Pflichten, die auf eine im Einzelfall vorzunehmende Interessenabwägung hindeuten würde, eine **"Leerformel"** dar. Im Vergleich zu dem unbestimmten Rechtsbegriff des "gesunden Volksempfindens", der seinerzeit unter Rückgriff auf die nationalsozialistische Weltanschauung inhaltliche Anreicherung erfahren habe, sei der Zumutbarkeitsklausel der Verweis auf einen bestimmten normativen Bezugsrahmen nicht immanent[19]. Diese "Generalklausel" verliere ihre vage Natur nicht durch eine Orientierung der vorzunehmenden Abwägung an den allgemeinen, in der übrigen Rechtsordnung zum Ausdruck kommenden Wertungen bzw. dem in der Bevölkerung vorherrschenden Sittlichkeitsempfinden.

Im übrigen sieht die Literatur im Hinblick auf das Bestimmtheitsgebot den Rückgriff der Judikatur auf das herrschende **Sittlichkeitsempfinden**[20] als noch bedenklicher an als das Argumentieren mit den Wertungen der Gesamtrechtsordnung. Denn jener Rückgriff laufe auf

---

12 Geilen, Jura 1983, S. 78, 80 f.
13 OlG Düsseldorf, NStZ 1991, S. 531.
14 I.d.S. wohl Lüttger, NStZ 1983, S. 481, 484.
15 Bemmann, JZ 1973, S. 547, 549.
16 Frellesen, aa0.
17 Storsberg, aa0, S. 117.
18 Schöne, aa0, S. 93.
19 Frellesen, aa0, S. 123, 124.
20 BGHSt 11, 135, 136; 11, 353, 354; 14, 213, 216; OlG Hamm NJW 1968, S. 212, 214; LG Mannheim NJW 1990, 2. 2212; in diesem Sinne auch Tröndle/Fischer, § 323 c StGB, Rdnr. 7.

eine Inkorporierung sozialer Standards hinaus[21]. Ferner hätte dieser Rückgriff zur Konsequenz, daß § 323 c StGB als ein Blankettstraftatbestand qualifiziert werden müßte. Die Bezugnahme auf einen außerrechtlichen Maßstab sei der inhaltlichen Bestimmtheit erst recht abträglich[22]. Denn ungeachtet der Schwierigkeiten, ein in der Bevölkerung für die Beurteilung konkreter Einzelfälle bestehendes "allgemeines Sittlichkeitsempfinden" überhaupt festzustellen, sei das Abstellen auf jenen Maßstab der Sittlichkeit auch sonst äußerst unscharf und vage[23].
Die in der Literatur zur Problematik der inhaltlichen Bestimmtheit der einzelnen Tatbestandsmerkmale des § 323 c StGB vorgenommenen Untersuchungen erschöpfen sich aber keineswegs in der Betrachtung der "tatbestandlichen Situation" und des "Zumutbarkeitskorrektivs". Vereinzelt wird noch besonders darauf hingewiesen, das auf den ersten Blick eindeutig erscheinende Tatverhalten sei relativ unbestimmt:

Nach allgemeiner Auffassung wird das durch § 323 c StGB beschriebene tatbestandsmäßige Verhalten im Sinne von Unterlassen der erforderlichen sowie zumutbaren Hilfe verstanden[24]. Geilen hat bereits darauf hingewiesen, dieses Verständnis stelle eine "Wortlaut-Berichtigung" dar, da es im Tatbestand heiße: "Wer ... nicht Hilfe leistet, obwohl dies erforderlich und ihm ...zuzumuten ... ist." Bei wörtlicher Auslegung komme dem Merkmal der Erforderlichkeit keine positive Funktion zur Charakterisierung der zu leistenden Hilfe zu. Vielmehr besitze es in diesem Fall nur eine negative, begrenzende Funktion in dem Sinne, daß selbst die geringste Hilfe nicht erbracht werden müßte, wenn diese nicht erforderlich und zumutbar wäre[25].

Trotz dieser Wortlaut-Berichtigung werden in der Literatur teilweise vor folgenden beiden Hintergründen Zweifel an der inhaltlichen Bestimmtheit des Begriffs der zu leistenden Hilfe geltend gemacht:

Erstens: Durch diesen Begriff werde die gebotene Tätigkeit nicht exakt beschrieben[26]. Erst infolge der Ausrichtung der Hilfe auf ein bestimmtes Ziel[27], das, ungeachtet der im übrigen bestehenden zahlreichen Kontroversen, nahezu einhellig in der Abwehr der den geschützten Rechtsgütern drohenden Schäden erblickt wird[28], gewinne somit jener Begriff genauere Konturen. Dennoch bleibe der sachliche Umfang des Gebotes der Hilfeleistung im Dunkeln.

---

21 Seelmann, JuS 1995, S. 281, 283.
22 Geilen, Jura 1983, S. 138 ff, 146. Hierauf hatte Gallas bei seinem Reformvorschlag bereits hingewiesen, vgl. JZ 1952, S. 396, 397. Zur diesbezüglichen Kritik, siehe auch OlG Köln VRS 24, S. 54, 58.
23 Furtner, NJW 1961, S. 1196, 1197; Röwer, NJW 1959, S. 1263, 1264; Wildanger, aa0, S. 17.
24 Kreuzer, Ärztliche Hilfeleistungspflicht bei Unglücksfällen, S. 113; Wildanger, aa0, S. 65.
25 Geilen, Jura 1983, S. 138, 140.
26 Jakobs, Strafrecht, Allgemeiner Teil, 28/11.
27 So bereits Blaschick, aa0, S. 18.
28 Huschens, aa0, S. 73; Kaufmann, Die Dogmatik der Unterlassungsdelikte, S. 208; Vermander, aa0, S. 28; Wildanger, aa0, S. 65.

Fraglich sei, ob dem einzelnen eine Erfolgsabwendung oder nur eine schlichte Tätigkeit als solche, die zur Schadensabwehr geeignet ist, abverlangt werde.
Zweitens: Das tatbestandlich gebotene Leisten erforderlicher Hilfe stehe von vornherein unter dem Vorbehalt der Zumutbarkeit. Dieser Umstand sei schon deswegen besonders bedenklich, weil für die Beachtung des Bestimmtheitsgebotes die hinreichend klare Umschreibung der **verbotenen** bzw. - bei den echten Unterlassungsdelikten wie § 323 c StGB - gebotenen Handlung besonders bedeutsam sei[29]. Im Rahmen der Strafvorschrift der unterlassenen Hilfeleistung lasse sich die Tatbestandsmäßigkeit des Verhaltens nicht durch einfache Subsumtion des Sachverhalts unter das Gesetz ermitteln. Vielmehr habe die Verknüpfung der tatbestandlich gebotenen Handlung mit dem Zumutbarkeitskorrektiv zur Folge, daß der **Richter** im Wege der Wertung die Voraussetzungen für die Strafbarkeit festlege[30]. Nicht der Gesetzgeber, sondern letztlich die Judikatur bestimme die Art der erforderlichen Hilfe, mit anderen Worten, die Voraussetzungen der Strafbarkeit.

B. Beachtung der materiellen Anforderungen des GG an die Verfassungsmäßigkeit einer Strafvorschrift durch § 323 c StGB

I. Kennzeichnende Merkmale der bisherigen Stellungnahmen zur Verfassungsmäßigkeit des § 323 c StGB

Den Äußerungen der Literatur zur materiellen Verfassungsmäßigkeit des § 323 c StGB ist der Hinweis auf die uferlose Inpflichtnahme des einzelnen, die ihn rein zufällig treffe, ohne daß er zuvor in besonderer Beziehung zur tatbestandlichen Situation gestanden haben muß, gemeinsam[31]: Das 3. Strafrechtsänderungsgesetz aus dem Jahre 1953 habe nur geringfügige Korrekturen an der **Extensivität** der strafbewehrten unmittelbaren Hilfeleistungspflicht, die auf den nationalsozialistischen Gesetzgeber zurückgehe, vorgenommen[32]. Dies erscheine um so bedenklicher, wenn man berücksichtige, daß der demokratisch legitimierte Gesetzgeber im Rahmen der Novellierung die eigentliche Problematik der Strafvorschrift, nämlich die Frage der Befugnis zur Verrechtlichung und Strafbewehrung einer **sittlichen** Pflicht, völlig ignoriert habe[33].

II. Die Befugnis des Gesetzgebers zur Erhebung der sozialethischen Pflicht zur Hilfeleistung zu einer strafbewehrten Rechtspflicht

29 Storsberg, Der gegenwärtige Umfang der Nothilfepflicht im Strafgesetzbuch, S. 112.
30 Storsberg, aa0, S. 113 f, 117 f.
31 Frellesen, aa0, S. 131; Gallas, Die strafrechtliche Verantwortlichkeit der am Bau Beteiligten unter besonderer Berücksichtigung des verantwortlichen Bauleiters, S. 49 f; Kreuzer, Ärztliche Hilfeleistungspflicht bei Unglücksfällen im Rahmen des § 330 c StGB, S. 24, 39; Schöne, aa0, S. 56.
32 Kargl, GA 1994, S. 247, 252 f.
33 Kreuzer, Ärztliche Hilfeleistungspflicht bei Unglücksfällen im Rahmen des § 330 c StGB, S. 21 f.

1. Die historische Herkunft des § 323 c StGB
- Gesinnungsstrafrecht -

In der Literatur ist die Annahme weit verbreitet, die materielle Verfassungsmäßigkeit der Strafvorschrift des § 323 c StGB könne nicht isoliert von ihrer Entstehungsgeschichte beurteilt werden. So findet sich häufig der Vorwurf, wohl kaum ein anderer als der nationalsozialistische Gesetzgeber hätte eine derart weitreichende Normierung der strafbewehrten Hilfeleistungspflicht vorgenommen[34].

Die Verrechtlichung sittlicher Pflichten habe zur Zeit des Nationalsozialismus ihre "Gipfelhöhe" erreicht[35]. Denn mit Erlaß des § 330 c StGB a.F., dem unmittelbaren Vorläufer der heutigen Strafvorschrift der unterlassenen Hilfeleistung, sei von dem nationalsozialistischen Gesetzgeber die Intention verfolgt worden, Recht und Moral, zumindest auf dem Gebiet der Nothilfe, völlig in Einklang zu bringen. Die nationalsozialistische Ideologie habe den einzelnen weniger als selbständiges Individuum, sondern in erster Linie als unselbständiges Glied der Volksgemeinschaft betrachtet. Ihr Ziel sei es gewesen, im Wege der Förderung des Gemeinschaftsbewußtseins, den einzelnen im Interesse des Volkes restlos in Pflicht zu nehmen. Ein solches Vorhaben lasse sich am effizientesten mittels einer Strafvorschrift, die auf die innere Einstellung des Täters Einfluß zu nehmen sucht, erreichen.

Folglich habe die überwiegende Auffassung zur Zeit des Nationalsozialismus den Unrechtsgehalt des § 330 c StGB a.F. nicht in der Gefährdung oder Verletzung von Individualrechtsgütern erblickt. Vielmehr sei sie davon ausgegangen, das Unterlassen der Hilfeleistung werde als Verstoß gegen die völkische Treuepflicht, wegen der rücksichtslosen Gesinnung, die in ihm zutage trete, bestraft[36].

Unter der Herrschaft des Grundgesetzes wird heute dem Gesetzgeber von der h.L. die Befugnis abgesprochen, das Instrumentarium der Strafe auch dann einzusetzen, wenn eine bestimmte Handlung weder zur Gefährdung noch zur Verletzung eines Rechtsgutes führe. Ein Gesinnungsdelikt, das ohne Rücksicht auf derartige negative Folgen menschlichen Verhaltens ausschließlich positiv der Verfolgung moralischerzieherischer Zwecke diene, widerspreche dem Rechtsstaatsprinzip, vor allem dem Gebot der Rechtssicherheit[37].

---

34 Storsberg, aa0, S. 129 ff m.w.N.
35 Frellesen, aa0, S. 103 ff; Storsberg, aa0, S. 124.
36 Kreuzer, Ärztliche Hilfeleistungspflicht bei Unglücksfällen im Rahmen des § 330 c StGB, S. 18 unter Hinweis auf RGSt 71, 220, 203; 74, 199, 200; 77, 301, 303.
37 Amelung, Rechtsgüterschutz und Schutz der Gesellschaft, S. 273 ff; Rudolphi in: SK, Vor § 1, Rdnr. 2; siehe auch Frellesen, aa0, S. 117; Vermander, aa0, S. 15.

Die nach Erlaß des 3. Strafrechtsänderungsgesetzes zur geänderten Strafvorschrift der unterlassenen Hilfeleistung ergangene Rechtsprechung und erschienene Literatur lasse es aber als äußerst zweifelhaft erscheinen, ob, wie seinerzeit angenommen, die Präzisierung der gebotenen Hilfe durch das Merkmal der **Erforderlichkeit** tatsächlich ausreichend gewesen sei, um zu verhindern, daß der Täter künftig nicht nur wegen der im Unterlassen zum Ausdruck kommenden schlechten Gesinnung bestraft werde[38].

Die wohl überwiegende Ansicht weist jene Bedenken zurück. Im Hinblick auf den Tatbestand des § 330 c StGB a.F. sei es bereits keineswegs zwingend gewesen, diese Strafvorschrift als Gesinnungsdelikt aufzufassen[39]. § 323 c StGB stelle durch das Tatbestandsmerkmal der "Erforderlichkeit" der Hilfe eindeutig klar, der Unterlassende werde wegen Versäumung einer "Rettungschance" bestraft.

In der vorliegenden Arbeit wurde an anderer Stelle darauf hingewiesen, daß die h. A. indes schon nicht die zwischen dieser Strafvorschrift und dem Bereich der Ethik bestehende enge Beziehung leugnet. Ferner sehen sich auch Anhänger der h.A. zu dem Eingeständnis gezwungen, der demokratische Gesetzgeber habe nur wenig an der Weite der Strafbarkeitsvoraussetzungen des § 330 c StGB a.F. geändert. Sie wenden sich aber strikt gegen die Erwägung, es habe innerhalb des Tatbestandes des § 323 c StGB ein Stück nationalsozialistischer Weltanschauung, nämlich die Verschmelzung von Recht und Moral, den Zusammenbruch des Dritten Reiches überdauert. Denn der eigentliche "Grundgedanke" des § 330 c StGB a.F., die soziale Verantwortung des Individuums gegenüber der Gemeinschaft, sei nicht zu beanstanden[40].

2. Die sozialethische Pflicht zur Hilfeleistung als Legitimation für ihre Erhebung zur Rechtspflicht

Ausgehend von jener Prämisse wird heute nahezu einhellig die Auffassung vertreten, der Gesetzgeber sei zur Normierung einer strafbewehrten allgemeinen Hilfeleistungspflicht befugt. Bestand, was die Begründung dieser Legitimation innerhalb der zu Beginn der 50'er Jahre um die Fortgeltung des § 330 c StGB a.F. und der Novellierung der Nothilfepflicht geführten Diskussion betrifft, noch weitgehende Einigkeit, so weichen inzwischen die Auffassungen erheblich voneinander ab.

---

38 Blindauer, aaO, S. 10.
39 BGH, NJW 1952, S. 394; Gallas, Deutsche Landesreferate, S. 344, 347; ders., JZ 1952, S. 396.
40 Blindauer, aaO, S. 10; Kreuzer, Ärztliche Hilfeleistungspflicht bei Unglücksfällen, S. 20; Wildanger, aaO, S. 15.

Anfangs sahen sowohl Rechtsprechung[41] als auch Lehre[42] es als völlig ausreichend an, die Strafbewehrung der unterlassenen Hilfeleistung im wesentlichen nur mit der diesem Delikt zugrundeliegenden **sozialethischen Pflicht** zur mitmenschlichen Solidarität zu rechtfertigen.

Die ethische Pflicht, dem in Not geratenen Mitmenschen zu helfen, ein Hauptgebot der christlichen Glaubenslehre, wie das neutestamentarische Gebot der Nächstenliebe zeige, sei auch einer **säkularisierten** humanitären Weltanschauung nicht fremd[43]. Spätestens zu Beginn des 20. Jahrhunderts habe sich ein sozialer Wandel vollzogen, dessen Folge die Abkehr von einem extremen Liberalismus und die Hinwendung zu einer die soziale Verantwortung des einzelnen in der Gemeinschaft betonenden gesellschaftlichen Grundeinstellung gewesen sei[44]. Die Entwicklung zeige sich auch in der seinerzeit sowohl im In- als auch im Ausland zu beobachtenden Tendenz, die sozialethische Pflicht bezüglich der unmittelbaren Hilfeleistung zu einer Nothilfevorschrift zu erheben[45]. Infolgedessen sei mit der Strafvorschrift der unterlassenen Hilfeleistung die "Ethisierung des Strafrechts" eingeleitet worden; sie stelle eine Art "Schrittmacher für die Begründung und strafrechtliche Anerkennung sozialer Pflichten" dar[46].

Auch heute noch wird in weiten Teilen der Literatur die Legitimation des Gesetzgebers zur Strafbewehrung der Nothilfepflicht ebenfalls nur unter Rückgriff auf die Sozialethik begründet[47].

Neuerdings mehren sich allerdings die Stimmen, welche die Unzulänglichkeit dieser Rechtfertigung betonen[48]. Die Tatsache, daß der Strafvorschrift des § 323 c StGB ein moralisches Gebot zugrunde liege, könne allenfalls als ein Argument unter mehreren, nicht aber als das tragende angesehen werden. Denn dieses Argument gebe keine Antwort auf die maßgebliche Frage, weshalb diese sozialethische Pflicht **verrechtlicht** und zudem ihre Strafbewehrung ausgesprochen werden durfte. Denn durch jenes Argument werde lediglich die anfangs bestandene Befürchtung, die Strafvorschrift der unterlassenen Hilfeleistung, wie

---

41 BGHSt 6, 147, 151; OLG Koblenz NJW 1947/48, S. 489.
42 Gallas, Deutsche Landesreferate, S. 344, 347; ders. JZ 1952, S. 396.
43 Kreuzer, Ärztliche Hilfeleistungspflicht bei Unglücksfällen im Rahmen des § 330 c StGB, S. 21.
44 Gallas, JZ 1952, S. 396; ders. Deutsche Landesreferate zum IV. Internationalen Kongreß für Rechtsvergleichung in Paris, S. 344, 346.
45 Seelmann, JuS 1995, S. 281, 282.
46 Jescheck, Niederschriften über die Sitzungen der Großen Strafrechtskommission, 9. Band, BT, S. 372.
47 Arzt/Weber, Strafrecht BT, Delikte gegen die Person, LH 2, Rdnr. 377; Bockelmann, Strafrecht, BT, § 26 I, S. 217; Haft, Strafrecht BT, § 38 I, S. 283; Maurach, Deutsches Strafrecht, BT, § 51 I, A; S. 468; Otto, Die einzelnen Delikte, § 67, Rdnr. 1; Rudolphi in: SK, § 323 c StGB, Rdnr. 1; Schmidhäuser, Strafrecht BT, 16/1, S. 206; Wessels/Hettinger, Strafrecht, BT 1, Rdnr. 1042.
48 Frellesen, aa0, S. 112 ff; Harzer, aa0, S 65; Kreuzer, Ärztliche Hilfeleistungspflicht, S. 22.

sie erstmals im Jahre 1935 ihre Ausgestaltung erfahren hatte, könne das Produkt eines totalitären Kollektivismus sein, widerlegt.

Daher wurde in der Literatur sehr bald nach neuen Wegen gesucht, um jenes Begründungsdefizit auszugleichen; inzwischen glaubt man, den rechten Weg in der **Verfassung** gefunden zu haben.

Heute ist die Annahme vorherrschend, die Nothilfepflicht habe, obwohl das Grundgesetz im Gegensatz zur Weimarer Reichsverfassung und einigen Länderverfassungen keinen Katalog der Grundpflichten enthält, in der Verfassung ihren Niederschlag gefunden. Allerdings gehen die Ansichten weit auseinander, wenn es um die Beantwortung der Frage geht, aus welcher Bestimmung des Grundgesetzes diese Pflicht letztlich hergeleitet werden kann.

3. Das Sozialstaatsprinzip als Legitimationsgrundlage für die gesetzliche Hilfeleistungspflicht

Die überwiegende Auffassung rekurriert insoweit auf das Sozialstaatsprinzip. Im Jahre 1953 hatte bereits Welzel darauf hingewiesen, die strafbewehrte unmittelbare Nothilfepflicht ergebe sich "aus der sozialen Verpflichtung des Bürgers in einer sozialen Demokratie"[49]. Allerdings verzichteten sowohl er als auch zahlreiche Anhänger seiner Meinung darauf, jene Ansicht näher zu begründen[50].

Im Vergleich dazu hat die verfassungsrechtliche Literatur, vornehmlich im Rahmen der um die "Grundpflichten" geführten Diskussion, sich eingehend mit den in dieser Hinsicht berührten dogmatischen Fragen auseinandergesetzt.

Das Sozialstaatsprinzip besitzt von vornherein nur dann Bedeutung für die Strafbewehrung der Nothilfepflicht, wenn aus diesem Staatsstrukturprinzip nicht nur Pflichten des Staates gegenüber dem Bürger, sondern auch solche des einzelnen der Gemeinschaft oder den Mitmenschen gegenüber erwachsen bzw. deren Begründung legitimiert werden kann. Nach h.M. ist zwar in erster Linie der Staat Adressat des Sozialstaatsprinzips[51]. Inzwischen mehren sich aber die Stimmen, die betonen, jene Staatszielbestimmung sei überdies "bürgergerichtet". Ihre Funktion erschöpfe sich nicht in der Verpflichtung des Staates zur Sozialgestaltung. Vielmehr komme dem Sozialstaatsprinzip für den gesamten

49 Welzel, NJW 1953, S. 327, 328; ders., Das Deutsche Strafrecht, 3. Aufl. 1954, S. 344.

50 Dütz, NJW 1970, S. 1822, 1823; Gallas, Deutsche Landesreferate, S. 344, 346; Kreuzer, Ärztliche Hilfeleistungspflicht bei Unglücksfällen, S. 21 ff; Krey, Strafrecht BT 2, Rdnr. 806 a; Vermander, aa0, S. 16, 17; siehe auch Morgenstern, aa0, S. 108 ff; Seelmann, JuS 1995, S. 281, 282.

51 Ballerstedt in: Bettermann-Nipperdey-Scheuner, Die Grundrechte, 3. Bd., 1. Hb., S. 56; Degenhart, Staatsrecht I, Rdnr. 358, Hesse, Grundzüge des Verfassungsrecht, Rdnr. 213; Huber, DÖV 1965, S. 200, 201.

gesellschaftlichen Bereich, mithin gleichfalls für die Regelung des Verhaltens des einzelnen im Umgang mit seinen Mitmenschen Bedeutung zu[52]. Da ferner anerkannt ist, die Hilfe in sozialen Notlagen, zu deren Gewährung das Sozialstaatsprinzip verpflichte, sei nicht auf den ökonomischen Bereich begrenzt[53], erscheint ein zwischen diesem Staatsstrukturprinzip und der strafbewehrten Nothilfepflicht bestehender Zusammenhang nicht ausgeschlossen zu sein. Jedoch ist die dogmatische Herleitung heftig umstritten.

Nach einer Auffassung besitzt das Sozialstaatsprinzip nicht lediglich die Funktion, den Gesetzgeber zu legitimieren, Regeln für das soziale Verhalten der Bürger zu normieren. Jene Staatszielbestimmung beinhalte nämlich bereits einige unmittelbar geltende rechtliche Verhaltenspflichten in diesem Sinne[54]. Als solche wird neben der rechtlichen Pflicht des einzelnen, den seinem Mitmenschen zukommenden Achtungsanspruch nicht zu verletzen[55], das Gebot zur Solidarität, d.h. das Gebot, dem Nächsten in Not zu helfen, genannt[56]. Mithin habe der Strafgesetzgeber letztere schon unmittelbar aus dem Sozialstaatsprinzip resultierende Pflicht nur näher ausgestaltet und ihre Strafbewehrung ausgesprochen[57].

Demgegenüber nimmt die wohl überwiegende Auffassung an, dem Sozialstaatsprinzip als offener Verfassungsnorm, die in besonderem Maße der Konkretisierung durch den Gesetzgeber bedürfe[58], könne keine Regelung mit "self-executing"- Charakter entnommen werden[59]. Vielmehr liege die Bedeutung dieser Staatszielbestimmung darin, den Gesetzgeber zur Sozialgestaltung zu ermächtigen[60]. Insofern könne das Sozialstaatsprinzip als Legitimation zur Vornahme staatlicher Eingriffe in die grundrechtlich geschützte Freiheit der Bürger herangezogen werden[61], vor allem gestatte es dem Staat, ihnen gegenseitige

52 Ballerstedt, aa0, S. 56; Benda/Maihofer/Vogel, Handbuch des Verfassungsrechts, § 17, Rdnr. 132; Fechner, Freiheit und Zwang im sozialen Rechtsstaat, S. 14; Hesse, aa0, Rdnr. 213; Huber, DÖV 1965, S. 200 ff, 201; Marcic, Vom Gesetzesstaat zum Richtersstaat, S. 405 ff, 415; Zacher in: Isensee/Kirchhof, Handbuch des Staatsrechts der BRD, Bd. 1, § 25, Rdnr. 20, 85.

53 Jarass/Pieroth, Grundgesetz für die Bundesrepublik Deutschland, Art. 20, Rdnr. 74; Maunz/Zippelius, Deutsches Staatsrecht, § 14 I 3; Zacher, aa0, § 25, Rdnr. 69.

54 Bachof, VDStRL 41 (1983), S. 97, 98; Marcic, aa0, S. 405 ff, 415; wohl auch Huber, DÖV 1965, S. 200, 201; a.A. Badura, DVBl 1982, S. 861, 870; Isensee, DÖV 1982, S. 609 ff, 613; Bieback, EuGRZ 1985, S. 657, 661.

55 Bachof, aa0; Marcic, aa0; Menger, Der Begriff des sozialen Rechtsstaats im Bonner GG, S. 25; wohl auch Huber, aa0.

56 Marcic, aa0, S. 405, 415; wohl auch Huber, aa0.

57 Kreuzer, Ärztliche Hilfeleistungspflicht bei Unglücksfällen, S. 33.

58 BVerfGE 1, 96, 105; 59, 231, 263; Badura, DÖV 1989, S. 491, 493; Benda/Maihofer/Vogel, § 17, Rdnr. 99 ff, 511; Degenhart, aa0, Rdnr. 358.

59 Badura, DVBl 1982, S. 861 ff, 870; ders., DÖV 1989, S. 491 ff, 492; Isensee, DÖV 1982, S. 609 ff, 613. So darf nach Ansicht des BVerfG das Sozialstaatsprinzip nicht als eine verfassungsimmanente Grundrechtsschranke angesehen werden, BVerfGE 59, 231, 262, 263.

60 Badura, DVBl 1982, S. 861, 869; Benda/Maihofer/Vogel, aa0, § 17, Rdnr. 93 ff; Degenhart, aa0, Rdnr. 358, 363; Hesse, aa0, Rdnr. 213.

61 Benda/Maihofer/Vogel, aa0; Degenhart, aa0, Rdnr. 363; Stein, Staatsrecht, § 21 IV.

Hilfspflichten aufzuerlegen[62]. Allerdings wird die Frage, ob dem Sozialstaatsprinzip insoweit eine Befugnis zum Einsatz des Instrumentariums des Strafrechts entnommen werden kann, kontrovers diskutiert[63], von der überwiegenden strafrechtlichen Literatur aber im positiven Sinne beantwortet[64].

4. Die Verankerung der Pflicht zur Hilfeleistung in Art. 1 I S. 1 GG

Das Sozialstaatsprinzip steht in äußerst engem Zusammenhang mit der in Art. 1 I S. 1 GG geschützten Menschenwürde, da die Verpflichtung, solche Notlagen, die dem einzelnen das Führen eines menschenwürdigen Daseins unmöglich machen, zu beheben, zum Mindestinhalt jener Staatszielbestimmung gehört[65].

Auf der anderen Seite bedarf es jedoch nach einer neueren in der Literatur vertretenen Auffassung zur Herleitung der Nothilfepflicht keines Rückgriffs auf das Sozialstaatsprinzip. Unmittelbar aus Art. 1 I S. 1 GG folge bereits für jedermann die rechtliche Pflicht, dem Nächsten in Not zu helfen, sofern dessen Hilflosigkeit ein solches Ausmaß erreiche, das seine Menschenwürde als "angetastet" erscheine[66]. Der Gesetzgeber habe also in Art.1 I S. 1 GG die Hilfeleistungspflicht als lex imperfecta vorgefunden und innerhalb des § 323 c StGB nur ihre Strafbewehrung ausgesprochen[67].

Art. 1 I S. 1 GG besitze nämlich als "Grundnorm" der Verfassung objektiven Charakter[68]. Dieser Fundamentalnorm des objektiven Rechts komme primär die Bedeutung zu, Pflichten des einzelnen zu begründen[69]. Aus ihr resultiere für jedermann die Pflicht, die Würde der anderen Menschen nicht zu verletzen[70]. Die Würde des Mitmenschen könne aber nicht nur

62 Benda/Maihofer/Vogel, aa0, § 17, Rdnr 180, 181; Dürig, JZ 1953, S. 193 ff, 197.

63 Ablehnend, Kargl, GA 1994, S. 247, 254; Frellesen, aa0, S. 112.

64 Kreuzer, Ärztliche Hilfeleistungspflicht bei Unglücksfällen im Rahmen des § 330 c StGB, S. 24; Krey, Strafrecht, BT 1, Rdnr. 807 f.

65 Vgl. Dürig, JZ 1953, S. 198; Maunz/Zippelius, aa0, § 14 I 4, S. 98; Podlech in: AK-GG, Art. 1, Rdnr. 63; Zacher, aa0, § 25, Rdnr.4; Zippelius in: BK, Art. 1 I und II GG, Rdnr. 102 welche betonen, daß zwischen der Auslegung des Sozialstaatsprinzips und Art. 1 I S. 1 GG eine enge Wechselwirkung bestehe.

66 Luchterhand, Grundpflichten als Verfassungsproblem in Deutschland, S. 453, 454; siehe auch, Schmidt-Bleibtreu/Klein, 8. Aufl., Art 1 GG, Rdnr. 13, die betonten, daß "ohne die Grundlagen eines menschenwürdigen Daseins" die Menschenwürde selbst verloren gehe.

67 Luchterhand, aa0, S. 558.

68 Luchterhand, aa0, S. 447; siehe auch Podlech in: AK-GG, Art. 1, Rdnr. 60; Stern, Festschrift für Scupin, S. 627 ff, 632.

69 Luchterhand, aa0, S. 445 ff.

70 Luchterhand, aa0, S. 448 ff. Nach herrschender Auffassung trifft die Pflicht, die Menschenwürde zu wahren, auch Private. Vgl., BVerfGE 12, 1 4; Dürig, AÖR 81 (1956), S. 117, 118; Häberle in: Isensee/Kirchhof, Handbuch des Staatsrechts, Bd. I, § 20, Rdnr. 54, 59; Maunz/Zippelius, aa0, § 23 II 1; Podlech in: AK-GG Art. 1 I, Rdnr. 82; Schmidt-Bleibtreu/Klein, aa0, Art. 1 I GG, Rdnr. 5; Zippelius in: BK, Art. 1 I und II GG, Rdnr. 35; wohl auch Mangoldt/Klein/Starck, Das Bonner GG, Art. 1 I S. 1 GG, Rdnr. 29.

durch aktives Tun, sondern unter Umständen auch durch Passivität verletzt werden. Mangelnder Beistand für den Nächsten sei dann als "Antasten der Menschenwürde" zu bewerten, wenn dieser infolge seiner Hilflosigkeit in einer bestimmten Situation nicht mehr als Subjekt, sondern als Objekt erscheine[71].

III. Der grundrechtliche Prüfungsmaßstab für die Anwendungsfälle der strafbewehrten Hilfeleistungspflicht im allgemeinen

1. Die auf seiten des Hilfspflichtigen berührten Grundrechte

a) Die Freiheit von Arbeitszwang nach Art. 12 II GG
- Die Hilfeleistungspflicht als herkömmliche allgemeine für alle gleiche öffentliche Dienstleistungspflicht -

Mit der zuvor behandelten Thematik, der Befugnis des Gesetzgebers zur Erhebung der sozialethischen Pflicht zur Hilfeleistung zu einer strafbewehrten rechtlichen Nothilfepflicht, ist die im folgenden zu erörternde Frage, an welchem Freiheitsgrundrecht die Strafvorschrift des § 323 c StGB zu messen ist, eng verwandt. Denn es ist anerkannt, daß die Grundrechtsschranken Rückschlüsse auf die Befugnis des Gesetzgebers, bestimmte Lebensbereiche zu regeln, zulassen. Die Anwendung des § 323 c StGB kann recht unterschiedliche Grundrechte des Hilfspflichtigen berühren. Welche in concreto betroffen werden, hängt von den besonderen Umständen des Einzelfalles ab[72]. Im folgenden sollen die zu der Frage, in welchen grundrechtlichen Schutzbereich die Strafvorschrift des § 323 c StGB im allgemeinen eingreift, vertretenen Auffassungen darstellt werden.

Weit verbreitet ist in der verfassungsrechtlichen Literatur die Ansicht, das strafbewehrte Hilfeleistungsgebot sei an dem Grundrecht des Art. 12 II GG, wonach prinzipiell niemand zu einer bestimmten Arbeit gezwungen werden darf, zu messen[73]. Die Hilfeleistungspflicht bei Unglücksfällen, gemeiner Gefahr und Not, stelle als herkömmliche, allgemeine, für alle

---

71 Luchterhand, aa0, S. 453. Diese Schlußfolgerung wird aber, soweit ersichtlich, nur von Luchterhand gezogen. Offensichtlich geht die überwiegende Auffassung davon aus, daß die Menschenwürde durch den in Art. 1 I S. 1 GG enthaltenen Begriff "unantastbar" lediglich negativ vor Angriffen bewahrt bleiben soll. Vgl, Pieroth/Schlink, Grundrechte, Rdnr. 361; Schmidt-Bleibtreu/Klein, aa0, Art. 1 I GG, Rdnr. 12; Seifert/Hömig, GG für die BRD, Art. 1 GG, Rdnr. 8.

72 Frellesen, aa0, S. 172 ff gibt eine nahezu erschöpfende Darstellung der Grundrechte, welche im Einzelfall durch die Hilfeleistungspflicht berührt werden können.

73 Harzer, aa0, S. 22 nennt zwar Regelungen des Grundgesetzes und der Länderverfassungen, die mit § 323 c StGB bzw. einer rechtlichen Solidaritätspflicht in Zusammenhang gebracht werden können. Indes findet erstaunlicherweise Art. 12 II GG keine Erwähnung.

gleiche öffentliche Dienstleistungspflicht eine Ausnahme vom Verbot des Arbeitszwanges dar[74].

Diese Auffassung wird weniger vom Schutzbereich des Art. 12 II GG, sondern in erster Linie aus der Sicht der diesem Grundrecht beigefügten Schranke begründet. Eine öffentliche Dienstleistung i.S. des Art. 12 II GG stelle eine Tätigkeit dar, die zum Nutzen eines Gemeinwesens erbracht werde und keine Geld- oder Sachleistung darstelle[75]. Das Merkmal "öffentlich" verliere die Dienstleistungspflicht nicht dadurch, daß sie, wie die Hilfeleistungspflicht, den Mitmenschen gegenüber erbracht werden muß. Privaten Charakter erlange diese Pflicht erst dann, wenn die von dem einzelnen zu erbringende Tätigkeit ausschließlich im Interesse eines Privaten gefordert werde[76]. Dies sei indes bei der Nothilfepflicht nicht der Fall. Im übrigen wird entstehungsgeschichtlich auf Art. 133 WRV verwiesen. Seinerzeit sei die Strafvorschrift des § 360 Ziff. 10 RStGB von der herrschenden staatsrechtlichen Auffassung als eine "Grundpflicht" im Sinne jener Verfassungsbestimmung angesehen worden[77]. In der gegenwärtigen verfassungsrechtlichen Literatur wird unter dem aus der Staatstheorie der Aufklärungszeit stammenden[78] Terminus der "Grundpflicht", trotz zahlreicher Kontroversen zu den einzelnen Begriffsmerkmalen, eine unmittelbar in der Verfassung selbst verankerte Pflicht des einzelnen gegenüber dem Staat verstanden[79]. Als öffentliche Dienstleistung stelle die strafbewehrte Hilfeleistungspflicht des § 323 c StGB eine derartige "Grundpflicht" dar[80]. Die Tatsache, daß (im Gegensatz zu § 360 Nr. 10 RStGB) zur Entstehung der Hilfeleistungspflicht gemäß § 323 c StGB keine vorherige polizeiliche Aufforderung nötig sei, habe an ihrem Charakter, eine im Interesse des Gemeinwesens zu erfüllende Pflicht zu sein, nichts geändert[81].

---

74 Breuer in: Isensee/Kirchhof, Handbuch des Staatsrechts, Bd. VI, § 147, Rdnr. 93; Göppel, Die Zulässigkeit von Arbeitszwang nach Art. 12 Abs. 2 Satz 1 des Grundgesetzes, S. 130; Götz, VVDStRL 41, (1983), S. 8 ff, 28; Guradze, Der Stand der Menschenrechte im Völkerrecht, S. 193; Hamann, Das Grundgesetz für die BRD, Art. 12, Anm. 10; Held, DVBl 1954, S. 345; Mangoldt/Klein, Das Bonner Grundgesetz, 2. Aufl., Bd. 1, Art. 12, Anm. VII, b; Maunz/Zippelius, aa0, § 22 II 2; Mertens, Die Zulässigkeit von Arbeitszwang und Zwangsarbeit, S. 49; Model/Müller, Grundgesetz für die BRD, Art. 12, Rdnr. 27; Ott, Die gemeindliche Straßenreinigung als Natural- und Geldlast, S. 19, 88.

75 Breuer in: Isensee/Kirchhof, aa0, § 147, Rdnr. 93.

76 Göppel, aa0, S. 128, 130.

77 Held, DVBl 1954, S. 345, 346.

78 Maunz/Zippelius, aa0, § 22 I.

79 Bethge, JA 1985, S. 249, 251; Merten, BayVBl 1978, S. 554, 555; Stober, Grundpflichten und Grundgesetz, S. 12, 13; ders., Festschrift für Scupin, 1983, S. 643.

80 Maunz/Zippelius, aa0, § 22 I; Merten, BayVBl 1978, S. 554, 559; Stober, Festschrift für Scupin, S. 643; ders., Grundpflichten und Grundgesetz, S. 40.

81 Guradze, aa0, S. 193; Held, DVBl 1954, S. 345, 346; Mertens, Die Zulässigkeit von Arbeitszwang und Zwangsarbeit, S. 141.

Die Gegenansicht unterstellt die Pflicht zur Hilfeleistung bei Unglücksfällen, gemeiner Gefahr und Not nicht dem Anwendungsbereich des Art. 12 II GG[82]. Ihre Vertreter verweisen auf den Schutzbereich dieses Grundrechts. Art. 12 II GG schütze den einzelnen nur vor der hoheitlichen Heranziehung zu solchen Leistungen, die ihrer Art nach ebenfalls im Rahmen einer beruflichen Tätigkeit erbracht werden könnten bzw. deren Bewältigung dem Staat durch eigene Kräfte möglich sei[83]. Dem gegenüber unterfalle dem Verbot des Arbeitszwanges nicht die hoheitliche Auferlegung von Verpflichtungen, unvertretbare Leistungen zu erbringen, die der Staat über den allgemeinen Arbeitsmarkt grundsätzlich nicht beschaffen könne[84]. Folglich unterfalle die allgemeine Hilfeleistungspflicht nicht dem Verbot des Arbeitszwanges.

Vor diesem Hintergrund differenziert eine vermittelnde Ansicht zwischen den einzelnen, die Nothilfepflicht auslösenden Bedürfnisfällen. Lediglich die Hilfeleistungspflicht bei öffentlichen Notständen, also gemeiner Gefahr und Not, gehöre dem Schutzbereich des Art. 12 II GG an, während die bei individuellen Unglücksfällen bestehende Verpflichtung von vornherein aus dem Anwendungsbereich dieses Grundrechts ausscheide[85].

b) Das Grundrecht auf Leben und körperliche Unversehrtheit nach Art. 2 II S. 2 GG ?

Auf den ersten Blick erscheint die Erörterung dieser Grundrechte erstaunlich. Denn die Schutzbereiche der Grundrechte des Hilfspflichtigen auf Leben und körperliche Unversehrtheit werden durch die strafbewehrte Nothilfepflicht nicht allgemein berührt. In der Literatur wird jedoch zu Recht darauf hingewiesen, daß jene Freiheitsrechte aufgrund folgender Tatsache im Rahmen der Hilfeleistungspflicht in einer Vielzahl von Fällen an Bedeutung gewinnen. In der Praxis liege das Hauptanwendungsgebiet des § 323 c StGB im Bereich der Gewährung erforderlicher Hilfe für die Opfer von Straßenverkehrsunfällen. Hier komme es häufig zu offen blutende Verletzungen. Unter gewissen Umständen setze sich der Helfer, wenn er die erforderliche Hilfe erbringe, daher der Gefahr einer Infektion mit dem HIV-Virus aus, da er nicht erkennen könne, ob die Verletzten an Aids erkrankt seien[86].

Folglich kann § 323 c StGB in derartigen Fällen regelmäßig in Widerspruch zu dem durch Art. 2 II S. 1 GG verfassungsrechtlich garantierten Recht des Bürgers auf Selbsterhaltung treten. Bisher wurde auf die Frage, wie dieser Konflikt zu lösen ist und welche Bedeutung

---

82 Merten, BayVBl 1978, S. 554, 557; Rittstieg in: AK-GG, Art. 12, Rdnr. 159; Scholz, Grundgesetz I, Grundlagen, S. 211.
83 Uber, Festschrift für Schack, 1986, S. 167 ff, 173.
84 Rittstieg in: AK-GG, Art. 12, Rdnr. 159.
85 Luchterhand, aa0, S. 507, 528.
86 Spengler, DRiZ 1990, S. 259, 261.

ihm für die Verfassungsmäßigkeit des § 323 c StGB zukomme, noch keine eindeutige Antwort gefunden.

Einerseits wird in der Literatur angenommen, der Staat könne zwar von dem Helfer nicht solche Tätigkeiten, die zwangsläufig die Einbuße seines Lebens zur Folge hätten, verlangen, sehr wohl aber dürfe er derartige Hilfspflichten statuieren, die möglicherweise zu seinem Tode führen könnten. Eine Pflicht im letzteren Sinne, wie sie in § 323 c StGB normiert ist, sei mit Art. 2 II S. 1 i.V.m. Art. 19 II GG vereinbar[87].

Andererseits findet sich in der Literatur der Hinweis, es müsse die Lösung dieses Konfliktes dem einzelnen überlassen bleiben und die von ihm getroffene Entscheidung, die dem moralischethischen Bereich angehöre, dürfe nicht zum Gegenstand strafrechtlicher Verfolgung gemacht werden[88].

c. Das Grundrecht auf freie Entfaltung der Persönlichkeit nach Art. 2 I GG
- Der erhebliche Eingriff in die allgemeine Handlungsfreiheit des "Jedermann" aufgrund der durch das Gebot zur Hilfeleistung erfolgten "Bündelung von Verhaltenspflichten" -

Nach Auffassung derjenigen Vertreter der Literatur, die den Schutzbereich des Art. 12 II GG durch die Strafvorschrift des § 323 c StGB für nicht berührt erachten, wird folgerichtig Art. 2 I GG als allgemeiner Maßstab für die materielle verfassungsrechtliche Prüfung der strafbewehrten Hilfeleistungspflicht herangezogen[89]. Denn nach h.M. ist unter dem Begriff der freien Entfaltung der Persönlichkeit i.S. des Art. 2 I GG die allgemeine menschliche Handlungsfreiheit im umfassenden Sinne zu verstehen. Soweit das Recht des einzelnen, zu tun und zu lassen was er will, nicht im Wege eines speziellen Freiheitsgrundrechtes geschützt werde, unterfalle es dem Auffanggrundrecht des Art. 2 I GG.

Die Frage, von welcher Intensität der Eingriff in die allgemeine Handlungsfreiheit des Hilfspflichtigen ist, wird in der Literatur äußerst konträr beantwortet[90]. Es überwiegt jedoch die Ansicht deutlich, daß Gebote in einem weit stärkeren Maße zu einer Einschränkung der Freiheit des Bürgers führen als Verbote[91]. Diese Meinung stützt sich im wesentlichen auf folgende Argumentation.

---

87 Maunz/Dürig/Herzog, Art. 2 II GG, Rdnr. 16.
88 Spengler, DRiZ 1990, S. 259, 261.
89 Frellesen, aa0, S. 174; Schöne, Unterlassene Erfolgsabwendungen und Strafgesetz, S. 98
90 Seelmann, JuS 1995, S. 281, 282.
91 Bleckmann, aa0, § 11, Rdnr. 325; Bärwinkel, aa0, S. 17; Bauer, Die Nothilfepflicht, S. 42 ff; Engisch, Monatsschrift für Kriminalbiologie und Strafrechtsreform 1939, S. 414, 422, 423; ders., FS für Gallas, 1973, S. 163, 173; Georgakis, aa0, S. VII; Hruschka, JuS 1979, S. 385, 386; Kaufmann, aa0, S. 86; Kissin, aa0, S. 93 ff; Moritz, aa0, S. 25; Schmidhäuser, JZ 1955, S. 433, 435; ähnlich Blindauer, aa0, S.

Erstens: Im Gegensatz zu den Verboten würden nur die Gebote dem einzelnen einen Energieeinsatz abfordern[92].

Zweitens: Das Hauptargument wird in der unterschiedlichen Reichweite der Auswirkungen bezüglich der dem einzelnen bei Befolgung der beiden Imperativen verbleibenden Verhaltensmöglichkeiten erblickt. Diese seien bei den Geboten im Vergleich zu den Verboten grundverschieden. Ein Gebot schreibe dem Menschen eine ganz bestimmte Tätigkeit bzw. die Erreichung eines fest umrissenen Zieles vor. Resultierend daraus nehme man ihm für den Zeitraum, den er für die Erfüllung des Gebotes benötige, fast sämtliche anderen Handlungsalternativen. Denn diese würden der Erfüllung des Gebotes regelmäßig zuwiderlaufen[93]. Der Einwand, der gegen eine derartige Sichtweise ins Feld geführt werde, nämlich der, jedes Gebot sei auch als Verbot formulierbar[94], gehe fehl. Zur Erreichung des mit einem Gebot intendierten Zweckes sei die Normierung alleine **eines** Verbotes nicht ausreichend[95]. Vielmehr stelle jedes Gebot die **Bündelung** einer Vielzahl von Verboten dar. Es würden also so viele Verbotsnormen benötigt wie dafür erforderlich seien, das Verhalten des einzelnen in die durch die Gebotsnorm genau festgelegte Richtung zu lenken.

Nach der Gegenansicht hat ein Gebot nicht prinzipiell eine stärkere Einschränkung der Handlungsfreiheit des einzelnen zur Folge als ein Verbot[96]. Entscheidend sei das konkrete Verhalten, welches der jeweilige Imperativ zum Gegenstand habe. Insofern verweisen die Vertreter der Gegenansicht u.a. auf folgendes Beispiel. Für den einzelnen bewirke das Verbot, das Haus nicht zu verlassen bzw. nicht aus der Haft auszubrechen, eine stärkere Belastung als das Gebot, bei einem Unglücksfall einen Krankenwagen herbeizurufen.

Die h.M. wendet hiergegen ein, es werde bei diesem Beispiel das zeitliche Moment der Geltung des jeweiligen Imperatives nicht genügend berücksichtigt. Bei einem die übrigen Bedingungen unverändert lassenden Vergleich der unterschiedlichen Normen müsse nämlich in die Überlegung mit einbezogen werden, daß das Verbot, das Haus nicht zu verlassen, nur für den Zeitraum gelten dürfe, der zum Herbeirufen des Krankenwagens benötigt werde. Bei Befolgung jenes Verbotes würden dem einzelnen, außer den Tätigkeiten, die nur im Freien ausgeübt werden können, noch zahlreiche Handlungsmöglichkeiten verbleiben. Indes sei das bei der Erfüllung des Gebotes, einen Krankenwagen zu alarmieren, nicht der Fall.

1; Ehlers, aa0, S. 43; Spendel in: LK, § 323 c StGB, Rdnr. 156.

92 Engisch, FS für Gallas, S. 163, 173; Sieber, JZ 1983, S. 431, 434.

93 Bauer, aa0, S. 42; Engisch, Monatsschrift für Kriminalbiologie und Strafrechtsreform 1939, S. 414, 423; Kissin, aa0, S. 93; Schramm, aa0, S. 92.

94 So u.a.: Günther, Strafrechtswidrigkeit, S. 206.

95 Schmidhäuser, JZ 1955, S. 433, 435.

96 Feinberg, aa0, S. 163 ff; Jakobs, Strafrecht AT, 28/13; Samson, FS für Welzel, S. 579, 586; Seelmann, JuS 1995, S. 281, 282.

2. Die auf seiten des Hilfsbedürftigen durch die Hilfeleistungspflicht berührten Grundrechte

a) Die Betroffenheit des Grundrechts auf freie Entfaltung der Persönlichkeit nach Art. 2 I GG durch die Gefahr der Einmischung in die eigenen Angelegenheiten des "Hilfsbedürftigen"

An anderer Stelle wurde bereits auf diesen Aspekt der Nothilfepflicht hingewiesen, d.h. darauf, daß durch § 323 c StGB nicht nur die Grundrechte des Hilfspflichtigen, sondern auch die des **Hilfsbedürftigen** betroffen sind. Für ihn stellt sich diese Grundrechtsbetroffenheit allerdings in einem positiven Sinne dar, wenn der Rechtsgüterschutz in seinem Interesse liegt. Insofern erscheint die Annahme naheliegend, der Gesetzgeber sei durch die Normierung der strafbewehrten Hilfeleistungspflicht einer ihm gegenüber dem Notleidenden obliegenden grundrechtlichen Schutzpflicht nachgekommen. Auf die zu dieser Thematik vertretenen Ansichten werden wir an späterer Stelle zurückkommen.

Zunächst wollen wir uns aber einer anderen, auf den ersten Blick nicht erkennbaren Beziehung des § 323 c StGB zu den Grundrechten des Hilfsbedürftigen zuwenden. Sie liegt in den möglichen negativen Auswirkungen der Hilfeleistungspflicht auf das Selbstbestimmungsrecht des durch sie "Begünstigten", das nach Art. 2 I GG grundrechtlichen Schutz genießt. Der Adressat des § 323 c StGB kann die Autonomie des "Bedürftigen" gefährden, wenn er sich zur Hilfeleistung verpflichtet sieht, obwohl letztere im konkreten Einzelfall dessen Intentionen zuwiderläuft[97]. Innerhalb der verfassungsrechtlichen Dogmatik ist anerkannt, die nicht unerhebliche Gefährdung eines Grundrechts könne mit der in ihm zum Ausdruck kommenden "objektiven Wertentscheidung" unvereinbar sein. Um so erstaunlicher ist die Tatsache, daß sich zu diesen negativen Auswirkungen der Hilfeleistungspflicht auf die Grundrechte des "Bedürftigen" in der Literatur grundsätzlich nur im Zusammenhang mit der Problematik der Hilfeleistung zur Unterbindung eines Selbstmordes und der ärztlichen Behandlung gegen den Willen des Patienten Stellungnahmen finden.

Nach der Rechtsprechung löst jeder, d.h. auch der freiverantwortliche Selbstmordversuch, eine Hilfspflicht nach § 323 c StGB aus[98]. Die Literatur hält für den freiverantwortlichen Suizidversuch jener Judikatur entgegen, sie berücksichtige die Grundrechtsposition des Sterbewilligen nicht genügend. Teilweise wird sozusagen angenommen, dem einzelnen stehe eine grundrechtlich geschützte Verfügungsbefugnis über das eigene Leben zu[99]. Äußerst

---

97 Um diese negativen Auswirkungen des § 323 c StGB zu vermeiden wird von Teilen der Literatur die Autonomie des Bedürftigen als der zentrale Auslegungsgesichtspunkt dieser Strafvorschrift angesehen. Vgl. Pawlik, GA 1995, S. 360, 366 ff.

98 BGHSt 6, 147 ff (GS); 13, 162, 169; 32, 367, 375; a.A. noch BGHSt 2, 150, 151.

99 Bottke, Suizid und Strafrecht, S. 43 f; Dölling, NJW 1986, S. 1011, 1017; Hamann-Lenz, GG, Art. 2, Anm. B.8; v.Münch, GG-Kommentar, 3. Aufl., Bd. 1, Art. 2 Rdnr. 41; Pieroth/Schlink, Grundrechte, Rdnr. 392; Wagner, Selbstmord und Selbstmordverhinderung, S. 90 ff; a.A. Frotscher, DVBl 1976, S.

umstritten ist allerdings ihre dogmatische Herleitung. Überwiegend wird das Recht auf den eigenen Tod nicht dem Schutzbereich des Art. 2 II GG zugeordnet, da mit dem Grundrecht auf Leben nur das Recht zu leben gemeint sei[100]. Häufiger wird angenommen, jenes Recht folge als Bestandteil der allgemeinen Handlungsfreiheit aus Art. 2 I GG[101]. Äußerst kontrovers wird die Frage diskutiert, ob die einen Eingriff in die allgemeine Handlungsfreiheit des Sterbewilligen darstellende Pflicht, einen freiverantwortlichen Suizidversuch zu unterbinden, von der Schrankentrias des Art. 2 I GG legitimiert werde. Während diese durch § 323 c StGB strafbewehrte Pflicht teilweise unter Berufung auf das Sittengesetz[102], bzw. die verfassungsmäßige Ordnung[103] gerechtfertigt wird, geht die wohl überwiegende Meinung davon aus, sie unterfalle keiner der Grundrechtsschranken des Art. 2 I GG und stelle somit einen unzulässigen Eingriff in die allgemeine Handlungsfreiheit dar[104]. Verbreitet ist darüber hinaus die Ansicht, daß bereits Art. 1 I GG dem Staat gebiete, den freiverantwortlichen Entschluß des Suizidenten zu akzeptieren[105].

Wie schon erwähnt, wird die Frage, ob § 323 c StGB einen Eingriff in die Grundrechte des "Hilfsbedürftigen" zur Folge hat, ebenfalls für den speziellen Fall der ärztlichen Behandlungspflicht erörtert. Rechtsprechung und Lehre gehen davon aus, der Hilfspflicht des Arztes nach § 323 c StGB seien, aufgrund des dem Patienten nach Art. 2 II S. 1 GG zustehenden Grundrechts auf körperliche Unversehrtheit, Grenzen gesetzt. Der Arzt besitze keine Befugnis, in das durch Art. 2 II S. 1 GG geschützte Selbstbestimmungsrecht des Patienten über seinen Körper einzugreifen, und zwar selbst dann nicht, wenn dieser nur durch einen operativen Eingriff von einem lebensbedrohlichen Leiden befreit werden könne[106]. Einige Vertreter der Literatur berufen sich zur Ablehnung eines Rückgriffs des Arztes auf § 34 StGB zusätzlich auf den Schutz der Menschenwürde[107]. Da, bedingt durch den grundrechtlichen Schutz, den der Patient genieße, ohne seine Einwilligung eine Befugnis des Arztes zur Heilbehandlung nicht in Betracht komme, scheide in einem derartigen Fall eine Hilfspflicht

---

695 ff, 702; Götz, Allgemeines Polizei-und Ordnungsrecht, Rdnr. 100.

100 Dürig in: Maunz/Dürig/Herzog, aa0, Art. 2 II, Rdnr. 12; Martens, DÖV 1976, S. 457 ff, 459; Maunz/Zippelius, Deutsches Staatsrecht, § 24 II 1; Schmalz, Grundrechte, Rdnr. 462; a.A. Haman-Lenz, Grundgesetz, Art. 2, Anm. B 8.

101 Bottke, aa0; Dölling, aa0; Fangmann in: Fangmann/ Blank/ Hammer, GG Basiskommentar, Art. 2, Rdnr. 16; Jarass in: Jarass/Pieroth, GG, Art. 2, Rdnr. 7a; Pieroth/Schlink, aa0; Wassermann, DRiZ 1986, S. 291, 293; a.A. Dürig in: Maunz/Dürig/Herzog, GG, Art. 2, Rdnr. 12, der die Selbsttötung nach Art. 2 II S. 1 für verboten erachtet.

102 ablehnend: v.Münch in: v. Münch, 3. Aufl., Bd. 1, Art. 2, Rdnr. 41; Wassermann, aa0, S. 293, 294.

103 Dölling, NJW 1986, S. 1011, 1017.

104 Ranft, JZ 1987, S. 908, 913; Wassermann, aa0, S. 294; differenzierend Otto, 56 DJT-Gutachten, D 80 ff., der annimmt, daß durch das Selbstbestimmungsrecht lediglich die Mittel begrenzt würden, deren Ergreifung dem Pflichtigen zur Hinderung des Suizids nach § 323 c StGB geboten werden dürften.

105 Wassermann, aa0, S. 294; befürwortend auch Maunz/Zippelius, aa0, § 24 II 1.

106 BGHSt 11, 111, 113 f.

107 Krey, Strafrecht, BT 1, Rdnr. 211; Maunz/Zippelius, Deutsches Staatsrecht, § 24 II 1; Zippelius in: BK-GG, Art. 1 Abs. 1 und 2, Rdnr. 96.

nach § 323 c StGB von Anfang an aus. Diese Strafvorschrift selbst legitimiere den Helfer nämlich nicht zu Eingriffen in die Rechtsgüter anderer.

Während nach der überwiegend in der Literatur vertretenen Auffassung diese Grundsätze auch dann Geltung besitzen, wenn es sich um einen Suizidpatienten handelt[108], erachtet der BGH die Anwendbarkeit des § 323 c StGB, sobald der Suizident bewußtlos geworden ist, nicht mehr als **aufgrund des Art. 2 II S. 1 GG** ausgeschlossen[109].

Seltener setzt man sich allerdings mit der Problematik auseinander, ob, von diesen speziellen Fallgruppen abgesehen, § 323 c StGB generell zu einem Eingriff in die Grundrechte desjenigen, dessen Schutz diese Strafvorschrift eigentlich intendiert, führen kann. Im Rahmen der Erörterung der Voraussetzungen des Rechtfertigungsgrundes der mutmaßlichen Einwilligung wird darauf hingewiesen, die "Bevormundung durch unerbetene Nothelfer"[110] werde von dem einzelnen nicht nur als lästig empfunden; sie sei darüber hinaus auch nicht erlaubt. Dem Bürger stehe kein **Recht** zu, zum Schutze der Interessen eines anderen gegen dessen Willen tätig zu werden[111]. Also müsse ebenfalls die **Pflicht** zur Hilfeleistung nach § 323 c StGB dann enden, wenn sie dem "Bedürftigen" unerwünscht sei, da er auf die durch diese Strafvorschrift geschützten Individualrechtsgüter wirksam verzichten könne[112]. Vereinzelt wird in der Literatur hervorgehoben, die strafbewehrte Hilfeleistungspflicht berge allgemein die Gefahr des Eingriffs des Helfers in den **Autonomiebereich** des "Hilfsbedürftigen" in sich[113]. Obwohl dieser Bereich Ausdruck des nach Art. 2 I i.V.m. Art. 1 I GG geschützten Selbstbestimmungsrechts ist, wird die Auswirkung des § 323 c StGB auf die Grundrechte des letzteren fast nie gesehen.

b) § 323 c StGB als Ausdruck einer staatlichen Schutzpflicht gegenüber den Bürgern

Nach der überwiegend in Rechtsprechung und Literatur vertretenen Auffassung dient § 323 c StGB dem Individualrechtsgüterschutz des Hilfsbedürftigen. Heute ist die Annahme, die von einem zwischen den strafrechtlichen Rechtsgütern und den grundrechtlich geschützten Werten bestehenden engen Zusammenhang ausgeht, zu Recht herrschend. Ferner gehört es zum Gemeingut der verfassungsrechtlichen Doktrin, die Funktion der Grundrechte erschöpfe sich nicht in der Abwehr staatlicher Eingriffe. Im Gegenteil, der Staat sei aufgrund der im

---

108 Geiger, JZ 1983, S. 151, 153; Krey, Strafrecht, BT I, Rdnr. 95.
109 BGHSt 32, 367, 375.
110 Mayer H., Strafrecht, AT, S. 168.
111 Hirsch in: LK, § 226 a StGB a.F., Rdnr. 37; Mayer, aa0; Lenckner in: Sch/Sch/L, Vorb. § 32 ff StGB, Rdnr. 57 mit dem Hinweis, allenfalls könne eine Rechtfertigung nach § 34 StGB in Betracht kommen.
112 Cramer in: Sch/Sch/L, § 323 c StGB, Rdnr. 26; Maurach/Schroeder/Maiwald, Strafrecht BT, Tb. 2, § 55 II, Rdnr. 21; Rudolphi in: SK, § 323 c StGB, Rdnr. 22.
113 Sauer, Allgemeine Strafrechtslehre, S. 92.

Grundrechtskatalog zum Ausdruck kommenden objektiven Wertordnung legitimiert, Maßnahmen zum Schutz der Grundrechte des einzelnen zu ergreifen, unter Umständen hierzu sogar verpflichtet. Daher ist es erstaunlich, daß sich nur wenige Stellungnahmen zu der Problematik finden lassen, ob § 323 c StGB Ausdruck einer dem Staat gegenüber dem Hilfsbedürftigen obliegenden Schutzpflicht ist.

Nach einer in der Literatur vertretenen Ansicht gebietet Art. 2 II GG i.V.m. dem Sozialstaatsprinzip (Art. 20 I GG) der öffentlichen Gewalt, solche Lebensunwilligen, die zur Bildung eines freiverantwortlichen Entschlusses nicht in der Lage sind, vor dem Suizid zu schützen. Dieser Pflicht sei der Gesetzgeber durch die Schaffung der Strafvorschrift des § 323 c StGB nachgekommen[114].

Die Gegenansicht leitet zwar ebenfalls aus Art. 2 II GG eine Schutzpflicht des Staates ab. Diese gebiete aber in erster Linie nur, das aktive Tun eines Menschen, welches das Lebensrecht eines anderen verletze, mit Strafe zu ahnden. Demgegenüber erweise sich die These, der Staat sei zur Normierung der an die allgemeine Solidaritätsbeziehung jedes Menschen zu seinen Mitmenschen anknüpfende Strafvorschrift der unterlassenen Hilfeleistung verpflichtet, als äußerst zweifelhaft. Somit scheine § 323 c StGB "eher Ausdruck eines hohen Standes rechtlicher Gesittung zu sein, den sicherzustellen zwar wünschenswert und begrüßenswert ist, aber vom Wesen des Rechts her eine Pflicht nicht besteht"[115].

Für andere Rechtsgüter als das des menschlichen Lebens wird die Frage, ob § 323 c StGB Ausdruck einer staatlichen Schutzpflicht ist, soweit ersichtlich, nicht erörtert.

IV. Der Ausnahmecharakter des § 323 c StGB: Begründung einer "Zufallspflicht" des "Jedermann" unter Vernachlässigung des Erfordernisses einer besonderen Beziehung zur tatbestandlichen Situation

Als zentraler Punkt in der Auseinandersetzung um die unterlassene Hilfeleistung erweist sich ihr Charakter als strafbewehrte "Jedermannspflicht"[116]. Häufig findet sich in der Literatur der Hinweis, im Vergleich zu den Begehungstaten hätten nur eine sehr geringe Anzahl von Unterlassungsdelikten Aufnahme in das StGB gefunden[117]. Die Ursache dafür liege in

114 Wassermann, DRiZ 1986, S. 291, 295; offenbar sieht Lagodny, aa0. S. 269 das § 323 c StGB zugrunde liegende Hilfeleistungsgebot als solches in gewissen Situationen als Ausfluß einer vom Staat zu erfüllenden grundrechtlichen Schutzpflicht an. Indessen läßt er die Frage der Pflicht zur Strafbewehrung dieses Gebotes offen.

115 Sax, JZ 1975, S. 137, 148.

116 Arzt/Weber, Strafrecht, BT, LH 2, Rdnr. 380; Blindauer, aa0, S. 87; Schöne, aa0, S. 56.

117 Jakobs, Strafrecht, AT, 28/13; Kaufmann, Die Aufgabe des Strafrechts, in: Strafrechtsdogmatik, S. 263, 266; Stratenwerth, Strafrecht, AT, Rdnr. 156.

folgendem begründet. Keine Gemeinschaft könne, wolle sie durch Sicherung der friedlichen Koexistenz der Menschen eine gesellschaftliche Ordnung aufrechterhalten, auf die Normierung von Verboten verzichten. Indes gelte dies nicht für Gebote, welche dem einzelnen die Vornahme gesellschaftsnützlicher Handlungen vorschrieben, ihm also die Verpflichtung auferlegten, sozial gestaltend tätig zu werden. Erst die Verfolgung eines bestimmten Staatszieles, namentlich das der Sozialstaatlichkeit, bedinge die Kodifikation strafbewehrter Gebote[118]. Letztere werden wegen ihres den einzelnen "gängelnden" Charakters als Kennzeichen eines illiberalen Strafrechts angesehen[119]. Eine absolute Ausnahmeerscheinung im deutschen Strafrecht stellten die als **"Jedermannsdelikt"** ausgestalteten strafbewehrten Gebote dar. Innerhalb des deutschen Strafrechts könnten dieser Deliktskategorie außer § 323 c StGB lediglich noch § 138 StGB und § 43 WStGB zugeordnet werden[120].

Mit der Normierung des § 323 c StGB sei der Gesetzgeber seinerzeit von dem unserem Strafrechtssystem immanenten Grundsatz der Handlungsverantwortlichkeit abgewichen. Der einzelne werde nämlich, ohne durch sein vorheriges Verhalten für die Notlage verantwortlich gemacht werden zu können bzw. in einer über die allgemeine Solidarität hinausgehenden besonderen Beziehung zum Notleidenden stehen zu müssen, unter Androhung von Strafe zur Hilfeleistung verpflichtet[121]. Mithin beinhalte § 323 c StGB eine **"Zufallspflicht"**, deren Entstehung bei einem Notfall davon abhängig sei, daß sich eine hilfsfähige Person zufällig am Unglücksort befinde oder benachrichtigt werden könne[122]. Trotz der angeführten Unwägbarkeiten sehen viele Vertreter, denen die echten Unterlassungsdelikte "suspekt" sind, die durch § 323 c StGB strafbewehrte Nothilfepflicht als am unproblematischsten an[123]. Die Gesellschaft könne auf ein Mindestmaß an Solidarität nicht verzichten. Werde diese Solidarität dem Mitmenschen nicht freiwillig erwiesen, so müßten die Mitglieder der Gemeinschaft hierzu notfalls mit den Mitteln des Strafrechts angehalten werden.

§ 9 Bejahende Stimmen zur Frage der Verfassungsmäßigkeit des § 323 c StGB

A. Lehre

Zu Beginn dieses Hauptteils ist bereits darauf hingewiesen worden, daß die Literatur zu § 323 c StGB die durch diese Strafbestimmung aufgeworfenen verfassungsrechtlichen Probleme nur

---

118 Frellesen, aa0, S. 111 ff; Kreuzer, Ärztliche Hilfeleistungspflicht bei Unglücksfällen, S. 24.

119 Geilen, Jura 1983, S. 78, 84; siehe auch Arzt, JA 1980, S. 553, 556; Stratenwerth, Strafrecht, AT 1, Rdnr. 156; Weber, ZStW 1980, S. 313, 320 f.

120 Herzberg, JZ 1988, S. 571, 576, Fn. 19.

121 Blindauer, aa0, S. 1.

122 Pedotti, aa0, S. 110, 168.

123 Arzt/Weber, Strafrecht, BT, LH 2, Rdnr. 375 ff; Arzt, JA 1980, S. 553, 556.

selten einer kritischen Würdigung unterzogen hat[124]. Offenbar hegt die heute h.L. nicht den geringsten Zweifel an der Übereinstimmung des Deliktes der unterlassenen Hilfeleistung mit den Bestimmungen des Grundgesetzes. Aber auch diejenigen Vertreter der Literatur, die § 323 c StGB insoweit einer näheren Untersuchung, namentlich was die Beachtung des Bestimmtheitsgebotes (Art. 103 II GG) betrifft, unterziehen, bejahen nahezu einhellig ihre Verfassungsmäßigkeit[125]. Häufig wird von ihnen allerdings die Forderung nach einer restriktiven Auslegung erhoben[126]. Denn nur im Wege der einschränkenden Auslegung ließen sich die gegen jene Strafvorschrift bestehenden Zweifel ausräumen[127]. Zahlreiche Vertreter der h.M. sehen aber nicht einmal eine Restriktion des Tatbestandes der Strafvorschrift der unterlassenen Hilfeleistung im Wege der Auslegung als notwendig an[128].

B. Rechtsprechung

Bislang ist die Strafvorschrift des § 323 c StGB innerhalb der Rechtsprechung noch keiner eingehenden verfassungsrechtlichen Überprüfung unterzogen worden. Dies stellt eindeutig ein Indiz für die Überzeugung des BGH von ihrer Verfassungsmäßigkeit dar. Denn, wie bereits erwähnt, war der BGH, im Gegensatz zu einem Teil der Oberlandesgerichte, selbst von der Gültigkeit des § 330 c StGB i.d.F. vom 28.6.1935 ausgegangen, obwohl innerhalb des Tatbestandes dieser Vorschrift der Begriff des "gesunden Volksempfindens" verwandt worden war. Offenbar nimmt der BGH nunmehr an, daß durch die im Jahre 1953 erfolgte Änderung der Strafvorschrift der unterlassenen Hilfeleistung jeglichen verfassungsrechtlichen Zweifeln endgültig der Boden entzogen worden sei. Zumindest läßt sich die extensive Auslegung, die der Tatbestand dieses Deliktes in der Folgezeit durch den BGH erfahren hat, kaum anders erklären.

Hingegen läßt sich nicht **eindeutig** beurteilen, welche Auffassung das BVerfG zur Frage der Übereinstimmung der Strafvorschrift der unterlassenen Hilfeleistung mit dem GG vertritt, wenn auch dieses Gericht im Jahre 1971 über die gegen ein Urteil, dessen Gegenstand eine Verurteilung nach § 330 c StGB n.F. bildete, erhobene Verfassungsbeschwerde zu entscheiden hatte[129]. Denn hinsichtlich der gegen Akte der Judikative eingelegten

124 Schwarz, Die Unterscheidung zwischen echten und unechten Unterlassungsdelikten; Vermander, aa0; siehe aber Geilen, Jura 1983, S. 78, 84 f; Frellesen, aa0, S. 218 ff; Kreuzer, Ärztliche Hilfeleistungspflicht bei Unglücksfällen, S. 20 ff; ansatzweise auch Schöne, aa0, S. 101

125 Frellesen, aa0, S. 218 ff; Kreuzer, aa0; a.A. wegen Verstoßes gegen Art. 103 II GG, Geilen, Jura 1983, S. 78, 84; Storsberg, aa0, S. 117 bezüglich § 330 c StGB a.F.

126 Blindauer, aa0, S. 66 f; Kreuzer, aa0, S. 34; Schöne, aa0, S. 101.

127 Blindauer, aa0; Frellesen, aa0, S. 218 f.

128 Benfer, Besonderes Strafrecht II, Rdnr. 531 ff; Blei, Strafrecht II, BT, S. 163 ff; Bockelmann, Strafrecht BT/3, S. 216 ff; Brodag, Strafrecht, § 323 c StGB, Rdnr. 117 ff; Haft, Strafrecht BT, S. 283 ff; Otto, Die einzelnen Delikte, § 67, Rdnr. 1 ff.

129 Beschluß des BVerfG vom 19. Okt. 1971, BVerfGE 32, 98 ff.

Verfassungsbeschwerden ist der Prüfungsumfang des BVerfG eingeschränkt, d.h. Fachgerichtsurteile dürfen nur auf die Verletzung spezifischen Verfassungsrechts hin überprüft werden. Eine derartige Verletzung wird zwar nicht nur angenommen, wenn eine einschlägige Verfassungsnorm ganz übersehen oder ihre Bedeutung völlig verkannt worden ist, sondern selbstredend bereits dann, wenn das der gerichtlichen Entscheidung zugrundeliegende Gesetz als solches verfassungswidrig ist. Da das BVerfG in seinem Beschluß vom 19. Okt. 1971 die Strafvorschrift des § 330 c StGB n.F. keiner näheren Prüfung unterzogen hatte, liegt einerseits die Vermutung nahe, das BVerfG sei von der Verfassungsmäßigkeit der Strafvorschrift der unterlassenen Hilfeleistung überzeugt gewesen. Andererseits ist es möglich, daß das Gericht eine nähere Überprüfung dieses Delikts für entbehrlich hielt, da die Auslegung, die § 330 c StGB n.F. durch das Strafgericht erfahren hatte, unter Verkennung der Ausstrahlungswirkung des Art. 4 GG erfolgt war. Eindeutig ist der Beschluß aber insofern, als nach Auffassung des BVerfG die Strafvorschrift der unterlassenen Hilfeleistung eher **restriktiv** auszulegen ist. Denn es hatte der Glaubensentscheidung des Überzeugungstäters **im Rahmen des § 330 c StGB** im Vergleich zu anderen Strafvorschriften einen besonders hohen Stellenwert beigemessen, um zur Straflosigkeit zu gelangen.

Ebenfalls ist in einigen neueren untergerichtlichen Entscheidungen die Tendenz feststellbar, den Umfang der strafbewehrten Hilfeleistungspflicht im Wege der Auslegung einzuschränken. Zur Begründung verweisen diese Urteile auf den **Ausnahmecharakter** des § 323 c StGB[130], der kein Kernunrecht zum Gegenstand habe[131].

C. Vorschläge de lege ferenda zur Extension der Strafbarkeitsvoraussetzungen und des Strafrahmens des § 323 c StGB als Ausdruck der Annahme seiner Vereinbarkeit mit dem Grundgesetz

Am stärksten kommt die Überzeugung von der Verfassungsmäßigkeit des § 323 c StGB durch an den Gesetzgeber gerichtete Forderungen nach Ausdehnung dieser Strafvorschrift zum Ausdruck. Beispielhaft sei auf die in der Literatur vertretene Auffassung verwiesen, der die derzeitige gesetzliche Höchststrafe von einem Jahr Freiheitsstrafe für den Bedürfnisfall der Lebensgefahr eher zu niedrig als zu hoch erscheint[132]. Im vorliegenden Zusammenhang ist ferner auf die Vorschläge de lege ferenda hinzuweisen, die Strafvorschrift des § 323 c StGB zu ergänzen, um das zwischen dem Jedermannsdelikt der unterlassenen Hilfeleistung und den unechten Unterlassungsdelikten bestehende Unrechtsgefälle abzuschwächen. In diese

130 AG Tiergarten NStZ 1991, S. 236, 237.
131 LG Mannheim NJW 1980, S. 2212, 2213.
132 Spendel in: LK, § 323 c StGB, Rdnr. 184.

Richtung zielte namentlich die bereits erwähnte Regelung des § 232 Abs. 2 E 1962 ab. Die gegenüber den unechten Unterlassungsdelikten subsidiäre Vorschrift sah für den Fall der **Verursachung** des Unglücksfalles, der Gefahr oder Not durch den Täter, eine Erhöhung der Freiheitsstrafe auf drei Jahre vor[133].

§ 10 Kritische Stimmen zur Frage der Verfassungsmäßigkeit des Straftatbestandes der unterlassenen Hilfeleistung

A. Lehre

Im Gegensatz zur dargelegten positiven Beurteilung des § 323 c StGB mehren sich in der neueren Literatur aus den zu Beginn des 2. Hauptteiles dargelegten Gründen die Stimmen, welche die Verfassungsmäßigkeit des § 323 c StGB vornehmlich im Hinblick auf das strafrechtliche Bestimmtheitsgebot des Art. 103 II GG kritisch beurteilen.

Trotz der erhobenen Bedenken sind die Konsequenzen, die hieraus für die Frage der Verfassungsmäßigkeit jener Bestimmung gezogen werden, allerdings recht unterschiedlich:

Soweit ersichtlich, scheint nur Geilen der Auffassung zu sein, § 323 c StGB sei wegen Verstoßes gegen Art. 103 II GG verfassungswidrig[134]. Er richtet nämlich an die Legislative die Forderung nach "einer ganz radikalen Umstellung des Tatbestandes", da den Bedürfnisfällen des Unglücksfalles, der gemeinen Gefahr und Not selbst durch eingehende Auslegung nicht entnommen werden könne, welchen Kreis von Rechtsgütern sie letztlich umfaßten. Der Gesetzgeber solle "sich die Mühe machen, das zu sagen, was er will"[135].

Hingegen erachtet die innerhalb der kritischen Auffassung überwiegend vertretene Meinung diese Strafvorschrift für gültig. Ihre Anhänger gehen aber gemeinsam davon aus, daß Zweifel, die sich aus dem vagen Tatbestand für die Randzonen der Strafbarkeit ergeben, nicht zu Lasten der Normadressaten gehen dürften. Um die hieraus für den Bürger resultierenden Gefahren auszuschließen, werden im wesentlichen die folgenden beiden methodologischen Verfahren angewandt.

---

133 Zustimmend, Vermander, aa0, S. 102 ff; siehe auch, Roxin, Kriminalpolitik und Strafrechtssystem, S. 18 ff, der ausgehend von der Prämisse, daß zwischen den Garantenpositionen ein wertmäßiges Stufenverhältnis bestehe, die unechten Unterlassungsdelikte durch Ergänzung des § 323 c StGB einer inhaltlich bestimmteren Regelung, als bislang im Wege des § 13 StGB geschehen, zuführen will. Vgl. auch Jescheck, ZStW 77, 109 ff, 125 f; Schöne, aa0, S. 346 ff; Schünemann, Grund und Grenzen der unechten Unterlassungsdelikte, S. 308 ff, 381.

134 Geilen, Jura 1983, S. 78, 84, 85.

135 Geilen, aa0, S. 85.

Nach der einen Ansicht sind die Fallgruppen, bei denen äußerst ungewiß ist, ob sie dem Anwendungsbereich des § 323 c StGB zuzuordnen sind, im Wege der restriktiven Auslegung auszuscheiden[136].

Die andere Auffassung, welche u.a. von Frellesen vertreten wird, will der Problematik der inhaltlichen Bestimmtheit dieser Strafrechtsnorm durch die strafrechtliche Irrtumslehre Rechnung tragen: Frellesen nimmt an, das Hilfeleistungsgebot, welches der Gesetzgeber innerhalb des Tatbestandes des § 323 c StGB nur äußerst ungenau beschrieben habe, könne erst unter Rückgriff auf die Zumutbarkeitsklausel begrenzt werden. Letztere sei trotz der beispielhaften Aufzählung der erheblichen eigenen Gefahr und der Verletzung anderer wichtiger Pflichten aber derart konturenlos, daß sich die Grenzen der gebotenen Hilfe nur näherungsweise bestimmen ließen. Obwohl seiner Ansicht nach eine derart vage Generalklausel als Mißachtung des verfassungsrechtlichen Bestimmtheitsgebotes anzusehen ist, zieht er hieraus nicht den Schluß der Nichtigkeit des § 323 c StGB. Den für die Bürger aus der inhaltlichen Unbestimmtheit folgenden Risiken trägt er durch Einordnung der Zumutbarkeitsklausel Rechnung, indem er sie wie folgt vom Vorsatz des Täters zu umfassendes Tatbestandsmerkmal qualifiziert: Fehlerhafte Vorstellungen des Bürgers über den Umfang der Hilfeleistungspflicht seien nicht nach den Regeln des Verbotsirrtums (§ 17 StGB), sondern nach den, für ihn günstigeren, des Tatbestandsirrtums (§ 16 StGB) zu behandeln[137].

Die an der Strafvorschrift des § 323 c StGB in materieller Hinsicht, insbesondere im Hinblick auf den Grundsatz der Subsidiarität des Strafrechts, geübte Kritik wird ebenfalls nicht zum Anlaß genommen ihre Gültigkeit in Zweifel zu stellen, da die insoweit bestehenden Bedenken durch restriktive Auslegung ausgeräumt werden könnten.

B. Rechtsprechung

Im Gegensatz zu § 330 c StGB a.F. findet sich zu dem heutigen § 323 c StGB kein Urteil, das die Verfassungsmäßigkeit dieser Strafvorschrift anzweifelt.

Kapitel 2: Darstellung des Meinungsstandes zur Notwendigkeit einer verfassungskonformen Auslegung des § 323 c StGB

---

136 Gallas, JZ 1952, S. 396, 398; Kreuzer, Ärztliche Hilfeleistungspflicht bei Unglücksfällen, S. 37 ff; Schmitt, JZ 1984, S. 866, 868; Schmidhäuser, Strafrecht, AT, Studienbuch, S. 41, Rdnr. 50; Seelmann, JuS 1995, S. 281, 283.

137 Frellesen, aa0, S. 218 ff; siehe auch Naucke, FS für Welzel, S. 761 ff, 773.

§ 11 Tendenzen in Rechtsprechung und Literatur zu einer extensiven Auslegung des § 323 c StGB - Das Verneinen eines Bedürfnisses nach verfassungskonformer Restriktion dieses Straftatbestandes -

A. Extension der Hilfeleistungspflicht durch ausdehnende Auslegung der strafbegründenden Tatbestandsmerkmale des § 323 c StGB

I. Das Streben nach einem umfassenden Anwendungsbereich durch extensive Auslegung der tatbestandlichen Situation, namentlich des Unglücksfalles

Nach der Rechtsprechung des BGH und der ihr folgenden überwiegenden Auffassung der Literatur besteht kein Bedürfnis nach verfassungskonformer Restriktion des Straftatbestandes des § 323 c StGB. Im Gegenteil: in der Judikatur ist grundsätzlich die Tendenz zur zunehmend extensiven Auslegung der Strafvorschrift der unterlassenen Hilfeleistung feststellbar[138]. Der Hintergrund hierfür dürfte in dem Bestreben zu sehen sein, Fälle des als strafwürdig angesehenen Unterlassens, die nicht den unechten Unterlassungsdelikten unterfallen, nach § 323 c StGB zu pönalisieren[139]. Das hat dazu geführt, daß der strafbewehrten Nothilfepflicht mehr und mehr die Funktion eines Auffangtatbestandes zukommt[140].

Das äußert sich in der stetig extensiveren Auslegung, welche die strafbegründenden Tatbestandsmerkmale, insbesondere die tatbestandliche Situation des Unglücksfalles, in der Rechtsprechung erfahren haben.

Nach heute h.M. wird der Unglücksfall als ein mit gewisser Plötzlichkeit eintretendes Ereignis, das eine erhebliche Gefahr bringt oder zu bringen droht, definiert[141]. Da § 323 c StGB eine Beschränkung auf einen bestimmten Kreis von Rechtsgütern nicht vorsehe, komme als Schutzobjekt bei einem Unglücksfall jedes Individualrechtsgut des in Not Geratenen, wie beispielsweise Leben, Gesundheit, Freiheit, Ehre, sexuelle Selbstbestimmung, Eigentum, Vermögen etc. in Betracht[142]. Daher unterfallen grundsätzlich alle Unterlassungen, vor allem

138 Kritisch, Kreuzer, NJW 1967, S. 278, 279.

139 BGHSt 17, 166, 171.

140 § 323 c StGB kommt auch im Falle des mangelnden Nachweises der Kausalität im Rahmen der Strafbarkeit wegen Begehens bei Abbruch rettender Kausalverläufe durch den Einsatz von Rettungsdiensten behindernde "Gaffern" Auffangfunktion zu. Siehe: Scheffler, NJW 1995, S. 232, 234.

141 BGHSt 6, 147, 152; BGH JZ 1983, S. 151 = NJW 1983, S. 350, 351 = NStZ 1983, S. 313, 314; NStZ 1985, S. 122 = MDR 1985, S. 285; NStZ 1985, S. 122; BayObLG NJW 1963, S. 62 = VRS 24, Nr. 23, S. 60; OLG Düsseldorf NStZ 1991, S. 531; OLG Hamm NJW 1975, S. 604, 605; OLG Köln VRS 24, Nr. 22, S. 54, 56; AG Triergarten NStZ 1991, S. 236, 237.

142 BGHSt 2, 150, 151; 3, 65, 66 = NJW 1952, S. 1062; BGHSt 6, 147, 152; OLG Celle NStZ 1988, S. 568;

also auch diejenigen, welche mangels Garantenpflicht keine Strafbarkeit nach den unechten Unterlassungsdelikten zur Folge haben, dem Anwendungsbereich des § 323 c StGB. Eine drohende Gefahr für diese Individualrechtsgüter, die in zeitlicher Hinsicht das Stadium der Gegenwärtigkeit erreicht haben muß, genügt insoweit für die Entstehung der Hilfspflicht. Denn im Gegensatz zum RG[143] fordert der BGH nicht mehr, daß der drohende Schaden sich bereits teilweise realisiert hat und der Eintritt weiteren Schadens zu befürchten sein muß[144]. In der dem BGH folgenden Kommentarliteratur wird dieser Standpunkt durch den markanten Satz hervorgehoben: "Auch ein bevorstehendes Unglück ist ein Unglücksfall"[145]. Nach Ansicht des BGH dürfen auch an das Merkmal der Plötzlichkeit keine übertrieben hohen Anforderungen gestellt werden[146]. Es komme weniger auf die Entwicklung der Gefahr an; vielmehr sei entscheidend, daß diese sich im Ergebnis akut zugespitzt habe[147]. Ausreichend ist die Gefährdung nur einer Person; es genügt also ein individueller Unglücksfall. Der im Gesetzestext verwandte Plural habe lediglich sprachliche und keine inhaltlichen Gründe[148]. Bezüglich der Entstehung sei gleichgültig, welche Ursachen zu dem Unglücksfall geführt haben, insbesondere brauche er kein schicksalhaftes, vom menschlichen Willen unabhängiges, unkontrolliert eintretendes Ereignis zu sein. Es sei irrelevant, ob es sich um ein

---

Geilen, Jura 1983, S. 78 ff, 83, 84; Lackner/Kühl, § 323 c StGB, Rdnr. 2; Spendel in: LK, § 323 c StGB, Rdnr. 28, 29; Schöne, aaO, S. 45 ff, 100; Storsberg, aaO, S. 57; Tröndle/Fischer, § 323 c StGB, Rdnr. 2, 2 a. Siehe bereits zu § 360 Ziff. 10 RGStGB, Leonhard, aaO, S. 8; North, aaO, S. 43; Schmidt, Das polizeiliche und militärische Aufforderungsrecht zur Nothilfeleistung, S. 13, Schramm, aaO, S. 56. Siehe bereits zu § 330 c StGB a.F., Bellebaum, aaO, S. 4; Blaschick, aaO, S. 12; Ehlers, aaO, S. 21; Fahlenbock, aaO, S. 18; Ratsch, Führerflucht und Nothilfepflicht, S. 22.

143 RGSt 71, 187, 189; 71, 200, 203; 75, 68, 70; 75, 160, 162; 77, 301, 303; RG DR 1940, S. 2063; DR 1942, S. 1223; Bellebaum, aaO, S. 5; Blaschick, aaO, S. 11 ff; Fahlenbock, aaO, S. 18 ff; Görlich, Die Hilfeleistungspflicht bei Unglücksfällen, S. 8, 12, 20; Leonhard, aaO, S. 8; Oppenhoff, Das Strafgesetzbuch für das Deutsche Reich, § 360 Ziff. 10, S. 934, Rdnr. 77; Olshausen, Kommentar zum Strafgesetzbuch für das Deutsche Reich, S. 1964, Anm. b,a,bb, zu § 360 Ziff. 10; Pedotti, aaO, S. 178, 180; Ratsch, aaO, S. 21, 23; Schramm, aaO, S. 56, 57; Storsberg, aaO, S. 57 ff.

144 Seit BGHSt 6, 147, 152; 13, 162, 169 ständige Rechtsprechung; anders noch BGHSt 2, 150, 151; 3, 65, 66; siehe auch BayOBLG NJW 1963, S. 62; KG Berlin-West VRS 3, Nr. 104, S. 266, 267; OLG Köln VRS 24, Nr. 22, S. 54, 56; OLG München JZ 1988, S. 201, 206; Benfer, Strafrecht II, S. 532; Blindauer, aaO, S. 41 ff; Bockelmann, Strafrecht, BT 3, S. 217; Blei, Strafrecht II, BT, S. 162; Geilen, Jura 1983, S. 78 ff, 87, 88; Haft, Strafrecht BT, S. 285; Kreuzer, aaO, S. 39, 40; Lackner/Kühl, § 323 c StGB, Rdnr. 2; Pflitsch, aaO, S. 45; Rudolphi in: SK, § 323 c StGB, Rdnr. 5; Spendel in: LK, § 323 c StGB, Rdnr. 40; Schmidhäuser, Strafrecht, BT, S. 207, 16.5; ders. NStZ 1986, S. 460; Schöne, aaO, S. 79; Tröndle/Fischer, § 323 c StGB, Rdnr. 2 a, 3; Vermander, aaO, S. 51; Wessels/Hettinger, Strafrecht, BT 1, Rdnr 1044; Wildanger, aaO, S. 24; bereits i.d.S. ebenfalls Ehlers, aaO, S. 27, 28; Wiedenroth, aaO, S. 41, 42.

145 Cramer in: Sch/Sch/L, § 323 c StGB, Rdnr. 5.

146 BGHSt 6, 147, 152; siehe auch Rudolphi in: SK § 323 c StGB, Rdnr. 5.

147 OLG Köln VRS 24, Nr. 22, S. 54, 56; Blindauer, aaO, S. 42; Geilen, Jura 1983, S. 78, 88; Kreuzer, aaO, S. 40, 41; Spendel in: LK, § 323 c StGB, Rdnr. 43; Wildanger, aaO, S. 30.

148 Die Frage, ob ein individueller Unglücksfall genügt, ist ehemals kontrovers diskutiert, von der überwiegenden Auffassung jedoch bejaht worden. Vgl., Bellebaum, aaO, S. 4; Blaschick, aaO, S. 12; Ehlers, aaO, S. 21; Kühl, aaO, S. 41; Leonhard, aaO, S. 9; Schmidt, Das polizeiliche und militärische Aufforderungsrecht, S. 12; Schramm, aaO, S. 57; Stieve, aaO, S. 14; a.A. North, aaO, S. 44 zu § 360 Ziff. 10 RStGB, der individuelle Unglücksfälle nur bei Erforderlichkeit organisierter Hilfe genügen ließ.

äußeres (z.B. Verkehrsunfall) oder inneres (z.B. akute Erkrankung) Ereignis handele[149]. Demzufolge sieht der BGH[150] im Gegensatz zum RG[151] auch den Selbstmordversuch, auch wenn dieser auf einem freiverantwortlichen Willen des Suizidenten beruht, als einen Unglücksfall an.

II. Hohe Anforderungen für das Erfüllen des Tatbestandsmerkmals der "erforderlichen Hilfe"

Die zuvor beschriebene extensive Auslegung des § 323 c StGB beschränkt sich nicht auf das Merkmal des Unglücksfalles. Die Bestrebungen zur Extension der Nothilfevorschrift setzen sich nämlich auch in der Interpretation des durch diese Norm gebotenen Verhaltens fort. Dabei wird im Hinblick auf den Schutzzweck des § 323 c StGB und den gesetzgeberischen Willen bezüglich des tatbestandlich gebotenen Verhaltens eine Korrektur des Wortlautes vorgenommen[152]:

Der Strafgrund der unterlassenen Hilfeleistung wird nach der heute überwiegend vertretenen Auffassung nicht mehr in der im Unterlassen zum Ausdruck kommenden schlechten Gesinnung, sondern in der Versäumung der Chance, ein Rechtsgut, dem Schaden droht, zu retten, erblickt[153]. Dieser Zweck erfordere es, daß eine Strafbarkeit nach § 323 c StGB nicht bereits dann ausscheide, wenn der Täter irgendeine Hilfe erbracht habe. Vielmehr sei hierfür die Ergreifung der nach seinen Fähigkeiten[154] effektivsten Maßnahmen zur Schadensabwehr

---

149 Demzufolge werden auch Krankheiten, sofern diese eine plötzliche und rasch verschlimmernde Wendung nehmen, als Unglücksfälle angesehen, RGSt 75, 68 ff; 75, 160, 162; 77, 301, 303, DR 1941, S. 925, 926; BGHSt 6, 147, 152, 153; 21, 50, 52; BGH NStZ 1983, S. 313; NJW 1983, S. 350, 351; NStZ 1985, S. 409; BayObLG NJW 1953, S. 556; OLG Hamm NJW 1968, S. 212, 213; NJW 1975, S. 604, 605; OLG Karlsruhe NJW 1979, S. 2360; AG Groß Gerau NJW 1982, S. 709. Zustimmend, Benfer, aa0, S. 140, Rdnr. 532; Bockelmann, aa0, S. 218; Blei, aa0, S. 162; Cramer in: Sch/Sch/L, § 323 c StGB, Rdnr. 6; Dähn, § 323 c StGB, Rdnr.2; Fahlenbock, aa0, S. 18; Görlich, aa0, S. 11; Haft, aa0, S. 285; Lackner/Kühl, § 323 c StGB, Rdnr. 2; Maurach/Schroeder/Maiwald, Strafrecht, BT, Tb. 2, § 55 II, Rdnr. 15; Preisedanz, § 323 c StGB, Rdnr. 2a; Rudolphi in: SK, § 323 c StGB, Rdnr. 6; Stieve, aa0, S. 15; Storsberg, aa0, S. 57; Tröndle/Fischer, § 323 c StGB, Rdnr. 3; Wildanger, aa0, S. 24. Nach a.A. ist nicht der Aspekt der plötzlichen Verschlimmerung, sondern die akute Zuspitzung der gesundheitlichen Situation maßgebend. Vgl., Geilen, Jura 1983, S. 78 ff; 89, 90; Kreuzer, aa0, S. 46; Seelmann in: NK, § 323 c StGB, Rdnr. 23; Vermander, aa0, S. 53, 54. Nach Schmidt, Die Besuchspflicht des Arztes, S. 7 stellen Krankheiten generell keine Unglücksfälle dar.

150 BGHSt 6, 147, 153; JR 1956, S. 347, 348; BGHSt 13, 162, 168; 32, 367, 375 in Abkehr von BGHSt 2, 150 ff. Siehe auch OlG München JZ 1988, S. 201, 206; VG Karlsruhe JZ 1988, S. 208, 210.

151 Dies ist wohl darauf zurückzuführen, daß das RG für das Vorliegen eines Unglücksfalles, mit Ausnahme von Krankheiten, ein äußeres Ereignis forderte. Vgl., RGSt 75, 68; 75, 172; Olshausen, aa0, Anm. b zu § 360 Ziff. RStGB.

152 Geilen, Jura 1983, S. 138, 140.

153 BT-Drucksache I/Nr. 31713 vom 29.9.1952, S. 44; BGHSt 14, 213, 215; Spendel in: LK, § 323 c StGB, Rdnr. 26; Vermander, aa0, S. 47.

154 Es ist umstritten, ob die Möglichkeit, den Eintritt des Schadens zu verhindern, die nach den individuellen Fähigkeiten gegeben sein muß, als Bestandteil des Hilfsbegriffs, insbesondere der Erforderlichkeit, anzusehen ist. In diesem Sinne: Blaschick, aa0, S. 30; Bockelmann, Strafrecht, BT 3, S. 221; Huschens, aa0, S. 76; Kreuzer, aa0, S. 114; Kühl, aa0, S. 50 ff; Lenckner, aa0, S. 579; Ratsch, aa0, S. 20 ff;

notwendig[155]. Daher wird das Tatbestandsmerkmal "erforderlich" entgegen seiner systematischen Stellung innerhalb des Gesetzestextes des § 323 c StGB als qualitative Beschreibung der geforderten Hilfe verstanden. Das tatbestandliche Unrecht, nach herrschendem Verständnis die "Unterlassung der erforderlichen sowie zumutbaren Hilfe", entfalle nur dann, sofern der Verpflichtete die **wirksamste** Hilfe geleistet habe, um den drohenden Schaden für die nach § 323 c StGB geschützten Rechtsgüter abzuwehren.

Rechtsprechung und das ihr überwiegend folgende Schrifttum fordern zwar, es müsse zwischen der Pflicht zur Hilfe und der Notsituation ein Zusammenhang bestehen[156], wenn erstere als eine objektiv auf die Verhinderung von Schäden abzielende Tätigkeit verstanden wird[157]. An das Vorliegen jener Beziehung werden allerdings nur minimale Anforderungen gestellt. Beispielsweise besteht nach herrschender Ansicht die Hilfspflicht selbst dann noch fort, wenn völlig gewiß ist, ob der Pflichtige den Eintritt des drohenden Todes des Verunglückten abwenden oder noch für eine kurze Zeitspanne hinausschieben könne. Zur Bejahung jenes Zusammenhanges sei die Möglichkeit, die Schmerzen des Sterbenden zu lindern, völlig ausreichend[158]. Folglich werden in der Judikatur beispielsweise äußerst hohe Anforderungen an die Hilfspflicht des Arztes gestellt. Ein Teil der Literatur geht über diese Rechtsprechung noch weit hinaus, wenn die Möglichkeit der Milderung der seelischen Not des Sterbenden als hinreichend angesehen wird[159].

Rudolphi in: SK, § 323 c StGB, Rdnr. 20; Schmidhäuser, Strafrecht, BT, S. 207, 16.5; Schmidt Eberhard, aa0, S. 14; Stieve, aa0, S. 22; Storsberg, aa0, S. 50 ff, 79; Vermander, aa0, S. 71; Wiedenroth, aa0, S. 57, 72; Nach a.A. stellt die Möglichkeit der Schadensverhinderung ein ungeschriebenes Tatbestandsmerkmal des § 323 c StGB dar. Vgl., Benfer, aa0, S. 142, Rdnr. 538; Cramer in: Sch/Sch/L, § 323 c StGB, Rdnr. 19; Dähn, § 323 c StGB, Rdnr. 3. Ein notwendiges Begriffsmerkmal des Unterlassens erblicken hierin, Blindauer, aa0, S. 59; Maurach/Schroeder/Maiwald, Strafrecht, BT, Tb. 2, § 55 I, Rdnr. 7; Spendel in: LK, § 323 c StGB, Rdnr. 91. Differenzierend Frellesen, aa0, S. 194 der ein Unterlassen nur bei völligem Fehlen der physischen Handlungsmöglichkeit verneint und ansonsten die eingeschränkte Handlungsfähigkeit als Problem der Zumutbarkeit ansieht. Generell in letzterem Sinne, Tröndle/Fischer, § 323 c StGB, Rdnr. 7; Wildanger, aa0, S. 66, 111, 112.

155 BGHSt 14, 213, 216; Blei, aa0, S. 164; Geilen, Jura 1983, S. 138, 143; Wessels/Hettinger, Strafrecht, BT 1, Rdnr. 1045.

156 In diesem Sinne bereits RGSt 77, 301, 303 entgegen RGSt 71, 200, 203; 74, 69, 71; 75, 355, 359. BGHSt 14, 213, 216; NJW 1952, S. 394; VRS 4, Nr. 59, S. 118 ff. Allerdings wird in der Entscheidung BGHSt 21, 50, 52 auf jenen Zusammenhang nahezu völlig verzichtet. Siehe auch Storsberg, aa0, S. 60; Schröder, JR 1958, S. 184 ff. A.A. KG Berlin-West VRS 3, Nr. 104, S. 266, 267 zu § 330 c StGB a.F.

157 Geilen, Jura 1983, S. 138, 142; Lenckner, aa0, S. 570, 578; i.d.S. bereits Mayer, Strafrecht AT, S. 119.

158 BGHSt 14, 213, 216; VRS 4, Nr. 59, S. 118, 121; Blindauer, aa0, S. 69, 70; Lenckner, aa0, S. 570, 579; Pfeiffer/Maul/Schulte, § 323 StGB, Rdnr. 1; Vermander, aa0, S. 70; Wiedenroth, aa0, S. 69; a.A. Kreuzer, Ärztliche Hilfeleistungspflicht bei Unglücksfällen, S. 122 ff; ders, NJW 1978, S. 278, 279.

159 Bockelmann, Strafrecht, BT 3, S. 220; Gallas, Niederschriften über die Sitzungen der Großen Strafrechtskommission, 9. Bd. BT, 1959, S. 376; Göhrlich, aa0, S. 14; Maurach, JR 1956, S. 348, 349; Schröder, JR 1958, S. 186; Tröndle/Fischer, § 323 c StGB, Rdnr. 7; ablehnend, Geilen, Jura 1983, S. 138, 141.

Die h.M. läßt sich bei der Festlegung der Perspektive, aus der die Erforderlichkeit der Hilfe zu beurteilen ist, ebenfalls nicht von dem Bestreben leiten, eine Restriktion des durch § 323 c StGB gebotenen Verhaltens herbeizuführen. Sie orientiert sich ausschließlich an der Effizienz, was die Erfüllung des Schutzzweckes dieser Strafvorschrift anbetrifft. Nach überwiegender Auffassung ist zur Bestimmung der Qualität und Quantität der in einer Notlage gesetzlich geforderten Hilfe nicht auf die subjektive Sicht des Täters abzustellen[160]. Statt dessen sei eine objektive Betrachtung angezeigt. Es komme darauf an, welche Hilfe ein objektiver und sachkundiger Beobachter für notwendig erachte[161]. Insoweit wird zwar die Bestrafung des nach § 323 c StGB nicht strafbewehrten Versuches, zu der eine konsequente subjektive Sichtweise regelmäßig führt, vermieden[162]. Dennoch hat auch die h.M. eine weitreichende Unterlassungsstrafbarkeit nach 323 c StGB zur Folge, da sie, nicht zuletzt aus kriminalpolitischen Gründen, im Gegensatz zur tatbestandlichen Situation die **Erforderlichkeit** der Hilfe aus der Sicht **"ex ante"** beurteilt[163]. Im Vergleich zu den unechten Unterlassungsdelikten bedarf es zur Feststellung der Strafbarkeit nach § 323 c StGB keines nachträglichen hypothetischen Urteiles, ob der Schaden bei Vornahme der entsprechenden Handlung mit an Sicherheit grenzender Wahrscheinlichkeit hätte abgewendet werden können[164]. Durch diese Sichtweise werden Beweisschwierigkeiten vermieden, da beispielsweise nicht rückschauend geklärt werden muß, ob ein Verletzter bei sofortiger Hilfe noch eine Überlebenschance gehabt hätte. Denn für die Strafbarkeit nach § 323 c StGB ist die Sachlage im Zeitpunkt der ersten Handlungsmöglichkeit des Pflichtigen maßgebend. Dabei ist aus der Sicht eines verständigen Beobachters zu fragen, ob der zur Hilfe Verpflichtete sämtliche ihm zur Schadensverhinderung zur Verfügung stehenden geeigneten Mittel ausgeschöpft habe[165]. Lediglich die von vornherein als aussichtslos erscheinenden Maßnahmen braucht der Hilfspflichtige nicht zu ergreifen. Letzteres wird von der Rechtsprechung hinsichtlich des anfangs erwähnten Beispieles des tödlich Verletzten aber nur dann angenommen, wenn das Opfer zum Zeitpunkt, als der Helfer hätte tätig werden müssen, bereits tot war[166]. Hierdurch erhält § 323 c StGB auf dem Gebiet des strafbaren Unterlassens

160 Denn diese führe im Rahmen des § 323 c StGB zu einer Bestrafung der schlechten Gesinnung des Täters, welche hinsichtlich ihres Ausmaßes, die seinerzeit im Nationalsozialismus zu § 330 c StGB a.F. vertretene Auffassung noch bei weitem übersteige. Vgl., Blindauer, aa0, S. 64; Vermander, aa0, S. 11.

161 BGHSt 14, 213, 216; 17, 166, 169; Geilen, Jura 1983, S. 138, 142, 143; Georgakis, aa0, S. 11; Kreuzer, aa0, S. 107; Maurach/Schroeder/Maiwald, Strafrecht, BT, Tb. 2, § 55, Rdnr. 19; Preisedanz, § 323 c StGB, Rdnr. 3; Vermander, aa0, S. 28; Wildanger, aa0, S. 66.

162 Kreuzer, aa0, S. 102.

163 BGHSt 14, 213, 216; NJW 1954, S. 728, 729; MDR 1985, S. 980; Arzt/Weber, aa0, Rdnr. 378; Kreuzer, aa0, S. 107; Lenckner, aa0, S. 578; Rudolphi in: SK, § 323 c StGB, Rdnr. 13; Vermander, aa0, S. 46 f, 69; a.A., Blindauer, aa0, S. 71 ff; Wildanger, aa0, S. 73, die auf eine "objektive ex post Sicht" abstellen.

164 BGH VRS 12, Nr. 88, S. 197, 198; Kreuzer, aa0, S. 105, 106.

165 BGH NStZ 1985, S. 501; Blei, Strafrecht II, BT, S. 164; Kreuzer, aa0, S. 105, 106; Otto, aa0, § 67, Rdnr. 11 ; Wessels/Hettinger, aa0, Rdnr. 1046 f.

166 BGHSt 1, 266, 269; 17, 166, 169; JR 1956, S. 347; MDR 1985, S. 980; Maurach/Schroeder/Maiwald, aa0, § 55 II, Rdnr. 19; Storsberg, aa0, S. 78.

seine besondere Funktion als subsidiärer Auffangtatbestand[167]. Diese Funktion gewinnt durch die auch sonst vorgenommene extensive Auslegung des durch § 323 c StGB tatbestandlich gebotenen Verhaltens zunehmend an Bedeutung. So nimmt im Anschluß an eine in der Literatur begründete Auffassung[168] die Rechtsprechung[169] inzwischen eine Aufspaltung des Hilfsbegriffs in eine **"Prüfungspflicht"** und die "eigentliche" Hilfspflicht vor. Sie läßt für eine Bestrafung nach § 323 c StGB allein die Unterlassung dieser Informationspflicht genügen, selbst wenn die von dem Täter ohne eingehende Untersuchung ergriffenen Maßnahmen sich aus der Sicht eines verständigen Beobachters als zutreffend erwiesen haben[170].

III. Der Verzicht auf das Erfordernis einer räumlichen Beziehung des Hilfeleistungspflichtigen zum Hilfsbedürftigen

Die Hilfeleistungspflicht erfährt von der h.M. nicht nur die zuvor beschriebene weite Interpretation in sachlicher Hinsicht. Darüber hinaus scheidet nach überwiegender Auffassung ihre Einschränkung dahingehend, zwischen Hilfeleistungspflichtigem und Hilfsbedürftigem müsse eine räumliche Beziehung bestehen, aus[171]. Der den Bedürfnisfällen vorangestellten Präposition "bei" komme nicht die Bedeutung zu, die Hilfspflicht nur für solche Personen zu begründen, die der Zufall in den örtlichen Bannkreis der Notsituation habe geraten lassen. Die Aufnahme dieses Umstandswortes in den Gesetzestext beruhe auf sprachlichen Gründen. Die Präposition "bei" sei, bezogen auf den Schutzzweck des § 323 c StGB, im Sinne von "anläßlich" eines Unglücksfalles, gemeiner Gefahr und Not zu verstehen[172]. Für diese weite

---

167 Arzt/Weber, aa0, Rdnr. 375; Kreuzer, aa0, S. 105, 106.

168 Äußerst weitgehend i.d.S., Storsberg, aa0, S. 71 und im Anschluß an ihn Welzel, NJW 1953, S. 327, 328: Siehe auch Cramer in: Sch/Sch/L, § 323 c StGB, Rdnr. 17; Kühl, aa0, S. 55; Rudolphi in: SK, § 323 c StGB, Rdnr. 20; Spendel in: LK, § 323 c StGB, Rdnr. 95. Kritisch Kreuzer, aa0, S. 116 ff, soweit die Informationspflicht auch auf die nähere Feststellung des Vorliegens eines Unglücksfalles und dessen Folgen erstreckt wird, da dies zu einer Bestrafung fahrlässigen Unterlassens der Hilfeleistung führe. Siehe auch Vermander, aa0, S. 71; Wildanger, aa0, S. 67 ff.

169 BGHSt 21, 50, 53, 54. Ansätze finden sich aber auch bereits in: RG DR 1940, S. 1061; RGSt 74, 69, 72 = RG, DR 1940, S. 685; RG DR 1942, S. 1223; BGHSt 2, 296, 299.

170 So hätte der Arzt in dem der Entscheidung BGHSt 21, 50, 53, 54 zugrundeliegenden Sachverhalt, auch nach Durchführung der von ihm unterlassenen Untersuchung, keine sinnvollere Maßnahme als die von ihm angeordnete Ruhigstellung des Beines der Patientin, vornehmen können.

171 RGSt, 75, 68; 160 ff; BGHSt 2, 296, 298; 17, 166, 170; 21, 50, 53; Blei, aa0, S. 165; Blaschick, aa0, S. 29, 30; Blindauer, aa0, S. 85; Bockelmann, aa0, S. 219; Cramer in: Sch/Sch/L, § 323 c StGB, Rdnr. 25; Geilen, Jura 1983, S. 78, 138; Görlich, aa0, S. 22; Frellesen, aa0, S. 196; Lackner/Kühl, § 323 c StGB, Rdnr. 4; Maurach/Schroeder/Maiwald, aa0, § 55 II, Rdnr. 18; Spendel in: LK, § 323 c StGB, Rdnr. 107; Rudolphi in: SK, § 323 c StGB, Rdnr. 18; Schöne, aa0, S. 85 ff; Vermander, aa0, S. 74 f. Andere Ansicht, OLG Köln NJW 1957, S. 1609, 1610 = MDR 1957, S. 759; Androulakis, Studien zur Problematik der unechten Unterlassungsdelikte, S. 159; Arzt/Weber, LH 2, S. 127, Rdnr. 393; Gallas, JZ 1952, S. 398; Kaufmann, Die Dogmatik der Unterlassungsdelikte, S. 233; Kohlrausch-Lange, § 330 c StGB, Anm. IV 2; Lenckner, Praxis der Rechtsmedizin, 1986, S. 570, 578; Schmidt Eberhard, aa0, S. 13 ff; Storsberg, aa0, S. 62 f; Welzel, NJW 1953, S. 327, 328.

172 BGHSt 21, 50, 53; Brodag, Strafrecht, BT, S. 251, Rdnr. 5; Spendel in: LK, § 323 c StGB, Rdnr. 107;

Auslegung spreche auch die Überlegung, daß andernfalls bei gemeiner Gefahr und Not eine Hilfspflicht ausscheiden würde, da die in der Nähe sich aufhaltenden Personen regelmäßig selbst von der Gefahr bedroht seien, mithin als Helfer nicht in Betracht kämen[173]. Das besagte herrschende Verständnis des Merkmals **"bei"** begründet die große Bedeutung, die der Nothilfepflicht gegenwärtig für Ärzte zukommt[174].

IV. Beschränkung der Hilfeleistungspflicht allein durch Rückgriff auf das Zumutbarkeitskorrektiv

Die h.A. greift, um eine Beschränkung der uferlosen Weite der Nothilfepflicht herbeizuführen, nahezu ausschließlich auf das "Zumutbarkeitskorrektiv" zurück[175]. Aus diesem Grunde erblickt Frellesen, ausgehend von dem überwiegenden Tatbestandsverständnis des § 323 c StGB, in der Zumutbarkeitsklausel zurecht ein "Auffangbecken für alle den Umfang der Hilfeleistungspflicht betreffenden Fragen, die nicht bereits bei der Auslegung der anderen Tatbestandsmerkmale beantwortet sind"[176]. Jene herrschende Vorgehensweise unterscheidet sich wesentlich von den Restriktionsversuchen, die schon an die vorhergehenden Tatbestandsmerkmale des § 323 c StGB anknüpfen:

Diese Restriktionsversuche beruhen, wie wir noch sehen werden, auf einer **generalisierenden** Auslegung des Tatbestandes des § 323 c StGB. Bestimmte Fallgruppen der unterlassenen Hilfeleistung werden von vornherein aus dem Anwendungsbereich dieser Strafvorschrift ausgeschieden. Insofern sei beispielhaft auf die Auslegung des Tatbestandsmerkmales des "Unglücksfalles" und der Präposition "bei" bei Unglücksfällen, gemeiner Gefahr und Not verwiesen. Nach einer stark verbreiteten Minderansicht unterfallen gewisse Schutzgüter, selbst wenn diesen erhebliche Schäden drohen, von vornherein nicht dem Begriff des Unglücksfalles. Das gelte z.B. für die Sachgefahr. Die zutreffende Interpretation der Präposition "bei" ergebe, daß § 323 c StGB nur denjenigen zur Hilfeleistung verpflichte, der sich in unmittelbarer Nähe des Unglücksortes befinde.

Hingegen prüft die h.M. auf der Basis einer **individualisierenden** Betrachtungsweise, ob die Hilfeleistungspflicht aufgrund der zuvor bezeichneten besonderen Umstände, die für ihre Einschränkung sprechen könnten, im Einzelfall noch als eine angemessene Belastung des potentiellen Helfers anzusehen ist. Sie hat im Vergleich zur Gegenansicht eine extensivere

---

Ratsch, aa0, S. 33; Rudolphi in: SK, § 323 c StGB, Rdnr. 18; Vermander, aa0, S. 74.

173 Wildanger, aa0, S. 131.

174 RGSt 75, 68 ff; 75, 160 ff; BGHSt 17, 166, 170 = NJW 1952, S. 1212 f. = VRS 22, Nr. 200, S. 454 f; BGHSt 21, 50, 53; NStZ 1985, S. 409; OLG Hamm NJW 1961, S. 1648; OLG Karlsruhe NJW 1979, S. 2360; OLG Koblenz VRS 65, Nr. 157, S. 355 ff; Maurach/Schroeder/Maiwald, aa0, § 55 II, Rdnr. 20.

175 Schöne, aa0, S. 56, 90, 101.

176 Frellesen, aa0, S. 151, 152.

Interpretation der Nothilfepflicht zur Folge, da das auf eine individuelle Interessenabwägung abstellende Zumutbarkeitskorrektiv prinzipiell kaum eine Fallgruppe der unterlassenen Hilfeleistung schlechthin aus dem Anwendungsbereich des § 323 c StGB ausscheiden läßt. Beispielsweise kann die Abwehr einer Sachgefahr, wenn sie nur geringen Aufwand des Helfers erfordert, noch als zumutbar anzusehen sein.

B. Ursachen für die verbreitete extensive Auslegung des § 323 c StGB

I. Die relative Unbestimmtheit der Beschreibung des Tatbestandes des § 323 c StGB im Vergleich zu § 138 StGB

Eine der Ursachen für die in Rechtsprechung und Literatur stark verbreitete Tendenz, § 323 c StGB extensiv auszulegen, liegt in dem, im Vergleich zu § 138 StGB, sehr vagen Tatbestand begründet[177]. Anders als in § 323 c StGB sind innerhalb des Tatbestandes des § 138 StGB, der dem gesetzlichen Modell einer kasuistischen Regelungstechnik entspricht, die Fälle, in denen die Anzeigepflicht zur Entstehung gelangt, enumerativ und zudem inhaltlich sehr präzise aufgezählt[178]. Im Unterschied hierzu ist der Tatbestand des § 323 c StGB infolge mangelnder ausdrücklicher Bezugnahme bestimmter Schutzobjekte in besonderem Maße einer ausdehnenden Auslegung zugänglich[179]. Es ist nämlich äußerst zweifelhaft, ob für die drei Bedürfnisfälle des § 323 c StGB, dem Wortlaut nach, nur bestimmte Kategorien von Rechtsgütern, denen Schaden drohen muß, in Frage kommen.

Besonders augenfällig ist insofern der Begriff der gemeinen Gefahr. Wesensmerkmal der Gefahr ist eine Sachlage, die bei ungehinderter Fortentwicklung mit hinreichender Wahrscheinlichkeit zu einem Schadenseintritt führt. Der Gefahrbegriff als solcher bezeichnet aber keine bestimmten **Schutzgüter**[180]. Das ist offensichtlich auch der Grund dafür, daß der Gesetzgeber diese im Gegensatz zu § 323 c StGB in anderen Strafvorschriften des 27. Abschnittes des Strafgesetzbuches, beispielsweise den §§ 310 b II, 311 I, 311 c I, 311 d I 315 I[181] oder in den polizeilichen Generalermächtigungen der Polizei- und Ordnungsgesetze, näher bezeichnet hat. Die Schwierigkeiten, dem Tatbestandsmerkmal des Unglücksfalles durch Auslegung feste Konturen zu geben, zeigen, daß auch diesem Begriff kein fester Kreis von Schutzobjekten eigen ist[182].

---

177 Frellesen, aa0, S. 218 f.

178 Geilen, Jura 1983, S. 78, 85.

179 Vermander, aa0, S. 16.

180 Schöne, aa0, S. 82; siehe bereits North, aa0, S. 37 ff; Schramm, Die Nothilfepflicht nach § 360 Ziff. 10 RGStGB, S. 62.

181 In diesen Strafvorschriften werden insoweit jeweils Leib oder Leben eines anderen oder fremde Sachen von bedeutendem Wert aufgezählt.

182 Geilen, Jura 1983, S. 78, 83.

Innerhalb des gesetzlichen Tatbestandes des § 138 StGB ist aber nicht nur die tatbestandliche Situation, sondern auch das gebotene Verhalten präziser als in § 323 StGB zum Ausdruck gebracht worden[183]. Was Anzeige i.S. des § 138 StGB bedeutet, nämlich die Information der Behörde oder des Bedrohten über das Vorhaben oder die Ausführung einer der im einzelnen bezeichneten rechtswidrigen Taten, versteht sich von selbst und bedarf keiner näheren Kommentierung. Auf die Bestimmtheitsproblematik des durch § 323 c StGB gebotenen Verhaltens der **"erforderlichen Hilfe"** ist an anderer Stelle bereits hingewiesen worden.

Die relative Unbestimmtheit eines gesetzlichen Straftatbestandes birgt aber die Gefahr in sich, er könne im Hinblick auf den Schutzbereich der Strafvorschrift sehr extensiv ausgelegt werden[184].

II. Die Problematik der Feststellung des durch § 323 c StGB geschützten Rechtsgutes

Jene relative Unbestimmtheit des Tatbestandes des § 323 c StGB deutet auf eine weitere wesentliche Ursache für die zu Beginn näher beschriebenen Tendenzen zur Ausdehnung der Nothilfepflicht hin. In Rechtsprechung und Literatur wird der Erkennbarkeit des Rechtsgutes entscheidende Bedeutung für die Frage beigemessen, ob einer Strafvorschrift durch Auslegung feste Konturen verliehen werden können[185].

Hinsichtlich des § 323 c StGB wird aber die Auffassung vertreten, die Ermittlung des geschützten Rechtsgutes bereite größte Schwierigkeiten[186]. Dieser Ansicht ist aus folgenden Gründen zuzustimmen. Zum einen wird innerhalb der tatbestandlichen Situation auf kein bestimmtes Schutzobjekt ausdrücklich Bezug genommen. Zum anderen stellt die Ermittlung des geschützten Rechtsgutes aber infolge der Generalklauselartigkeit der "Bedürfnisfälle" ein schwieriges Unterfangen dar. Daher wird die Frage, welches Rechtsgut diese Strafvorschrift letztlich schützt, wie an späterer Stelle noch eingehend darzulegen ist, äußerst kontrovers diskutiert. Vorerst soll es mit dem Hinweis sein Bewenden haben, daß insoweit im wesentlichen zwischen zwei Grundrichtungen zu unterscheiden ist: Nach der einen Ansicht liegt dem § 323 c StGB ein Universalrechtsgut zugrunde[187]. Die andere - herrschende - Ansicht besagt, die strafbewehrte Nothilfepflicht diene dem Individualrechtsgüterschutz[188].

183 Storsberg, aaO, S. 113.
184 Georgakis, aaO, S. 4 f; Kreuzer, aaO, S. 34, 39; Schöne, aaO, S. 52, 78, 88, 100; Seelmann, JuS 1995, S. 281, 283.
185 BVerfG NJW 1987, S. 43, 44.
186 Vermander, aaO, S. 16 ff; vgl. die zutreffende Feststellung Harzers, aaO, S. 97: "Bei § 323 c StGB werden so ziemlich alle Möglichkeiten von Rechtsgütern zusammengetragen: ..."
187 Bockelmann, Strafrecht, BT 3, S. 217; Maurach, Deutsches Strafrecht, BT, 5. Aufl., S. 468; Otto, Die einzelnen Delikte, S. 326; ders., JK 1988, StGB § 323 c, Nr. 2; Storsberg, aaO, S. 100; Welzel, NJW 1953, S. 327, 328.
188 RG DR 1940, S. 2063 bereits zu § 330 c StGB a.F.; OLG Celle NStZ 1988, S. 568; Arzt/Weber,

Gleichgültig, welcher dieser Meinungen man den Vorzug einräumt, keine von ihnen vermag den Tatbestand der Strafvorschrift der unterlassenen Hilfeleistung, genau einzugrenzen. Dies gilt insbesondere für die Universalrechtsgüter der "mitmenschlichen Solidarität"[189] bzw. der "öffentlichen Sicherheit"[190] oder der "öffentlichen Ordnung"[191], die je nach der vertretenen Minderansicht dem § 323 c StGB zugrunde liegen sollen. Unterstellt man, daß diese Nothilfevorschrift tatsächlich dem Schutze der öffentlichen Sicherheit,
- einem polizeirechtlichen Begriff, der neben Individual- auch zahlreiche Kollektivrechtsgüter wie den Bestand des Staates und der Gesamtheit der geschriebenen Rechtsordnung[192] umfaßt -
dient, so wäre ihr Anwendungsbereich uferlos[193]. Beispielsweise erschiene es dann nicht abwegig, den einzelnen zur Hilfeleistung zugunsten gequälter Tiere für verpflichtet zu halten.

Im Gegensatz zu diesen Minderansichten engt die h.M. den Anwendungsbereich des § 323 c StGB wesentlich stärker ein. Aber auch unter Zugrundelegung der vorherrschenden Auffassung bleibt die Strafvorschrift der unterlassenen Hilfeleistung der erheblichen Gefahr einer uferlosen extensiven Auslegung ausgesetzt. Zwar dient nach jener herrschenden Ansicht § 323 c StGB nur dem Individualrechtsgüterschutz derjenigen Personen, die in einem der drei Bedürfnisfälle Hilfe benötigen. Nach dem Wortlaut i.S. des natürlichen Sprachgebrauches, der die äußerste Grenze der Auslegung bildet, lassen sich aber, wenn überhaupt, aus dem Begriff des Unglücksfalles nur wenige unbedeutendere Individualrechtsgüter ausscheiden[194].

Strafrecht, BT, LH 2, Rdnr. 375; Blindauer, aa0, S. 28 ff; Frellesen, aa0, S. 145 ff; Haft, Strafrecht, BT, S. 283; Kaufmann, Die Dogmatik der Unterlassungsdelikte, S. 209; Kreuzer, aa0, S. 30 ff; Lackner/Kühl, § 323 c StGB, Rdnr. 1; Maurach/Schroeder/Maiwald, Strafrecht, BT, Tb. 2, § 55 I, Rdnr. 3; Rudolphi in: SK, § 323 c StGB, Rdnr. 1; Schmidhäuser, Strafrecht, BT, S. 206, Rdnr. 1b, S. 207, Rdnr. 3; Schöne, aa0, S. 48 ff; Tröndle/Fischer, § 323 c StGB, Rdnr. 2, 2 a; Wessels/Hettinger, Strafrecht, BT 1, Rdnr. 1042; vgl. auch Spendel in: LK, § 323 c StGB, Rdnr. 28 f, der hinsichtlich der einzelnen Bedürfnisfälle differenziert und im Hinblick auf die gemeine Gefahr und Not die Auffassung vertritt, daß insoweit auch Güter der Allgemeinheit geschützt wären.

189 Maurach, Deutsches Strafrecht, BT, S. 468; Otto, aa0, § 67, Rdnr. 1; ders, JK 1988, StGB, § 323 c, Nr. 2; siehe auch Vermander, aa0, S. 27, der die humanitäre Solidarität aber nur insoweit als geschützt ansieht, "als dadurch dem Schutz der personalen Rechtsgüter des Lebens, der körperlichen Unversehrtheit, der sexuellen Integrität sowie der Bewegungsfreiheit unmittelbar gedient wird."

190 Wildanger, aa0, S. 19, 121.

191 Storsberg, aa0, S. 101; Welzel, Das Deutsche Strafrecht, 3. Aufl., S. 344; 11. Aufl., S. 470.

192 Götz, Allgemeines Polizei- und Ordnungsrecht, Rdnr. 75.

193 Frellesen, aa0, S. 137 ff; Kreuzer, aa0, S. 27; Schöne, aa0, S. 47 f.

194 Geilen, Jura, 1983, S. 78, 83 und Schöne, aa0, S. 51 lehnen diese Möglichkeit generell ab. Hingegen erachtet Schwarz, Die Unterscheidung zwischen echten und unechten Unterlassungsdelikten, S. 76, Anm. 2 nach dem Wortlaut die Rechtsgüter der Freiheit und sexuellen Selbstbestimmung für ausgeschlossen. Siehe auch Vermander, aa0, S. 26 in bezug auf die Sachgefahr.

III. Die Annahme eines hohen Strafbedürfnisses

Die Strafvorschrift des § 323 c StGB spielt in der gerichtlichen Praxis, wie die Kriminalstatistik zeigt, nur eine untergeordnete Rolle[195]. Der Grund hierfür ist in ihrer Subsidiarität zu den unechten Unterlassungsdelikten (wie Totschlag durch Unterlassen, §§ 212, 13 StGB) zu finden. Gleichwohl gehen Rechtsprechung und Literatur offenbar von einem großen Bedürfnis aus, die unterlassene Hilfeleistung zu pönalisieren[196]. Bei der Durcharbeitung der zu § 323 c StGB veröffentlichten gerichtlichen Entscheidungen wird rasch deutlich, daß die Ursachen dafür, dem Interesse des Bedürftigen an effektiver Nothilfe zumeist Vorrang vor der Handlungsfreiheit des potentiellen Helfers einzuräumen, recht unterschiedlicher Natur sind.

Entgegen anders lautenden Stimmen liegt der Hauptanwendungsbereich dieser Strafvorschrift nach wie vor auf dem Gebiet der sich im Straßenverkehr ereignenden Unglücksfälle[197]. Zunehmend gewinnt § 323 c StGB aber für Fälle, in denen "professionelle Retter", namentlich Ärzte, keine Hilfe leisten[198], und für Fälle der unterlassenen Suizidhinderung[199] an Bedeutung.

---

195 Spendel in: LK, § 323 c StGB, Rdnr. 14; vgl. bereits zu § 330 c StGB a.F., Ehlers, aaO, s. 12.

196 Arzt/Weber, aaO, Rdnr. 375; Kreuzer, aaO, S. 34, 105, 106.

197 Frellesen, aaO, S. 115; Kargl, GA 1994, S. 247, 258; vgl. zu den Vorläufervorschriften, Görlich, aaO, S. 3, 4; Pedotti, aaO, S. 3, 51 ff; Wiedenroth, aaO, S. 104; a.A. Arzt/Weber, Strafrecht, BT, LH 2, Rdnr. 380. Im wesentlichen finden sich in der Judikatur zu diesem Bereich der unterlassenen Hilfeleistung folgende veröffentlichte Entscheidungen: RGSt 71, 200; RGSt 74, 69; RGSt 74, 199; RGSt 75, 355; JW 1937, S. 2645; JW 1939, S. 713; DR 1940, S. 154; DR 1942, S. 1140; DR 1942, S. 1223; DR 1942, S. 1787; DR 1943, S. 1103; BGHSt 1, 266 = VRS 3, Nr. 172; NJW 1952, S. 394 = VRS 4, Nr. 61; BGHSt 2, 296 = NJW 1952, S. 713; VRS 4, Nr. 226; BGHSt 4, 144; BGHSt 5, 124; NJW 1954, S. 728 = VRS 5, Nr. 172; VRS 12, Nr. 88; VRS 13, Nr. 48; BGHSt 11, 135 = JR 1958, S. 184; VRS 14, Nr. 69; VRS 14, Nr. 70; VRS 16, Nr. 79; BGHSt 14, 213 = VRS 18, Nr. 171; VRS 18, Nr. 168; VRS 22, Nr. 123; VRS 24, Nr. 77, VRS 25, Nr. 16; VRS 32, Nr. 175; BGHSt 25, 218 = NJW 1973, S. 1706; NJW 1992, S. 583; BayOblG NJW 1957, S. 354; NJW 1973, S. 770; VRS 12, Nr. (194); VRS 15, Nr. 14; VRS 24, Nr. (60); MDR 1977, S. 68 = VRS 44, Nr. 46; KG Berlin-West VRS 3, Nr. 104; OLG Celle VRS 41, Nr. 45; OLG Hamburg MDR 1952, S. 629; OLG Hamm DStR 1939, S. 217; NJW 1953, S. 235; DAR 1953, S. 218; OLG Kassel NJW 1958, S. 488; OLG Köln NJW 1957, S. 1609; OLG Neustadt SJZ 1949, Sp. 650; OLG Oldenburg VRS 11, Nr. 205; OLG Stuttgart DAR 1958, S. 222.

198 BGHSt 2, 296; BGHSt 17, 166 = NJW 1962, S. 1212 = VRS 22, Nr. 200; BGHSt 21, 50; BGH MDR 1968, S. 551; NStZ 1983, S. 313 = NJW 1983, S. 350; NStZ 1985, S. 409; NStZ 1988, S. 127; OLG Hamm NJW 1961, S. 1648; NJW 1975, S. 604; OLG Karlsruhe NJW 1979, S. 2360; OLG Köln MDR 1957, S. 759 = NJW 1957, S. 1609; AG Groß Gerau NJW 1982, S. 709.

199 BGHSt 2, 150; BGHSt 6, 147; BGHSt 13, 162; BGHSt 32, 367 = NStZ 1985, S. 119; BGH NStZ 1988, S. 127. Weitere in der Rechtsprechung häufig auftauchende Anwendungsfälle des § 323 c StGB sind die der Verbrechenshinderung: Körperverletzung: RGSt 75, 355; BGHSt 11, 353; BGHSt 14, 282; BGH NJW 1961, S. 1981; BGH JZ 1971, S. 432; OLG Celle NJW 1961, S. 1080; OLG Frankfurt NJW 1957, S. 1847; Tötung: RGSt 71, 187; BGH NStZ 1985, S. 24; Vergewaltigung: BGHSt 3, 65 = NJW 1952, S. 1062; BGH MDR 1971, S. 722 = GA 1971, S. 336; BGHSt 30, 391; OLG Celle NJW 1970, S. 341; OLG Düsseldorf StV 1983, S. 65 = NJW 1983, S. 767; Freiheitsberaubung: BGH VRS 10, Nr. (220); Raub: BGH MDR 1985, S. 284.

In der Literatur wird für Unglücksfälle im Straßenverkehr hervorgehoben, es fehle regelmäßig vor und selbst noch nach ihrem Eintritt an einer besonderen sozialen Beziehung des potentiellen Helfers zum Hilfsbedürftigen[200]. Zudem könne sich jener Helfer wegen der bestehenden Anonymität besonders leicht seiner Hilfeleistungspflicht entziehen[201]. Daher gehe von dem moralischen Gebot kein hinreichender Zwang aus, dem Verunglückten zu helfen. Mithin könne auf die strafbewehrte Nothilfepflicht nicht verzichtet werden, da Einzelfälle denkbar seien, in denen die Polizei und die organisierten Rettungsdienste ohne die Mitwirkung unbeteiligter Bürger nicht in der Lage wären effiziente Hilfe zu leisten.

Der entscheidende Grund dafür, den § 323 c StGB als unentbehrlich anzusehen, besteht aber in seiner Funktion als Auffangtatbestand zu den unechten Unterlassungsdelikten[202]. Dieser Aspekt tritt bei den beiden letztgenannten Hauptanwendungsgebieten der Nothilfepflicht sehr deutlich zutage, ist aber auch bei der unterlassenen Hilfeleistung nach Unglücksfällen im Straßenverkehr bereits erkennbar[203]. In diesem Fall wird häufig infolge Ingerenz ein unechtes Unterlassungsdelikt verwirklicht sein, zumindest dann, wenn der Unterlassende den Unfall durch pflichtwidriges Verhalten verursacht hatte. Die Strafbarkeit aufgrund eines unechten Unterlassungsdeliktes setzt jedoch die Existenz hypothetischer Kausalität voraus, die ex post festzustellen ist. Ein vollendetes unechtes Unterlassungsdelikt liegt nur vor, wenn feststeht, dass der Erfolg bei Vornahme der erforderlichen Rechtshandlung mit an Sicherheit grenzender Wahrscheinlichkeit ausgeblieben wäre. Kann aufgrund von Beweisschwierigkeiten diese Voraussetzung nicht nachgewiesen werden, kommt lediglich eine Versuchsstrafbarkeit in Betracht. Diese erfordert jedoch die Aufnahme der Möglichkeit der Erfolgsabwendung in den Vorsatz des Täters. Bezüglich § 323 c StGB können jene Beweisschwierigkeiten aber nicht auftreten. Denn wie bereits erwähnt, wird nach der vorherrschenden Auffassung die "Erforderlichkeit der Hilfe" aus der Sicht **ex ante** bestimmt. Daher kommt der Strafvorschrift des § 323 c StGB auch für die Unterlassensstrafbarkeit von Garanten besondere Bedeutung zu, da häufig die Hilfeleistung einerseits nicht von vornherein als aussichtslos angesehen werden kann, andererseits dem Unterlassenden nicht nachweisbar ist, er hätte den Erfolg verhindern können[204]. Die Rechtsprechung geht insoweit von einem zwischen § 323 c StGB und den unechten Unterlassungsdelikten bestehenden besonders engen Zusammenhang aus. Sofern dem Täter die Begehung des letzteren Delikts nicht

---

200 Frellesen, aaO, S. 118 f.

201 Frellesen, aaO, S. 119 f.

202 BGHSt 23, 327, 328 = NJW 1970, S. 2252, 2253; BGHSt 25, 218, 220, 222; BGHSt 30, 391, 397; BGH NStZ 1984, S. 452; BGHSt 32, 367, 370, 381; BGH NStZ 1985, S. 24; BGH NJW 1992, S. 583, 584; OLG Stuttgart NJW 1981, S. 182 = MDR 1981, S. 157.

203 BGH VRS 13, Nr. 48.

204 BGHSt 6, 147, 148; BGH VRS 12, Nr. 88; BGHSt 11, 353, 356 = NJW 1958, S. 957, 958; BGHSt 14, 282, 284 = NJW 1960, S. 1395; BGHSt 21, 50, 52; BGH MDR 1985, S. 979, 980; BGH NStZ 1985, S. 409, 410; OLG Stuttgart MDR 1964, S. 1024; AG Groß Gerau NJW 1982, S. 709.

nachgewiesen werden kann, erweist sich dennoch die etwaige Garantenposition nicht als unerheblich. In einigen Entscheidungen findet sich nämlich der ausdrückliche Hinweis, der Garantenstellung komme innerhalb des § 323 c StGB sowohl hinsichtlich der Strafzumessung als auch der Bestimmung der Erforderlichkeit der Hilfe bzw. der Zumutbarkeit Bedeutung zu. Insoweit werden einem Garanten größere Belastungen zugemutet[205]. Liegen nur Rudimente einer Garantenposition vor, welche diese aber letztlich nicht ganz zu begründen vermögen, stellt die Rechtsprechung an einen derartigen Täter ebenfalls höhere Ansprüche[206].

Diese Auffangfunktion des § 323 c StGB als ein Straftatbestand, der die Fälle des strafwürdigen Unterlassens erfaßt, die durch die Maschen der unechten Unterlassungsdelikte fallen, dürfte der wahre Grund sein, bezüglich der unterlassenen Hilfeleistung von einem hohen Strafbedürfnis auszugehen.

§ 12 Gegentendenzen in Rechtsprechung und Literatur - Das Bestreben nach verfassungskonformer Restriktion des Tatbestandes des § 323 c StGB -

A. Begründungen für die verfassungskonformen restriktiven Auslegungskonzeptionen zum Tatbestand des § 323 c StGB

Der ständigen Extension der Strafvorschrift der unterlassenen Hilfeleistung hat sich die Rechtsprechung in der Vergangenheit nur in vereinzelt gebliebenen Entscheidungen entgegengestellt. Im Vergleich hierzu sind in der Literatur die Stimmen häufiger, die eine restriktive Interpretation des Tatbestandes des § 323 c StGB verlangen[207]. Inzwischen darf durchaus von einer bestehenden Gegentendenz zur vorherrschenden Auffassung gesprochen werden.

Allerdings sind die Erwägungen, mit welchen die Gegenansicht ihre Forderung nach einer Restriktion des Tatbestandes des § 323 c StGB begründet, oftmals nur sehr allgemeiner Natur.

Dabei greifen einige ihrer Vertreter, wenn auch nicht immer ausdrücklich, auf die **Verfassung** zurück. Insoweit kann im wesentlichen zwischen folgenden Begründungsansätzen unterschieden werden.
Erstens: Der gesetzliche Tatbestand des § 323 c StGB enthalte selbst keine abschließende Regelung der Strafbarkeitsgrenzen der unterlassenen Hilfeleistung. Denn infolge der durch

---

205 BGHSt 11, 135, 137; AG Groß Gerau NJW 1982, S. 709, 710.
206 BGHSt 1, 266, 269; BGHSt 11, 353, 354 f; OLG Hamburg MDR 1952, S. 629.
207 Harzer, aa0, S. 216; Morgenstern, aa0, S. 128 ff.

das Zumutbarkeitskorrektiv vorgenommenen Verweisung auf einen außerrechtlichen Maßstab sei die strafbewehrte Hilfspflicht nur unvollkommen ausgestaltet worden. Die insofern im Hinblick auf das strafrechtliche Bestimmtheitsgebot resultierenden Zweifel ließen sich nur im Wege einer restriktiven Interpretation des Tatbestandes ausräumen[208].
Zweitens: Die Strafvorschrift des § 323 c StGB führe zu einer außergewöhnlichen Belastung des potentiellen Helfers. Als Ausdruck eines polizeistaatlichen Strafrechts würden strafbewehrte **Gebote** von dem einzelnen als besonders gängelnd empfunden. Den übrigen Strafvorschriften liege im Gegensatz zu § 323 c StGB primär das Prinzip der Handlungsverantwortung zugrunde. Die Strafvorschrift des § 323 c StGB stelle eine absolute Ausnahmeerscheinung dar, da einem völlig Unbeteiligten, den bezüglich der Notlage keinerlei Verantwortung treffe, unter Strafandrohung eine über die bloße Duldung (§ 34 StGB) hinausgehende Pflicht zur aktiven Tätigkeit auferlegt werde. Eine derartige Pflicht müsse notwendigerweise begrenzt werden[209].
Drittens: § 323 c StGB basiere auf der Vorstellung, keine Gesellschaft komme ohne ein **Mindestmaß** an wechselseitiger Solidarität aus. Grundsätzlich dürfe das Strafrecht aber nur das sozialethische Minimum schützen. Dies dürfe bei Auslegung des § 323 c StGB nicht aus den Augen verloren werden[210]. Teilweise wird besonders hervorgehoben, diese Strafvorschrift führe ohne den von vornherein vorzunehmenden Ausschluß bestimmter Rechtsgüter, zu einer unerträglichen Belastung des einzelnen[211]. In dieser Argumentation klingt der verfassungsrechtliche Grundsatz der Verhältnismäßigkeit an.

Daher ist die Gegenansicht, wie an anderer Stelle bereits erwähnt, darum bemüht, die besonderen Belastungen, zu welchen die Anwendung des § 323 c StGB für den Adressaten führen kann, nicht erst auf der Ebene des Zumutbarkeitskorrektivs abzumildern. Recht unterschiedlich sind allerdings ihre Versuche, schon durch eine restriktive Auslegung der vorhergehenden Tatbestandsmerkmale den Normgegenstand generell einzuschränken:

---

208 Gallas, JZ 1952, S. 396, 398; Schmidhäuser, Strafrecht, AT, Studienbuch, S. 41, Rdnr. 50; Schmitt, JZ 1984, S. 866, 868; Schöne, aa0, S. 101; Seelmann, JuS 1995, S. 281, 283.

209 Blindauer, aa0, S. 32, 87; siehe bereits Schramm, aa0, S. 39, 91 ff.

210 Kreuzer, Ärztliche Hilfeleistungspflicht bei Unglücksfällen im Rahmen des § 330 c StGB, S. 34; siehe bereits Ehlers, Die Nothilfepflicht im deutschen StGB, S. 43; Wiedenroth, Die Verletzung der Hilfeleistungspflicht, S. 41 ff.

211 Blindauer, aa0, S. 32, 42; Kreuzer, aa0, S. 38; Wildanger, aa0, S. 33 f.

B. Die tatbestandlichen Ansatzpunkte für die Restriktion der Hilfeleistungspflicht

I. Die tatbestandliche Situation (Bedürfnisfälle: Unglücksfall, gemeine Gefahr und Not) des § 323 c StGB

1. Vornahme einer Positiv- bzw. Negativabgrenzung der für das Vorliegen der tatbestandlichen Situation, namentlich des Unglücksfalles, in Betracht kommenden Rechtsgüter

In der neueren Literatur wird der tatbestandlichen Situation des § 323 c StGB die größte Bedeutung als Anknüpfungspunkt für die Restriktion der Hilfeleistungspflicht beigemessen. Insofern wird eine Positiv- bzw. Negativabgrenzung der von den Bedürfnisfällen erfaßten Schutzgüter vorgenommen.

Die größte Verbreitung hat diejenige Auffassung gefunden, die bestimmte Rechtsgüter von vornherein aus dem Kreis der in Frage kommenden Rechtsgüter ausschließt[212]. Am häufigsten wird das **Eigentum** erwähnt. Die bloße Sachgefahr vermöge die strafbewehrte Hilfspflicht nicht zu begründen[213]. Teilweise wird im Hinblick auf unersetzliche Sachwerte von unschätzbarer kultureller Bedeutung wie z.B. Gemälde, eine Einschränkung vorgenommen[214]. Im Rahmen jener Negativabgrenzung finden ferner Rechtsgüter wie beispielsweise Ehre und Vermögen Erwähnung[215].

Hinsichtlich der zuvor beschriebenen Auffassung muß, was häufig übersehen wird, zwischen zwei Spielarten unterschieden werden. Nach der einen besitzt jene Negativabgrenzung nur für das Tatbestandsmerkmal des Unglücksfalles Bedeutung, so daß ein drohender Sachschaden für die gemeine Gefahr, bei Vorliegen der übrigen Voraussetzungen, als ausreichend angesehen wird[216]. Nach der anderen kommt ihr für sämtliche Bedürfnisfälle Relevanz zu[217].

Seltener als die Negativ- ist in der Literatur die Positivabgrenzung anzutreffen. Ihre Vertreter erachten die Voraussetzungen der tatbestandlichen Situation nur dann als erfüllt, wenn

212 Arzt/Weber, Strafrecht, BT, LH 2, Rdnr. 376 und die in der folgenden Fußnote Genannten.

213 Benfer, Besonderes Strafrecht II, S. 140, Rdnr. 531; Dähn, § 323 c StGB, Rdnr. 5; Frellesen, aa0, S. 153 ff; Kreuzer, aa0, S. 37 f; Schmidhäuser, Strafrecht, BT, S. 206, Rdnr. 1, S. 207, Rdnr. 3. Seelmann in: NK, § 323 c StGB, Rdnr. 12 bezieht Sachwerte nur insoweit in den Schutzbereich des § 323 c StGB ein, als diese die Freiheit als deren äußere Sphäre erst ermöglichen. Davon könne aber nur die Rede sein, "wenn andernfalls die bürgerliche Existenz des Opfers in Gefahr geriete."

214 Haft, Strafrecht, BT, S. 286, 289; Frellesen, aa0, S. 155 allerdings nur de lege ferenda.

215 Kreuzer, aa0, S. 38; siehe auch Wildanger, aa0, S. 33, der diese beiden Rechtsgüter nur für das Vorliegen eines Unglücksfalles als unzureichend ansieht.

216 Benfer, aa0, S. 141, Rdnr. 531; Blei, Strafrecht II, BT, S. 163; Cramer in: Sch/Sch/L, § 323 c StGB, Rdnr. 5; Dähn, § 323 c StGB, Rdnr. 2; Kreuzer, aa0, S. 37 f; Otto, aa0, § 67, Rdnr. 4, 8; Schmidhäuser, Strafrecht, BT, S. 206, Rdnr. 1, S. 207, Rdnr. 3.

217 Arzt/Weber, Strafrecht, BT, LH 2, Rdnr. 376; Frellesen, aa0, S. 155.

unersetzbaren[218] bzw. solchen Rechtsgütern Schaden droht, "deren Verlust das Opfer im Kern seiner Rechtssubjektivität beeinträchtigt"[219]. Als derartige Rechtsgüter seien jedenfalls das Leben und die körperliche Integrität anzusehen[220]. Zumeist werden diesem Kreis der Rechtsgüter aber auch die Freiheit und die sexuelle Selbstbestimmung zugeordnet[221].

2. Anwendung eines Erheblichkeitskorrektivs im Hinblick auf die Auslegung des Tatbestandsmerkmals des Unglücksfalles

Als Instrumentarium zur Vornahme einer Restriktion des Tatbestandes des § 323 c StGB erfreut sich inzwischen das Erheblichkeitskorrektiv wegen seiner Flexibilität wachsender Beliebtheit[222].

Diesem Begrenzungsmittel wird im vorliegenden Zusammenhang eine zweifache Bedeutung beigemessen[223].

Erstens: In zeitlicher Hinsicht führe dieses Merkmal zu der Forderung, die Gefahr des Schadenseintritts müsse sich zugespitzt haben[224].

Zweitens: Bei quantifizierbaren Rechtsgütern müsse eine gewisse Schadenshöhe drohen[225]. Insofern wird jenes Merkmal sowohl in einem positiven, d.h., daß nur erhebliche Schäden genügen[226] als auch in einem negativen Sinne der Ausscheidung von Bagatellschäden[227] angewandt. In dieser Ausprägung wird das Erheblichkeitskorrektiv in der Literatur teilweise lediglich zur Begrenzung der Hilfeleistungspflicht in bezug auf Sachgefahren herangezogen[228]. Nach verbreiteter Ansicht ist es aber auf sämtliche quantifizierbare Rechtsgüter anzuwenden[229]. Ergänzend sei darauf hingewiesen, daß das Erheblichkeitskorrektiv in dem besagten Sinne zum einen neben der Positiv- bzw. Negativabgrenzung[230], zum anderen aber auch ausschließlich alleine zur Begrenzung der tatbestandlichen Situation des § 323 c StGB herangezogen wird[231].

---

218 Blindauer, aa0, S. 33; Frellesen, aa0, S. 154.

219 Harzer, aa0, S. 216 erachtet lediglich die "existentiellen Rechtsgüter" Leben, körperliche Unversehrtheit und Freiheit als geschützt an; siehe auch Seelmann, JuS 1995, S. 281, 284.

220 Blindauer, aa0, S. 33; Vermander, aa0, S. 50, 55.

221 Seelmann, aa0, S. 284; Vermander, aa0, S. 50, 55.

222 Heute wird dieses Korrektiv zur Begrenzung zahlreicher Straftatbestände, namentlich derer auf dem Gebiet des Sexualstrafrechts, herangezogen. Ausdrückliche Erwähnung im Gesetz hat es in § 184 c Nr. 1 StGB gefunden.

223 Schöne, Unterlassene Erfolgsabwendungen und Strafgesetz, S. 81.

224 Blindauer, aa0, S. 42 f; Gallas, JZ 1954, S. 641 f; Kaun, Die Beteiligung am Selbstmord, S. 154; Kreuzer, aa0, S. 41; Wildanger, aa0, S. 30.

225 Schöne, aa0, S. 81, 82; Wildanger, aa0, S. 33 f.

226 Haft, Strafrecht, BT, S. 285; Krey, Strafrecht BT 1, Rdnr. 806 a; Rudolphi in SK: § 323 c StGB, Rdnr. 5.

227 Maurach/Schroeder/Maiwald, Strafrecht, BT, Tb. 2, § 55 II, Rdnr. 15.

228 Krey, Strafrecht, BT 1, Rdnr. 806 a.

229 Haft, Strafrecht, BT, S. 285; Schöne, aa0, S. 89.

230 Blindauer, aa0, S. 33; Haft, Strafrecht, BT, S. 283, 285; Vermander, aa0, S. 50; Wildanger, aa0, S. 33 ff.

231 Spendel in: LK, § 323 c StGB, Rdnr. 31; Rudolphi in: SK, § 323 c StGB, Rdnr. 5; Schöne, aa0, S. 82.

II. Geringere Anforderungen an das Tatbestandsmerkmal der Leistung "erforderlicher" Hilfe

Die zur vorherrschenden Auffassung in der Literatur vertretene Gegenansicht versucht zu einer weiteren Restriktion des § 323 StGB zu gelangen, indem sie für die Tathandlung der Unterlassung **erforderlicher** Hilfe höhere Anforderungen an die Strafbarkeit stellt.

Am weitesten geht insofern Blindauer, der betont: "Der einzige Weg der Auslegung der Erforderlichkeit führt nicht `nach vorn', d.h. zu einer immer weiteren Ausdehnung der Hilfeleistungspflicht, sondern `zurück' zu einer Einengung"[232]. Die von ihm vertretene Auslegung stellt sich wie folgt dar:

In Übereinstimmung mit den unechten Unterlassungsdelikten sei auch die Tathandlung des § 323 c StGB auf Erfolgsabwendung gerichtet[233]. Daher müsse als Voraussetzung für die Strafbarkeit der unterlassenen Hilfeleistung gefordert werden, daß das Unterlassen der Hilfe ursächlich für die (Teil-) Realisierung des Schadens geworden ist[234]. Im weiteren Gegensatz zur h.M. stellt Blindauer zur Bestimmung der Erforderlichkeit der Hilfe auf die auch ansonsten im Strafrecht übliche ex-post-Betrachtung ab[235]. Er sieht in dem eingetretenen (Teil-) Schaden, auf welchen sich der Vorsatz des Täters nicht erstrecken müsse, eine objektive Bedingung der Strafbarkeit[236].

Seine Auffassung führt vornehmlich in solchen Fällen zur Straffreiheit des Täters, in denen, nach dem Zeitpunkt, zu dem dieser hätte tätig werden müssen, eine andere Person dem Verletzten geholfen hat, vorausgesetzt, diesem ist zwischenzeitlich kein weiterer Schaden entstanden.

Nach h.A. würde die Strafbarkeit demgegenüber nur dann entfallen, wenn dem Verletzten bereits zur Zeit der Entstehung der Hilfspflicht in ausreichendem Maße anderweitige Unterstützung zur Verfügung gestanden hätte.

Die übrigen in der Literatur bezüglich der Tathandlung unternommenen Restriktionsversuche sind durch eine stärkere Anlehnung an die vorherrschende Auffassung gekennzeichnet: Anknüpfend an den Strafgrund des § 323 c StGB, den die h.M. in der Versäumung einer Rettungschance erblickt, vertritt etwa Kreuzer die Auffassung, in den Rahmen der

232 Blindauer, aa0, S. 66.
233 Blinauer, aa0, S. 62.
234 Blindauer, aa0, S. 69.
235 Blindauer, aa0, S. 71.
236 Blindauer, aa0, S. 72.

erforderlichen Hilfe gehöre die bloße Schmerzlinderung nicht mehr[237]. Von ihm werden also strengere Anforderungen an den Zusammenhang, der zwischen Bedürfnisfall und Hilfeleistung bestehen muß, gestellt.

Im Hinblick auf die besondere Belastung des potentiellen Helfers muß nach einer Lehrmeinung die Unterlassung, der der eigentlichen unmittelbaren Hilfeleistung vorausgehenden Prüfung, welche Hilfsmaßnahmen im einzelnen angezeigt sind straflos bleiben, sofern die Hilfe als solche bei Vornahme dieser Überprüfung nicht effektiver hätte erbracht werden können[238].

III. Forderung einer räumlichen Beziehung zwischen Hilfspflichtigem und Hilfsbedürftigem, anknüpfend an die Präposition "bei" Unglücksfällen

Teile der Literatur erachten aus verfassungsrechtlichen Erwägungen die Vornahme einer "lokalen Begrenzung" des Kreises der Hilfspflichtigen für unerläßlich: Als potentieller Helfer komme von vornherein nur derjenige in Frage, der sich zufällig am Unglücksort befinde[239]. Zumindest sei für die Entstehung der Hilfspflicht das Verbringen des Verletzten zum Helfer erforderlich[240]. Innerhalb des Tatbestandes des § 323 c StGB bilde die Präposition "bei" den sprachlichen Anknüpfungspunkt für diese Begrenzung der Hilfspflicht, welche Welzel als rechtsstaatliches Erfordernis ansieht[241]. Die vorherrschende Auffassung führe zu einer erheblichen Rechtsunsicherheit. Denn sie habe faktisch eine Sonderpflicht für professionelle Retter, namentlich für Ärzte, zur Folge, obwohl § 323 c StGB dem Grunde nach ein "Jedermannsdelikt" sei. Unklar bleibe z.B. für die Ärzte, ob die innerhalb der Not- und Eildienste bestehenden Zuständigkeitsregelungen durch jenen Straftatbestand überspielt

---

237 Kreuzer, Ärztliche Hilfeleistung, S. 122; ders., NJW 1967, S. 278, 279.

238 Welzel, NJW 1953, S. 327 vertritt im Anschluß an Storsberg, Der gegenwärtige Umfang der Nothilfepflicht im Strafgesetzbuch, S. 71 ff die Auffassung, daß die Pflicht zur Hilfeleistung sowohl aus einer Prüfungspflicht als auch einer Hilfepflicht im engeren Sinne bestehe. Auch in der Rechtsprechung finden sich Verurteilungen nach § 323 c StGB alleine wegen Unterlassens jener Prüfungspflicht. Hierbei wurde die Prüfungspflicht auf die Frage der Hilfsbedürftigkeit und der Art der Hilfsmaßnahmen erstreckt. Ein Täter, der die Hilfsbedürftigkeit nicht feststelle, handele mit bedingtem Vorsatz, RGSt 74, 69, 73; RG, DR 1942, S. 1223; BGH, NJW 1952, S. 394; VRS 24, Nr. 77, S. 189, 191; KG Berlin-West, VRS 3, Nr. 104, S. 266. Die Unterlassung der näheren Untersuchung eines Patienten wurde als strafbar i.S. des § 323 c StGB angesehen, auch wenn die Notwendigkeit eine effektivere als die von dem Arzt ergriffene Behandlungsmaßnahme nicht festgestellt werden konnte, BGSt 3, 296, 299; BGHSt 21, 50, 54. Wildanger, Die Nothilfepflicht nach der neuen Fassung des § 330 c StGB, S. 67 ff wendet sich gegen diese Aufgliederung der Hilfeleistungspflicht. Sie könne zu einem Gesinnungsstrafrecht führen, da sie die Gefahr der Erfassung des nach § 323 c StGB straflosen untauglichen Versuchs heraufbeschwöre. Kritisch auch, Spendel in: LK, § 323 c StGB, Rdnr. 95.

239 Arzt/Weber, Strafrecht BT, LH 2, S. 127, Rdnr. 293; Gallas, JZ 1952, S. 396, 398; Kohlrausch-Lange, § 330 c, Anm. IV, 2; Lenckner, aaO, S. 570, 579; Schmidt, Die Besuchspflicht des Arztes, S. 13; Welzel, NJW 1953, S. 327, 328.

240 Lenckner, aaO, S. 579.

241 Welzel, aaO, S. 327, 328.

werden würden[242]. Das Strafrecht müsse sich auf den Schutz des ethischen Minimums beschränken. Im Wege des § 323 c StGB habe das weiterreichende moralische Gebot zur Nothilfe nur insoweit zur Rechtspflicht erhoben werden dürfen, als es sich um eine elementarste Menschenpflicht handele[243]. Daher seien nur extremste Verstöße gegen die sittliche Nothilfepflicht kriminalisierungswürdig. Ein solcher Verstoß liege aber lediglich dann vor, wenn eine Person, welche des Unglücks eines anderen ansichtig, also von dem Appellcharakter einer derartigen Lage erreicht werde, sich abwende und keine Hilfe leiste[244]. Die weitergehende h.M. habe eine uferlose Ausweitung der Nothilfepflicht und eine unerträgliche Belastung des potentiellen Helfers zur Konsequenz[245].

242 Arzt/Weber, aa0, S. Rdnr. 393.
243 Lenckner, aa0, S. 579.
244 Arzt/Weber, aa0, Rdnr. 393.
245 Gallas, JZ 1952, S. 396, 398.

Dritter Hauptteil:
Das Verhältnis der Überprüfung der Verfassungsmäßigkeit des § 323 c StGB einerseits zu seiner verfassungskonformen und "einfachgesetzlichen" Auslegung andererseits

Kapitel 1: Die Wechselwirkung zwischen verfassungskonformer Auslegung und Methodik der Überprüfung der Verfassungsmäßigkeit eines Gesetzes

§ 13 Die verfassungskonforme Auslegung als normerhaltendes Prinzip und allgemeine Interpretationsmethode

A. Wesen und Bedeutung der verfassungskonformen Auslegung

I. Grundzüge der verfassungskonformen Auslegung

1. Grundlagen

Die Erkenntnis über die der Verfassung für die Interpretation des "einfachen" Gesetzesrechts zukommende maßgebliche Bedeutung
- und zwar gleichgültig, ob diese verfassungskonforme Auslegung durch die Instanzgerichte oder das Bundesverfassungsgericht erfolgt -,
gehört heute zum Gemeingut sowohl der verfassungsrechtlichen Dogmatik[1] als auch der juristischen Methodenlehre[2]. Insoweit kann ein ausdrücklicher Hinweis dem GG selbst in den Art. 1 Abs. 3 und 20 Abs. 3 entnommen werden. Beide verfassungsrechtliche Vorschriften lassen bereits deutlich werden, daß der Richter bei der Entscheidung eines Lebenssachverhaltes nicht nur an die vom einfachen Gesetzgeber geschaffenen Regelungen, sondern zugleich auch unmittelbar an die Verfassung gebunden ist[3]. Zu Beginn dieser Arbeit wurde bereits auf die bedeutsame Konsequenz, die das BVerfG wegen des Einflusses der Verfassung auf das "richtige" Verständnis des einfachen Gesetzesrechts seit seiner Entscheidung zu § 1 Abs. 2 Notaufnahmegesetz für die Normenkontrolle zieht, hingewiesen, nämlich darauf, daß das Gericht postuliert:

---

1 Simon, EuGRZ 1974, S. 85, 87; Stern, Das Staatsrecht der Bundesrepublik Deutschland, Bd. I, S. 136; Umbach/ Clemens, BVerfGG, § 80, Rdnr. 49 ff.

2 Larenz, Methodenlehre der Rechtswissenschaft, S. 339 ff; Schmalz, Methodenlehre, Rdnr. 244, 308 ff.

3 Teilweise wird in diesen Bestimmungen der positivrechtliche Anknüpfungspunkt für die Pflicht zur verfassungskonformen Auslegung erblickt. Vgl., Bogs, Die verfassungskonforme Auslegung von Gesetzen, S. 24; Prümm, JuS 1975, S. 299, 304; Spanner, AöR 91, 1966, S. 503, 506; Stern, aa0, Bd. III, S. 1316. Siehe auch: Haak, Normenkontrolle und verfassungskonforme Gesetzesauslegung des Richters, S. 111 f, 162, der aus jenem Grunde die verfassungskonforme Auslegung im Sinne einer "kombinierten Verfassungs- und Gesetzesanwendung" versteht.

Ein Gesetz dürfe nicht für nichtig erklärt werden, wenn es im Einklang mit der Verfassung ausgelegt werden könne"[4].

In der Literatur ist die verfassungskonforme Auslegung, die vom BVerfG[5] und BayVerfGH[6] in dieser Funktion als "normerhaltendes Prinzip" entwickelt worden war[7], inzwischen nahezu einhellig anerkannt. Als problematisch werden regelmäßig nur die Grenzen der verfassungskonformen Auslegung angesehen. Diese seien, so wird angenommen, nach wie vor umstritten und wenig geklärt[8].

Meines Erachtens sind Rechtsprechung und Literatur aber nicht nur, was die Bestimmung der Grenzen, sondern auch die der Grundlagen dieses Prinzips angeht, noch weit von einer auf breiten Konsens stoßenden Klärung entfernt[9].

So stellt das BVerfG zur Rechtfertigung der verfassungskonformen Auslegung als normerhaltendes Prinzip darauf ab, eine Vermutung spreche für die Übereinstimmung des Gesetzes mit dem GG. Hieraus zieht es den weiteren Schluß, das in dieser Vermutung zum Ausdruck kommende Prinzip verlange im Zweifel eine verfassungskonforme Auslegung[10].

Hingegen legitimiert der BayVerfGH dieses Prinzip mit dem Gedanken der "Einheit der Rechtsordnung", wenn er in ständiger Rechtsprechung ausführt, nur eine solche Auslegung könne zulässig sein, bei welcher sich die Norm in das allgemeine Rechtssystem einfüge[11]. Zwischenzeitlich betont auch das BVerfG den Charakter der Verfassung als ranghöchstes innerstaatliches Recht. Der Verfassung komme nicht nur die Bedeutung einer Kontrollnorm zur Überprüfung der Gültigkeit von Rechtsnormen zu. Vielmehr verlange sie aufgrund ihres inhaltlichen Geltungsvorranges auch, die Auslegung des einfachen Gesetzesrechts im Einklang mit dem GG vorzunehmen[12].

Wie die vorherigen Ausführungen, welche die Argumentation der Rechtsprechung im wesentlichen wiedergibt, zeigen, hat die Judikatur sich nicht wesentlich bemüht, das Prinzip der ver-

4 BVerfGE 2, 266, 282.
5 Vgl. die vorherige Entscheidung vom 7.5.1953.
6 BayVerfGHE, nF 4 II, 30, 31, 44.
7 Zuvor war das Prinzip aber auch bereits von dem Badischen Staatsgerichtshof in seinem Urteil vom 23.01.1950 angewandt worden, VerwRechtspr. Bd. 2, 1950, S. 385, 390.
8 Brohm, JZ 1985, S. 501, 503; Eckardt, Die verfassungskonforme Gesetzesauslegung, S. 15; Michel, JuS 1961, S. 274; Umbach/Clemens, BVerfGG, § 80, Rdnr. 54.
9 Lerche, DVBl 1961, S. 690, 698; siehe auch Skouris, Teilnichtigkeit von Gesetzen, S. 106 welcher darauf hinweist, daß das Prinzip der verfassungskonformen Auslegung methodisch zumindest bedenklich und rechtlich nicht einwandfrei fundiert sei.
10 BVerfGE 2, 266, 282.
11 BayVerfGHE n.F. 4 II, 30, 31, 44; n.F. 7 II, 40, 46.
12 BVerfGE 51, 304, 323; 70, 35, 63.

fassungskonformen Auslegung näher zu begründen. So vermißt man in der Rechtsprechung des BVerfGs die Angabe des Anknüpfungspunktes für die behauptete Vermutung der Verfassungsmäßigkeit des Gesetzes[13].

Die Motive, welche die Rechtsprechung zur Entwicklung des Prinzips der verfassungskonformen Auslegung veranlaßt haben sollen, erblickt die Literatur nahezu einhellig in der Achtung der **Würde** des Gesetzgebers und der Wahrung der Rechtssicherheit[14]. Beide Gesichtspunkte könnten durch häufige Normkassationen Schaden erleiden. Äußerst kontrovers wird aber die Frage diskutiert, wie die verfassungskonforme Auslegung, insbesondere in ihrer Ausprägung als normerhaltendes Prinzip, zu legitimieren sei.

In der Literatur wird lediglich vereinzelt auf den ursprünglichen Begründungsansatz des BVerfG

- Vermutung der Verfassungsmäßigkeit des Gesetzes -

abgestellt[15]. Soweit einige Autoren diesen Gedanken aufgegriffen und fortentwickelt haben, können in bezug auf den Anknüpfungspunkt der Vermutung im wesentlichen zwei Richtungen unterschieden werden. Einerseits wird darauf abgestellt, von dem rechtsstaatlichen Gesetzgeber, für den die Pflicht bestehe, bei der Gesetzgebung die Schranken des GG zu beachten, dürfe die vorherige Überprüfung der Verfassungsmäßigkeit des Gesetzes erwartet werden[16]. Andererseits wird auf die beschränkte Präjudizierungswirkung der durch einen hohen Abstraktionsgrad gekennzeichneten Verfassungsbestimmungen für das gesetzgeberische Handeln verwiesen. Das BVerfG dürfe seine Auffassung nicht an die Stelle der vertretbaren Interpretation derartiger Begriffe durch den Gesetzgeber setzen[17]. Unterdessen wendet die überwiegende Literatur gegen diese dem BVerfG folgende Ansicht ein, die Vermutung der Verfassungsmäßigkeit könne für vorkonstitutionelle Gesetze von Anfang an nicht in Betracht kommen[18]. Im übrigen entbehre jene Vermutung sowohl einer legalen als auch, wie die zahlreichen Normkassationen des BVerfG zeigen würden, einer realen Grundlage[19]. So hält, soweit ersichtlich, lediglich Eckardt für vorkonstitutionelle Gesetze an dem Vermut-

---

13 Vgl. zur diesbezüglichen Kritik, Skouris, aa0, S. 97 f.

14 Simon, EuGRZ 1974, S. 85, 86; Schuppert, AfP 1984, S. 67, 73; Umbach/Clemens, BVerfGG, § 80, Rdnr. 52.

15 Eckardt, aa0, S. 40 ff in bezug auf die verfassungskonforme Auslegung i.e.S.; hinsichtlich der verfassungskonformen Gesetzesergänzung stellt er, was häufig übersehen wird, auf den Gedanken der Einheit der Rechtsordnung ab.

16 Eckardt, aa0, S. 40.

17 Bogs, aa0, S. 27, der insoweit von einer "elastischen Verfassungsauslegung" spricht.

18 Bogs, aa0, S. 21 f; Haak, aa0, S. 198 ; Skouris, aa0, S. 98.

19 Bettermann, Die verfassungskonforme Auslegung, S. 24; Haak, aa0, S. 184 ff; Häfelin, Festschrift für Huber, S. 241, 258.

ungsgedanken fest[20]. Anders als bei den nachkonstitutionellen Gesetzen verweist er aber bei vorkonstutionellen nicht darauf, die Legislative habe das Gesetz vor Erlaß an der Verfassung geprüft. Vielmehr betont er in dieser Hinsicht, der wahre Grund für die Vermutung müsse in dem favor-legis-Gedanken gesehen werden[21]. Es stelle ein Gebot der **Rechtssicherheit** dar, Gesetze nach Möglichkeit aufrechtzuerhalten.

Dagegen sieht die in der Literatur völlig vorherrschende Auffassung die Grundlage für die verfassungskonforme Auslegung in dem Prinzip der Einheit der Rechtsordnung[22]. Demzufolge stellt sich für viele die verfassungskonforme Auslegung als eine Art Unterfall der systematischen Auslegung dar[23]. Die Auslegung einer gesetzlichen Regelung erfordere nicht nur die Berücksichtigung ihres Zusammenhanges zu den übrigen gleichrangigen Vorschriften, innerhalb derer sie eingebettet sei. Vielmehr müsse Ziel der Interpretation eines Gesetzes neben der horizontalen auch die vertikale Normenharmonisierung sein[24]. Die Auslegung einer Rechtsnorm dürfe nicht zur Entstehung eines Widerspruches zur Verfassung führen. Sie müsse die Integration jener Norm in das gesamte Rechtssystem einschließlich der höherrangigen Vorschriften anstreben[25].

Gegen diese Argumentation wird eingewandt, ein Widerspruch zur Verfassung lasse sich nicht nur durch eine verfassungskonforme Auslegung, sondern auch mittels Kassation der Norm selbst beheben. Das Prinzip der Einheit und Widerspruchsfreiheit der Rechtsordnung **verbiete** die verfassungskonträre, **gebiete** aber nicht die verfassungskonforme Auslegung[26].

Daher wird in der Literatur neben dem Prinzip der Einheit der Rechtsordnung ergänzend bzw. anstelle jenes Prinzips[27] auf folgende Begründungsansätze zurückgegriffen.

Das GG bringe in den Art. 1 Abs. 3 und 20 Abs. 3 zum Ausdruck, die Rechtsprechung sei nicht nur an die "einfachen" Gesetze, sondern auch unmittelbar an die Vorschriften der Verfassung gebunden[28]. Speziell für den Bereich der Grundrechte folge aus Art. 1 Abs. 3 GG, die

---

20 Eckardt, aa0, S. 40.
21 Eckardt, aa0, S. 41.
22 Bogs, aa0, S. 22; Engisch, Einführung in das juristische Denken, S. 239, Anm. 82 b; Haak, aa0, S. 226 ff, 304; Häfelin, aa0, S. 242; Simon, EuGRZ 1974, S. 85, 86; Spanner, AÖR 1966, S. 503, 508, 535; Umbach/Clemens, BVerfGG, § 80, Rdnr. 51; Zippelius, Bundesverfassungsgericht und Grundgesetz, 2. Bd., S. 108, 109.
23 Bogs, aa0, S. 25; Haak, aa0, S. 259, 263; Engisch, aa0, S. 83; Häfelin, aa0, S. 242; Schmalz, aa0, Rdnr. 268; Spanner, AÖR 1966, S. 503, 508, 535; Stern, aa0, Bd. III, S. 1316.
24 Burmeister, Die Verfassungsorientierung der Gesetzesauslegung, S. 29; Häfelin, aa0, S. 242; Schmalz, aa0, Rdnr. 244.
25 Leibholz/Rinck, GG, Einführung, Rz. 13.
26 Bettermann, aa0, S. 25; Michel, JuS 1961, S. 274, 275; Skouris, aa0, S. 101.
27 Michel, JuS 1961, S. 274, 276; Schmidt-Salzer, DÖV 1969, S. 97, 98.
28 Bogs, aa0, S. 24; Haak, aa0, S. 233; Spanner, AöR 1966, S. 503, 506.

rangniedere Norm sei konform mit der ranghöheren auszulegen. Art. 1 Abs. 3 GG stelle die Ausprägung eines allgemeinen Grundsatzes dar, wie er an anderen Stellen der Verfassung ebenfalls zum Ausdruck komme[29]. Zu nennen seien dabei Art. 31 und Art. 79 Abs. 3 GG.

Letztlich könne die verfassungskonforme Auslegung auf den Stufenbau der Rechtsordnung zurückgeführt werden[30]. Im Vergleich zu der von Kelsen vertretenen Ansicht, der lediglich von einem logischen Zusammenhang der unterschiedlichen Normschichten ausgegangen war, geht diese Auffassung aber einen Schritt weiter. Denn sie betont, die Normen der höheren Stufe würde wegen ihrer "erhöhten Geltungskraft" Einfluß auf den Inhalt der Normen niederer Stufe nehmen[31].

2. Notwendigkeit der Differenzierung zwischen verfassungskonformer Auslegung als normerhaltendem Prinzip und allgemeiner Interpretationsmethode

Soweit das BVerfG in ständiger Rechtsprechung betont, ein Gesetz sei nicht für nichtig zu erklären, wenn es in Einklang mit der Verfassung ausgelegt werden könne, ist nur eine der beiden Funktionen der verfassungskonformen Auslegung, nämlich die als normerhaltendes32 bzw. konservierendes Prinzip[33], angesprochen. Zu diesem Zweck, die Kassation des Gesetzes im Normenkontrollverfahren zu vermeiden, ist sie einst entwickelt worden[34].

Ausgehend von der Prämisse, es werde in gewissem Maße der Regelungsgehalt der Gesetze durch die Verfassung "vorprogrammiert", liegt der Schluß nahe, daß dem GG allgemeine Bedeutung für die Auslegung von Gesetzen zukommt und nicht nur für solche, deren Verfassungsmäßigkeit zweifelhaft ist[35]. In der Tat können Normierungen mit weitem Interpretationsspielraum, namentlich Generalklauseln und Gesetze mit unbestimmten, normativen Rechtsbegriffen, erst konkretisiert werden, wenn die Wertentscheidungen der Verfassung mit

---

29 Bogs, aa0, S. 16 ff.

30 Michel, JuS 1961, S. 276; Schmalz, Methodenlehre, Rdnr. 244, 308 ff.

31 Bogs, aa0, S. 23; Michel, JuS 1961, S. 274, 276; Schmidt-Salzer, DÖV 1969, S. 97, 98; Spanner, AöR 1966, S. 503, 506; Stein, NJW 1964, S. 1745, 1750; Stern, aa0, Bd. III, S. 1316; Zippelius, aa0, 2. Bd., S. 108, 109; vgl. auch Bettermann aa0, S. 18, der betont, daß "ohne den Vorrang der Verfassung vor allem Recht unterhalb der Verfassung" die verfassungskonforme Auslegung überhaupt nicht zu rechtfertigen sei.

32 Vgl. zu diesem Begriff, Bogs, aa0, S. 7; Krey, Strafverfahrensrecht, Bd. 1, Rdnr. 79; Prümm, JuS 1975, S. 299, 302.

33 Burmeister, aa0, S. 39.

34 Burmeister, aa0, S. 7; Krey, aa0, Rdnr. 79; Prümm, Verfassung und Methodik, S. 44.

35 Burmeister, aa0, S. 34, 37.

in ihre Auslegung einfließen[36]. Derartige wertausfüllungsbedürftige Normen können aber nicht ipso iure als verfassungsrechtlich bedenklich angesehen werden[37].

Daher wird in der Literatur vielfach zwischen der verfassungskonformen Auslegung als normerhaltendem Prinzip und allgemeinem Interpretationsprinzip unterschieden[38]. Diese Unterscheidung wird terminologisch häufig dadurch kenntlich gemacht, daß im letzteren Fall von der verfassungsorientierten Auslegung gesprochen wird[39]. Hierbei wird aber zu Recht darauf hingewiesen, der Übergang zwischen der verfassungsorientierten und der verfassungskonformen Auslegung als normerhaltendem Prinzip könne fließend sein[40]. Denn es liegt nahe, daß ein Gesetz mit weitem Interpretationsspielraum in starkem Maße verfassungswidrigen Deutungen zugänglich ist.

II. Die verfassungskonforme Auslegung als normerhaltendes Prinzip

1. Anwendungsbereich

Aus jenem Grunde können die Anwendungsbereiche der verfassungskonformen Auslegung in diesen beiden Funktionen lediglich idealtypisch voneinander abgegrenzt werden. In ihrer normerhaltenden Ausprägung kommt die verfassungskonforme Auslegung, im Rahmen der Überprüfung der Verfassungsmäßigkeit eines Gesetzes, besonders im Normenkontrollverfahren, zur Anwendung[41]. Insoweit muß Prüfungsgegenstand ein solches Gesetz sein, das im Wege der Auslegung neben der verfassungswidrigen zumindest auch einer verfassungsmäßigen Deutung zugänglich ist[42]. Das Gesetz muß also, wie an späterer Stelle noch näher zu zeigen sein wird, "auslegungsfähig", mit anderen Worten, mehrdeutig, sein[43].

2. Funktion

36 Schlaich, JuS 1982, S. 437, 442; Seetzen, NJW 1976, S. 1997, 1998; Skouris, Die Teilnichtigkeit von Gesetzen, S. 116.

37 BVerfGE 4, 352, 358; 11, 234, 237; 48, 48, 56; (ständige Rechtsprechung); Bockelmann/Volk, Strafrecht AT, S. 12; Gribbohm in: LK, § 1 StGB, Rdnr. 46; Maunz/Dürig/Herzog, Art. 103 II GG, Rdnr. 186; Tröndle/Fischer, § 1 StGB, Rdnr. 5.

38 Eckardt, aa0, S. 13; Haak, aa0, S. 55; Häfelin, aa0, S. 244; Krey, Strafverfahrensrecht, Bd. 1, Rdnr. 79 ff, 91 ff; ders., JZ 1978, S. 361, 363; Prümm, JuS 1975, S. 299, 302; Seetzen, NJW 1976, S. 1997, 1998; Schmalz, aa0, Rdnr. 386.

39 Schlaich, JuS 1982, S. 437, 442; Seetzen, aa0; Simon, EuGRZ 1974, S. 85, 86.

40 Seetzen, NJW 1976, S. 1997, 2001; Simon, aa0; Stern, aa0, Bd. I, S. 136.

41 Krey, Strafverfahrensrecht, Bd. 1, Rdnr. 79.

42 Bethge, Schmidt-Bleibtreu, Klein, Ulsamer, BVerfGG, Vorb., Rdnr. 183; Larenz, aa0, S. 339.

43 BVerfGE 54, 251, 274; 63, 131, 147 f; Umbach/Clemens, BVerfGG, § 80, Rdnr. 54.

Nach h.M. in Rechtsprechung und Literatur besteht eine wesentliche Funktion der verfassungskonformen Auslegung in der Vermeidung der Normkassation[44]. Dieses Prinzip der Normerhaltung sei in der verfassungskonformen Auslegung als solcher bereits enthalten. Es bedürfe in jener Hinsicht nicht erst des Rückgriffs auf andere Prinzipien, namentlich den favor-legis-Gedanken[45]. In Anbetracht mehrerer denkbarer Auslegungsalternativen der Norm müßten die verfassungswidrigen ausgeschieden werden. Derjenigen sei der Vorrang einzuräumen, die zu einer Übereinstimmung des Gesetzes mit den Vorschriften des Grundgesetzes führe[46]. Gegenstand der Normenkontrolle sei das Gesetz; wenn dieses aber nicht als solches, sondern nur einzelne seiner Auslegungsmöglichkeiten gegen die Verfassung verstießen, dürfe das Gesetz nicht für nichtig erklärt werden[47]. Vielmehr sei es notwendig und zudem auch völlig ausreichend, die verfassungswidrigen Auslegungsalternativen auszuscheiden.

III. Die verfassungskonforme Auslegung als allgemeines Interpretationsprinzip -Verfassungskonforme Konkretisierung von Generalklauseln und unbestimmten, normativen Rechtsbegriffen-

1. Anwendungsbereich

Die Bestimmungen der Verfassung beeinflussen auch die Auslegung solcher Gesetze, für die sich die Normgültigkeitsfrage nicht stellt[48]. Wegen des den Normen des GG vor dem einfachen Gesetzesrecht zukommenden Vorranges können prinzipiell die von jenen ausgehenden Richtlinien und Impulse für die Auslegung jeder Gesetzesvorschrift aktuell werden. Die verfassungskonforme Auslegung als allgemeines Interpretationsprinzip wird bei der Konkretisierung von "Generalklauseln" wie beispielsweise §§ 826, 138, 242 BGB und unbestimmten, normativen Rechtsbegriffen relevant[49]. Hinsichtlich solcher Bestimmungen, innerhalb derer der Gesetzgeber auf außerrechtliche Maßstäbe verwiesen hat bzw. deren Inhaltsfeststellung

---

44 Larenz, aa0, S. 339.

45 Siehe aber Zippelius, Bundesverfassungsgericht und Grundgesetz, Bd. 2, S. 108, 110 ff, der hierin ein zusätzliches Argument erblickt; Eckardt, Die verfassungskonforme Gesetzesauslegung, S. 41 für die verfassungskonforme Auslegung i.e.S., ablehnend bezüglich der verfassungskonformen Gesetzeskorrektur, S. 44.

46 BVerfGE 2, 266, 282; 19, 1, 5; 32, 373, 383 f; 48, 40, 45; 49, 148, 157; 69, 1, 55; 86, 288, 320; Krey, Strafverfahrensrecht, Bd. 1, Rdnr. 79.

47 Prümm, Verfassung und Methodik, S. 125, 126.

48 BVerfGE 51, 304, 323; Haak, Normenkontrolle und verfassungskonforme Gesetzesauslegung, S. 55; Krey, Strafverfahrensrecht, Bd. 1, Rdnr. 91 ff; Prümm, JuS 1975, S. 299, 302; ders. Verfassung und Methodik, S. 83.

49 Häfelin, aa0, S. 244; Schlaich, JuS 1982, S. 437, 442; Seetzen, NJW 1976, S. 1997, 1998; vgl. auch Skouris, aa0, S. 116, der nur hinsichtlich dieses Anwendungsbereiches die verfassungskonforme Auslegung für legitim erachtet.

eine ergänzende richterliche Wertung erfordert, kommt der Auslegung normvollendender Charakter zu[50].

2. Funktion

Erst im Wege der Orientierung der Auslegung an der Verfassung können die für die richterliche Entscheidung benötigten, jedoch in der gesetzlichen Regelung selbst nicht enthaltenen rechtlichen Kriterien und Wertungsmaßstäbe gewonnen werden[51]. Da die außerrechtlichen Maßstäbe wie z.B. das Sittengesetz, auf welche in Generalklauseln häufig verwiesen wird, äußerst vage sind, trägt der Rückgriff auf die Vorschriften der Verfassung zu einer inhaltlichen Präzisierung der auszulegenden Norm bei. Letztere gewinnt, aufgrund der Verfassungsorientierung der Auslegung, an inhaltlicher Bestimmtheit[52].

B. Die besondere Bedeutung der verfassungskonformen Auslegung als normerhaltendes Prinzip für die Überprüfung der Verfassungsmäßigkeit eines Gesetzes

I. Befürwortende Auffassung

1. Rechtsprechung

Anfangs wurde bereits darauf hingewiesen, daß die verfassungskonforme Auslegung von der verfassungsgerichtlichen Rechtsprechung als normerhaltendes Prinzip entwickelt worden ist. In dieser Funktion wird ihr von dem BVerfG entscheidende Bedeutung für die Überprüfung der Verfassungsmäßigkeit eines Gesetzes beigemessen, gleichgültig ob die Normgültigkeitsfrage sich in dem Verfahren der konkreten oder abstrakten Normenkontrolle bzw. im Rahmen einer Verfassungsbeschwerde stellt[53]. Denn seit der Leitentscheidung vom 7. Mai 1953 betont das oberste deutsche Gericht, "daß ein Gesetz nicht für nichtig zu erklären ist, wenn es im Einklang mit der Verfassung ausgelegt werden kann"[54]. Das BVerfG ist in der Frage allerdings

- von dem Bestreben geleitet, die Verwerfung des Gesetzes zu vermeiden -

50 Krey, Studien zum Gesetzesvorbehalt im Strafrecht, S. 69 ff, 113 ff.

51 Skouris, Teilnichtigkeit von Gesetzen, S. 116; Eilsberger, JuS 1970, S. 321, 322 f.

52 BGH JR 1992, S. 206 f; BVerfGE 45, 187, 260 ff bezüglich des Mordmerkmals der Heimtücke; Eilsberger, JuS 1970, S. 321, 322 f.

53 BVerfGE 2, 266, 282; 19, 1, 5; 32, 373, 383 f; 48, 40, 45; 49, 148, 157; 69, 1, 55; 86, 288, 320.

54 BVerfGE 2, 266, 283, seitdem ständige Rechtsprechung; siehe die weiteren Nachweise in der vorherhigen Fußnote.

der Versuchung erlegen, von diesem Prinzip eher zu weitgehend als zu restriktiv Gebrauch zu machen[55]. Keineswegs ist aber die Befugnis, Gesetze verfassungskonform auszulegen, auf das BVerfG beschränkt. Nach h.M. sind auch die Instanzgerichte nicht nur befugt, sondern sogar verpflichtet, dieses Prinzip anzuwenden[56]. Denn im Falle der Möglichkeit, ein verfassungsrechtlich zweifelhaftes Gesetz in Übereinstimmung mit dem GG auszulegen, entfällt mangels Entscheidungserheblichkeit die ansonsten nach Art. 100 Abs. 1 GG bestehende Pflicht, das Gesetz dem BVerfG vorzulegen[57]. Deshalb verwundert es nicht, daß die verfassungskonforme Auslegung in ihrer Funktion als normerhaltendes Prinzip auch in der Rechtsprechung der Fachgerichtsbarkeit einen festen Platz gefunden hat[58].

2. Die überwiegende Ansicht in der Literatur

Im Gegensatz zu einer in der Literatur vertretenen Mindermeinung, die lediglich der verfassungskonformen Auslegung als allgemeinem Interpretationsprinzip, d.h. der verfassungsorientierten Auslegung, eine Berechtigung zuspricht[59], erkennt die überwiegende Auffassung[60], ebenso wie die Rechtsprechung, nicht zuletzt aus Gründen der Rechtssicherheit[61], auch die weitere Funktion dieses Prinzips, die Normerhaltung, an. Während einige Vertreter dieser Ansicht aber nur das BVerfG für befugt erachten, die verfassungskonforme Auslegung als normerhaltendes Prinzip anzuwenden[62], verzichtet die h.M. auf eine derartige Beschränkung[63]. Obwohl in der Literatur, wie wir gesehen haben, kein Konsens bezüglich der Herleitung jenes Prinzips existiert, besteht aber völlige Übereinstimmung dahingehend, daß die Grenzen dieser Auslegungsmethode auf das genaueste einzuhalten sind[64].

---

55 Bettermann, aa0, S. 23; Lerche, DVBl, S. 690, 698.

56 Bogs, aa0, S. 32 f; Haak, aa0, S. 274; Prümm, Verfassung und Methodik, S. 114, 273, mit Ausnahme von der verfassungskonformen Gesetzeskorrektur; Umbach/ Clemens, BVerfGG, § 80, Rdnr. 50; a.A., Bettermann, aa0, S. 31; Skouris, aa0, S. 112 ff; kritisch auch Brohm, JZ 1985, S. 501, 503.

57 BVerfGE 22, 373, 377; 68, 311, 317; 76, 100, 105; 80, 54, 58; Umbach/Clemens, BVerfGG, § 80, Rdnr. 49; Bogs, aa0, S. 33, 117.

58 Bogs, aa0, S. 32 f; Haak, aa0, S. 274; Prümm, aa0, S. 114 f.

59 Burmeister, aa0, S. 64, aus methodeologischen Gründen, da eine optimale Rechterkenntnis nur bei gleichem Rang sämtlicher Auslegungsmerkmale möglich sei; Prümm, aa0, S. 83.

60 Bogs, aa0, S. 16 f; Eckardt, aa0, S. 69 f;

61 Bogs, aa0, S. 16f; Eckardt, aa0, S. 41; siehe hierzu auch Skouris, aa0, S. 112 ff. als Kritiker dieser Funktion der verfassungskonformen Auslegung.

62 Siehe auch Brohm, JZ 1985, S. 501, 503; Wolter, NStZ 1986, S. 241, 247, der annimmt, daß der Fachgerichtsbarkeit engere Grenzen als dem BVerfG gezogen sind.

63 Bogs, aa0, S. 32 f; Simon, EuGRZ 1974, S. 85, 87; Siehe andererseits auch Haak, aa0, S. 274, der nur die Fachgerichtsbarkeit zur verfassungskonformen Auslegung für befugt erachtet, da das BVerfG im Falle ihrer Möglichkeit eine Vorlage nach Art. 100 Abs. 1 GG wegen Unzulässigkeit zurückweisen müsse.

64 Bruns, JR 1981, S. 358 ff; Günther, NJW 1982, S. 353, 357; Grünwald, JuS 1968, S. 452, 457; Häfelin, FS für Huber, S. 241, 249 ff; Heußner, NJW 1982, S. 257, 262; Ipsen, DVBl 1984, S. 1102, 1104 f; Pestalozza, NJW 1981, S. 2081, 2087; Schenke, NJW 1979, S. 1321, 1325.

II. Kritische Stimmen zur Anerkennung der verfassungskonformen Auslegung als normerhaltendes Prinzip

1. Die Kollision mit dem rechtsstaatlichen Grundsatz der Bestimmtheit von Gesetzen

Die verfassungskonforme Auslegung als normerhaltendes Prinzip hat in der Lehre aber nicht nur Anhänger gefunden; vielmehr gibt es auch kritische Stimmen. Recht unterschiedlich sind dabei die Bedenken, die gegen diese Methode erhoben werden. Um den Rahmen der vorliegenden Arbeit nicht zu sprengen, wollen wir uns auf die wesentlichsten dieser Bedenken beschränken.

Der Haupteinwand, der gegen die verfassungskonforme Auslegung als normerhaltendes Prinzip erhoben wird, ist der einer Kollision mit dem rechtsstaatlichen Bestimmtheitsgebot, auf die ihre Anwendung in mehrfacher Hinsicht hinauslaufen könne[65]. Folgende Punkte werden in der Literatur angesprochen.
Erstens: Die Anwendung dieser Methode erfordere eine gesetzliche Vorschrift, die im Wege der Auslegung mehreren Deutungen zugänglich sei. Bei einer inhaltlich eindeutigen Vorschrift stünde der an der Verfassung zu messende Prüfungsgegenstand nämlich von vornherein fest. Sofern dieser nicht der Verfassung entspreche, komme nur die Nichtigkeit der Norm in Betracht. Je unbestimmter aber die Vorschrift sei, desto größer sei die Möglichkeit, ihr im Wege der Auslegung einen Inhalt zu geben, der sie gerade noch mit der Verfassung vereinbar erscheinen lasse[66]. Daher bestehe die Gefahr, daß man im Wege der verfassungskonformen Auslegung Gesetze aufrechterhalte, die wegen ihrer inhaltlichen Weite zu unbestimmt seien, bei denen also die Möglichkeit, das durch sie geforderte Verhalten vorauszusehen, für den einzelnen illusorisch sei[67].
Zweitens: Im Hinblick auf die fehlende Publikation sei es bedenklich, wenn das BVerfG eine verfassungsrechtlich zweifelhafte gesetzliche Vorschrift, nach vorheriger Vornahme zahlreicher oder detaillierter Ergänzungen, die nur den Entscheidungsgründen des Urteils entnommen werden könnten, aufrechterhalte[68]. In derartigen Fällen entspreche dem Gesetzlichkeitsprinzip und dem Gebot der Rechtsklarheit die Teilkassation der Vorschrift besser als ihre verfassungskonforme Auslegung[69].

---

65 Burmeister, aa0, S. 23, Fn 83, S. 25; Häfelin, aa0, S. 257; Lerche, DVBl 1961, S. 690, 698; Pestalozza, Verfassungsprozeßrecht, S. 10 f; Skouris, aa0, S. 110; Stern, aa0, Bd. III, S. 1218.
66 Lerche, DVBl 1961, S. 690, 698.
67 Lerche, aa0.
68 Häfelin, aa0, S. 257.
69 Burmeister, aa0, S. 120; Skouris, aa0, S. 109, 110.

Drittens: Bei einer inhaltlich unklaren Bestimmung bestehe keinerlei Möglichkeit der Grenzziehung; damit sei einer schrankenlosen verfassungskonformen Auslegung "Tür und Tor" geöffnet[70].

2. Eingriff in das rechtsstaatliche Gewaltenteilungsprinzip

Nach einer in der Literatur verbreiteten Ansicht stellt die verfassungskonforme Auslegung eines der Instrumente dar, mittels derer das BVerfG versuche, das Prinzip des judical self restraint in seiner Rechtsprechung zur Geltung zu bringen[71]. Das BVerfG verfolge nämlich bei Anwendung der Methode der verfassungskonformen Auslegung das Ziel, die Kassation einer Norm nach Möglichkeit zu vermeiden, um die Würde des demokratisch legitimierten Gesetzgebers zu wahren[72]. Nach Auffassung der Kritiker wird dieser Zweck der verfassungskonformen Auslegung aber häufig in sein Gegenteil "verkehrt"[73]. Letzteres sei insbesondere der Fall, wenn das BVerfG zur Vermeidung der Nichtigkeitserklärung der zu überprüfenden Rechtsnorm durch Auslegung einen Inhalt gebe, der nur noch äußerst wenig mit dem gesetzgeberisch verfolgten Ziel bzw. den der Norm zugrundeliegenden legislatorischen Wertungen gemeinsam habe. Um der Aufrechterhaltung der Norm willen werde der Gesetzesinhalt bisweilen nicht nur verändert, sondern sogar in sein Gegenteil verkehrt. Der durch jene rechtsgestaltende, mit anderen Worten rechtsschöpferische Tätigkeit des BVerfGs erfolgende Eingriff in den originären Funktionsbereich der Legislative wiege schwerer als eine, gegebenenfalls partielle, Normkassation[74].

3. Eingriff in den Kompetenzbereich der Fachgerichtsbarkeit

Ferner führe die Anwendung der Methode der verfassungskonformen Auslegung als normerhaltendes Prinzip zu einem Übergriff des BVerfGs in den Kompetenzbereich der Fachgerichtsbarkeit[75]. Die Auslegung und die Anwendung einfacher Gesetze sei Aufgabe der Fachgerichte[76]. Dem BVerfG komme im Gegensatz zu den verfassungsrechtlich gleichfalls

---

70 Stern, aa0, S. 1318.
71 Eckardt, aa0, S. 61; Schenke, NJW 1979, S. 1321, 1325.
72 Schuppert, AfP 1984, S. 67, 73.
73 Bettermann, Die verfassungskonforme Auslegung, S. 46; ders., DVBl 1982, S. 91, 95.
74 Pestalozza, NJW 1981, S. 2081, 2087; siehe auch Stern, aa0, Bd. I, S. 137.
75 Bettermann, Die verfassungskonforme Auslegung, S. 33, der aus diesem Grunde der Teilkassation den Vorrang vor der verfassungskonformen Auslegung des Gesetzes einräumt.
76 Bekanntlich gehen BVerfG und h.L. davon aus, daß jenes innerhalb eines Normenkontrollverfahrens im Rahmen der Begründetheitsprüfung nicht an die Auslegung des Gesetzes, welches dieses durch das vorlegende Gericht erfahren hat, gebunden sei. Vielmehr besitze das BVerfG auch eine Befugnis zur einfachgesetzlichen Auslegung. Vgl., BVerfGE 7, 45, 50; 10, 340, 345; 18, 70, 80; 22, 28, 33; 25, 371, 390; 31, 113, 117; 51, 304, 313; Bogs, aa0, S. 91; Burmeister, DVBl 1969, S. 605, 607; Haak, aa0, S. 10, 160, 211; Pestalozza, aa0, S. 151; Schmidt-Bleibtreu,Klein, Art. 100 GG, Rdnr. 7 a; Simon, EuGRZ 1974, S. 85, 88; Spanner, AÖR 91, 503, 525 f.

garantierten obersten Bundesgerichten nicht die Stellung eines Superrevisionsgerichts zu[77]. Da das BVerfG im Rahmen des Normenkontrollverfahrens aber eine Bindung an die Auslegung des vorlegenden Gerichts verneine und ein eigenes Recht zur Auslegung des einfachen Gesetzesrechts für sich in Anspruch nehme, wie die Anwendung der verfassungskonformen Auslegung zeige, greife es in die Zuständigkeit der Fachgerichtsbarkeit ein. Aufgabe des BVerfG sei aber nicht die "Inhaltsbestimmung und Deutung einfachen Gesetzesrechts"[78]; seine Funktion bestehe vielmehr in der Auslegung der Verfassung und der Kassation verfassungswidriger Gesetze. Entgegen der Ansicht des BVerfGs könne im Rahmen des Normenkontrollverfahrens nach Art. 100 Abs. 1 GG ein Gesetz auch ohne vorherige eigene Auslegung durch das BVerfG auf seine Verfassungsmäßigkeit hin überprüft werden[79]. Das BVerfG sei insoweit an eine existierende ständige Rechtsprechung bzw. an die Gesetzesinterpretation der obersten Bundesgerichte gebunden. Bei der Überprüfung des Gesetzes anhand der Verfassung müsse dieses mit dem Inhalt, den das Gesetz durch die Auslegung der Fachgerichtsbarkeit erfahren habe, zugrunde gelegt werden[80]. Diese Bindung entfalle ausnahmsweise dann, wenn die Auslegung des vorlegenden Gerichts evident fehlerhaft sei[81]. Hieraus resultiere aber nicht die Befugnis des BVerfGs zur eigenen Auslegung des Gesetzes, sondern die Unzulässigkeit der Vorlage. Für diesen Standpunkt sprächen nicht zuletzt Praktikabilitätserwägungen. Mangels Kenntnis des gesamten Fallmaterials könne das BVerfG ohnehin nicht überblicken, welche einfachgesetzlichen Auslegungsalternativen insgesamt in Betracht kämen[82].

4. Beeinträchtigung des Kompetenzbereichs des Bundesverfassungsgerichts

Bekanntlich hält das BVerfG auch die Fachgerichte zur Anwendung der verfassungskonformen Auslegung in der Ausprägung als normerhaltendes Prinzip für verpflichtet[83]. Hieran entzündet sich weitere Kritik an jener Auslegungsmethode. Hinsichtlich nachkonstitutioneller förmlicher Gesetze führe jene Handhabung der verfassungskonformen Auslegung zu einem Eingriff in den Kompetenzbereich des BVerfG[84]. Dem Art. 100 I GG könne entnommen werden, daß zwar jedes Gericht befugt sei, ein Gesetz auf seine Vereinbarkeit mit der Verfassung zu überprüfen. Gleichzeitig habe jene Vorschrift aber die Verwerf-

77 Bettermann, aa0, S. 33.
78 Skouris, aa0, S. 119.
79 Bettermann, DVBl 1982, S. 91, 95; Skouris, aa0.
80 Bettermann, Die verfassungskonforme Auslegung, S. 34, 36.
81 Bettermann, aa0, S. 36.
82 Bettermann, aa0, S. 34.
83 BVerfGE 22, 373, 377 f; 48, 40, 45; siehe auch Bogs, aa0, S. 32; Haak, aa0, S. 274; Maunz, Schmidt-Bleibtreu, Klein, Ulsamer, BVerfGG, § 80, Rdnr. 113, 217; Umbach/Clemens, BVerfGG, § 80 Rdnr. 50.
84 Bettermann, aa0, S. 31; Skouris, aa0, S. 112 ff; kritisch auch Brohm, JZ 1985, S. 501, 503.

ungskompetenz für nachkonstitutionelle Parlamentsgesetze ausschließlich dem BVerfG zugeordnet.

Nach Auffassung der Kritiker setzt die "Auslegungsverwerfung", wie sie im Wege der verfassungskonformen Auslegung eines Gesetzes erfolge, die Befugnis zur "Normverwerfung" voraus[85]. Denn das Ausscheiden von verfassungswidrigen Deutungen eines Gesetzes stehe quasi seiner "qualitativen" Teilnichtigkeitserklärung durch den Richter gleich[86]. Aus diesem Grund wird von vielen Kritikern zumindest den Fachgerichten die Befugnis zur Anwendung der verfassungskonformen Auslegung als normerhaltendes Prinzip abgesprochen. Die verfassungskonforme Auslegung führe auch im übrigen in ihrer Funktion als normerhaltendes Prinzip zu einer bedenklichen Aushöhlung des Normenkontrollverfahrens. Denn die Voraussetzungen einer methodologisch einwandfreien Normenkontrolle, die Trennung von Gesetzesauslegung, Verfassungsauslegung und Subsumtion, würden nahezu völlig aufgegeben[87]. Die Funktionen der Verfassung als Erkenntnis- und Kontrollnorm würden miteinander vermischt. Ausgehend von der Verfassung als Erkenntnisnorm werde der allein verfassungsmäßige Inhalt des Gesetzes erschlossen und der auf diesem Wege gewonnene Prüfungsgegenstand der Normenkontrolle zugrunde gelegt.

III. Eigener Standpunkt

Die an der verfassungskonformen Auslegung in ihrer normerhaltenden Funktion geübten Kritik zwingt nicht dazu, dieses Prinzip schlechthin abzulehnen. Die insoweit geäußerten Bedenken sollten aber zum Anlaß genommen werden, ein größeres Augenmerk auf die Einhaltung der Grenzen der verfassungskonformen Auslegung zu legen sowie innerhalb des Normenkontrollverfahrens die Vorgehensweise der Normprüfung genauer auf jene Auslegunsmethode abzustimmen.

Aufgrund der durch das GG erfolgten Anerkennung rechtlicher Normen ungleicher Rangstufen kann die Methode der verfassungskonformen Auslegung aus der Verfassung selbst abgeleitet werden. Das Grundgesetz bringt bezogen auf die Grundrechte in Art. 1 Abs. 3 und im übrigen generell in Art. 20 Abs. 3 zum Ausdruck, daß der Richter nicht nur an das ein-

---

85 Bettermann, aa0, S. 31; Skouris, aa0, S. 112, 113.

86 Burmeister, aa0 S. 121 ff. fordert wegen dieses Eingriffs in die Kompetenz des BVerfGs der verfassungskonformen Auslegung als normerhaltenden Prinzip das Lebenslicht auszublasen. Auch seitens der h.M. wird der zwischen der Teilnichtigkeitserklärung und der normerhaltenden verfassungskonformen Auslegung eines Gesetzes bestehende enge Zusammenhang nicht verkannt. Vgl., Böckenförde, Die sogenannte Nichtigkeit verfassungswidriger Gesetze, S. 149; Bogs, aa0, S. 100 ff; Haak, aa0, S. 41; Eckardt, aa0, S. 59 ff; Seetzen, NJW 1976, S. 1997, 1998; Spanner, AÖR 91, 1966, S. 503, 531 f; Umbach/Clemens, BVerfGG, § 78, Rdnr. 10.

87 Burmeister, aa0, S. 89, 118.

fache Gesetzesrecht, sondern auch unmittelbar an die Verfassung gebunden sei[88]. Insoweit mißt das GG den verfassungsrechtlichen Bestimmungen eine größere Wirkungskraft als dem einfachen Gesetz bei, wenn es anordnet, daß, im Falle fehlender Übereinstimmung, das Gesetz dem Verdikt der Nichtigkeit verfällt[89]. Nach heutigem Verständnis beinhalten die Gesetze einen Regelungsrahmen, der durch den Richter im Wege der Auslegung konkretisiert wird[90]. Das BVerfG hat bereits sehr früh entschieden, die Grundrechte seien nicht nur Abwehrrechte, sondern das GG habe in dem Grundrechtsabschnitt eine objektive Wertordnung aufgerichtet. Von dieser im GG - nicht nur im Grundrechtsabschnitt - etablierten Wertordnung empfangen Gesetzgebung, Verwaltung und Rechtsprechung Impulse[91]. Auf diese Weise wirken sich die Normierungen des GG, denen, wie bereits erwähnt, erhöhte Geltungskraft zukommt, auch inhaltlich auf die Konkretisierung des Regelungsrahmens einer einfachgesetzlichen Normierung aus. Da nämlich keine gesetzliche Vorschrift im Widerspruch zur Verfassung stehen darf, ist ihr Inhalt in Übereinstimmung mit dem GG zu interpretieren. Es sind daher im Ansatz die gleichen Erwägungen, die für die Begründung der mittelbaren Drittwirkung der Grundrechte herangezogen worden sind, die auch für die verfassungskonforme Auslegung eines Gesetzes sprechen. Kann der Inhalt einer gesetzlichen Vorschrift aber in dem zuvor bezeichneten Sinn in Übereinstimmung mit dem GG ermittelt werden, scheidet ihre Nichtigkeit aus, da nicht die Norm als solche, sondern eine oder mehrere ihrer denkbaren Auslegungsmöglichkeiten gegen die Verfassung verstoßen.

Den Kritikern der verfassungskonformen Auslegung als normerhaltendes Prinzip ist aber zuzugestehen, daß dieses mit dem rechtsstaatlichen Grundsatz der Bestimmtheit von Gesetzen kollidieren kann. Diesem Gesichtspunkt ist meines Erachtens bei dem Verfahren der Normenkontrolle Rechnung zu tragen. In der Rechtsprechung des BVerfG wird die Prüfung des Bestimmtheitsgebotes an unterschiedlicher Stelle des Normenkontrollverfahrens vorgenommen. So finden sich sowohl Judikate, in denen jener Punkt vor[92], als auch solche, in denen er hinter die übrige materielle Verfassungsmäßigkeitsüberprüfung gestellt worden ist[93]. Ein Gesetz sollte aber stets zunächst auf seine inhaltlich hinreichende Bestimmtheit hin überprüft werden. Hierbei ist vorerst unberücksichtigt zu lassen, daß ein Gesetz infolge der Einwirkung der Verfassung an inhaltlicher Bestimmtheit gewinnen kann. Maßgeblich ist mit Rücksicht auf

88 Siehe zu diesem Ansatz, Bogs, aa0, S. 24; Haak, aa0, S. 162; Prümm, JuS 1975, S. 299, 304; Spanner, AÖR 91 (1966), S. 503, 506.
89 Stern, Das Staatsrecht der BRD, Bd. III, S. 1316; Zippelius, Bundesverfassungsgericht und Grundgesetz, 2. Band, S. 108, 109.
90 Krey, Studien zum Gesetzesvorbehalt im Strafrecht, S. 113 ff.
91 BVerfGE 7, 198, 205 (Lüth-Urteil).
92 BVerfGE 11, 234, 236 f (§ 6 I des Gesetzes über die Verbreitung jugendgefährdender Schriften); 28, 175, 182 ff (§ 100 e StGB a.F.); 37, 201, 206 ff (§ 392 I Satz 1 AO); 51, 60, 69 ff (§ 21 I Nr. 1, II Nr. 1, § 2 I Satz 1 StVG); 57, 250, 262 ff (§ 99 I Nr. 1 StGB); 75, 329, 340 ff (§ 327 II Nr. 1 StGB).
93 BVerfGE 4, 352, 356 f (§ 187 a StGB); 32, 346, 360 ff; 47, 109, 115 ff (§ 184 I Nr. 7 StGB); 50, 142, 152 ff (§ 170 b StGB); 80, 244, 249 ff (§ 20 I Nr. 1 VereinsG).

das rechtsstaatliche Gebot der Rechtssicherheit, ob das Gesetz als solches ein unabdingbares Mindestmaß an inhaltlicher Bestimmtheit i.S. der Vorhersehbarkeit für den Adressaten aufweist oder ihm erst im Wege der Auslegung ein hinreichend präziser normativer Gehalt verliehen werden kann. In letzterem Fall muß das Gesetz wegen Verstoßes gegen das rechtsstaatliche Bestimmtheitsgebot für nichtig erklärt werden. Anderenfalls würde die verfassungskonforme Auslegung auf einen Rechtsetzungsakt hinauslaufen, der aber dem Gesetzgeber vorbehalten bleiben muß.

Die übrigen gegen die verfassungskonforme Auslegung in ihrer normerhaltenden Funktion erhobenen Bedenken erweisen sich ebenfalls als unberechtigt, vorausgesetzt daß von jenem Prinzip, anders als dies bisweilen geschieht, nur in engen Grenzen Gebrauch gemacht wird. Ohne an dieser Stelle bereits auf die Schranken der verfassungskonformen Auslegung im einzelnen einzugehen, sei aber darauf hingewiesen, daß aus Gründen der in Art. 20 Abs. 3 und Art. 97 Abs. 1 GG angeordneten richterlichen Gesetzesbindung größerer Wert auf Methodenehrlichkeit bei der Rechtsfindung gelegt werden sollte und die dem Gesetz zugrundeliegenden gesetzgeberischen Wertungen nicht ignoriert werden dürfen.

Die von den Kritikern befürchtete Aushöhlung des Normenkontrollverfahrens kann, wie noch zu zeigen sein wird, vermieden werden, wenn die zu überprüfende Norm zunächst nur einer einfachgesetzlichen Auslegung unterzogen wird, bei der die Ausstrahlungswirkung der Verfassung noch unberücksichtigt bleibt. Unter Zugrundelegung dieses Bedeutungsgehaltes sollte das Gesetz dann anschließend auf seine Verfassungsmäßigkeit hin überprüft werden. Ist das Gesetz mit diesem Inhalt bzw. den einzelnen möglichen Auslegungsalternativen verfassungsgemäß, bleibt für die verfassungskonforme Auslegung kein Raum mehr. Durch diese Vorgehensweise wird von vornherein die Gefahr vermieden, einem verfassungsmäßigen Gesetz aus verfassungsrechtlichen Erwägungen einen anderen als den vom Gesetzgeber intendierten Inhalt zu geben. Verfassungsrechtliche Gesichtspunkte sollten also nicht sogleich in die Auslegung jedes einfachen Gesetzes einfließen. Erst wenn das Gesetz mehrere Auslegungsmöglichkeiten zuläßt, von denen eine oder mehrere gegen die Verfassung verstoßen, kommt die verfassungskonforme Auslegung zum Zuge. Erst dann stellt sich die Frage, ob das Gesetz eine Auslegung zuläßt, die nicht gegen die Verfassung verstößt. Sofern eine solche Interpretation möglich ist und die Grenzen zulässiger Rechtsfindung durch den Richter einhält, erweist sich diese Auslegungsmöglichkeit als maßgebend und die übrigen sind wegen Verfassungswidrigkeit auszuscheiden.

Bei dieser Vorgehensweise stellt sich die verfassungskonforme Auslegung als eine Art **"vorgezogenes Normenkontrollverfahren"** dar. Denn eine nochmalige Überprüfung des Gesetzes an den Bestimmungen des GG mit einem zuvor bereits aufgrund der Verfassung gewonnenen Auslegungsergebnis findet nicht mehr statt. Mithin ist auch der gegen eine soche "nochmalige Überprüfung" erhobene Einwand der Kritiker der verfassungskonformen Auslegung ausgeräumt.

Die hier vertretene Vorgehensweise entgeht der Kritik, daß sie zu einer eigenen Auslegung des einfachen Gesetzes durch das BVerfG führen würde, aber nur zum Teil. Eine solche Auslegung kommt aber erst dann zum Zuge, wenn das Gesetz in der Auslegung, die es in der höchstrichterlichen Rechtsprechung der Fachgerichte gefunden hat, gegen die Verfassung verstößt. Dem BVerfG ist beizupflichten, daß mit einer derartigen Feststellung die Verfassungswidrigkeit des Gesetzes aber noch nicht erwiesen sei. Das Gesetz als Gegenstand der Interpretation ist nämlich nicht gleichzusetzen mit dem Interpretationsergebnis. Aus diesem Grund muß dem BVerfG, das über die Nichtigkeit des Gesetzes zu entscheiden hat, die Befugnis zu einer selbständigen Auslegung zugestanden werden. Die Auffassung, die nur die Fachgerichtsbarkeit zur Auslegung des einfachen Gesetzes für befugt erachtet, widerspricht im übrigen Art. 92 GG. Denn soweit die Auslegung des einfachen Rechts zur Erfüllung der Aufgaben des BVerfG erforderlich ist, muß sie als ein Bestandteil der ihm neben den Fachgerichten übertragenen rechtsprechenden Gewalt angesehen werden.

C. Die Anwendbarkeitsvoraussetzungen und die Grenzen der verfassungskonformen Auslegung als normerhaltendes Prinzip

I. Anwendbarkeitsvoraussetzungen
- Auslegungsfähigkeit des Gesetzes i.S. der Mehrdeutigkeit des möglichen Wortsinnes der Rechtsnorm -

In den vorausgegangenen Ausführungen ist bereits angeklungen: Die verfassungskonforme Auslegung als normerhaltendes Prinzip kommt nur dann in Betracht, wenn das Gesetz "auslegungsfähig" ist[94]. Dies setzt die "Mehrdeutigkeit" des Gesetzes voraus. Das Gesetz muß im Wege der Auslegung mehreren Deutungen zugänglich sein, von denen eine oder mehrere gegen die Verfassung verstoßen, andererseits aber zumindest eine Interpretation in Betracht kommt, bei welcher das Gesetz mit den Wertungen des GG übereinstimmt[95]. Hingegen bleibt im Falle der "Eindeutigkeit" des Gesetzes - hat die Überprüfung einer solchen Rechtsnorm zur Feststellung ihrer Verfassungswidrigkeit geführt - für eine verfassungskonforme Auslegung kein Raum[96]. Dabei ist für die Beantwortung der Frage nach der Eindeutigkeit bzw.

94 BVerfGE 54, 251, 274; 63, 131, 147; Bettermann, aa0, s. 19; Engisch, Einführung in das juristische Denken, S. 83; Grünwald, JuS 1968, S. 452, 457; Schmalz, Methodenlehre, Rdnr. 308; Simon, EuGRZ 1974, S. 85; Stern, aa0, Bd. I, S. 136 f.

95 Haak, aa0, S. 1, 233; Schlaich, JuS 1992, S. 437, 441.

96 Michel, JuS 1961, S. 274, 277; Umbach/Clemens, BVerfGG, § 80, Rdnr. 54.

Mehrdeutigkeit einer Gesetzesvorschrift auf ihren Wortlaut abzustellen[97]. Denn am Wortlaut einer Norm setzt die Auslegung an; ist er eindeutig, wird die Auslegung entbehrlich. Hinzu kommt, daß der Wortlaut nach ganz herrschender Auffassung die unübersteigbare Grenze der Auslegung darstellt[98].

Durch das Erfordernis der Mehrdeutigkeit des möglichen Wortsinnes der Rechtsnorm werden die Anwendbarkeitsvoraussetzungen der verfassungskonformen Auslegung hinreichend beschrieben. Soweit das BVerfG in ständiger Rechtsprechung fordert, daß der Wortlaut, die Entstehungsgeschichte, der Gesamtzusammenhang der einschlägigen Regelungen sowie deren Sinn und Zweck mehrere Deutungen zulassen müssen[99], werden neben den Anwendbarkeitsvoraussetzungen bereits zum Teil die Grenzen der verfassungskonformen Auslegung genannt.

II. Grenzen der verfassungskonformen Auslegung

1. "Undifferenzierte" Auffassung des Bundesverfassungsgerichtes

In der älteren Judikatur des BVerfG zu den Grenzen der verfassungskonformen Auslegung finden sich Entscheidungen, die auf den ersten Blick widersprüchlich erscheinen. Zum einen betonte das BVerfG, daß dem Richter auch bei Anwendung der Methode der verfassungskonformen Auslegung nicht die Befugnis zukomme, einem nach Wortlaut und Sinn eindeutigen Gesetz einen entgegengesetzten Sinn zu geben[100]. Zum anderen hob das Gericht ausdrücklich hervor: "Am Wortlaut einer Norm braucht der Richter nicht haltzumachen[101]."

Bei näherer Betrachtung wird aber erkennbar, daß das BVerfG ursprünglich nicht zwischen der verfassungskonformen Rechtsfindung "secundum" und "praeter" legem differenzierte, sondern den Begriff der "verfassungskonformen Auslegung" für die "verfassungskonforme Rechtsfindung" schlechthin verwandte[102].

Hingegen nimmt das BVerfG in seiner neueren Rechtsprechung eine Unterscheidung zwischen der verfassungskonformen Auslegung als solcher und der "verfassungskonformen

---

97 Engisch, aaO, S. 83; Schmalz, aaO, Rdnr. 234, 308.
98 BVerfGE 47, 109, 121, 124; 64, 389, 393, 395; 71, 108, 115; 73, 206 ff; 75, 329, 341; NJW 1987, S. 43, 46; Krey, ZStW 101 (1989), S. 838, 843; Kühne, JuS 1973, S. 687; Larenz, NJW 1965, S. 1, 5; Prümm, JuS 1975, 299, 301.
99 BVerfGE 19, 1, 5; 30, 129, 148; 32, 373, 383f; 49, 148, 157; 69, 1, 55.
100 BVerfGE 2, 380, 398; 3, 213, 222; 8, 28, 34; 18, 97, 111.
101 BVerfGE 35, 263, 279.
102 Z.B., BVerfE 2, 336, 341; 22, 28, 35-37; 30, 83, 88; 35, 263, 279; siehe auch Krey, Strafverfahrensrecht, Bd.1, Rdnr. 87.

Rechtsfortbildung" vor[103]. Erstere wird nunmehr als "verfassungskonforme Rechtsfindung (im engeren Sinne)" bezeichnet[104].

Nach der Rechtsprechung des BVerfG unterliegt die "verfassungskonforme Auslegung (im engeren Sinne)" folgenden Schranken.
Erstens: Wie jede andere Auslegung, müsse auch die verfassungskonforme mit dem Wortlaut, d.h. dem möglichen Wortsinn des Gesetzes, vereinbar sein[105].
Zweitens: Die Auslegung dürfe nicht mit dem klar erkennbaren Willen des Gesetzgebers in Widerspruch treten[106]; genauer: die verfassungskonforme Auslegung dürfe das gesetzgeberische Ziel nicht in einem wesentlichen Punkt verfehlen oder verfälschem[107]. Maßgeblich seien die in der gesetzlichen Regelung "erkennbar ausgeprägten und in ihr angelegten Grundentscheidungen, Wertsetzungen und Regelungszwecke"[108]. Diese Grenze wird in dem Maße abgeschwächt, als es nicht darauf ankommen soll, daß eine bestimmte Auslegung im Vergleich zu einer anderen dem Willen des Gesetzgebers eher entspreche. Entscheidend sei vielmehr: Von der mit der gesetzlichen Regelung verfolgten Absicht der Legislative müsse das Maximum dessen aufrechterhalten werden, was nach der Verfassung aufrechterhalten werden könne[109].
Drittens: Die verfassungskonforme Auslegung scheide aus, wenn durch sie der normative Regelungsinhalt des Gesetzes erst geschaffen würde. Die hierzu erforderliche Ausübung rechtsgestalterischen Ermessens obliege dem Gesetzgeber[110]. Diese Schranke wird im Rahmen der vorliegenden Arbeit als Anwendbarkeitsvoraussetzung der verfassungskonformen Auslegung angesehen, die zwar ein mehrdeutiges Gesetz voraussetzt, das aber dennoch ein Mindestmaß an inhaltlicher Bestimmtheit besitzt. Die zuvor dargelegten Grenzen faßt das BVerfG in der Formel zusammen:

"Nach der Rechtsprechung des Bundesverfassungsgerichts darf im Wege der Auslegung einem nach Wortlaut und Sinn eindeutigen Gesetz nicht ein entgegengesetzter Sinn verliehen, der normative Gehalt der auszulegenden Norm nicht grundlegend neu bestimmt, das gesetzgeberische Ziel nicht in einem wesentlichen Punkt verfehlt werden"[111].

---

103 BVerfGE 49, 304, 318; 51, 304, 323; 57, 220, 248; 59, 330, 334; 70, 35, 63; 88, 144, 166.
104 BVerfGE 70, 35, 63.
105 BVerfGE 2, 336, 341; 2, 380, 398; 3, 213, 222; 8, 28, 34; 18, 97, 111; 9, 194, 200; 33, 52, 67; 49, 304, 318; 51, 304, 323; 54, 277, 299; 63, 131, 147; 67, 382, 390; 69, 1, 55; 70, 35, 63; 71, 81, 105; 72, 278, 295; 88, 144, 166.
106 BVerfGE 4, 331, 351; 9, 89, 102; 54, 277, 297; 67, 382, 390; 71, 81, 105.
107 BVerfGE 8, 28, 34.
108 BVerfGE 54, 277, 297.
109 BVerfGE 8, 28, 34; 9, 194, 200; 33, 52, 67; 48, 40, 46; 49, 148, 157; 69, 1, 55; 86, 288, 320.
110 BVerfGE 48, 40, 47; 54, 277, 299; 71, 81, 105.
111 BVerfGE 54, 277, 299; siehe auch BVerfGE 48, 40, 47.

Neuerdings betont das BVerfG ganz allgemein, daß das durch verfassungskonforme Auslegung gefundene Ergebnis auch im Wege einfachrechtlicher Auslegung bzw. unter Anwendung anerkannter Auslegungsgrundsätze in zulässiger Weise gewonnen werden können müsse[112].

Nach der Auffassung des BVerfG gehört die Rechtsfortbildung zu den anerkannten Aufgaben und Befugnissen der Gerichte[113]. Dies gelte gerade auch dann, soweit die Rechtsfortbildung aus verfassungsrechtlichen Gründen geboten sei. Allerdings lehnt das BVerfG wegen der Gesetzesbindung der Rechtsprechung (Art. 20 Abs. 3, 97 Abs. 1 GG) eine Rechtsfindung contra legem grundsätzlich ab[114]. Die demgegenüber (grundsätzlich) zulässige verfassungskonforme Rechtsfortbildung praeter legem führe im Vergleich zur verfassungskonformen Auslegung (im engeren Sinne) zu einer größeren Argumentationslast des Richters[115]. Zwar gelte für die verfassungskonforme Rechtsfortbildung praeter legem nicht die formale Grenze des Wortlautes der gesetzlichen Vorschrift[116]. In der subjektiven Regelungsabsicht des Gesetzgebers erblickt das BVerfG jedoch die materielle Schranke dieser Rechtsfindungsstufe und grenzt sie insoweit von der Rechtsfortbildung contra legem ab[117]. Für die Beurteilung der Zulässigkeit einer aus verfassungsrechtlichen Gründen gebotenen analogen Anwendung oder teleologische Reduktion einer gesetzlichen Vorschrift sei entscheidend, ob die Legislative eine abschließende Regelung treffen wollte oder eine Regelungslücke vorliege[118]. Der Rechtsprechung komme nämlich nicht die Aufgabe zu, die gesetzgeberische Entscheidung zu korrigieren. Rechtsfindung dürfe nicht Ausdruck einer eigenen rechtspolitischen Entscheidung des Richters sein[119].

2. "Undifferenzierte" Auffassung in der Literatur

In zahlreichen Stellungnahmen der Literatur zu den Grenzen der "verfassungskonformen Auslegung" wird ebenso wie in der ursprünglichen Rechtsprechung des BVerfG nicht zwischen den einzelnen Stufen richterlicher Rechtsfindung unterschieden[120]. In Anlehnung an jene ältere verfassungsgerichtliche Judikatur wird betont: Eine Gesetzesnorm sei nur dann der verfassungskonformen Auslegung zugänglich, wenn sie mehrere Interpretationsmöglich-

112 BVerfGE 67, 70, 90; 69, 1, 55; 86, 288, 320.
113 BVerfGE 34, 269, 286 ff; 37, 67, 81; 38, 386, 396; 59, 330; 334; 88, 144, 167.
114 BVerfGE 35, 263, 280.
115 BVerfGE 88, 144, 167.
116 BVerfGE 88, 144, 167.
117 BVerfGE 22, 28, 36 f.
118 BVerfGE 30, 83, 88; 49, 304, 321; 57, 220, 248; 59, 330, 335; 70, 35, 65.
119 BVerfGE 49, 304, 322.
120 Brohm, JZ 1985, S. 501, 503; Eilsberger, JuS 1970, S. 321, 322; Leibholz/Rinck, GG, Einf., Rdnr. 16; Mangold/Klein/Starck, Das Bonner GG, Art. 1 Abs. 3, Rdnr. 283; Schlaich, JuS 1981, S. 437, 442; Spanner, AÖR 1966, S. 503, 511; Stein, Staatsrecht, § 20 II 1 d.

keiten zulasse[121]. Es existiert in der Literatur nahezu Einigkeit darüber, daß der eindeutige Wortlaut des Gesetzes der verfassungskonformen Auslegung nicht entgegenstehen dürfe[122]. Hinsichtlich der Frage, welchen weiteren Schranken diese Rechtsfindungsmethode unterliegt, sind die Ansichten, entsprechend der um die objektive oder subjektive Auslegungstheorie geführten Diskussion, geteilt. Während nur vereinzelt ausschließlich auf den objektiven Sinn des Gesetzes abgestellt wird[123], nimmt die vorherrschende Auffassung an, daß die verfassungskonforme Auslegung sowohl dem Sinn des Gesetzes als auch dem klar erkennbaren gesetzgeberischen Ziel nicht widersprechen dürfe[124]. Eine Überschreitung der Grenzen der verfassungskonformen Auslegung liege ebenfalls dann vor, wenn der normative Gehalt der Vorschrift neu bestimmt bzw. in das Gestaltungsermessen des Gesetzgebers eingegriffen werde[125].

3. Differenzierende Auffassung in der Literatur

a. Schranken der verfassungskonformen Auslegung i.e.S.

Im Rahmen der um die Schranken der "verfassungskonformen Auslegung" geführten Diskussion beginnt sich inzwischen die Auffassung durchzusetzen, die entsprechend der in der juristischen Methodenlehre h.A. zwischen den drei Stufen richterlicher Rechtsfortbildung

- nämlich erstens die secundum legem, zweitens die praeter legem und drittens die contra legem erfolgende -

unterscheidet[126].

Unter der verfassungskonformen Auslegung i.e.S. wird die Rechtsfortbildung secundum legem, d.h. die Konkretisierung des gesetzlichen Regelungsrahmens verstanden. Nach der in der Literatur vorherrschenden Auffassung ist diese erste Stufe verfassungskonformer Rechtsfindung sowohl in formaler als auch in materieller Hinsicht begrenzt. Die formale Grenze der verfassungskonformen Auslegung i.e.S. bilde der Wortlaut der gesetzlichen

121 Heußner, NJW 1982, S. 257, 262; Schuppert AfP 1984, S. 67, 73; Wolter, NStZ 1986, S. 241, 247.
122 Eilsberger, JuS 1970, S. 331, 322; Schlaich, JuS 1981, S. 437, 442; Schmidt-Salzer, DÖV 1969, S. 97, 98; Schuppert, AfP 1984, S. 67, 73; Spanner, AÖR 1966, S. 503, 512; Stein, aa0.
123 Schmidt-Salzer, DÖV 1969, S. 97, 98; Spanner, aa0, S. 511.
124 Brohm, JZ 1985, S. 501, 503; Eilsberger, JuS 1970, S. 321, 322; Leibholz/Rinck, GG, Einf., Rdnr. 16; Mangoldt/Klein/Starck, aa0, Rdnr. 285; Schlaich, aa0; Schuppert, aa0, Stein, aa0.
125 Heußner, NJW 1982, S. 257, 262; Schlaich, JuS 1981, S. 437, 442 f.
126 Bogs, aa0, S. 62; Krey, Strafverfahrensrecht, Bd. 1, Rdnr. 87; Larenz, aa0, S. 340; Prümm, Verfassung und Methodik, S. 19; ders., JuS 1975, S. 299, 301; Zippelius, Bundesverfassungsgericht und Grundgesetz, 2. Bd., S. 109, 115 ff.

Vorschrift[127]. Über den möglichen Wortsinn des Gesetzes dürfe sich die Auslegung nicht hinwegsetzen. Umstritten ist allerdings, welcher Sprachgebrauch hierbei relevant ist, falls bezüglich des auszulegenden Begriffs eine gesetzliche Legaldefinition fehlt. Während vereinzelt auf den juristischen Sprachgebrauch verwiesen wird[128], stellt die überwiegende Ansicht auf die Sicht des Normadressaten ab und hält die umgangssprachliche Bedeutung des Begriffs für maßgeblich[129]. In materieller Hinsicht - so die wohl h.L. - werde die verfassungskonforme Auslegung i.e.S. durch die "ratio legis" begrenzt. Maßgeblich sei der von dem Gesetzgeber mit der Rechtsnorm verfolgte Zweck bzw. seien die ihr zugrunde gelegten Wertungen, soweit diese eindeutig festgestellt werden könnten[130].

Sobald eine dieser beiden Grenzen überschritten werde, liege keine verfassungskonforme Auslegung i.e.S. vor, sondern entweder verfassungskonforme Rechtsfindung praeter oder contra legem[131]. Demgegenüber sieht eine in der Literatur vertretene Minderansicht in dem möglichen Wortsinn keine Auslegungsgrenze. Denn höher als der Wortlaut stünden Sinn und Zweck des Gesetzes[132].

b) Schranken der verfassungskonformen Rechtsfortbildung über den Rahmen der Auslegung hinaus

In völligem Gegensatz zu jener zuletzt genannten Minderansicht geht eine in der Literatur ebenfalls vereinzelt gebliebene Auffassung davon aus, daß bei Mißachtung eines "klaren und eindeutigen Normtextes" nicht nur die Grenzen der verfassungskonformen Auslegung i.e.S., sondern auch die der verfassungskonformen Rechtsfindung praeter legem überschritten

---

127 Bogs, aa0, S. 46; Haak, aa0, S. 264; Bottke, NStZ 1987, S. 314, 316; Engisch, aa0, S. 82, 249, 250, FN 106 b; Günther, NJW 1982, S. 353, 357; Krey, Strafverfahrensrecht, Bd. 1, Rdnr. 88; Kühne, JuS 1973, S. 687; Larenz, NJW 1965, S. 1, 5; Prümm, JuS 1975, S. 299, 301; Schack, JuS 1961, 269, 272, Fn 21; Zippelius, aaO, S. 116.

128 Eser in: Sch/Sch/L, § 1, Rdnr. 37 (besonderer gesetzlicher Sprachgebrauch, falls vorhanden); Jakobs, Strafrecht, AT, 4/35 f; vgl. auch Engisch, aa0, S. 249, Fn 106 b; Larenz, aa0, S. 320 ff; Wessels/Beulke, Strafrecht, AT, Rdnr. 57 nach denen entweder der Sprachgebrauch der Umgangssprache oder der juristischen Fachsprache die Grenze bildet. Siehe auch Zippelius, Bundesverfassungsgericht und Grundgesetz, 2. Band, S. 108, 115, der betont, daß die Grenzziehung, je nach dem welchen Sprachgebrauch man als maßgeblich ansieht, unterschiedlich ist.

129 BVerfGE 47, 109, 121, 124; 64, 389, 393; 75, 329, 341; 87, 209, 224; NJW 1995, S. 2776; NJW 1996, S. 2663; BGH JR 1992, S. 72, 73; BGHSt 43, 237, 238; Krey, ZStW 101, 1989, S. 838, 842; Lackner/Kühl, § 1 StGB, Rdnr. 6; Schmalz, Methodenlehre, Rdnr. 232 ff; Roxin, Strafrecht AT I, § 5, Rdnr. 26 ff.

130 Engisch, aa0, S. 249, 250, Fn 106 b; Eckardt, aa0, S. 35; Krey, JZ 1978, S. 361, 364; ders., ZStW 101, 1989, S. 838, 842; Schack, JuS 1961, S. 269, 272, Fn 21; Zippelius, aa0, 2. Bd., S. 109, 117; vgl. auch Haak, aa0, S. 267, 269, der betont, daß die verfassungskonforme Auslegung zwar "objektiv konstruiert" sei, aber an dem "subjektiv (historisch) eindeutig festgestellten Gesetzesinhalt ihre Grenze" finde. A.A., Stein, NJW 1964, S. 1745, 1750.

131 Krey, JZ 1978, S. 361, 364.

132 Bender, MDR 1959, S. 441, 445; Michel, JuS 1961, S. 274, 279.

würden[133]. Nach ganz h.A. markiert der Wortlaut aber in Wirklichkeit nur die zwischen der verfassungskonformen Auslegung i.e.S. und der Rechtsfindung praeter legem verlaufenden Grenze, so daß die Überschreitung des möglichen Wortsinnes eines Gesetzes - mag er auch eindeutig sein - noch nicht zur Rechtsfindung contra legem führt[134].

In der Literatur wird zur Abgrenzung der verfassungskonformen Rechtsfindung praeter legem von der contra legem erfolgenden weitgehend auf den subjektiven Willen des Gesetzgebers zurückgegriffen[135]. Eine verfassungskonforme Gesetzesergänzung im Wege der Analogie komme nicht in Betracht, wenn eine planmäßige Unvollständigkeit des Gesetzes i.S. einer abschließenden Regelung vorliege. Entsprechendes gelte im umgekehrten Fall für die teleologische Reduktion, wenn vom Gesetzgeber bewußt keine Ausnahme zugelassen worden sei[136].

Hinsichtlich der Frage nach dem Ausmaß der Bindung des Richters an den gesetzgeberischen Willen, sind die Meinungen allerdings geteilt. Einigkeit besteht aber dahingehend, daß der Wille des Gesetzgebers nicht in allen Einzelheiten maßgeblich sei. Nicht die etwaigen detaillierten Inhaltsvorstellungen des Gesetzgebers seien maßgeblich; vielmehr sei für den Rechtsanwender der gesetzgeberische Regelungszweck bindend[137]. Es sei danach zu fragen, welche Wertungen der Gesetzgeber bei Erlaß der Rechtsvorschrift getroffen habe[138]. Nach einer Ansicht wird diese Grenze der verfassungskonformen Rechtsfindung praeter legem bereits dann überschritten, wenn das gesetzgeberische Ziel in einem wesentlichen Punkt verfehlt werde[139]. Andererseits wird gelehrt, daß der Richter bei verfassungskonformer Erweiterung oder Einengung des Regelungsgehaltes des Gesetzes jene Grenze erst dann überschreite, wenn er den Regelungskern umforme[140]. Noch minimalere Anforderungen an die Gesetzesbindung des Richters als die vorherigen Auffassungen hat diejenige Ansicht zur Folge, welche die Rechtsfortbildung erst für den Fall der Verkehrung des gesetzgeberischen Regelungszweckes in sein Gegenteil für unzulässig hält[141].

---

133 Haak, aa0, S. 264, 304; Ipsen, DVBl 1984, S. 1102, 1104; Schack, JuS 1961, S. 273, Anm. 32; Schneider, DÖV 1975, S. 450, 452.

134 Krey, JZ 1978, S. 361, 366; Seetzen, NJW 1976, S. 1997, 1999; Zippelius, aa0, S. 116, 121.

135 Bogs, aa0, S. 62, 68 ff; Eckardt, aa0, S. 44; Krey, NJW 1970, S. 1908; ders., JZ 1978, S. 361, 366 f; ders., ZStW 101 (1989), S. 838, 852; Michel, JuS 1961, S. 274, 280; Schack, JuS 1961, S. 269, 273; vgl. Skouris, aa0, S. 88, 110, der insoweit eine Parallele zwischen der Abgrenzung der Gesamt- und Teilnichtigkeit eines Gesetzes sowie der Zulässigkeit der verfassungskonformen Auslegung i.w.S. zieht. In beiden Fällen sei auf den Willen des Gesetzgebers abzustellen. Denn dieser entscheide auch darüber, ob eine Teilnichtigkeit des Gesetzes in Betracht komme oder es insgesamt für nichtig erklärt werden müsse.

136 Krey, NJW 1970, S. 1908, 1909; Michel, JuS 1961, S. 274, 280.

137 Bogs, aa0, S. 68; Eckardt, S. 44.

138 Bogs, aa0, S. 68; Krey, JZ 1978, S. 361, 366; Larenz, NJW 1965, S. 1, 4.

139 Zippelius, aa0, S. 123.

140 Bogs, aa0, S. 68.

141 Krey, JZ 1987, S. 361, 367; ders. ZStW 101 (1989), S. 838, 864.

Innerhalb dieser Schranken wird die verfassungskonforme Rechtsfindung praeter legem grundsätzlich als zulässig angesehen, es sei denn, daß die Verfassung der Rechtsfortbildung über den gesetzlichen Regelungsrahmen hinaus im Einzelfall, beispielsweise durch die Statuierung eines Analogieverbotes, entgegensteht[142].

In der Literatur ist allerdings eine Lehre weit verbreitet, die betont, die zuvor beschriebene Grenzziehung habe nur für die verfassungskonforme Rechtsfortbildung nachkonstitutioneller Gesetze Bedeutung[143]. Aus folgenden Gründen kämen die insoweit relevanten Maßstäbe für vorkonstitutionelle Gesetze nicht in Betracht:

In der juristischen Methodenlehre sei weitestgehend anerkannt, daß im Rahmen der Interpretation eines Gesetzes mit fortschreitender zeitlicher Geltung die Entstehungsgeschichte im Verhältnis zu den übrigen Auslegungsmerkmalen des Wortlautes, der Systematik und der Teleologie an Gewicht verliere[144]. Die von dem Gesetzgeber zum Zeitpunkt des Erlasses vorgefundene Normsituation habe sich häufig wesentlich gewandelt, so daß seine Wertungen mit heutigen Verhältnissen nur noch partiell bzw. oft überhaupt nicht mehr übereinstimmten. Daher wird von einigen Vertretern der Literatur die "verfassungsgetreue Reformierung von Altnormen" selbst dann für zulässig erachtet, wenn die Rechtsprechung sich über den vom Gesetzgeber mit dem Erlaß der Rechtsnorm verfolgten Zweck hinwegsetzt, diesen gegebenenfalls in sein Gegenteil verkehrt[145]. Das Gewaltenteilungsprinzip erweise sich insofern nicht als Hindernis. Da der Gesetzgeber seinerzeit nicht an die Bestimmungen des GG gebunden gewesen sei, dürfe sein Wille auch nicht als Schranke für die verfassungskonforme Rechtsfortbildung herangezogen werden[146]. Teilweise wird einschränkend lediglich verlangt, daß sich das verfassungsrechtlich geforderte heutige Verständnis der Altnormen noch irgendwie mit ihrem Wortlaut vereinbaren lassen müsse[147].

Die h.A. in der Literatur lehnt eine derart weitreichende Lockerung der Gesetzesbindung der Rechtsprechung bezüglich vorkonstitutioneller Gesetze ab. Auch für die Altnormen sei die allgemein für die verfassungskonforme Rechtsfindung praeter legem geltende Begrenzung maßgebend[148]. Die Anwendung der Grundsätze der Minderansicht laufe auf eine Gesetzeskorrektur hinaus, die der Rechtsprechung grundsätzlich verboten sei. Faktisch werde die Vor-

---

142 Zippelius, aa0, S. 121.
143 Bender, MDR 1959, S. 441, 446; Grünwald, JuS 1968, S. 452, 457; Mangoldt/Klein/Starck, aa0, Rdnr. 284.
144 Michel, JuS 1961, S. 274, 280.
145 Bender, MDR 1959, S. 441, 446; Bogs, aa0, S. 75; Maunz, Schmidt-Bleibtreu, Klein, Ulsamer, BVerfGG, § 80, Rdnr. 71.
146 Michel, JuS 1961, S. 274, 280.
147 Bender, MDR 1959, S. 441, 446.
148 Eckardt, aa0, S. 55.

schrift für verfassungswidrig erklärt und im Wege der Lückenergänzung durch eine andere der Verfassung entsprechende ersetzt[149]. Das Prinzip der Rechtsklarheit fordere die Nichtigkeitserklärung der verfassungswidrigen Altnormen. Denn trotz des Versuches, sie mit "methodischen Kunstgriffen" zu retten, hafte ihnen die "ausgesprochen grundgesetzfeindliche Tendenz" noch an[150].

c. Grundsätzliche Unzulässigkeit verfassungskonformer Gesetzeskorrektur

Nach h.A. in der Literatur ist die Rechtsprechung zu einer verfassungskonformen Gesetzeskorrektur nicht befugt[151]. Besteht über diese These zwar weitgehend Einigkeit, so wird zu ihrer Begründung doch von recht unterschiedlichen Ansätzen ausgegangen.

Eine Minderansicht leitet das Verbot der verfassungskonformen Gesetzeskorrektur aus Art. 100 Abs. 1 GG ab: Der Gewaltenteilungsgrundsatz biete zur Beantwortung der Frage, wann ein Gesetz für nichtig erklärt werden müsse und wann die "verfassungskonforme Auslegung" zulässig sei, keine Richtschnur. Zwischen den Schranken der einfachrechtlichen und der verfassungskonformen Gesetzesinterpretation bestehe keine Deckungsgleichheit. Hinsichtlich letzterer sei auf die speziell das konkrete Normenkontrollverfahren regelnde Vorschrift des Art. 100 Abs. 1 GG abzustellen[152]. Der Systematik des konkreten Normenkontrollverfahrens könne entnommen werden, daß eine Gesetzesberichtigung im Wege verfassungskonformer Auslegung unstatthaft sei. Denn die Feststellung des Verstoßes des einfachrechtlichen Gesetzes gegen die höherrangigen Bestimmungen des GG gehöre im konkreten Normenkontrollverfahren des Art. 100 I GG zur Subsumtion unter den verfassungsrechtlichen Kontrollmaßstab und müsse bei der Ermittlung des der Normenkontrolle zugrunde zu legenden Tatbestandes unberücksichtigt bleiben[153].

Die überwiegend in der Literatur vertretene Auffassung folgt dieser Argumentation nicht. Das Verbot der verfassungskonformen Gesetzeskorrektur lasse sich in gleicher Weise wie das der einfachgesetzlichen begründen[154]. Dem Richter sei die Gesetzesberichtigung, gleichgültig, ob sie aus verfassungsrechtlichen oder sonstigen Gründen erfolgt, grundsätzlich wegen des in Art. 20 Abs. 3 und Art. 97 Abs. 1 GG angeordneten Grundsatzes der Gesetzesbindung der

---

149 Prümm, Verfassung und Methodik, S. 258.

150 Haak, aaO, S. 266; Prümm, aaO, S. 260.

151 Bogs, aaO, S. 33; Bruns, JR 1981, S. 358, 362; Gribbohm in: LK, § 1 StGB, Rdnr. 77; Krey, Strafverfahrensrecht, Bd.1, Rdnr. 80; ders., JZ 1978, S. 465, 467; a.A. Prümm, Verfassung und Methodik, S. 239 ff, welcher von dem Vorliegen von verfassungskonformer Gesetzeskorrektur aber bereits dann ausgeht, wenn gegen den Wortlaut aber nicht gegen den gesetzlichen Willen judiziert wird.

152 Eckardt, aaO, S. 54.

153 Eckardt, aaO, S. 55.

154 Bogs, aaO, S. 67, der die Betrachtungsweise der Minderansicht als vordergründig bezeichnet. Siehe auch, Krey, JZ 1978, S. 465, 467.

Rechtsprechung verwehrt[155]. Dieses Verbot lasse sich mit weiteren Verfassungsprinzipien, vornehmlich dem der Gewaltenteilung, der Rechtssicherheit, des Schutzes vor Willkür und der Demokratie, als deren Konkretisierung der Grundsatz der richterlichen Gesetzesbindung angesehen werden könne, legitimieren[156]. Nach der im GG konzipierten Funktionsverteilung der Staatsgewalten komme der Gesetzgebung die Rechtsetzungsprärogative zu. Im Falle der Gesetzeskorrektur greife der Richter aber in diese der Legislative nach der Verfassung zukommenden Domäne ein. Hierdurch werde die Gefahr eines Übergewichtes der rechtsprechenden Gewalt gegenüber Legislative und Exekutive heraufbeschworen. Ein solches Ungleichgewicht solle nach dem der Gewaltenteilung zugrundeliegenden Gedanken der Gewaltenbalance- und mäßigung im Interesse der Freiheitssicherung möglichst vermieden werden[157]. Das Verbot der Gesetzeskorrektur finde ebenfalls im Rechtsstaatsprinzip eine Stütze. Die richterliche Gesetzesberichtigung widerspreche sowohl dem in diesem Verfassungsprinzip verankerten formellen Grundsatz der Rechtssicherheit als auch dem materiellen Prinzip der Gerechtigkeit, verstanden als Schutz vor obrigkeitlicher Willkür[158]. Nicht zuletzt könne das contra legem Verbot außerdem aus dem Demokratieprinzip abgeleitet werden. Im Vergleich zu den Akten der Rechtsprechung komme dem Parlamentsgesetz die stärkere demokratische Legitimation zu[159]. Schließlich sei die nach dem GG in Art. 97 Abs. 1 geschützte richterliche Unabhängigkeit ohne eine strikte Gesetzesbindung nicht denkbar[160].

Die Frage, wann der Richter die Grenzen der Gesetzesbindung überschreitet und das Gesetz korrigiert, wird in Abgrenzung zu den beiden übrigen Stufen der Rechtsfindung vorgenommen. Demzufolge genügt, wie bereits erwähnt, nach der h.A. für die Bejahung einer "contra legem - Entscheidung" alleine die Mißachtung des Normtextes noch nicht. Gesetzeskorrektur liege erst vor, wenn neben dem Normtext auch der gesetzgeberische Regelungszweck klar mißachtet werde[161]. Zudem wird es als ausreichend angesehen, wenn die richterliche Entscheidung den Normtext zwar unangetastet läßt, aber den subjektiven Willen des Gesetzgebers in Überschreitung der für die verfassungskonforme Rechtsfindung praeter legem bestehenden Grenzen in sein Gegenteil verkehrt[162].

Von diesem grundsätzlichen Verbot der verfassungskonformen Gesetzesberichtigung werden teilweise in der Literatur eng umrissene Ausnahmen zugelassen. Eine verfassungskonforme

155 Bogs, aa0, S. 67; Krey, JZ 1978, S. 465; ders., ZStW 101 (1989), S. 838, 863; Larenz, NJW 1965, S. 1, 2.
156 Krey, JZ 1978, S. 465, 466 f; ders., ZStW 101 (1989), 838, 864.
157 Bogs, aa0, S. 67; Häfelin, aa0, S. 253; Krey, JZ 1978, 465, 466.
158 Krey, aa0, S. 467.
159 Krey, aa0.
160 Krey, aa0, S. 465.
161 Krey, Strafverfahrensrecht, Bd. 1, Rdnr. 80; ders. ZStW 101 (1989), S. 838, 864.
162 Krey, aa0.

Rechtsfindung contra legem komme beispielsweise in Betracht, wenn ein hierdurch erfolgender Eingriff in den rechtspolitischen Gestaltungsspielraum der Legislative mit Gewißheit ausgeschlossen werden könne. Dies sei der Fall, wenn dem Gesetzgeber nur ein Weg zur Beseitigung des Verfassungsverstoßes verbleibe und mit Sicherheit angenommen werden könne, daß er sich nicht mit der Aufhebung der verfassungswidrigen Rechtsnorm begnüge, sondern eine Neuregelung in jenem verfassungsmäßigen Sinne wähle[163]. Eine weitere Ausnahme von dem Verbot der verfassungskonformen Rechtsfindung contra legem wird gemacht, wenn es darum geht, gesetzliche Wertungswidersprüche auszuräumen[164].

4. Eigener Standpunkt: Differenzierung zwischen verfassungskonformer Auslegung, verfassungskonformer Lückenfüllung (Rechtsfortbildung praeter legem) und verfassungskonformer Gesetzeskorrektur

Aus verfassungsrechtlichen und methodologischen Gründen erscheint mir zur Bestimmung der Grenzen der "verfassungskonformen Auslegung i.w.S." eine Differenzierung zwischen den verschiedenen Stufen der Rechtsfindung, nämlich der secundum, praeter und contra legem erfolgenden, unverzichtbar zu sein.

Der wichtigste Grund für diese Unterscheidung folgt aus dem geltenden Verfassungsrecht. Denn einzelnen Bestimmungen des GG kann entnommen werden, daß die Differenzierung zwischen den drei Stufen der Rechtsfindung nicht nur erlaubt, sondern sogar geboten ist. Nach Art. 103 Abs. 2 GG kann eine Tat nur bestraft werden, wenn die Strafbarkeit gesetzlich bestimmt war, bevor sie begangen wurde. Bekanntlich begründet dieser strafrechtliche Gesetzesvorbehalt ein "Analogieverbot". Dem Richter ist eine Rechtsfindung praeter legem, soweit sie zum Nachteil des Täters erfolgt, ausdrücklich verwehrt. Seitens der Strafgesetze darf also lediglich eine Konkretisierung des gesetzlichen Regelungsrahmens erfolgen. Nach der ständigen Rechtsprechung des BVerfG[165] und der in der Literatur überwiegend vertretenen Ansicht[166] findet die Auslegung i.e.S. ihre Grenze an dem möglichen Wortsinn der Strafvorschrift, verstanden gemäß dem umgangssprachlichen Gebrauch. Da Art. 103 Abs. 2 GG den Schutz des Bürgers bezweckt, kann für eine verfassungskonforme Rechtsfortbildung keine andere Grenze gelten. Denn für den Täter ist es gleichgültig, aus welchen Gründen der Richter den Strafgesetzgeber nicht beim Wort nehmen möchte. Zum Nachteil des Täters ist also nur eine verfassungskonforme Auslegung i.e.S. zulässig. Eine verfassungskonforme Rechtsfortbildung praeter legem, die beispielsweise der Realisierung eines verfassungsrechtlichen Pönalisierungsgebotes dienen soll, ist ausgeschlossen.

163 Krey, NJW 1970, S. 1908, 1909; ders. JZ 1978, S. 465, 467.
164 Krey, JZ 1978, S. 465, 467 f; ders. ZStW 101 (1989) S. 838, 869.
165 BVerfGE 47, 109, 121, 124; 64, 389, 393; 75, 329, 341.
166 Krey, ZStW 101 (1989), S. 838, 842; Schmalz, Methodenlehre, Rdnr. 234 ff jeweils m.w.N.

Nach überwiegender Auffassung begründet der aus dem Rechtsstaats- und Demokratieprinzip folgende öffentlichrechtliche Gesetzesvorbehalt für Eingriffe in die Freiheit und das Eigentum des Bürgers ebenfalls ein Analogieverbot[167]. Daher fordern der strafrechtliche und der allgemeine öffentlichrechtliche Gesetzesvorbehalt eine Differenzierung zwischen der verfassungskonformen Auslegung i.e.S. und der verfassungskonformen Rechtsfindung praeter legem.

Die Notwendigkeit zwischen der verfassungskonformen Rechtsfindung praeter und contra legem zu unterscheiden, folgt aus dem in Art. 20 Abs. 3 und Art. 97 Abs. 1 GG verankerten Grundsatz der Gesetzesbindung der rechtsprechenden Gewalt. Die Aufgabe des Richters im demokratischen Rechtsstaat läßt sich nicht auf die Auslegung i.e.S. beschränken. Innerhalb der dem Richter heute legitimerweise ebenfalls zukommenden Rechtsfortbildungsaufgabe nimmt die über den gesetzlichen Regelungsrahmen hinausgehende Rechtsschöpfung[168] inzwischen einen großen Anteil ein. Denn gegenwärtig ist der Gesetzgeber, was seine Kodifikationsaufgabe anbetrifft, nur noch eingeschränkt in der Lage, mit den sich in der Gesellschaft vollziehenden Veränderungen Schritt zu halten. Der Rechtsprechung wächst daher mehr und mehr die Aufgabe zu, dieses Defizit auszugleichen[169].

Dagegen ist dem Richter eine Befugnis zur Gesetzeskorrektur abzusprechen. Entgegen der oben erwähnten Minderansicht unterliegt dabei die "verfassungskonforme" im Vergleich zur "einfachrechtlichen" Auslegung keinen besonderen Schranken. Denn beide Auslegungen sind methodisch gleichartig. Der verfassungskonformen Auslegung kommt lediglich die systematische Besonderheit zu, daß sie die Wertungen der Verfassung im Rahmen der Interpretation des Gesetzes berücksichtigt. Aus Art 100 GG, der bekanntlich nicht nur das Verfahren der Normenkontrolle bei Verstoß eines nachkonstitutionellen Gesetzes gegen das GG, sondern ebenfalls den des Verstoßes eines Landes- gegen ein Bundesgesetz regelt, können entgegen einer anders lautender Auffassung keine besonderen Schranken für die verfassungskonforme Auslegung abgeleitet werden.

Um der Wahrung der Würde des demokratisch unmittelbar legitimierten Gesetzgebers willen ist die Kompetenz zur Verwerfung nachkonstitutioneller förmlicher Gesetze dem BVerfG vorbehalten. Das GG erlaubt folglich bei Verfassungswidrigkeit eines nachkonstitutionellen Gesetzes allein dessen Nichtigkeitserklärung durch das BVerfG[170], d.h. durch eine Instanz, bei

167 Krey, Festschrift für Günter Blau, 1985, S. 123, 147 ff, m.w.N.

168 Dem Richter ist allerdings wegen der Gesetzesgebundenheit der Rechtsprechung die freie Rechtsschöpfung verwehrt, vgl. Maunz, Schmidt-Bleibtreu, Klein, Ulsamer, BVerfGG, § 31, Rdnr. 4.

169 Bender, MDR 1959, S. 441, 446.

170 Dies ist umstritten. M.E. folgt dies aber aus dem in Art. 100 Abs. 1 GG verwandten Begriff der Gültigkeit, vgl. Maunz, in: Maunz/Dürig/Herzog, GG, Art. 100, Rdnr. 26. Nach a.A. (Maunz, Schmidt-Bleibtreu, Klein, Ulsamer, BVerfGG, § 80, Rdnr. 19) kann keiner Bestimmung des GG, auch nicht Art. 100, eine Aussage zu den Folgen der Verfassungswidrigkeit eines Gesetzes entnommen werden.

deren Zusammensetzung im Hinblick auf das in Art. 94 Abs. 1 GG angeordnete Wahlverfahren ebenfalls auf demokratische Legitimation geachtet wurde.

Speziell für nachkonstitutionelle Parlamentsgesetze bietet Art. 100 GG demgemäß ein zusätzliches Argument für die Unzulänglichkeit der Rechtsfortbildung contra legem:

Die Berichtigung eines Gesetzes kommt faktisch seiner Kassation gleich. Zusätzlich nimmt der Richter bei der Bildung der auf den zu entscheidenden Sachverhalt anzuwendenden neuen Regelung regelmäßig rechtspolitisches Gestaltungsermessen in Anspruch, das herkömmlicherweise nur der Legislative zukommt. Mittels eines solchen Akts wird i.d.R. wesentlich stärker als bei einer Normkassation in die Würde des Gesetzgebers eingegriffen. Wenn aber das Grundgesetz zum Schutze der Autorität des Gesetzgebers nur die Normaufhebung durch das BVerfG vorsieht, muß die jenen Zweck gravierender beeinträchtigende Gesetzesberichtigung durch Fachgerichte erst recht ausgeschlossen sein. Bezüglich nachkonstitutioneller Gesetze spricht folglich auch Art. 100 Abs. 1 GG für die Existenz eines grundsätzlichen Verbotes der richterlichen "contra legem - Entscheidung".

Daher fordert der verfassungsrechtliche Grundsatz der Gesetzesgebundenheit des Richters, zwischen der zulässigen verfassungskonformen Rechtsfindung, nämlich der secundum und praeter legem erfolgenden, und der grundsätzlich unzulässigen verfassungskonformen Rechtsfindung contra legem zu unterscheiden.

Für diese Differenzierung sprechen jedoch zudem die folgenden methodologischen Erwägungen: Damit die Rechtsprechung die ihr innerhalb der Rechtsgemeinschaft zukommende Funktion, Frieden zu stiften, erfüllen kann, müssen ihre Entscheidungen auf gesellschaftliche Akzeptanz abzielen. Sie zu erreichen wird aber um so schwieriger, je weiter der Richter sich von dem Buchstaben des Gesetzes entfernt. Entsprechend nimmt die Notwendigkeit zu, die richterliche Entscheidung zu begründen. Die Unterscheidung zwischen den drei Stufen verfassungskonformer Rechtsfindung läßt dem Richter klar vor Augen treten, wie weit er sich bei einer bestimmten Entscheidung von dem Gesetz entfernt und was die Rechtsgemeinschaft insoweit an rechtfertigender Argumentation erwarten darf[171].

Heute ist in der juristischen Methodenlehre anerkannt, daß der Richter die Richtigkeit eines bestimmten Auslegungsergebnisses auch daraufhin zu überprüfen hat, zu welchen Folgen es

---

Bekanntlich kennt das Verfassungsprozeßrecht neben der Nichtigkeitserklärung auch die Unvereinbarkeitserklärung und die eingeschränkte Gültigkeitserklärung im Wege der verfassungskonformen Auslegung.

171 Prümm, JuS 1975, S. 299, 302.

in der Rechtspraxis führt[172]. Dieses Bedürfnis ist umso größer, je weiter die Rechtsprechung bei der Rechtsfindung über die Auslegung i.e.S. hinausgeht. Denn im Rahmen der vom Gesetzgeber (insbesondere durch die Ministerialbürokratie) für den Erlaß des Gesetzes geleisteten Vorarbeiten wird regelmäßig eingehend geprüft, welche gesellschaftlichen Auswirkungen seine Anwendung haben wird. Soweit der Richter sich auf die Auslegung, d.h. die Konkretisierung des gesetzlichen Regelungsrahmens beschränkt, kann er sich (grundsätzlich) auf jene Überprüfung verlassen. Hingegen ist der Richter im Falle der praeter und erst recht der contra legem erfolgenden Rechtsfindung mangels gesetzlicher Entscheidung, was jene Folgenkontrolle angeht, stärker auf sich alleine gestellt. Im Vergleich zur Legislative verfügt die Judikative aber über geringere Arbeitskapazitäten, um die Grundlagen für sichere Prognosen zu gewinnen. Die Rechtsprechung ist daher häufig nicht in der Lage, die gesellschaftlichen Folgen, zu denen gewisse Fälle einer verfassungskonformen Rechtsfindung praeter oder gar contra legem führen würden, abschließend zu beurteilen. Die Differenzierung zwischen den drei Stufen richterlicher Rechtsfortbildung ist daher auch geboten, um der Rechtsprechung ihre besondere Verantwortung, die sie im Falle des Judizierens über den gesetzlichen Regelungsrahmen hinaus übernimmt, aufzuzeigen.

Was die verfassungskonforme Auslegung i.e.S. angeht, ist sowohl eine formale als auch eine materielle Grenze anzuerkennen.

Dem möglichen Wortsinn des Gesetzes kommt insoweit die Funktion zu, die formale Grenze der Auslegung zu bilden[173]. Dies folgt bereits aus dem Wesen des Rechts. Denn das Recht kann ausschließlich durch das Medium der Sprache Existenz erlangen[174]. Da die Sprache das Kommunikationsmittel des Gesetzgebers ist, kann Gegenstand der Auslegung stets nur der Gesetzestext sein. Am Beginn und am Ende der Auslegung einer gesetzlichen Vorschrift steht daher das Wort[175]. Denn der Sinn eines Gesetzes läßt sich nur erkennen, wenn der Interpret den Wortlaut der Vorschrift zum Ausgangspunkt seiner Überlegungen nimmt. Zugleich markiert der mögliche Wortsinn des Gesetzes die äußerste Grenze der Auslegung. Dieser stellt zwar ein vages, keineswegs aber ein untaugliches Abgrenzungsmittel dar[176]. Zur Bestimmung jenes möglichen Wortsinns eines Begriffes muß meines Erachtens im Hinblick auf die Bürger als Normadressaten auf den Sprachgebrauch des täglichen Lebens, soweit es - wie in aller Regel - an einer Legaldefinition fehlt, abgestellt werden[177]. Zwar besitzt jeder Begriff neben einem eindeutigen und klaren Begriffskern auch einen zum Rande hin

172 Schmalz, Methodenlehre, Rdnr. 262 ff.
173 Larenz, aa0, S. 322; Schmalz, aa0, Rdnr. 334.
174 Schmalz, aa0, Rdnr. 231.
175 In der Methodenlehre ist anerkannt, daß jede Auslegung eines Gesetzes mit dem Wortsinn beginnt. Vgl., Kühne, JuS 1973, S. 687; Larenz, aa0, S. 320; Prümm, JuS 1975, S. 299, 301.
176 Prümm, JuS 1975, S. 299, 303.
177 BVerfGE 47, 109, 121; 64, 389, 393; 71, 108, 115; 75, 340, 341; NJW 1987, S. 43, 46.

inhaltlich verschwimmenden Begriffshof; es gibt aber Fälle negativer Gewißheit, in denen eine Norm sprachlich beim besten Willen nicht mehr eingreift.

Der Gesetzestext ist jedoch kein Selbstzweck, sondern dient dazu, die von der Legislative der gesetzlichen Regelung zugrunde gelegten Wertungen zu äußern. Der von dem Gesetzgeber mit der Vorschrift verfolgte Regelungszweck, die ratio legis, bildet neben der formalen die materielle Grenze der verfassungskonformen Auslegung im engeren Sinne[178]. Eine aus verfassungsrechtlichen Gründen geforderte Rechtsprechung, die eine dieser beiden Grenzen überschreitet, stellt sich entweder als verfassungskonforme Rechtsfortbildung praeter oder contra legem dar.

In Übereinstimmung mit der Rechtsprechung des BVerfG muß meines Erachtens davon ausgegangen werden, daß die Grenzen der verfassungskonformen Auslegung i.w.S. überschritten sind und eine Rechtsfortbildung contra legem jedenfalls dann vorliegt, wenn die richterliche Entscheidung dem nach Wortsinn und Regelungszweck eindeutigen Gesetz widerspricht[179]. Denn dürfte die Rechtsprechung sich auch dann über diese beiden Schranken hinwegsetzen, wenn sie kumulativ einem bestimmten Rechtsfindungsergebnis entgegenstehen, wäre die grundgesetzlich angeordnete Gesetzesbindung des Richters zur Bedeutungslosigkeit degradiert[180]. Es sind nämlich keine anderen Grenzen als diejenigen des Wortlautes und des in der Rechtsnorm zum Ausdruck kommenden subjektiven Willens des Gesetzgebers denkbar, die wirklich zu einer Bindung der Rechtsprechung an das Gesetz führen. Eine solche vermag der "objektive Sinn des Gesetzes", wie später noch zu zeigen sein wird, nicht zu leisten.

Zunächst wird die Studie sich der Frage zuwenden, ob eine verfassungskonforme Rechtsfindung contra legem bereits dann vorliegt, wenn aus verfassungsrechtlichen Gründen nur gegen eine jener beiden Auslegungsschranken verstoßen wird.

Eine Überschreitung des Wortlautes bedeutet, anders als dies zum Teil gelehrt wird[181], meines Erachtens noch nicht notwendig das Vorliegen einer Entscheidung contra legem[182]. Der Wortlaut markiert nur die zwischen der Rechtsfindung secundum und praeter legem

178 Bottke, NStZ 1987, S. 314, 316; Eckardt, Die verfassungskonforme Gesetzesauslegung, S. 34 f; Günther, NJW 1982, S. 353, 357; Krey, ZStW 101 (1989), S. 838, 842 m.w.N.; Stein, NJW 1964, S. 1745, 1750; Zippelius, BVerfG und GG, S. 109, 115 f.

179 BVerfGE 2, 380, 398; 3, 213, 222; 8, 28, 34; 18, 97, 111; 22, 28, 36 f; 30, 33, 88; 49, 304, 321; 54, 277, 299; 57, 220, 248; 59, 330, 335; 70, 35, 65.

180 BVerfGE 49, 304, 322.

181 Haak, aa0, S. 264, 304; Ipsen, DVBl, 1984, S. 1102, 1104; Schaak, JuS 1961, S. 273, Anm. 32; Schneider, DÖV 1975, S. 450, 452.

182 Krey, JZ 1978, S. 361, 366.

bestehende Grenze. Denn insoweit ist die in der Literatur vertretene Auffassung zutreffend, der von dem Gesetzgeber mit der Regelung verfolgte Zweck stehe höher als der Wortlaut des Gesetzes[183]. Die Sprache ist, mangels anderer dem Gesetzgeber zur Verfügung stehender Kommunikationsmittel, dasjenige, auf das er zurückgreifen muß, um die mit Erlaß der Rechtsnorm verfolgten Ziele zum Ausdruck zu bringen. Mit anderen Worten; der Gesetzestext ist nur die sprachliche Hülle der legislatorischen Wertungen. Daher besteht in gewissen Fällen aus praktischen Erwägungen ein Bedürfnis, daß die Rechtsprechung sich über den Gesetzeswortlaut hinwegsetzen darf. Dies ist zum einen der Fall, wenn die legislativen Wertungen nur unvollkommen in der gesetzlichen Vorschrift zum Ausdruck gekommen sind. Zum anderen besteht eine solche Notwendigkeit, falls der Gesetzgeber hinsichtlich eines gewissen Lebenssachverhaltes versehentlich keine Regelung getroffen hat, also eine Lücke vorhanden ist, mag auch der Wortlaut gegen eine derartige Annahme sprechen[184]. Für die Rechtsprechung folgt nämlich aus dem verfassungsrechtlichen Rechtsverweigerungsverbot die Pflicht, auch in jenen Konstellationen eine Entscheidung zu treffen. Da es in diesen beiden Fällen trotz des entgegenstehenden Wortlautes in Wahrheit aber an einer gesetzlichen Regelung fehlt, kann es nicht zu einem Übergriff der Judikative in den Kompetenzbereich der Legislative kommen.

Zu Beginn wurde bereits darauf hingewiesen, daß die Auslegung nicht nur formal durch den Wortlaut, sondern auch materiell durch die ratio legis begrenzt wird. Wird diese materielle Schranke mißachtet, so überschreitet die Rechtsprechung grundsätzlich nicht nur die der Rechtsfindung secundum, sondern ebenso die der Rechtsfindung praeter legem gesetzte Grenze. Die ratio legis ist insoweit in der Bedeutung des von dem Gesetzgeber mit der Regelung verfolgten Zweckes zu verstehen. Denn "Sinn und Zweck des Gesetzes", verstanden i.S. der objektiven Auslegungstheorie, wären zur Verwirklichung der grundgesetzlich geforderten Gesetzesbindung nicht geeignet. Eine i.S. der objektiven Auslegungstheorie gedeutete ratio legis wäre eine allzu variable, beliebige Größe[185]. Mit den Veränderungen, die sich in der Gesamtrechtsordnung vollziehen, würde ebenfalls der Sinn eines bestimmten Gesetzes eine Wandelung nehmen. Denn die Auslegung ist ja gegenwartsbezogen. Zudem muß sie den gesamten Kontext der übrigen Rechtsordnung, in den die Rechtsnorm hineingestellt ist, berücksichtigen.

Es würde den Rahmen dieser Arbeit sprengen, zu den verschiedenen Auslegungstheorien im einzelnen abschließend Stellung zu nehmen. Die zuvor beschriebene Variabilität von "Sinn und Zweck des Gesetzes" läuft auf eine Fiktion der richterlichen Gesetzesbindung hinaus[186].

---

183 Bender, MDR 1959, S. 441, 445; Michel, JuS 1961, S. 274, 279.
184 Bogs, aa0, S. 68; Michel, JuS 1961, S. 274, 280; Krey, NJW 1970, S. 1908; ders., JZ 1978, S. 361, 366.
185 Krey, JZ 1978, S. 361, 366.
186 Krey, JZ 1978, S. 361, 366 m.w.N.

Als relativ feste Größe steht der objektiven Auslegungstheorie nur der Wortlaut der Rechtsnorm zur Verfügung, der aber - wie erwähnt - zur Abgrenzung der verfassungskonformen Rechtsfindung praeter von der contra legem erfolgenden ungeeignet ist.

Für diese Grenzziehung bietet die subjektive Auslegungstheorie den richtigen Ausgangspunkt[187]. Entsprechend der Erkenntnis der objektiven Auslegungstheorie, daß bei fortschreitender zeitlicher Geltung die Entstehungsgeschichte im Verhältnis zu den übrigen Auslegungsmerkmalen an Bedeutung verliert[188], muß dabei zwischen vor- und nachkonstitutionellen Gesetzen unterschieden werden[189]. Bei beiden Arten von Gesetzen ist die Rechtsprechung zwar an das gesetzgeberische Ziel gebunden, jedoch in unterschiedlichem Maße. Bei vorkonstitutionellen Gesetzen liegt eine verfassungskonforme Rechtsfindung contra legem erst dann vor, wenn das gesetzgeberische Ziel in sein Gegenteil verkehrt wird[190]. Demgegenüber wird bei nachkonstitutionellen Gesetzen die Grenze der verfassungskonformen Rechtsfindung praeter legem schon dann überschritten, wenn die richterliche Entscheidung das gesetzgeberische Ziel in einem wesentlichen Punkt verfehlt oder verfälscht[191]. Nach dem Gewaltenteilungsprinzip, wie es im GG seine Ausgestaltung gefunden hat, kommt dem demokratisch legitimierten Gesetzgeber im Verhältnis zu den anderen beiden Staatsgewalten eine Regelungsprärogative zu. Die Rechtsprechung würde gegenüber der Legislative ein Übergewicht erlangen, wäre ihr die verfassungskonforme Rechtsfortbildung bis an die Grenze der Verkehrung des gesetzgeberischen Regelungszweckes in sein Gegenteil gestattet[192]. Häufig bilden geradezu diejenigen Gesetze, die gesellschaftlich bedeutsame Fragen regeln, den Gegenstand verfassungskonformer Rechtsfortbildung. Dürfte das BVerfG, dem nach dem GG zwar eine herausgehobene Stellung, aber eben nur die eines Gerichtes zukommt, bezüglich der verfassungskonformen Auslegung bis an jene Grenze gehen, wäre es in Wahrheit die Rechtsprechung, welche die gesetzliche Regelung trifft. Die inhaltliche Neugestaltung der Rechtsnorm in elementaren Punkten durch die Judikatur stellt einen stärkeren Eingriff in die Würde des Gesetzgebers dar, als wenn dieser durch die Aufhebung des Gesetzes zum Erlaß einer anderen, der Verfassung entsprechenden Vorschrift gezwungen wird[193].

---

187 Eckardt, aa0, S. 56; Krey, JZ 1978, S. 361, 366; Larenz, NJW 1965, S. 1, 4; Michel, JuS 1961, S. 274, 280; Skouris, Teilnichtigkeit von Gesetzen, S. 88, 110.

188 Michel, aa0.

189 Bender, MDR 1959, S. 441, 446; Bogs, aa0, S. 75; Michel, aa0.

190 Mangoldt/Klein/Starck, Das Bonner GG, Art. 1 Abs. 3 GG, Rdnr. 283 f; Krey, JZ 1978, S. 361, 367.

191 Leibholz/Rinck/Hesselberger, GG für die Bundesrepublik Deutschland, Einf., Rz. 16; Schlaich, JuS 1981, S. 437, 442.

192 Häfelin, Festschrift für Huber, 1981, S. 241, 253.

193 Häfelin, aa0; Mangoldt/Klein/Starck, Das Bonner GG, Art. 1 Abs. 3 GG, Rdnr. 284.

Diese Gesichtspunkte treffen für vorkonstitutionelle Gesetze nicht in dieser Weise zu[194]. Sie sind nämlich keineswegs von einem demokratisch legitimierten Gesetzgeber unter der Herrschaft des GG erlassen worden. Durch den Erlaß des GG war es der Verfassungsgeber selbst, der anordnete, daß die den vorkonstitutionellen Gesetzen zugrundeliegenden Ordnungsvorstellungen, soweit sie der Verfassung widersprechen, überholt sein sollten. Dennoch ist auch bei jenen das von dem historischen Gesetzgeber verfolgte Ziel für die Bestimmung der Grenze der verfassungskonformen Rechtsfortbildung praeter legem nicht völlig bedeutungslos. Es liegt zwar kein Eingriff in die Würde des demokratisch legitimierten Gesetzgebers vor, wenn bei ihrer Interpretation in verstärktem Umfange den seit ihrem Erlaß veränderten Verhältnissen und den in der Verfassung zum Ausdruck kommenden abweichenden gesellschaftlichen Wertvorstellungen Rechnung getragen wird. Jedoch gebietet der rechtsstaatliche Gedanke der Rechtssicherheit, daß der in dem vorkonstitutionellen Gesetz erkennbar gewordene gesetzgeberische Regelungszweck nicht **"in sein Gegenteil verkehrt wird"**. Aus Gründen der Rechtsklarheit sollten vorkonstitutionelle Gesetze, denen nur unter solcher "Verkehrung" ihrer ratio legis ein verfassungsgemäßer Inhalt beigelegt werden kann, als nichtig behandelt werden, wie es dem in Art. 123 Abs. 1 GG verankerten Grundsatz entspricht[195].

§ 14 Zur Zulässigkeit der verfassungskonformen Auslegung und der verfassungskonformen Rechtsfortbildung praeter legem als normerhaltendem Prinzip speziell bei Strafrechtsnormen

A. Befürwortende Auffassung

I. Rechtsprechung

Innerhalb der Judikatur des BVerfG[196] und des BGH[197] ist nicht erkennbar, daß eines der beiden Gerichte die Zulässigkeit und die Grenzen der verfassungskonformen Auslegung von Strafgesetzen im Vergleich zu sonstigen Gesetzen unterschiedlich behandeln würde. Dies gilt für die verfassungskonforme Auslegung sowohl in ihrer Funktion als normer-haltendes Prinzip[198] als auch als allgemeines Auslegungsprinzip[199]. Die verfassungskonforme Rechtsfortbildung praeter legem wird ebenfalls für zulässig erachtet, jedoch im Hinblick auf das

194 Michel, JuS 1961, S. 274, 280.
195 Prümm, Verfassung und Methodik, S. 258.
196 BVerfGE 9, 83, 87; 45, 187, 261 f; 50, 5, 9; 76, 211, 217 f; 86, 288, 326 f; NJW 1987, S. 43, 47.
197 BGHSt 30, 105 ff.
198 BVerfGE 9, 83, 86; 80, 244, 250 ff; 86, 288, 320 f.
199 BVerfGE 32, 98, 109.

strafrechtliche Analogieverbot des Art. 103 Abs. 2 GG selbstverständlich nur insoweit, als sie sich zugunsten des Täters auswirkt.

II. Herrschende Ansicht in der Literatur

Die h.L. nimmt, soweit es um die verfassungskonforme Auslegung von Strafgesetzen geht, keine Differenzierung zwischen diesen und sonstigen Gesetzen vor[200].

B. Kritische Stimmen in der Literatur

I. Bedenken im Hinblick auf Art. 103 Abs. 2 GG ("nulla poena sine lege")

Zu Beginn der Anwendung der verfassungskonformen Auslegung durch das BVerfG fanden sich in der Literatur vereinzelt Stimmen, die auf Besonderheiten dieser Auslegungsmethoden bei Strafgesetzen im Vergleich zu sonstigen Gesetzen hinwiesen. Sie betonten, daß die verfassungskonforme Auslegung in einen Konflikt mit dem für Strafgesetze geltenden Gesetzlichkeitsprinzip des Art. 103 Abs. 2 GG treten könne. Die verfassungskonforme Auslegung von Strafgesetzen führe häufig zu einer erheblichen Rechtsunsicherheit, was namentlich dann der Fall sei, wenn anstelle des Gesetzesrechts Richterrecht trete. Die Verletzung des verfassungsrechtlich gesicherten Satzes "nulla poena sine lege" sei oft die Folge[201]. Aufgrund der verfassungsrechtlich veranlaßten Modifikationen des gesetzlichen Straftatbestandes, beispielsweise um dem Verhältnismäßigkeitsgrundsatz Genüge zu tun, verliere das Strafrecht seine Rationalität und Evidenz.

II. Intensivierung der allgemeinen gegen die verfassungskonforme Auslegung geltend gemachten Bedenken bei Strafgesetzen

In der Literatur wird oft darauf hingewiesen, die Gefahr des Eingriffs der Rechtsprechung in den Kompetenzbereich der Gesetzgebung im Wege der verfassungskonformen Auslegung sei groß. Speziell das Strafrecht habe regelmäßig die Lösung von Grundrechtskollisionen zum Gegenstand. Hierbei komme der Legislative bei der Abgrenzung der den einzelnen Menschen zustehenden Freiheitsräumen gegenüber der Judikative eine Regelungsprärogative zu[202]. Die Methode der verfassungskonformen Auslegung berge nun die besondere Gefahr in sich, daß die Rechtsprechung selbst eine Abwägung der divergierenden Freiheitsrechte vornehme und

200 Eilsberger, JuS 1970, S. 321 f; Schuppert, AfP 1984, S. 67, 73 f; Wolter, NStZ 1986, S. 241, 247 ff.
201 Schmidt, JR 1968, S. 321, 324; ders. JZ 1969, S. 395, 396; siehe auch Brohm, JZ 1985, S. 501 f.
202 Krey, JR 1995, S. 221.

unter Mißachtung des Entscheidungsspielraums der Legislative eine Strafrechtsnorm konzipiere, die in dieser Gestalt nie Gesetz geworden wäre[203].

Nicht zuletzt auch aus diesem Grund wird in der Literatur die Eigenständigkeit des Strafrechts betont und die Forderung erhoben, von jener Auslegungsmethode nur zurückhaltend Gebrauch zu machen, zumal das Verfassungsrecht dem Strafrecht nur äußere Grenzen setzen, es aber nicht inhaltlich derterminieren dürfe[204].

C. Eigener Standpunkt

Die Anwendung der verfassungskonformen Auslegung als normerhaltendes Prinzip führt auch bei Strafgesetzen zu der naheliegenden Gefahr, daß es im Interesse der Normerhaltung zu Eingriffen des BVerfG in die Regelungsprärogative des Gesetzgebers bzw. in die Kompetenz der Fachgerichtsbarkeit kommt[205]. Gemäß der auf dem Rechtsstaats- und Demokratieprinzip beruhenden "Wesentlichkeitstheorie" des BVerfG[206] ist aber gerade bei Strafgesetzen, die zu dem schwersten Eingriff in die Freiheit des Bürgers führen, der demokratisch legitimierte Gesetzgeber und kein anderes Verfassungsorgan dazu berufen, die maßgeblichen Entscheidungen im grundrechtsrelevanten Bereich zu treffen. In diesem Zusammenhang ist besonders auf Art. 103 Abs. 2 GG hinzuweisen. Diese Verfassungsbestimmung soll, neben dem rechtsstaatlichen Schutz des Bürgers, sicherstellen, daß der Gesetzgeber über die Strafbarkeit entscheidet[207], um Willkür zu vermeiden. Trotz der Gefahr des Übergriffs des BVerfG in die Regelungsprärogative des Gesetzgebers, die aus den zuvor bezeichneten Gründen bei Strafgesetzen außerordentlich schwer wiegt, ist auch bei diesen die verfassungskonforme Auslegung in der Funktion als normerhaltendes Prinzip statthaft. Diese Zulässigkeit hat der Gesetzgeber indirekt in § 79 BVerfGG zum Ausdruck gebracht, da nach dieser Vorschrift gegen ein rechtskräftiges Strafurteil, das auf der Auslegung einer Norm beruht, die vom BVerfG für unvereinbar mit dem GG erklärt wurde, die Wiederaufnahme des Verfahrens nach den Vorschriften der Strafprozeßordnung zulässig ist.

Aus dem strafrechtlichen Gesetzlichkeitsprinzip des Art. 103 Abs. 2 GG folgen aber m.E. für die Tenorierung der im Normenkontrollverfahren ergangenen verfassungsgerichtlichen Entscheidungen, in denen ein Strafgesetz nur bei verfassungskonformer Auslegung mit den Bestimmungen des Grundgesetzes für vereinbar erklärt wird, Besonderheiten, die weder vom

---

203 Brohm, JZ 1985, S. 501 f.

204 Kohlrausch-Lange, StGB, § 2, Anm. 6.

205 Krey, JR 1995, S. 221 f mit zahlreichen Beispielen.

206 BVerfGE 33, 125, 163; 33, 303, 336 ff; 34, 165, 192 f; 40, 237, 249; 41, 251, 259 ff; 47, 46, 78 ff; 49, 89, 126 ff; Kisker, NJW 1977, S. 1313, 1317; Kloepfer, JZ 1978, S. 685, 689 f; kritisch, Krebs, Jura 1979, S. 304, 308 f.

207 Hill, aa0, § 156, Rdnr. 59.

BVerfG noch von der Literatur beachtet werden: Die Garantiefunktion des Strafrechts ("nullum crimen, nulla poena sine lege scripta") gebietet, die Strafbarkeit einer Handlung und die Strafe nur durch ein geschriebenes Gesetz anzudrohen.

Nicht zuletzt um der Freiheit des Bürgers willen soll Art. 103 Abs. 2 GG gewährleisten, daß sich der einzelne über die Frage der Strafbarkeit einer Handlung vergewissern und sich entsprechend verhalten kann. Aus den genannten Gründen muß die Strafbarkeit zum einen schriftlich fixiert werden. Zum anderen bedarf es der Publikation des Strafgesetzes in einem staatlichen Veröffentlichungsorgan, das für jedermann zugänglich ist. Sofern nun das BVerfG ein Strafgesetz nur unter Anwendung der verfassungskonformen Auslegung als normerhaltendem Prinzip mit den Bestimmungen des Grundgesetzes für vereinbar erklärt, hat es dessen maßgeblichen Inhalt nicht allein aus dem veröffentlichten Gesetzestext, sondern auch unter Rückgriff auf die außerhalb hiervon stehende Verfassung entnommen. Hierbei kommt der verfassungskonformen Auslegung eines Strafgesetzes durch das BVerfG gemäß § 31 Abs. 1 BVerfGG über die Rechtskraftwirkung hinaus Allgemeinverbindlichkeit zu[208]. Das hat u.a. zur Konsequenz, daß die Strafgerichte in anderen Strafverfahren an die verfassungskonforme Auslegung, die das BVerfG dem Strafgesetz gegeben hat, gebunden sind. Trotz der Kontroversen zu den Einzelfragen der Bindungswirkung der verfassungskonformen Auslegung durch das BVerfG besteht weitgehend Konsens darüber, daß sie ihrem Urteil zumindest keine Auslegung zugrunde legen dürfen, die das BVerfG für verfassungswidrig erklärt hat. Darüber hinaus kommt der verfassungskonformen Auslegung nach § 31 Abs. 2 BVerfG innerhalb einer der in dieser Vorschrift genannten Normenkontrollentscheidungen "Gesetzeskraft" im Sinne der Letztverbindlichkeit für jedermann, also auch für die Normadressaten, zu. Eine verfassungsgerichtliche Entscheidung, die eine verfassungskonforme Auslegung von Strafgesetzen zum Gegenstand hat, zwingt zu dem Schluß, daß andere auf den ersten Blick denkbare Auslegungen der jeweiligen Strafvorschrift mit den Bestimmungen des GG unvereinbar sind. Jene Strafvorschrift wäre nämlich, falls ihre verfassungskonforme Auslegung aus methodischen Gründen ausscheiden würde, insgesamt nichtig. Daher trägt die verfassungskonforme Auslegung, obwohl sie nur eine "Auslegungsmethode" ist, durch den Rückgriff auf die Bestimmungen des Grundgesetzes entscheidend zur Bestimmung des maßgeblichen Inhaltes der Strafvorschrift bei. Dieser Inhalt als solcher kann dem im Bundesgesetzblatt veröffentlichten Gesetzestext nicht ohne weiteres entnommen werden. Dennoch nimmt das BVerfG die verfassungskonforme Auslegung nur gelegentlich in den Tenor der Entscheidung mit auf. Häufiger wird im Tenor lediglich auf die Entscheidungsgründe verwiesen. Gemäß § 31 Abs. 2 Satz 3 BVerfGG wird für den Fall, daß ein Gesetz in einem der in § 31 Abs. 2 genannten Verfahren mit dem GG für vereinbar erklärt wird, die Entscheidungsformel durch das Bundesjustizministerium im Bundesgesetzblatt veröffentlicht.

208 Krey, ZStW 1989, S. 838, 846 f m.w.N.

Diese Veröffentlichung der verfassungskonformen Auslegung erfolgt also nur dann auf gleiche Weise wie das Strafgesetz selbst, wenn sie von dem BVerfG in die Entscheidungsformel mitaufgenommen worden ist. Wenn die verfassungskonforme Auslegung sich nur aus den Entscheidungsgründen ergibt, hat dies auf ihre Allgemeinverbindlichkeit nach § 31 Abs. 1 BVerfGG und ihre Gesetzeskraft nach § 31 Abs. 2 BVerfGG zwar keinen Einfluß. Jedoch scheidet dann ihre Veröffentlichung staatlicherseits aus, da es sich bei der Entscheidungssammlung des BVerfG nicht um ein öffentliches, sondern um ein privates Publikationsmittel handelt. Daher erscheint mir bei Strafgesetzen schon aus allgemeinen Gründen der Rechtsklarheit die Aufnahme der verfassungskonformen Auslegung in den Tenor der Entscheidung angezeigt zu sein. Zum anderen ist dies meines Erachtens mit Rücksicht auf das Gesetzlichkeitsprinzip des Art. 103 Abs. 2 GG geboten, da sich erst aus dem Zusammenwirken von veröffentlichtem Strafgesetz und seiner verfassungskonformen Auslegung, die es durch das BVerfG gefunden hat, der für den Normadressaten maßgebliche Inhalt ergibt.

§ 15 Konsequenzen für die Überprüfung der Verfassungsmäßigkeit eines Strafgesetzes bei Anerkennung der verfassungskonformen Auslegung (im engeren und im weiteren Sinne) als normerhaltendes Prinzip

A. Die Interdependenz zwischen der Verfassung als Kontroll- und Erkenntnisnorm einerseits sowie der Strafrechtsnorm andererseits für die Feststellung des Prüfungsgegenstandes und des verfassungsrechtlichen Prüfungsmaßstabes

Die Anerkennung der verfassungskonformen Auslegung in ihrer Funktion als normerhaltendes Prinzip hat, wie in den vorherigen Ausführungen bereits angeklungen ist, gravierende Auswirkungen auf das Verfahren der Überprüfung der Verfassungsmäßigkeit eines Strafgesetzes. Vor Durchführung des Normenkontrollverfahrens muß Klarheit über den Inhalt des Strafgesetzes bestehen. Mit anderen Worten, es muß der Gegenstand, der auf seine Vereinbarkeit mit den Bestimmungen des Grundgesetzes überprüft werden soll, feststehen. Um sich über den Inhalt des Strafgesetzes die erforderliche Gewißheit zu verschaffen, ist regelmäßig seine vorherige Auslegung notwendig.

Vor Durchführung des Normenkontrollverfahrens bedarf aber grundsätzlich nicht nur das Strafgesetz als Prüfungsgegenstand, sondern auch die Verfassung als Prüfungsmaßstab der Auslegung[209]. Hierbei erfolgen Interpretation des Strafgesetzes und der grundgesetzlichen Bestimmung jeweils mit Blick aufeinander, da zwischen Prüfungsgegenstand und Prüfungsmaßstab in mehrfacher Hinsicht wechselseitige Beziehungen bestehen:

209 Brohm, JZ 1985, S. 501, 503.

Erstens gehen von dem zu überprüfenden Strafgesetz folgende Wirkungen auf den Kontrollmaßstab aus:

Nach dem konkreten Inhalt des Strafgesetzes richtet sich bereits die Suche nach den Vorschriften des Grundgesetzes, die für die Verfassungsmäßigkeitsüberprüfung heranzuiehen sind. An jenem Sinngehalt der Strafvorschrift muß sich der Interpret ebenfalls bei der Konkretisierung des jeweiligen verfassungsrechtlichen Kontrollmaßstabes orientieren[210].

Zweitens: Die von der Verfassung auf das Strafgesetz ausstrahlende Wirkung geht bei Anerkennung der Methode der verfassungskonformen Auslegung als normerhaltendem Prinzip über die eines Kontrollmaßstabes hinaus. Der Verfassung kommt die weitere Funktion einer Erkenntnisnorm zu, d.h. mit ihrer Hilfe wird der "richtige" Inhalt des Strafgesetzes ermittelt.

Der letztere Aspekt hat entscheidende Konsequenzen für das Verfahren der Überprüfung der Verfassungsmäßigkeit des Strafgesetzes. Auf den ersten Blick könnte diese Methode das Normenkontrollverfahren ad absurdum führen, wenn die Verfassung

- nachdem sie im Auslegungsverfahren zunächst als Erkenntnismittel für die Ermittlung des Inhalts des Strafgesetzes gedient hat, diese Strafrechtsnorm also in Übereinstimmung mit den Bestimmungen des GG gebracht worden ist -

einen Schritt später den Kontrollmaßstab bildet. Das Ergebnis der verfassungsrechtlichen Überprüfung, die Verfassungsmäßigkeit des Strafgesetzes, müßte bei dieser Vorgehensweise von Anfang an bereits feststehen. In Wirklichkeit stellt sich aber auch unter Berücksichtigung der verfassungskonformen Auslegung das Normenkontrollverfahren anders dar; das sei im folgenden dargelegt.

B. Das Verfahren der Kontrolle des Prüfungsgegenstandes am Prüfungsmaßstab

I. Die Notwendigkeit der Differenzierung zwischen "relativ eindeutigen" und "auslegungsbedürftigen" Strafgesetzen

Die Anerkennung der verfassungskonformen Auslegung als normerhaltendes Prinzip hat bezüglich der Durchführung des Normenkontrollverfahrens zur Folge, daß zwischen den beiden idealtypischen Arten des "relativ eindeutigen" und des "auslegungsbedürftigen" Strafgesetzes unterschieden werden muß. Die Notwendigkeit für diese Unterscheidung liegt in

210 Skouris, Teilnichtigkeit von Gesetzen, S. 75.

der Anwendbarkeitsvoraussetzung jener "Auslegungsmethode" begründet. Sie besteht, wie bereits ausgeführt, in der Auslegungsfähigkeit des Strafgesetzes, d.h. der Mehrdeutigkeit seines möglichen Wortsinns[211].

II. Die Möglichkeit der unmittelbaren Überprüfung des "relativ eindeutigen" Strafgesetzes an der Verfassung

Bei einem "relativ eindeutigen" Gesetz, das mit Rücksicht auf den klaren Wortlaut mehreren Auslegungen nicht zugänglich ist, stellt sich die Frage der verfassungskonformen Auslegung nicht[212]. Es ist unmittelbar an der Verfassung zu überprüfen. Erweist sich hierbei die mangelnde Übereinstimmung des Strafgesetzes mit den Bestimmungen des Grundgesetzes, so steht nach h.M. das Ergebnis der Verfassungsmäßigkeitsüberprüfung sogleich fest[213]. Das Strafgesetz ist nichtig. Die Möglichkeit seiner "verfassungskonformen" Rettung besteht nicht.

III. Die beiden dialektischen Verfahrensweisen der Überprüfung eines "auslegungsbedürftigen" Gesetzes am Maßstab der Verfassung

1. Die Methode der "extremen Wechselwirkung" zwischen Auslegung und Überprüfung der Verfassungsmäßigkeit des Strafgesetzes
- Das "Hin- und Herwandern des Blickes" zwischen Auslegung und verfassungsrechtlicher Kontrolle des Strafgesetzes -

Im Vergleich zu einem "relativ eindeutigen" Strafgesetz stellt sich die Verfassungsmäßigkeitsüberprüfung eines "auslegungsbedürftigen" Strafgesetzes wesentlich komplexer dar. Denn aufgrund der normerhaltenden Funktion der verfassungskonformen Auslegung darf das Strafgesetz nicht für nichtig erklärt werden, solange eine Auslegung möglich ist, die im Einklang mit dem GG steht. Demzufolge lassen sich im wesent-lichen zwei jener Funktion Rechnung tragende Verfahrensweisen der Überprüfung der Verfassungsmäßigkeit des Strafgesetzes unterscheiden[214].

Die eine der beiden Methoden ist durch ihre "extreme Wechselwirkung" zwischen der Auslegung und der Überprüfung der Verfassungsmäßigkeit des Strafgesetzes gekennzeichnet. Ihre Vertreter betonen: Der Auslegungsvorgang stelle eine Einheit dar[215]; die Strafvorschrift

---

211 Bettermann, Die verfassungskonforme Auslegung, S. 19; Grünwald, JuS 1968, S. 452, 457; Engisch, Einführung in das juristische Denken, S. 83; Haak, aaO, S. 1, 233; Schlaich, JuS 1982, S. 437, 441; Schmalz, Methodenlehre, Rdnr. 308; Schmidt-Salzer, DÖV 1969, S. 97, 98.

212 Michel, JuS 1961, S. 274, 277; Simon, EuGRZ 1974, S. 85; Wolter, NStZ 1986, S. 241, 247.

213 Michel, JuS 1961, S. 274, 277; Prümm, JuS 1975, S. 299, 301; Spanner, AÖR 91, 1966, S. 503, 522.

214 Burmeister, Die Verfassungsorientierung der Gesetzesauslegung, S. 16 ff.

215 Prümm, JuS 1975, S. 299, 302.

könne nicht etwa zuerst isoliert von der Verfassung interpretiert werden, um sie dann unter Zugrundelegung des im Wege einfachgesetzlicher Auslegung gefundenen Inhalts an den maßgeblichen Bestimmungen des GG zu messen. Vielmehr müßten die Wertungen der Verfassung sogleich unmittelbar in die Auslegung des Strafgesetzes einfließen[216]. Demzufolge erfordere die Auslegung des Strafgesetzes und seine Verfassungsmäßigkeitskontrolle ein "Hin- und Herwandern des Blickes" zwischen Prüfungsgegenstand - und maßstab. Der Inhalt des Strafgesetzes, der sich bei Anwendung der herkömmlichen Auslegungsmerkmale des Wortlautes, der Entstehungsgeschichte, der Systematik und der Teleologie anbiete, dürfe nur als vorläufiges Ergebnis der Auslegung betrachtet werden[217]. Dieses Ergebnis stehe von vornherein unter dem Vorbehalt, daß es sich unter Berücksichtigung der Ausstrahlungswirkung der Verfassung als zutreffend erweise. Verstoße jenes vorläufige Ergebnis gegen die Verfassung, so müsse es revidiert werden[218]. Seien andere Auslegungshypothesen vorhanden, müßten diese sodann auf ihre Vereinbarkeit mit der Verfassung hin überprüft werden. Existiere eine, bei der das Strafgesetz nicht gegen die Bestimmungen des GG verstoße, so müsse sie als maßgeblich angesehen und von der Verfassungsmäßigkeit der zu überprüfenden Vorschrift ausgegangen werden.

Die verfassungskonforme Auslegung erweist sich im Rahmen der dargelegten Vorgehensweise als eine Art vorgezogenes Normenkontrollverfahren[219], da das Grundgesetz unmittelbar zur Bestimmung eines verfassungsmäßigen Inhaltes des Strafgesetzes herangezogen wird[220].

2. Die Methode der vorherigen Ermittlung der Auslegungsalternativen des Strafgesetzes aufgrund einfachgesetzlicher Auslegung vor Überprüfung seiner Verfassungsmäßigkeit

a. Ermittlung des Norminhalts durch "einfachgesetzliche" Auslegung

Die Gegenansicht betont, die einfachgesetzliche Interpretation habe der verfassungskonformen Auslegung denknotwendig vorauszugehen[221]. Erst wenn das Ergebnis der allgemeinen Gesetzesinterpretation feststehe, entscheide sich, ob die verfassungskonforme

216 Bogs, Die verfassungskonforme Auslegung von Gesetzen, S. 26 f; Prümm, aa0; i.d.S. wohl auch Haak, aa0, S. 23, 235 f.
217 Bogs, aa0, S. 91.
218 Bogs, aa0, S. 91 ff.
219 Vgl. zu dem Aspekt der verfassungskonformen Auslegung als vorgezogene Normenkontrolle, Bettermann, aa0, S. 21 ff.
220 In der Literatur wird die Gefahr der Aushöhlung des Normenkontrollverfahrens betont. Vgl. Burmeister, Die Verfassungsorietierung der Gesetzesauslegung, S. 106; Prümm, Methodik und Verfassung, S. 100 ff.
221 Brohm, JZ 1985, S. 501, 502; Burmeister, Die Verfassungsorientierung der Gesetzesauslegung, S. 91 ff; Grünwald, JuS 1968, S. 452, 457, FN 49; Michel, JuS 1961, S. 274, 277; Schmidt-Salzer, DÖV 1969, S. 97, 98; Spanner, AÖR 91 (1966), S. 503, 522;

Auslegung des Strafgesetzes zum Zuge komme[222]. Bei dieser Verfahrensweise müsse das Strafgesetz zunächst unter Zugrundelegung des im Wege einfachgesetzlicher Auslegung gewonnenen Inhalts auf seine Vereinbarkeit mit den Bestimmungen des GG hin untersucht werden. Ergebe sich hierbei kein Widerspruch zur Verfassung, stelle sich die Frage der Möglichkeit seiner verfassungskonformen Auslegung nicht. Nur wenn sich das Strafgesetz bei jener Überprüfung als verfassungswidrig darstelle, dürfe der Auslegungsvorgang nicht als abgeschlossen betrachtet werden.

b) Ausscheiden der die Grenzen "einfachgesetzlicher" und "verfassungskonformer Auslegung i.e. sowie i.w.S. überschreitenden Auslegungsalternativen

Für den Fall einer derartigen Konstellation müsse geprüft werden, ob ggf. andere Auslegungsalternativen des Strafgesetzes in Betracht kämen, von denen sich zumindest eine mit den Bestimmungen des Grundgesetzes als vereinbar erweise. Treffe letzteres zu, stehe damit aber die Verfassungsmäßigkeit des Strafgesetzes noch nicht fest. Es müsse zuvor noch untersucht werden, ob das unter Heranziehung der Verfassung gefundene Auslegungsergebnis innerhalb der Grenzen zulässiger Rechtsfortbildung bleibe. Erst wenn diese Kontrolle positiv ausfalle, erweise sich das Strafgesetz als verfassungsgemäß.

Im Vergleich zur zuvor geschilderten (1.) Methode stellt sich die zuletzt erörterte (2.) zwar auch, aber deutlich weniger ausgeprägt, als eine Art vorgezogenes Normenkontrollverfahren dar[223].

3. Eigener Standpunkt

a. Notwendigkeit der vorherigen Ermittlung der Auslegungsalternativen eines "auslegungsbedürftigen" Strafgesetzes

Bei Anerkennung der verfassungskonformen Auslegung als normerhaltendem Prinzip erscheint es mir zutreffend, im Rahmen des Normenkontrollverfahrens zwischen "relativ eindeutigen" und "auslegungsbedürftigen" Gesetzen zu differenzieren[224]. Das Ergebnis der Verfassungsmäßigkeitsüberprüfung steht bei Strafgesetzen, die angesichts ihres klaren und eindeutigen Wortlautes mehreren Deutungen nicht zugänglich sind, sogleich fest, sobald man den Maßstab der Verfassung anlegt.

---

222 Burmeister, DVBl 1969, S. 605, 608.

223 Burmeister, aa0, S. 13; siehe auch Michel, JuS 1961, S. 274, 275, der betont: Die verfassungskonforme Auslegung ähnele zwar der Normenkontrolle, stelle aber noch keine solche dar.

224 Ipsen, DVBl 1984, S. 1102, 1104; Michel, JuS 1961, S. 274.

Anders ist es bei auslegungsbedürftigen Gesetzen. Denn sie lassen i.d.R. mehrere Auslegungshypothesen zu, die am GG gemessen werden können. Von dieser Möglichkeit ist Gebrauch zu machen, wenn sich das Strafgesetz bei Überprüfung der zunächst zugrunde gelegten Auslegungsalternative als verfassungswidrig erweist. Denn das Strafgesetz darf nur dann als nichtig angesehen werden, wenn keine Auslegung möglich ist, die im Einklang mit dem Grundgesetz steht.

Bei einem auslegungsbedürftigen Gesetz sind also zumindest im Rahmen einer Vorüberlegung zunächst die in Betracht kommenden Auslegungshypothesen zu ermitteln. In diesem Stadium sollte diese "vorläufige" Interpretation des Strafgesetzes zuerst noch ohne Rückgriff auf die Verfassung vorgenommen werden. Eine solche Vorgehensweise vermindert die Gefahr, daß aus vermeintlichen verfassungsrechtlichen Gründen Manipulationen an dem gesetzgeberischen Ziel vorgenommen werden. Das BVerfG sollte im Normenkontrollverfahren zunächst von dem Inhalt des Strafgesetzes ausgehen, den das vorlegende Strafgericht diesem durch einfachgesetzliche Auslegung gegeben hat[225]. Hierdurch kann das Risiko für das BVerfG minimiert werden, ohne Grund in den Kompetenzbereich der Fachgerichte einzugreifen[226].

b) Das strafrechtlichen Bestimmtheitsgebot: Schranke der verfassungskonformen Auslegung als normerhaltendes Prinzip

Aus folgenden Gründen erscheint es mir ebenfalls angezeigt, im Rahmen des Normenkontrollverfahrens zunächst zu ermitteln, welche Auslegungshypothesen des Strafgesetzes bei einfachgesetzlicher Auslegung tatsächlich in Erwägung zu ziehen sind. Sollte das Strafgesetz nämlich zahlreichen divergierenden Auslegungen gleichermaßen zugänglich sein, so drängen sich ernsthafte Zweifel an seiner Vereinbarkeit mit dem aus Art. 103 Abs. 2 GG folgenden strafrechtlichen Bestimmtheitsgebot auf[227]. Denn von der inhaltlichen Bestimmtheit des Strafgesetzes kann zumindest dann keine Rede mehr sein, wenn sein Inhalt durch Auslegung nicht ermittelt werden kann[228]. Eine zuverlässige Inhaltsbestimmung

---

225 Das BVerfG ist aber an diese Auslegung, sofern sich das Gesetz unter ihrer Zugrundelegung als verfassungswidrig erweisen sollte nicht gebunden. Vgl. Bogs, aa0, S. 91; Burmeister, DVBl 1969, S. 605, 607; Haak, aa0, S. 10, 160; Pestalozza, Verfassungsprozeßrecht, S. 151; Schmidt-Bleibtreu/Klein, Art. 100 GG, Rdnr. 7 a; Simon, EuGRZ 1974, S. 85, 88; Spanner, AöR 91, (1966), S. 503, 525 f; a.A. Bettermann, aa0, S. 34 ff; Meyer, in: v. Münch, Art. 100 GG, Rdnr. 25; Skouris, Teilnichtigkeit von Gesetzen, S. 119.

226 Kritisch hinsichtlich der verfassungskonformen Auslegung insoweit, Bettermann, aa0, S. 33.

227 Pestalozza, Verfassungsprozeßrecht, 2. Aufl. 1982, S. 10 f, der im Rahmen der verfassungskonformen Auslegung ausdrücklich darauf hinweist, eine mehreren Deutungen zugängliche Norm sei recht unbestimmt und deshalb in verfassungsrechtlicher Hinsicht im Hinblick auf das Rechtsstaatsprinzip äußerst bedenklich. Siehe auch Burmeister, aa0, S. 23 f; Stern, Das Staatsrecht der Bundesrepublik Deutschland, Bd. III, S. 1318.

228 BVerfGE 25, 269, 285; 73, 206, 234; 75, 329, 340 f; 78, 374, 381 f.

erscheint aber fraglich, wenn mehrere Auslegungshypothesen gleich nahe liegen. In einem solchen Fall muß das Strafgesetz besonders sorgfältig auf seine Vereinbarkeit mit dem strafrechtlichen Bestimmtheitsgebot überprüft werden. Abgesehen von jener Besonderheit sollte dieser Prüfungspunkt der übrigen materiellen Verfassungsmäßigkeitsprüfung stets vorangestellt werden. Zur Beantwortung der Frage, ob das Strafgesetz inhaltlich hinreichend bestimmt ist, muß zunächst die Möglichkeit seiner verfassungsrechtlichen Konkretisierung außer Betracht bleiben. Zwischen der inhaltlichen Bestimmtheit des Strafgesetzes und der Möglichkeit seiner verfassungskonformen Auslegung besteht nämlich folgender Zusammenhang: Von der Beachtung des Bestimmtheitsgebotes des Art. 103 Abs. 2 GG kann nicht mehr gesprochen werden, wenn dem Strafgesetz erst unter Rückgriff auf die Normierungen der Verfassung ein hinreichend präziser Inhalt gegeben werden muß. Liegt eine derartige Konstellation vor, ist das Strafgesetz nicht nur in einer verfassungswidrigen Weise inhaltlich unbestimmt; die Möglichkeit seiner verfassungskonformen Auslegung ist ebenfalls ausgeschlossen. Aufgrund der dem Gesetzgeber zukommenden Regelungsprärogative scheidet diese Auslegungsmethode aus, wenn durch den Richter der normative Regelungsgehalt des Strafgesetzes erst bestimmt werden müßte. Das gilt sowohl für die verfassungskonforme Auslegung in ihrer normerhaltenden als auch normkonkretisierenden Funktion. Meines Erachtens berühren sich beide Funktionen der verfassungskonformen Auslegung an dem Punkt der inhaltlichen Bestimmtheit des Strafgesetzes.

c. Ermittlung und Konkretisierung des materiellen verfassungsrechtlichen Prüfungsmaßstabes nach Feststellung des Norminhalts im Wege einfachgesetzlicher Auslegung

Die für die Verfassungsmäßigkeitsüberprüfung des Strafgesetzes maßgeblichen Bestimmungen des Grundgesetzes können nur ermittelt werden, wenn das BVerfG nicht allein von der Auslegung ausgeht, welche die Strafrechtsnorm durch das Fachgericht gefunden hat. Vielmehr muß das Gericht auf alle im Rahmen der einfachgesetzlichen Vorüberlegungen ernsthaft erwogenen Auslegungsalternativen des Strafgesetzes abstellen. Zwischen dem Prüfungsgegenstand des Normenkontrollverfahrens, d.h. dem relevanten Inhalt des Strafgesetzes, und dem Kontrollmaßstab besteht eine enge Wechselwirkung[229]. Es hängt zum einen von der jeweiligen Interpretation des Strafgesetzes ab, welche Bestimmungen des Grundgesetzes als Kontrollmaßstab überhaupt in Betracht kommen. Zum anderen ist das jeweilige Verständnis der Strafvorschrift für die Frage entscheidend, welcher Aspekt der konkreten Verfassungsvorschrift betroffen ist. Nach zutreffender Auffassung des BVerfG hat

229 Sowohl die Verfassung als auch das einfache Gesetzesrecht bedürfen mit Blick aufeinander der Auslegung. Vgl. Göldner, Verfassungsprinzip und Privatrechtsnorm, S. 52; Simon, EuGRZ 1974, S. 85, 90; Spanner, AÖR 91, (1966), S. 503, 522; Zippelius, Bundesverfassungsgericht und Grundgesetz, 2. Bd., S. 108, 112.

dies zur Konsequenz, daß eine Norm nicht auf der Grundlage einer unrichtigen Auslegung überprüft werden kann[230].

Aufgrund der Aufgabenverteilung zwischen Verfassungsgerichts- und Fachgerichtsbarkeit hat das BVerfG bei der Verfassungsmäßigkeitsüberprüfung des Strafgesetzes zunächst von derjenigen Auslegung auszugehen, die das vorlegende Strafgericht für richtig hält, es sei denn diese erweist sich als willkürlich bzw. mißachtet die Grenzen zulässiger Auslegung. Wenn sich das Strafgesetz allerdings bei jenem Verständnis als verfassungswidrig erweist, muß weiter untersucht werden, ob diese Verfassungswidrigkeit auch unter Zugrundelegung der übrigen Auslegungsalternativen anzunehmen ist. Denn es ist denkbar, daß nicht das Strafgesetz als solches, sondern lediglich seine Auslegung, die es durch die Fachgerichtsbarkeit gefunden hat, verfassungswidrig ist. Bezüglich der weiteren Überprüfung ist zu berücksichtigen, daß die von der Interpretation des vorlegenden Gerichts abweichenden Auslegungsalternativen des Strafgesetzes unter Umständen an anderweitigen bzw. zusätzlichen Verfassungsbestimmungen zu messen sind. Um die Kontrollnormen komplett zu ermitteln, ist es bedeutsam, anfangs von sämtlichen ernsthaft in Betracht kommenden Auslegungsalternativen des Gesetzes auszugehen.

d. Überprüfung des Gesetzes in Gestalt der "ermittelten Auslegungsalternativen" an den materiellen verfassungsrechtlichen Prüfungsnormen

aa. Fallgruppen der Verfassungsmäßigkeit des Strafgesetzes

aaa. Das Gesetz entspricht in jeder Auslegungsalternative dem materiellen verfassungsrechtlichen Prüfungsmaßstab

Ausgehend von der dem Grundsatz verfassungskonformer Auslegung als normerhaltendem Prinzip zugrundeliegenden methodologischen Prämisse

- daß die Frage nach der Verfassungsmäßigkeit des Gesetzes von der seiner denkbaren Auslegungsalternativen getrennt werden kann[231] -

lassen sich folgende Fallgruppen der Verfassungsmäßigkeit des Strafgesetzes unterscheiden:

---

230 BVerfGE 7, 45, 50; 31, 113, 117; 51, 304, 313; 80, 244, 250; Schmidt-Bleibtreu/Klein, Kommentar zum GG, Art. 100 GG, Rdnr. 7 a; Spanner, AÖR 91 (1966), S. 503, 526.

231 Spanner, AÖR 91, (1966), S. 503, 532; Zippelius, Bundesverfassungsgericht und Grundgesetz, 2. Band, S. 108, 111.

Das Strafgesetz ist über jeden verfassungsrechtlichen Zweifel erhaben, wenn es nicht nur in der Auslegung, die es durch das vorlegende Strafgericht gefunden hat, sondern auch unter Zugrundelegung der übrigen naheliegenden Auslegungsalternativen dem materiellen verfassungsrechtlichen Prüfungsmaßstab entspricht. Da bei dieser Konstellation aus verfassungsrechtlichen Gründen keine Notwendigkeit besteht, in den Kompetenzbereich der Fachgerichtsbarkeit einzugreifen, hat das BVerfG insoweit von der "Richtigkeit" der Auslegung des vorlegenden Strafgerichts auszugehen.

bbb. Das Gesetz entspricht nur in einer die Grenzen verfassungskonformer Auslegung i.w.S. beachtenden Interpretation dem materiellen verfassungsrechtlichen Prüfungsmaßstab

Das Strafgesetz stellt sich jedoch nicht nur in dem zuvor beschriebenen Fall als verfassungskonform dar. Verfassungsmäßigkeit kann auch dann gegeben sein, wenn das Gesetz nur in einer bestimmten Auslegung den Vorschriften des GG nicht zuwiderläuft[232]. Daher ist mit der Feststellung, daß das Strafgesetz in der Auslegung, die ihm das vorlegende Strafgericht gegeben hat, gegen eine Bestimmung des Grundgesetzes verstößt, noch keine endgültige Entscheidung über die Verfassungswidrigkeit getroffen. Zuvor müssen nämlich die übrigen, nach einfachgesetzlicher Auslegung zu erwägenden Auslegungsalternativen an der Verfassung gemessen werden. Selbst wenn nur eine von ihnen mit der Verfassung übereinstimmt, kann das Strafgesetz verfassungsgemäß sein[233]. Die Verfassungsmäßigkeit des Strafgesetzes steht aber erst dann endgültig fest, wenn sich die dem GG entsprechende Auslegungsvariante innerhalb der Grenzen zulässiger Auslegung bzw. Rechtsfortbildung praeter legem hält[234] (wobei letztere wegen des Analogieverbots nicht strafbegründend oder -schärfend sein darf). Diese Voraussetzung der Einhaltung der Schranken richterlicher Rechtsfortbildung ist besonders sorgfältig zu prüfen, damit das Ziel der verfassungskonformen Auslegung, die Wahrung der Würde des demokratischen Gesetzgebers, nicht durch die Überschreitung der Grenzen zulässiger richterlicher Rechtsfindung in sein Gegenteil verkehrt wird. Bei dieser Vorgehensweise kommt der Verfassung einstweilen nur die Funktion zu, zwischen den im Wege einfachgesetzlicher Auslegung gewonnenen unterschiedlichen Auslegungshypothesen diejenige auszuwählen, die mit dem grundgesetzlichen Kontrollmaßstab vereinbar ist[235]. Erst wenn keine dieser Auslegungsalternativen mit den Vorschriften des Grundgesetzes in Einklang steht, muß weiter untersucht werden, ob sich bei unmittelbarem Einfließenlassen der verfassungsrechtlichen

---

232 Schuppert, AfP 1984, S. 67, 73; Stern, Das Staatsrecht der Bundesrepublik Deutschland, Bd. I, § 4 III 8 d, S. 135.

233 Bogs, aaO, S. 34 spricht insoweit von der, der verfassungskonformen Auslegung zukommenden "Auslesefunktion".

234 Leibholz/Rinck/Hesselberger, Grundgesetz für die Bundesrepublik Deutschland, Einf., Rdnr. 13, 16.

235 Bogs, aaO, S. 34.

Wertungen ein dem Grundgesetz entsprechendes Auslegungsergebnis gewinnen läßt. Sofern eine derartige Möglichkeit besteht, ist das Strafgesetz auch in diesem Fall verfassungsgemäß. Voraussetzung ist allerdings, daß diese Auslegungshypothese innerhalb der Grenzen zulässiger Rechtsfortbildung verbleibt. Das Risiko, sie zu überschreiten, ist besonders groß, wenn der Verfassung nicht nur die zuvor beschriebene Auswahlfunktion, sondern auch jene inhaltsbestimmende Bedeutung beigemessen wird. Die Versuchung, im Interesse der Normerhaltung die gesetzgeberischen Wertungen in einem wesentlichen Punkt zu verfälschen, darf in einem solchen Fall nicht unterschätzt werden. Daher sollte der Verfassung in einem ersten Schritt stets nur die Bedeutung beigemessen werden, ein verbindliches Kriterium für die Auswahl der im Wege einfachgesetzlicher Auslegung gewonnener Auslegungsalternativen zu liefern. Hierdurch kann man weitgehend dem Vorwurf entgehen, die verfassungskonforme Auslegung führe zu einem Inhalt des Strafgesetzes, der im Wege einfachgesetzlicher Interpretation nicht hätte gewonnen werden können. Diese Verfahrensweise stellt ebenfalls sicher, daß nur aus zwingenden verfassungsrechtlichen Gründen von der Auslegung des vorlegenden Fachgerichts abgewichen wird.

bb. Fallgruppen der Verfassungswidrigkeit des Strafgesetzes

aaa. Das Gesetz widerspricht in jeder Auslegungsalternative dem materiell verfassungsrechtlichen Prüfungsmaßstab

Die Anwendung der Methode der verfassungskonformen Auslegung als normerhaltendem Prinzip hat die Bejahung der Verfassungswidrigkeit des Strafgesetzes nur in folgenden Konstellationen zur Konsequenz:

Die erste liegt vor, wenn das Strafgesetz nicht nur in der Auslegung, die es durch das vorlegende Gericht gefunden hat, sondern auch unter Berücksichtigung der übrigen ernstlich in Betracht zu ziehenden Auslegungsalternativen dem grundgesetzlichen Kontrollmaßstab zuwiderläuft. Es darf also keine Auslegungshypothese vorhanden sein, bei der das Strafgesetz mit den Vorschriften des Grundgesetzes vereinbar ist.

bbb. Das Gesetz entspricht nur in einer die Grenzen verfassungskonformer Auslegung i.w.S. überschreitenden Deutung der Verfassung

Das Strafgesetz erweist sich auch in der folgenden Konstellation als verfassungswidrig: Der Strafvorschrift kann zwar eine Deutung gegeben werden, die zu ihrer Vereinbarkeit mit den Vorschriften des Grundgesetzes führt. Diese Interpretation überschreitet aber die Grenzen der verfassungskonformen Auslegung i.w.S.[236], d.h. sie erweist sich weder als zulässige Auslegung noch als statthafte teleologische Reduktion des Strafgesetzes zugunsten des Täters. Denn im Hinblick auf die richterliche Gesetzesbindung darf die verfassungskonforme Auslegung bei nachkonstitutionellen Gesetzen nicht dazu führen, daß das gesetzgeberische Ziel in einem wesentlichen Punkt verfehlt oder verfälscht wird[237].

§ 16 Auswirkungen der Anerkennung der verfassungskonformen Auslegung als normerhaltendem Prinzip für die Überprüfung der Verfassungsmäßigkeit speziell des § 323 c StGB

A. Die "Auslegungsfähigkeit" im Sinne der Mehrdeutigkeit des Wortsinns der Tatbestandsmerkmale des § 323 c StGB

I. Die Verwendung normativer Tatbestandsmerkmale

Ausgehend von der zuvor beschriebenen Verfahrensweise der Überprüfung der Verfassungsmäßigkeit eines Strafgesetzes bei Anerkennung der verfassungskonformen Auslegung als normerhaltendem Prinzip geht es in der Folge zunächst um die Frage, ob § 323 c StGB als "relativ eindeutige" oder als "auslegungsfähige" Strafvorschrift zu qualifizieren ist. Die Antwort fällt nicht schwer. Die Strafvorschrift der unterlassenen Hilfeleistung ist in besonderem Maße der Auslegung bedürftig[238]. Innerhalb des zweiten Hauptteiles ist bereits dargelegt worden, daß der Wortlaut des Tatbestandes des § 323 c StGB sowohl bezüglich der einzelnen "Bedürfnisfälle" (Notlagen) als auch der Tathandlung und der Zumutbarkeitsklausel mehrdeutig ist. Beispielsweise kann entsprechend dem Sprachgebrauch dem Tatbestandsmerkmal des Unglücksfalles nicht deutlich entnommen werden, welche Schutzobjekte des Hilfsbedürftigen bedroht sein müssen[239]. Hinzu kommt, daß es sich bei dem Tatbestandsmerkmal der Erforderlichkeit der Hilfe um ein normatives Tatbestandsmerkmal handelt, das ohne richterliche Wertung nicht festgestellt werden kann. Diese Notwendigkeit tritt noch deutlicher bei der Feststellung der Zumutbarkeit der Hilfe zutage.

---

236 Michel, JuS 1961, S. 274, 277.

237 BVerfGE 8, 28, 34; 9, 194, 200; 33, 52, 69; 35, 263, 280; Menger, VerwArchiv, Bd. 50, (1959), S. 387, 389, 390; Schmidt-Salzer, DÖV 1969, S. 97, 98.

238 Hinsichtlich der tatbestandlichen Situation vgl. Müller, Die strafbare Hülfeverweigerung, S. 6; Schöne, aaO, S. 52; Schramm, aaO, S. 44, Stieve, aaO, 19. Bezüglich des tatbestandlichen Verhaltens vgl. Blaschick, aaO, S. 18 f; Bauer, Die Nothilfepflicht in Paragraph 330 c StGB, S. 9, Fn. 3; Ratsch, aaO, S. 24.

239 Vermander, aaO, S. 16.

II. Die Qualifikation des § 323 c StGB als Generalklausel

§ 323 c StGB läßt sich zumindest im Hinblick auf seine Zumutbarkeitsklausel als eine derartige Bestimmung qualifizieren[240]. Denn der Tatbestand des § 323 c StGB enthält selbst keinen ausdrücklichen Bezugsrahmen, nach dem sich die Zumutbarkeit der Hilfeleistung und damit letztlich die Strafbarkeit der Unterlassung beurteilen läßt. Die Zumutbarkeitsklausel gestattet dem Richter, unter Berücksichtigung der gesamten Umstände des Einzelfalles eine gerechte Entscheidung zu treffen. Aber gerade diesem Umstand "verdankt" § 323 c StGB sein generalklauselartiges Gepräge[241]. Das Vergehen der unterlassenen Hilfeleistung stellt keine kasuistische, sondern eine in besonderem Maße der ergänzenden richterlichen Wertung bedürftige Strafvorschrift dar. Bevor diese Bestimmung auf ihre Vereinbarkeit mit dem Grundgesetz hin überprüft werden kann, ist also im Wege einfachgesetzlicher Auslegung die Ermittlung ihrer einzelnen in Betracht kommenden Auslegungsalternativen hinsichtlich der tatbestandlichen Situation, der Tathandlung sowie der Zumutbarkeitsklausel nötig.

B. Die Bedeutung der Ermittlung der möglichen Auslegungsalternativen im Hinblick auf die Vereinbarkeit des § 323 c StGB mit dem Bestimmtheitsgrundsatz

Besondere Bedeutung kommt der Ermittlung jener Auslegungsalternativen auch für die Frage der inhaltlichen Bestimmtheit der Strafvorschrift der unterlassenen Hilfeleistung zu. Die vorliegende Arbeit hat bereits darauf aufmerksam gemacht, daß eine Strafvorschrift sicherlich dann dem Bestimmtheitsgebot des Art. 103 Abs. 2 GG widerspricht, wenn ihr Inhalt nicht im Wege der Auslegung ermittelt werden kann.

Demgemäß ist zuerst zu untersuchen, welchen unterschiedlichen Verständnismöglichkeiten § 323 c StGB bei einfachgesetzlicher Interpretation zugänglich ist. Je größer die Anzahl der Auslegungsalternativen ist, die bei Anwendung der hergebrachten Auslegungsgrundsätze der juristischen Methodenlehre gleichermaßen vertretbar erscheinen, desto gewichtiger sind in der Regel die Zweifel, die an der inhaltlichen Bestimmtheit der Strafvorschrift der unterlassenen Hilfeleistung bestehen.

Ausgehend von der in der Literatur anzutreffenden Prämisse, daß im Wege der Auslegung kein Schutzobjekt ausgeschlossen werden kann, bei dessen Bedrohung nicht von einem "Unglücksfall", von "gemeiner Gefahr" oder "Not" gesprochen werden könnte[242], wäre § 323 c StGB inhaltlich weitgehend unbestimmt. Hierbei muß die Möglichkeit der verfassungsrecht-

240 Schöne, aa0, S. 92 f.
241 Kreuzer, Ärztliche Hilfeleistungspflicht bei Unglücksfällen, S. 34.
242 Schöne, aa0, S. 100.

lichen Konkretisierung zunächst außer Betracht bleiben, da - wie bereits erwähnt - der verfassungskonformen Auslegung nicht die Aufgabe zukommt, erst den normativen Gehalt der Strafvorschrift der unterlassenen Hilfeleistung zu bestimmen. Die hinreichende Bestimmtheit des § 323 c StGB hängt entscheidend von der Möglichkeit ab, ihren Regelungsrahmen im Wege einfachgesetzlicher Auslegung richtungsweisend festzustellen und zu konkretisieren. Hierbei ist ein besonderes Augenmerk auf die Möglichkeit der zweifelsfreien Feststellung des Rechtsgutes des § 323 c StGB zu legen, da diesem entscheidende Bedeutung für die Konkretisierung der Strafvorschrift zukommt.

Kapitel 2: Darlegung der für die Verfassungsmäßigkeitsüberprüfung des § 323 c StGB relevanten Dogmatik zu seinem Wesen und seiner Struktur

§ 17 Die "einfachgesetzliche" Auslegung der tatbestandlichen Situation (Bedürfnisfälle: Unglücksfall, gemeine Gefahr und Not)

A. Der Meinungsstand in Rechtsprechung und Literatur zur Auslegung des Begriffs „Unglücksfall“

I. Rechtsprechung

1. Allgemeines

Der Begriff des Unglücksfalles ist, wie im geschichtlichen Teil dieser Abhandlung gezeigt wurde, erstmals innerhalb des aus dem Jahre 1851 stammenden PreußStGB in § 340 Ziff. 7 neben den Merkmalen der gemeinen Gefahr und Not zur Beschreibung der tatbestandlichen Situation einer strafbewehrten Nothilfepflicht verwandt worden. Die Auslegung, die das Tatbestandsmerkmal Unglücksfall seit diesem Zeitpunkt in der strafgerichtlichen Judikatur gefunden hat, ist durch die Tendenz zur stetigen Extension gekennzeichnet. Die folgende Gegenüberstellung der aus verschiedenen Epochen stammenden gerichtlichen Definitionen veranschaulicht dies besonders deutlich:

Ursprünglich ist unter dem Begriff des Unglücksfalles ein äußeres Ereignis verstanden worden, durch das Menschen oder Sachen erheblich geschädigt worden sind und welches weiteren Schaden besorgen ließ[243]. Nach der späteren Definition des Reichsgerichts sind

243 Olshausen, Kommentar zum StGB für das Deutsche Reich, 2. Bd., S. 1964 mit Rechtsprechungsnachweisen; siehe auch Rubo, Kommentar über das StGB für das deutsche Reich, 1879, S. 1024, 1025, der aus diesem Grunde Krankheiten nicht zu den Unglücksfällen rechnet. Auf das Merkmal der Äußerlichkeit wird ausdrücklich verzichtet seit RG DR 1941, 925, 926 und RGSt 75, 160,

Unglücksfälle plötzlich eintretende Ereignisse, die erheblichen Schaden verursachen und weiteren Schaden zu verursachen drohen[244].

In der neueren Rechtsprechung des BGH ist der Unglücksfall jedes mit einer gewissen Plötzlichkeit eintretende Ereignis das eine erhebliche Gefahr bringt oder zu bringen droht[245]. Obwohl die sprachlichen Unterschiede dieser Definitionen teilweise nur gering erscheinen, sind ihre Abweichungen in sachlicher Hinsicht, wie wir noch sehen werden, jedoch weitreichend.

2. Die maßgeblichen Kriterien des Unglücksfalles

a. Der Bereich der betroffenen Rechtsgüter

Wenden wir uns also den nach Auffassung der Rechtsprechung für das Vorliegen eines "Unglücksfalles" als maßgeblich zu erachtenden Kriterien zu. Der Bereich der Rechtsgüter, der betroffen sein muß, um von einem Unglücksfall sprechen zu können, ist lange Zeit sehr allgemein mit der Formulierung "Schaden an Menschen oder Sachen" umschrieben worden[246]. Auch die neuere Rechtsprechung hat keinen Versuch der Präzisierung unternommen, wenn sie betont, es müsse ein Individualrechtsgut bedroht sein, um von einem Unglücksfall sprechen zu können[247]. Dabei wird auf die Rechtsgüter Leben, Gesundheit, Freiheit und Eigentum hingewiesen[248]. Indes wird diese Aufzählung in der Judikatur nur beispielhaft, also keineswegs im Sinne einer enumerativen Festlegung, verstanden. Mithin kommt nach der Rechtsprechung jedes Individualrechtsgut in Betracht. Bei gewissen Rechtsgütern, namentlich dem des Eigentums, vereinzelt auch bei dem der körperlichen Integrität, wendet sie jedoch ein Erheblichkeitskorrektiv an und fordert, daß ein erheblicher Schaden drohen müsse.

162.

244 RGSt 71, 187, 189 = JW 1937, 1785; RGSt 71, 200, 203; 75, 68, 70; 75, 160, 162 = DR 1941, S. 1996; RGSt 77, 301, 303; RG DR 1940, S. 2063; DR 1941, S. 925, 926.

245 BGHSt 6, 147, 152; NStZ 1983, S. 313 = NJW 1983, S. 350, 351; MDR 1985, S. 285 = NStZ 1985, S. 122; siehe auch BayObIG VRS 24, Nr. 23, S. 60; OLG Hamm NJW 1975, S. 604, 605; OLG Köln VRS 24, Nr. 22, S. 54, 56. Vor jener Entscheidung hatte der BGH noch an der reichsgerichtlichen Begriffsbestimmung festgehalten, vgl. BGHSt 2, 150, 151.

246 RGSt 71, 200, 203; 75, 68, 70; 75, 160, 162; 77, 301, 303; RG DR 1940, S. 2063; DR 1942, S. 1223; BGHSt 2, 150, 151; 3, 65, 66 = NJW 1952, S. 1062; BGHSt 6, 147, 152; BayObIG NJW 1953, S. 556; NJW 1974, S. 1520; OLG Hamm NJW 1975, S. 604, 605; OLG Köln VRS 24, Nr. 22, S. 56;

247 OLG Düsseldorf NJW 1992, S. 2370, 2371.

248 OLG Celle NStZ 1988, S. 568; AG Tiergarten NStZ 1991, S. 236, 237.

b. Entstehungsursachen

aa. Innere und äußere Ereignisse

Die ältere Judikatur war bei dem Begriff des Unglücksfalles in Anlehnung zu dem des Unfalles noch davon ausgegangen, es müsse sich um ein äußeres Ereignis handeln, das für Menschen oder Sachen eine bedrohliche Lage schaffe[249]. Jedoch wurde jene Einschränkung später bereits vom Reichsgericht aufgegeben, das entschied, es komme nicht auf die Entstehungsursache an[250]. Der Inhalt des Begriffs des Unglücksfalles dürfe nicht aus einer Ableitung von dem des Unfalles, sondern müsse aus Sinn und Zweck der in § 330 c StGB a.F. strafbewehrten Nothilfepflicht gewonnen werden. Beide Begriffe unterschieden sich schon insoweit, als es für den Unglücksfall, im Gegensatz zu dem des Unfalles, auf die Erheblichkeit des Schadens ankomme[251]. Seit der Entscheidung des Reichsgerichtes aus dem Jahre 1941[252] ist anerkannt, daß auch innere Ereignisse wie Krankheiten bei Vorliegen der übrigen Voraussetzungen Unglücksfälle darstellen können. Heute kommt § 323 c StGB in der Praxis große Bedeutung bei solchen "inneren Ereignissen" zu[253].

Nach der Rechtsprechung ist es ebenfalls gleichgültig, ob der gefahrdrohende Zustand auf Naturereignisse oder das Verhalten von Menschen oder Tieren zurückzuführen ist.

bb. Die Verneinung der Notwendigkeit der zufälligen Schadensentstehung

In der Judikatur wird es als völlig unerheblich angesehen, ob die für Menschen oder Sachen bedrohliche Situation zufällig entstanden ist oder nicht. Demzufolge sieht sie auch den **verbrecherischen Angriff** auf Rechtsgüter einer anderen Person als Unglücksfall an[254].

---

249 Olshausen, Kommentar zum StGB für das Deutsche Reich, 2 Bd., S. 1964 mit Rechtsprechungsnachweisen.

250 RG DR 1941, S. 925, 926.

251 In der älteren Literatur wurde hierin der wesentliche Unterschied der beiden Begriffe gesehen. Vgl., Blaschick, aa0, S. 50; Ehlers, aa0, S. 21; Fahlenbock, aa0, S. 18; Huschens, aa0, S. 39 f; Kühl, aa0, S. 40; Olshausen, aa0, S. 1964; Ratsch, aa0, S. 34; Stieve, aa0, S. 14. In der neueren Literatur wird zu recht darauf hingewiesen, daß der Unterschied nicht nur gradueller Natur sei, sondern auch in der Entstehungsursache liege, vgl. Kreuzer, aa0, S. 40.

252 RG, DR 1941, S. 925, 926. Siehe: RGSt 75, 160, 162; 77, 301, 303; BGHSt 6, 147, 152 f; 21, 50, 52; NStZ 1983, S. 313; NStZ 195, S. 409; OLG Düsseldorf, NJW 1985, S. 799; AG Groß-Gerau, NJW 1982, S. 709.

253 Arzt/Weber, Strafrecht, Besonderer Teil, LH 2, Rdnr. 380, 393.

254 RGSt 71, 187, 189; BGHSt 3, 65, 66; 30, 391, 397; BGH, MDR 1993, S. 721 f; NStZ 1997, S. 127 OLG Celle NJW 1970, S. 341; OLG Düsseldorf NJW 1983, S. 767, 768.

c. Die Negation des Erfordernisses der Teilverwirklichung des Schadens

Der reichsgerichtlichen Definition des Unglücksfalles

- das fragliche Ereignis müsse erheblichen Schaden verursachen, und es müsse der Eintritt weiteren Schadens drohen -
kann entnommen werden, daß das Reichsgericht in der Teilverwirklichung des Schadens ein Begriffsmerkmal des Unglücksfalles erblickt hatte. Anfangs hielt auch der BGH noch an diesem Erfordernis fest. Später gab es der Große Senat für Strafsachen in seinem Beschluß vom 10.3.1954 ausdrücklich auf und betonte, auch ein überraschendes Ereignis, von dem zwar noch kein Schaden angerichtet worden sei, aber ernste Gefahr drohe, stelle einen Unglücksfall dar. Die gegenteilige Begriffsbestimmung berge die Gefahr in sich, daß andernfalls unter Umständen jegliche Hilfe zu spät kommen könne[255].

Die Abkehr von dem Erfordernis der Teilverwirklichung des Schadens erlaubte es der Rechtsprechung, die zuvor schon auf die Notwendigkeit der Äußerlichkeit des Ereignisses verzichtet hatte, fortan den **Selbstmordversuch** unter das Tatbestandsmerkmal Unglücksfall zu subsumieren[256]. Von dem Bestreben geleitet, eine möglichst "effektive Hilfspflicht" zu gewährleisten, stellt die Judikatur beim Suizidversuch zur Feststellung des Unglücksfalles nicht auf die Sicht des Suizidenten ab. Eine Differenzierung nach der Freiheit des Willensentschlusses wird nicht vorgenommen: Denn der Helfer könne nahezu niemals mit Sicherheit erkennen, ob der Betroffene freiverantwortlich handele. Sein Selbsttötungswille sei im übrigen ohnehin aus sittlichen Gründen unbeachtlich[257]. Deswegen stelle auch der auf einem freien Willensentschluß beruhende Suizidversuch ein Unglücksfall dar.

d. Die Plötzlichkeit der Schadensentstehung

Im Anschluß an das RG halten der BGH und auch die Oberlandesgerichte an dem Erfordernis der Plötzlichkeit des Eintritts des gefahrdrohenden Ereignisses fest. Allerdings hat der Große Senat bereits in seinem Beschluß vom 10.3.1954 betont, der Ausdruck des Plötzlichen bzw. Unerwarteten dürfe nicht zu eng verstanden werden[258]. Dennoch mißt die Rechtsprechung dem Merkmal der Plötzlichkeit entscheidende Bedeutung zur Beantwortung der Frage bei, ob

---

255 BGHSt 6, 147, 152; BayOblG VRS 24, Nr. 23, S. 60.

256 In der Entscheidung BGHSt 2, 150, 151 hatte der BGH noch betont, daß ein Unglücksfall begrifflich und sprachlich jedenfalls ausgeschlossen sei, "solange das verantwortliche Handeln des Selbstmörders die Lebensgefahr im wesentlichen so gestaltet, wie er es sich vorgestellt hat, und solange sein Selbsttötungswille fortbesteht."

257 BGHSt 6, 147, 149 ff; BGH JR 1956, S. 347 ff; BGHSt 13, 162, 168; 32, 367, 375 ff; OLG München JZ 1988, S. 201, 206; VG Karlsruhe JZ 1988, S. 208, 210.

258 BGHSt 6, 147, 152.

eine Krankheit als Unglücksfall zu qualifizieren ist. Das sei nur dann der Fall, wenn die Krankheit eine plötzliche und sich rasch verschlimmernde Wendung nehme[259]. Daher sieht der BGH[260], wie bereits das RG[261], eine schleichende Krankheit, mag die von ihr für die Gesundheit der Person ausgehende Gefahr noch so bedrohlich sein, nicht als Unglücksfall an.

II. Herrschende Auffassung in der Literatur

Die in der Literatur herrschende Auffassung stimmt hinsichtlich der Auslegung des Tatbestandsmerkmals des Unglücksfalles nahezu völlig mit der Rechtsprechung überein. Sie nimmt, genau wie die Judikatur, für die Inhaltsbestimmung dieses Begriffes keine Eingrenzung des Kreises der Individualrechtsgüter, denen Schaden drohen muß, vor[262]. Im Vergleich zur Rechtsprechung hebt die h.L. aber stärker hervor, daß bei materiellen Individualrechtsgütern wie z.B. Eigentum und Vermögen hohe Anforderungen an die Erheblichkeit des Schadens zu stellen sind[263].

Die für die Individualrechtsgüter des einzelnen bedrohliche Situation brauche - so die h.L. - nicht durch ein schicksalhaftes Ereignis ausgelöst worden zu sein[264]. So sei es unwesentlich, ob die akute Gefahr des Hilfsbedürftigen beispielsweise auf ein menschliches Verhalten wie einen verbrecherischen Angriff zurückzuführen sei[265]. Der Unglücksfall werde auch durch die Mitverantwortung oder alleinige Verantwortlichkeit des Hilfsbedürftigen an der Notsituation nicht ausgeschlossen[266]. Hiervon macht die h.L. allerdings im Gegensatz zur Rechtsprechung bei einem freiverantwortlichen Suizid eines Erwachsenen, solange der Selbsttötungsentschluß fortbesteht, eine Ausnahme[267]. Sie weist darauf hin, daß es mit dem möglichen Wortsinn des

---

259 RGSt 75, 68, 71; 75, 160, 162; 77, 301, 303; BGHSt 21, 50, 52; BGH NStZ 1983, S. 313; NStZ 1985, S. 409; AG Groß-Gerau NJW 1982, S. 709.

260 BGH MDR 1985, S. 285.

261 RG DR 1941, S. 925, 926.

262 Bellebaum, aa0, S. 4; Leonhard, aa0, S. 8; North, aa0, S. 43; Schmidt, Das polizeiliche und militärische Aufforderungsrecht zur Nothilfeleistung, S. 13; Schramm, aa0, S. 56 zu § 360 Ziff. 10 RStGB. Bauer, aa0, S. 49 f; Blaschick, aa0, S. 12; Ehlers, aa0, S. 21; Fahlenbock, aa0, S. 18; Huschens, aa0, S. 40; Ratsch, aa0, 22; Seitz, aa0, S. 20 ff; Stieve, aa0, S. 14; Storsberg, aa0, S. 57 zu § 330 c StGB a.F.

263 Görlich, aa0, S. 7; Maurach/Schroeder/Maiwald, Strafrecht, BT, Teilband 2, § 55 II, Rdnr. 15; Rudolphi in: SK, § 323 c StGB, Rdnr. 5; Spendel in: LK § 323 c StGB, Rdnr. 44.

264 Bellebaum, aa0, S. 4 ff; Blaschick, aa0, S. 12; Blei, Strafrecht II, BT, S. 162; Geilen, Jura 1983, S. 78, 88; Schmidt, Das polizeiliche und militärische Aufforderungsrecht zur Nothilfeleistung, S. 13; Stieve, Die unterlassene Hilfeleistung, S. 15. Vgl. auch Kühl, aa0, S. 41 f, der im Gegensatz zur h.L. an dem Erfordernis eines äußerlichen Ereignisses festhielt.

265 Blei, Strafrecht II, BT, S. 162; Kühl, Die völkische Nothilfepflicht in Vergangenheit und Gegenwart, S. 42; Spendel in: LK, § 323 c StGB, Rdnr. 45.

266 Die Rechtsprechung - BGHSt 23, 327; NStZ 1985, S. 501 = StV 1986, S. 201 - findet Zustimmung von Geilen, Jura 1983, S. 78, 88; Ulsenheimer, StV 1986, S. 201, 203. Ablehnend, Spendel in: LK, § 323 c StGB, Rdnr. 46.

267 Im Falle der Freiverantwortlichkeit des Suizidversuches liege ein Unglücksfall nicht vor. Vgl., Arzt/Weber, LH 2, S. 124, Rdnr. 384; Blindauer, aa0, S. 44 ff; Cramer in: Sch/Sch/L, § 323 c StGB, Rdnr.

Gesetzes kaum vereinbar sei, wenn der auf einem freiverantwortlichen Entschluß beruhende Selbstmordversuch unter den Begriff des Unglücksfalles subsumiert werde[268]. Die gegenteilige Rechtsprechung des BGH führe zu folgenden Wertungswidersprüchen:

Zum einen trete sie in Widerspruch zu der gesetzlichen Wertentscheidung, die eine Anstiftung bzw. Beihilfe zum freiverantwortlichen Suizid als straflos ansehe. Zum anderen mißachte (zumindest gefährde) sie auch das vom BGH im Arztrecht prinzipiell anerkannte Selbstbestimmungsrecht des Patienten.

Im Gegensatz zur älteren Lehre[269] verzichtet auch die heute überwiegend in der Literatur vertretene Auffassung auf das Erfordernis der Teilrealisierung des Schadens[270]. So wird ausdrücklich hervorgehoben, es sei auch ein bloß bevorstehendes Unglück bereits als Unglücksfall zu qualifizieren[271]. Hierbei beruft die h.L. sich auf den Präventionszweck des § 323 c StGB, also den Gedanken der Gefahrenabwehr bzw. der Schadensverhütung[272]. Würde die Hilfspflicht, so ihre Argumentation, bei einem Unglücksfall erst zur Entstehung gelangen, nachdem der Schaden bereits teilweise eingetreten sei und weiterer drohe, hätte dies häufig zur Konsequenz, daß jegliche Hilfe für die sich in Not befindende Person zu spät käme. Zudem stelle sich für den Hilfspflichtigen das Ergreifen von Maßnahmen, die auf die Verhinderung des Schadenseintritts abzielten, regelmäßig weniger belastend dar, als solche, die dazu dienten, die weitere Fortentwicklung eines schon teilrealisierten Schadensablaufs zu stoppen. Für ersteres genüge oft die bloße Warnung des Bedrohten[273]. Die sich insoweit ergebenden Abgrenzungsschwierigkeiten zwischen bloßer Gefahr und "Unglücksfall"

7; Kreuzer, Ärztliche Hilfeleistungspflicht bei Unglücksfällen, S. 58; Lackner/Kühl, § 323 c StGB, Rdnr. 2; Lenckner, Praxis der Rechtsmedizin, 1986, S. 570, 578; Maurach/Schroeder/Maiwald, Strafrecht, BT, Tb. 2, § 55 II, Rdnr. 16 ; Spendel in: LK, § 323 c StGB, Rdnr. 50 f; Rudolphi in: SK, § 323 c StGB, Rdnr. 8; Tröndle/Fischer, § 323 c StGB, Rdnr. 3 a. Nach a.A. ist die Hilfeleistung nicht erforderlich, vgl. Gössel, Strafrecht, BT, Bd. 1, S. 47, 48; siehe auch Herzberg, JZ 1988, S. 182, 188, der sowohl das Vorliegen eines Unglücksfalles als auch die Erforderlichkeit der Hilfe verneint. Der Rechtsprechung stimmen zu: Benfer, Besonderes Strafrecht II, Rdnr. 533; Maurach, JR 1956, S. 348, 349; Rippa, NStZ 1988, S. 553, 554; Schmidhäuser, Strafrecht, BT, S. 207, 16. Abschn. Rdnr.5; Wessels/Hettinger, Strafrecht, BT 1, Rdnr. 60 ff; Wieczorek, Strafrecht, S. 234.

268 Schmitt, FS für Jescheck 1985, S. 223, 232 erblickt hierin bereits einen Verstoß gegen das Analogieverbot.

269 Bellebaum, aa0, S. 5, 34; Blaschick, aa0, S. 11 f; Fahlenbock, aa0, S. 19 ff; Görlich, aa0, S. 8, 12, 20; Leonhard, aa0, S. 8, 11; Oppenhoff, Das StGB für das Deutsche Reich, 1901, S. 934, Rdnr. 77; von Olshausen, aa0, S. aa0, S. 1964; Pedotti, aa0, S. 178, 180; Ratsch, aa0, S. 21, 23; Schramm, aa0, S. 56 f; Stieve, aa0, S. 14 f; Storsberg, aa0, S. 57.

270 Blindauer, aa0, S. 41 ff; Geilen, Jura 1983, S. 78, S. 87; Kreuzer, aa0, S. 39 ff; Pflitsch, aa0, S. 45; Rudolphi in: SK: § 323 c StGB, Rdnr. 5; Schöne, aa0, S. 79 f; Spendel in: LK, § 323 c StGB, Rdnr. 40; Vermander, aa0, S. 51 f; Wildanger, aa0, S. 24 ff. In diesem Sinne bereits, Ehlers, aa0, S. 27; Wiedenroth, aa0, S. 41 ff.

271 Cramer in: Sch/Sch/L, § 323 c StGB, Rdnr. 5.

272 Blindauer, aa0, S. 42; Kreuzer, aa0, S. 39; Vermander, aa0, S. 51.

273 Wiedenroth, aa0, S. 41 f; Wildanger, aa0, S. 25, 28.

versuchen einige Vertreter der h.L. dadurch zu lösen, daß sie beim Unglücksfall höhere Anforderungen an die Schadensnähe stellen. Anders als bei der bloßen Gefahr müsse der Schaden "unmittelbar" bevorstehen[274].

Im Rahmen der Definition des Unglücksfalles hält die h.L. ebenso wie die Rechtsprechung an dem Merkmal der Plötzlichkeit fest und qualifiziert eine Krankheit nur im Falle ihres **plötzlichen** Eintritts oder der Verschlimmerung als Unglücksfall[275].

III. Gegenansicht in der Literatur

Die in der Literatur vertretene Gegenansicht, die zahlreiche Anhänger gefunden hat, weicht im wesentlichen bezüglich folgender zwei Punkte von der vorherrschenden Auslegung des Tatbestandsmerkmals Unglücksfall ab.

Erstens: Ein Unglücksfall liege nicht bereits dann vor, wenn für ein beliebiges Individualrechtsgut eine schadensbedrohliche Situation entstanden sei.

Die Gegenauffassung versucht demgemäß, den Kreis der Individualrechtsgüter, die betroffen sein müssen, näher einzugrenzen: Dazu werden im wesentlichen zwei Wege aufgezeigt. Der eine Teil der Vertreter jener Ansicht gibt positiv einen ganz bestimmten Katalog von Individualrechtsgütern an, denen Gefahr drohen muß. Am häufigsten werden die Rechtsgüter Leben und Gesundheit[276], gelegentlich auch die sexuelle Selbstbestimmung[277] und Fortbewegungsfreiheit[278] genannt.

Demgegenüber nimmt die überwiegende Anzahl der Vertreter jener Gegenansicht eine Negativabgrenzung vor. Sie bezeichnet einen Kreis von Individualrechtsgütern, deren

---

274 Geilen, Jura 1983, S. 78, 88; Kreuzer, aa0, S. 40, 41. Siehe auch Wildanger, aa0, S. 29, welcher das maßgebliche Abgrenzungskriterium in der Plötzlichkeit des Eintritts der gefährlichen Situation erblickt.

275 Arzt/Weber, LH 2, S. 124, Rdnr. 386; Blei, Strafrecht II, BT, S. 162; Bockelmann, Strafrecht, BT 3, S. 218; Cramer in: Sch/Sch/L, § 323 c StGB, Rdnr. 6; Dähn, § 323 c StGB, Rdnr. 2; Fahlenbock, aa0, S. 18; Görlich, aa0, S. 11; Haft, Strafrecht, BT, S. 285; Lackner/Kühl, § 323 c StGB, Rdnr. 2; Preisedanz, § 330 c StGB, Rdnr. 2a; Rengier, Strafrecht, BT II, § 42, Rdnr. 2, 4; Rudolphi in: SK, § 323 c StGB, Rdnr. 6; Schramm, aa0, S. 56; Spendel in: LK, § 323 c StGB, Rdnr. 47; Stieve, aa0, S. 15; Storsberg, aa0, S. 57; Tröndle/Fischer, § 323 c StGB, Rdnr. 3; Wildanger, aa0, S. 24; a.A. Küper, Strafrecht, BT, S. 280; Maurach/Schroeder/Maiwald, Strafrecht, BT, Tb. 2, § 55 II, Rdnr. 15.

276 Blindauer, aa0, S. 31 f; Harzer, aa0, S. 106; Pflitsch, aa0, S. 45, der offenbar nur das Leben als geschützt ansieht; siehe auch, Wiedenroth, aa0, S. 36, der zusätzlich bedeutende Vermögenswerte erwähnt.

277 Vermander, aa0, S. 27; Wildanger, aa0, S. 32.

278 Harzer, aa0, S. 106; Vermander, aa0.

Gefährdung keinen Unglücksfall begründen könne. Überwiegend werden dabei das Eigentum und das Vermögen genannt[279].

Der Gegenansicht dienen in der Hauptsache folgende Argumente zur Rechtfertigung ihrer Auffassung. Die Annahme der h.L., es könne dem Begriff des Unglücksfalles sprachlich keine Beschränkung auf bestimmte Individualrechtsgüter entnommen werden, sei unzutreffend. Es ließen sich sehr wohl Individualrechtsgüter nennen, die entsprechend dem Verständnis der Alltagssprache dem Begriff des Unglücksfalles nicht mehr zugeordnet werden könnten[280]. Für die Einbeziehung von Rechtsgütern wie Eigentum und Vermögens, bestehe auch kein kriminalpolitisches Bedürfnis[281]. Darüberhinaus stehe ihr auch der Grundsatz der Verhältnismäßigkeit entgegen. Im Hinblick auf die Schwere des Eingriffs in die Freiheit des Bürgers dürfe eine Hilfspflicht nur zum Schutze irreparabler Individualrechtsgüter des Hilfsbedürftigen gefordert werden.

Zweitens: Dem Begriff des Unglücksfalles wohne zwar auch ein zeitliches Moment inne. Dieses dürfe aber nicht in der "Plötzlichkeit" des Eintritts der gefährdenden Situation gesehen werden. Mit Rücksicht auf den Schutzzweck des § 323 c StGB könne es nicht darauf ankommen, ob ein Geschehen sich kontinuierlich oder abrupt zu einer bedrohlichen Situation entwickelt habe. Vielmehr sei entscheidend, daß sich für den Bedrohten die Lage akut zugespitzt habe, somit eine Gefahr entstanden sei, die unmittelbar in einen Schaden umzuschlagen drohe[282].

B. Die Kontroverse um das durch § 323 c StGB geschützte Rechtsgut als wesentliche Ursache für die extensive oder restriktive Auslegung der tatbestandlichen Situation "Unglücksfall"

I. Die Bedeutung des Rechtsgutes für die Auslegung

Die entscheidende Ursache für die gegensätzlichen Ergebnisse, die bei der Auslegung des Begriffes des Unglücksfalles erzielt werden, liegt in der Kontroverse um das durch § 323 c StGB geschützte Rechtsgut. Diesem, der strafbewehrten Nothilfepflicht zugrundeliegenden Rechtsgut wird entscheidende Bedeutung zur Interpretation des Unglücksfalles beigemessen.

---

279 Frellesen, aa0, S. 149 ff; Haft, Strafrecht, BT, S. 285; Kreuzer, aa0, S. 38; Schmidhäuser, Strafrecht, BT, S. 207, Rdnr. 5; Otto, Die einzelnen Delikte, § 67, Rdnr. 4; ders., JK 88, StGB, § 323 c/2.

280 Schmidhäuser, Strafrecht, AT, Studienbuch, S. 41, Rdnr. 50; ders., NStZ 1986, S. 460.

281 Blei, Strafrecht, II, BT, S. 163; Cramer in: Sch/Sch/L, § 323 c StGB, Rdnr. 5.

282 Geilen, Jura 1983, S. 78, 90; Kreuzer, aa0, S. 45, 46; Vermander, aa0, S. 53. Kritisch bereits zum Merkmal der Plötzlichkeit, Blindauer, aa0, S. 37 ff; Kallfelz, DR 1941, S. 927 ff; Schmidt, Die Besuchspflicht des Arztes, S. 10, 11.

Denn nach heute nahezu einhelliger Auffassung wird die Aufgabe des Strafrechts in dem Rechtsgüterschutz[283] bzw.

- um mit den Worten des BVerfG zu sprechen -

im Schutz der elementaren Werte des Gemeinschaftslebens[284] gesehen. Demgemäß ist zunächst im Wege der Auslegung zu klären, welches Rechtsgut der Strafvorschrift der unterlassenen Hilfeleistung zugrundeliegt[285]. Die zur Ermittlung des näheren Schutzumfanges der Nothilfepflicht im einzelnen erforderliche weitere Auslegung kann sich dann an jenem Ergebnis orientieren[286]. Das Rechtsgut wird in dieser Hinsicht in seiner methodologischen Funktion als entscheidendes teleologisches Auslegungskriterium relevant[287]. Mit Hilfe des Rechtsgutes läßt sich der Schutzumfang des § 323 c StGB näher eingrenzen, gegebenenfalls auch ermitteln, ob diese Strafvorschrift eine Nothilfepflicht nur bei hinreichender Erheblichkeit des drohenden Schadens statuiert[288].

II. Der Meinungsstand im Schrifttum

1. Leugnen eines unmittelbar durch § 323 c StGB geschützten Rechtsgutes

Im Gegensatz zum Meinungsstand zu § 330 c StGB i.d.F. vom 28.6.1935 wird heute bezüglich § 323 c StGB nicht mehr geleugnet, daß die Strafvorschrift der unterlassenen Hilfeleistung unmittelbar dem Schutz eines Rechtsgutes dient. Die für § 330 c StGB i.d.F. von 1935 vertretene abweichende Ansicht[289] beruhte insbesondere auf der damaligen Annahme, das Unterlassen werde wegen der zutage tretenden rücksichtslosen Gesinnung bestraft. Da ihr deshalb auch heute in bezug auf § 323 c StGB eine Bedeutung nicht von vornherein abgesprochen werden kann, soll sie an dieser Stelle kurz referiert werden:

Huschens vertrat die Auffassung, eine Betrachtung der echten Unterlassungsdelikte, namentlich des § 330 c StGB a.F. vom Standpunkt der Rechtsgutsverletzung sei nicht sachgerecht. Hier müßte erst ein Rechtsgut konstruiert werden, das durch die Unterlassung

283 Günther, JuS 1978, S. 8, 9; ders. Strafrechtswidrigkeit, S. 149 ff; Jescheck/Weigend, Strafrecht, AT, § 1 III; Kaufmann, Strafrechtsdogmatik zwischen Sein und Wert, S. 263; Otto, Grundkurs Strafrecht, § 1, Rdnr. 22 ff; Sax, Die Grundrechte, S. 909.
284 BVerfGE 39, 1, 46; 45, 187, 253; 71, 108, 115.
285 Rudolphi in: SK, § 1 StGB, Rdnr. 33.
286 Otto, Grundkurs, Strafrecht, § 1, Rdnr. 41.
287 Baumann/Weber/Mitsch, Strafrecht, AT, § 9, Rdnr. 68; Hassemer, Theorie und Soziologie des Verbrechens, S. 57. Vgl. allgemein zu den verschiedenen Bedeutungen des Rechtsgutes, Rudolphi, FS für Honig, S. 151 ff.
288 Blei, Strafrecht I, AT, S. 91; Rudolphi in : SK, § 1 StGB, Rdnr. 33.
289 Huschens, Die unterlassene Hilfeleistung im nationsozialistischen Strafrecht, S. 27 ff, 88.

verletzt oder gefährdet werde. Die Nothilfe selbst könne nicht als Rechtsgut angesehen werden. Anders als bei den Begehungsdelikten, die durch die Strafdrohung einer Rechtsgutsverletzung unmittelbar vorbeugten, diene die angedrohte Sanktion bei den die Menschen zum positiven Handeln anhaltenden Unterlassungsdelikten nur mittelbar dem Rechtsgüterschutz[290].

2. Die in bezug auf die verschiedenen "Bedürfnisfälle" undifferenzierten Lehren

a. Schutz eines Universalrechtsgutes

aa. Die Würde des Staates als geschütztes Rechtsgut?

Nach heute einhelliger Ansicht dient § 323 c StGB dem Rechtsgüterschutz. Allerdings wird die Frage, welches Rechtsgut der Strafvorschrift der unterlassenen Hilfeleistung zugrundeliegt, kontrovers diskutiert. Innerhalb der Darstellungen im Schrifttum zum insoweit vertretenen Meinungsstand wird häufig übersehen, daß zwischen zwei Grundrichtungen unterschieden werden muß. Die Anhänger der einen gehen davon aus, es könne die Frage, welches Rechtsgut § 323 c StGB schütze, einheitlich beantwortet werden. Die Vertreter der anderen Grundrichtung verneinen diese Möglichkeit. Sie halten es für zwingend erforderlich, eine Differenzierung nach den verschiedenen Bedürfnisfällen, d.h. dem Unglücksfall einerseits sowie der gemeinen Gefahr und Not andererseits, vorzunehmen.

Im folgenden sollen zunächst die in bezug auf die "tatbestandliche Situation" des § 323 c StGB undifferenzierten Lehren betrachtet werden. Die insoweit in der Literatur vertretenen Minderansichten gehen davon aus, die Strafvorschrift der unterlassenen Hilfeleistung diene dem Schutz eines Universalrechtsgutes. Dabei werden völlig verschiedene Kollektivrechtsgüter genannt, u.a. auch solche, die den geschichtlichen Wandel der Nothilfevorschrift überdauert haben, die also bereits im Zusammenhang mit § 360 Ziff.10 RStG Erwähnung fanden.

Dies gilt zwar nicht für die "Würde des Staates", wohl aber für die Rechtsgüter der öffentlichen Sicherheit und Ordnung. Die Auffassung Naglers, der in der "Würde des Staates" das durch § 330 c StGB a.F. geschützte Rechtsgut sah[291], wird heute zu § 323 c StGB nicht mehr vertreten. Nagler ging, entgegen der zur Zeit des Nationalsozialismus h.M. davon aus, daß die Substanz des § 330 c StGB a.F. nicht in dem Ausdruck rücksichtsloser Gesinnung, sondern in dem vorsätzlichen Nichthelfen liege. Letzteres richte sich nicht gegen ein

290 Huschens, aa0, S. 27 ff, 88; ablehnend Schöne, Unterlassene Erfolgsabwendungen und Strafgesetz, S. 44.
291 Nagler, ZAkDR 1940, S. 226.

Rechtsgut des einzelnen. Dessen Rechtsgüter könnten durch ein Nichtstun weder gefährdet noch geschädigt werden. Tatbestandlich werde der reine **Ungehorsam** pönalisiert, durch den die "Würde des Staates" verletzt werde. In dieser Auffassung schwingt der Gedanke an die ehemals strafbegründende Funktion der polizeilichen Aufforderung mit, eine Bedeutung, die ihr innerhalb des Tatbestandes des § 330 c StGB a.F. aber gerade nicht mehr beizumessen war.

bb. Der Schutz des Interesses der Allgemeinheit an der Hilfeleistung

Eine in der Literatur in unterschiedlichen "Spielarten" vertretene Minderansicht sieht das geschützte Rechtsgut des § 323 c StGB in "dem allgemeinen Interesse daran, daß bei Unglücksfällen geholfen wird"[292]. Als Synonym wird auch die "Pflicht zur Nächstenhilfe" genannt[293]. Diese Lehrmeinung geht offenbar davon aus, "die Nothilfe" als solche sei zum geschützten Rechtsgut erhoben worden, eine Auffassung, die bereits zu § 360 Ziff. 10 RStGB vertreten worden war[294].

cc. Der Schutz der öffentlichen Sicherheit

Da hiermit aber letztlich nur der Tatbestand der Strafvorschrift der unterlassenen Hilfeleistung beschrieben werde, stellen andere Autoren zur Ermittlung des geschützten Rechtsgutes auf ihren Zweck, die **Schadensverhütung**, ab. Der Hilfspflichtige sei jedoch, anders als bei den unechten Unterlassungsdelikten, mangels Garantenstellung für die an den Rechtsgütern des Hilfsbedürftigen eintretenden Schäden nicht verantwortlich. Daher könne geschütztes Rechtsgut der strafbewehrten Nothilfepflicht nicht das im Einzelfall bedrohte Rechtsgut des Hilfsbedürftigen sein. Da § 323 c StGB ohne Beschränkung auf einen bestimmten Personenkreis dazu diene, jedermann, der in Gefahr gerate, vor Schaden zu bewahren, müsse man die öffentliche Sicherheit als geschütztes Rechtsgut ansehen[295]. Der einzelne werde nur als Teil der Allgemeinheit und nicht als individuell Berechtigter geschützt[296]. Nach liberalem Verständnis, wie die Vorschrift des § 10 II 17 ALR zeige, sei es allein Aufgabe des Staates gewesen, für die öffentliche Sicherheit und Ordnung zu sorgen[297]. Während der einzelne bereits im Rahmen des § 360 Ziff. 10 RStGB als unselbständiger Helfer der Polizei zur Erfüllung dieser Aufgabe herangezogen worden sei, habe § 330 c StGB n.F. ihm aufgrund seiner sozialen Verantwortung einen Teilbereich dieser Aufgabe zur selbständigen

292 Pfeiffer/Maul/Schulte, § 330 c StGB, Rdnr. 12.

293 Maurach, Strafrecht, AT, S. 594; siehe auch Hassemer, aa0, S. 81, der das Rechtsgut der Pflicht zur Nächstenhilfe als eine Mischform zwischen Universal- und Einzelrechtsgut versteht.

294 Pedotti, aa0, S. 97, 98.

295 Wildanger, aa0, S. 19 ff, 121 im Anschluß an Welzel, Das Deutsche Strafrecht, 3. Aufl., 1954, S. 344.

296 Wildanger, aa0, S. 19.

297 Welzel, aa0.

Wahrnehmung übertragen. Der Wandel der Pflicht von einer unselbständigen in eine selbständige sei aber ohne Auswirkung auf das geschützte Rechtsgut, die öffentliche Sicherheit, geblieben.

dd. Der Schutz der öffentlichen Ordnung

Auf einer vergleichbaren Linie liegt die von Storsberg entwickelte Auffassung[298]. Er sieht in der öffentlichen Ordnung, verstanden i.S. des ungestörten gesellschaftlichen Zusammenlebens, das durch § 330 c StGB a.F. geschützte Rechtsgut[299]. Wie bereits Welzel[300] geht auch Storsberg davon aus, daß der Schutz der öffentlichen Ordnung, die im obrigkeitlichen Staat allein der Polizei anvertraut war, im demokratischen Staat jedermann obliege. Das Rechtsgut der öffentlichen Ordnung stelle die gemeinsame Grundlage des § 360 Ziff. 10 RStGB und des § 330 c StGB a.F. dar. Letztere Strafvorschrift schütze keine Individualrechtsgüter des in Not Geratenen. Nach Ansicht von Storsberg stellen die "echten" Unterlassungsdelikte eine Umkehrung der Begehungsdelikte dar. Bei beiden Deliktskategorien müsse sich das inkriminierte Verhalten, das Verbot bzw. - so beim Tatbestand der unterlassenen Hilfeleistung - das Gebot, unmittelbar aus dem gesetzlichen Tatbestand ergeben. Die Individualrechtsgüter des einzelnen könnten nur dann durch § 330 c StGB a.F. als geschützt angesehen werden, wenn diesem Unterlassungsdelikt ein Begehungsdelikt entsprechen würde, das die Gefährdung jener Rechtsgüter verbiete, und dem einzelnen zivilrechtlich ein Anspruch auf die Hilfeleistung zustehe. Beides sei indes nicht der Fall.

ee. Der Schutz der humanitären Solidarität

Die Tatsache, daß in keiner Gesellschaft ein gedeihliches Zusammenleben ohne ein Mindestmaß an Solidarität ihrer Mitglieder möglich ist, nimmt Maurach zum Anlaß, die humanitäre Solidarität durch die Strafvorschrift der unterlassenen Hilfeleistung als geschützt anzusehen. Zur Begründung seiner Auffassung stellt er auf den Gedanken des "Aufeinander-Angewiesenseins der Menschen" ab[301].

Ähnlich wie Maurach erblickt Otto das geschützte Rechtsgut in der mitmenschlichen Solidarität, auf die der einzelne oder die Allgemeinheit in bestimmten Situationen vertraue[302].

---

298 Storsberg, aaO, S. 100 ff.
299 Storsberg, aaO, S. 101.
300 Welzel, NJW 1953, S. 327, 328, Fn 2; ders., Das Deutsche Strafrecht, 3. Aufl., S. 344.
301 Maurach, Deutsches Strafrecht, BT, S. 468.
302 Otto, Die einzelnen Delikte, § 67, Rdnr. 1; ders., Jura-Kartei, § 323 c StGB, Nr. 8.

Er geht von einer anderen Blickrichtung aus, wenn er das Vertrauen auf Hilfe als Rechtsgut des § 323 c StGB ansieht.

Vermander hat sich der von Maurach vertretenen Auffassung angeschlossen, allerdings mit einer erheblichen Einschränkung. Denn er gelangt zu dem Ergebnis, die strafbewehrte Nothilfepflicht schütze die humanitäre Solidarität innerhalb der Rechtsgemeinschaft nur insoweit, als dadurch dem Schutz der personalen Rechtsgüter des Lebens, der körperlichen Unversehrtheit, der sexuellen Selbstbestimmung sowie der Fortbewegungsfreiheit unmittelbar gedient werde[303]. Er wendet sich gegen die in der Literatur an Maurachs Auffassung erhobene Kritik, sie beruhe auf einer Verwechslung von Strafgrund (also dem Anlaß für die Pönalisierung der unterlassenen Hilfeleistung) und Rechtsgut dieser Strafvorschrift. Die humanitäre Solidarität werde nicht, zumindest nicht ausschließlich, wegen ihres sittlichen Wertes geschützt. Vielmehr liege der Grund für ihren Schutz in dem besonderen Wert, der ihr für das gedeihliche Zusammenleben in der Gesellschaft zukomme und der in der positiven Förderung des Gemeinschaftslebens zu finden sei[304]. Die mitmenschliche Solidarität werde aber nicht um ihrer selbst willen geschützt, sondern nur insoweit, als sie dem Schutz der Individualrechtsgüter der in Not befindlichen Person diene[305]. Es stelle keine Einzelerscheinung dar, daß eine Strafvorschrift neben dem Kollektiv- auch dem Individualrechtsgüterschutz diene. Ausgehend vom obersten Leitwert der Rechtsordnung, nämlich der Menschenwürde, ließen sich, unter Berücksichtigung des möglichen Wortsinns der drei Bedürfnisfälle, die in dieser Hinsicht maßgeblichen Individualrechtsgüter ermitteln.

b. Die herrschende Lehre vom Individualrechtsgüterschutz

aa. Die weite Auffassung

In der Literatur ist die Auffassung vorherrschend, § 323 c StGB diene uneingeschränkt dem Individualrechtsgüterschutz. Diese Strafvorschrift habe weder ausschließlich noch neben bestimmten Individualrechtsgütern den Schutz eines Kollektivrechtsgutes zum Gegenstand. Innerhalb der h.L. sind die Ansichten darüber, wieweit der Kreis der durch § 323 c StGB geschützten Individualrechtsgüter gezogen werden darf, allerdings geteilt. Es lassen sich insofern im wesentlichen drei Auffassungen unterscheiden:

Zahlreiche Anhänger hat die "weite Auffassung" gefunden, der die Annahme zugrunde liegt, es sei jedes Individualrechtsgut des in Not Geratenen, dem Schaden drohen könne,

303 Vermander, aa0, S. 27.
304 Vermander, aa0, S. 20 ff.
305 Vermander, aa0, S. 21.

geschützt[306]. Der Individualrechtsgüterschutz erfolge unmittelbar, ohne daß der Schutz eines anderen Rechtsgutes dazwischen trete[307]. Die gegenteilige Minderansicht, die den Schutz über das unscharfe Rechtsgut der humanitären Solidarität als vermittelt ansehe, verwechsle den Strafgrund, die Förderung mitmenschlicher Hilfsbereitschaft, mit dem Rechtsgut des § 323 c StGB[308]. Die Lehrmeinung, die das geschützte Rechtsgut auch heute noch in der öffentlichen Sicherheit oder Ordnung erblicke, verkenne den Wandel, den die strafbewehrte Nothilfe von einer unselbständigen in eine selbständige Pflicht erfahren habe[309]. Zudem sei der aus dem Polizeirecht stammende Begriff der öffentlichen Sicherheit wegen der inhaltlichen Weite als Rechtsgut, das § 323 c StGB zugrundeliege, untauglich[310]. Die strafbewehrte Nothilfepflicht, wie sie in § 323 c StGB ausgestaltet worden sei, diene im Gegensatz zum früheren § 360 Ziff. 10 RStGB nicht mehr der Unterstützung der Polizei. Vielmehr komme sie **unmittelbar** der in Not befindlichen Person, d.h. dem Schutze ihrer Individualrechtsgüter zugute[311].

Hierbei lasse weder der Wortlaut noch die systematische Stellung des § 323 c StGB die Restriktion auf einen bestimmten Kreis von Individualrechtsgütern zu. Die Begriffe Unglücksfall, gemeine Gefahr und Not seien ungeeignet, bestimmte Individualrechtsgüter auszugrenzen, ohne daß der Eindruck einer dezisionistischen, letztlich willkürlichen Entscheidung entstehe[312]. Der systematischen Einordnung des § 323 c StGB bei den gemeingefährlichen Delikten könne nicht entnommen werden, daß diese Strafvorschrift nur Leben, Gesundheit und Eigentum schütze[313]. Im Gegensatz zu den Gefährdungsdelikten werde der Täter des § 323 c StGB nicht wegen des Herbeiführens der gemeinen Gefahr, sondern aufgrund seiner Untätigkeit bei Vorliegen einer solchen bestraft. Daher sei die Einordnung des § 323 c StGB in den Kreis der gemeingefährlichen Delikte eher zufällig. Zudem sei im Gegensatz zu einigen anderen gemeingefährlichen Delikten die Gefahr nach dem Wortlaut des § 323 c StGB gerade nicht auf einen bestimmten Kreis von Individualrechtsgütern beschränkt. Aus dem Verhältnis des § 323 c StGB zu § 138 StGB könnten ebenfalls keine Anhaltspunkte für eine Begrenzung ersterer Strafvorschrift auf einen bestimmten Kreis von Individualrechtsgütern gewonnen werden[314]. Aus der Tatsache, daß § 138 StGB im Falle des Diebstahls bzw. der Sachbeschädigung keine strafbewehrte

306 Geilen, Jura 1983, S. 78, 84; Lackner/Kühl, § 323 c StGB, Rdnr. 1; Rengier, Strafrecht, BT II, § 42, Rdnr. 1, 2; Schöne, aa0, S. 45 ff; Tröndle/Fischer, § 323 c StGB, Rdnr. 2;
307 Kreuzer, Ärztliche Hilfeleistungspflicht bei Unglücksfällen, S. 27.
308 Frellesen, aa0, S. 139 ff; Kreuzer, aa0, S. 29; Schöne, aa0, S. 45 ff.
309 Frellesen, aa0, S. 138 f; Schöne, aa0, S. 47 f.
310 Frellesen, aa0, S. 137; Kreuzer, aa0, S. 27; Schöne, aa0, S. 47.
311 Vermander, aa0, S. 18.
312 Schöne, aa0, S. 51 f.
313 Schöne, aa0, S. 53 f.
314 Schöne, aa0, S. 54.

Anzeigepflicht begründe, dürfe nicht der Schluß gezogen werden, § 323 c StGB lasse den Schutz von Eigentum und Vermögen unberücksichtigt[315].

Der nationalsozialistische Gesetzgeber habe zwar die Schaffung des § 330 c StGB a.F. mit der Absicht begründet, die strafrechtliche Inkriminierung der bei einem Waldbrand untätig bleibenden Volksgenossen zu verschärfen. Die Schaffung der Verordnung zum Schutze der Wälder, Moore und Heiden gegen Brände vom 25. Juni 1938, also nur kurze Zeit später, spreche nicht dafür, daß er nachträglich den Strafrahmen bei bloßer Sachgefahr für zu hoch erachtet habe. Denn zum einen sei nach dieser Verordnung nicht nur die vorsätzliche, sondern auch die fahrlässige Unterlassung strafbar gewesen. Zum anderen sei sowohl in ihrer Präambel als auch in § 9 ausdrücklich klargestellt worden, daß § 330 c StGB a.F. unberührt bleibe[316].

Der Hinweis in der Lehre auf die besondere Belastung des Hilfspflichtigen sei als Argument dafür ungeeignet, bestimmte Individualrechtsgüter von vornherein vom Schutzbereich des § 323 c StGB auszuschließen. Die Rechtsanwendung sei nicht zwingend auf diesen Weg verwiesen, wenn es darum gehe, die Schwere des Freiheitseingriffs auf ein erträgliches Maß zu reduzieren[317].

bb. Die enge Auffassung

Demgegenüber nimmt eine ebenfalls weit verbreitete Auffassung an, daß § 323 c StGB zwar dem Individualrechtsgüterschutz diene, insoweit aber keineswegs jedes denkbare Rechtsgut des in Not Geratenen schützen würde. Es können folgende beiden Unterarten dieser Ansicht unterschieden werden:

Die eine ist dadurch gekennzeichnet, daß sie eine positive Katalogisierung der geschützten Individualrechtsgüter vornimmt. Nach der engsten vertretenen Auffassung geht es bei § 323 c StGB lediglich um den Schutz von Leben und Gesundheit[318]. Regelmäßig werden neben diesen beiden Individualrechtsgütern aber weitere, wie das der Freiheit und der sexuellen Selbstbestimmung, genannt[319].

---

315 Schöne, aa0.

316 Schöne, aa0, S. 55.

317 Schöne, aa0, S. 56.

318 Blindauer, aa0, S. 32, 33, der hinsichtlich des Rechtsgutes der Gesundheit zusätzlich fordert, daß es sich um eine "einigermaßen erhebliche körperliche Gefahr" handeln muß.

319 Kreuzer, aa0, S. 30; siehe auch Kaufmann, Die Dogmatik der Unterlassungsdelikte, S. 209, der neben Leben und Gesundheit auch Sachwerte nennt.

Weit häufiger als diese positive Abgrenzung wird in der Literatur eine negative vorgenommen[320]. Das Eigentum falle nicht in den Schutzbereich des § 323 c StGB; mithin scheide bei einer bloßen Sachgefahr eine strafbewehrte Hilfeleistungspflicht aus[321]. Ähnlich oft wie das Eigentum wird insoweit auch das Vermögen genannt[322]. Seltener finden andere Rechtsgüter, wie z.B. die Ehre oder die Freiheit, Erwähnung[323].

Diese Lehre von der positiven bzw. negativen Abgrenzung der geschützten Individualrechtsgüter, die uns bereits bei der Auslegung des Begriffes des Unglücksfalles begegnet war, hat zum Teil dort ihren Ausgangspunkt. Allerdings ist sie nicht auf dieses Tatbestandsmerkmal beschränkt, sondern wird für den Schutzbereich des § 323 c StGB schlechthin vertreten. Recht unterschiedlich sind die Argumente, auf die zur Legitimation der Notwendigkeit einer positiven bzw. negativen Abgrenzung der durch § 323 c StGB geschützten Individualrechtsgüter zurückgegriffen wird.

Ein Teil der Anhänger einer solchen Restriktion des § 323 c StGB rekurriert auf die aus Art. 103 Abs. 2 GG folgende Schranke des möglichen Wortsinns des Gesetzes für die Auslegung. Sie betonen, im Falle der Gefährdung gewisser Rechtsgüter, wie beispielsweise des Eigentums und des Vermögens, könne von einem **Unglücksfall** schlechterdings nicht gesprochen werden[324]. Hinzu komme, daß auch die Allgemeinheit es als eine Überforderung mitmenschlicher Solidarität ansehen würde, wenn im Falle der bloßen Betroffenheit dieser Rechtsgüter eine **strafbewehrte Hilfspflicht** begründet wäre[325]. Nicht selten wird dann ohne nähere weitere Begründung davon ausgegangen, daß § 323 c StGB Rechtsgüter wie Eigentum und Vermögen auch bei den übrigen beiden Bedürfnisfälle (gemeine Gefahr und Not) nicht schüze[326]. Regelmäßig sind jedoch folgende weitere Argumente anzutreffen:

Es wird auf die strafrechtliche Sonderstellung des Delikts der unterlassenen Hilfeleistung sowie auf das erhebliche Opfer, das dem Hilfspflichtigen abverlangt werde, hingewiesen[327]. Beide Aspekte sprächen dafür, die Nothilfepflicht generell auf den Schutz einiger weniger bedeutsamer Rechtsgüter zu beschränken. Diejenige Auffassung, die das Eigentum und das Vermögen als durch § 323 c StGB geschützt erachte, führe zu einem Wertungswiderspruch

---

320 Arzt/Weber, Strafrecht, BT, LH 2, Rdnr. 375 ff.

321 Arzt/Weber, aa0, Rdnr. 376; Benfer, Besonderes Strafrecht II, S. 140 f; Cramer in: Sch/Sch/L, § 323 c StGB, Rdnr. 5; Dähn, Problem- und Repitionskommentar zum StGB, § 323 c StGB, Rdnr. 2; Schmidhäuser, Strafrecht, BT, S. 206, Rdnr. 1, S. 207, Rdnr. 5.

322 Kühl, die völkische Nothilfepflicht in Vergangenheit und Gegenwart, S. 41; Wildanger, aa0, S. 33.

323 Wiedenroth, Die Verletzung der Hilfeleistungspflicht, S. 36; Wildanger, aa0, S. 33.

324 Schmidhäuser, Strafrecht, AT, S. 41, Rdnr. 50; Wildanger, aa0, S. 33; siehe bereits Kühl, aa0, S. 41 f.

325 Blei, Strafrecht II, S. 164; Cramer in: Sch/Sch/L, § 323 c StGB, Rdnr. 5 im Falle der Einbeziehung der Sachgefahr in das Tatbestandsmerkmal des Unglücksfalles.

326 Kühl, aa0, S. 41.

327 Arzt/Weber, Strafrecht, BT, LH 2, Rdnr. 376; Wildanger, aa0, S. 58.

mit der strafbewehrten Anzeigepflicht des § 138 StGB. Sofern der einzelne im Falle der bevorstehenden Delikte des Diebstahls bzw. der Sachbeschädigung noch nicht einmal zu einer Anzeige verpflichtet sei, müsse die ihn grundsätzlich wesentlich stärker belastende Hilfeleistungspflicht erst recht ausgeschlossen sein[328].

cc. Die vermittelnde Auffassung

Im Gegensatz zu jener Meinung verzichtet die vermittelnde Auffassung darauf, bestimmte Individualrechtsgüter gänzlich aus dem Schutzbereich des § 323 c StGB auszuscheiden. Diese Ansicht begegnet uns ebenfalls in zwei Erscheinungsformen. Eine von ihnen geht davon aus, die unpersönlichen Rechtsgüter, wie namentlich Eigentum und Vermögen, unterfielen nur bei Vorliegen der besonderen Voraussetzungen einer gemeinen Gefahr oder Not dem Schutzbereich des § 323 c StGB[329]. Nach der anderen werden diese Individualrechtsgüter unter gewissen Voraussetzungen auch in der Tatbestandsalternative des Unglücksfalles als geschützt angesehen. Allerdings wird ein erheblicher Schaden[330] bzw. sogar die Unersetzlichkeit der gefährdeten Sache, insbesondere wegen ihres kulturellen Wertes, gefordert[331].

3. Die differenzierende Rechtsgutauffassung

a. Individualrechtsgüterschutz durch die tatbestandliche Situation des Unglücksfalles

Im Rahmen der Untersuchung des geschützten Rechtsgutes nimmt eine in der Literatur vertretene Auffassung, wie anfangs bereits erwähnt, eine Differenzierung nach den Bedürfnisfällen des § 323 c StGB vor[332]. Die Strafvorschrift der unterlassenen Hilfeleistung schütze durch das Tatbestandsmerkmal des Unglücksfalles jedes Individualrechtsgut, das in Not geraten könne.

---

328 Frellesen, aa0, S. 153; siehe auch Cramer in: Sch/Sch/L, § 323 c StGB, Rdnr. 5.
329 Brodag, Strafrecht, § 323 c StGB, Rdnr. 118; Benfer, Besonderes Strafrecht II, S. 141; Cramer in: Sch/Sch/L, § 323 c StGB, Rdnr. 5; Dähn, Problem- und Repititions-Kommentar zum StGB, Rdnr. 2; Kreuzer, aa0, S. 38; Schmidhäuser, Strafrecht, BT, Grundriß, S. 206, Rdnr. 1; S. 207, Rdnr. 3.
330 Küper, Strafrecht, BT, S. 279; Maurach/Schroeder/Maiwald, Strafrecht, BT, Tb. 2, § 54 II, Rdnr. 15; Rudolphi in : SK, § 323 c StGB, Rdnr. 5; Wessels/Hettinger, Strafrecht, BT, 1, Rdnr. 1044.
331 Frellesen, aa0, S. 155; Haft, Strafrecht, BT, S. 285.
332 Spendel in: LK, § 323 c StGB, Rdnr. 28, Fn. 32.

b. Universalrechtsgüterschutz im Hinblick auf die Bedürfnisfälle der gemeinen Gefahr und Not

Indessen würden durch die Tatbestandsalternativen der gemeinen Gefahr und Not neben den Individualrechtsgütern auch Rechtsgüter der Allgemeinheit Schutz erfahren, sofern diese notwehr- bzw. nothilfefähig seien. Letztere Einschränkung müsse vorgenommen werden, da die Pflicht zur Nothilfe nicht weiter als die entsprechende Befugnis hierzu reichen dürfe[333].

III. Rechtsprechung

1. Der Standpunkt des BGH

Der BGH hat sich zu der Frage, welches Rechtsgut die Strafvorschrift der unterlassenen Hilfeleistung schützt, noch nicht **eindeutig** geäußert. Entgegen der Ansicht Schönes[334] kann dem Urteil des BGH vom 28.6.1951[335] nicht entnommen werden, daß dieser die "Verletzung der Hilfeleistungspflicht bei schweren Unglücksfällen" als das durch § 323 c StGB geschützte Rechtsgut ansieht. Wie an späterer Stelle noch zu zeigen ist, sieht der BGH hierin aber den Strafgrund des § 323 c StGB. Hingegen äußert sich der BGH in dem unveröffentlichten Urteil vom 12.6.1959[336] zu dem durch die Strafvorschrift der unterlassenen Hilfeleistung geschützten Rechtsgut dahingehend, daß er dieses in dem allgemeinen Interesse an Hilfeleistung bei Unglücksfällen erblicke.

2. Die Auffassungen der Oberlandesgerichte und der Untergerichte

Die Oberlandes- und Untergerichte setzen sich zwar eingehender mit der Frage des durch § 323 c StGB geschützten Rechtsgutes auseinander, kommen insoweit aber zu völlig unterschiedlichen Ergebnissen. Das OLG Celle[337] und das OLG Düsseldorf[338] haben sich der h.L. angeschlossen. Sie sehen die Individualrechtsgüter des in Not Geratenen durch die Strafvorschrift der unterlassenen Hilfeleistung als geschützt an. Diese Auffassung hatte im übrigen schon das RG[339] in einer vereinzelt gebliebenen Entscheidung vertreten.

333 Spendel in: LK, § 323 c StGB, Rdnr. 29.
334 Schöne, aa0, S. 44, Fn. 17.
335 BGHSt 1, 266, 269
336 5 StR 163/59, Nachweis bei Pfeiffer/Maul/Schulte, StGB, § 330 c, Rdnr. 12.
337 NStZ 88, S. 568.
338 NJW 1992, S. 2370, 2371.
339 DR 1940, S. 2063.

In einer frühen Entscheidung sah das OlG Frankfurt[340] demgegenüber das geschützte Rechtsgut in dem "allgemeinen Sittlichkeitsempfinden" der Bevölkerung. Jahre später vertrat ein Zivilsenat des gleichen Gerichts bei der Erörterung des Schutzgesetzcharakters des § 323 c StGB i.S. des § 823 II BGB die Auffassung, daß die strafbewehrte Nothilfepflicht das "Interesse der Allgemeinheit an solidarischer Schadensabwehr in akuten Notlagen" schütze. Demgegenüber seien die Individualrechtsgüter des Betroffenen neben diesem Allgemeininteresse, zu dessen Schutz § 323 c StGB geschaffen wurde, nur reflexhaft geschützt[341].

Innerhalb der Rechtsprechung bestehen also erhebliche Unsicherheiten, was die Feststellung des durch die Strafvorschrift der unterlassenen Hilfeleistung geschützten Rechtsgutes angeht. Eine klare h.M. innerhalb der Judikatur ist insoweit nicht ersichtlich.

IV. Eigener Standpunkt

I. Die unter Berufung auf den Strafgrund des § 323 c StGB auszuscheidenden Auffassungen

1. Der Meinungsstand zum Strafgrund des § 323 c StGB

a. Der Standpunkt der Judikatur

Die Frage, welches Rechtsgut § 323 c StGB schützt, läßt sich m.E. nur nach vorheriger Ermittlung des Strafgrundes dieser Strafvorschrift beantworten. Denn, wie schon im Rahmen der Darstellung der um das durch § 323 c StGB geschützte Rechtsgut geführten Diskussion erkennbar wurde, erhoben die Vertreter der verschiedenen Auffassungen immer wieder den Vorwurf gegeneinander, daß das jeweils gefundene Ergebnis auf einer Verwechslung von Strafgrund und Rechtsgut beruhe. Zutreffend wird darauf hingewiesen, daß der Strafgrund von dem Schutzgegenstand der unterlassenen Hilfeleistung zu unterscheiden sei. Während ersterer auf die Ursache für die Pönalisierung der unterlassenen Hilfeleistung hindeutet, gibt der Schutzgegenstand Antwort auf die Frage, welchem "rechtlichen Interesse" die Pönalisierung dient. Obwohl Strafgrund und Schutzgegenstand des § 323 c StGB also nicht identisch sind, stehen beide Begriffe nicht beziehungslos nebeneinander. Der Strafgrund bietet nämlich Anhaltspunkte für die Bestimmung des der unterlassenen Hilfeleistung zugrunde liegenden Rechtsgutes.

Die seinerzeit vom RG zu § 330 c StGB a.F. vertretene Auffassung, daß die Unterlassung der Hilfeleistung

340 NJW 1957, S. 1847, 1848.
341 OLG Frankfurt MDR 1989, S. 638.

- gleichgültig, ob bei objektiver Betrachtung der Helfer die Lage des Bedürftigen hätte verbessern können oder nicht -

alleine wegen der in der Unterlassung zutage tretenden rücksichtslosen Gesinnung bestraft werde[342], ist heute in der Judikatur nicht mehr anzutreffen. Der BGH sieht in Anlehnung an die amtliche Begründung zu § 330 c StGB a.F. den Strafgrund der unterlassenen Hilfeleistung in der "Versäumung der Gelegenheit zur erfolgreichen Schadensabwendung"[343].

b. Die Ansichten in der Literatur

Die h.L. stimmt, was den Strafgrund des § 323 c StGB angeht, mit der Rechtsprechung überein. Sie betont, daß grundsätzlich in jeder Gesellschaft das Phänomen des wechselseitigen Aufeinanderangewiesenseins ihrer Mitglieder zu beobachten sei. Der Grund für die Pönalisierung der unterlassenen Hilfeleistung liege darin, daß der einzelne eine wirklich bestehende Rettungschance zur erfolgreichen Abwehr des einem in Not befindlichen Mitmenschen drohenden Schadens versäumt habe[344]. Die früher überwiegend anzutreffende Auffassung, daß der einzelne wegen seines **unmoralischen Verhaltens**, d.h. der im Unterlassen liegenden rechtsfeindlichen bzw. **rücksichtslosen Gesinnung**, bestraft werde, wird heute nicht mehr ausdrücklich vertreten. Allerdings schimmert diese ehemalige Ansicht in einzelnen literarischen Abhandlungen bei der Auseinandersetzung mit Problemen des § 323 c StGB auch heute noch gelegentlich durch[345].

2. Eigene Auffassung

Zu Recht wird heute der Strafgrund des Vergehens der unterlassenen Hilfeleistung nicht mehr in der im Unterlassen zum Ausdruck kommenden rechtsfeindlichen Gesinnung gesehen. Diese zur Zeit des Nationalsozialismus überwiegend vertretene Auffassung war bereits für die Strafvorschrift des § 330 c StGB a.F. keineswegs zwingend. Der damals zur Bestimmung des Inhalts und des Umfangs der Hilfeleistungspflicht maßgebliche Wertungsmaßstab des "gesunden Volksempfindens" gebot nicht zwangsläufig eine derartige subjektive Sichtweise. Die Frage, ob für den Täter eine real existierende Möglichkeit bestand, die Notlage des Opfers zu beseitigen, war seinerzeit im Hinblick auf den Wortlaut des § 330 c StGB a.F. keineswegs völlig irrelevant. Heute wird es angesichts der friedensstiftenden Funktion des

342 RGSt 71, 200, 203; RG JW 1937, S. 2645; RGSt 74, 199, 200; RG DR 1943, S. 1103; RGSt 77, 301, 303.

343 BGHSt 14, 213, 215, siehe auch bereits BGHSt 1, 266, 269; 3, 65, 67.

344 BGHSt 14, 213, 215; Pfeiffer/Maul/Schulte, § 330 c StGB, Anm. 1; Spendel in: LK, § 323 c StGB, Rdnr. 26; Vermander, aa0, S. 47.

345 Kreuzer, Ärztliche Hilfeleistungspflicht bei Unglücksfällen im Rahmen des § 330 c StGB, S. 25 m.w.N.

Strafrechts ohnehin als rechtswidrig angesehen, wenn ein Verhalten alleine wegen der in ihm zutage tretenden rechtsfeindlichen Gesinnung unter Vernachlässigung seiner äußeren Folgen für das gesellschaftliche Zusammenleben pönalisiert wird. Daher ist es völlig zutreffend, wenn die h.L. auf die positiven Auswirkungen der Nothilfepflicht für das gesellschaftliche Miteinander und das insoweit bestehende Allgemeininteresse an solidarischer Schadensabwehr in akuten Notlagen hinweist. Die unterlassene Hilfeleistung wird bestraft, weil der Pflichtige eine objektiv bestehende Rettungschance für den Hilfsbedürftigen versäumt, d.h. davon absieht, in einen sich in Entwicklung befindlichen Gefahrenablauf unterbrechend einzugreifen.

II. Die verbleibenden Auffassungen zum geschützten Rechtsgut des § 323 c StGB

Wegen des Strafgrundes der unterlassenen Hilfeleistung

- nämlich der "Versäumung einer Rettungschance" im Hinblick auf das an der mitmenschlichen Solidarität in akuten Notfällen bestehenden Allgemeininteresses -

läßt sich die Existenz eines § 323 c StGB zugrundeliegenden Rechtsgutes nicht leugnen. Denn diese Strafvorschrift dient nicht der Pönalisierung einer im Unterlassen in Erscheinung tretenden unmoralischen Geisteshaltung. Die Auffassung, die das geschützte Rechtsgut in dem Interesse der Allgemeinheit an der Hilfeleistung sieht, verwechselt in der Tat den Schutzgegenstand mit dem Strafgrund des § 323 c StGB. Das in der Gemeinschaft an der Nothilfe bestehende Interesse war lediglich der Grund zur Schaffung dieses Deliktes. Das Interesse an der Hilfeleistung in bestimmten Notlagen wird aber nicht um seiner selbst willen geschützt. Vielmehr kommen als Begünstigte der strafbewehrten Nothilfepflicht sowohl der Staat als auch das in Not befindliche Individuum in Betracht. Denn der Staat wird von seiner Aufgabe, Gefahren für die öffentliche Sicherheit abzuwehren entlastet. Der hilfsbedürftigen Person wird ein Helfer zur Seite gestellt, der bei Strafe angehalten ist, dem Eintritt eines Schadens für ihre Rechtsgüter entgegenzuwirken.

Aus den zuvor dargelegten Gründen verwechselt diejenige Ansicht, welche die "humanitäre Solidarität" als das durch § 323 c StGB geschützte Rechtsgut bezeichnet, ebenfalls den Strafgrund mit dem Schutzgegenstand. Es kann nämlich nicht davon ausgegangen werden, daß der äußerst vage Begriff der humanitären Solidarität als sittlicher Wert geschützt werde[346]. Gegen ihre Verrechtlichung spricht die Überlegung, auf die bereits im Zusammenhang mit dem Strafgrund hingewiesen worden ist: Die Nothilfepflicht wird nicht, zumindest nicht in erster Linie, wegen des Verstoßes gegen die Sittlichkeit, sondern wegen

346 Ablehnend ebenfalls Morgenstern, aa0, S. 121.

ihrer Wirkungen in der Außenwelt pönalisiert. Es kann ebenfalls nicht davon ausgegangen werden, daß die humanitäre Solidarität im Sinne der berechtigten Erwartung bzw. des Vertrauens der Bevölkerung, in gewissen Notlagen Hilfe zu erfahren, geschützt werde. Denn Strafgrund des § 323 c StGB ist die Versäumung einer Rettungschance und zwar gleichgültig, ob das Unterlassen von dritter Seite bemerkt oder unbemerkt geblieben ist. Das Vertrauen der Bevölkerung kann aber nur enttäuscht werden, wenn die Unterlassung zumindest von dem Opfer bemerkt worden ist. Letzteres dürfte aber häufig wegen des Zustandes des Opfers in den Fällen, in denen wirklich Hilfe von Nöten ist, nicht immer möglich sein.

§ 323 c StGB liegt der Gedanke der selbständigen Wahrnehmung der Gelegenheit hilfreicher Schadensabwehr in gewissen Notfällen durch den Pflichtigen, und nicht etwa wie (im Rahmen des § 360 Ziff. 10 RStGB) der Unterstützung der Polizei bei der Ergreifung von Schadensabwehrmaßnahmen, zugrunde. Der Wandel, den die Strafvorschrift der unterlassenen Hilfeleistung vollzogen hat, ist, was nicht immer hinreichend beachtet wird, bedeutsam für die Beantwortung der Frage nach dem durch sie geschützten Rechtsgut. Obwohl das Rechtsgut der "Würde des Staates" unserem Strafgesetzbuch nicht fremd ist, erfährt sie jedenfalls durch § 323 c StGB keinen Schutz. Die gegenteilige Auffassung würde die Entwicklung, welche die Nothilfepflicht genommen hat, vernachlässigen. Jene seinerzeit von Nagler vertretene Ansicht traf schon auf § 330 c StGB a.F. nicht zu. Der polizeilichen Aufforderung kam bereits nach dieser Strafvorschrift keine konstitutive Bedeutung mehr für die Strafbarkeit zu. Da es heute im Rahmen des § 323 c StGB aber tatbestandlich an jeglichem Zusammenhang zwischen dem Ungehorsam gegenüber einem staatlichen Organ und der unterlassenen Hilfeleistung fehlt, scheidet die "Würde des Staates" als das durch diese Strafvorschrift geschützte Rechtsgut von vornherein aus. Allein der Ungehorsam gegenüber dem strafrechtlichen Gebot des § 323 c StGB ist insoweit unzureichend. Wäre die gegenteilige Annahme zutreffend, müßte jede Strafvorschrift dieses Rechtsgut, zumindest neben einem anderen, mitschützen.

Im übrigen läßt sich dem Strafgrund des § 323 c StGB als solchem nicht entnehmen, ob diese Vorschrift die öffentliche Sicherheit und Ordnung oder aber unmittelbar die Individualrechtsgüter des einzelnen schützt. Der Strafgrund läßt auch keine Aussage darüber zu, ob bezüglich der Entscheidung, welches Rechtsgut geschützt wird, zwischen den einzelnen Bedürfnisfällen differenziert werden muß. Trotz des Wandels, den die Nothilfepflicht im Laufe der Zeit erfahren hat, erscheint es nicht von vornherein ausgeschlossen, daß diese den Schutz der öffentlichen Sicherheit und Ordnung bezweckt. Denn eine Übertragung dieser Aufgaben auf den einzelnen, neben der primär zuständigen Polizei, ist denkbar.

C. Die durch "einfachgesetzliche" Auslegung auszuscheidenden Auffassungen zum Tatbestandsmerkmal des Unglücksfalles und zum durch diesen Begriff eingetretenen Rechtsgüterschutz

I. Die Interpretation des Begriffes des "Unglücksfalles"

1. Grammatische Auslegung

Die vorliegende Studie hat gezeigt, daß sich mit Hilfe des Strafgrundes des § 323 c StGB die Frage, welches Rechtsgut diese Strafvorschrift schützt, nicht abschließend klären läßt, wohl aber einzelne insoweit vertretene Auffassungen ausgeschieden werden können. Daher bedarf es zur Ermittlung des Rechtsgutes einer sorgfältigen Auslegung des Tatbestandes. Erst wenn auf diesem Wege das Rechtsgut ermittelt worden ist, können wir hierauf im Rahmen der teleologischen Auslegung zur Lösung weiterer Zweifelsfragen der Nothilfevorschrift zurückgreifen. Bevor die verfassungskonforme Interpretation zur Anwendung kommt, ist aus den anfangs dargelegten Gründen zunächst im Wege einfachgesetzlicher Auslegung zu untersuchen, welche zum Tatbestandsmerkmal des Unglücksfalles und dem durch diesen Begriff eingegrenzten Rechtsgüterschutz vertretenen Auffassungen aus der weiteren Betrachtung ausgeschieden werden können.

Die Auslegung des Tatbestandsmerkmals des Unglücksfalles hat dabei zunächst beim Wortlaut dieses Begriffes zu beginnen. Bei der Ermittlung des Inhalts stellt man aber rasch fest, daß dem aus den beiden Substantiven Unglück und Fall zusammengesetzten Terminus nach seiner natürlichen umgangssprachlichen Verwendung ein eindeutiger Bedeutungsgehalt nicht zukommt. Einerseits versteht die Alltagssprache unter dem Begriff des Unglücksfalles ein "durch äußere Faktoren hervorgerufenes, verhängnisvolles Ereignis, bei dem jemand verletzt oder getötet wird und meist Sachschaden entsteht"[347]. Andererseits findet der Begriff für die Bezeichnung eines schweren Unfalles Verwendung[348]. Als solcher wird ein den normalen Ablauf eines gewissen Geschehens plötzlich unterbrechender Vorfall, ein ungewolltes Ereignis, bei dem Menschen verletzt oder getötet werden bzw. Sachschaden entsteht, verstanden[349]. In der strafrechtlichen Lehre findet sich häufig der Hinweis, daß die Plötzlichkeit, die dem Vorfall anhaften müsse, in dem zweiten Begriffsteil, dem "Fall", der auf "fallen" hindeute, enthalten sei. Das Merkmal der Plötzlichkeit ist aber bereits in dem Begriff des Unglückes als dem Gegenstück zum Glück[350] beinhaltet. Denn nach dem Sprachgebrauch der Alltagssprache wird der Begriff des Unglücks sowohl im Sinne eines

347 Klappenbach/Steinitz, Wörterbuch der deutschen Gegenwartssprache, 5. Bd. 1976, S. 3935.
348 Duden, Das große Wörterbuch der deutschen Sprache, Bd. 7, S. 3567.
349 Duden, Das große Wörterbuch der deutschen Sprache, Bd. 7, S. 3556.
350 Grimm, Deutsches Wörterbuch, 11. Bd., III. Abteilung, S. 991.

Vorgangs als auch eines Resultates einer bestimmten Entwicklung verstanden. Nach ersterem Bedeutungsgehalt stellt das Unglück sich als plötzlich hereinbrechendes, für einen oder mehrere Menschen verhängnisvolles Ereignis dar. Nach letzterem Verständnis ist der Unglücksfall das Ergebnis einer Schädigung aufgrund eines unheilvollen Ereignisses[351].

Nach dem umgangssprachlichen Bedeutungsgehalt sind dem Begriff des Unglücksfalles folgende Merkmale eigen:

Erstens: Um von einem schrecklichen, tragischen Geschehen überhaupt sprechen zu können, müssen bedeutsame Rechtsgüter des einzelnen betroffen sein. Nach dem Verständnis der Alltagssprache ist der Unglücksfall nämlich ein Geschehen, das oft mit dem Tod einer oder mehrerer Personen endet. Es dürfte daher nicht zweifelhaft sein, daß dieser Begriff sich in erster Linie auf die individuellen Rechtsgüter des Lebens und der Gesundheit erstreckt. Aufgrund des engen sprachlichen Zusammenhanges zum Begriff des Unfalles erschöpft sich hierin seine Bedeutung aber keineswegs. Denn von einem Unglücksfall als einem schweren Unfall ist auch beim Eintritt bloßen Sachschadens die Rede, wobei allerdings sehr hohe Anforderungen an die Erheblichkeit gestellt werden. Demgegenüber erscheint unter Berücksichtigung des herkömmlichen Sprachgebrauches die Auffassung fragwürdig, die Natur des Individualrechtsgutes, das Schaden nimmt, sei für die Annahme eines Unglücksfalles unbeachtlich. Denn die Verwendung dieses Begriffes in der täglichen Umgangssprache deutet darauf hin, daß es sich um ein solches Rechtsgut handeln muß, bei dessen Schädigung von einer Substanzverletzung gesprochen werden kann. Im Hinblick auf den Sprachgebrauch ist es daher zweifelhaft, ob im Falle der Beeinträchtigung der Ehre von einem Unglücksfall die Rede sein kann und demgemäß derjenige wegen unterlassener Hilfeleistung strafbar ist, der einen anderen von dem gegen ihn bestehenden Verdacht, einen Diebstahl begangen zu haben, nicht befreit, obwohl ihm dieses leicht möglich wäre[352]. Ein positiver oder negativer Katalog der Rechtsgüter, der dem Unglücksfall mit Gewißheit unterfällt bzw. nicht mehr zuzuordnen ist, läßt sich jedoch allein unter Rückgriff auf den Wortlaut nicht festlegen. Denn der eindeutige Begriffskern des Unglücksfalles ist von einem unklaren Begriffshof umgeben.

Zweitens: Ungeachtet der Schwierigkeiten, die Rechtsgüter, die betroffen sein müssen, um von einem Unglücksfall sprechen zu können, im einzelnen zu benennen, muß der ihnen drohende Schaden jedenfalls von erheblicher Natur sein. Denn selbst wenn der Schaden nicht nur als bloße Bagatelle zu qualifizieren, sondern von mittlerer Schwere ist, kann von einem

351 Duden, Das große Wörterbuch der deutschen Sprache, Bd. 7, S. 3567.

352 Bejahend: Spendel in: LK, § 323 c StGB, Rdnr. 30. Verneinend: Küper, Strafrecht, BT, S. 279; Seelmann in: NK, § 323 c StGB, Rdnr. 12.

tragischen Geschehen nicht die Rede sein. Das Erfordernis der Erheblichkeit des Schadens ist nach dem Sprachgebrauch nicht auf das Rechtsgut des Eigentums beschränkt. Es ist auch auf die Beeinträchtigung der Gesundheit zu beziehen. Allerdings sind an die Erheblichkeit beim Eigentum mit Rücksicht auf die unterschiedliche Wertigkeit höhere Anforderungen zu stellen.

Drittens: Nach der Verwendung des Begriffes Unglücksfall im alltäglichen Sprachgebrauch sind die Entstehungsursachen für die Rechtsgutbeeinträchtigung unerheblich. Das Wort Unglücksfall ist im Vergleich zu dem des Unfalles das bedeutungsmäßig weitergehende, insofern es nicht nur äußere, sondern auch innere Ereignisse, wie beispielsweise Krankheiten, erfaßt.

Viertens: Es steht in Einklang mit dem sprachlichen Gebrauch des Begriffes Unglücksfall, auf den Faktor der Teilverwirklichung des Schadens zu verzichten und bevorstehende Rechtsgutbeeinträchtigungen ebenfalls einzubeziehen. Denn sowohl das Resultat der Schädigung als auch der sich erst in Entwicklung befindliche Vorgang, der Schaden zu verursachen droht, werden als Unglücksfall bezeichnet.

Fünftens: Dem Begriff des Unglücksfalles, entsprechend seiner umgangssprachlichen Verwendung, wohnt das Merkmal der Plötzlichkeit des Schadenseintritts inne. Bereits das Wort Unglück stellt auf die Abruptheit der Veränderung eines Zustandes vom Positiven zum Negativen hin ab. Diese Interpretation wird durch den zweiten Teil des Wortes Unglücksfall bekräftigt. Das Wort "Fall" rührt nämlich von "fallen" her und zeigt in Richtung "jähe Veränderung".

2. Systematische Auslegung

Die systematische Auslegung des Tatbestandsmerkmals des Unglücksfalles kann sich an folgenden Punkten orientieren:
a) das Verhältnis des § 323 c StGB zu denjenigen Vorschriften, die ein Recht zur Notwehr- bzw. Notstandshilfe statuieren
b) die Stellung des § 323 c StGB innerhalb des 27. Abschnitts des Strafgesetzbuches
c) die Beziehung des § 323 c StGB zu § 138 StGB.

Die systematische Interpretation des Tatbestandsmerkmals des Unglücksfalles muß zunächst berücksichtigen, daß die strafbewehrte Pflicht zur Hilfeleistung nicht weiter als die entsprechende Befugnis zur Notwehr- und Notstandshilfe reichen kann. An früherer Stelle ist bereits darauf hingewiesen worden, daß letztere nicht § 323 c StGB entnommen werden darf, sondern insoweit auf die allgemeinen Vorschriften der §§ 32 und 34 StGB zurückgegriffen werden muß. Daher kommen als mögliche Rechtsgüter, bei deren Bedrohung oder Verletzung von einem Unglücksfall gesprochen werden kann, von vornherein nur solche in Betracht, die notwehr- bzw. notstandsfähig sind[353]. Mithin scheiden die öffentliche Sicherheit und die öffentliche Ordnung als potentielle Schutzgüter des § 323 c StGB aus. Beide aus dem Polizeirecht stammenden Rechtsgüter umfassen nämlich neben Individual- auch Kollektivgüter, die nicht notwehrfähig sind[354]. Denn für die Verteidigung der Allgemeinheit vor Angriffen auf die öffentliche Ordnung oder die Rechtsordnung als Ganzes sind nicht die Bürger, sondern allein die staatlichen Organe zuständig. Rechtsgüter des Staates sind nur notwehrfähig, wenn es sich um Individualrechtsgüter handelt, z.B. um Eigentum der öffentlichen Hand.

Zur weiteren Eingrenzung der durch § 323 c StGB geschützten Rechtsgüter kann auf folgende zusätzliche Orientierungspunkte zurückgegriffen werden. Einerseits können der systematischen Stellung der Strafvorschrift der unterlassenen Hilfeleistung am Ende des mit "Gemeingefährliche Straftaten" überschriebenen 27. Abschnittes zwar nicht viele und eindeutigen Anhaltspunkte für ihre Auslegung entnommen werden. Andererseits ist aber die Ansicht, die den Standort des § 323 c StGB als völlig zufällig erachtet und ihm jegliche Bedeutung für die Interpretation dieser Vorschrift abspricht, da die Hervorrufung einer gemeinen Gefahr nicht tatbestandsmäßig sei, unzutreffend. Der Grund für die seinerzeit von dem nationalsozialistischen Gesetzgeber vorgenommene Einordnung der Strafvorschrift der unterlassenen Hilfeleistung in die Reihe der gemeingefährlichen Delikte lag offenbar in folgendem begründet: Der Täter braucht zwar nicht Verursacher einer gemeinen Gefahr oder Not zu sein; deren Vorliegen löst jedoch die strafbewehrte Hilfeleistungspflicht allemal aus. Der nationalsozialistische Gesetzgeber nahm dies offenbar zum Anlaß, um das Delikt der unterlassenen Hilfeleistung in den Kreis der gemeingefährlichen Straftaten einzuordnen. Denn wie im Rahmen des geschichtlichen Teils dieser Abhandlung gezeigt wurde, hatte er zur Legitimation jener Strafvorschrift auf den Aspekt der Verbesserung des Strafrechtsschutzes bei der **Waldbrandbekämpfung**, also einer gemeinen Gefahr, zurückgegriffen. Die gemeine Gefahr wird zwar im Rahmen des 27. Abschnitts nur noch in § 323 c StGB als Tatbestandsmerkmal genannt. Die Gefahr als solche, wenn auch ohne Qualifizierung als gemeine, findet sich aber in den meisten Tatbeständen dieser Delikte. Tatbestandlich erstreckt sich die Gefahr regelmäßig auf die Rechtsgüter des Lebens, der Gesundheit und bedeutende Sachwerte. Auf diese Rechtsgüter hatte sich die zwischenzeitlich aufgehobene Vorschrift des § 315 Abs. 3 StGB i.d.F. vom 28.6.1935, die eine Definition der gemeinen Gefahr enthalten hatte, ebenfalls bezogen. Es liegt nun die Schlußfolgerung nahe, daß die einzelnen

353 Spendel in: LK, § 323 c StGB, Rdnr. 29.
354 BGHSt 5, 245; BGH, NJW 1975, S. 1161; Jescheck/Weigend, Strafrecht AT, § 32 II 1b; Wessels/Beulke, Strafrecht, AT, Rdnr. 332.

Bedürfnisfälle des § 323 c StGB, namentlich auch der des Unglücksfalles, sich wegen der Einordnung dieser Strafvorschrift innerhalb des 27. Abschnitts auf jene drei Rechtsgüter beziehen. Letztlich läßt sich ein solches Ergebnis aber nicht mit Sicherheit erzielen, da demselben Abschnitt auch Delikte angehören, deren Schutz über den Kreis dieser Rechtsgüter hinausgeht.

Der Begriff des Unglücksfalles hat einerseits im Strafgesetzbuch sowohl innerhalb als auch außerhalb des 27. Abschnittes weitere Verwendung gefunden, nämlich in den §§ 315 Abs. 3 Nr. 1, 145 Abs. 1 Nr. 2 und 243 Abs. 1 Nr. 6 StGB. Den genannten Bestimmungen kann andererseits aber auch nicht mit Eindeutigkeit entnommen werden, auf welche Rechtsgüter das Tatbestandsmerkmal des Unglücksfalles sich bezieht. Demzufolge wird in der Literatur regelmäßig, was die Interpretation dieses Begriffes innerhalb jener Vorschriften anbetrifft, auf die Ausführungen zu § 323 c StGB verwiesen[355].
Fraglich ist, ob aufgrund des Verhältnisses des § 323 c StGB zu § 138 StGB bestimmte Rechtsgüter, wie z.B. das Eigentum, aus dem Anwendungsbereich der Strafvorschrift der unterlassenen Hilfeleistung ausgeschieden werden können[356]. Im geschichtlichen Teil dieser Arbeit wurde dargelegt, daß die Verbrechensanzeige, zumindest die an den Bedrohten zu richtende, eine Form der **Hilfeleistung** darstellt. Früher war die unterlassene Anzeige zudem häufig die einzige Art unterlassener Hilfe gewesen, die strafbewehrt war. Die in der Lehre vertretene Ansicht, daß § 323 c StGB bei einer bloßen Sachgefahr keine Hilfeleistungspflicht begründe, da § 138 StGB im Falle der drohenden **Sachbeschädigung** keine Anzeige-pflicht vorsehe, wäre nur zutreffend, wenn die ihr zugrundeliegende Prämisse sich als zutreffend erweisen würde, daß die Anzeige den Pflichtigen weniger als die Hilfeleistung belaste. M.E. kann indes nicht generell davon ausgegangen werden, daß die Anzeige im Vergleich zu einer anderen Art der Hilfeleistung stets mit einer geringeren Belastung für den Pflichtigen verbunden ist. Folgendes Beispiel soll dies verdeutlichen:

§ 138 StGB verpflichtet den Adressaten ausnahmslos zur Anzeige, d.h. auch zur Denunziation eines ihm nahestehenden Täters bei der Behörde oder dem vom Verbrechen Bedrohten, solange es sich nicht um einen Angehörigen handelt. Demgegenüber kann die Pflichterfüllung des § 323 c StGB im Vergleich zu der des § 138 StGB weniger belastend für den Adressaten sein, da sie ihm vielfach zwischen mehreren gleich effektiven Arten der Hilfeleistung die Wahl läßt. Im übrigen ist die partielle Überschneidung beider Vorschriften zu berücksichtigen. Denn § 323 c StGB verpflichtet auch hinsichtlich der Delikte, die in § 138 StGB ausdrücklich genannt sind, unter Umständen nicht nur zu einer Warnung des Bedrohten,

355 Lackner/Kühl, § 243 StGB, Rdnr. 21; Tröndle/Fischer, § 243 StGB, Rdnr. 35 jeweils m.w.N.
356 Frellesen, Die Zumutbarkeit der Hilfeleistung, S. S. 153 m.w.N.

sondern auch zu anderen Hilfsmaßnahmen, sofern diese zu einer wirksamen Hilfeleistung (in casu: **Verbrechensverhinderung**) erforderlich sind.

3. Historische Auslegung

Als Ergebnis der systematischen Auslegung des § 323 c StGB kann festgehalten werden: Diese Strafvorschrift schützt jedenfalls nur solche Rechtsgüter, die notwehr- bzw. notstandsfähig sind. Ferner deuten gewisse sich aus ihrem Standort ergebende Anhaltspunkte daraufhin, daß ihr ausschließlich die Rechtsgüter des Lebens, der Gesundheit und des Eigentums zugrundeliegen. Jedoch ist letztere Hypothese nicht frei von Zweifeln. Es bedarf also einer sorgfältigen Prüfung, ob die Entstehungsgeschichte des § 323 c StGB ihre Richtigkeit bestätigen kann.

Den Gesetzesmaterialien zum 3. Strafrechtsänderungsgesetz vom 4. Aug. 1953, durch das, wie wir gesehen haben, die Strafvorschrift der unterlassenen Hilfeleistung die dem heutigen § 323 c StGB entsprechende inhaltliche Neufassung erhalten hatte, können keine direkten Angaben zum Rechtsgüterschutz entnommen werden. Die Begründung zu diesem Gesetz läßt aber sehr wohl, was häufig übersehen wird, indirekte Rückschlüsse zu dem durch die Strafvorschrift der unterlassenen Hilfeleistung geschützten Rechtsgut zu.

Seinerzeit wollte der Gesetzgeber mit der Neufassung in erster Linie die um die Fortgeltung des § 330 c StGB a.F. geführte Diskussion beenden. Hierbei ging er davon aus, daß der Grundgedanke der aus nationalsozialistischer Zeit stammenden Strafvorschrift mit dem heutigen Rechtsdenken übereinstimme und nur Randkorrekturen an dem teilweise als zu weit erachteten Strafbarkeitsbereich vorgenommen werden müßten. Durch das 3. Strafrechtsänderungsgesetz sollte der Anwendungsbereich der Strafvorschrift der unterlassenen Hilfeleistung also keinesfalls weiter als der nach dem ehemaligen § 330 c StGB a.F. bestehende gefaßt werden. Deshalb kann auch nicht davon ausgegangen werden, daß im Vergleich zu § 330 c StGB a.F. der Rechtsgüterschutz extendiert werden sollte.

Der amtlichen Begründung zum Gesetz zur Änderung des Strafgesetzbuches vom 28.6.1935 kann aber folgende ausdrückliche Aussage zu den durch § 330 c StGB a.F. geschützten Rechtsgütern entnommen werden:

"Der Entwurf beschränkt die Hilfeleistungspflicht nicht auf die Fälle der Leibes- oder Lebensgefahr; sie besteht auch bei gemeiner Gefahr für Sachgüter, z.B. Feuersbrünsten, auch wenn keine Menschenleben in Gefahr sind, insbesondere auch - wovon schon die Rede war - bei Waldbränden usw."[357].

Es stellt sich die Frage, ob der nationalsozialistische Gesetzgeber den Schutz des § 330 c StGB a.F. enumerativ auf diese drei Rechtsgüter begrenzen wollte oder ob es sich insoweit bloß um eine beispielhafte Aufzählung handeln sollte. Für das Verständnis der amtlichen Begründung in letzterem Sinne könnten die folgenden beiden Sätze sprechen, die sich an die erwähnte Begründung, in der auf Waldbrände verwiesen wird, anschließen:

"Ein Unglücksfall im Sinne der Vorschrift wird auch dann anzunehmen sein, wenn der Betroffene absichtlich das Unglück herbeigeführt hat (z.B. Selbstmordversuch), oder wenn es ein anderer in verbrecherischer Absicht getan hat (z.B. versuchter Mord u.a.). Im übrigen hängt die Beantwortung der Frage, ob eine Pflicht zur Hilfeleistung vorlag, derartig von der Lage des Einzelfalles ab, daß nur eine allgemein gehaltene Strafvorschrift möglich ist"[358].

Diesem Teil der amtlichen Begründung kann m.E. nicht entnommen werden, daß die Rechtsgüter des Lebens und der Gesundheit sowie im Falle der gemeinen Gefahr des Eigentums lediglich beispielhaft aufgezählt worden seien. Der Hinweis, daß die Pflicht zur Hilfeleistung in besonderem Maße von den Umständen des Einzelfalles abhängig ist, bezieht sich nicht auf die Frage der zu schützenden Rechtsgüter, sondern auf den zu bestimmenden Umfang der Hilfeleistung, wie den weiteren Ausführungen der amtlichen Begründung zu entnehmen ist. Die in ihr zur näheren Erläuterung des Begriffs des Unglücksfalles verwandten Beispiele des Selbstmordversuches bzw. des versuchten Mordes erstrecken sich ebenfalls nur auf die Rechtsgüter des Lebens und der Gesundheit. Das entscheidende Argument für die Annahme, daß der nationalsozialistische Gesetzgeber die Vorschrift des § 330 c StGB a.F. nur auf diese Rechtsgüter und im Falle der gemeinen Gefahr auf bedeutende Sachwerte beziehen wollte, gewinnt man bei ihrem Vergleich mit den in den vorausgegangen Entwürfen enthaltenen Bestimmungen. Seinerzeit war regelmäßig ein polizeiliches Ungehorsamsdelikt i.S. des § 360 Ziff. 10 RStGB als ausreichend angesehen worden. Soweit die Entwürfe die Statuierung einer selbständigen Hilfspflicht vorsahen, beschränkten sie diese auf die Fälle der Leibes- und Lebensgefahr und machten die Bestrafung von dem Eintritt des Todes des Hilfsbedürftigen abhängig. Im Vergleich zu den in den Entwürfen enthaltenen Regelungen stellte es also eine gravierende Extension dar, wenn im Rahmen des § 330 c StGB a.F. eine selbständige Hilfspflicht, im Falle der gemeinen Gefahr auch bei der bloßen Bedrohung von Sachwerten, zur Entstehung gelangen sollte. Daß der nationalsozialistische Gesetzgeber diese Pflicht noch weiter ausdehnen und sie auf jegliches Individualrechtsgut beziehen wollte,

357 Die amtlichen Begründungen, aa0, S. 42.
358 Die amtlichen Begründungen, aa0, S. 42.

erscheint fernliegend. Vielmehr spricht die Entstehungsgeschichte dafür, daß eine Hilfeleistungspflicht nur für die Individualrechtsgüter des Lebens und der Gesundheit sowie im Falle der gemeinen Gefahr des Eigentums aufgestellt werden sollte. Dennoch lassen sich letzte Zweifel nicht völlig ausräumen, da in der amtlichen Begründung ein ausdrücklicher Hinweis auf den abschließenden Charakter der Aufzählung fehlt.

4. Teleologische Auslegung

Die Frage, ob § 323 c StGB tatsächlich nur diese Individualrechtsgüter schützt, läßt sich auch im Wege der auf Sinn und Zweck der Strafvorschrift der unterlassenen Hilfeleistung abstellenden teleologischen Auslegung nicht endgültig klären. Die größte Bedeutung kommt nämlich diesem Auslegungsmittel, wie bereits erwähnt, erst dann zu, wenn das durch die Strafvorschrift geschützte Rechtsgut bekannt ist. Da dieses aber zunächst zu ermitteln ist, kann hier nur auf den Strafgrund der Nothilfevorschrift zurückgegriffen werden. An anderer Stelle wurde darauf hingewiesen, daß § 323 c StGB auf der Vorstellung basiert, den einzelnen zu einem Mindestmaß an mitmenschlicher Solidarität anzuhalten. Die Bestrafung erfolgt wegen der Versäumung einer Rettungschance.
Unter Rückgriff auf diesen Strafgrund konnten wir zuvor schon eine Reihe der zum Rechtsgut der Nothilfevorschrift vertretenen Ansichten widerlegen. Vorliegend geht es nur noch um die beiden verbliebenen Auffassungen, d.h. darum, ob § 323 c StGB jedes Individualrechtsgut oder nur einen fest umrissenen Kreis von Individualrechtsgütern schützt. In Anbetracht des Zweckes dieses Deliktes, den einzelnen bei Strafe zur Mindestsolidarität anzuhalten, erscheint die erstere Auffassung fernliegend. Denn der Gesetzgeber durfte bei einem Unglücksfall, d.h. der Gefährdung einer einzelnen Person, wegen des Fehlens jeglicher persönlicher oder sonstiger Beziehung zwischen Pflichtigem und Notleidendem eine Hilfeleistung nur erwarten, wenn bedeutende Rechtsgüter auf dem Spiel stehen. Da in unserem Strafgesetzbuch keineswegs jedes Individualrechtsgut vor Gefährdung durch aktives Tun, gleichgültig welcher Art, strafrechtlichen Schutz erfährt, kann nicht davon ausgegangen werden, daß ein solcher allumfassender Rechtsgüterschutz auf dem Gebiet des Unterlassens herbeigeführt werden soll. Daher läßt sich alleine unter Rückgriff auf den Strafgrund der Kreis der geschützten Individualrechtsgüter nicht angeben. Denn die Versäumung einer Rettungschance liegt z.B. auch dann vor, wenn der einzelne trotz Notwendigkeit nicht zum Schutze der Ehre seines Mitmenschen tätig wird.

Strafgrund und Entstehungsgeschichte deuten aber gemeinsam für die Begründung einer strafrechtlichen Haftung nach § 323 c StGB im Falle eines Unglücksfalles darauf hin, daß ein solcher nur bei Betroffenheit der unersetzlichen Rechtsgüter des Lebens und der Gesundheit anzunehmen ist. Bei der gemeinen Gefahr spricht dagegen für eine Einbeziehung von Sachwerten die Unüberschaubarkeit der Notlage, die dem einzelnen die Notwendigkeit seiner Hilfe deutlich vor Augen treten läßt.

Dem Strafgrund kommt für die teleologische Auslegung der tatbestandlichen Situation des Unglücksfalles besondere Bedeutung zu. Denn der Grund für die Bestrafung liegt nicht in der im Unterlassen zum Ausdruck kommenden schlechten Gesinnung, sondern in der Versäumung einer Rettungschance, was auch für den Verzicht auf das Erfordernis der Teilverwirklichung des Schadens bei diesem Tatbestandsmerkmal spricht. § 323 c StGB basiert ja auf dem Gedanken, den einzelnen davor zu bewahren, daß bestimmte Individualrechtsgüter Schaden nehmen. Aus diesem Grund sollen die Mitmenschen zur Ergreifung effektiver Rettungshandlungen veranlaßt werden. Häufig hängt die Effizienz der Hilfe aber gerade davon ab, daß man nicht abwartet, bis es zum Schadenseintritt kommt. Seine Teilrealisierung kann Auslöser für ein nicht mehr aufzuhaltendes Geschehen sein. Angesichts des Strafgrundes des § 323 c StGB muß der einzelne beispielsweise dazu verpflichtet sein, einen Blinden, der auf einen Abgrund zugeht und abzustürzen droht, zu warnen.

Gleichzeitig deutet der Strafgrund der Nothilfepflicht darauf hin, beim Unglücksfall an das Erfordernis der Plötzlichkeit, auf das mit Rücksicht auf den Wortlaut dieses Tatbestandsmerkmals m.E. nicht verzichtet werden kann, keine zu hohen Anforderungen zu stellen.

II. Die nach einfachgesetzlicher Auslegung verbleibenden Auslegungszweifel

Die einfachgesetzliche Auslegung hat ergeben, daß die Strafvorschrift des § 323 c StGB hinsichtlich der tatbestandlichen Situation des Unglücksfalles dem Individualrechtsgüterschutz dient. Gewichtige Anhaltspunkte sprechen insoweit für die Begrenzung des Schutzes auf die Individualrechtsgüter des Lebens sowie der Gesundheit; nur im Rahmen der gemeinen Gefahr ist das Eigentum miteinzubeziehen. Die für diese Begrenzung aus der Entstehungsgeschichte und der systematischen Stellung der Strafvorschrift sprechenden Anhaltspunkte sind aber nicht frei von jeglichen Zweifeln.

D. Der Begriff der gemeinen Gefahr

In der Rechtsprechung zu § 323 c StGB kommt den beiden Bedürfnisfällen der gemeinen Gefahr und Not kaum praktische Bedeutung zu. Deshalb finden sich in der Judikatur auch nur äußerst wenige Urteile, welche die Auslegung dieser Tatbestandsmerkmale zum Gegenstand haben. In der Rechtsprechung begegnet uns die tatbestandliche Situation der gemeinen Gefahr regelmäßig im Zusammenhang mit Unfällen im Straßenverkehr. Die Judikatur nimmt nämlich an: Wenn eine Person nach einem Verkehrsunfall, ohne zur Fortbewegung in der Lage zu sein, verletzt auf einer stark frequentierten Fahrbahn liegen bleibe, erweise sich das Geschehen für sie als Unglücksfall. Gleichzeitig stelle es für die nachfolgenden Verkehrsteilnehmer, zumindest bei schlechten Sichtverhältnissen, eine gemeine Gefahr dar[359].

Das Reichsgericht verstand das Tatbestandsmerkmal der gemeinen Gefahr im Sinne der in § 315 Abs. 3 StGB i.d.F. vom 28. Jun. 1935 enthaltenen Legaldefinition, die wie folgt lautete:

"Gemeingefahr bedeutet eine Gefahr für Leib oder Leben, sei es auch nur eines einzelnen Menschen, oder für bedeutende Sachwerte, die in fremdem Eigentum stehen oder deren Vernichtung gegen das Gemeinwohl verstößt"[360].
Später hat das OlG Köln die Frage offengelassen, ob jener § 315 Abs. 3 StGB a.F. für die Begriffsbestimmung der gemeinen Gefahr i.S. des § 330 c StGB a.F. heranzuziehen sei[361]. Die neuere Rechtsprechung hatte noch keine Veranlassung, sich mit dem Begriff der gemeinen Gefahr eingehend auseinanderzusetzen, da sie bekanntlich im Wege extensiver Interpretation grundsätzlich jede Individualgefahr dem Tatbestandsmerkmal des Unglücksfalls unterstellt.

Um so zahlreicher sind die in der Literatur zur Bestimmung jenes Bedürfnisfalles der gemeinen Gefahr unternommenen Auslegungsversuche. In der Lehre besteht weitgehende Einigkeit, was die Interpretation des Bedürfnisfalles der Gefahr als solcher, unter Außerachtlassung der Qualifizierung als "gemeine", anbetrifft. Unter einer Gefahr wird ein Zustand verstanden, der sich von dem gewöhnlichen, alltäglichen durch Abnormität unterscheide und der bei ungehinderter Weiterentwicklung die objektiv hinreichende Wahrscheinlichkeit eines Schadenseintritts begründe[362]. Ob eine Gefahr vorliege, sei nicht aus der subjektiven Sicht des Hilfspflichtigen zu beurteilen. Als maßgeblich wird das Urteil einer

---

359 RGSt 71, 200, 203 = JW 1937, S. 1813; RG DR 1942, S. 1223; BGHSt 1, 266, 269; NJW 1954, S. 728, 729 = VRS 5, Nr. 172, S. 364 f; OLG Köln VRS 24, Nr. 22, S. 54, 56; BayObLG VRS 24, Nr. 23, S. S. 60, 61 = NJW 1963, S. 62.

360 RGSt 71, 200, 203; RG DR 1941, S. 925. In der Literatur ist die Frage, ob es möglich sei, diese Legaldefinition auch zur Auslegung der in anderen Strafvorschriften, namentlich der strafbewehrten Nothilfepflicht verwandten Tatbestandsmerkmale der gemeinen Gefahr heranzuziehen, kontrovers diskutiert worden. Zustimmend: Dalcke/Fuhrmann/Schäfer, Strafrecht und Strafverfahrensrecht, Anm. 1 zu § 312 StGB; Kohlrausch-Lange, Anm. III 2 zu § 315 StGB; Kühl, aa0, S. 46; Mayer, Strafrecht, Allgemeiner Teil, S. 165; Seitz, Die Erfolgsabwendepflicht und ihre Abgrenzung gegenüber der Hilfspflicht, S. 46. Ablehnend: Blaschick, aa0, S. 15; Blindauer, aa0, S. 51; Ehlers, aa0, S. 25; Fahlenbock, aa0, S. 20 f; Huschens, aa0, S. 31; Leipziger Kommentar, Vorbem. vor § 306 StGB, Anm. III, Schwarz, Anm. 1 B vor § 306 StGB; Stieve, aa0, S. 18; Wiedenroth, aa0, S. 45 f; Wildanger, aa0, S. 47.

361 OlG Köln, VRS 24, Nr. 22, S. 54 ff.

362 Blaschick, aa0, S. 13; Fahlenbock, aa0, S. 21; North, aa0, S. 35; Pedotti, aa0, S. 118, 182; Schmidt, aa0, S. 13; Schramm, aa0, S. 60; Stieve, aa0, S. 19; Vermander, aa0, S. 55 f; Wiedenroth, aa0, S. 43; Wildanger, aa0, S. 47.

sachkundigen Durchschnittsperson angesehen[363]. Aufgrund der nachträglich aus der Sicht ex ante vorzunehmenden Prognose müsse der Eintritt des Schadens nicht nur "möglich", sondern "wahrscheinlich" sein[364]. Nach herrschendem Verständnis in der Lehre ist eine abstrakte Gefahr, d.h. ein Zustand, der allgemein zu einem Schaden führen könne, nicht ausreichend. Es müsse eine im Einzelfall bestehende, also eine konkrete Gefahr vorliegen[365], wobei es auf ihre Entstehungsursache nicht ankomme[366]. Die Lehre geht davon aus, daß diesem Tatbestandsmerkmal zwar die "Erheblichkeit" des drohenden Schadens immanent sei[367], dem Begriff der Gefahr aber, trotz der Qualifizierung als gemeine, keine Aussage über den Kreis der Rechtsgüter, denen Schaden drohen muß, entnommen werden könne[368]. Bezüglich der Frage, welche Rechtsgüter bedroht sein müssen, herrscht der gleiche Meinungsstreit, der uns bereits bei dem Tatbestandsmerkmal des Unglücksfalles begegnet ist. Häufig lassen aber diejenigen Vertreter, die beim Unglücksfall den Sachschaden nicht genügen lassen, diesen ohne nähere Begründung bei der gemeinen Gefahr ausreichen[369]. Insofern werden im Zusammenhang mit der gemeinen Gefahr sehr oft die Rechtsgüter Leib, Leben oder bedeutende Sachwerte genannt[370]. Andererseits finden sich jedoch, wie bereits erwähnt, zahlreiche Auffassungen, die den Kreis der maßgeblichen Rechtsgüter wesentlich weiter[371] bzw. enger ziehen und - im letzteren Fall - insbesondere die Sachgefahr prinzipiell nicht genügen lassen[372].

---

363 Blaschick, aa0, S. 13, 14; Ehlers, aa0, S. 22; Huschens, aa0, S. 32 ff; Leonhard, aa0, S. 10; North, aa0, S. 35, 36; Pedotti, aa0, S. 113; Schramm, aa0, S. 60, 61.

364 Bellebaum, aa0, S. 5, der insoweit von der naheliegenden Möglichkeit einer Verletzung spricht; Ehlers, aa0, S. 24; Fahlenbock, aa0, S. 20 f; Huschens, aa0, S. 35; North, aa0, S. 35; Müller, aa0, S. 8; Pedotti, aa0, S. 115 f; Ratsch, aa0, S. 22; Schramm, aa0, S. 60; Stieve, aa0, S. 18, 19; Wiedenroth, aa0, S. 43; Wildanger, aa0, S. 47.

365 Blei, Strafrecht, BT, S. 163; Blindauer, aa0, S. 51; Huschens, aa0, S. 34; North, aa0, S. 39; Pedotti, aa0, S. 115, 184; Rudolphi in: SK, § 323 c StGB, Rdnr. 10; Spendel in: LK, § 323 c StGB, Rdnr. 60; Stieve, aa0, S. 19; Vermander, aa0, S. 54; Wiedenroth, aa0, S. 43.

366 Fahlenbock, aa0, S. 21; North, aa0, S. 35; Pedotti, aa0, S. 184; Schmidt, aa0, S. 13; Stieve, aa0, S. 20.

367 North, aa0, S. 37.

368 North, aa0, S. 37, 38; Schmidt, aa0, S. 13. Teilweise wird aber angenommen, daß sich aufgrund der systematischen Stellung des § 323 c StGB im Abschnitt der gemeingefährlichen Delikte eine Eingrenzung auf die Rechtsgüter Leib, Leben und Sachgüter von bedeutendem Wert ergebe; vgl. North, aa0, S. 38 zu § 360 I Ziff. 10 RStGB.

369 Benfer, Besonderes Strafrecht II, S. 140 f; Cramer in: Sch/Sch/L, § 323 c StGB, Rdnr. 5; Dähn, Problem- und Repitionskommentar zum StGB, § 323 c StGB, Rdnr. 2; Schmidhäuser, Strafrecht, BT, S. 206, Rdnr. 1.

370 Blei, Strafrecht II, BT, S. 163; Fahlenbock, aa0, S. 22; Kühl, aa0, S. 47; Lackner/Kühl, § 323 c StGB, Rdnr. 3; Maurach/Schroeder/Maiwald, Strafrecht, BT, Tb. 2, § 55 II, Rdnr. 17; Müller, aa0, S. 9; North, aa0, S. 38; Otto, Die einzelnen Delikte, § 67, Rdnr. 8; Pedotti, aa0, S. 184, der betont, daß nur ausnahmsweise ein anderes Rechtsgut in Betracht komme; Rudolphi in: SK, § 323 c StGB, Rdnr. 10; Seitz, aa0, S. 46; Stieve, aa0, S. 21; Wiedenroth, aa0, S. 47; Wieczorek, Strafrecht, S. 235; siehe auch Schmidt, aa0, S. 13, der diese Rechtsgüter nennt, obwohl er die Art des Schadens für gleichgültig erachtet.

371 Cramer in: Sch/Sch/L, vor § 306 StGB, Rdnr. 19; Schöne, aa0, S. 100; Spendel in: LK, § 323 c StGB, Rdnr. 58 ff.

372 Arzt/Weber, Strafrecht, BT, LH 2, Rdnr. 376, 387; Vermander, aa0, S. 58.

Besteht hinsichtlich der Auslegung des Tatbestandsmerkmals der Gefahr als solchem weitgehende Übereinstimmung, so sind die Auffassungen bei der Interpretation des Qualifikationsmerkmals "gemeine" geteilt.

Jedoch existiert Einigkeit darüber, daß die Allgemeinheit bedroht sein muß und es nicht genügt, wenn im Hinblick auf das zu erwartende Geschehen von vornherein nur eine bestimmte Person als gefährdet erscheint[373].

In der älteren Lehre war die Ansicht weit verbreitet[374]: Es müsse eine unbestimmte Anzahl von Personen bedroht sein, damit von einer gemeinen Gefahr gesprochen werden könne. Für die Qualifizierung der Gefahr als "gemeine" sei erforderlich, daß sie sowohl in ihrer Richtung als auch nach ihrem Umfang unbestimmt und unübersehbar wäre. Im Falle der möglichen Individualisierbarkeit der bedrohten Personen könne von einer gemeinen Gefahr keine Rede sein[375].

Eine andere Ansicht sah die Unbestimmtheit der Individualität des gefährdeten Objektes als maßgebend an[376].

Nach einer dritten zur gemeinen Gefahr vertretenen Grundauffassung kommt es darauf an, ob eine Vielzahl von Personen (oder Sachen) bedroht sind. Da die Gemeingefahr auf die Öffentlichkeit abstelle, zu der eine Vielzahl von Menschen und Gegenstände gehöre, seien ihre Voraussetzungen auch dann erfüllt, wenn der Personenkreis bzw. die Sachgesamtheit, denen Schaden drohe, mathematisch exakt feststehe. Maßgeblich sei nur die Bedrohung einer Vielzahl von Personen oder Sachen[377].

Die heutige Literatur stellt weitgehend auf das Kriterium der "Unbestimmtheit der Individualität" der Personen oder Sachen, denen Schaden droht, ab. Hiernach liegt

373 Wildanger, aaO, S. 50.

374 Vgl. die Darstellung der zum Tatbestandsmerkmal der gemeinen Gefahr vertretenen unterschiedlichen Auffassungen bei, Frank, Das Strafgesetzbuch für das Deutsche Reich, 27. Abschnitt, S. 719. Zu den in der neueren Literatur vertretenen unterschiedlichen Auffassungen siehe: Küper, Strafrecht, BT, S. 136 f.

375 Bellebaum, aaO, S. 5; Fahlenbock, aaO, S. 22; Lackner, § 323 c StGB, Rdnr. 2 b; Leonhard, aaO, S. 11 f; North, aaO, S. 37, 38; Olshausen, aaO, S. 1964; Oppenhoff, aaO, S. 933; Otto, Die einzelnen Delikte, § 67, Rdnr. 8; Schmidhäuser, Strafrecht, BT, S. 207; Stieve, aaO, S. 18, 21; Wieczorek, Strafrecht, S. 235; Wildanger, aaO, S. 54 f; ähnlich Müller, aaO, S. 9; Schmidt, aaO, S. 13; Schramm, aaO, S. 61, die hinsichtlich der Sachgefahr betonen, daß nicht die Unbestimmtheit der Anzahl der Träger dieses Rechtsgutes, sondern die Ungewißheit der Schadenshöhe maßgebend sei.

376 Hälschner, 2, S. 603 f; Siebenhaar, ZStW 4 (1884), 245.

377 Vgl. aus der älteren Literatur, Binding, Lehrbuch des Gemeinen Deutschen Strafrechts, BT, Bd. 2, Abt.1, S. 4, 5; Frank, aaO, S. 719, 720; Ehlers, aaO, S. 25, 26; Huschens, aaO, S. 36. Siehe auch Blaschick, aaO, S. 15, welche aber ausnahmsweise bei besonders außergewöhnlich hohem Wert die Gefahr für eine Person oder Sache genügen lassen will. Vgl. aus der neueren Literatur, Cramer in: Sch/Sch/L, vor § 306 StGB, Rdnr. 19; Ehlers, aaO, S. 25, 26; Haft, Strafrecht, BT, S. 285; ablehnend, Wildanger, aaO, S. 50.

beispielsweise auch in folgender Situation eine gemeine Gefahr vor: Von dem Dach eines an eine belebte Fußgängerzone angrenzenden Geschäftshauses hat sich ein Tonziegel gelöst und droht herabzufallen. Obwohl dieser nur einen Passanten treffen kann, sind die Voraussetzungen der gemeinen Gefahr nach h.L. erfüllt, da die Allgemeinheit, d.h. jeder am Haus vorbeigehende Fußgänger, von einer Körperverletzung betroffen werden kann[378].

Herrschend dürfte inzwischen eine vermittelnde Auffassung sein, welche die Existenz einer gemeinen Gefahr bejaht, wenn entweder einer Vielzahl von Personen (oder Sachen) Schaden droht oder ein Einzelner als Repräsentant der Allgemeinheit der Gefährdung ausgesetzt ist[379].

Die zuvor dargestellten, divergierenden Auffassungen zeigen, daß sich die einfachgesetzliche Auslegung der Tatbestandsalternative der gemeinen Gefahr als ein schwieriges Unterfangen erweist. Im Gegensatz zu den anderen Strafvorschriften des 27. Abschnittes des StGB nennt § 323 c StGB kein Schutzgut, auf das sich die Gefahr bezieht. Letztlich enthält auch das Strafgesetzbuch nach Streichung der in § 315 Abs. 3 StGB i.d.F. vom 28.6.1935 enthaltenen Legaldefinition keine Regelung mehr, die für die Auslegung des innerhalb des Tatbestands der Strafvorschrift der unterlassenen Hilfeleistung enthaltenen Merkmales der gemeinen Gefahr verbindlich sein könnte.

Ausgehend vom Wortlaut des Gesetzes ist unter dem Begriff der Gefahr die hinreichende Wahrscheinlichkeit des Eintritts eines Schadens zu verstehen[380]. Dem Sprachgebrauch können aber keine Anhaltspunkte dafür entnommen werden, welche Rechtsgüter vom Unheil bedroht sein müssen, um von einer Gefahr sprechen zu dürfen. Allein mit Hilfe der grammatischen Auslegung lassen sich dem Wort "gemein" keine weiteren Erkenntnisse als die gewinnen, die Gefahr müsse sich auf die Allgemeinheit beziehen. Dagegen sprechen die folgenden beiden Gesichtspunkte der systematischen und historischen Auslegung dafür, daß die Strafvorschrift der unterlassenen Hilfeleistung sich im Rahmen der gemeinen Gefahr auf die Schutzgüter Leben, Gesundheit und bedeutende Sachwerte bezieht:

Der Verzicht auf eine ausdrückliche Normierung des Bezugsgegenstands der gemeinen Gefahr innerhalb des Tatbestandes des § 323 c StGB deutet auf die Einbeziehung der in § 315 Abs. 3 StGB i.d.F. von 1935 genannten Rechtsgüter hin: Durch das Gesetz vom 28.6.1935 war sowohl die Strafvorschrift des § 330 c als auch im Wege des § 315 Abs. 3 eine Legal-

---

378 Blei, Strafrecht II, BT S. 163; Blindauer, aaO, S. 47; Spendel in: LK, § 323 c StGB, Rdnr. 59; Wiedenroth, Die Verletzung der Hilfeleistungspflicht, S. 47. Ablehnend, Ehlers, aaO, S. 26.

379 Blei, Strafrecht II, BT, S. 163; Blindauer, aaO, S. 53, 54; Spendel in: LK, § 323 c StGB, Rdnr. 59; Storsberg, aaO, S. 57; Wiedenroth, aaO, S. 47; siehe auch Vermander, aaO, S. 58, der allerdings die Gefahr für eine bestimmte Vielzahl von Personen nicht genügen läßt; in diesem Sinne bereits, Pedotti, aaO, S. 184.

380 Duden, Das große Wörterbuch der deutschen Sprache, Bd. 3, 2. völlig neub. u. erw. Aufl. 1993, S. 1239.

definition der gemeinen Gefahr in das Strafgesetzbuch eingefügt worden. Der 27. Abschnitt enthielt also eine Norm, welche die Bezugspunkte der gemeinen Gefahr nannte und zwar die Rechtsgüter Leben, Gesundheit und Sachgüter von bedeutendem Wert. Aus diesem Grunde war es entbehrlich, sie in jeder, das Tatbestandsmerkmal der gemeinen Gefahr enthaltenen Strafvorschrift zu wiederholen. Hierfür spricht auch die amtliche Begründung zu § 330 c StGB a.F., die hervorhob, daß die Hilfeleistungspflicht nicht auf die Leibes- und Lebensgefahr zu beschränken sei, sondern im Rahmen der gemeinen Gefahr auch für Sachgüter bestehe. Soweit der nationalsozialistische Gesetzgeber die Tatbestandsalternative der gemeinen Gefahr auf dieselben Schutzgüter wie die innerhalb des § 315 Abs. 3 StGB i.d.F. vom 28.6.1935 erfaßten ausrichtete, hatte er, verglichen mit den bisherigen Reformarbeiten, eine äußerst weitreichende unmittelbare Hilfeleistungspflicht statuiert. Denn die vorherigen Entwürfe beschränkten diese Art der Nothilfepflicht, sofern sie insoweit überhaupt eine Regelung enthielten, auf die Leibes- und Lebensgefahr. Zudem handelte es sich bei der gemeinen Gefahr um einen historisch gewachsenen Rechtsbegriff. Bei Schaffung des § 330 c StGB a.F. konnte der nationalsozialistische Gesetzgeber an das seinerzeit zum Inhalt dieses Tatbestandsmerkmals bestehende Verständnis anknüpfen. War die Gemeingefahr im Preußischen Landrecht noch verstanden worden als Gefahr für den Staat, die öffentliche Sicherheit oder auch eine Vielzahl von Menschen, so ist sie im 19. Jahrhundert auf die Rechtsgüter des Lebens, der Gesundheit und des Eigentums beschränkt worden[381]. Zum Zeitpunkt des Erlasses des § 330 c StGB a.F. herrschte in der strafrechtlichen Literatur die Auffassung vor, das Tatbestandsmerkmal der gemeinen Gefahr beziehe sich auf diese Schutzgüter[382]. Denn als Bezugsobjekte wurden regelmäßig Personen und Sachen genannt, denen Schaden i.S. einer Substanzverletzung drohen müsse[383].

Der Stellung der gemeinen Gefahr als Tatbestandsmerkmal neben dem Unglücksfall kommt m.E. die Bedeutung zu, daß sie keinesfalls bei der Gefährdung nur einer Person vorliegt, mag auch deren Individualität ungewiß sein. Da der Unglücksfall den Eintritt eines Teilschadens nicht zur Voraussetzung hat, wird die Individualgefahr bereits von diesem Tatbestandsmerkmal erfaßt. Sofern die gemeine Gefahr schon bei der Gefährdung einer einzelnen Person vorliegen würde, käme der Tatbestandsalternative des Unglücksfalles insoweit keine abweichende praktische Bedeutung zu. Die Auslegung sollte aber von dem Bestreben geleitet sein, zu einem Ergebnis zu gelangen, das jedem Bedürfnisfall seine eigenständige Bedeutung zukommen läßt. Die Intention des Gesetzgebers, mit beiden Merkmalen den gleichen Sachverhalt zum Ausdruck zu bringen, erscheint fernliegend. Die tatbestandliche Ausrichtung der Gefahr auf die Allgemeinheit spricht m.E. dafür, daß der Schaden einer Vielzahl von

381 Binding, Lehrbuch des Gemeinen Deutschen Strafrechts, BT, Bd. 2, Abt. 1, S. 2.
382 Binding, aa0, S. 2.
383 Frank, Das Strafgesetzbuch für das Deutsche Reich, Vorb. vor § 306 StGB, Anm. II.

Personen drohen muß. Hierbei kommt es allerdings auf die Unbestimmtheit des Personenkreises nicht an. Denn von einer Gefahr für die Allgemeinheit kann auch dann gesprochen werden, wenn die Anzahl der bedrohten Personen auf den ersten Blick nicht sofort erkennbar ist. Selbst wenn ihre Individualität unbestimmt ist, genügt die Gefährdung einer einzelnen Person oder eines einzelnen Objektes dagegen nicht, da die Allgemeinheit, wie das vorhergehende Fallbeispiel des maroden Daches zeigt, nur abstrakt gefährdet ist. Denn eine für § 323 c StGB erforderliche konkrete Gefahr liegt erst vor, wenn der einzelne sich dem Hause, von dessen Dach der Tonziegel herabzufallen droht, nähert. Ab dem Augenblick, in dem sich die abstrakte Gefahr in eine konkrete, also in eine im Einzelfall bevorstehende, umwandelt, droht diese aber nicht mehr der Allgemeinheit, sondern einem ganz bestimmten Individuum. Für die Beurteilung, ob eine gemeine Gefahr oder nur eine Individualgefahr vorliegt, muß es aber angesichts der ratio legis des § 323 c StGB auf das Stadium der Konkretheit der Gefahr ankommen. Denn nur sofern im Einzelfall eine konkrete Gefahr bestand, kann dem Unterlassenden später zum Vorwurf gemacht werden, daß er eine bestehende Rettungschance versäumt habe. Den einzelnen bereits bei abstrakter Gefahr zur Ausübung einer Hilfstätigkeit für verpflichtet anzusehen, würde sicherlich den Anwendungsbereich des § 323 c StGB überdehnen. Hinzu kommt, daß der einzelne im Hinblick auf die §§ 32 und 34 StGB nur im Falle der konkreten Gefahr eine Eingriffsbefugnis besitzt.

E. Der Begriff der gemeinen Not

Bislang hat in der Judikatur innerhalb der strafbewehrten Nothilfepflicht das Tatbestandsmerkmal der gemeinen Not noch geringere praktische Bedeutung gewonnen als das der gemeinen Gefahr. Soweit ersichtlich, läßt sich weder in der Rechtsprechung des BGH, noch in der des RG eine Entscheidung finden, in der bei einer Verurteilung wegen unterlassener Hilfeleistung auf den Bedürfnisfall der gemeinen Not zurückgegriffen worden wäre. Die Judikatur konnte daher zur Konkretisierung dieses Begriffes, den das StGB an keiner weiteren Stelle verwendet[384], praktisch noch nichts beitragen. So findet sich nur der Hinweis des Reichsgerichtes, die gemeine Not stelle eine die Allgemeinheit betreffende dar[385].

Die in der Literatur unternommenen Definitionsversuche gehen häufig über jene Anmerkung des Reichsgerichtes nicht hinaus, wenn die gemeine Not hier als eine die Allgemeinheit betreffende, erhebliche Notlage beschrieben wird[386].

---

384 Im StGB wird das Merkmal "Not" allerdings als zusammengesetzter Begriff, beispielsweise Notwehr, Notstand etc., gebraucht.

385 RGSt 77, 301, 303.

386 Blei, Strafrecht II, BT, S. 163; Bockelmann, Strafrecht, BT 3, S. 218; Cramer in: Sch/Sch/L, § 323 c StGB, Rdnr. 8; Haft, Strafrecht, BT, S. 285; Lackner/Kühl, § 323 c StGB, Rdnr. 3; Rudolphi in: SK, §

Andererseits existieren, trotz der geringen praktischen Bedeutung des Bedürfnisfalles der gemeinen Not, in der Lehre einige Abhandlungen, die sich eingehend mit diesem Begriff auseinandersetzen.

Ungeachtet der sprachlichen Ungenauigkeit des Tatbestandes des § 323 c StGB besteht Einigkeit darüber, daß das Attribut "gemeine" sowohl auf den Bedürfnisfall der Gefahr als auch den der Not bezogen werden muß[387]. Denn ein sachlicher Grund dafür, daß seinerzeit die deutlichere Formulierung des § 340 Ziff. 7 PreußStGB "Wer bei Unglücksfällen oder bei einer gemeinen Gefahr oder Noth ... " nicht in das StGB für den Norddeutschen Bund übernommen worden war, ist nicht ersichtlich[388]. Im Rahmen des Tatbestandsmerkmals gemeine Not bestehen bezüglich der Qualifizierung "gemeine" die gleichen Kontroversen wie sie bereits im Zusammenhang mit der gemeinen Gefahr zu finden sind. Deshalb kann auf die vorhergehenden Auffassungen verwiesen werden.

Anders als bei dem Bedürfnisfall der gemeinen Gefahr gehen die Ansichten, was unter dem Bedürfnisfall der gemeinen Not zu verstehen ist, weit auseinander. Einigkeit besteht im wesentlichen nur dahingehend, daß der Begriff der Not nach Sprachgebrauch und etymologischer Bedeutung zumindest als ein Zustand schwerer Bedrängnis zu verstehen sei[389]. Teilweise wird noch darauf hingewiesen, daß es sich demzufolge um einen Zustand handeln müsse, aus dem der einzelne sich ohne fremde Hilfe nicht befreien könne[390]. Als Beispiele werden häufig Kriegs- und Hungersnot, Epidemien und Seuchen genannt[391].

Im folgenden können, was die Auslegung dieses Tatbestandsmerkmals im einzelnen anbetrifft, im wesentlichen zwei Auffassungen unterschieden werden. Nach einer verbreiteten Lehrmeinung stellt die partielle Schadensrealisierung ein notwendiges Begriffselement des Bedürfnisfalles der gemeinen Not dar, der sich hierdurch von der gemeinen Gefahr unterscheide[392]. Die Schädigung dürfe aber nicht abgeschlossen, sondern der Eintritt weiterer Rechtsgutverletzungen müsse zu befürchten sein[393]. Das ist der Grund dafür, daß häufig in der

---

323 c StGB, Rdnr. 10; Schmidhäuser, Strafrecht, BT, Grundriß, S. 207, 16.5; Tröndle/Fischer, § 323 c StGB, Rdnr. 3 c; Wieczorek, Strafrecht, S. 235; siehe auch Otto, Die einzelnen Delikte, § 67, Rdnr. 9.

387 Bellebaum, aa0, S. 6; Müller, aa0, S. 11; North, aa0, S. 40; Spendel in: LK, § 323 c StGB, Rdnr. 70; Schmidt, aa0, S. 13; Schramm, aa0, S. 63; Stieve, aa0, S. 21; Vermander, aa0, S. 59.

388 Leonhard, aa0, S. 12; Wildanger, aa0, S. 61.

389 Fahlenbock, aa0, S. 22; Müller, aa0, S. 10; Pedotti, aa0, S. 180; Schmidt, aa0, S. 13; Schöne, aa0, S. 83 f; Schramm, aa0, S. 63; Wildanger, aa0, S. 60.

390 Fahlenbock, aa0, S. 22; Müller, aa0, S. 10; Schramm, aa0, S. 63.

391 Bellebaum, aa0, S. 6; Leonhard, aa0, S. 12; North, aa0, S. 41; Pedotti, aa0, S. 185.

392 Blaschick, aa0, S. 16; Bellebaum, aa0, S. 6; Fahlenbock, aa0, S. 22; Huschens, aa0, S. 37; Leonhard, aa0, S. 12; North, aa0, S. 40 f; Ratsch, aa0, S. 23; Seitz, aa0, S. 46; Schmidt, aa0, S. 14; Schramm, aa0, S. 63; Stieve, aa0, S. 22; Storsberg, aa0, S. 57; Vermander, aa0, S. 60; Wildanger, aa0, S. 60.

393 Bellebaum, aa0, S. 6; Blaschick, aa0, S. 17; Fahlenbock; aaO, S. 22; Huschens, aa0, S. 37; Leonhard, aa0, S. 12; North, aa0, S. 40 f; Seitz, aa0, S. 46; Schmidt, aa0, S. 14; Schramm, aa0, S. 63; Stieve, aa0,

Literatur die gemeine Not als ein Unterfall der gemeinen Gefahr qualifiziert wird. Bei Vorliegen der gemeinen Not seien stets auch die Voraussetzungen der gemeinen Gefahr erfüllt, aber umgekehrt könne nicht jede gemeine Gefahr zugleich auch als gemeine Not qualifiziert werden[394]. Lange Zeit wurde daher angenommen, der Bedürfnisfall der Not stimme hinsichtlich des Erfordernisses des Schadenseintritts mit dem des Unglücksfalles überein. Denn ursprünglich forderte die h.M., wie bereits erwähnt, insoweit ebenfalls eine Teilrealisierung des Schadens. Der zwischen beiden Begriffen bestehende Unterschied sei in dem Verzicht auf die Plötzlichkeit des Schadenseintritts bei der gemeinen Not zu erblicken[395].

Die heute stark im Zunehmen befindliche Gegenansicht verzichtet bei dem Bedürfnisfall der gemeinen Not auf das Erfordernis der partiellen Realisierung des Schadens. Die gemeine Not erfasse auch den Fall der Bedrohung, also des drohenden künftigen Schadenseintritts[396]. Sie beruft sich hierbei auf den Sprachgebrauch und die Vorschriften der Notwehr und des Notstandes, die ebenfalls auf die bevorstehende Rechtsgutverletzung abstellen. Teilweise werden im Vergleich zur gemeinen Gefahr allerdings höhere Anforderungen an die Schadensnähe gestellt: Es wird das unmittelbare Bevorstehen des Schadenseintritts verlangt[397]. Überwiegend wird aber angenommen, daß zwischen der gemeinen Gefahr und Not keine Differenz in der Schadensnähe bestehe[398]. Heute ist daher die Ansicht herrschend, es sei von einer weitgehenden Deckungsgleichheit beider Begriffe auszugehen[399]. Die Abgrenzung der gemeinen Gefahr wie auch der gemeinen Not gegenüber dem Unglücksfall liege darin, daß bei letzterem die Individualgefahr genüge[400]. Denn auch bei dem Merkmal der Not komme es auf die Entstehungsursachen nicht an[401]. Wie die beiden anderen Bedürfnisfälle lasse die gemeine Not keinen Bezug auf einen bestimmten, fest umrissenen Kreis von Rechtsgütern erkennen[402]

S. 22; Storsberg, aaO, S. 57.

394 Blaschick, aaO, S. 16 f; North, aaO, S. 41; Wiedenroth, aaO, S. 50.

395 Bellebaum, aaO, S. 6; Fahlenbock, aaO, S. 22; Pedotti, aaO, S. 181; Ratsch, aaO, S. 23; Stieve, aaO, 22; Storsberg, aaO, S. 57; Wildanger, aaO, S. 60.

396 Blindauer, aaO, S. 55 f, der die Not als eine Art Dauergefahr ansieht; Ehlers, aaO, S. 28; Pedotti, aaO, S. 181; Schöne, aaO, S. 83, 84; Spendel in: LK, § 323 c StGB, Rdnr. 74, 77.

397 Pedotti, aaO, S. 181; Wiedenroth, aaO, S. 50, der verlangt, daß der Zustand bereits zu einer Verletzung "oder zu einer ganz unmittelbaren, regelmäßig nicht abwendbaren Gefährdung von Leib, Leben oder Sachgüter einer bestimmten oder unbestimmten Vielheit von Menschen geführt hat."

398 Benfer, Besonderes Strafrecht II, S. 141, Rdnr. 537; Blei, Strafrecht II, BT, S. 218; Schöne, aaO, S. 83.

399 Schöne, aaO, S. 84 betont, daß die drei Bedürfnisfälle auf den gemeinsamen Nenner, nämlich "das Bevorstehen einer erheblichen Rechtsgutsverletzung" zurückgeführt werden können; siehe auch Spendel in: LK, § 323 c StGB, Rdnr. 78.

400 Benfer, Besonderes Strafrecht II, S. 141, Rdnr. 537.

401 Huschens, aaO, S. 37; North, aaO, S. 40; Wildanger, aaO, S. 62.

402 Leonhard, aaO, S. 12.

- obwohl im Zusammenhang mit diesem Tatbestandsmerkmal Leib, Leben und bedeutende Sachwerte sehr häufig Erwähnung finden[403].

Die in der Literatur unternommenen Auslegungsversuche zeigen, daß es nicht einfach ist, einen dem Bedürfnisfall der gemeinen Not im Vergleich zum Unglücksfall und der gemeinen Gefahr zukommenden eigenständigen Bedeutungsgehalt herauszuarbeiten. Fraglich ist, ob dieses Tatbestandsmerkmal, das erstmals zur Beschreibung der tatbestandlichen Situation einer Nothilfepflicht in § 340 Ziff. 7 PreußStGB von 1851 Verwendung gefunden hatte, eine solche Eigenständigkeit überhaupt besitzt. Ausgehend vom Wortlaut kommt dem Begriff der Not ganz allgemein die Bedeutung zu, eine besonders schlimme Lage, in der jemand dringend Hilfe braucht, zu kennzeichnen[404]. Letztlich lassen sich mit einer derartigen Beschreibung aber auch die beiden übrigen Bedürfnisfälle charakterisieren. Neben jener allgemeinen Bedeutung kommt dem Begriff der Not indes nach dem alltäglichen Sprachgebrauch noch ein präziserer Sinngehalt zu.
Es lassen sich insoweit die folgenden beiden Bedeutungsmöglichkeiten unterscheiden:
Nach der ersten ist unter dem Begriff der Not der Zustand eines Mangels bzw. Fehlens an Lebenswichtigem zu verstehen[405]. Nach der zweiten beschreibt die Not eine gefahrvolle, lebensbedrohliche Situation[406]. Für den Gebrauch, den das Wort Not in der Umgangssprache gefunden hat, ergibt sich dabei die Erforderlichkeit der Existenz eines bestimmten, schon eingetretenen Schadens nicht. Der Wortlaut spricht ebenfalls dafür, daß es sich um bedeutsame persönliche Rechtsgüter handeln muß, die betroffen sind. In erster Linie zielt die Not, wenn jeweils von "Lebenswichtigem" die Rede ist, auf das Rechtsgut des Lebens ab. Nach dem grammatischen Sinngehalt erstreckt sich der Begriff der Not zudem auf die Schädigung der Gesundheit; Voraussetzung dafür ist aber die Möglichkeit der Entwicklung der die Gesundheit bedrohenden Situation in eine Gefährdung des Lebens. Nicht nur der Wortlaut, sondern auch der zwischen der strafbewehrten Nothilfepflicht und den Bestimmungen der Nothilfe und des Notstandes bestehende enge Zusammenhang weisen darauf hin, daß mit dem Tatbestandsmerkmal der gemeinen Not neben dem Zustand der Bedrängnis ebenfalls der der Gefährdung erfaßt wird. Die §§ 32 und 34 StGB, die dem einzelnen die Befugnis zur Not- bzw. Notstandshilfe geben, ohne die eine strafbewehrte Nothilfepflicht (wegen des ansonsten entstehenden Wertungswiderspruches) nicht denkbar wäre, haben zwar das Merkmal der Not nicht der Sache nach zur Voraussetzung gemacht. Jene begrifflich die Not enthaltenden Rechtfertigungsgründe verzichten in der Beschreibung der

---

403 North, aaO, S. 41; Wiedenroth, aaO, S. 50; siehe auch Huschens, aaO, S. 37, der annimmt, daß vom Merkmal der Not nur in bezug auf das Leben und die Gesundheit von Menschen gesprochen werden könnte.

404 Duden, Das große Wörterbuch der deutschen Sprache, Bd. 5, S. 2401.

405 Duden, aaO, S. 2401; Bünting, Deutsches Wörterbuch, S. 813.

406 Bünting, aaO, S. 813.

Notwehr- und Notstandslage aber auf eine teilweise Schadensrealisierung und begnügen sich insoweit mit der unmittelbaren Gefährdung. Dieser Gesichtspunkt spricht ebenfalls dafür, in der Tatbestandsalternative der gemeinen Not auf einen partiellen Schadenseintritt zu verzichten. Außer in § 323 c StGB findet der Begriff der gemeinen Not noch innerhalb § 145 Abs. 1 Nr. 2 StGB Verwendung. Jedoch können hieraus keine Anhaltspunkte für den jenem Tatbestandsmerkmal in § 323 c StGB zukommenden Bedeutungsgehalt gewonnen werden, da § 145 Abs. 1 Nr. 2 StGB das Pendant zur Strafvorschrift der unterlassenen Hilfeleistung darstellt. Die Allgemeinheit soll durch § 145 Abs. 1 Nr. 2 StGB vor unnötiger Anforderung fremder Hilfe geschützt werden. Aus der Entstehungsgeschichte des § 323 c StGB können ebenfalls keine Hinweise für die Interpretation des Begriffs der gemeinen Not gewonnen werden. Denn eine Auseinandersetzung mit diesem Tatbestandsmerkmal findet sich weder in der amtlichen Begründung zu § 330 c StGB i.d.F. des Gesetzes zur Änderung des Strafgesetzbuches vom 28.6.1935, noch in derjenigen zu § 330 c StGB i.d. Neufassung durch das 3. Strafrechtsänderungsgesetz vom 4.8.1953. In den Materialien zur Strafvorschrift des § 340 Ziff. 7 PreußStGB von 1851, in der die tatbestandliche Situation durch die drei generalklauselartigen Bedürfnisfälle des Unglücksfalles, der gemeinen Gefahr und Not umschrieben worden ist, kann ebenfalls kein Indiz für die Interpretation der gemeinen Not ausfindig gemacht werden.

Demgegenüber enthielt der Entwurf der amtlichen Strafrechtskommission von 1936 in der Begründung zu § 316 (Vereitelung der Nothilfe) eine Definition der gemeinen Not, wenn es dort hieß:

"Gemeine Not besteht, wenn unbestimmt welche und wieviele Menschen fremder Hilfe insbesondere wegen eines Mangels an Mitteln zur Erhaltung ihres Lebens oder ihrer Gesundheit dringend bedürfen. Der Ursprung der gemeinen Not ist unerheblich[407]."

Der Entwurf, der in § 317 die Vorschrift des § 330 c StGB a.F. übernommen hatte, verwies auf die zu § 316 gegebenen Erklärungen der Bedürfnisfälle. Die Ausgestaltung der strafbewehrten Nothilfepflicht durch § 330 c StGB des Gesetzes zur Änderung des Strafgesetzbuches vom 28.6.1935 war als völlig ausreichend erachtet worden[408]. Aus diesem Grunde kann davon ausgegangen werden, daß dem Tatbestandsmerkmal der gemeinen Not innerhalb des § 330 c StGB a.F. das gleiche Verständnis des nationalsozialistischen Gesetzgebers wie zu § 317 des Entwurfes der amtlichen Strafrechtskommission zugrunde gelegen hatte. Daher deutet die Entstehungsgeschichte darauf hin, daß § 323 c StGB in der Tatbestandsalternative der gemeinen Not nur den Schutz des Lebens und der Gesundheit zum Gegenstand hat. Das

407 Entwurf eines Deutschen Strafgesetzbuches 1936 nebst Begründung, Bd. II, S. 204.
408 Entwurf eines Deutschen Strafgesetzbuches 1936 nebst Begründung, Bd. II, S. 205.

Tatbestandsmerkmal der gemeinen Not stellt im Vergleich zur gemeinen Gefahr geringere Anforderungen an die Schadensnähe. Erstere erfaßt auch den Fall der Bedrängnis von Menschen. Das soll an dem Beispiel der Seenot verdeutlicht werden. Eine gemeine Not liegt nach einer Schiffskatastrophe bereits dann vor, wenn unzählige Menschen auf dem Meer treiben. Demgegenüber kann von einer gemeinen Gefahr erst dann gesprochen werden, wenn die Schiffbrüchigen infolge des Versagens ihrer Kräfte zu ertrinken drohen. Das Tatbestandsmerkmal der gemeinen Not stellt also geringere Anforderungen an die Schadensnähe. Im Gegensatz zum Unglücksfall ist im Rahmen der gemeinen Not die Plötzlichkeit des Eintritts des schädigenden Ereignisses und die Unmittelbarkeit des Bevorstehens der Rechtsgutbeeinträchtigung nicht zu fordern.

§ 18 Die "einfachgesetzliche" Auslegung des Tatbestandsmerkmals erforderlicher Hilfe

A. Der Hilfsbegriff

I. Gebot zur schlichten Tätigkeit bzw. zur Tätigkeit mit erfolgsabwendender Tendenz
1. Die maßgeblichen Auslegungsgesichtspunkte

In Rechtsprechung und Literatur sind die Ansichten über das richtige Verständnis des § 323 c StGB zugrundeliegenden Gebots geteilt. § 323 c StGB enthält im Gegensatz zum direkten Vorläufer, dem § 330 c StGB a.F., zwar eine ausdrückliche Einschränkung dahingehend, daß die von dem einzelnen zu leistende Hilfe erforderlich sein muß. Die Verständlichkeit des gesetzlichen Hilfsbegriffs ist hierdurch aber nur unwesentlich erhöht worden. Jenes einschränkende Merkmal ist nämlich, wie bereits gezeigt, seinerseits selbst sehr auslegungsbedürftig. Das Strafgesetzbuch enthält keine klare Aussage darüber, was unter Hilfe zu verstehen ist, obwohl es dieses Tatbestandsmerkmal auch an anderen Stellen, wie beispielsweise in § 27 StGB (Beihilfe) oder § 257 StGB (Begünstigung), verwendet.

Für die Auslegung des § 323 c StGB zugrundeliegenden Gebots liefert die Entstehungsgeschichte einen sehr wichtigen Anhaltspunkt. Die amtliche Begründung zu § 330 c StGB a.F. hatte sich zur Frage der Interpretation des Merkmals "Hilfe" nicht geäußert[409]. Später hatte das Reichsgericht und ihm folgend die h.L. das von dem einzelnen geforderte Verhalten der Hilfe im Sinne des "Sich-um-das-Opfer-Kümmerns", verstanden[410]. Das Reichsgericht stellte weniger auf die Zweckmäßigkeit des Verhaltens des Hilfspflichtigen als vielmehr auf den hierin zutage tretenden guten oder bösen Willen ab[411]. Die Möglichkeit des Helfers, die

409 Die amtlichen Begründungen, aa0, S. 42.
410 RG DR 1940, 1061; RGSt 74, 69, 73 = DR 1940, S. 685.
411 RGSt 71, 200, 203; DR 1943, S. 1103 f.

Lage des Opfers überhaupt zu verbessern, wurde entsprechend dem gesinnungsrechtlichen Verständnis des § 330 c StGB a.F. als unmaßgeblich angesehen. Eine Interpretation der Strafvorschrift der unterlassenen Hilfeleistung in diesem Sinne war aus rechtsstaatlichen Günden später vom BGH nicht mehr fortgesetzt worden. Trotzdem sah es der Gesetzgeber bei Erlaß des 3. Strafrechtsänderungsgesetzes vom 4. Aug. 1953 als unverzichtbar an, durch Einfügen des Merkmals "erforderlich" die Möglichkeit auszuschließen, den Tatbestand der unterlassenen Hilfeleistung gesinnungsrechtlich auszulegen[412]. Daher kann der Entstehungsgeschichte folgendes für die Auslegung des Hilfsbegriffs entnommen werden: Die Nothilfe soll nur zur Entstehung gelangen, wenn **wirklich** Hilfe erforderlich ist. Es muß eine reale Rettungschance für das Opfer bestehen.

Im übrigen muß der Sinngehalt des gebotenen Verhaltens unter Rückgriff auf den Wortlaut des Begriffs des Helfens und auf die ratio legis des § 323 c StGB gewonnen werden. Nach dem Sprachgebrauch bedeutet Hilfe jemandem Unterstützung bzw. Beistand zukommen zu lassen. Da jede Hilfe der Verfolgung eines bestimmten **Zweckes** dient, wird der Inhalt des Gebotes des § 323 c StGB heute nur noch vereinzelt in der Entfaltung schlichter Tätigkeit, dem Betätigen der Nächstenhilfe als solcher, ohne Rücksicht auf ein bestimmtes Ziel, gesehen[413]. Vielmehr erweise sich eine Tätigkeit erst infolge ihrer **Zweckbestimmung** als Hilfeleistung. Im Hinblick auf den Strafgrund des Vergehens der unterlassenen Hilfeleistung wird die Hilfe als eine Tätigkeit zum Zwecke der Abwehr des den Individualrechtsgütern des einzelnen drohenden Schadens verstanden. Der Pflichtige habe zwar nicht für die Erfolgsabwendung einzustehen. Dennoch stelle die Hilfe eine Tätigkeit dar, die darauf abziele, den erwarteten Schaden zu verhindern, mit anderen Worten, ein Wirken mit Erfolgsabwendungstendenz[414].

---

412 BT-Drucksache I/Nr. 3713 vom 29.9.1952, S. 44.

413 Baumann-Weber, Strafrecht, AT, 9. Aufl., S. 234; Blei, Strafrecht, AT, S. 313; Maurach, JR 1956, S. 349; ders., Deutsches Strafrecht, BT, S. 468.

414 Geilen, Jura 1983, S. 138, 142; Georgakis, Hilfspflicht und Erfolgsabwendungspflicht im Strafrecht, S. 11; Huschens, aa0; S. 73 ff; Jescheck/Weigend, Lehrbuch des Strafrechts, § 58 III, Kreuzer, Ärztliche Hilfeleistungspflicht bei Unglücksfällen, S. 110, 113; Lenckner, Praxis der Rechtsmedizin, 1986, S. 578; Mayer, Strafrecht AT, S. 119; Vermander, aa0, S. 28; Welzel, NJW 1953, S. 327, 328; Wildanger, aa0, S. 65 f;

2. Qualifikation des § 323 c StGB als echtes Unterlassungsdelikt aufgrund dieses Hilfsbegriffsverständnisses

a. Befürwortende Auffassung

In Rechtsprechung und Lehre wird bekanntlich zwischen zwei Kategorien von Unterlassungen, den echten und den unechten Unterlassungsdelikten, unterschieden[415]. Gegen diese Einteilung der Unterlassungsdelikte wendet sich eine Minderansicht, da sich die sachlichen Unterschiede nicht mittels eines einzigen Paares an Gegenbegriffen eingrenzen ließen[416]. Die Strafvorschrift des § 323 c StGB wird, ungeachtet dieser Kontroverse, (fast) einhellig als echtes Unterlassungsdelikt angesehen[417]. Völlig konträr sind allerdings die Auffassungen bei Beantwortung der Frage nach dem für diese Qualifizierung maßgeblichen Kriterium. Die wohl immer noch h.A. stellt insoweit auf den Gebotsinhalt des § 323 c StGB ab, der sich in der Nichtvornahme der vom Gesetz geforderten Handlung erschöpfe[418], und erblickt in den echten Unterlassungsdelikten das Gegenstück zu den reinen Tätigkeitsdelikten. Obwohl die gebotene Handlung zwar auf die **Erfolgsabwendung** abziele, sei diese nicht Pflicht des Täters. Demzufolge stelle der Eintritt des negativen Erfolges kein Tatbestandsmerkmal[419] dar.

b. Gegenauffassung

Neben der dargelegten Ansicht, welche die Differenzierung zwischen den echten und unechten Unterlassungsdelikten nach der Art des gebotenen Verhaltens, nämlich entweder Pflicht zur Tätigkeit oder Erfolgsabwendungspflicht, vornimmt, gibt es zahlreiche Auffassungen, die auf andere Kriterien rekurrieren.

Nach einer Ansicht ist auf den Gesichtspunkt der Ausgestaltung der Strafbarkeit des Unterlassens innerhalb des Deliktstatbestandes abzustellen. Ein echtes Unterlassungsdelikt

---

415 Diese Differenzierung geht auf Luden zurück, welcher die echten Unterlassungsdelikte als "Unterlassungsverbrechen im eigentlichen Sinne" bezeichnete, vgl. Abhandlungen aus dem gemeinen teutschen Strafrechte, Bd. 2, 1840, S. 119 f, 223, 242.

416 Schmidhäuser, Strafrecht, AT, Studienbuch, S. 387, Abschn. 12, Rdnr. 5.

417 Cramer in: Sch/Sch/L, § 323 c StGB, Rdnr. 1.

418 BGHSt 14, 280, 281.

419 Blei, Strafrecht, AT, S. 313; Bockelmann/Volk, Strafrecht, AT, S. 151, 152; Jescheck/Weigend, Lehrbuch des Strafrechts, AT, § 58 III; Kienapfel, Strafrecht, AT, S. 474; Maurach, Deutsches Strafrecht, BT, 5. Aufl., S. 468; Otto, Grundkurs, Strafrecht, AT, § 9, Rdnr. 12 ff; Spendel in: LK, § 323 c StGB, Rdnr. 19; Wessels/Beulke, Strafrecht, AT, Rdnr. 696; Wildanger, aa0, S. 1. Vgl. auch Georgakis, aa0, S. 6 ff, 15; Lenckner, Praxis der Rechtsmedizin, 1986, S. 578; Preisedanz, Strafgesetzbuch, § 330 c StGB, Rdnr. 1; Rudolphi in: SK, § 323 c StGB, Rdnr. 3, die besonders den Aspekt hervorheben, daß dem Täter bei den echten, im Gegensatz zu den unechten Unterlassungsdelikten, der Eintritt des Erfolges nicht zugerechnet werde.

liege vor, wenn das Unterlassen in einem entsprechenden Tatbestand gesetzlich vertypt sei und nicht erst aus § 13 StGB hergeleitet werden müsse[420]. Eng verwandt hiermit ist die Konzeption, die darauf abstellt, daß eine Strafvorschrift ein Gebot zum Gegenstand hat, das nur durch Unterlassen verwirklicht werden kann[421]. Eine andere Auffassung sieht den entscheidenden Unterschied der beiden Deliktskategorien in der Garantenposition. Letztere sei für eine Strafbarkeit wegen eines echten Unterlassensdeliktes nicht erforderlich[422].

II. Die Lehre von der erfolgsbezogenen Tätigkeit

Innerhalb der zur h.M. vertretenen recht unterschiedlichen Gegenansichten besteht Einigkeit darüber, daß die echten und unechten Unterlassungsdelikte sich keineswegs in der Zielrichtung der Handlungspflichten unterschieden. Obwohl § 323 c StGB ein echtes Unterlassungsdelikt darstelle, liege dieser Strafvorschrift sehr wohl eine Pflicht zur Erfolgsabwendung zugrunde[423]. Zur Begründung dieser Ansicht wird regelmäßig auf folgende Argumente verwiesen: Sowohl im Falle der unechten als auch der echten Unterlassungsdelikte bezwecke die von dem Pflichtigen geforderte Tätigkeit, den Eintritt des Schadens an einem Individualrechtsgut abzuwenden[424]. Von wirklicher Hilfe könne nur gesprochen werden, wenn der Pflichtige bei vorhandener Möglichkeit diesen Schaden vollends abgewendet habe und nicht etwa nach Entfaltung einer Tätigkeit mit Erfolgsabwendungstendenz auf halbem Wege stehen geblieben sei[425]. Die Qualifizierung der Hilfeleistungs- als Erfolgsabwendepflicht bedeute keineswegs, daß dem Täter der eingetretene negative Erfolg im Rahmen des § 323 c StGB ebenfalls zugerechnet werde[426]. Wie an späterer Stelle noch zu zeigen sein wird, ziehen die Vertreter dieser Gegenansicht äußerst unterschiedliche Konsequenzen aus der erfolgsbezogenen Qualifizierung der Hilfeleistungspflicht.

B. Die Bestimmung der Erforderlichkeit der Hilfe

I. Der für die Beurteilung maßgebliche Zeitpunkt

420 Jakobs, Strafrecht, AT, 28/9; Kaufmann, Die Dogmatik der Unterlassungsdelikte, S. 276; Maurach/Schröder/Maiwald, Strafrecht, BT, Tb. 2, § 55 I, Rdnr. 6; Stratenwerth, Strafrecht, AT I, Rdnr. 980; Stree in: Sch/Sch/L, Vorb. § 13 ff StGB, Rdnr. 137; Vermander, aa0, S. 42; dieser Ansicht zuneigend auch Schünemann, Grund und Grenzen der unechten Unterlassungsdelikte, S. 44.

421 Arzt/Weber, Strafrecht, LH 2, Rdnr. 375; Baumann/Weber, Strafrecht, AT, 9. Aufl., § 16 II 4, a, b.

422 Blindauer, aa0, S. 121; Frellesen, aa0, S. 149; Storsberg, aa0, S. 69; ähnlich Geilen, Jura 1983, S. 78.

423 Androulakis, Studien zur Problematik der unechten Unterlassungsdelikte, S. 143; Blindauer, aa0, S. 62; Kaufmann, Die Dogmatik der Unterlassungsdelikte, S. 208; Schöne, aa0, S. 58 ff, 70; Storsberg, aa0, S. 70 f; Welzel, Das Deutsche Strafrecht, 11. Aufl., S. 471.

424 Schöne, aa0, S. 70; Storsberg, aa0, S. 70.

425 Androulakis, aa0 S. 143; Storsberg, aa0, S. 69.

426 Blindauer, aa0, S. 62, Fn 167; Schöne, aa0, S. 61 f; Storsberg, aa0, S. 68.

1. Die Beurteilung ex post

Im Gegensatz zu der früheren Strafvorschrift des § 330 c StGB folgt heute bereits unmittelbar aus dem gesetzlichen Tatbestand des § 323 c StGB, daß in Notfällen der einzelne lediglich zur Leistung der "erforderlichen" Hilfe verpflichtet ist. Äußerst kontrovers wird in Rechtsprechung und Literatur aber disktutiert, auf welchen Zeitpunkt es für die Beurteilung der Erforderlichkeit ankommt. Während die h.A. das Vorliegen eines Bedürfnisfalles aus der Sichtweise ex post, also unter Heranziehung sämtlicher nachträglich bekannter Gesichtspunkte beurteilt[427], wird zur Bestimmung der Erforderlichkeit der Hilfe diese zeitliche Perspektive nur von einer Minderansicht für sachgerecht gehalten:

Nur diejenigen Vertreter der Literatur, die annehmen, daß § 323 c StGB eine Pflicht zur Erfolgsabwendung zugrunde läge, rekurrieren auf sämtliche, also auch die erst nachträglich erkennbaren, Umstände[428]. Zur Rechtfertigung dieser "ex post Betrachtung" greifen sie im wesentlichen auf folgende Argumente zurück:

§ 323 c StGB stelle gegenüber den unechten Unterlassungsdelikten ein Minus dar, was zur Folge haben müsse, daß die für diese Deliktskategorie relevanten Grundsätze auch für die strafbewehrte Nothilfepflicht maßgeblich seien[429]. Eine vollendete Tötung durch Unterlassen komme beispielsweise nicht in Betracht, wenn ein Fremder anstelle des Vaters das Kind rette. Im Rahmen des § 323 c StGB müsse das Eingreifen eines außenstehenden Dritten den Täter erst recht entpflichten, weil es ja auch eine von außen an den Täter herangetretene Lage gewesen sei, die zufällig seine Hilfspflicht begründet habe. Zudem sei es ein im Strafrecht geltender allgemeiner Grundsatz, die Strafbarkeit eines Täters auf der Basis sämtlicher, auch der erst nachträglich bekannten, Gesichtspunkte zu bestimmen[430]. So könne z.B. nicht von einem vollendeten Totschlag gesprochen werden, wenn es dem Arzt gelungen sei, das von dem Täter verletzte Opfer zu retten. Die Beurteilung der Erforderlichkeit der Hilfe aus der Sicht ex ante laufe auf eine Strafbarkeit des tauglichen Versuchs der unterlassenen Hilfeleistung hinaus. Nur die ex post Betrachtung führe zur richtigen, der ausschließlich objektiven Orientierung dieser Strafvorschrift am Rechtsgüterschutz. Der Täter des § 323 c StGB werde wegen der Versäumung einer "wirklichen Chance" zur erfolgreichen Schadensabwehr bestraft. Sofern sich nachträglich herausstelle, daß eine solche Rettungsmöglichkeit nicht bestanden habe, sei die Hilfspflicht von vornherein nicht zur Entstehung

---

427 BGHSt 14, 213, 216; 32, 381; AG Tiergarten NStZ 1991, S. 236, 237; Arzt/Weber, LH 2, S. 171, Rdnr. 378; Seelmann in: NK, § 323 c StGB, Rdnr. 21, 33; siehe auch Spendel in: LK, § 323 c StGB, Rdnr. 81, der seine Sichtweise dahin präzisiert hat, daß die Ex-post Beurteilung nur für die tatsächlichen Umstände der Notfälle in Betracht kommen kann, "die für eine Ex-ante Betrachtung eine Gefahr, d.h. das 'Drohen' oder die Möglichkeit eines Schadens, begründen.

428 Blindauer, aa0, S. 67 ff; Cramer in: Sch/Sch/L, § 323 c StGB, Rdnr. 2; siehe aber auch Ulsenheimer, StV 1986, S. 201, 203; Wildanger, aa0, S. 38, 71 ff.

429 Cramer in: Sch/Sch/L, § 323 c StGB, Rdnr. 1, 2.

430 Blindauer, aa0, S. 71.

gelangt. Zudem sei die Differenzierung der Sichtweisen hinsichtlich des Vorliegens eines Unglücksfalles ex post und der Erforderlichkeit der Hilfe ex ante wegen der engen Verzahnung beider Tatbestandsmerkmale willkürlich[431]. Klare Strafbarkeitsergebnisse ließen sich nur durch eine strikte Anwendung der **ex post** Betrachtung gewinnen.

Die Vertreter der ex post Betrachtung beurteilen die Tatbestandsmäßigkeit des Unterlassens des Täters nach § 323 c StGB aber äußerst konträr für den Fall, daß ein Dritter den Eintritt des Schadens verhindert hat oder sich nicht klären läßt, ob das Eingreifen des Täters die mögliche Schadensentwicklung beeinflußt hätte. Blindauer, der die konsequente ex post Betrachtung als das maßgebliche Instrument für die notwendige Restriktion der strafbewehrten Nothilfepflicht ansieht, gelangt zur Straffreiheit des Täters in einer derartigen Konstellation, in der es an einem Erfolg oder zumindest Teilerfolg fehlt bzw. von seinem Fehlen gemäß dem Grundsatz in dubio pro reo auszugehen ist[432].

Nach anderer Auffassung scheidet hier nur eine Strafbarkeit wegen vollendeter unterlassener Hilfeleistung aus. Der Täter sei aber dennoch nach § 323 c StGB strafbar, da es sich bei diesem Delikt um ein Unternehmensdelikt handele, das also auch den Versuch der unterlassenen Hilfeleistung erfasse. Der Unterlassende werde bestraft, weil er nicht versucht habe, den Eintritt des schädigenden Erfolges von dem Rechtsgut abzuwenden[433].

2. Die Beurteilung ex post hinsichtlich des Vorliegens des Unglücksfalles und ex ante im Hinblick auf die Erforderlichkeit der Hilfe

Die h.M. in Rechtsprechung und Literatur greift zur Feststellung der einzelnen Tatbestandsvoraussetzungen des § 323 c StGB auf einen differenzierten Beurteilungsmaßstab zurück. Eine Bestrafung wegen unterlassener Hilfeleistung komme nur in Frage, wenn wirklich ein **Unglücksfall** vorgelegen habe. Mithin sei irrelevant, wie sich die Situation für den Hilfspflichtigen zunächst dargestellt habe, sondern entscheidend, wie sie aufgrund sämtlicher nachträglich bekannter Umstände qualifiziert werden müsse. Anzuwenden ist insoweit nach h.M. die Sichtweise **ex post**[434]. Die Bestimmung der Bedürfnisfälle (Unglücksfall, gemeine Gefahr und Not) aus der Sichtweise ex ante laufe auf die Erfassung des nach § 323 c StGB straflosen (untauglichen) Versuchs der unterlassenen Hilfeleistung hinaus[435]. Im Gegensatz zur Ermittlung der Bedürfnisfälle stellt die h.M. aber zur Beurteilung

431 Cramer in: Sch/Sch/L, § 323 c StGB, Rdnr. 2a.
432 Blindauer, aa0, S. 67.
433 Cramer in: Sch/Sch/L, § 323 c StGB, Rdnr. 9.
434 BGHSt 14, 213, 216; 32, 367, 381; AG Tiergarten NStZ 1991, S. 236, 237; Lackner/Kühl, § 323 c StGB, Rdnr. 2; Otto, Strafrecht, Die einzelnen Delikte, § 67, Rdnr. 7; Rengier, Strafrecht, BT II, § 42, Rdnr. 2; Seelmann in: NK, § 323 c StGB, Rdnr. 21.
435 AG Tiergarten NStZ 1991, S. 236, 237.

der **Erforderlichkeit** der Hilfe auf den **ex ante** Maßstab ab. Als entscheidend wird die Sachlage angesehen, wie sie sich zum Zeitpunkt der rechtlich gebotenen Tätigkeit darstellt, d.h. ob hiernach die Möglichkeit der Abwehr des Schadens bestanden hat[436]. Im Falle der Bedrohung des menschlichen Lebens genüge, wenn dieses nicht zu retten sei, bereits die Chance zur Veranlassung einer Schmerzlinderung[437].

Die h.M. begründet die Anwendung des ex ante Maßstabes zur Beurteilung der Erforderlichkeit der Hilfe mit dem Interesse an einem möglichst optimalen Rechtsgüterschutz in Notlagen. Denn bereits die bloße Gefährdung der Rechtsgüter des Mitmenschen würde vermieden, sei der einzelne auch dann zur Leistung von Hilfe verpflichtet, wenn diese sich später als nutzlos erweisen sollte[438]. Die h.A. verkennt keineswegs, daß bei einer solchen Betrachtung auch Unterlassungen erfaßt werden, die sich bei einem ex post Maßstab quasi materiell als Fälle eines untauglichen Versuchs erweisen[439]. Dies wird bewußt in Kauf genommen. Durch den Verzicht auf den hypothetischen Kausalitätsnachweis erhalte die Strafvorschrift des § 323 c StGB gerade die ihr eigene Funktion eines Lückenbüßers im Rahmen der Unterlassungsstrafbarkeit. Käme es nämlich für die Strafbarkeit nach § 323 c StGB auf die ex post zu treffende Feststellung an, ob dem Verunglückten bei einem Unglücksfall noch zu helfen war, so öffne man dem Täter Tür und Tor für Schutzbehauptungen dazu, weshalb er nicht geholfen habe[440]. Hingegen vermeidet der ex ante Maßstab regelmäßig einen Freispruch mangels Beweisen. Im übrigen wird zur Rechtfertigung dieses Maßstabes auf den Inhalt der Hilfspflicht zurückgegriffen und betont, daß der Täter im Rahmen des § 323 c StGB, im Gegensatz zu den unechten Unterlassungsdelikten, keine Erfolgsabwendung schulde. Letztlich wird auch auf die Parallele der Nothilfepflicht zu den §§ 32 und 34 StGB verwiesen. Zur Beurteilung der Erforderlichkeit einer Notwehr- bzw. Notstandshandlung werde ebenfalls auf die Perspektive ex ante abgestellt[441].

3. Die Beurteilung ex ante

Im extremen Gegensatz zu der bereits geschilderten Minderansicht, die für eine einheitliche ex post Betrachtung der Tatbestandsmerkmale des § 323 c StGB eintritt, steht diejenige

---

436 BGHSt 14, 213, 216; BGH VRS 12, Nr. 88, S. 197, 198; BGHSt 32, 367, 381; BGH NStZ 1985, S. 409; Arzt/Weber, Strafrecht BT, LH 2, S. 171, Rdnr. 378; Blei, Strafrecht II, BT, S. 164; Kreuzer, Ärztliche Hilfeleistungspflicht bei Unglücksfällen, S. 107; Lackner/Kühl, § 323 c StGB, Rdnr. 5; Maurach/Schroeder/Maiwald, Strafrecht BT, Tb. 2; § 55 II, Rdnr. 19; Spendel in: LK, § 323 c StGB, Rdnr. 81; Vermander, aa0, S. 69.

437 BGHSt 14, 213, 217.

438 BGHSt 17, 166, 172; Arzt/Weber, Strafrecht BT, LH 2, S. 119, Rdnr. 375.

439 Rudolphi in: SK, § 323 c StGB, Rdnr. 13.

440 Arzt/Weber, aa0, Rdnr. 375.

441 Spendel in: LK, § 323 c StGB, Rdnr. 22, 81.

Auffassung, die insoweit ausschließlich den ex ante Maßstab heranziehen möchte[442]. Sie beruft sich genau wie jene umfassend auf den ex post Maßstab abstellende Ansicht auf den zwischen dem Tatbestandsmerkmal des Unglücksfalles und der Erforderlichkeit der Hilfe bestehenden äußerst engen Zusammenhang. Das Tatbestandsmerkmal des Unglücksfalles sei mit dem Merkmal der Erforderlichkeit der Hilfe besonders eng verzahnt, wenn ersteres den drohenden Schadenseintritt für Menschen zur notwendigen Voraussetzung habe. Hilfe sei ebenfalls nur erforderlich, wenn weitere Schäden drohten. Dieser enge Zusammenhang zwinge dazu, sowohl die Gefahr, d.h. die Schadensdrohung, als auch die Möglichkeit ihrer Abwendung einheitlich unter Zugrundelegung des ex ante Maßstabes zu beurteilen[443]. Hierfür spreche der Gedanke eines optimalen Rechtsgüterschutzes. Ein effektiver Rechtsgüterschutz erfordere es, den Bürger bereits dann zur Hilfeleistung zu verpflichten[444], wenn ex ante die Möglichkeit eines Unglücksfalles bestehe.

II. Der Beurteilungsmaßstab für die Erforderlichkeit der Hilfe

1. Objektive Betrachtungsweise

Die h.A. in Rechtsprechung[445] und Literatur[446] stellt das Tatbestandsmerkmal der erforderlichen Hilfe objektiv fest. Auf die subjektive Sicht des Täters komme es außerhalb der Ermittlung des Vorsatzes, also der inneren Tatseite, nicht an. Mithin sei im Rahmen des objektiven Tatbestandes die Vorstellung des Täters, welche Maßnahmen er zur Schadensabwehr für erforderlich halte, unerheblich. Vielmehr sei auf die Perspektive eines objektiven und sachkundigen Beobachters abzustellen. Es komme auf die menschenmöglichen Maßnahmen an, die jener zum Zeitpunkt der Entstehung der Hilfspflicht für notwendig halten mußte, um den drohenden Schadenseintritt abzuwenden[447]. Nach h.M. besteht die Pflicht sofort und ist auf die wirksamste Weise zu helfen. Dies gilt auch dann, wenn ungewiß ist, ob dem Verletzten bei Ankunft des potentiellen Retters an der Unfallstelle noch zu helfen ist[448]. Die Hilfspflicht in diesem Sinne entfällt nach herrschender Ansicht nur in den Fällen, in denen der Betroffene sich in jeder Hinsicht selbst zu helfen vermag[449], er

442 Rudolphi, NStZ 1991, S. 237, 238; Rudolphi in: § 323 c StGB, Rdnr. 5 a, 13; Tröndle/Fischer, § 323 c StGB, Rdnr. 3, 4.

443 Rudolphi, aa0.

444 Rudolphi, NStZ 1991, S. 237, 239.

445 BGHSt 14, 213, 216; 17, 166, 169.

446 Geilen, Jura 1983, S. 138, 142 f; Georgakis, aa0, S. 11; Lenckner, Praxis der Rechtsmedizin, 1986, S. S. 570, 578; Preisedanz, § 330 c StGB, Rdnr. 3; Vermander, aa0, S. 28; Wildanger, aa0, S. 66. Siehe auch, Blindauer, aa0, S. 71.

447 BGHSt 14, 213, 216; Schröder, JR 1958, S. 186.

448 BGHSt 14, 213, 216; 17, 166, 169.

449 BGH NJW 1952, S. 394; Spendel in: LK, § 323 c StGB, Rdnr. 88; Wildanger, aa0, S. 67.

bereits von anderer Seite ausreichend Hilfe erfährt[450], er bereits tot ist[451] oder ein Tätigwerden offenbar völlig sinnlos wäre[452]. Als maßgeblich für die jeweils zu treffende Beurteilung werden ausschließlich objektive Kriterien angesehen. Die vorliegende Problematik der Bestimmung des Inhalts des Hilfeleistungsgebots aus einer objektiven und nicht einer subjektiven Sicht des Pflichtigen darf nicht mit der Frage verwechselt werden, ob für die zu fordernde Hilfe ein genereller oder individueller Maßstab anzuwenden ist. Obwohl von dem Hilfspflichtigen ein optimaler Rettungseinsatz verlangt wird, existiert nach h.A. auch für § 323 c StGB der Grundsatz ultra posse nemo obligatur. Es ist jeweils zu untersuchen, ob der Täter nach seinen individuellen, namentlich physischen, Fähigkeiten zur Erbringung der erforderlichen Hilfe in der Lage ist[453]. Während die auf den physischen Fähigkeiten des Täters beruhende Möglichkeit zur Hilfeleistung dem objektiven Tatbestand zugerechnet wird, sei es als ein Element der Erforderlichkeit[454] oder ungeschriebenes Tatbestandsmerkmal[455], wird die Frage, an welcher Stelle des Deliktsaufbaus die psychische Eignung des Täters zur Hilfeleistung zu prüfen ist, kontrovers diskutiert. Überwiegend ordnet man dieses Kriterium der Schuld[456], genauer gesagt der Schuldfähigkeit und nicht dem objektiven Tatbestand zu.

Bevor die von der h.M. für den objektiven Beurteilungsmaßstab gegebene Begründung dargestellt werden soll, ist kurz auf die zur subjektiven Sichtweise bestehenden Unterschiede hinzuweisen. Sofern der Täter infolge Irrtums die Erforderlichkeit der Hilfe verneint, stimmen beide Auffassungen überein. Nach der h.M. fehlt nämlich der Vorsatz, wenn der Pflichtige irrtümlich nicht erkennt, daß nach objektiven Kriterien Hilfe erforderlich ist, er beispielsweise

450 BGHSt 3, 296, 299; BGH NJW 1952, S. 394; BGH VRS 4, Nr. 226, S. 438; BGH VRS 10, Nr. 92, S. 220, 222; BGH VRS 14, Nr. 69, S. 191, LS 2, 193; Blaschick, aa0, S. 48; Preisedanz, § 330 c StGB, Rdnr. 3; Spendel in: LK, § 323 c StGB, Rdnr. 89.

451 Maurach, JR 1956, S. 348; Preisedanz, § 330 c StGB, Rdnr. 3; Spendel in: LK, § 323 c StGB, Rdnr. 87; Nach der Rechtsprechung setzt regelmäßig nur der sofortige Tod des Opfers der Hilfeleistungspflicht Grenzen. Vgl. BGHSt 1, 266, 269; 5, 124, 126; 14, 213, 216; 17, 166, 169; BGH, JR 1956, S. 347; BGH, VRS 13, Nr. 48, S. 120, 125.

452 Rudolphi in: SK, § 323 c StGB, Rdnr. 15. In der Rechtsprechung wird die Hilfe regelmäßig erst dann als völlig nutzlos angesehen, wenn das Opfer bereits tot ist. BGHSt 17, 166, 168 f; 32, 367, 381; BGH NStZ 1985, S. 501.

453 RGSt 74, 199, 200 f; 75, 68, 73; RG HRR 1941, Nr. 915; BGHSt 2, 296, 298 f; 21, 50, 54; BGH NStZ 1983, S. 313; OLG Köln NJW 1957, S. 1609, 1610; OLG Stuttgart MDR 1964, S. 1204; Maurach/Schroeder/Maiwald, Strafrecht, BT, TB 2, § 55 I, Rdnr. 7; Tröndle/Fischer, § 323 c StGB, Rdnr. 7; Wildanger, aa0, S. 66, 111, 136 f. Nach h.L. ist der Täter zum Einsatz der bei ihm im Vergleich zu anderen Personen vorhandenen besonderen Fähigkeiten verpflichtet. Blaschick, aa0, S. 30 f; Blindauer, aa0, S. 89 f; Georgakis, aa0, S. 12 ff; Kreuzer, aa0, S. 115; Kühl, aa0, S. 56; Ratsch, aa0, S. 24 f; Stieve, aa0, S. 23; Storsberg, aa0, S. 80; Vermander, aa0, S. 72.

454 Vermander, aa0, S. 69 ff; Wildanger, aa0, S. 18.

455 Benfer, Strafrecht II, S. 142, Rdnr. 538; Cramer in: Sch/Sch/L, § 323 c StGB, Rdnr. 19; Dähn, Problem- und Repititions-Kommentar, § 323 c StGB, Rdnr. 3.

456 Denn sofern der Täter irrig glaubt alle ihm möglichen Mittel eingesetzt zu haben, dies aber nicht der Fall ist, entfällt der Vorsatz. Siehe: Cramer in: Sch/Sch/l, § 323 c StGB, Rdnr. 28; Kaufmann, aa0, S. 109 ff; Rudolphi in: SK, § 323 c StGB, Rdnr. 21, 23; Vermander, aa0, S. 75 ff.

meint, dem Verletzten werde bereits von dritter Seite in ausreichendem Maße Hilfe zuteil[457]. Abweichungen entstehen zwischen beiden Auffassungen erst dann, wenn der Täter irrtümlich eine Hilfeleistung für erforderlich hält. Nach der h.M. scheidet eine Strafbarkeit aus, da Hilfe objektiv nicht erforderlich ist[458]. Demgegenüber ist nach der subjektiven Betrachtungsweise der Täter strafbar, wenn er in Verkennung der tatsächlichen Situation irrtümlich annimmt, seine Hilfe sei erforderlich[459].
Zur Vermeidung einer Abweichung dieser Konstellation von derjenigen der irrigen Annahme eines Unglücksfalles wird teilweise auch bei letzterem Irrtum für eine Strafbarkeit nach § 323 c StGB plädiert[460].

Die h.M. betont demgegenüber: Allenfalls der Begriff der Hilfe stelle ein "finales Tätigkeitswort" dar, was aber keineswegs auf das Merkmal der "Erforderlichkeit" zutreffe[461]. Jene Qualifizierung der Hilfe gebiete, bei der Auslegung dieses Tatbestandsmerkmals auf objektive Kriterien zurückzugreifen. Die subjektive Auffassung führe in vielen Fällen zu einer Pönalisierung des nach § 323 c StGB nicht unter Strafe gestellten (untauglichen) Versuchs[462]. Folge sei vielfach, daß ausschließlich die verwerfliche Gesinnung des Täters bestraft werde und zwar in einem weit größeren Maße als im Rahmen der Anwendung des § 330 c StGB a.F. zur Zeit des Nationalsozialismus[463].

2. Subjektive Betrachtungsweise

Die Gegenansicht vergleicht das in § 323 c StGB enthaltene Tatbestandsmerkmal der Hilfeleistung mit dem der Beistandsleistung i.S. des § 257 StGB. In beiden Fällen handele es sich um finale Tätigkeitsworte. Unter dem Merkmal Hilfe sei auch das "Helfenwollen" zu verstehen. Nach § 323 c StGB werde derjenige bestraft, der nicht versuche, einen drohenden Schadenseintritt abzuwenden. Der Tatbestand des § 323 c StGB entfalle bei Vornahme eines solchen Erfolgsabwendungsversuchs, der aus der Sicht des Täters die erfolgversprechenste Maßnahme darstelle, gleichgültig ob er sich irrt oder nicht[464]. Umgekehrt wird z.B. derjenige bestraft, der "seine eigenen Fähigkeiten überschätzt, (sich) fälschlich für in der Lage hält, wirksam helfen zu können, und nun dennoch nicht hilft"[465]. Armin Kaufmann geht noch einen

457 Geilen, Jura 1983, S. 138, 143.
458 Geilen, Jura 1983, S. 138, 143.
459 Cramer in: Sch/Sch/L, § 323 c StGB, Rdnr. 2a; Haft, Strafrecht, BT, S. 283.
460 Kaufmann Armin, Die Dogmatik der Unterlassungsdelikte, S. 234.
461 Geilen, Jura 1983, S. 138, 142.
462 Kreuzer, Ärztliche Hilfeleistungspflicht bei Unglücksfällen, S. 102.
463 Blindauer, aa0, S. 64 f; Kreuzer, S. 103.
464 Haft, Strafrecht, BT, S. 283 f; Kaufmann Armin, Die Dogmatik der Unterlassungsdelikte, S. 126; Schöne, aa0, S. 72 ff, 231; Schröder, Tübinger Festschrift für Eduard Kern, S. 457, 467.
465 Schröder, Tübinger FS für Eduard Kern, S. 457, 467.

Schritt weiter und bejaht auch dann die Tatbestandsmäßigkeit des § 323 c StGB, wenn jemand in der irrigen Annahme eines Unglücksfalles einen Rettungsversuch unterläßt[466].

C. Konsequenzen dieser Auffassungen für den Deliktscharakter der Strafvorschrift der unterlassenen Hilfeleistung

I. Gefährdungsdelikt

1. Abstraktes Gefährdungsdelikt

Die zum Hilfsbegriff und zum Beurteilungszeitpunkt der Erforderlichkeit der Hilfe bestehenden Unterschiede der dargelegten Auffassungen setzen sich in der Kennzeichnung des Deliktscharakters der Strafvorschrift der unterlassenen Hilfeleistung fort.

In der Literatur ist die Qualifizierung des § 323 c StGB als abstraktes Gefährdungsdelikt verbreitet[467]. Die Vertreter dieser Ansicht stützen sich im wesentlichen auf folgende Erwägungen: Die Versäumung der Rettungschance durch den Unterlassenden stelle eine Rechtsgutsgefährdung dar. Letztere sei für die Strafbarkeit nach § 323 c StGB genügend. Denn es sei völlig unerheblich, ob das Unterlassen zu einem Schadenseintritt für das bedrohte Rechtsgut geführt habe oder nicht[468]. Im Hinblick auf die für die Beurteilung der Erforderlichkeit der Hilfe maßgebliche Sicht eines verständigen Beobachters aus der Perspektive ex ante müsse die Strafvorschrift der unterlassenen Hilfeleistung als abstraktes Gefährdungsdelikt qualifiziert werden. Dieser Maßstab könne nämlich zu einer Pönalisierung von Unterlassungen führen, die sich bei einer ex post Betrachtung als nur abstrakt gefährlich für die durch § 323 c StGB geschützten Rechtsgüter darstellen[469]. Das sei beispielsweise der Fall, wenn einem verletzten Unfallopfer nur geringfügige Zeit später, nachdem ein Autofahrer an ihm vorbeigefahren ist, ohne ihm zu helfen, von dritter Seite in ausreichendem Maße Hilfe zuteil wurde und zwischenzeitlich kein weiterer Schaden eingetreten ist. Denn § 323 c StGB setze nicht die Feststellung voraus, daß die Versäumung der Rettungschance zu einer konkreten Gefahr geführt habe[470]. Es genüge insoweit die bloße Wahrscheinlichkeit, das Unterlassen könne zu einer derartigen konkreten Gefährdung der geschützten Rechtsgüter führen.

---

466 Kaufmann, aa0, S. 222, 234 f.

467 Gallas, Unterlassene Hilfeleistung nach deutschem Strafrecht, S. 344, 349; Vermander, aa0, S. 47 jeweils m.w.N.; a.A. Harzer, aa0, S. 90.

468 Vermander, aa0, S. 47.

469 Vermander, aa0, S. 41 f, 45.

470 Vermander, aa0, S. 36.

2. Konkretes Gefährdungsdelikt

Nach anderer Ansicht ist § 323 c StGB zwar als Gefährdungsdelikt zu qualifizieren, aber nicht im Sinne eines abstrakten, sondern eines konkreten[471]. Im Gegensatz zur zuvor geschilderten Anschauung stellt diese Meinung auf einen anderen Bezugspunkt ab. Sie sieht insofern nicht die Folgen der Versäumung der Rettungschancen als ausschlaggebend an und fragt auch nicht, ob die Unterlassung zu einer Individualrechtsgütergefährdung geführt habe, die über das zum Zeitpunkt der Auslösung der Nothilfepflicht bestandene Maß hinausgehe. Vielmehr wird die tatbestandliche Situation als entscheidender Faktor für die Kennzeichnung des § 323 c StGB als konkretes Gefährdungsdelikt angesehen[472]. Die Nothilfepflicht werde nach h.A. stets nur durch einen konkreten Bedürfnisfall (Unglücksfall, gemeine Gefahr oder Not) ausgelöst. Sofern die Gefährdung sich im Einzelfall nicht verdichtet habe, scheide sowohl ein Unglücksfall als auch eine Gefahr aus. Es sei also immer eine konkrete tatbestandliche Situation zur Auslösung einer konkreten Hilfeleistungspflicht notwendig.

II. Gefahrbelassungsdelikt

Heute wird § 323 c StGB zunehmend als Gefahrbelassungsdelikt angesehen[473] und gegen die Qualifizierung als abstraktes bzw. konkretes Gefährdungsdelikt geltend gemacht, daß beide für die Begehungsdelikte entwickelten Deliktskategorien nicht auf die unterlassene Hilfeleistung übertragen werden könnten. Denn es sei keineswegs der Unterlassende, der eine Gefahr für die Individualrechtsgüter des in Not Geratenen verursacht habe. Vielmehr werde dem Täter nur zum Vorwurf gemacht, daß er nicht zur Gefahrenabwehr tätig geworden sei, mit anderen Worten, er eine bestehende Rettungschance nicht wahrgenommen habe[474]. Daher bestehe zwischen § 323 c StGB und den Gefährdungsdelikten allenfalls eine strukturelle Ähnlichkeit. Gegen eine völlige Gleichsetzung spreche aber, daß § 323 c StGB, im Unterschied zu den Gefährdungsdelikten, im Falle des Schadenseintritts nicht in ein Verletzungsdelikt, beispielsweise in ein unechtes Unterlassungsdelikt, übergehen könne[475].

---

471 Arzt/Weber, Strafrecht, BT, LH 2, Rdnr. 375; Spendel in: LK, § 323 c StGB, Rdnr. 20.

472 Arzt/Weber, Strafrecht BT, LH 2, Rdnr. 375; Kaufmann, aaO, S. 209, Spendel in: LK, § 323 c StGB, Rdnr. 21; Wildanger, aaO, S. 41, 57.

473 Geilen, Jura 1983, S. 138, 143; Kreuzer, Ärztliche Hilfeleistungspflicht bei Unglücksfällen, S. 31 ff; Maurach/Schroeder, Strafrecht BT, Tb. 2, S. 33.

474 Geilen, Jura 1983, S. 138, 143; Kreuzer, aaO, S. 31. Auch Harzer, aaO, S. 84 erachtet es für vertretbar, das § 323 c StGB zugrundeliegende Gebot i.S. einer Gefährdungsabwendungspflicht zu verstehen. Indes vermöge ein derartiger Ansatz die Rechtspflicht zur Hilfeleistung nicht zu legitimieren.

475 Frellesen, aaO, S. 148 f.

III. "Umgekehrtes Versuchsdelikt" bzw. unechtes Unternehmensdelikt

In Abweichung zur h.M., die § 323 c StGB entweder als Gefährdungs- oder Gefahrbelassungsdelikt versteht, war es erstmals Armin Kaufmann, der diese Strafvorschrift unter Zugrundelegung der subjektiven Auffassung i.S. eines "umgekehrten Versuchsdeliktes" interpretierte[476]. Das Delikt der unterlassenen Hilfeleistung erweise sich "als ein Analogon auf dem Gebiet der Unterlassung zu den 'Tatbeständen mit finalen Tätigkeitsworten', zu den 'Versuchstatbeständen' aus dem Bereich der Begehung"[477]. Dogmatisch beruht die Auffassung Kaufmanns auf dem sogenannten "Umkehrprinzip"[478]. Während bei den Begehungsdelikten der Versuch strafbegründend wirke, befreie auf dem Gebiet der Unterlassungsdelikte der Versuch, die gebotene Handlung vorzunehmen, von der Strafbarkeit. Allerdings müsse der Täter die ihm am aussichtsreichsten erscheinende Hilfsmaßnahme ergreifen, wobei ein etwaig vermeidbarer Irrtum gleichgültig sei[479]. Obwohl § 323 c StGB die Strafbarkeit des Versuchs nicht ausdrücklich normiere, sei dieser bei dem Vergehen der unterlassenen Hilfeleistung strafbar. Der unterbliebene Versuch der Schadensabwehr falle unter das als finales Tätigkeitswort zu qualifizierende Tatbestandsmerkmal der unterlassenen Hilfeleistung. Die Interpretation des § 323 c StGB als "Versuchsunterlassungstatbestand" in allen Konsequenzen verleihe diesem Delikt feste Konturen[480]. Nach Kaufmann wird sowohl der taugliche als auch der untaugliche Versuch von dieser Strafvorschrift erfaßt. Mithin sei es für die Strafbarkeit einerlei, ob der Täter irrig glaube, zur Schadensabwehr in der Lage zu sein, oder ob sein Irrtum sich auf einen in Wirklichkeit nicht gegebenen Unglücksfall beziehe[481].

Dieser erstmals von Kaufmann vertretenen Ansicht haben sich Haft[482], Cramer[483], Schöne[484], Schröder[485] und Welzel[486] angeschlossen, die terminologisch aber von § 323 c StGB als einem "unechten Unternehmensdelikt" sprechen. Sie heben hervor, daß nach § 323 c StGB dem Täter der nicht abgewendete Unrechtserfolg als solcher keineswegs zugerechnet werde, die Strafbarkeit also nicht voraussetze, daß sich die von ihm abzuwendende Rechtsgutgefährdung tatsächlich in einem Schaden realisiert habe. Der Täter werde bereits dann bestraft, wenn er die von seiner Zielrichtung zur Bekämpfung der Gefahr erforderliche Tätigkeit nicht entfaltet habe. Mithin sei § 323 c StGB als "unechtes Unternehmensdelikt" zu

476 Kaufmann Armin, aa0, S. 231.
477 Kaufmann Armin, aa0.
478 Kaufmann Armin, aa0, S. 88.
479 Kaufmann Armin, aa0, S. 126.
480 Kaufmann Armin, aa0, S. 231.
481 Kaufmann Armin, aa0, S. 234.
482 Haft, Strafrecht, BT, S. 283.
483 Cramer in: Sch/Sch/L, § 323 c StGB, Rdnr. 2a.
484 Schöne, Unterlassene Erfolgsabwendungen und Strafgesetz, S. 72 ff.
485 Schröder, Tübinger-FS, S. 457, 464 ff.
486 Welzel, Das Deutsche Strafrecht, 11. Aufl., S. 471.

qualifizieren[487]. Es treffe zwar zu, daß der Versuch nur aufgrund ausdrücklicher Anordnung im Gesetz bestraft werden könne. Der Gesetzgeber sei aber keineswegs gezwungen, die Androhung der Versuchsstrafbarkeit immer nur unter Verwendung bestimmter termini technici, namentlich dem des Unternehmens, vorzunehmen[488]. Zudem definiere § 11 Abs. 1 Nr. 6 StGB lediglich das Unternehmen einer Straftat, lege aber nicht fest, wann ein sogenanntes unechtes Unternehmensdelikt vorliege[489]. Daher spreche nichts dagegen, den Versuch als durch das Merkmal des Hilfeleistens
- einem Begriff, dem die auf Herbeiführung positiver Erfolge abzielende Tätigkeit eigen sei - erfaßt anzusehen. Keinen Anlaß zu Bedenken begründe die Tatsache, daß diese Betrachtung in gewissen Fällen zu einer Versuchsstrafbarkeit nach § 323 c StGB führe, obwohl eine solche wegen unechten Unterlassens, mangels Androhung, ausgeschlossen sei. Die Strafbarkeit nach § 323 c StGB folge ihren eigenen Regeln. Zudem bestehe ein kriminalpolitisches Bedürfnis danach, diese Fälle der unterlassenen Rettungsversuche, die keinem unechten Unterlassungsdelikt unterfallen, zumindest nach jener Strafvorschrift zu erfassen[490].

Im Gegensatz zu den meisten Vertreter dieser Auffassung, die sowohl von der Strafbarkeit des tauglichen als auch der des untauglichen Versuchs ausgehen[491], erachtet Schröder bei den "unechten Unternehmensdelikten" wegen der fehlenden Androhung der Versuchsstrafbarkeit nur den tauglichen Versuch für strafbar[492].

IV. Die Lehre vom Erfolg als objektiver Bedingung der Strafbarkeit

Während die Doktrin vom "umgekehrten Versuchsdelikt" bzw. "unechten Unternehmensdelikt" im Vergleich zur h.A. zu einer Ausdehnung der Unterlassungsstrafbarkeit nach § 323 c StGB führt, hat die im folgenden darzustellende Lehre vom Erfolg als objektiver Bedingung der Strafbarkeit ihre Restriktion zur Folge. Dieser Auffassung, die, soweit ersichtlich, ausschließlich von Blindauer vertreten wird, liegt die Annahme zugrunde, daß die Erforderlichkeit der Hilfe ex post zu bestimmen sei[493]. § 323 c StGB als echtes Unterlassungsdelikt unterscheide sich von den unechten zwar hinsichtlich der fehlenden Garantenstellung, nicht aber in der Notwendigkeit eines Erfolgseintritts. Für die Strafbarkeit wegen unterlassener Hilfeleistung sei der Eintritt eines Schadens, zumindest eines Teilschadens, der eine sozialadäquate Folge des Nichthelfens darstellen müsse, d.h. den der Unterlassende hätte

487 Ulsenheimer, StV 1986, S. 201, 203.
488 Schöne, aa0, S. 74.
489 Schöne, aa0, S. 74.
490 Schöne, aa0, S. 77.
491 So soll nach Schöne, aa0, S. 77 f der Täter auch im Falle der irrtümlichen Annahme eines Unglücksfalles nach § 323 c StGB strafbar sein. Siehe auch Kaufmann Armin, aa0, S. 222.
492 Schröder, Kern-FS 1968, S. 465, 467.
493 Blindauer, aa0, S. 67 ff.

abwenden können, notwendig. Allerdings brauche sich der Vorsatz des Täters nicht auf diesen Erfolg zu erstrecken. Deshalb trage derjenige, der nicht helfe, im Falle eines Schadenseintritts das Risiko der Bestrafung. Zum Schaden gehören nach Ansicht Blindauers auch erhebliche Schmerzen. Den Erfolg im zuvor beschriebenen Sinne qualifiziert er als "objektive Bedingung der Strafbarkeit". Blindauer begründet seine Auffassung u.a. damit, sie gebe die Möglichkeit, § 323 c StGB in dem notwendigen Maße einzuengen, aber dennoch zu klaren Ergebnissen zu gelangen[494].

D. Die durch "einfachgesetzliche" Auslegung des Tatbestandsmerkmals des "Leistens erforderlicher Hilfe" auszuscheidenden Auffassungen

Es stellt sich zunächst die Frage, welche der zuvor dargelegten Auffassungen im Wege "einfachgesetzlicher Auslegung" des § 323 c StGB ausgeschieden werden können. Die Beantwortung jener Frage zeigt, daß das Verständnis des Gebotstatbestandes des § 323 c StGB i.S. der Verpflichtung zur Leistung "erforderlicher Hilfe" bereits das Ergebnis einer bestimmten Auslegung ist. Denn dem Gesetzestext kann unmittelbar nur entnommen werden, denjenigen zu bestrafen, der nicht Hilfe leistet, obwohl diese erforderlich ist. Während die erstere Umschreibung Anforderungen an die Qualität der Hilfe stellt, könnte eine solche Qualifizierung dem Tatbestand in Wirklichkeit fremd sein. Dem Tatbestandsmerkmal "erforderlich" kann auch die bloße Bedeutung zukommen, daß die Pflicht überhaupt nur zur Entstehung gelangt, wenn Hilfe notwendig, d.h. "vonnöten" ist.

Ausgehend vom Wortlaut bedeutet Hilfe, jemandem Unterstützung bzw. Beistand leisten. Dieses Tatbestandsmerkmal ist ohne Ausrichtung auf einen bestimmten Zweck aus sich heraus nicht verständlich. Hierzu bedarf es der Angabe des Zieles, das mit der zugunsten des Mitmenschen erfolgenden Unterstützung realisiert werden soll. Insofern ist Kaufmann zuzustimmen, daß es sich bei dem Tatbestandsmerkmal der Hilfe um ein finales Tätigkeitswort handelt. Innerhalb des Tatbestandes des § 323 c StGB wird die Zielrichtung der Hilfe durch die Angabe der Bedürfnisfälle, des Unglücksfalles, der gemeinen Gefahr und Not, "bei" denen sie zu leisten ist, bestimmt. Hierdurch wird folgendes deutlich.
Erstens: Das Merkmal "erforderlich" dient der Bestimmung von Qualität und Umfang der Hilfe. Es kann nicht, zumindest nicht ausschließlich, in dem Sinne der Hilfeauslösung verstanden werden. Das Erfordernis, daß die Hilfe vonnöten sein muß, resultiert nämlich bereits aus dem zwischen den einzelnen Bedürfnisfällen und dem Tatbestandsmerkmal der Hilfe bestehenden engen Zusammenhang. Sowohl der Unglücksfall als auch die gemeine Gefahr und Not haben den drohenden Eintritt eines (weiteren) Schadens zur Voraussetzung. Sofern der schädigende Vorgang vollständig abgeschlossen ist, mithin eine Rettung nicht

494 Blindauer, aa0, S. 71.

mehr in Betracht kommt, kann keine Rede mehr von der Notwendigkeit von Hilfe sein. Es spricht aber nichts dafür, daß der Gesetzgeber das Erfordernis der Notwendigkeit der Hilfe im engeren Sinne innerhalb des Tatbestandes an zwei Stellen zum Ausdruck gebracht habe. Vielmehr deutet die den drohenden Schadenseintritt enthaltene Interpretation der Bedürfnisfälle darauf hin, daß demzufolge das Tatbestandsmerkmal "erforderlich" wenigstens auch der Bestimmung der Art der Hilfe und zwar sowohl in qualitativer als auch in quantitativer Hinsicht, dient.

Zweitens: Die zwischen den drei Bedürfnisfällen und der Hilfe bestehende Beziehung verbietet es m.E. dieses Tatbestandsmerkmal im folgenden Sinne zu interpretieren:
Der Täter schulde eine schlichte Tätigkeit und komme beispielsweise seiner Pflicht bereits dadurch nach, daß er sich um das Opfer kümmere.
Denn § 323 c StGB fordert von dem einzelnen keine bloße Geschäftigkeit um ihrer selbst willen. Vielmehr läßt der zuvor beschriebene Zusammenhang erkennen, daß dem Gesetz der Gedanke einer auf Schadensabwehr abzielenden Tätigkeit zugrunde liegt. Für diese Betrachtung spricht auch die Entstehungsgeschichte des § 323 c StGB. Bei Erlaß des 3. Strafrechtsänderungsgesetzes sah der Gesetzgeber, wie bereits erwähnt, den Strafgrund der unterlassenen Hilfeleistung in der "Versäumung einer wirklichen Chance zu erfolgreicher Schadensabwendung"[495]. Die Sicht des historischen Gesetzgebers deutet also ebenfalls auf die Interpretation der Hilfspflicht i.S. einer auf Schadensabwehr zielenden Handlung hin. Dieser Betrachtung steht nicht entgegen, daß dem einzelnen im Rahmen des § 323 c StGB im Gegensatz zu den unechten Unterlassungsdelikten der eingetretene Schaden, mit anderen Worten, der Erfolg, nicht zugerechnet wird. Denn die Frage, ob dem einzelnen eine auf Schadensverhinderung gerichtete Tätigkeit auferlegt ist, muß von derjenigen der Erfolgszurechnung im Falle des Schadenseintritts unterschieden werden.

Im folgenden soll das **Tatbestandsmerkmal der Erforderlichkeit** in die Betrachtung mit einbezogen werden. Es wurde schon darauf hingewiesen, daß ihm eine Bedeutung zukommt, die über die Interpretation in dem Sinne, daß Hilfe vonnöten sein muß, hinausgeht. Jenes Tatbestandsmerkmal war im Wege des 3. Strafrechtsänderungsgesetzes in die Strafvorschrift der unterlassenen Hilfeleistung eingefügt worden, und zwar um die von dem einzelnen zu leistende Hilfe näher zu qualifizieren sowie zu begrenzen. Denn in der Begründung ist hervorgehoben worden, daß eine Nothilfepflicht nur da entstehen soll, wo wirklich Hilfe erforderlich sei. Die Strafwürdigkeit der Unterlassung liege in der Versäumung einer wirklichen Chance zur erfolgreichen Schadensabwendung begründet. § 323 c StGB diene

495 BT-Drucksache I/Nr. 3713 vom 29.9.1952, S. 44.

nicht der Bestrafung der schlechten Gesinnung des Unterlassenden[496]. Diese Qualifizierung der Hilfe als "erforderlich" führt meines Erachtens zu folgenden Konsequenzen:

Erstens: Von dem Pflichtigen kann nur verlangt werden, solche Maßnahmen zu ergreifen, die zur Verhinderung des drohenden Schadenseintritts geeignet sind. Denn ungeeignete Maßnahmen, selbst wenn sie sich als ein "Um-den-Verletzten-Kümmern" erweisen, können nicht als notwendig bezeichnet werden. Vor dem Hintergrund, daß § 323 c StGB einen wirksamen Schutz der Individualrechtsgüter des in Not geratenen Mitmenschen bezweckt und nicht die negative Gesinnung des Unterlassenden als solche bestrafen möchte, könnte das Tatbestandsmerkmal "erforderlich" die Pflicht zur Ergreifung der wirksamsten Schadensabwehrmaßnahmen, zu denen der einzelne nach seinen individuellen Fähigkeiten in der Lage ist, zum Inhalt haben. Demgegenüber könnte der Erforderlichkeit der Hilfe aber bereits dann Genüge getan sein, wenn der einzelne zwar nicht die wirksamste, aber eine aus der Sicht eines objektiven Dritten gleichwohl erfolgversprechende Maßnahme ergreift, die den Helfer weniger belastet.

Zweitens: Zudem wird durch das Tatbestandsmerkmal der Erforderlichkeit folgender in der Literatur regelmäßig vernachlässigter Aspekt der Hilfeleistungspflicht zum Ausdruck gebracht: § 323 c StGB hat m.E. lediglich eine "Hilfe zur Selbsthilfe" des Hilfsbedürftigen zum Gegenstand. Hilfe ist nicht mehr erforderlich, wenn der Helfer den Hilfsbedürftigen in die Lage versetzt hat, sich selbst zu helfen. Deshalb liegt § 323 c StGB auch keine Erfolgsabwendungspflicht als solche, sondern lediglich eine Pflicht zu einer Tätigkeit, die auf Erfolgsabwendung zielt, zugrunde.

Dies sei an folgenden Beispielen verdeutlicht: Derjenige, der im Falle einer Seenot Schiffbrüchige nur zu einem auf dem Meer treibenden Rettungsfloß bringt und sie hierdurch in die Lage versetzt, aus eigener Kraft zur Küste zu gelangen, ohne daß sie weiteren Schaden an ihrer Gesundheit nehmen, macht sich nicht der unterlassenen Hilfeleistung strafbar. Hieran ändert die Möglichkeit sie mit seinem Motorboot an Land abzusetzen nichts. Das gleiche gilt für einen Arzt, der lediglich erste Hilfe leistet, den Patienten aber nicht abschließend behandelt, wenn dieser nunmehr die Möglichkeit hat, einen anderen Arzt vertraglich mit seiner Versorgung zu beauftragen. Für diese Überlegung spricht auch folgender systematischer Gesichtspunkt: Sowohl der Rechtfertigungsgrund der Notwehr als auch der des Notstandes gestatten Eingriffe in die Rechtssphäre des andern nur insoweit, als nicht mildere, gleich effiziente Mittel in Betracht kommen. Da der "Unbeteiligte" durch die Handlungspflicht des § 323 c StGB stärker als durch die ihm nach den §§ 32 und 34 StGB auferlegten Duldungspflichten belastet wird, muß auch erstere sich auf die mildeste

496 BT-Drucksache, I/Nr. 3713 vom 29.9.1952, S. 44.

Maßnahme beschränken dürfen, die dazu geeignet ist, die Notlage zu beseitigen. Der einzelne kann lediglich verpflichtet sein, derartige Hilfstätigkeiten zu entfalten, die den Bedürftigen in die Lage versetzen, entsprechend dem Autonomieprinzip selbst für den Erhalt seiner Individualrechtsgüter zu sorgen.

Aus den vorstehenden Überlegungen folgt, daß das durch § 323 c StGB dem einzelnen gebotene Verhalten i.S. der Verpflichtung zur Leistung erforderlicher Hilfe zu verstehen ist. Die Qualifizierung der Hilfe als "erforderlich" verbietet es jedoch, dieses Tatbestandsmerkmal subjektiv zu interpretieren und danach zu fragen, ob der Täter den aus seiner Sicht erfolgversprechendsten Rettungsversuch ergriffen hat. Denn die Erforderlichkeit stellt ein objektives Tatbestandsmerkmal dar, zu dessen Feststellung auf die Sicht eines objektiven Beobachters abzustellen ist. Bleibt der Täter irrtümlich mit seinen Hilfsmaßnahmen hinter den hiernach zu stellenden Anforderungen zurück, scheidet eine Strafbarkeit mangels Vorsatzes aus. Im Vergleich zu dieser objektiven führt die subjektive Betrachtungsweise nicht zu einer Einschränkung, sondern zu einer bedenklichen Extension der Hilfeleistungspflicht, die innerhalb des Tatbestandes des § 323 c StGB keine dogmatische Grundlage findet. Denn soweit nach sub-jektiver Sicht die Tatbestandsmäßigkeit der unterlassenen Hilfeleistung i.S. des § 323 c StGB auch dann bejaht wird, wenn der einzelne sich unter Überschätzung seiner Kräfte imstande sieht, dem Verletzten zu helfen oder irrtümlich einen nicht existenten Unglücksfall als gegeben erachtet, hat dies die Pönalisierung sowohl des tauglichen als auch des untauglichen Versuchs zur Konsequenz. Der Gesetzgeber, der das Vergehen des § 323 c StGB als einen Ausnahmetatbestand verstanden wissen wollte[497], hat aber die für die Versuchsstrafbarkeit gemäß § 23 Abs. 1 StGB erforderliche gesetzliche Androhung nicht vorgenommen.

Eine ausdrückliche Anordnung der Strafbarkeit des **"Unternehmens"** (§ 11 Abs. 1 Nr. 6 StGB) der unterlassenen Hilfeleistung ist ebenfalls nicht erfolgt. Denn innerhalb des Tatbestandes des § 323 c StGB heißt es ja nicht: "Wer bei Unglücksfällen etc. es nicht unternimmt, Hilfe zu leisten, obwohl dies erforderlich ist ...". In Rechtsprechung und Literatur[498] ist aber auch die Existenz der sogenannten **unechten Unternehmensdelikte** anerkannt, d.h. solcher, die mit den echten verglichen werden können, weil innerhalb des Tatbestandes bereits die mit einer bestimmten Tendenz vorgenommene Betätigung unter Strafe gestellt ist. Als Beispiele werden § 113 ("angreifen"), § 257 ("Hilfe leisten") und § 292 ("nachstellen") genannt. Das innerhalb des Tatbestandes des § 323 c StGB verwandte Merkmal der Hilfe stellt zwar bei isolierter Betrachtung eine Betätigung mit einer bestimmten

497 BT-Drucksache, I/Nr. 3713 vom 29.9.1952, S. 43 ff.

498 Jescheck/Weigend, Lehrbuch des Strafrechts, AT, § 26 II 7; Schröder, Tübinger Festschrift für Eduard Kern, S. 464 ff m.w.N.

Tendenz, nämlich die auf die Verhinderung des drohenden Schadenseintritts zielende Tätigkeit, dar. Die auf Schadensabwehr gerichtete Tätigkeit muß aber objektiv erforderlich sein. Daß das Merkmal "erforderlich" in einem objektiven Sinne zu verstehen ist, folgt schon aus dem allgemeinen Sprachgebrauch. Darüber hinaus wurde dieses Tatbestandsmerkmal seinerzeit gerade deswegen in den Tatbestand der Nothilfevorschrift eingefügt, um einer gesinnungsrechtlichen Auslegung entgegenzuwirken. Der Gesetzgeber verfolgte hiermit die Intention, unmißverständlich klarzustellen, daß der Täter nur im Falle der Versäumung einer wirklichen Rettungschance bestraft werden solle. Für die Beurteilung der Frage, ob wirklich eine solche Chance bestanden hat, kann es aber nicht auf die subjektive Sicht des Unterlassenden, sondern nur auf die realen Gegebenheiten ankommen. Die Qualifizierung der Hilfe als "erforderlich" zeigt die Unzulänglichkeit einer beliebigen Betätigung, vorgenommen mit der Tendenz, einen drohenden Schadenseintritt zu verhindern. Vielmehr ist hierzu eine nach objektiven Kriterien als zweckgerichtet und effizient zu bezeichnende Schadensabwehrmaßnahme notwendig. Hingegen würde unter strikter Anwendung der subjektiven Theorie für die Straffreiheit bereits genügen, daß der Täter irgendeinen aus seiner Sicht erfolgversprechenden Rettungsversuch ergriffen hat. Somit kann als Ergebnis einfachgesetzlicher Auslegung des § 323 c StGB festgehalten werden, daß die Frage, ob der Täter die erforderliche Hilfe geleistet hat, unter Anwendung eines objektiven Maßstabes zu beantworten ist. Soweit die subjektive Theorie den Tatbestand des § 323 c StGB auch für den Fall, daß der Unglücksfall nur in der Vorstellung des Täters existiert, bejaht, ist diese Auslegung als Rechtsfindung contra legem zu qualifizieren. Die subjektive Interpretation der Hilfe als finales Tätigkeitswort vernachlässigt nämlich folgende Einsicht: Nach dem Wortlaut des § 323 c StGB muß zur Auslösung der Hilfspflicht einer der drei Bedürfnisfälle (Unglücksfall, gemeine Gefahr oder Not) tatsächlich und nicht nur in der Phantasie des Täters vorliegen. Die subjektive Auffassung läuft auf die Bestrafung der bloßen Gesinnung hinaus, und zwar, worin den Kritikern dieser Ansicht zuzustimmen ist, in einem Ausmaß, das weit über die zur Zeit des Nationalsozialismus herrschende Interpretation des § 330 c StGB a.F. hinausgeht. Denn seinerzeit war auf das Erfordernis des tatsächlichen Vorliegens eines Bedürfnisfalles nicht verzichtet worden. Läßt man demgegenüber die irrige Vorstellung des Täters genügen, hat sein Unterlassen nicht die geringsten Auswirkungen auf die durch § 323 c StGB geschützten Individualrechtsgüter des Bedürftigen.

Zudem konnte in der Vergangenheit die subjektive Auffassung zu einem Wertungswiderspruch zu den unechten Unterlassungsdelikten führen. Denn für das bedeutsame Rechtsgut der Gesundheit war bisher in § 223 StGB eine Versuchsstrafbarkeit nicht angeordnet. Das gleiche gilt für § 323 c StGB. Interpretiert man denselben nun der subjektiven Theorie folgend i.S. eines Versuchstatbestandes, so war ein Unbeteiligter nach dieser Vorschrift wegen Versuchs strafbar, demgegenüber ein Garant nach den §§ 223, 13 StGB bisher nicht.

Letztlich wurden beide aufgrund derselben Strafvorschrift, nämlich § 323 c StGB bestraft, obwohl das **"Unterlassen trotz Garantenstellung"** wesentlich schwerer wog. Diese Diskrepanz kann man nicht mit dem Hinweis abtun, daß die bislang in § 223 StGB fehlende Versuchsstrafbarkeit kriminalpolitisch verfehlt war. Denn die Auslegung hat sich an der lex lata und nicht an der lex ferenda zu orientieren.

Nunmehr ist im Wege einfachgesetzlicher Auslegung der Versuch einer Klärung zu unternehmen, ob für die Feststellung der nach objektiven Kriterien zu ermittelnden Erforderlichkeit der Hilfe auf die Perspektive ex ante oder ex post abzustellen ist. Hierbei handelt es sich um eine bedeutsame Frage, was die von § 323 c StGB für den einzelnen ausgehende Belastung anbetrifft. Der Beurteilungsmaßstab ex ante führt nämlich zu einer Ausdehnung der Strafbarkeit im Wege einer Vorverlagerung des Strafrechtsschutzes. Denn jener Maßstab hat zur Folge, daß auch solche Unterlassungen nach § 323 c StGB tatbestandlich sind, die sich bei einer Betrachtung ex post lediglich als abstrakt gefährlich für die durch diese Vorschrift geschützten Individualrechtsgüter erweisen. An anderer Stelle wurde bereits das Beispiel vorgestellt, daß ein Autofahrer an dem verletzten Verkehrsunfallopfer vorbeifährt, ohne anzuhalten, kurze Zeit später aber andere Personen dem Verletzten hinreichend Hilfe zukommen lassen. Falls das Opfer in der Zwischenzeit keinen weiteren Schaden genommen hat, kann die Hilfe nur aus der Perspektive ex ante als erforderlich angesehen werden.

Dem Wortlaut des gesetzlichen Tatbestandes des § 323 c StGB ist nicht zu entnehmen, welche zeitliche Perspektive für die Beurteilung der Erforderlichkeit der Hilfe maßgeblich ist. Das an den einzelnen gerichtete Gebot, bei Unglücksfällen etc. Hilfe zu leisten, falls diese erforderlich ist, spricht zwar dafür, zur Beurteilung der Erforderlichkeit der Hilfe auf den Zeitpunkt der Entstehung der Handlungspflicht abzustellen, präziser formuliert, auf den Moment, in dem der Pflichtige die Notlage erstmals bemerkt. Demgegenüber kann man aber argumentieren, daß erst nachträglich, wenn alle maßgeblichen Gesichtspunkte bekannt sind, entschieden werden kann, ob tatsächlich Hilfe erforderlich war. Hierfür spricht auch der zwischen dem Tatbestandsmerkmal der erforderlichen Hilfe und dem Unglücksfall bestehende enge Zusammenhang. Der Unglücksfall beinhaltet nämlich mit der begrifflichen Notwendigkeit eines künftigen drohenden Schadens bereits selbst ein Element der Erforderlichkeit. Im Hinblick auf das strafrechtliche Analogieverbot ist das Vorliegen der tatbestandlichen Situation, namentlich des Unglücksfalles, aus der Perspektive ex post zu bestimmen. Es würde über den möglichen Wortlaut hinausgehen, als Unglücksfall eine Situation anzusehen, die sich aus der Sicht eines objektiven Beobachters ex ante als objektiv gefährlich darstellt, ohne es, wie sich nachträglich herausstellt, tatsächlich zu sein. Der Tatbestand des § 323 c StGB umfaßt nämlich nicht auch die sogenannte "Anscheinsgefahr" als einen die Nothilfepflicht auslösenden Bedürfnisfall. Soweit ein Aspekt der Erforderlichkeit, nämlich der des drohenden Schadenseintritts ex post festgestellt werden muß, könnte das dafür sprechen, die Erforderlichkeit der Hilfe insgesamt aufgrund nachträglicher Betrachtung zu beurteilen. Der einzelne würde also das Risiko der Bestrafung tragen, wenn sich die Hilfeleistung, wie ursprünglich angenommen, auch nachträglich bei Kenntnis aller Umstände als erforderlich erweist.

Der Entstehungsgeschichte des § 323 c StGB kann ebenfalls kein eindeutiger Hinweis entnommen werden, auf welche zeitliche Perspektive es für die Feststellung der Erforderlichkeit der Hilfe ankommt. Es könnte ein Bekenntnis zur Sichtweise ex post darstellen, wenn es in der Begründung zum 3. Strafrechtsänderungsgesetz heißt: *"Eine Nothilfepflicht soll nur da entstehen, wo wirklich Hilfe erforderlich ist*[499]." Demgegenüber spricht für die Betrachtung ex ante, wenn die Rede davon ist, daß der Täter wegen der Versäumung einer **wirklichen Chance** zu erfolgreicher Schadensabwendung bestraft werde. Eine Chance ist aber stets zukunftsgerichtet. Beispielsweise kann aus der Sicht ex ante von einer Chance zur Lebensrettung eines Schwerverletzten auszugehen sein, während sich aufgrund der nachträglich bekannten Umstände die Unmöglichkeit seiner Rettung bzw. die Linderung seiner Schmerzen herausstellt.

Der zwischen der strafbewehrten Nothilfepflicht und dem rechtfertigenden Notstand bestehende systematische Zusammenhang könnte ebenfalls darauf hindeuten, daß die Erforderlichkeit der Hilfe aus der Perspektive ex ante zu bestimmen ist. Wie innerhalb des § 323 c StGB die tatbestandliche Situation, so muß auch im Rahmen des rechtfertigenden Notstandes des § 34 StGB die Notstandslage tatsächlich vorliegen, wobei der anzulegende Maßstab die objektiv nachträgliche Prognose eines sachkundigen Beurteilers ist[500]. Hingegen wird die Erforderlichkeit der Notstandshandlung gemäß § 34 StGB unter Heranziehung aller ex ante erkennbaren Umstände festgestellt[501]. Es liegt nahe, bei der Beurteilung der Erforderlichkeit der Hilfe i.S. des § 323 c StGB entsprechend zu verfahren. Indes ist zu berücksichtigen, daß § 34 StGB als Rechtfertigungsgrund im Gegensatz zu § 323 c StGB unrechtsausschließende Wirkung besitzt. Wäre für die Beurteilung der Erforderlichkeit der Notstandshandlung die Sichtweise ex post maßgebend, hätte dies sachwidrige Ergebnisse zur Folge. Außerdem würde das Notstandsrecht in vielen Fällen leer laufen. Dem Notstandstäter kann nicht zum Vorwurf gemacht werden, daß er nicht sämtliche nachträglich erkennbaren Umstände berücksichtigt hat. Zum Zeitpunkt der durch das Gesetz gebilligten Zwangslage, in welcher der Notstandstäter sich befindet, die ihn in der Regel zum sofortigen Handeln zwingt, kann es nur auf die ex ante objektiv bzw. für ihn kraft Sonderwissen erkennbaren Umstände

---

499 BT-Drucksache I/Nr. 3713 vom 29.9.1952, S. 43, 44.
500 Lackner/Kühl, § 34 StGB, Rdrn. 2; Tröndle/Fischer, § 34 StGB, Rdnr. 3.
501 BGHSt 2, 242, 244 f; Wessels/Beulke, Strafrecht AT, Rdnr. 308.

ankommen. Diese Überlegungen lassen sich zwar auf § 323 c StGB übertragen. Denn die tatbestandliche Situation des § 323 c StGB, namentlich die des Unglücksfalles, fordert von dem einzelnen ebenfalls eine sofortige Prognose der Erforderlichkeit der Hilfe. Aufgrund des gesetzlichen Tatbestandes des § 323 c StGB ist es aber auch denkbar, daß der Unterlassende nur strafbar ist, wenn die Erforderlichkeit der Hilfe wegen sämtlicher nachträglich erkennbarer Umstände feststeht.
Allerdings ist die von Blindauer vertretene Auffassung, der Tatbestand des § 323 c StGB sei nur im Falle des Eintritts eines Erfolges oder Teilerfolges, den der Unterlassende abwenden sollte, zu bejahen, mit der geltenden Nothilfevorschrift nicht vereinbar. Zum einen begründet § 323 c StGB, wie an anderer Stelle bereits ausgeführt, nämlich keine Erfolgsabwendepflicht, sondern nur eine Pflicht zur Entfaltung einer die Verhinderung des Erfolges bzw. den Schaden objektiv bezweckende Tätigkeit. Zum anderen widerspricht die Ansicht Blindauers sowohl dem Wortlaut als auch der Entstehungsgeschichte der Nothilfevorschrift. Im Gegensatz zu § 323 c StGB war innerhalb der Tatbestände der §§ 782 ALR, 415 Nr. 2 des Entwurfs der amtlichen Strafrechtskommission von 1913 und 291 des StGB-Entwurfs von 1919 ausdrücklich klargestellt, daß der Unterlassende nur im Falle des Todeseintritts des Gefährdeten strafbar sein solle. Es kann davon ausgegangen werden, daß sowohl dem nationalsozialistischen Gesetzgeber im Jahre 1933 als auch dem demokratisch legitimierten Gesetzgeber bei Erlaß des § 330 c StGB n.F. diese Bestimmungen bekannt waren. Hätte der Gesetzgeber an jene Vorschriften anknüpfen wollen, wäre dies sicherlich im Tatbestand zum Ausdruck gekommen.

Die Frage, ob für die Feststellung der Erforderlichkeit der Hilfe auf die zeitliche Perspektive ex ante oder ex post abzustellen ist, läßt sich auch im Wege der teleologischen Auslegung des § 323 c StGB nicht eindeutig beantworten. Teilweise wird zur Rechtfertigung des ex ante Maßstabes darauf hingewiesen, daß dieser im Vergleich zur ex post Beurteilung zu einem effektiveren Individualrechtsgüterschutz führe. Die ex ante Perspektive habe nämlich im Gegensatz zu der ex post eine Strafbarkeit auch desjenigen Täters, dessen Unterlassen lediglich eine abstrakte Gefährdung der Individualrechtsgüter bedinge, zur Folge. Schließlich vermeide diese Blickrichtung Beweisschwierigkeiten, da die nach der Entstehung der Hilfspflicht später erst eingetretenen bzw. erkennbaren Umstände für die Strafbarkeit irrelevant seien.

Mit dem Hinweis, § 323 c StGB bezwecke einen möglichst wirksamen Schutz der Individualrechtsgüter des in einer bestimmten Notlage befindlichen Mitmenschen, läßt sich die Richtigkeit des ex ante Maßstabes jedoch nicht begründen. Denn § 323 c StGB beruht auf dem Gedanken der Anerkennung des Bedürfnisses nach einem Mindestmaß an mitmenschlicher Solidarität. Daher erscheint es fraglich, ob mit dieser Strafvorschrift tatsächlich die Erreichung des für das Opfer effizientesten Individualrechtsgüterschutzes intendiert ist.

Zudem werden im Rahmen der Begehungsdelikte die Rechtsgüter des Lebens und der Gesundheit ebenfalls nicht vor jeder abstrakten Gefährdung geschützt.

E. Die nach einfachgesetzlicher Auslegung verbleibenden Auslegungszweifel

Die vorhergehenden Ausführungen haben gezeigt: Im Wege einfachgesetzlicher Auslegung kann nicht abschließend geklärt werden, ob der einzelne stets die wirksamsten Maßnahmen ergreifen muß, um dem drohenden Schadenseintritt für ein Individualrechtsgut des Hilfsbedürftigen entgegenzuwirken. Es erscheint genauso naheliegend, daß die Pflicht des § 323 c StGB bereits dann erfüllt wird, wenn der Helfer zwar nicht das wirksamste, aber ein aus der Sicht eines objektiven Betrachters gleichfalls erfolgversprechendes Mittel anwendet, das ihn (Helfer) aber weniger belastet. Letztlich verbleiben bei einfachgesetzlicher Auslegung des Tatbestandes des § 323 c StGB auch Zweifel, ob die Erforderlichkeit der Hilfe aus der Sicht ex ante oder aus der ex post zu bestimmen ist.

§ 19 Bedeutung der im Straftatbestand des § 323 c StGB enthaltenen Begrenzungen der Hilfeleistungspflicht als unüberschreitbare Schranken einer uferlosen Ausdehnung der "Pflicht zur Nächstenhilfe?"

A. Die Erforderlichkeit der Hilfeleistung

Wir haben gesehen, daß die h.A. in Rechtsprechung und Literatur zu einer stetigen Extension der strafbewehrten Hilfeleistungspflicht neigt. Daher besitzen die innerhalb des Straftatbestandes des § 323 c StGB enthaltenen Begrenzungen, die ihrer uferlosen Extension entgegenwirken, um so größere Bedeutung. Als Schranken der Nothilfepflicht kommen die "Erforderlichkeit" der Hilfe, die "Zumutbarkeitsklausel" sowie die Präposition "bei" (Unglücksfällen) in Betracht. Als weitere Begrenzung wäre die "Möglichkeit" der Hilfe zu nennen, sofern man hierin ein eigenständiges ungeschriebenes Tatbestandsmerkmal sieht.
Die vorhergehenden Ausführungen haben gezeigt, daß die Nothilfepflicht durch das Tatbestandsmerkmal der "Erforderlichkeit" der Hilfe nur geringfügig begrenzt wird, sofern dieses Regulativ in Einklang mit der h.A. objektiv aus der Sicht ex ante bestimmt wird[502]. Denn die h.M. erachtet den potentiellen Helfer für verpflichtet, dem Bedürftigen sofort die Hilfe zukommen zu lassen, die sich einem objektiven Beobachter zum Zeitpunkt der Kenntnisnahme des Unglücksfalls als am wirksamsten darstellt[503]. Im übrigen muß er auch alle zu jenem Zeitpunkt nicht von vornherein als aussichtslos erscheinenden Hilfsmaßnahmen

502 BGHSt 14, 213, 216; Kreuzer, Ärztliche Hilfeleistungspflicht bei Unglücksfällen, S. 107;
503 BGHSt 14, 213, 216; Wessels/Hettinger, Strafrecht, BT 1, Rdnr. 1045 f.

ergreifen[504]. Nach h.A. besteht für den einzelnen die Pflicht, sich selbst dann zum Hilfsbedürftigen zu begeben, wenn äußerst fraglich ist, ob diesem bei der Ankunft noch geholfen werden kann[505]. Demzufolge vertreten Rechtsprechung und h.L. den Standpunkt, daß die Hilfe nur in den Fällen nicht erforderlich sei, in denen der Bedürftige entweder bereits tot ist[506], oder schon von dritter Seite ausreichende und effektive Hilfe erfährt oder sich selbst zu helfen vermag. Die Hilfe durch Dritte läßt die Nothilfepflicht aber nur dann entfallen, wenn es dem "Pflichtigen" unmöglich ist, dem Bedürftigen wirksamer zu helfen, als jene Dritten es vermögen[507]. Im übrigen erachtet die h.M. die Hilfe nur dann für entbehrlich, wenn sie sich zum Zeitpunkt der Kenntnisnahme von dem Unglücksfall, selbst bezüglich der Schmerzlinderung beim Verletzten, als völlig sinnlos darstelle[508]. Infolge des - Schutzbehauptungen gänzlich ausschließenden - Verzichts auf einen hypothetischen Kausalitätsnachweis[509] kann von einer evidenten Sinnlosigkeit der Hilfe aber prinzipiell nur im Falle des Todes des Bedürftigen ausgegangen werden.

Letztlich hängt die Intensität der Begrenzung der Nothilfepflicht, die vom Tatbestandsmerkmal der "erforderlichen Hilfe" ausgeht, von der für ihre Bestimmung als maßgeblich erachteten zeitlichen Perspektive ab. Denn wie wir gesehen haben, kommt dem Täter im Rahmen der Beurteilung ex post zugute, wenn später, nachdem die Hilfspflicht entstanden war, Dritte dem Verletzten geholfen haben. Das gleiche gilt für den Fall, daß sich erst aufgrund nachträglich erkennbarer Umstände die Hilfeleistung als sinnlos erweist. Bei einfachgesetzlicher Auslegung bleibt allerdings, wie bereits erwähnt, fraglich, welche zeitliche Perspektive zur Bestimmung der "erforderlichen" Hilfe zugrunde zu legen ist.

B. Die Funktion der Präposition "bei" (bei Unglücksfällen)

I. Erfordernis einer räumlichen Beziehung des Hilfeleistungspflichtigen zum Hilfsbedürftigen

1. Befürwortende Auffassung

Strittig ist, welche Funktion der Präposition "bei" innerhalb des Tatbestandes des § 323 c StGB zukommt, insbesondere ob sie als eine Begrenzung der Hilfeleistungspflicht zu qualifizieren ist, und wenn ja, mit welcher Bedeutung.

---

504 BGH VRS 12, Nr. 88, S. 197, 198.
505 BGHSt 11, 135, 136; 17, 166.
506 BGHSt 1, 266, 269; 5, 124, 126; 17, 166;
507 BGHSt 3, 296, 299; BGH VRS 22, Nr. 213, S. 271, 272.
508 RGSt 75, 160, 164; BGHSt 14, 213, 216; NStZ 1985, S. 201; Spendel in: LK, § 323 c StGB, Rdnr. 84.
509 Arzt/Weber, Strafrecht, BT, LH 2, Rdnr. 375.

In der Literatur findet sich die Auffassung, jener Präposition sei eine begrenzende Funktion in dem Sinne zuzumessen, daß die Nothilfepflicht nur zur Entstehung gelange, wenn zwischen dem Hilfspflichtigen und dem Unglücksort bzw. dem Bedürftigen eine **räumliche** Beziehung bestehe[510]. In der Judikatur finden sich nur vereinzelt in die gleiche Richtung deutende Urteile. Als Beispiel in der Rechtsprechung des BGH kann der Beschluß des Großen Senats für Strafsachen BGHSt 6, 147, 152 ff. genannt werden. Hier finden sich nämlich Formulierungen wie *"der ihrer - der Gefahrenlage - ansichtig wird"*, *"jeder, der hinzukommt"* bzw. *"dort zu helfen, wo er eine schwere Notlage vorfindet"* Verwendung. In einer späteren Entscheidung stellte der BGH aber klar, daß der Große Senat von der bisherigen, auf die räumliche Begrenzung der Nothilfepflicht verzichtenden, Rechtsprechung nicht habe abweichen wollen und daß jener Beschluß aus der Besonderheit des zu beurteilenden Falles, in dem der Angeklagte zum Selbstmordversuch seiner Ehefrau hinzugekommen war, zu erklären sei[511].

Demgegenüber hatte das OLG Köln in einer früheren Entscheidung in Übereinstimmung mit jener in der Literatur anzutreffenden Minderansicht eine räumliche Beziehung zwischen dem Adressaten der Nothilfepflicht und dem Unglücksfall gefordert[512].

Zu ihrer Rechtfertigung greift diese in der Literatur vertretene Minderansicht im wesentlichen auf folgende Argumente zurück:

Erstens: Die Entstehung der Nothilfepflicht müsse für den einzelnen erkennbar sein und zwar dergestalt, daß er aufgrund der räumlichen Nähe zum Unglücksort selbst eine Überprüfungsmöglichkeit der Notwendigkeit seiner Hilfe habe[513]. Dies sei nur einem Augenzeugen möglich[514].
- Teilweise werden aber auch diejenigen Personen einbezogen, die sogleich, wenn sie die Information vom Vorliegen eines Unglücksfalles erhalten haben, sich selbst von ihrer Richtigkeit überzeugen können[515]. -
Zweitens: Die unterlassene Hilfe sei nur dann kriminalisierungswürdig, wenn der einzelne der Not seines Mitmenschen ansichtig werde und sich abwende[516]. Durch § 323 c StGB sollen "die unbeteiligten, häufig nur neugierigen Zuschauer getroffen werden, die zu feige oder zu

---

510 Androulakis, Studien zur Problematik der unechten Unterlassungsdelikte, S. 159; Arzt/Weber, Strafrecht BT, LH 2, S. 127, Rdnr. 393; Kaufmann, Die Dogmatik der Unterlassungsdelikte, S. 233; Lenckner, Praxis der Rechtsmedizin, 1986, S. 570, 579; Schmidt, Die Besuchspflicht des Arztes, S. 14; Storsberg, aa0, S. 62; Welzel, NJW 1953, S. 327, 328.

511 BGHSt 21, 50, 53.

512 OLG Köln NJW 1957, S. 1609.

513 Arzt/Weber, Strafrecht BT, LH2, S. 127, Rdnr. 393, Fn 19; Storsberg, aa0, S. 60.

514 Storsberg, aa0, S. 62.

515 Welzel, NJW 1953, S. 327, 328.

516 Arzt/Weber, Strafrecht, BT, LH 2, S. 127, Rdnr. 393.

bequem sind, mit Hand anzulegen, um dem armen Verunglückten zu helfen"[517]. Das Recht würde im Falle der Bestrafung desjenigen, der sich weigert, den Unglücksort aufzusuchen, um dem Verletzten zu helfen, in einen Bereich eindringen, welcher der Moral vorbehalten sei[518]. Durch die Notwendigkeit der Anwesenheit am Unglücksort werde der uferlosen Ausweitung der Nothilfepflicht und der hieraus resultierenden unangemessenen Belastung des einzelnen entgegengewirkt[519].

Drittens: § 323 c StGB statuiere eine allgemeine Jedermannspflicht, die rein zufällig zur Entstehung gelange, sobald der einzelne des Unglücks ansichtig werde. Der Verzicht auf das Merkmal der räumlichen Nähe des potentiellen Helfers zum Unglücksort führe im Widerspruch zur Qualifizierung des § 323 c StGB als **Jedermannsdelikt** zu einem "Sonderstraftatbestand für professionelle Retter" (insbesondere Ärzte). Es sei nämlich in erster Linie dieser Personenkreis, der um Hilfe ersucht werde[520].

Viertens: Das Verhältnis räumlicher Nähe als solches stelle die minimalste zwischen dem einzelnen und dem Hilfsbedürftigen bestehende Beziehung dar. Dennoch verdeutliche diese Notwendigkeit der räumlichen Nähe dem einzelnen, warum gerade er zur Hilfe aufgerufen sei. Für einen Abwesenden, der sich erst zum Unglücksort begeben müsse, sei das aber nicht ohne weiteres nachvollziehbar[521].

2. Verneinende Auffassung

Im Gegensatz zu jener Minderansicht verneint die h.M. in Rechtsprechung und Literatur die Notwendigkeit einer räumlichen Nähebeziehung zwischen dem Hilfspflichtigen und dem Unglücksort bzw. dem Hilfsbedürftigen[522]. Seinerzeit war schon das Reichsgericht[523] ohne nähere Begründung davon ausgegangen, daß Abwesende, vornehmlich um Hilfe ersuchte Ärzte, zur Leistung von Nothilfe nach § 330 c StGB a.F. verpflichtet seien. Später hat der BGH sich dieser Ansicht angeschlossen; er leitet aus § 323 c StGB ebenfalls die Pflicht ab, sich zum Unglücksort zu begeben[524]. Selbst wenn ein Augenzeuge am Unglücksort zugegen sei, gelange die Nothilfepflicht des Abwesenden zur Entstehung, falls dieser aufgrund

517 Gülde, JW 1935, S. 3354 f.
518 Lenckner, Praxis der Rechtsmedizin 1986, S. 570, 579.
519 Welzel, NJW 1953, S. 327, 328.
520 Arzt/Weber, aa0, S. 127, Rdnr. 393; Lenckner, aa0, S. 579.
521 Arzt/Weber, aa0, S. 127, Rdnr. 393; Schmidt, aa0, S. 14; siehe bereits Pedotti, aa0, S. 150.
522 BGHSt 2, 296, 298; 17, 166, 170; 21, 50, 53; Blaschick, aa0, S. 29 f; Blei, Strafrecht II, BT, S. 165; Blindauer, aa0, S. 83 ff; Bockelmann, Strafrecht, BT/3, S. 219; Cramer in: Sch/Sch/L, § 323 c StGB, Rdnr. 25; Frellesen, aa0, S. 196; Geilen, Jura, 1983, S. 138; Huschens, aa0, S. 92; Kreuzer, Ärztliche Hilfeleistungspflicht bei Unglücksfällen, S. 76 ff; Lackner/Kühl, § 323 c StGB, Rdnr. 4; Maurach/Schroeder/Maiwald, Strafrecht, BT. Tb 1, § 55 II, Rdnr. 18; Rudolphi in: SK, § 323 c StGB, Rdnr. 18; Spendel in: LK, § 323 c StGB, Rdnr. 107; Schöne, aa0, S. 85 ff; Vermander, aa0, S. 74 ff; Wildanger, aa0, S. 131 ff.
523 RGSt 75, 68 ff; 75, 160 ff.
524 BGHSt 2, 296, 298; 17, 166, 170; 21, 50, 53.

spezieller Sachkenntnis, bzw. der ihm zur Verfügung stehenden Hilfsmittel, dem Verletzten wirksamer helfen könne[525]. Die beruflichen Fähigkeiten des nicht am Unglücksort Anwesenden sind auch häufig in der Literatur die ausschlaggebenden Kriterien, ihn der strafbewehrten Nothilfevorschrift des § 323 c StGB zu unterstellen[526]. Die räumliche Entfernung vom Unglücksort schließt nach der h.M. die Hilfspflicht also nicht aus. In Rechtsprechung[527] und Lehre[528] wird ihr aber weitgehend Bedeutung Im Rahmen der Zumutbarkeit der Hilfeleistung beigemessen.

In der Literatur wird die Hilfspflicht des Abwesenden oft als derart selbstverständlich angesehen, daß auf eine Begründung hierfür verzichtet wird[529]. Soweit die Lehre sich mit dem Verzicht auf die räumliche Beziehung des Pflichtigen zum Unglücksort auseinandersetzt, wird diese Auffassung im wesentlichen folgendermaßen begründet: Der Wortlaut des Tatbestandes des § 323 c StGB zwinge keineswegs dazu, die Entstehung der Hilfspflicht von der Anwesenheit des einzelnen am Unglücksort abhängig zu machen[530]. Die Präposition "bei" müsse nicht in einem räumlichen Sinne verstanden werden. Es liege genauso nahe, ihr die Bedeutung von "anläßlich" beizumessen. Die Gegenansicht widerspreche dem Erfordernis einer möglichst effizienten Hilfeleistungspflicht. Sofern Sinn und Zweck des § 323 c StGB in der Abwehr drohender Rechtsgutverletzungen gesehen werde, könne es für die Entstehung der Hilfspflicht nicht entscheidend sein, ob der einzelne sich zufällig am Unglücksort befinde[531]. Vielmehr müsse seine Fähigkeit zur Schadensabwehr maßgeblich sein. Die Beschränkung der Hilfspflicht auf Anwesende verleihe dem Tatbestand zwar klare Konturen, sei aber aus rechtsstaatlichen Gründen nicht notwendig[532]. Für die Entstehung der Nothilfepflicht könne es nicht darauf ankommen, daß der einzelne die Möglichkeit habe, sich von der Hilfsbedürftigkeit seines Mitmenschen vor Ort zu überzeugen. Eine Verifizierung sei auch dann möglich, wenn er von dem Unglücksfall nur von dritter Seite glaubhaft erfahren habe[533]. Im übrigen sprächen die beiden Bedürfnisfälle der gemeinen Gefahr und Not für die Einbeziehung der Abwesenden in den Kreis der Hilfspflichtigen. Läge einer dieser Be-

---

525 BGHSt 2, 296, 298.

526 Bockelmann, Strafrecht, BT/3, S. 219; Maurach/ Schroeder/Maiwald, Strafrecht, BT, TB 1, § 55 II, Rdnr. 18; vgl. auch Spendel in: LK, § 323 c StGB, Rdnr. 108, der hervorhebt:" 'Nächster', als Hilfspflichtiger ist derjenige, der am raschesten (zeitlich) und am wirksamsten (modal) dem Hilfsbedürftigen beispringen kann."

527 BGHSt 11, 135, 137.

528 Blei, Strafrecht II, BT, S. 165; Blindauer, aa0, S. 83 f, 183; Cramer in: Sch/Sch/L, § 323 c StGB, Rdnr. 25; Kreuzer, aa0, S. 87; Vermander, aa0, S. 75; Wildanger, aa0, S. 132 f; a.A. Spendel in: LK, § 323 c StGB, Rdnr. 107, Fn 143.

529 Wessels/Hettinger, Strafrecht, BT 1, Rdnr. 1047.

530 BGHSt 21, 50, 53; Blindauer, aa0, S. 84; Kreuzer, aa0, S. 77; Schöne, aa0, S. 85; Vermander, aa0, S. 74.

531 Blindauer, aa0, S. 85; Bockelmann, Strafrecht, BT, 3, S. 219; Geilen, Jura 1983, S. 138; Kreuzer, aa0, S. 77; Schöne, aa0, S. 86.

532 Kreuzer, aa0, S. 76, 78.

533 Geilen, aa0, S. 138.

dürfnisfälle vor, so seien die Anwesenden regelmäßig infolge eigener Gefährdung zu einer Tätigkeit zugunsten ihrer Mitmenschen nicht imstande. Mithin müsse die Hilfspflicht sich auch auf Abwesende erstrecken. Aus Gründen der Einheitlichkeit könne für das Tatbestandsmerkmal des Unglücksfalles nichts anderes gelten[534]. Letztlich führe die Ausdehnung der Hilfspflicht auf Abwesende nicht, wie von der Gegenansicht behauptet, zur Entstehung eines Sonderstraftatbestandes. Denn neben den professionellen Rettern gebe es auch andere Personen, wie beispielsweise Fahrzeugbesitzer, Bergführer etc., die man gegebenenfalls zur Unglücksstelle rufen würde[535].

II. Die Notwendigkeit einer zeitlichen Beziehung der Hilfeleistungspflicht zur tatbestandlichen Situation

1. Bejahende Ansicht

Vereinzelt wird in der Literatur der Präposition "bei" die Bedeutung beigemessen, das Erfordernis einer zeitlichen Beziehung der Hilfeleistungspflicht zur tatbestandlichen Situation (Unglücksfall, gemeine Gefahr oder Not) zu begründen[536]. Allerdings ist innerhalb dieser Lehrmeinung strittig, welche Anforderungen an diese zeitliche Relation zu stellen sind. Früher wurde von Teilen der Literatur angenommen, daß das schädigende Ereignis als solches noch andauern müsse[537]. Hiergegen wurde seinerzeit aber bereits eingewandt, daß die Fortdauer des schädigenden Ereignisses als solches nicht als maßgebend anzusehen sei. Vielmehr sei entscheidend, daß die durch den Unglücksfall "hervorgerufene Gefährdung, die ja das eigentliche Hilfsbedürfnis bildet", noch andauere[538]. Soweit heute der Präposition "bei" eine zeitliche Bedeutung zugeordnet wird, stellt man ebenfalls auf die Notwendigkeit des drohenden Schadenseintritts ab. Denn bekanntlich kommt es nach der heutigen h.L. für das Tatbestandsmerkmal des Unglücksfalles auf den Eintritt eines Teilschadens nicht mehr an. Letzteres werde auch durch die Präposition "bei" klargestellt. Sie verdeutliche, daß das "ganze Um-, insbesondere aber auch das Vorfeld von Unglücksfällen" erfaßt werde[539]; vor allem sei der Eintritt eines Teilschadens nicht erforderlich[540].

---

534 Blindauer, aa0, S. 85; Wildanger, aa0, S. 131.
535 Geilen, Jura 1983, S. 138; Kreuzer, aa0, S. 78.
536 Ratsch, Führerflucht und Nothilfepflicht, S. 33; siehe auch Vermander, aa0, S. 74, der auf diese Möglichkeit der Interpretation hinweist.
537 Leonhard, aa0, S. 12; Leipziger Kommentar, S. 1148.
538 Huschens, aa0, S. 42.
539 Geilen, Jura 1983, S. 78, 88.
540 Geilen, aa0; Kreuzer, Ärztliche Hilfeleistungspflicht bei Unglücksfällen, S. 40.

2. Verneinender Standpunkt

Demgegenüber besitzt nach h.A. die Präposition "bei" nicht die Bedeutung, eine zeitliche Beziehung der Hilfeleistungspflicht zur tatbestandlichen Situation zu begründen. Die Notwendigkeit eines drohenden Schadens für die durch § 323 c StGB geschützten Individualrechtsgüter könne bereits den einzelnen Bedürfnisfällen durch Auslegung entnommen werden. Ein Hilfsbedürfnis liege nur vor, wenn die Schadensdrohung andauere. Letztere könne sich aber von dem Unglücksfall, d.h. dem sie auslösenden Ereignis, völlig verselbständigen[541]. Mithin bringe die Präposition "bei" auch keinen zeitlichen Zusammenhang zwischen Hilfspflicht und tatbestandlicher Situation zum Ausdruck.

III. Bedeutung im Sinne von "anläßlich" eines Unglücksfalles etc.

Demzufolge kommt nach h.M. in Rechtsprechung und Literatur der Präposition **"bei"** keineswegs eine die Hilfspflicht begrenzende Funktion zu, weder in **"lokaler"** noch in **"temporaler"** Hinsicht. Deshalb ist die herrschende Lesart des gesetzlichen Tatbestandes "bei" Unglücksfällen etc., im Sinne von "anläßlich" von Unglücksfällen[542]. Das Wort "bei" müsse in einem konditionalen Sinne dahingehend verstanden werden, so daß die Hilfeleistungspflicht zur Entstehung gelange, "wenn ein Unglücksfall vorliegt oder droht"[543].

IV. Die bei einfachgesetzlicher Auslegung verbleibenden Auslegungszweifel

Bei dem Versuch, die Funktion der Präposition "bei" innerhalb des gesetzlichen Tatbestandes des § 323 c StGB im Wege einfachgesetzlicher Auslegung zu ermitteln, wird man vor große Schwierigkeiten gestellt. Zu deren Lösung ist die grammatikalische Interpretation nur wenig hilfreich. Denn nach dem Sprachgebrauch kommen der Präposition "bei" in erster Linie folgende Bedeutungen zu:
1. die Bezeichnung einer räumlichen Nähe und
2. die Angabe eines Zeitraumes, bzw. der Gleichzeitigkeit[544].

Daher ist weiter zu prüfen, ob der Entstehungsgeschichte dieser Strafvorschrift Anhaltspunkte für die Ermittlung des Sinngehalts der Präposition "bei" entnommen werden können. Sowohl der nationalsozialistische Gesetzgeber bei Erlaß des § 330 c StGB a.F. als auch der

541 Storsberg, aa0, S. 58.
542 BGHSt 21, 50, 53; Blei, Strafrecht, II, BT, S. 165; Bockelmann, Strafrecht, BT/3, S. 219; Blindauer, aa0, S. 83 ff; Cramer in: Sch/Sch/L, § 323 c StGB, Rdnr. 25; Lackner/Kühl, § 323 c StGB, Rdnr. 4; Maurach/Schroeder/Maiwald, Strafrecht, BT, Tb 1, § 55 II, Rdnr. 18; Rudolphi in: SK, § 323 c StGB, Rdnr. 18; Spendel in: LK, § 323 c StGB, Rdnr. 107; Vermander, aa0, S. 131 ff; Wildanger, aa0, S. 131 ff.
543 Blindauer, aa0, S. 84.
544 Bünting, Deutsches Wörterbuch, S. 154.

demokratische bei Erlaß des dritten Strafrechtsänderungsgesetzes im Jahre 1953 sind von dem Regelfall ausgegangen, daß jemand, obgleich er sich in räumlicher Nähe zu dem Hilfsbedürftigen befindet, diesem nicht hilft. So findet sich in der amtlichen Begründung zu § 330 c StGB a.F. folgende Formulierung:

"Das Gefühl der Zusammengehörigkeit verlangt es zum Beispiel als selbstverständlich, daß ein Vorübergehender, der einen Kahn kentern sieht, dem mit dem Tode des Ertrinkens Kämpfenden einen vorhandenen Rettungsring zuwirft oder sich sonst um rasche Hilfeleistung bemüht"[545].

In den Materialien zum dritten Strafrechtsänderungsgesetz von 1953 kommt dieser Regelfall noch stärker zum Ausdruck, wenn es hier heißt:

"Es muß in der Regel eine gewisse räumliche Beziehung des Verpflichteten zu dem in die Notlage Geratenen bestehen"[546].

Der Entstehungsgeschichte des § 323 c StGB kann aber nicht entnommen werden, daß stets eine nachbarliche Nähe erforderlich ist, da deren Notwendigkeit lediglich als die "Regel" angesehen wird. Gegen die Annahme, der Gesetzgeber habe stets eine räumliche Nähe für erforderlich gehalten, spricht die von ihm vorgenommene Zuordnung dieses Aspektes in den Bereich der Zumutbarkeit[547]. Abgesehen von gewissen Ausnahmesituationen erscheint dem einzelnen das Aufsuchen des Unglücksortes i.d.R. zumutbar zu sein.

Für die Auslegung der Präposition "bei" im Sinne einer zeitlichen Beziehung der Hilfeleistungspflicht zur tatbestandlichen Situation geben die Gesetzesmaterialien keinen direkten Hinweis. Bei Erlaß des dritten Strafrechtsänderungsgesetzes hatte der Gesetzgeber jedoch betont, daß der einzelne wegen der "Versäumung einer wirklichen Chance zu erfolgreicher Schadensabwendung" bestraft werde[548]. § 323 c StGB bezweckt also die Abwendung drohender Schäden für bestimmte Individualrechtsgüter des einzelnen. Hieraus folgt eine zeitlichen Beziehung zwischen Hilfspflicht und tatbestandlicher Situation (Unglücksfall, gemeine Gefahr oder Not), da beispielsweise im Falle vollständiger Schadensrealisierung die Hilfe ihren Zweck nicht mehr erfüllen kann. Fraglich ist jedoch, ob die Notwendigkeit einer derartigen zeitlichen Beziehung durch die Präposition "bei" oder durch die einzelnen Bedürfnisfälle selbst zum Ausdruck gebracht wird. M. E. kommt der Präposition "bei"

---

545 Die amtlichen Begründungen, aa0, S. 42.
546 BT-Drucksache I/Nr. 3713 vom 29.9.1952, S. 44.
547 BT-Drucksache I/Nr. 3713 vom 29.9.1952, S. 44.
548 BT-Drucksache I/Nr. 3713 vom 29.9.1952, S. 44.

- zumindest zusätzlich zu den Tatbestandsmerkmalen des Unglücksfalles, der gemeinen Gefahr oder Not -
diese Aufgabe zu. Denn es stößt an die Grenzen des Wortlautes, bezogen auf den Begriff "Unglücksfall", wenn auf den Aspekt der Teilverwirklichung des Schadens verzichtet und der bevorstehende Schadenseintritt für eine einzelne Person unter dieses Tatbestandsmerkmal subsumiert wird. Durch ein zeitliches Verständnis der Präposition "bei" verschwinden diese Bedenken, weil sich hierdurch auch das Vorfeld des Unglücksfalles erfassen läßt.

Unter Rückgriff auf die ratio legis des § 323 c StGB kann aber nicht eindeutig beantwortet werden, ob der Präposition "bei" neben dieser zeitlichen auch eine räumliche Bedeutung zukommt. Denn zur Schadensabwehr kann auch derjenige in der Lage sein, der sich nicht am Unglücksort befindet, sondern sich erst dorthin begeben muß. Die heutige moderne Technik erlaubt sogar ein Helfen ohne die Notwendigkeit, sich zu diesem Zweck am Unglücksort einzufinden. Zu denken ist nur an das Beispiel des medizinischen Spezialisten, der ohne Anwesenheit im Operationssaal über Computer Anweisungen zur lebensrettenden Operation eines Verletzten geben kann. Der Verzicht auf die Erforderlichkeit der zufälligen Präsenz am Unglücksort läßt sich aber nicht völlig widerspruchsfrei mit dem Verständnis des § 323 c StGB als "Jedermannsdelikt" in Einklang bringen. Es sind nämlich, wie die Rechtsprechung zeigt, in erster Linie die professionellen Retter, namentlich die Ärzte, die wegen unterlassener Hilfeleistung bestraft werden, weil sie sich geweigert haben, den Unglücksort bzw. den Ort, an dem sich der Hilfsbedürftige befindet, aufzusuchen[549].

Im Wege der einfachgesetzlichen Auslegung läßt sich m.E. zwar klären, daß der Sinngehalt der Präposition "bei" über die Bedeutung von "anläßlich" eines Unglücksfalles etc. hinausgeht, indem sie die Notwendigkeit einer zeitlichen Beziehung der Hilfeleistungspflicht zur tatbestandlichen Situation kennzeichnet. Die Frage, ob sie daneben das Erfordernis einer räumlichen Relation aufrichtet, läßt sich nicht eindeutig beantworten.

C. Die Zumutbarkeitsklausel

I. Die dogmatische Stellung im Tatbestandsaufbau

Nach herrschender Auslegung des § 323 c StGB kommt heute der Zumutbarkeitsklausel die größte Bedeutung für die Begrenzung der Hilfeleistungspflicht zu[550]. Denn die h.M. ist bestrebt, den Anwendungsbereich des § 323 c StGB generell offen zu halten, indem sie jedes Individualrechtsgut als geschützt ansieht und auf das Erfordernis einer räumlichen Nähe

549 RGSt 75, 68 ff; 75, 160 ff; BGHSt 2, 296, 298; 17, 166, 170; 21, 50, 53; OLG Köln NJW 1957, S. 1609.
550 Pawlik, GA 1995, S. 360, 366; Schöne, aaO, S. 56, 90, 101.

zwischen Hilfspflichtigem und Unglücksort bzw. Hilfsbedürftigem verzichtet[551]. Abgesehen vom Tatbestandsmerkmal der "Erforderlichkeit" und der "Möglichkeit" der Hilfeleistung, nimmt sie die notwendige Eingrenzung der Hilfspflicht und des "Kreises der Verpflichteten"[552] im Einzelfall über das im Straftatbestand des § 323 c StGB enthaltene Zumutbarkeitskorrektiv vor. Die Zumutbarkeitsklausel erweist sich daher, worauf Frellesen zu Recht hinweist, als

"ein Auffangbecken für alle den Umfang der Hilfeleistungspflicht betreffenden Fragen, die nicht bereits bei der Auslegung der anderen Tatbestandsmerkmale beantwortet worden sind[553]".

Aus diesem Grunde und nicht zuletzt auch wegen der Problematik, wie ein Irrtum des Täters, bezogen auf die Zumutbarkeit der Hilfeleistung behandelt werden muß, ist die Frage des dogmatischen Standorts der Zumutbarkeitsklausel innerhalb des Tatbestandsaufbaus besonders bedeutsam. Mit Erlaß des 3. Gesetzes zur Änderung des Strafrechts vom 4.8.1953 hat die Zumutbarkeitsklausel, die das in § 330 c StGB a.F. enthaltene Merkmal des "gesunden Volksempfindens" ersetzte, erstmals selbst ausdrücklich Aufnahme in einen Straftatbestand des StGB gefunden[554]. Seit diesem Zeitpunkt ist äußerst umstritten, welcher Stufe innerhalb des Deliktsaufbaus die Zumutbarkeit der Hilfe zuzuordnen ist. Die wohl h.A. in Rechtsprechung[555] und Literatur[556] qualifiziert die Zumutbarkeitsklausel aus folgenden Gründen als Tatbestandsmerkmal. Hierfür spreche bereits das formale Argument ihrer atypischen Erwähnung im gesetzlichen Straftatbestand[557]. Die Rechtspflicht zum Handeln gehöre, wie ein Vergleich mit den unechten Unterlassungsdelikten zeige, stets zum objektiven Tatbestand. Im Interesse der individuellen Freiheit bedürfe gerade die an jedermann adressierte weite soziale Nothilfepflicht von vornherein der Begrenzung. Dem einzelnen, der bei einem Unglücksfall mangels Zumutbarkeit keine Hilfe leiste, treffe nicht nur kein Schuldvorwurf. In einem derartigen Fall gelange die Hilfspflicht erst gar nicht zur Entstehung. Da das Zumutbarkeitskorrektiv also bereits das Hilfsgebot umgrenze, gehöre es zum Bereich des objektiven

---

551 Frellesen, aa0, S. 152 weist völlig zutreffend darauf hin, daß die Fragen zu den Grenzen der Hilfeleistungspflicht, die der Rechtsanwender zuvor an anderer Stelle hat offen lassen im Rahmen der Zumutbarkeit nach einer Antwort drängen.

552 Kreuzer, aa0, S. 91.

553 Frellesen, S. 151.

554 Arzt/Weber, Strafrecht, BT, LH 2, S. 128, Rdnr. 394; Frellesen, aa0, S. 62; Wildanger, aa0, S. 16, 78.

555 BGHSt 11, 136; 11, 354; 17, 166, 170; OLG Köln VRS 24, Nr. 22, 54, 58; siehe auch RGSt 74, 69, 71; 77, 301, 304 bereits zu dem Merkmal des gesunden Volksempfindens.

556 Arzt/Weber, LH 2, S. 129, Rdnr. 397; Brodag, Strafrecht, § 323 c StGB, Rdnr. 126; Frellesen, aa0, S. 212 ff; Geilen, Jura 1983, S. 138, 145; Kreuzer, aa0, S. 88; Lackner/Kühl, § 323 c StGB, Rdnr. 7; Otto, aa0, § 67, Rdnr. 12; Pawlik, GA 1995, S. 360, 371 f; Vermander, aa0, S. 84 ff; Wessels/Hettinger, Strafrecht, BT 1, Rdnr. 1048; Wieczorek, Strafrecht, S. 235; Wildanger, aa0, S. 94 f.

557 Geilen, Jura 1983, S. 138, 145.

Unrechtstatbestandes und nicht erst zur Schuld[558]. Denn die Rechtsordnung verlange von dem einzelnen, der eine ihm unzumutbare Hilfeleistung unterlasse, kein anderes Verhalten[559].

Frellesen, der sich eingehend mit der "Zumutbarkeit" auseinandergesetzt hat, ergänzt diese Begründung um ein historisches und ein kriminalpolitisches Argument. Der Gesetzgeber habe bei Neufassung des § 330 c StGB im Rahmen des dritten Strafrechtsänderungsgesetzes vom 4.8.1953 an die Regelungen, die der Notstand in den Strafgesetzentwürfen der zwanziger Jahre gefunden habe, angeknüpft. Die §§ 22 AE 1925, 25 E 1927 und 25 E 1930, die den Zumutbarkeitsgedanken enthielten, seien sowohl auf rechtfertigende als auch auf entschuldigende Gesichtspunkte ausgerichtet gewesen. Soweit nun innerhalb des § 330 c StGB n.F. an die Formulierung des § 25 Abs. 1 E 1930 angeknüpft worden sei, deute das darauf hin, daß die Zumutbarkeitsklausel als ein unbeschränktes und nicht auf Aspekte der Schuld beschränktes Korrektiv verstanden werden müsse[560]. Im übrigen spreche ein kriminalpolitisches Bedürfnis für die Einordnung der Zumutbarkeit in den Unrechtstatbestand. Im Interesse der individuellen Handlungsfreiheit dürfe wegen der "Vagheit des Tatbestandes und der Zumutbarkeitsklausel" ein Irrtum nicht zu Lasten des Täters gehen. Im Falle des Unterliegens eines "Bewertungsirrtums" bei der Beurteilung der Zumutbarkeit gelange die "Tatbestands-Lösung" zu seiner Straffreiheit[561].
Demgegenüber ordnet eine in der Literatur stark vertretene Gegenansicht die Zumutbarkeit dem Bereich der Schuld zu[562]. Die explizite Erwähnung innerhalb des gesetzlichen Straftatbestandes mache es nicht nötig, die Zumutbarkeitsklausel als Tatbestandsmerkmal zu qualifizieren. Sie gehöre innerhalb des Tatbestandsaufbaus nach üblicher Einordnung zur Stufe der Schuld: Es handele sich um ein normatives Schuldelement[563]. Soweit der Täter die Hilfeleistung unterlasse, um zumindest gleichwertige Interessen oder Pflichten zu wahren, scheide eine Strafbarkeit wegen unterlassener Hilfeleistung bereits infolge des Vorliegens eines Rechtfertigungsgrundes aus[564]. Da also geringerwertige Interessen als die des Hilfsbedürftigen im Spiel seien, könne es nur um die zur Schuld gehörende Frage der Vorwerfbarkeit der Unterlassung gehen[565].

558 Geilen, Jura 1983, S. 138, 146.
559 Geilen, aa0; Kreuzer, Ärztliche Hilfeleistungspflicht bei Unglücksfällen, S. 88.
560 Frellesen, aa0, S. 213.
561 Frellesen, aa0, S. 216 ff.
562 Tröndle, 48. Aufl., § 323 c StGB, Rdnr. 10; Maurach/Schroeder/Maiwald, Strafrecht, BT, Tb 2, § 55 II, Rdnr. 23; Welzel, Das deutsche Strafrecht, 11. Aufl., S. 473; wohl auch in diesem Sinne, BVerfGE 32, S. 98, 109; bereits RG DR 1940 zu dem in § 330 c StGB a.F. enthaltenen Merkmal der erheblichen eigenen Gefahr.
563 Rutowsky, DR 1939, S. 1041.
564 Maurach/Schroeder/Maiwald, Strafrecht, BT, Tb.2, § 55 II, Rdnr. 25.
565 Maurach/Schroeder/Maiwald, Strafrecht, BT, Tb. 2, § 55 II, Rdnr. 25, 26.

In Anlehnung an diese Überlegungen unterscheidet eine vermittelnde Auffassung hinsichtlich der Einordnung der Zumutbarkeitsklausel im Tatbestandsaufbau nach dem Rang der Interessen und Pflichten, die den Täter von der Hilfeleistung abhalten. Die Unzumutbarkeit sei als Rechtfertigungsgrund zu qualifizieren, wenn die Interessen bzw. Pflichten, die der Täter in der konkreten Situation gewahrt habe, im Vergleich zu den Rechtsgütern des Hilfsbedürftigen, zu deren Schutz er hätte tätig werden sollen, zumindest gleichwertig seien. Fehle es an der Gleichwertigkeit, sei das Unterlassen aber dem Täter gleichwohl nicht persönlich vorwerfbar, gehöre die Zumutbarkeit zum Bereich der Schuld[566].

II. Der Aussagegehalt der Zumutbarkeitsklausel

Die Zumutbarkeitsklausel stellt nach Rechtsprechung und h.L. ein Instrument dar, das dem Richter die Möglichkeit einräumen soll, die Nothilfepflicht unter Berücksichtigung aller Umstände des Einzelfalles zu begrenzen. Neben dieser der Pflichtbegrenzungs-[567] und Einzelfallgerechtigkeit dienenden **Individualisierungsfunktion**[568] komme ihr auch eine **Delegationsfunktion** zu. Der Gesetzgeber habe in § 323 c StGB die Grenzen der Nothilfepflicht nicht selbst abschließend festgelegt, sondern den Richter damit betraut, normvollendend den Ausgleich zwischen der sozialen Inpflichtnahme des einzelnen und seiner individuellen Freiheit vorzunehmen[569].

Umstritten ist, ob § 323 c StGB dem Richter einen Maßstab und wenn ja, welchen, an die Hand gibt, nach dem zu beurteilen ist, ob von dem einzelnen die Erfüllung der Nothilfepflicht verlangt werden kann. Lediglich vereinzelt wird angenommen, daß auf die Angabe eines Wertmaßstabes völlig verzichtet worden sei. Henkel, der diese Ansicht vertritt, bezeichnet die Zumutbarkeitsklausel insoweit als ein regulatives Prinzip[570]. In engem Zusammenhang mit dieser Ansicht steht die Auffassung, daß für die Feststellung der Zumutbarkeit die eigene Gewissensentscheidung des Richters maßgeblich sei[571]. Auf diese komme es immer dann an, wenn sich wie hier keine eindeutige Antwort aus dem Gesetz entnehmen lasse.

566 Preisedanz, § 330 c StGB, Rdnr. 5; Rudolphi in: SK, § 323 c StGB, Rdnr. 24; Schmidhäuser, Strafrecht, BT, S. 207, Abschn. 16.6 ff; Schöne, aa0, S. 91 ff; Spendel in: LK, § 323 c StGB, Rdnr. 118; Storsberg, aa0, S. 85 ff.

567 Frellesen, aa0, S. 64 ff, 156.

568 Frellesen, aa0, S. 94 f; Schöne, aa0, S. 101; Vermander, aa0, S. 85.

569 Frellesen, aa0, S. 67 ff, 73; Vermander, aa0, S. 86; Wildanger, aa0, S. 92.

570 Henkel, Festschrift für Edmund Mezger, 1954, S. 267, 276, 304; vgl. auch Krey, Studien zum Gesetzesvorbehalt im Strafrecht, S. 70, Fn 25, der die Zumutbarkeit/Unzumutbarkeit in die Kategorie der "Rechtsprinzipien" einordnet. Ablehnend, Frellesen, aa0, S. 66.

571 Vermander, aa0, S. 88 ff, soweit die Abwägung nicht zu einem eindeutigen Ergebnis führe.

Demgegenüber erblickt die ganz überwiegende Auffassung in dem generalklauselartigen Zumutbarkeitskorrektiv ein normatives Begriffsmerkmal[572], dessen Inhalt sich zwar nur im Einzelfall exakt feststellen lasse, bei dessen Konkretisierung der Richter aber an einen objektiven Beurteilungsmaßstab gebunden sei[573]. Hierfür sprächen bereits rechtsstaatliche Gründe, namentlich der Aspekt der Rechtssicherheit. Denn ohne eine derartige Bindung sei die Vorhersehbarkeit der richterlichen Entscheidung nicht gewährleistet[574]. Obwohl der heutige § 323 c StGB durch Verwendung der Zumutbarkeitsklausel im Gegensatz zu der früheren den Begriff des "gesunden Volksempfindens" beinhaltenden Strafvorschrift des § 330 c StGB a.F. über keinen ausdrücklichen Wertmaßstab verfüge, könne nicht davon ausgegangen werden, daß ein solcher völlig fehle.

Nach der Rechtsprechung[575], der sich ein Teil der Autoren in der Literatur angeschlossen haben[576], ist die Zumutbarkeit anhand des Maßstabes des "allgemeinen Sittengesetzes" festzustellen. Der Richter werde durch § 323 c StGB bei der ihm zukommenden normvollendenden Aufgabe, die Grenzen der Nothilfepflicht exakt zu bestimmen, an "außerrechtliche ethische Grundnormen" verwiesen.

Letztlich bestimmt die Rechtsprechung die Grenze der Hilfeleistungspflicht aber nicht ausschließlich nach dem Sittengesetz, sondern nimmt, wie die im folgenden darzustellende Auffassung, eine Abwägung "des öffentlichen Interesses und des Interesses des Verletzten an baldiger Hilfeleistung gegen das persönliche Interesse des Dritten an der Bewahrung vor Schaden" vor[577]. Dem Sittengesetz mißt die Rechtsprechung aber Bedeutung bei, wenn die Interessen zu gewichten bzw. die "anderen wichtigen Pflichten" zu bestimmen sind. Unter letzteren versteht die Judikatur nicht nur Rechtspflichten, sondern auch "allgemein anerkannte sittliche Pflichten[578]".
Demgegenüber wird in der wohl überwiegenden Literatur die Auffassung vertreten, daß der Wertmaßstab, anhand dessen die Frage zu entscheiden sei, welches Verhalten der Staat dem einzelnen abverlangen dürfe, nur das Recht sein könne[579]. Dies folge zum einen aus dem

572 Frellesen, aaO, S. 66 ff mwN.
573 Blindauer, aaO, S. 73 ff; Wildanger, aaO, S. 102.
574 Die normativen Tatbestandsmerkmale verleihen dem Richter nämlich keine Befugnis zur Vornahme einer höchstpersönlichen Wertung, Jescheck/Weigend, Lehrbuch des Strafrechts, AT, § 15 I 4.
575 BGHSt 7, 268, 271 f; 11, 135, 136 ff; 11, 353, 354; 17, 166, 170 f.
576 Blindauer, aaO, S. 74 f; Cramer in: Sch/Sch/L, § 323 c StGB, Rdnr. 20; Tröndle/Fischer, § 323 c StGB, Rdnr. 7.
577 BGHSt 11, 135, 136; 11, 353, 354; siehe auch, OLG Köln VRS 24, Nr. 22, S. 54 und 58, das darauf hinweist, daß es sich bei dem allgemeinen Sittlichkeitsempfinden um einen wenig präzisierten Maßstab handele.
578 BGHSt 11, 135, 138.
579 Frellesen, aaO, S. 163 ff, der auf die mangelnde Differenzierung der grundlegenden Verhaltensanforderungen des Sittengesetzes hinweist; Geilen, Jura 1983, S. 138, 147; Wildanger, aaO, S. 102.

Rechtsstaatsprinzip, nämlich in seiner formellen Komponente der Gewährung von Rechtssicherheit[580]. Zum anderen verstoße die Bestimmung der Zumutbarkeit der Hilfeleistung nach dem Sittengesetz gegen die fragmentarische Natur des Strafrechts[581]. Ferner habe der Maßstab des Sittengesetzes eine Gleichsetzung der bloß moralwidrigen mit der strafbewehrten unterlassenen Hilfeleistung zur Konsequenz. Mithin könne als Maßstab zur Bestimmung der Zumutbarkeit der Hilfeleistung nur das Recht selbst in Betracht kommen.

Ausgehend von diesem Ansatzpunkt werden im wesentlichen die folgenden beiden Auffassungen zur Konkretisierung der Zumutbarkeitsklausel vertreten.

Die eine Ansicht weist auf die im geschriebenen Recht insoweit fehlende ausdrückliche Regelung hin. Aus diesem Grund müsse auf das Recht im materiellen Sinne abgestellt werden und seien auch die ungeschriebenen Normen heranzuziehen. In Anlehnung an die Kulturnormtheorie Mayers vertritt Wildanger die Ansicht, daß Recht und Unrecht kognitiv bestimmt werden müßten und im Rahmen des § 323 c StGB zu prüfen sei, ob von dem einzelnen die Hilfeleistung nach der "herrschenden Volks- und Kulturanschauung" verlangt werden könne[582]. Zu deren Ermittlung müsse auf das Bild des "loyalen Staatsbürgers" zurückgegriffen werden[583]. Wildanger will hiermit offenbar der Gefahr entgegenwirken, für die Bestimmung der Zumutbarkeit der Hilfeleistung eine zu laxe Anschauung, auch wenn sie herrschend geworden ist, als Maßstab heranziehen zu müssen.

Im Gegensatz zu jener Meinung geht die h.A. davon aus, daß dem geschriebenen Recht sehr wohl ein Wertmaßstab entnommen werden könne, nach dem sich die zur Ermittlung der Zumutbarkeit relevante Abwägung zu richten habe. Die gesamte Rechtsordnung in formeller und materieller Hinsicht bilde den Bezugsrahmen[584], wobei das Verfassungsrecht einzubeziehen sei. So könnten den Grundrechten Anhaltspunkte zur Bestimmung des unterschiedlichen Wertes und Ranges der einzelnen bei der Abwägung zu gewichtender Rechtsgüter entnommen werden[585].
Im übrigen orientiert sich die h.L. im Rahmen der für erforderlich erachteten Abwägung[586] vornehmlich an den zum rechtfertigenden Notstand entwickelten Grundsätzen[587]. Sofern der

---

580 Geilen, Jura 1983, S. 138, 147; Rudolphi in: SK, § 323 c StGB, Rdnr. 26, der darauf hinweist, daß der außerrechtliche Maßstab des Sittengesetzes viel zu unbestimmt sei; Wildanger, aa0, S. 102.
581 Frellesen, aa0, S. 166.
582 Wildanger, aa0, S. 107.
583 Wildanger, aa0, S. 110 f.
584 Frellesen, aa0, S. 167 ff, 170.
585 Frellesen, aa0, S. 167.
586 Arzt/Weber, aa0, S. 128, Rdnr. 394; Benfer, Besonderes Strafrecht II, S. 143, Rdnr. 543; Brodag, Strafrecht, § 323 c StGB, Rdnr. 26; Geilen, Jura 1983, S. 138, 147; Kreuzer, aa0, S. 92; Lackner, § 323 c StGB, Rdnr. 4; Maurach/Schroeder/Maiwald, Strafrecht, BT, TB 1, § 55 III, Rdnr. 26; Otto, Die einzelnen Delikte, § 67, Rdnr. 12; Rudolphi in: SK, § 323 c StGB, Rdnr. 26; Schöne, aa0, S. 98 f;

einzelne nach § 34 StGB nur im Falle des Bestehens überwiegender Interessen des Notstandstäters zur Duldung des Eingriffs in seine Rechtsgüter verpflichtet sei, müsse dies erst recht für die über die bloße Duldung hinausgehende Nothilfepflicht des § 323 c StGB gelten. Denn letztere habe einen intensiveren Eingriff in die individuelle Freiheit eines Unbeteiligten zur Folge. Aus diesem Grunde sei dem unbeteiligten "Jedermann" die Hilfe bereits dann unzumutbar, wenn das Interesse des Hilfsbedürftigen seine Interessen bzw. die Wertigkeit der von ihm wahrzunehmenden Pflichten nicht deutlich überwiege[588]. Klarstellend sei noch darauf hingewiesen, daß es sich nach h.A. bei den Interessen, denen Gefahr droht, nicht um rechtlich geschützte handeln muß[589]. Das gleiche gilt für die anderen wichtigen Pflichten, die im Falle der Wahrnehmung der Hilfspflicht verletzt würden. Auch ausschließlich dem Bereich der Sittlichkeit angehörende Pflichten vermögen die Zumutbarkeit der Hilfe auszuschließen[590].

Selbst diejenigen Vertreter der Lehre, die nicht so weit gehen und die Hilfspflicht nur im Falle der Gleichrangigkeit
- und natürlich erst Recht Höherrangigkeit -
der Interessen des Täters entfallen lassen, wenden aber auch die im übrigen zur Bestimmung des Rangverhältnisses der abzuwägenden Interessen entwickelten Regeln an[591]. Mithin kommt es im Rahmen der Abwägung nicht alleine auf die Qualität der Rechtsgüter und deren Rangverhältnis zueinander[592], sondern auf die gesamten Umstände des Einzelfalles an[593]. Das Rangverhältnis der Rechtsgüter lasse sich, sofern es sich nicht um klassische Abstufungen wie Leben, Leib und Vermögen handle, ohnehin nur äußerst schwierig bestimmen. Entscheidend seien auch der Grad der Wahrscheinlichkeit der drohenden Gefahr[594] und die Größe des befürchteten Schadens[595]. Letzterer Aspekt spiele namentlich bei quantifizierbaren Rechtsgütern eine Rolle. Hinzu kämen die individuellen Fähigkeiten des Pflichtigen[596], die

---

Spendel, in: LK, § 323 c StGB, Rdnr. 120; Storsberg, aa0, S. 90.

587 Frellesen, aa0, S. 167, 172 ff.

588 Arzt/Weber, aa0, S. 128, Rdnr. 394; Schöne, aa0, S. 99; siehe insbesondere Hruschka, Strafrecht nach logisch-analytischer Methode, S. 96, der insoweit für eine Umkehrung der Regelung des § 34 StGB eintritt. Siehe auch Wildanger, aa0, S. 122, der betont, daß auch die Gefahr "erheblich" sein kann, "durch die ein geringerwertiges Rechtsgut als das des Hilfsbedürftigen bedroht wird."

589 Frellesen, aa0, S. 171; Vermander, aa0, S. 91; Wildanger, aa0, S. 114.

590 Blindauer, aa0, S. 76; Spendel in: LK, § 323 c StGB, Rdnr. 172; Storsberg, aa0, S. 89; Wildanger, aa0, S. 126; einschränkend Frellesen, der diese Pflichten nur insoweit anerkennt, als sie zumindest in rechtlichen Normen vorausgesetzt werden.

591 Storsberg, aa0, S. 89, 90 ff.

592 Blindauer, aa0, S. 77; Vermander, aa0, S. 94; Wildanger, aa0, S. 118.

593 Frellesen, aa0, S. 188 ff.

594 Blindauer, aa0, S. 79; Dähn, Problem- und Repetitions- Kommentar zum StGB, § 323 c StGB, Rdnr. 4; Frellesen, aa0, S. 191; Kreuzer, aa0, S. 96; Otto, Die einzelnen Delikte, § 67, Rdnr. 12; Schöne, aa0, S. 98, Fn 328; Vermander, aa0, S. 90; Wildanger, aa0, S. 116;

595 Frellesen, aa0, S. 191, 192; Vermander, aa0, S. 89; Wildanger, aa0, S. 116.

596 Dähn, aa0, § 323 c StGB, Rdnr. 4; Kreuzer, aa0, S. 94, 95; Otto, aa0, § 67, Rdnr. 12; Schöne, aa0, S. 98;

räumliche Nähe zum Unglücksort[597] und die Stärke der Belastung. In Rechtsprechung und Literatur wird angenommen, daß im Falle einer zwischen Hilfspflichtigen und Hilfsbedürftigen bestehenden engeren rechtlichen oder tatsächlichen Beziehung das Maß des Zumutbaren zunehme[598]. Hierfür sei nicht notwendig, daß die über die allgemeine hinausgehende Beziehung eine Garantenposition begründe. Umstritten ist, ob dem Hilfspflichtigen insbesondere dann eine größere Belastung zuzumuten ist, wenn er, sei es auch schuldlos, den Unglücksfall hervorgerufen habe. Die Rechtsprechung und ihr folgend ein großer Teil der Literatur bejahen dies selbst dann, wenn die Verursachung der hilfsbedürftigen Lage des Mitmenschen für den Hilfspflichtigen als Straftat zu qualifizieren ist[599].

III. Die nach einfachgesetzlicher Auslegung verbleibenden Auslegungszweifel

Es soll zunächst im Wege einfachgesetzlicher Auslegung versucht werden, den systematischen Standort der Zumutbarkeitsklausel innerhalb des Deliktsaufbaus und ihren Aussgagegehalt zu ermitteln. Nach dem Wortlaut bedeutet "zumuten", jemandem wird zugetraut, eine Belastung zu erdulden oder zu ertragen, obwohl diese eigentlich die Belastungsgrenze überschreitet[600]. Innerhalb des Straftatbestandes des § 323 c StGB kommt dem Merkmal "zuzumuten ist" gemäß dem alltäglichen Sprachgebrauch die synonyme Bedeutung "verlangt werden kann" zu[601]. Das Strafgesetz ließe sich nämlich auch dahingehend formulieren: " ..., obwohl dies erforderlich und von ihm den Umständen nach insbesondere ohne erhebliche eigene Gefahr und ohne Verletzung anderer wichtiger Pflichten verlangt werden kann". Die grammatische Auslegung spricht dafür, daß die Zumutbarkeitsklausel die Bedeutung hat, die Ausnahmecharakter besitzende strafbewehrte Hilfspflicht von vornherein

---

siehe auch Frellesen, aa0, S. 194, der hierin keinen eigenständigen Bewertungsgesichtspunkt der Zumutbarkeit erblickt.

597 Schöne, aa0, S. 98; siehe auch Frellesen, aa0, S. 196 und Kreuzer, aa0, S. 93, die betonen, daß diese räumliche, um eine zeitliche Komponente ergänzt werden müsse. Entscheidend sei die Zeitspanne zwischen dem "Unglücksfall und der möglichen Hilfeleistung".

598 BGHSt 1, 266, 269; 11, 135, 137; 11, 353, 354. In der Literatur gibt es ebenfalls zahlreiche Stimmen, die betonen, daß die Mitverursachung des Unglücksfalles das Maß des Zumutbaren erhöhe. Vgl., Arzt/Weber, aa0, Rdnr. 395; Blaschick, aa0, S. 41; Bockelmann, Strafrecht, BT 3, S. 222; Cramer in: Sch/Sch/L, § 323 c StGB, Rdnr. 20; Geilen, Jura 1983, S. 138, 146; Lackner/Kühl, § 323 c StGB, Rdnr. 7; Preisedanz, § 330 c StGB n.F., Rdnr. 6; Tröndle/Fischer, § 323 c StGB, Rdnr. 7.

599 BGHSt 11, 353, 355; BGH, GA 1956, S. 120; BGH, VRS 10, Nr. 92, S. 220, 220; zustimmend, Blei, Strafrecht II, BT, S. 165; Bockelmann, Strafrecht, BT 3, S. 222; Brodag, aa0, § 323 c StGB, Rdnr. 126; Spendel, in: LK, § 323 c StGB, Rdnr. 127 f; Ulsenheimer, GA 1972, S. 1 ff; Wessels/Hettinger, aa0, Rdnr. 1048 ; siehe auch Frellesen, aa0, S. 176 ff, der danach differenziert, ob die Gefahr der Strafverfolgung sich auf eine unmittelbar mit dem Unglücksfall in Zusammenhang stehende Straftat bezieht oder nicht und selbst in ersterem Falle nicht von einer Erhöhung der Zumutbarkeit ausgeht. In diesem Sinne auch Blindauer, aa0, S. 80. Andererseits Cramer in: Sch/Sch/L, § 323 c StGB, Rdnr. 23, Schroeder, JR 1958, S. 186 und Vermander, aa0, S. 92, die betonen, daß der Täter sich nur dann auf seine Gefährdung berufen kann, wenn die Straftat in keinem Zusammenhang mit dem Unglücksfall steht. In diesem Sinne auch die ältere Rechtsprechung, RG DR 1940, S. 154; BGH bei Martin, DAR 1960, S. 67.

600 Bünting, Deutsches Wörterbuch, S. 1352; vgl. zu diesem Aspekt des Zutrauens, Wildanger, aa0, S. 98.

601 Frellesen, aa0, S. 20; Wildanger, aa0, S. 99.

auf ein erträgliches Maß zu begrenzen. Da es sachwidrig wäre, von der Verwirklichung von Unrecht zu sprechen, wenn von dem einzelnen aufgrund der besonderen Umstände die Hilfe nicht verlangt werden darf und seine Untätigkeit sich demzufolge im Rahmen des Rechts bewegt, liegt die Zuordnung der Zumutbarkeitsklausel zum objektiven Tatbestand nahe.

Die Zumutbarkeitsklausel hat erstmals im Wege des 3. Strafrechtsänderungsgesetzes vom 4.8.1953 innerhalb des § 330 c StGB n.F. Aufnahme in eine Vorschrift des Strafgesetzbuches gefunden. In § 330 c StGB a.F. diente das Merkmal des "gesunden Volksempfindens", wie im Rahmen des geschichtlichen Teils dieser Abhandlung gezeigt wurde, der Bestimmung von Inhalt und Umfang, also der Grenzziehung der Nothilfepflicht. Nach der seinerzeit h.A. ordnete man dieses Merkmal der Tatbestandsebene zu. Bei Änderung des § 330 c StGB im Jahre 1953 war der Gesetzgeber davon ausgegangen, das "gesunde Volksempfinden" sei zu einer klaren Herausarbeitung der Mindestvoraussetzungen der Nothilfepflicht nicht ausreichend[602]. Ferner betonte er, die Formel, "daß der Täter `ohne erhebliche eigene Gefahr und ohne Verletzung anderer wichtiger Pflichten' seiner Hilfspflicht genügen kann" dürfte für den gesamten Tatbestand von Bedeutung sein. Soweit die Zumutbarkeitsklausel also einschließlich der beiden Beispielsfälle Verwendung fand, um die Mindestvoraussetzungen der Nothilfepflicht zu bestimmen, kommt ihr bereits Bedeutung für die Festlegung des Unrechtsgehalts der unterlassenen Hilfeleistung zu. Auf diese Einordnung deutet ferner der Umstand hin, daß der Gesetzgeber die Zumutbarkeit auf Inhalt und Umfang der Handlungspflicht bezogen wissen wollte und der Befürchtung entgegentrat, die Rechtsprechung werde auf "Abwege geraten und in bloße Schulderwägungen abgleiten"[603].

Für die Tatbestandsqualifizierung des Zumutbarkeitskorrektivs spricht auch ein Vergleich des § 323 c StGB mit den unechten Unterlassungsdelikten. Bekanntlich bestehen hier ebenfalls Meinungsverschiedenheiten darüber, welcher Stufe des Deliktsaufbaus die Zumutbarkeit der Erfolgsabwendung angehört. Die im Vordringen befindliche Auffassung geht zutreffend von der Tatbestandsqualität des Zumutbarkeitskorrektivs aus[604]. Denn der Zumutbarkeit komme die Aufgabe zu, Inhalt und Umfang der Rechtspflicht und mithin den Bereich des Unrechts zu bestimmen. Letztlich spricht für die tatbestandliche Einordnung der Zumutbarkeitsklausel innerhalb des § 323 c StGB auch die ratio legis dieser Strafvorschrift. Soweit § 323 c StGB wegen des allgemeinen Interesses an solidarischer Schadensabwehr von einem Unbeteiligten die Wahrnehmung einer objektiv bestehenden Rettungschance zugunsten eines Hilfsbedürftigen fordert, besitzt diese Vorschrift Ausnahmecharakter. Diese Besonderheit weist darauf hin, daß die Pflicht von vornherein nur im Rahmen des Zumutbaren zur Entstehung

602 BT-Drucksache Nr. I/3713 vom 29.9.1952, S. 44.
603 BT-Drucksache Nr. I/3713 vom 29.9.1952, S. 43, 44.
604 Haft, JA 1982, S. 473; Stree in: Sch/Sch/L, Vor § 13 StGB, Rdnr. 155.

gelangen soll. Der Gesichtspunkt, daß es zur Annahme von Unzumutbarkeit eines Übergewichts der Interessen des Hilfspflichtigen gegenüber denen des Hilfsbedürftigen nicht bedarf, spricht keineswegs gegen die generelle Einordnung des Zumutbarkeitskorrektivs innerhalb des gesetzlichen Tatbestandes. Der Gesetzgeber ist nämlich in der Bestimmung frei, ob er die Nothilfepflicht bereits bei Vorliegen gleichrangiger oder gar geringfügigerer Interessen als denen des Bedürftigen an der Hilfeleistung entfallen läßt.

Aus den beiden Beispielen, daß die Hilfe "ohne erhebliche eigene Gefahr und ohne Verletzung anderer wichtiger Pflichten möglich ist", lassen sich erste Anhaltspunkte zur Bestimmung des Zumutbarkeitskorrektivs gewinnen. Denn die Voraussetzung der Erheblichkeit der eigenen Gefahr und die Wichtigkeit der anderen Pflichten deutet auf die Notwendigkeit der Vornahme eines Vergleichs der berührten Interessen des Hilfspflichtigen und des Hilfsbedürftigen, mit anderen Worten: einer **Abwägung**, hin[605]. § 323 c StGB gibt aber keinen ausdrücklichen Hinweis zur Beantwortung der Frage, von welcher Natur die Interessen, denen Gefahr droht bzw. die anderen wichtigen Pflichten, sein müssen. Außerdem enthält diese Strafrechtsnorm den für die Beurteilung der Zumutbarkeit relevanten Bewertungsmaßstab selbst ausdrücklich nicht. § 323 c StGB unterscheidet sich insofern in der Tat von dem zur Bestimmung von Inhalt und Umfang der Nothilfepflicht auf den Maßstab des "gesunden Volksempfindens" Bezug nehmenden § 330 c StGB a.F.. Der Gesetzgeber hat sich bei der Änderung des § 330 c StGB a.F. zu der Frage nach dem Bewertungsmaßstab für die Beurteilung der Zumutbarkeit nicht geäußert[606]. Ihm erschien der durch den Nationalsozialismus vorbelastete Begriff des "gesunden Volksempfindens" zu verschwommen, um mit ihm die notwendige Abgrenzung der Nothilfepflicht vorzunehmen. Die beiden Tatbestandsmerkmale "ohne erhebliche eigene Gefahr und ohne Verletzung anderer wichtiger Pflichten" alleine sah er aber zur Vornahme der notwendigen Restriktion der Hilfeleistungspflicht als unzureichend an[607]. Da die Nothilfepflicht sich an jedermann wende, könne sie von vornherein nur das den Umständen nach Zumutbare umfassen. Der Gesetzgeber verweist in der Begründung zur Neufassung der Strafvorschrift der unterlassenen Hilfeleistung durch das 3. Strafrechtsänderungsgesetz vom 4.8.1953 dann aber lediglich auf einzelne Kriterien wie die "räumliche Beziehung des Verpflichteten", die "Individualität des Verpflichteten", "sein physisches Vermögen", "seine fachliche Vorbildung" und seine "Lebenserfahrung", die für die Bestimmung der Zumutbarkeit von Bedeutung sein können.

Unter Rückgriff auf die ratio legis des § 323 c StGB läßt sich die Frage des für die Beurteilung der Zumutbarkeit der Hilfeleistung anzuwendenden Maßstabes ebenfalls nicht sicher

605 In diesem Sinne auch, Storsberg, aa0, S. 89.
606 BT-Drucksache Nr. I/3713 vom 29.9.1952, S. 44.
607 BT-Drucksache Nr. I/3713 vom 29.9.1952, S. 44.

beantworten. Von Relevanz können insoweit sowohl das Sittengesetz als auch die der gesamten Rechtsordnung immanenten Wertungen sein. Die Möglichkeit, an das Sittengesetz anzuknüpfen, erscheint nicht bereits deshalb ausgeschlossen, weil § 323 c StGB den einzelnen nicht wegen der im Unterlassen zum Ausdruck kommenden schlechten Gesinnung, sondern der Versäumung einer wirklich bestehenden Rettungschance bestraft. Maßstab braucht nämlich keineswegs die innere Sittlichkeit zu sein. Für die Relevanz des Sittengesetzes zur Bestimmung der Zumutbarkeit könnte die § 323 c StGB zugrundeliegende und zu einer strafbewehrten Rechtspflicht erhobene sozialethische Pflicht sprechen. Jedoch würde bei dieser Betrachtung nahezu jede im konkreten Einzelfall bestehende sozialethische Pflicht zur strafbewehrten Hilfeleistungspflicht führen. Im übrigen hätte sie einen äußerst vagen Tatbestand des § 323 c StGB zur Folge, da in einer konkreten Situation ein einheitliches Urteil über die Existenz der Nothilfepflicht nach dem Maßstab der Sozialethik kaum feststellbar ist. Im Gegensatz zu jenem Maßstab läßt der Rückgriff auf die in der Rechtsordnung zum Ausdruck kommenden Wertungen eine objektivierbarere Bestimmung der Zumutbarkeit der Hilfe zu.

Wir stehen hier vor dem gleichen Problem, das uns im Rahmen zahlreicher anderer generalklauselartiger Vorschriften innerhalb und außerhalb des Strafgesetzbuches begegnet. So ist umstritten, ob der in § 138 BGB verwandte wertausfüllungsbedürftige Begriff der "guten Sitten" nach dem "Rechts- und Anstandsgefühl aller billig und gerecht Denkenden"[608] oder in erster Linie entsprechend den Grundsätzen der herrschenden Rechts- oder Sozialmoral, besonders unter Rückgriff der in der Rechtsordnung immanenten rechtsethischen Grundwertungen[609], zu bestimmen ist. Ähnliche Probleme treffen wir bei der Bestimmung der "guten Sitten" im Rahmen des § 228 StGB = 226 a StGB a.F. an[610]. Schließlich sei an die Verwerflichkeitsklausel des § 240 Abs. 2 StGB erinnert. Bekanntlich stellt auch hier die Rechtsprechung auf einen erhöhten Grad der sittlichen Mißbilligung der Nötigungshandlung ab, während die Literatur auf die Sozialwidrigkeit der Nötigung, gemessen an den rechtsethischen Grundwertungen, rekurriert. Ebenso wie bei jenen Vorschriften bestimmt meines Erachtens das Verfassungsrecht, welcher Beurteilungsmaßstab zur Bestimmung der Zumutbarkeit im Rahmen des § 323 c StGB heranzuziehen ist. Denn die Frage nach der maßgeblichen Auslegung der an der Einzelfallgerechtigkeit orientierten Zumutbarkeitsklausel berührt sowohl Art. 103 II GG im Hinblick auf das rechtsstaatliche Gebot der Rechtssicherheit als auch den Verhältnismäßigkeitsgrundsatz. Letzterer ist betroffen, da es bei der

---

608 RGZ 80, 221; BGHZ 10, 232; 52, 20; 69, 297.

609 Mayer-Maly in: Münchener Kommentar, Bd. 1, § 138 BGB, Rdnr. 13; Palandt-Heinrichs, § 138 BGB, Rdnr. 3.

610 Roxin, JuS 1964, S. 373, 379; Lenckner, JuS 1968, S. 299, 304, die sich kritisch zu dem Maßstab "Anstandsgefühl aller billig und gerecht Denkenden" äußern.

Interpretation jenes normativen Rechtsbegriffes leicht zu einer Vermengung des Strafrechts mit der Ethik kommen kann.

Vierter Hauptteil:
§ 323 c StGB - eine verfassungsmäßige Strafvorschrift bei verfassungskonformer Auslegung?

Kapitel 1: Der konkretisierte verfassungsrechtliche Prüfungsmaßstab zur Kontrolle der Vereinbarkeit des § 323 c StGB mit dem Grundgesetz

§ 20 Der Gestaltungsspielraum des Strafgesetzgebers hinsichtlich der Verhaltenspönalisierung und die sich für eine solche Kriminalisierung aus der Verfassung ergebenden Schranken im allgemeinen

A. Der "weite" gesetzgeberische Gestaltungsspielraum im Hinblick auf die Pönalisierung menschlichen Verhaltens

I. Die Frage des "Ob" der Kriminalisierung

Nachdem in einem ersten Schritt der "Prüfungsgegenstand" im Wege einfachgesetzlicher Auslegung des § 323 c StGB ermittelt worden ist, gilt es nunmehr, den zur Verfassungsmäßigkeitsüberprüfung dieser Strafvorschrift relevanten "Prüfungsmaßstab" zu konkretisieren. Zunächst soll aber kurz auf die Grundlagen der Verhaltenspönalisierung und die aus dem GG sich insoweit ergebenden Schranken im allgemeinen eingegangen werden.

An früherer Stelle wurde bereits darauf hingewiesen, daß dem demokratisch legitimierten Gesetzgeber unter der Herrschaft des GG für die verbindliche Regelung der Lebensbereiche der Bürger im Verhältnis zu den übrigen Gewalten eine Rechtsetzungsprärogative zukommt. Nach Ansicht des BVerfG und der h.L. verfügt die Legislative als die einzige unmittelbar demokratisch legitimierte Staatsgewalt bei Erlaß von Gesetzen über einen **weiten rechtspolitischen Gestaltungsspielraum**[1]. Hierauf beruht die vom BVerfG (wegen der Funktionenteilung zwischen gesetzgebender und rechtsprechender Gewalt) betonte Zurückhaltung bei der verfassungsgerichtlichen Kontrolle des gesetzgeberischen Rechtsetzungsermessens:
Die von der Legislative getroffenen Wertungen könnten nur beanstandet werden, wenn sie von unzutreffenden tatsächlichen Voraussetzungen ausgingen bzw. mit der Verfassung in Widerspruch stünden[2].
Das BVerfG gesteht dem Gesetzgeber dabei, namentlich bei wirtschaftslenkenden Gesetzen, einen Prognosespielraum zu.

---

1 BVerfGE 4, 7, 17; 7, 377, 400; 25, 1, 19; 26, 302, 310; 30, 292, 317, 319; 39, 210, 225; 40, 121, 133; 50, 290, 338 (ständige Rechtsprechung); Badura, aa0, S. 365; Stein, Staatsrecht, § 20 II 2.
2 BVerfGE 25, 1, 12 f; 38, 61, 87; 39, 210, 226.

Für die Regelungsmaterie des Strafrechts wendet das BVerfG keine anderen Grundsätze an[3]. Im Einklang mit der h.L. betont es demzufolge den weitreichenden dem Strafgesetzgeber zukommenden kriminalpolitischen Gestaltungsspielraum[4]. Dieses Rechtsetzungsermessen erstreckt sich, worauf zu Beginn bereits hingewiesen worden ist, zunächst auf die Frage des "Ob" der Verhaltenspönalisierung. Nach Auffassung des BVerfG stellt das strafrechtliche Delikt seinem Wesen nach die "schuldhafte Verletzung eines für alle gewährleisteten Rechtsgutes" dar, das als eine Störung des allgemeinen Rechtsfriedens erscheine[5]. Die Entscheidung über den strafrechtlichen Schutz eines bestimmten Rechtsgutes obliege dem Gesetzgeber[6]. Er verfüge für die Prognose, ob die dem Rechtsgut des einzelnen oder der Allgemeinheit drohenden Gefahren gerade den Einsatz des strafrechtlichen Instrumentariums erfordere, ebenfalls über einen Beurteilungsspielraum[7]. Deshalb sei es der Gesetzgeber, der die zwischen den Randbereichen des Kriminalunrechts und Ordnungswidrigkeitenrechts
- bzw. dem gänzlichen Verzicht auf repressive Sanktionen -
verlaufende Grenzlinie exakt und unter Berücksichtigung der historischen Gegebenheiten verbindlich festzulegen habe[8]. Er befinde nicht nur über die Frage der Strafbewehrung als solcher, sondern auch darüber, gegen welche Angriffe er das Rechtsgut schützen wolle[9]. Es gehöre zu seinem Aufgabenkreis, den Bereich des strafbaren Verhaltens verbindlich festzulegen[10]. Die Bedeutung dieses dem Gesetzgeber bei der Frage des "Ob" der Pönalisierung zukommenden kriminalpolitischen Gestaltungsspielraumes verstärkten BVerfG und h.L. durch das Postulat der eingeschränkten Justitiabilität von Strafgesetzen. Obwohl das BVerfG die Strafe als die stärkste dem Staat zur Verfügung stehende Sanktion erachtet, prüft es eine Strafrechtsnorm auch nicht dahingehend, ob der Gesetzgeber die zweckmäßigste, vernünftigste oder gerechteste Lösung gefunden hat[11]. Nach h.A. darf das gesetzgeberische Ermessen nur auf die Konformität mit der verfassungsrechtlichen Wertordnung, einschließlich der ungeschriebenen Verfassungsgrundsätze und Grundentscheidungen des GG überprüft werden[12].

---

3 BVerfGE 27, 18, 29 f; 32, 40, 48; 37, 201, 212; 39, 1, 44 f; 45, 272, 289; 50, 125, 138; 50, 142, 162; 51, 60, 74; 71, 108, 115; 80, 182, 186.

4 Badura, Beratungen des Sonderausschusses für die Strafrechtsreform, S. 1091; Bockelmann/Volk, Strafrecht, AT, S. 10; Günther, Strafrechtswidrigkeit, S. 240; Hanack, Gutachten zum 47. DJT 1968, Rdnr. 31; Hassemer in: Alternativkommentar zum StGB, Vor § 1, Rdnr. 221, 222; Krey, Studien zum Gesetzesvorbehalt im Strafrecht, S. 150; Langer, JR 1993, S. 1, 3.

5 BVerfGE 32, 40, 48.

6 BVerfGE 32, 40, 48; 50, 142, 162; NJW 1987, S. 43, 44.

7 BVerfG, NJW 1994, S. 1577, 1579.

8 BVerfGE 27, 18, 29; 37, 201, 212; 45, 289; 51, 60, 74; 80, 182, 186.

9 BVerfGE 39, 1, 44; 50, 142, 162; NJW 1987, S. 43, 44.

10 BVerfGE 80, 244, 255; NJW 1994, S. 1577, 1579.

11 BVerfGE 4, 144, 155; 27, 18, 29; 51, 257, 267 f; 75, 329, 344.

12 BVerfGE 27, 18, 29; 37, 201, 212; 45, 289; 51, 60, 74; 80, 182, 186.

II. Die Frage des "Wie" der Pönalisierung

Das BVerfG und die h.L. billigen dem Gesetzgeber einen kriminalpolitischen Gestaltungsspielraum in dem zuvor beschriebenen Sinne auch bezüglich der Entscheidung über das "Wie" der Verhaltenspönalisierung, d.h. der Bestimmung der Art sowie des Mindest- als auch des Höchstmaßes der Strafe, zu[13]. Bei der Festlegung der Strafandrohung sei der Gesetzgeber grundsätzlich frei. Er könne eine bestimmte Art bzw. Mindesthöhe der Strafe anordnen und den Richter insoweit binden[14]. Lediglich in begrenztem Umfange sei rational begründbar, weshalb der Gesetzgeber eine festgelegte Sanktion als die für eine gewisse Straftat angemessene Rechtsfolge ansehe. Denn letztlich beruhe diese Entscheidung auf einer Vielzahl von Wertungen. Das BVerfG geht bei der verfassungsrechtlichen Überprüfung des Strafrahmens gleichfalls von einer eingeschränkten Kontrolldichte aus. Der gesetzgeberische Wertungsakt könne anhand der Verfassung nur dahin überprüft werden, ob er zu schlechthin untragbaren Ergebnissen führe[15].

B. Formale und materielle verfassungsrechtliche Schranken jenes Gestaltungsspielraumes des Strafgesetzgebers

I. Die formale Begrenzung durch das Bestimmtheitsgebot

1. Das Gebot gesetzlicher Tatbestandsbestimmtheit des Art. 103 II GG

Aufgrund der besonderen Weite des kriminalpolitischen Gestaltungsspielraumes sowie der eingeschränkten Kontrolldichte der Überprüfung der Strafgesetze durch das BVerfG kommt den verfassungsrechtlichen Pönalisierungsschranken eine äußerst wichtige Funktion zu. Anfangs wurde bereits darauf hingewiesen, daß insoweit zwischen formalen und materiellen Grenzen der Verhaltenskriminalisierung unterschieden werden kann. Eine solche Grenze formaler Natur folgt aus dem strafrechtlichen Bestimmtheitsgebot des Art. 103 II GG, eine Vorschrift, die, wie das BVerfG schon früh betonte, sich nicht nur an die Rechtsprechung, sondern auch unmittelbar an die Legislative wendet. Nach h.M. in Rechtsprechung[16] und Literatur[17] stellt jener Grundsatz kein materielles Rechtsprinzip dar, das der Verwirklichung individueller Einzelfallgerechtigkeit dient. Art. 103 II GG ist Ausfluß der formellen Komponente des Rechtsstaatsprinzips, d.h. der Rechtssicherheit. Art. 103 II GG bezweckt mit der Forderung nach inhaltlich bestimmten Strafgesetzen eine formale Realisierung des Rechts im

13 BVerfGE 50, 125, 138; Stree, Deliktsfolgen und Grundgesetz, S. 9.
14 BVerfGE 34, 261, 266; 50, 125, 138.
15 BVerfGE 34, 261, 261, 266; 50, 125, 140.
16 BVerfGE 47, 109, 124.
17 Krahl, aa0, S. 286.

Wege gleichmäßiger Bestrafung zum Schutze der Freiheit der Bürger[18]. Ein Strafgesetz, das diese Voraussetzung erfüllt, mag es sachlich noch so ungerecht sein, verstößt nicht gegen das strafrechtliche Bestimmtheitsgebot[19]. Das BVerfG bringt diese ausschließlich ordnende Funktion des Bestimmtheitsgebotes mit der Formulierung zum Ausdruck: *"Art. 103 II GG schützt nicht gegen sachlich mißglückte Strafbestimmungen; er besagt vielmehr, daß der Gesetzgeber sich beim Wort nehmen lassen muß*[20]*"*.
Der letzte Halbsatz läßt erkennen, daß als Ergänzung zum primär an die Legislative adressierten Bestimmtheitsgebotes das sich an die Rechtsprechung wendende Analogieverbot anzusehen ist. Dieses untersagt bekanntlich eine über den Wortlaut der Strafvorschrift hinausgehende Auslegung.

2. Das Bestimmtheitsgebot des Art. 104 I GG für freiheitsentziehende Strafgesetze

Jede Strafvorschrift, die Freiheitsstrafe androht, berührt das in Art. 2 II Satz 2 GG geschützte Grundrecht auf Freiheit der Person. Der in Art. 2 II Satz 3 GG enthaltene Gesetzesvorbehalt wird in Art. 104 I GG dahingehend konkretisiert, daß in dieses Freiheitsrecht nur auf der Grundlage eines formellen Gesetzes eingegriffen werden darf. Aus dieser Vorschrift folgt für freiheitsentziehende Strafgesetze ebenfalls ein verfassungsrechtliches Bestimmtheitsgebot. Nach Ansicht des BVerfGsund der h.L. ist der Gesetzgeber auch nach Art. 104 I GG gehalten, die Strafbarkeitsvoraussetzungen im einzelnen so genau zu umschreiben, daß der Adressat Tragweite und Anwendungsbereich der Strafvorschrift erkennen kann bzw. diese durch Auslegung ermittelt werden können[21]. Während das BVerfG anfangs von einem Bestimmtheitsgebot nach Art. 103 II und einem solchen nach Art. 104 I GG sprach, hat es in seiner Entscheidung vom 15. Juni 1989[22] diese Differenzierung aufgegeben. Hier ist nur noch von dem "verfassungsrechtlichen Bestimmtheitsgebot (Art. 103 II, Art. 104 I GG)" die Rede. Auf die Frage, ob beide Vorschriften unterschiedliche Anforderungen an die Bestimmtheit von Strafgesetzen stellen, wird an späterer Stelle zurückzukommen sein.

18 Vgl. Lemmel, aa0, S. 163, der betont: "Der Satz n.cr.s.l. erweist sich somit als ein formales Prinzip. Er will die Strafverfolgung von klaren Regeln abhängig machen und dient damit der Ordnung im Staate."
19 Lemmel, aa0, S. 165.
20 BVerfGE 47, 109, 124.
21 BVerfGE 51, 60, 70 ff; 73, 206, 234 ff; 75, 329, 342 ff; 78, 374, 383; 80, 244, 256 f (ständige Rechtsprechung).
22 BVerfGE 80, 244, 257.

II. Die materielle Begrenzung durch die Grundrechte und das sonstige Verfassungsrecht

1. Die Bedeutung der Grundrechte für Erlaß und Aufhebung einer Strafvorschrift

Während sich sowohl das strafrechtliche Bestimmtheitsgebot des Art. 103 II GG als auch das des Art. 104 I GG nur auf die **Form** des Strafgesetzes beziehen und keinerlei Schutz vor einem noch so ungerechten Tatbestand bieten, wird die Strafgewalt des Gesetzgebers in dieser materiellen Hinsicht durch die Grundrechte sowie die Staatsstrukturprinzipien begrenzt. Das BVerfG und die h.L. betonen zwar zu Recht die besondere Zurückhaltung, zu die der Gesetzgeber nach der Konzeption des Grundgesetzes verpflichtet sei, wenn er das Instrumentarium des Strafrechts zur Verhaltenssteuerung einsetze. Denn die Strafe als ein mit staatlicher Autorität versehenes sozialethisches Unwerturteil über die von ihr belegte Handlungsweise[23] stelle die schärfste dem Staat zur Verfügung stehende Sanktion dar[24]. Trotzdem ist der kriminalpolitische Gestaltungsspielraum des Gesetzgebers bei Bestimmung des Umfanges des Rechtsgüterschutzes durch die Grundrechte und die Staatsstrukturprinzipien - in ihrer Auslegung, die sie durch das BVerfG erfahren haben - nur geringfügig eingeschränkt. Denn der Verfassung können nach herrschendem Verständnis keine präzisen inhaltlichen Vorgaben für die Strafgesetzgebung entnommen werden. Die Ursachen hierfür liegen in folgendem begründet:

Erstens: Die Staatsstrukturprinzipien bedürfen in außerordentlichem Maße der Konkretisierung durch das BVerfG. So betont das BVerfG beispielsweise für das Rechtsstaatsprinzip (das es aus den Vorschriften der Art. 20 III, 1 III, 19 IV, 28 I sowie der Gesamtkonzeption des Grundgesetzes herleitet) zu Recht: Dieses Prinzip halte keine für jeden Sachverhalt von vornherein feststehenden, detaillierten Einzelaussagen bereit[25].
Zweitens: Die nach dem GG zwischen der gesetzgebenden und der rechtsprechenden Gewalt bestehende Funktionenteilung läßt nur eine eingeschränkte Kontrolldichte bei der verfassungsgerichtlichen Überprüfung von Strafgesetzen zu[26]. Die gesetzgeberischen Erwägungen und Wertungen können, wie allgemein bei Gesetzen so auch bei Strafgesetzen, nur beanstandet werden, wenn sie offensichtlich von unzutreffenden tatsächlichen Voraussetzungen ausgehen bzw. der Verfassung widersprechen. Die besondere Zurückhaltung äußert sich in der Anwendung des Verhältnismäßigkeitsgrundsatzes, dem als *relative Pönalisierungsschranke* in der Rechtsprechung des BVerfG eine hervorgehobene Bedeutung zukommt. So ist es für die Geeignetheit eines Strafgesetzes irrelevant, ob der Gesetzgeber die zweckmäßigste Entscheidung getroffen hat oder nicht. Die Prüfung jener Geeignetheit nimmt

23 BVerfGE 22, 49, 80; 27, 18, 29.
24 BVerfGE 27, 18, 29; 45, 288.
25 BVerfGE 45, 187, 246.
26 BVerfGE 71, 206, 215.

das BVerfG negativ dahingehend vor, daß es klärt "ob das eingesetzte Mittel 'objektiv' oder 'schlechthin' ungeeignet" ist[27]. Sowohl im Rahmen der Kontrolle der Geeignetheit als auch der Erforderlichkeit des Mittels (Prinzip des mildesten Eingriffs) gesteht das BVerfG dem Gesetzgeber einen Prognosespielraum zu. Der Gesetzgeber sei nur dann zur Ergreifung eines milderen Mittels verpflichtet, wenn das den einzelnen stärker belastende für die Erreichung des intendierten Regelungszweckes nicht zugleich eine größere Effizienz verspreche. Die Angemessenheitsprüfung wird ebenfalls nur in einem negativen Sinne vorgenommen. Die mit dem Strafgesetz für den Bürger verbundene Belastung darf im Hinblick auf den mit seinem Erlaß verfolgten Regelungszweck nicht unangemessen sein. Das BVerfG bringt dies auch in der Formulierung, daß "die gesetzliche Regelung gemessen an der Idee der Gerechtigkeit" nicht zu schlechthin untragbaren Ergebnissen führen dürfe[28], zum Ausdruck.

Die Funktion der Verfassung besteht also auch für die Strafgesetzgebung nur darin, äußerste materielle Grenzen zu markieren, die nicht überschritten werden dürfen. Die in diesem Sinne von den Grundrechten ausgehende Grenzziehung verläuft, wie bereits erwähnt, in zwei Richtungen: Bei Erlaß von Strafgesetzen werden die Grundrechte in ihrer ursprünglichen Funktion als Abwehrrechte relevant. Auf die Problematik, ob gegen die Aufhebung bzw. Einschränkung einer Strafvorschrift die Grundrechte als Schutzrechte streiten und insoweit ein "Untermaßverbot" statuieren, wird an späterer Stelle eingegangen.

2. Notwendigkeit der Differenzierung zwischen der Verfassungsmäßigkeit des "Ob" und des "Wie" der Verhaltenspönalisierung

a. Die Verfassungsmäßigkeit des "Ob" der Verhaltenspönalisierung

aa. Verfassungsmäßigkeit des durch den Straftatbestand verankerten Verbots bzw. Gebots als solchem

Entsprechend dem Geltungsbereich des kriminalpolitischen Gestaltungsspielraumes des Gesetzgebers, der sich auf sämtliche Stufen einer Strafvorschrift erstreckt, sollte bei der verfassungsgerichtlichen Überprüfung aus prozeßökonomischen Gründen zwischen dem **"Ob"** und dem **"Wie"** der Verhaltenspönalisierung unterschieden werden. So braucht der Frage der Verfassungsmäßigkeit der Strafbewehrung nicht mehr nachgegangen zu werden, wenn die vorherige Überprüfung ergeben hat, daß das dem Straftatbestand zugrundeliegende Verbot oder Gebot als solches bereits den Vorschriften des Grundgesetzes widerspricht. Beispielsweise hat das BVerfG bei Überprüfung der Strafvorschriften des § 29 I Betäubungsmittel-

27 BVerfGE 71, 206, 215; siehe auch BVerfGE 47, 109, 117; 50, 142, 163; 61, 291, 313 f.
28 BVerfGE 34, 261, 266; 50, 125, 140.

gesetz völlig zu Recht zunächst geprüft, ob das grundsätzliche Verbot des Umgangs mit Cannabisprodukten bereits gegen die Verfassung verstößt[29]. Schon zu Beginn seiner Rechtsprechung hatte das BVerfG[30] bei Überprüfung des § 5 der Verordnung über die Herstellung von Arzneifertigwaren vom 11. Febr. 1943[31] betont, daß diese Strafvorschrift nicht mit dem Grundgesetz vereinbar sein könne, wenn bereits das Herstellungsverbot neuer Arzneifertigwaren (Spezialitäten) mit rechtsstaatlichen Prinzipien unvereinbar sei[32]. Diese zutreffende Prüfungssystematik kommt aber nicht in sämtlichen, die verfassungsrechtliche Kontrolle eines Strafgesetzes betreffenden Entscheidungen des BVerfG zum Ausdruck. Teilweise überspringt das BVerfG diese erste Stufe und wendet sich sogleich der zweiten Stufe, der Verfassungsmäßigkeit der Strafbewehrung zu. Die Überprüfung des der Strafvorschrift zugrundeliegenden Imperativs (Verbots, Gebots) ist dabei nicht in erster Linie an Art. 2 I GG vorzunehmen[33]. Hierfür ist vielmehr das spezielle Freiheitsrecht maßgeblich, in dessen Schutzbereich der strafrechtliche Sollenssatz eingreift. Denn nach herrschendem Verständnis schützt Art. 2 I GG die allgemeine Handlungsfreiheit in einem umfassenden Sinne[34]. Art. 2 I GG stellt ein allgemeines Auffanggrundrecht dar, das nicht zur Anwendung gelangt, soweit der Schutzbereich eines speziellen Freiheitsrechtes reicht.

bb. Verfassungsmäßigkeit der Strafbewehrung des Gebotes oder Verbotes

Sofern jene Überprüfung die Verfassungsmäßigkeit des der Strafvorschrift zugrundeliegenden **Sollenssatzes** ergeben hat, ist in einem zweitem Schritt zu untersuchen, ob die **Strafbewehrung** als solche den Vorschriften des Grundgesetzes nicht widerspricht.

Die Pönalisierung stellt zunächst eine Intensivierung des mit dem Verbot bzw. Gebot bereits verbundenen Eingriffs in das maßgebliche Freiheitsgrundrecht des Bürgers dar. Denn mit der Strafbewehrung nimmt der auf ihn ausgeübte staatliche Zwang zur Befolgung des Sollenssatzes zu. An anderer Stelle ist schon betont worden, daß hier die Theorie vom psychologischen Zwang nicht wiederbelebt werden soll. Dem Strafrecht kommt aber ohne Zweifel bewußtseinsbildende Wirkung hinsichtlich der in unserer Gesellschaft maßgeblichen Wertvorstellungen zu.

Ferner führt jede Strafvorschrift, ungeachtet der Androhung von Freiheits- oder Geldstrafe, zugleich zu einem Eingriff in das durch Art. 2 I i.V.m. Art. 1 I GG geschützte allgemeine

29 Beschluß vom 09.3.1994, NJW 1994, S. 1577, 1581.
30 BVerfGE 9, 83, 87.
31 RGBl I, S. 99.
32 Vgl. auch BVerfGE 25, 44, 54 in welcher Entscheidung das BVerfG vor Überprüfung der §§ 42, 47 BVerfGG a.F. zunächst die Gültigkeit des § 46 III Satz 3 BVerfGG a.F. festgestellt hat.
33 BVerfGE 11, 234, 238; 47, 109, 116.
34 Ständige Rechtsprechung seit BVerfGE 6, 32, 36.

Persönlichkeitsrecht. Denn "jede Strafnorm enthält ein mit staatlicher Autorität versehenes sozialethisches Unwerturteil über die von ihr pönalisierte Handlungsweise"[35]. Der Täter wird als Krimineller gebrandmarkt. Diese stigmatisierende Wirkung, die mit jeder Kriminalstrafe einhergeht, hat einen Eingriff in das allgemeine Persönlichkeitsrecht zur Folge.

Im übrigen hängt es selbstverständlich von der Art der angedrohten Strafe ab, in welche weiteren Freiheitsrechte des Bürgers eingegriffen wird. Auf diese Frage soll hier aber nur kurz eingegangen werden, da sie in erster Linie das "Wie" der Verhaltenspönalisierung betrifft.

Durch die Androhung der Geldstrafe wird der Schutzbereich des Art. 2 I GG berührt. Dieses die allgemeine Handlungsfreiheit schützende Grundrecht wird insoweit nicht durch Art. 14 I GG verdrängt. Denn die Androhung von Geldstrafe berührt den Schutzbereich der Eigentumsgarantie nicht. Art. 14 I GG schützt nämlich nicht das Vermögen als solches, sondern prinzipiell nur einzelne konkrete vermögenswerte Rechte[36].

Sofern der Gesetzgeber Freiheitsstrafe androht, muß er Art. 2 II, Satz 2 GG (i.V.m. Art. 104 GG) beachten. Dieses Grundrecht wird nicht erst bei der Verhängung von Freiheitsstrafe, sondern schon bei ihrer Androhung berührt. Das BVerfG hebt zu Recht hervor, daß die Freiheit der Person ein so hohes Rechtsgut ist, das nur aus einem besonders wichtigen Grund eingeschränkt werden darf[37].

Ferner muß der Gesetzgeber im Rahmen der Ausübung seines weitreichenden Gestaltungsspielraumes bei der Strafbewehrung den allgemeinen Gleichheitssatz des Art. 3 I GG beachten. Dieses Grundrecht, das bekanntlich neben der Rechtsanwendungs- auch die Rechtsetzungsgleichheit zum Gegenstand hat, beinhaltet zumindest ein Willkürverbot. Demzufolge ist es dem Gesetzgeber von Verfassungs wegen verwehrt, innerhalb des Tatbestandes einer Strafvorschrift die Abgrenzung zwischen dem strafbaren und nicht strafbaren Verhalten willkürlich vorzunehmen. Eine Strafvorschrift verstößt also jedenfalls dann gegen Art. 3 I GG, wenn sich für die Differenzierung ein vernünftiger Grund nicht auffinden läßt[38].

---

35 BVerfGE 27, 18, 29.

36 BVerfGE 92, 191, 196 (für die Auferlegung einer Geldbuße nach § 111 OWiG), Schmalz, Grundrechte, Rdnr. 400; BVerfGE 4, 7, 17; 8, 274, 330; 63, 327; 67, 274; 75, 154; 87, 153, 169 hinsichtlich Steuern und Abgaben; Bleckmann, Staatsrecht II, Die Grundrechte, § 35, Rdnr. 17; Degenhart, JuS 1990, S. 161, 166; Jarass/Pieroth, Art. 2 GG, Rdnr. 5; Papier in: M/D/H, Art. 14 GG, Rdnr. 160 ff; Rittstieg in: AK-GG, Art. 14, Rdnr. 125.

37 BVerfGE 22, 180, 219; 45, 187, 223.

38 BVerfGE 45, 187, 267; 47, 109, 124; 50, 125, 141; 50, 142, 162.

b. Die Verfassungsmäßigkeit des "Wie" der Verhaltenspönalisierung

aa. Verfassungsmäßigkeit der Strafrechtsfolge als solcher

Selbst wenn das **strafbewehrte** Verbot bzw. Gebot mit den Vorschriften des Grundgesetzes übereinstimmt, steht die Verfassungsmäßigkeit der Strafvorschrift noch nicht fest. Denn es ist denkbar, daß nicht die Pönalisierung als solche, sondern erst die konkrete Art der angedrohten Strafe, namentlich der Strafrahmen, der Verfassung zuwiderläuft. So setzte sich das BVerfG in einigen Entscheidungen, welche die Überprüfung einer Strafvorschrift zum Gegenstand hatten, nachdem es zunächst die Verfassungsmäßigkeit des Tatbestandes bejaht hatte, systematisch völlig korrekt mit dem Strafrahmen auseinander[39].

Zur Feststellung der Verfassungsmäßigkeit des "Wie" der Verhaltenspönalisierung ist zunächst zu prüfen, ob die von dem Gesetzgeber gewählte Strafrechtsfolge als solche den Vorschriften des Grundgesetzes entspricht. Dem GG lassen sich insoweit einige ausdrückliche Regelungen entnehmen. So wäre nach Art. 102 GG eine Strafvorschrift, die als Straffolge die Todesstrafe androhen würde, ipso iure verfassungswidrig. Selbst im Wege einer Verfassungsänderung ist nach heute wohl h.A. die Wiedereinführung der Todesstrafe gem. Art. 79 III GG wegen Verstoßes gegen Art. 1 I GG ausgeschlossen[40]. Indes geht das GG ohne weiteres von der Zulässigkeit der Freiheitsstrafe aus, wenn es in Art. 12 III GG heißt, daß Zwangsarbeit nur bei einer gerichtlich angeordneten Freiheitsentziehung zulässig sei[41]. So betonte das BVerfG: Selbst lebenslange Freiheitsstrafen gehörten zum "Kernbestand der strafrechtlichen Sanktionen"[42].

Wichtige Aussagen zur Zulässigkeit von Strafrechtsfolgen können aber auch Art. 1 I GG entnommen werden. Denn das Wesen der Strafe hat der Würde des Menschen zu entsprechen[43]. Der einzelne darf nicht unter Verletzung des ihm kraft seines Personseins zukommenden Wert- und Achtungsanspruchs zum bloßen Objekt der Verbrechensbekämpfung gemacht werden. Gegen die Menschenwürde verstoßen grausame, unmenschliche oder erniedrigende Strafen[44]. Als Beispiel ist die Prügelstrafe zu nennen[45]. Die Frage der Verfassungsmäßigkeit einer **Strafrechtsfolge** kann auch heute noch aktuell werden, wie die

---

39 BVerfGE 6, 389, 439; 25, 44, 54; 36, 41, 45; 57, 250, 270; 37, 201, 212; 50, 125, 138.

40 Benda/Maihofer/Vogel, Handbuch des Verfassungsrechts, § 6, Rdnr. 21; Podlech in: AK, Art. 1 Abs. 1 GG, Rdnr. 43. Kritisch Zippelius in: BK, Art. 1 und 2 GG, Rdnr. 70.

41 Starck in: Mangoldt/Klein/Starck, Das Bonner GG, Bd. 1, Art. 2 Abs. 2 GG, Rdnr. 223.

42 BVerfGE 45, 187, 224.

43 Hill in: Isensee/Kirchhof, Handbuch des Staatsrechts der Bundesrepublik Deutschland, Bd. VI, Rdnr. 8; Dürig in: M/D/H, Art. 1 Abs. 1 GG, Rdnr. 31 ff.

44 BVerfGE 1, 332, 348; 50, 125, 144; Benda/Maihofer/Vogel, Handbuch des Verfassungsrechts, § 6, Rdnr. 21; Starck in: Mangoldt/ Klein/Starck, Das Bonner GG, Art. 1 GG, Rdnr. 46.

45 Siehe v. Münch in: v. Münch, Art. 1 GG, Rdnr. 36.

Diskussion um die durch Art. 1 Nr. 2 des Gesetzes über die organisierte Kriminalität vom 12. Mai 1992[46] in § 43 a StGB eingeführte Vermögensstrafe zeigt[47].

bb. Verfassungsmäßigkeit der Relation zwischen Tatbestand und Rechtsfolge

Sofern die Strafrechtsfolge als solche verfassungsrechtlich nicht zu beanstanden ist, muß in einem weiteren Schritt untersucht werden, ob der Strafrahmen, d.h. die Mindest- und Höchststrafe, sachgerecht auf den Tatbestand abgestimmt ist.

Der BayerVerfGH[48] hatte schon sehr früh unter Rückgriff auf das Rechtsstaatsprinzip folgende Grundsätze aufgestellt:
1. Strafe darf nur im Falle des Verschuldens des Täters vorgesehen und verhängt werden.
2. Die Strafe muß in einem angemessenen Verhältnis zur Schwere der Tat und dem Verschulden des Täters stehen.
3. Sofern eine Tat verschiedene Grade des Verschuldens und der Schwere aufweisen kann, muß dem Richter die Möglichkeit der Anpassung der Strafe eingeräumt werden.

Entscheidende Bedeutung messen BVerfG und h.L. dem in diesen Einzelaussagen enthaltenen Grundsatz "nulla poena sine culpa" bei. Der Schuldgrundsatz, dem Verfassungsrang zukomme[49], verlange, daß "Tatbestand und Rechtsfolge sachgerecht aufeinander abgestimmt sein müssen"[50]. Hiernach ist nämlich erforderlich, daß die angedrohte Strafe sowohl in einem gerechten Verhältnis zur Schwere der Tat als auch zum Verschulden des Täters stehen muß. Eine Strafe, die ohne Rücksicht auf die Schuld des Täters nur der Generalprävention, d.h. der Abschreckung Dritter dient bzw. ihn zum "bloßen Objekt spezialpräventiver Behandlung" macht, verstößt gegen Art. 1 I GG[51]. Das BVerfG geht davon aus, daß der Schuldgrundsatz, was seine die Strafe begrenzende Funktion anbetreffe, sich insoweit mit dem Verhältnismäßigkeitsgrundsatz decke[52]. In der Regel macht das BVerfG zwischen beiden verfassungsrechtlichen Grundsätzen, was die Begrenzung der Strafe angeht, keinen Unterschied, sondern nennt sie insoweit nebeneinander[53]. In der Vergangenheit hat das BVerfG den Schuldgrundsatz dogmatisch aus verschiedenen Bestimmungen des Grundgesetzes hergeleitet. Anfangs stützte es sich, genau wie für die Herleitung des Verhält-

46 BGBl I, S. 1302.
47 LG Bad Kreuznach, StV 1994, S. 140, 141; Tröndle/Fischer, § 43 a StGB, Rdnr. 3 b m.w.N.
48 Vgl. die richtungsweisende Entscheidung vom 28.7.1950, VerwRechtspr. 3, 145.
49 BVerfGE 50, 125, 133; 50, 205, 214.
50 BVerfGE 25, 269, 286; 50, 125, 133; Starck in: Mangoldt/Klein/Starck, Art. 2 II GG, Rdnr. 223; siehe auch Seifert/Hömig, GG für die BRD, Art. 1 GG, Rdnr. 5.
51 Stree, Deliktsfolgen und Grundgesetz, S. 38 ff, 47 ff; Zippelius in: Bonner Kommentar, Art. 1 und 2 GG, Rdnr. 66.
52 BVerfGE 34, 261, 266; 50, 125, 133; 50, 205, 215.
53 BVerfGE 54, 100, 108; 75, 1, 16; 80, 244, 255.

nismäßigkeitsgrundsatzes, ausschließlich auf das Rechtsstaatsprinzip[54]. Daher verwundert es nicht, wenn das BVerfG in E 34, 261, 267 die Forderung, "daß die angedrohte Strafe in einem gerechten Verhältnis zur Schwere der Tat und zu dem Verschulden des Täters stehen muß", dem Verhältnismäßigkeitsgrundsatz entnommen hatte. Später erklärte das BVerfG: Der Schuldgrundsatz wurzele in der durch Art. 1 I i.V.m. Art. 2 I GG geschützten Würde und Eigenverantwortlichkeit des Menschen. In seiner gegenwärtigen Rechtsprechung betont es unter Rückgriff sowohl auf Art. 1 I i.V.m. Art. 2 I GG als auch auf das Rechtsstaatsprinzip, "daß keine Strafe ohne Schuld verhängt werden darf"[55] und die Strafe der Schwere der Tat und der Schuld des Täters angemessen sein muß. Indes kann weder Art. 1 I GG noch dem Rechtsstaatsprinzip eine exakte Aussage darüber entnommen werden, welche konkrete Strafrechtsfolge bei Verletzung eines bestimmten personellen oder materiellen Rechtsgutes anzudrohen ist[56].

Der Gesetzgeber muß sich bei der Festlegung des Strafrahmens auch am Maßstab des Art. 3 I GG orientieren. Der allgemeine Gleichheitssatz fordert nämlich auch, den Tatbestand und die Rechtsfolge sachgerecht aufeinander abzustimmen. Bei der Bestimmung der Höchst- und Mindeststrafe hat der Strafgesetzgeber neben der Schwere des Deliktes auch die Höhe derjenigen Strafen, die er für sonstige vergleichbare Delikte angedroht hat, zu berücksichtigen. Die vorgenommene Differenzierung der jeweiligen Stafrahmen verstößt aber nur dann gegen Art. 3 I GG, wenn für sie kein sachlich vernünftiger Grund ersichtlich ist[57].

3. Fazit

Abschließend ist festzuhalten, daß der kriminalpolitische Gestaltungsspielraum des Strafgesetzgebers zwar sehr weitreichend, aber dennoch nicht völlig schrankenlos ist. Die insoweit durch die Verfassung erfolgten Begrenzungen sind sowohl **formaler** als auch **materieller** Natur. Es handelt sich hierbei jedoch um keine engen Maßstäbe[58]. Das BVerfG respektiert zu Recht auch für die Strafgesetzgebung die dem Gesetzgeber im Hinblick auf das Gewaltenteilungs- und Demokratieprinzip zukommende Regelungsprärogative. Eine Strafvorschrift verfällt erst dann dem Verdikt der Verfassungswidrigkeit, wenn die Legislative eindeutig und klar gegen die Pönalisierungsschranken verstoßen hat[59].

54 BVerfGE 6, 389, 439; 9, 167, 169.
55 BVerfGE 50, 125, 133; 50, 205, 214; 54, 100, 108; 57, 250, 257; v. Münch, Art. 1 GG, Rdnr. 36.
56 Starck in: Mangoldt/Klein/Starck, Das Bonner GG, Art. 1 I GG, Rdnr. 46.
57 BVerfGE 45, 187, 268; Stree, Deliktsfolgen und Grundgesetz, S. 13.
58 I.d.S. auch Starck in: Mangoldt/Klein/Starck, Das Bonner GG, Art. 2 Abs. 2, Rdnr. 223.
59 Hill, aa0, Bd. VI, § 156, Rdnr. 7; M/D/H, Art. 1 Abs. I GG, Rdnr. 32.

§ 21 Die formale Vereinbarkeit des § 323 c StGB mit dem Bestimmtheitsgebot im besonderen

A. Das strafrechtliche Bestimmtheitsgebot des Art. 103 II GG

I. Allgemeines

Das Bestimmtheitsgebot als Bestandteil des strafrechtlichen Gesetzesvorbehalts verdankt seine Entstehung dem Rechtsdenken der Aufklärungszeit. Erinnert sei an die strikte Gewaltenteilungslehre Montesquieus, nach der dem Richter lediglich die Funktion eines "Subsumtionsautomaten" zugewiesen wurde und an die Forderung Beccarias nach Ausschluß richterlicher Willkür durch die Herrschaft des Gesetzes. Die Intention, die beiden Auffassungen zugrunde lag, nämlich die Staatsgewalt zu mäßigen, ließ sich nur mittels inhaltlich präziser Gesetze erreichen.

Verfassungsrechtlich hat der strafrechtliche Gesetzesvorbehalt in Deutschland erstmals in Art. 116 Weimarer Reichsverfassung (WRV) seinen Niederschlag gefunden. Während der Geltungsdauer dieser Verfassungsbestimmung war wegen ihrer sprachlichen Abweichung von § 2 StGB aber streitig, ob das Bestimmtheitsgebot nur für den Tatbestand oder auch für den Strafrahmen Geltung beanspruchen würde.
Nach heutiger h.M. erstreckt sich das aus Art. 103 II GG folgende Bestimmtheitsgebot[60] auf beide Bestandteile des Strafgesetzes. Das Bestimmtheitsgebot kann zwar nicht unmittelbar aus dem Text dieser Verfassungsvorschrift abgeleitet werden, da das Wort "bestimmt" hier als Synonym für "angeordnet" Verwendung gefunden hat. Es entspringt aber der ratio legis des Art. 103 II GG. Denn von einer gesetzgeberischen Entscheidung über die Strafbarkeit kann im Falle einer völlig unbestimmten Strafvorschrift, die dem Richter jegliche Anwendungsmöglichkeit beläßt, nicht gesprochen werden. Eine derartige Bestimmung wäre auch weder mit dem Rechtsstaatsprinzip (Schutz des Bürgers vor staatlicher Willkür, Rechtssicherheit) noch mit dem Demokratieprinzip vereinbar[61].

---

60 BVerfGE 11, 234, 237 f; 14, 245, 251; 17, 306, 314 f; 20, 162, 177; 23, 127, 131; 25, 44, 55; 25, 269, 285; 26, 41, 42 f; 28, 175, 183; 37, 201, 207 ff; 41, 314, 319; 48, 48, 55. Anfangs hatte das BVerfG die Frage, ob eine Strafnorm mangels Bestimmtheit des gesetzlichen Tatbestandes gegen Art. 103 II GG verstoße, offen gelassen, BVerfGE 4, 352, 357. a.A. Nickel, Die Problematik der unechten Unterlassungsdelikte im Hinblick auf den Grundsatz "nullum crimen sine lege", S. 155, 169, 171 ff, der die Ableitung eines Bestimmtheitsgebotes aus Art. 103 II GG ablehnt.

61 Krey, EWR 1981, S. 109, 177 f.

II. Das Bestimmtheitsgebot als eines der vier Einzelprinzipien des strafrechtlichen Gesetzesvorbehalts (Art. 103 II GG)

Das "Bestimmtheitsgebot" für Strafgesetze stellt eines der vier von der h.A. aus Art. 103 II GG abgeleiteten Einzelprinzipien dar. Die Vorschrift des Art. 103 II GG beinhaltet nämlich:

- das Verbot strafbegründenden bzw. -schärfenden Gewohnheitsrecht (Gebot der lex scripta),
- das Verbot strafbegründender bzw. -schärfender Rückwirkung von Gesetzen (Gebot der lex praevia),
- das Verbot strafbegründender bzw. -schärfender Analogie (Gebot der lex stricta) und
- das Verbot allzu unbestimmter Strafgesetze, das Bestimmtheitsgebot (Gebot der lex certa)[62].

Sämtlichen vier Prinzipien ist die Funktion der Begrenzung der Strafgewalt gemeinsam. Während sich die beiden Verbote der Anwendung von Gewohnheitsrecht und der Analogie zur Strafbegründung bzw. -schärfung in erster Linie an die Rechtsprechung wenden, ist unmittelbarer Adressat des Rückwirkungsverbotes und des Bestimmtheitsgebotes die Legislative. Die einzelnen Aussagen des strafrechtlichen Gesetzesvorbehalts stehen nicht beziehungslos nebeneinander. Vielmehr ist ein funktionaler Zusammenhang erkennbar. So könnte beispielsweise das strafrechtliche Bestimmtheitsgebot seine die Strafgewalt begrenzende Aufgabe nicht erfüllen, wenn der Judikative die Rechtsfindungsmethode der Analogie gestattet wäre. Für die Vorhersehbarkeit der Strafbarkeitsvoraussetzungen durch den Bürger wäre die präziseste Formulierung des Straftatbestandes ohne jegliche Bedeutung, müßte der Richter den Gesetzgeber nicht beim Wort nehmen.

III. Mißachtung des strafrechtlichen Bestimmtheitsgebotes in der NS-Zeit (1933-1945)

Im dritten Reich war an die Stelle des rechtsstaatlichen Satzes "nullum crimen sine lege" die Forderung "nullum crimen sine poena" getreten. Die seinerzeit vorherrschende Auffassung verlangte, "daß in jedem Fall Strafe eintrete, in denen die Strafwürdigkeit nach der Rechtsüberzeugung der Volksgesamtheit gegeben sei." Da inhaltlich bestimmte Strafgesetze stets zu Strafbarkeitslücken führen können, paßte das Bestimmtheitsgebot nicht in das zuvor beschriebene nationalsozialistische Bild eines "völkischen Strafrechts" und wurde als Ausdruck eines überwundenen individualistischen Staatsdenkens der Aufklärung gescholten[63]. Der Forderung, alle strafwürdigen Verhaltensweisen zu inkriminieren, wurden

62 Vgl., Krey, Keine Strafe ohne Gesetz, Rdnr. 106.

63 Denkschrift des Zentralausschusses der Strafrechtsabteilung in der Akademie für deutsches Recht, S. 10 f.

gänzlich vage Generalklauseln wesentlich besser gerecht. Das führte konsequenterweise zur völligen Ablehnung des Bestimmtheitsgebotes und zur Schaffung von Vorschriften, wie beispielsweise der §§ 3 und 4 der Volksschädlings-Verordnung vom 5.9.1939[64]. So bedrohte § 3 dieser Verordnung mit dem Tode, "wer eine Brandstiftung oder ein sonstiges gemeingefährliches Verbrechen begeht und dadurch die Widerstandskraft des deutschen Volkes schädigt"[65].

Die in der NS-Zeit an dem nullum crimen Satz geäußerte Kritik war aber nicht auf das Bestimmtheitsgebot begrenzt. So war durch die Strafrechtsnovelle vom 28.6.1935 die strafbegründende und -schärfende Analogie zugelassen worden.

§ 2 StGB hatte folgende Fassung erhalten:

"Bestraft wird, wer eine Tat begeht, die das Gesetz für strafbar erklärt, oder die nach dem Grundgedanken eines Strafgesetzes und nach gesundem Volksempfinden Bestrafung verdient. Findet auf die Tat kein bestimmtes Strafgesetz unmittelbar Anwendung, so wird die Tat nach dem Gesetz bestraft, dessen Grundgedanken auf sie am besten zutrifft"[66].

Hervorhebung verdient die Tatsache, daß es sich um die gleiche Strafrechtsnovelle handelte, die im Wege der Schaffung des § 330 c StGB i.d.F. von 1935, ebenfalls unter Rückgriff auf das Vokabular des gesunden Volksempfindens, die selbständige strafbewehrte Hilfeleistungspflicht eingeführt hatte. Die tatbestandliche Formulierung jener Neuregelung war im besonderen von dem zuvor beschriebenen Gedanken geprägt, daß alle strafwürdigen Fälle unterlassener Hilfeleistung nur durch eine generalklauselartige Strafvorschrift erfaßt werden könnten. Denn ob eine Pflicht zur Hilfeleistung vorliege, hänge entscheidend "von der Lage des Einzelfalles ab".[67]

IV. Inhalt und Grundgedanke des strafrechtlichen Bestimmtheitsgebotes

Nach dem Zusammenbruch des Dritten Reiches ist unsere Rechtsordnung wieder zum strafrechtlichen Bestimmtheitsgebot zurückgekehrt. Der heute nach Art. 103 II GG zu fordernde

---

64 RGBl I, S. 1679.

65 Vgl. zu diesem Beispiel eines besonders unbestimmten Strafgesetzes: Krey, Keine Strafe ohne Gesetz, Rdnr. 95; Schreiber, Gesetz und Richter, S. 199. Vgl. zu weiteren Beispielen, Naucke, Über Generalklauseln und Rechtsanwendung im Strafrecht, S. 9, der hervorhebt, in der Gesetzgebung des ehemaligen Deutschen Reiches stelle die Verwendung von Generalklauseln im Strafrecht ein traditionsreiches Verfahren dar.

66 Teilweise war angenommen worden, die Bedeutung des § 2 gehe über die Aufhebung des Analogieverbotes hinaus. § 2 stelle klar, daß neben das Gesetz die Rechtsschöpfung als gleichrangige Rechtsquelle getreten sei. I.d.S.: Freisler, Die Strafrechtsnovellen, Jahrbuch des Deutschen Rechts 1935, S. 520 ff, 523.

67 Amtliche Begründung, in: Amtliche Sonderveröffentlichungen der Deutschen Justiz, S. 42.

Grad an inhaltlicher Bestimmtheit eines Strafgesetzes hängt zum einen entscheidend von dem für diese Verfassungsbestimmung als maßgeblich zu erachtenden Grundgedanken ab. Zum anderen ist die zur Beurteilung der Bestimmtheit des Strafgesetzes maßgebliche Perspektive bedeutsam. Es kommen insoweit die Sichtweise des Bürgers bzw. diejenige des Richters in Betracht. Im Rahmen ersterer Perspektive kann auf die individuelle subjektive Vorhersehbarkeit oder aber auf die objektive Berechenbarkeit abgestellt werden. Von der richterlichen Tätigkeit ausgehend können Strafgesetze unterschieden werden, die derart bestimmt sind, daß sie im wesentlichen nur eine Subsumtion erfordern, und andere, deren Inhalt erst durch nähere Auslegung konkretisiert werden muß. Der Grundgedanke des nullum crimen Satzes und die jeweilige Beurteilungsperspektive stehen insoweit nicht unverbunden nebeneinander.

Obwohl das Bestimmtheitsprinzip als solches nahezu allgemein anerkannt ist, wird die Frage seiner dogmatischen Herleitung äußerst uneinheitlich beantwortet.

Vereinzelt ist die Auffassung geblieben, daß Art. 103 II GG *"die Spezifizierung des strafrechtlichen Schuldgrundsatzes und damit eine Konkretisierung des Art. 1 I GG in seiner Auswirkung auf das materielle Strafrecht sei"*[68]. Ihr wird entgegengehalten, nicht das Strafgesetz als solches, sondern die Verbotsnorm bilde den Bezugspunkt des Schuldvorwurfes[69].

Die ganz überwiegende Meinung in Rechtsprechung und Literatur sieht den Bestimmtheitsgrundsatz des Art. 103 II GG primär im Verfassungsprinzip der Rechtsstaatlichkeit und zwar in seiner formellen Komponente der Rechtssicherheit verwurzelt[70]. Der Zweck des Bestimmtheitsgrundsatzes wird im Vertrauensschutz des Bürgers erblickt. Demzufolge müsse für den einzelnen die staatliche Strafe vorhersehbar und berechenbar sein[71]. Teilweise wird aber keine individuelle Vorhersehbarkeit gefordert. Vielmehr wird die generelle objektive Berechenbarkeit des Strafrechts, d.h. die durch richterliche Auslegung mögliche Sinnermittlung des Gesetzes, insbesondere der Strafbarkeitsgrenzen, für ausreichend erachtet[72].

Rechtsprechung und Literatur heben hervor: Der Gedanke des Vertrauensschutzes stehe in engem Zusammenhang mit einem weiteren rechtsstaatlichen Aspekt, nämlich dem des

---

68 Sax, Grundsätze der Strafrechtspflege in: Bettermann/Nipperdey/Scheuner: Handbuch der Grundrechte, Bd. III, S. 999, 1001.

69 Lemmel, aa0, S. 92 f; Schreiber, Gesetz und Richter, S. 211.

70 BVerfGE 45, 346, 351; 45, 363, 370; 47, 109, 120; 64, 389, 393, 394; 71, 198, 114; 78, 374, 382; BGHSt 28, 72, 73f; 28, 312, 313; Krey, Keine Strafe ohne Gesetz, Rdnr. 133; Lemmel, aa0, S. 75; Lenckner, JuS 1968, S. 304; Lemmel, aa0, S. 75; Tiedemann, aa0, S. 193 ff.

71 Krey, aa0, Rdnr. 133.

72 Lemmel, aa0, S. 164; Schreiber, aa0, S. 215, 216.

"Schutzes des einzelnen vor richterlicher Willkür"[73]. Zahlreiche Vertreter der Lehre sehen, in Anlehnung an das Willkürverbot, den eigentlichen Grundgedanken des nulla poena Prinzips in der Begrenzung der staatlichen Strafgewalt zum Zwecke des Schutzes der Freiheit der Bürger[74]. Die wesentlichen Wertentscheidungen müsse der Gesetzgeber selbst treffen und dürfe diese nicht dem Richter überlassen. Er müsse "dem Richter im Gesetze eine Richtlinie geben, an der dieser sich orientieren kann[75]." Demzufolge wird in der Literatur[76], aber genauso in der neueren Rechtsprechung des BVerfG[77], hervorgehoben, daß das Bestimmtheitsprinzip auch eine **demokratische Wurzel** besitze. Mit den gleichen Überlegungen wird in der Literatur das Bestimmtheitsprinzip zudem auf den **rechtsstaatlichen Grundsatz** der Gewaltenteilung zurückgeführt[78]. In der älteren Rechtsprechung des BverfG findet sich aber nur eine einzige Entscheidung[79], die (abgesehen von dem rechtsstaatlichen Aspekt der Rechtssicherheit) ebenfalls auf das Prinzip der staatlichen Funktionenteilung abstellt[80].

Ob das Bestimmtheitsgebot auch eine **strafrechtliche Wurzel** aufweist, ist umstritten. Zwar wird die auf Anselm von Feuerbach zurückgehende "Theorie vom psychologischen Zwang", der die Vorstellung zugrunde lag, daß der potentielle Verbrecher durch die ihm bekannte Strafandrohung für eine genau bestimmte Tat notwendigerweise von deren Begehung abgehalten werde, heute in dieser Form kaum noch vertreten. Dennoch ist die Auffassung verbreitet: Das Strafrecht könne durch völlig unbestimmte Strafgesetze seine generalpräventive Funktion nicht erfüllen[81].

---

73 Kohlmann, aa0, S. 251; Krey, Keine Strafe ohne Gesetz, Rdnr. 134; ders., EWR 1981, S. 109, 177; Schreiber, aa0, S. 217 f.

74 Lemmel, aa0, S. 156.

75 Lemmel, aa0, S. 172.

76 Krey, Keine Strafe ohne Gesetz, Rdnr. 135.

77 BVerfGE 47, 109, 120; 71, 108, 114; 75, 329, 341; 78, 374, 382; NJW 1987, S. 43, 44.

78 Grünwald, ZStW 76 (1964), S. 1, 16; Krey, Keine Strafe ohne Gesetz, Rdnr. 134; Schünemann, aa0, S. 29; Tiedemann, aa0, S. 183.

79 BVerfGE 47, 109, 120.

80 Vgl. Krahl, Die Rechtsprechung des Bundesverfassungsgerichts und des Bundesgerichtshofs zum Bestimmtheitsgrundsatz im Strafrecht (Art. 103 II GG), S. 404, 405 mit eingehender Analyse der verfassungsgerichtlichen Rechtsprechung. Hinsichtlich der neueren Rechtsprechung siehe Seite 406 ff dieser Arbeit.

81 Krey, Keine Strafe ohne Gesetz, Rdnr. 136; Schünemann, aa0, S. 29; a.A. Lemmel, S. 162.

B. Die Bedeutung des strafrechtlichen Bestimmtheitsgebotes

I. Grenzen der Unbestimmtheit eines Straftatbestandes

1. Die ältere Rechtsprechung des BVerfG

An früherer Stelle wurde bereits dargelegt, daß die Anforderungen, die an die Bestimmtheit eines Strafgesetzes gestellt werden, hauptsächlich abhängig sind von dem Grundgedanken, auf den man das strafrechtliche Bestimmtheitsprinzip des Art. 103 II GG zurückführt. Unter Berücksichtigung dieses Gesichtspunktes kann m.E. die Rechtsprechung des BVerfG zeitlich in zwei Abschnitte eingeteilt werden.

Die Zäsur bildet die Entscheidung des BVerfG vom 17. Jan. 1978[82]. Bis zum Zeitpunkt des Erlasses dieses Urteils führte das BVerfG, abgesehen von der Entscheidung BVerfGE 25, 285[83], das strafrechtliche Bestimmtheitsgebot ausschließlich auf den Grundgedanken der **Rechtssicherheit** zurück. Der Rechtsprechung des BVerfG lag im Gegensatz zu der des BayVGH[84] von Beginn an kein strenges Verständnis des Bestimmtheitsprinzips zugrunde. Das gleiche gilt für die Rechtsprechung des BGH[85]. In der älteren Judikatur des BVerfG findet sich nur eine einzige Entscheidung[86], in der eine Strafvorschrift und zwar § 60 I Personenbeförderungsgesetz (PBefG) vom 21.3.1961 wegen mangelnder inhaltlicher Bestimmtheit aufgehoben worden ist[87]. Allerdings rekurrierte das BVerfG, worauf Krahl[88] zu Recht hinweist, nicht auf Art. 103 II GG, sondern den allgemeinen rechtsstaatlichen Bestimmtheitsgrundsatz. Selbst die Strafbestimmung über den "groben Unfug" (§ 360 I Nr. 11 StGB a.F.), die in der Literatur als eine verfassungswidrig unbestimmte Strafvorschrift par excellence angesehen worden war[89], hatte das BVerfG nicht wegen Verstoßes gegen Art. 103 II GG aufgehoben[90].

---

82 BVerfGE 47, 109, 120.

83 In dieser Entscheidung wurde auf das Schuldprinzip verwiesen.

84 In der Entscheidung BayVerfGH 4, 202 f. war Ziff. 21 des bayerischen Gesetzes Nr. 3 vom 16.10.1945 (wer "gegen die öffentliche Ordnung verstößt") wegen Verletzung des Art. 104 BV, der Art. 103 II GG entspricht, für nichtig erklärt worden. In der späteren Entscheidung GVBl 1953, S. 75 f. hob der BayVerfGH dann die zweite Tatbestandsalternative des Gesetzes Nr. 3, Ziff. 21 (wer "gegen die Interessen der alliierten Streitkräfte oder eines ihrer Mitglieder handelt) ebenfalls wegen Verstoßes gegen den Bestimmtheitsgrundsatz auf.

85 Vgl. insoweit Helmuth Mayer, Materialien zur Strafrechtsreform I, S. 259 ff, der ausdrücklich bemängelte, daß der BGH keine einzige der Bestimmungen des StGB deren Gültigkeit wegen ihrer Unbestimmtheit fraglich seien, insbesondere die §§ 170 d, 240 n.F., 253 n.F. und § 330 c n.F. auf ihre Vereinbarkeit mit Art. 103 GG geprüft habe.

86 BVerfGE 17, 306, 311, 314.

87 Krey, Keine Strafe ohne Gesetz, Rdnr. 119.

88 Die Rechtsprechung des Bundesverfassungsgerichts und des Bundesgerichtshofs zum Bestimmtheitsgrundsatz im Strafrecht (Art. 103 II GG), S. 248.

89 Woesner, NJW 1963, S. 273, 275.

90 BVerfGE 26, 41, 43 mit ablehnender Besprechung von Schroeder, JZ 1969, S. 775 ff; kritisch auch Krey,

In der Judikatur des BVerfG finden sich kaum Stellungnahmen zum **positiven** Aussagegehalt des Art. 103 II GG für die Bestimmtheit von Strafgesetzen. Es wird insoweit im wesentliche nur darauf hingewiesen: Der Strafgesetzgeber sei gehalten, die Tatbestandsmerkmale so konkret zu umschreiben, *"daß Tragweite und Anwendungsbereich der Straftatbestände zu erkennen sind und sich durch Auslegung ermitteln lassen"*[91]. Die Notwendigkeit der Auslegung einer Strafvorschrift führe nicht zu ihrer inhaltlichen Unbestimmtheit[92]. Es sei *"Sache der Verwaltungsbehörden und Gerichte, die bei der Gesetzesanwendung mangels ausdrücklicher Regelungen auftauchenden Zweifelsfragen mit Hilfe der anerkannten Auslegungsmethoden zu beantworten"*[93].

Wesentlich häufiger als die positiven sind in der Judikatur des BVerfG die **negativen** Aussagen zum Bestimmtheitsgebot, d.h. zu den aus der Sicht des Gerichts nicht gegen die Verfassungsvorschrift des Art. 103 II GG verstoßenden Tatbestandsmerkmalen, anzutreffen. So hebt das BVerfG ausdrücklich hervor, daß selbst im Strafrecht die Verwendung von Generalklauseln sowie unbestimmten, normativen Rechtsbegriffen nicht ipso iure zur Verfassungswidrigkeit der entsprechenden Rechtsnormen führen könne[94]. Art. 103 II GG lege den Gesetzgeber nicht auf den ausschließlichen Gebrauch von deskriptiven Merkmalen fest. Vielmehr sei er auf die Verwendung derart "flüssiger" Begriffe angewiesen, um der Vielgestaltigkeit des Lebens, dem Wandel der Verhältnisse bzw. der Besonderheit des Einzelfalles gerecht werden zu können[95]. Bei der Überprüfung von Strafgesetzen mit sehr unbestimmten, normativen Rechtsbegriffen hat das BVerfG in der Vergangenheit der materiellen Komponente des Rechtsstaatsprinzips, d.h. die Verwirklichung von Einzelfallgerechtigkeit, stets größere Bedeutung als der Rechtssicherheit beigemessen. Im Gegensatz zu einigen Vertretern der Literatur[96] bringt das BVerfG aber nicht offen zum Ausdruck, daß eine Abwägung zwischen dem Interesse der Rechtssicherheit und dem mit der Regelung verfolgten Zweck erfolgen müsse.

Zur Beantwortung der Frage nach der Erfüllung der Bestimmtheitsanforderungen ist es nach Ansicht des BVerfG gestattet, für die Ermittlung des Norminhalts auch auf außerhalb der Vorschrift liegende Gesichtspunkte zurückzugreifen. So berücksichtigt das BVerfG, ob ein unbestimmter Rechtsbegriff infolge sonstiger Verwendung innerhalb der Rechtsordnung, namentlich in einer anderen Strafvorschrift, bereits feste Konturen gewonnen habe[97]. Das

---

Keine Strafe ohne Gesetz, Rdnr. 119; Krahl, aaO, S. 133.

91 BVerfGE 25, 269, 285; 41, 314, 319; 47, 109, 120.

92 BVerfGE 3, 225, 242 f; 19, 166, 177; 21, 209, 215; 21, 245, 261.

93 BVerfGE 21, 209, 215.

94 BVerfGE 4, 352, 358; 11, 234, 237; 26, 40, 42; 28, 175, 183.

95 BVerfGE 4, 352, 358; 11, 234, 237; 26, 40, 42; 28, 175, 183.

96 Lenckner, JuS 1968, S. 304, 306 m.w.N.

97 BVerfGE 28, 175, 183.

BVerfG läßt es jedoch ebenfalls genügen, wenn jenes unbestimmte Tatbestandsmerkmal erstmals in der zu überprüfenden Strafvorschrift gebraucht und später durch Auslegung hinreichend konkretisiert worden ist[98]. Ferner dürfe zur Bejahung der Möglichkeit, die Strafbarkeitsgrenzen vorherzusehen, ein beim Täter vorhandenes Sonderwissen als Fachjurist berücksichtigt werden[99].

2. Die neuere Rechtsprechung des BVerfG

In seiner neueren Rechtsprechung lokalisiert das BVerfG den Grundgedanken des Bestimmtheitsgebotes nicht mehr alleine in der formellen Komponente des Rechtsstaatsprinzips, also dem Postulat der Rechtssicherheit. Seit seiner Entscheidung vom 17. Jan. 1978[100] betont es, daß das Bestimmtheitsgebot einem **doppelten Zweck** diene.
Erstens: Das Gebot bezwecke den **rechtsstaatlichen Schutz des Normadressaten**. Es ermögliche dem einzelnen die Vorhersehbarkeit des verbotenen und mit Strafe bedrohten Verhaltens. Art. 103 II GG diene insoweit der Gewährleistung der Rechtssicherheit. Da hierdurch eine gleichmäßige Bestrafung sichergestellt werde, erweise sich das Bestimmtheitsgebot gleichzeitig als eine spezielle Ausgestaltung des Willkürverbots[101].
Zweitens: Das Bestimmtheitsgebot solle darüber hinaus garantieren, daß der "Gesetzgeber über die Strafbarkeit entscheidet". Das BVerfG betont dazu: Nach der Verfassung obliege "die Entscheidung über die Beschränkung von Grundrechten oder über die Voraussetzungen einer Beschränkung dem Gesetzgeber und nicht den anderen staatlichen Gewalten"[102]. Hierin ist ein deutlicher Hinweis darauf zu sehen, daß das Gericht das strafrechtliche Bestimmtheitsgebot nicht nur im Rechtsstaatsprinzip in seiner formellen Erscheinung der Rechtssicherheit, sondern auch in dem Grundsatz der **Gewaltenteilung** und dem **Demokratieprinzip** verankert sieht.

Das BVerfG hielt aber im wesentlichen an seiner bisherigen Judikatur fest und erhöhte die Anforderungen an die inhaltliche Bestimmtheit von Strafgesetzen allenfalls geringfügig. Denn das BVerfG legt den Schwerpunkt weiterhin auf die Vorhersehbarkeit für den Bürger und hält es für ausreichend, daß dieser, jedenfalls im Regelfall, anhand der gesetzlichen Normierung voraussehen könne, ob ein Verhalten strafbar sei. Dem Bestimmtheitsgebot laufe es nicht zuwider, wenn der einzelne in Grenzfällen bewußt und für ihn erkennbar das Risiko der Bestrafung eingehn müsse, wenn er auf das fragliche, möglicherweise strafbare Verhalten

---

98 BVerfGE 26, 40, 43; 37, 201, 208; aus der späteren Judikatur, BVerfGE 57, 250, 262; 78, 374, 388; NJW 1987, S. 43, 46.
99 BVerfGE, 48, 48, 57; zustimmend: Gribbohm in: LK, § 1 StGB, Rdnr. 50.
100 BVerfGE 47, 109, 120.
101 BVerfGE 64, 389, 394 unter Verweis auf Krey, Studien zum Gesetzesvorbehalt im Strafrecht, S. 206 ff und Schreiber, aa0, S. 217.
102 BVerfGE 47, 109, 120.

nicht verzichten wolle[103]. Es stellt aber eine Fortentwicklung der bisherigen Judikatur dar, wenn das BVerfG in der neueren Rechtsprechung für die Vorhersehbarkeit der Strafbarkeitsvoraussetzungen auf den für den Adressaten "verstehbaren Wortlaut des gesetzlichen Straftatbestandes" abstellt[104]. Auf der gleichen Linie liegt es, wenn das BVerfG als formale Grenze zulässiger Auslegung den Wortlaut der Strafnorm, verstanden im herkömmlichen Sprachsinne, ansieht und im Falle seiner Überschreitung eine, im Strafrecht nach Art. 103 II GG unzulässige, Analogie für gegeben hält. Im übrigen sei entscheidend, ob es der Strafrechtsprechung gelungen sei, die Strafrechtsnorm inhaltlich innerhalb der Grenzen des möglichen Wortsinns zu konkretisieren. In der neueren Rechtsprechung hat das BVerfG bisher wegen Verstoßes gegen das strafrechtliche Bestimmtheitsgebot des Art. 103 II GG (und des Art. 104 I GG) alleine § 15 II a des Gesetzes über Fernmeldeanlagen in der Bekanntmachung vom 17.3.1977 für nichtig erklärt[105]. Zu den an die Bestimmtheit eines Strafgesetzes zu stellenden Anforderungen wird dabei ausdrücklich hervorgehoben:

"Eine Strafnorm jedoch, die so unbestimmt ist, daß das förmliche Gesetz keine konkretisierbare Aussage darüber trifft, welche Verhaltensweisen mit Strafe bedroht sein sollen und wo die Grenze des Strafbaren verläuft", könne nicht hingenommen werden.

3. Die Auffassung der Literatur

Die Lehre ist, was die Festlegung der noch zulässigen Unbestimmtheit eines Straftatbestandes anbetrifft, in zwei Lager geteilt. Die eine Gruppe setzt sich aus denjenigen zahlreichen Vertretern der straf- und staatsrechtlichen Literatur zusammen, welche die Rechtsprechung des BVerfG zum strafrechtlichen Bestimmtheitsgebot in der Hauptsache akzeptieren[106]. In den entsprechenden Lehrbüchern bzw. Kommentaren verzichten sie entweder völlig auf eine eigene Stellungnahme zum Bestimmtheitsgebot bzw. beschränken sich darauf, die verfassungsgerichtliche Rechtsprechung im wesentlichen kritiklos wiederzugeben. Es werden allenfalls einzelne Entscheidungen abgelehnt[107].

Die zweite Gruppe bilden diejenigen Autoren, die der Interpretation, die das strafrechtliche Bestimmtheitsgebot des Art. 103 II GG durch das BVerfG erfahren hat, entweder äußerst kritisch[108] oder gänzlich ablehnend gegenüberstehen. So bezeichnet Schünemann das

---

103 BVerfGE 47, 109, 121; 51, 60, 74; 57, 250, 266; 71, 108, 115; NJW 1987, S. 43, 44; BVerfGE 75, 329, 341.

104 BVerfGE 47, 109, 121; 71, 108, 115; 75, 329, 341; NJW 1987, S. 43, 44.

105 BVerfGE 78, 374 ff.

106 Jarass/Pieroth, Art. 103 GG, Rdnr. 48 ff; Schmidt-Bleibtreu/Klein, Kommentar zum GG, Art. 103 GG, Rdnr. 7; Tröndle/Fischer, § 1 StGB, Rdnr. 5.

107 Eser in: Sch/Sch/L, § 1 StGB, Rdnr. 18 ff; Rudolphi in: SK, § 1 StGB, Rdnr. 14.

108 Hill in: Isensee/Kirchhof, Handbuch des Staatsrechts der Bundesrepublik Deutschland, Bd. VI, § 156,

Bestimmtheitsgebot als den *"Tiefpunkt des nulla-poena-Satzes"*[109]. Was die Funktion des Art. 103 II GG als grundrechtsgleiches Recht anbetrifft, weist Krahl resignierend darauf hin: *"Unter Berufung auf Art. 103 II GG kann man sich den Weg nach Karlsruhe sparen*[110]." Ungeachtet dieser Kritik wird auch in der Literatur die Verwendung von normativen bzw. wertausfüllungsbedürftigen Rechtsbegriffen nur ganz vereinzelt wegen Verstoßes gegen das Prinzip "nullum crimen sine lege" abgelehnt[111]. Die These des BVerfG, daß auf Generalklauseln sowie unbestimmte, normative Rechtsbegriffe nicht verzichtet werden könne, wird als solche in der Lehre regelmäßig akzeptiert. Ausschlaggebend sei aber "die Frage des Maßes an tolerabler Unbestimmtheit[112]". Dieses Maß werde aber von dem BVerfG häufig zu großzügig bestimmt. Entsprechend dem Verständnis des Strafgesetzes als gesetzlichem Regelungsrahmen folgt die Lehre weitgehend der Auffassung des BVerfG, daß Strafrechtsnormen der Konkretisierung im Wege der Auslegung bedürftig und fähig seien. Sie betont, daß nicht nur der Rechtsfortbildung, sondern auch bereits der Auslegung normvollendender Charakter zukomme. Demzufolge sei das strafrechtliche Bestimmtheitsgebot nicht verletzt, falls der einzelne erst aufgrund der Konkretisierung, den die Strafvorschrift durch die Rechtsprechung erfahren habe, deren Voraussetzungen erkennen könne. Das arbeitsteilige Zusammenwirken zwischen Legislative und Judikative entbinde den Gesetzgeber aber nicht davon, die grundsätzlichen Wertentscheidungen selbst zu treffen. Das Bestimmtheitsgebot des Art. 103 II GG fordere vom Gesetzgeber, dem Richter zur Auslegung des Strafgesetzes feste Richtlinien zur Orientierung an die Hand zu geben. Vor diesem Hintergrund werden Regulative wie das der **"Zumutbarkeit"** als unzulässig angesehen, weil der Gesetzgeber auf eine eigene Wertung völlig verzichtet und die Normgebung dem Richter überlassen habe[113]. Außerdem werden von zahlreichen Vertretern der Literatur die in einigen Straftatbeständen anzutreffenden Verweisungen auf **außerrechtliche sittliche Wertmaßstäbe** wegen ihres vagen Bedeutungsgehalts und des unmittelbaren Rückgriffs auf die Sittenordnung für bedenklich gehalten[114]. Durch die Inkorporation ethischer Maßstäbe in das Strafgesetz habe der Gesetzgeber dem Richter zwar keine eigene Wertentscheidung übertragen. Dennoch bestehe die große Gefahr, daß der Richter eine solche treffe, da in einer pluralistischen Gesellschaft die Wertvorstellungen der Gemeinschaft nur äußerst schwierig feststellbar seien.

Rdnr. 66, der es als fraglich ansieht, ob die relativ elastische Rechtsprechung des BVerfG zum Bestimmtheitsgrundsatz dem Gesetzgeber eine wirksame Schranke errichte. Siehe auch Kunig in: v. Münch, Art. 103 GG, Rdnr. 27 ff.

109 Schünemann, aaO, S. 6, 8.

110 Die Rechtsprechung des Bundesverfassungsgerichts und des Bundesgerichtshofs zum Bestimmtheitsgrundsatz im Strafrecht (Art. 103 II GG), S. 391.

111 Drost, NJW 1955, S. 1256; Hamann, Grundgesetz und Strafgesetzgebung, S. 49 ff.

112 Krey, Keine Strafe ohne Gesetz, S. 124.

113 Lemmel, aaO, S. 181 ff; vgl. auch Grünwald, ZStW 76 (1964), S. 1, 8, der sich gegen diese Klausel wendet, weil dem Richter kein leitender Gesichtspunkt an die Hand gegeben werde.

114 Roxin, JuS 1964, S. 373 m.w.N.

Das Urteil des Richters entspreche zwangsläufig seiner "höchstsubjektiven Wertansicht", sofern die "Maßstäbe, auf die das Gesetz verweist, nicht mehr objektivierbar" seien[115].

Die Rechtsprechung des BVerfG ist aber nicht nur auf immanente Kritik, sondern, wie bereits erwähnt, auch auf gänzliche Ablehnung gestoßen. So betont Krahl: Es handele sich bei der Forderung nach inhaltlich präzisen Strafgesetzen, wie die Vorschriften des ALR zeigten, nicht um eine Utopie. Die Bestimmtheit im Strafrecht habe *"sich an der Idealvorstellung eines absolut genauen Strafgesetzes zu orientieren"*[116]. Die großzügige Bestimmtheitsauffassung des BVerfG resultiere daraus, daß es im Rahmen des Art. 103 II GG vornehmlich nur auf den Gedanken der Rechtssicherheit rekurriere. Letzterem trage eine Strafvorschrift auch dann noch Rechnung, wenn sie die für die Vorhersehbarkeit der Strafbarkeitsvoraussetzungen erforderliche Konkretisierung erst im Wege der Auslegung durch die Rechtsprechung erfahren habe. Krahl lehnt die These, daß eine unklare Strafnorm im Wege rechtsschöpferischer Konkretisierung hinreichende inhaltliche Bestimmtheit i.S. des Art. 103 II GG erlangen könne, ab. Diese Auffassung werde weder dem aufklärerischen Gedanken des Bestimmtheitsgrundsatzes, nämlich der Mäßigung der Strafgewalt zum Schutze der individuellen Freiheit des einzelnen, noch dem Prinzip der Gewaltenteilung und dem Aspekt der Generalprävention gerecht. Zum einen bürde die Rechtsprechung dem Bürger nämlich in Grenzfällen das Bestrafungsrisiko auf. Zum anderen könne von einer gesetzgeberischen Entscheidung über die Strafbarkeit nicht gesprochen werden, falls erst die Rechtsprechung die Strafbarkeitsgrenzen verbindlich festlege. Vor diesem Hintergrund lehnt Krahl die Verwendung von *"wertausfüllungsbedürftigen Begriffen, die auf außerrechtliche Normenbereiche verweisen"*, *"flüssigen Gesetzesmerkmalen"* sowie *"Generalklauseln"* im Strafrecht ab[117].

II. Das Verständnis des Bestimmtheitsgebotes im Sinne eines Konkretisierungsgebotes an die Rechtsprechung

Trotz beachtlicher Kritik seitens der Minderansicht ist heute die Auffassung des Bestimmtheitsgebotes i.S. eines **Konkretisierungsgebotes** an die Rechtsprechung ganz h.A. in Judikatur und Lehre[118]. Die moderne Rechtstheorie versteht die Normauslegung nicht als "bloßen Erkenntnisakt", sondern mißt bereits dieser Stufe der Rechtsfindung

---

115 Lenckner, JuS 1968, S. 304, 308; vgl. zur Problematik der Objektivierbarkeit moralischer Maßstäbe und der inhaltlichen Bestimmtheit von Straftatbeständen, Roxin, JuS 1964, S. 373, 376 f; Woesner, NJW 1963, S. 273, 274.

116 Krahl, aa0, S. 303.

117 Krahl, aa0, S. 303.

118 BVerfGE 57, 250, 262; 78, 374, 388; 80, 244, 257; BGHSt 11, 365, 377; Dürig, in: Maunz/Dürig/Herzog, Art. 103 Abs. II GG, Rdnr. 197; Gribbohm in: LK, § 1 StGB, Rdnr. 47, 48; Rudolphi in: SK, § 1 StGB, Rdnr. 12; Tröndle/Fischer, § 1 StGB, Rdnr. 5.

"normvollendenden Charakter" bei. Hinsichtlich der Gesetzesanwendung geht sie von einem arbeitsteiligen Zusammenwirken zwischen Legislative und Judikative aus und zwar in dem Sinne: *"Nicht das Gesetz, sondern Gesetz und Richteramt schafft dem Volk sein Recht"*[119]. Hierbei wird das Gesetz als ein "Regelungsrahmen" verstanden, welcher der Konkretisierung durch den Richter fähig und bedürftig sei[120]. Die Möglichkeit für den Bürger, aus dem Gesetz als solchem bereits die Strafbarkeitsvoraussetzungen im einzelnen genau zu erkennen, wird nicht für erforderlich gehalten. Dies sei in der Regel ohnehin nur bei einer kasuistischen Regelungstechnik, die das Gesetz zu unflexibel werden lasse, möglich. Demzufolge sehen, wie bereits erwähnt, BVerfG und h.L. es als genügend an, wenn der einzelne im Regelfall anhand der gesetzlichen Regelung erkennen könne, ob ein Verhalten strafbar sei[121]. Die Richter seien aufgerufen, die nach dem Gesetz für den Bürger verbleibenden Zweifelsfragen, was die Strafbarkeit gewisser Verhaltensweisen anbetreffe, im Wege der Auslegung zu klären. Sofern dennoch in Grenzfällen der Strafbarkeit eine Ungewißheit verbleibe, müsse diese hingenommen werden. Sei der Rechtsprechung eine Konkretisierung in dem Sinne, daß der Bürger aufgrund der Auslegung die Strafbarkeitsgrenzen erkennen könne, gelungen, scheide ein Verstoß gegen das strafrechtliche Bestimmtheitsgebot des Art. 103 II GG aus.

III. Die "relative" Bestimmtheit von Straftatbeständen

Zu einer weiteren Einschränkung des Gebotes der inhaltlichen Bestimmtheit von Strafgesetzen hat die Auffassung des BVerfG geführt, daß Art. 103 II GG lediglich die **"relative"** Bestimmtheit von Straftatbeständen fordere. Nach Ansicht des BVerfG kann der Grad der Bestimmtheitsanforderung, den diese Regelung an die jeweilige Strafvorschrift stelle, nicht absolut angegeben werden. Der Gesetzgeber müsse *"die Strafbarkeitsvoraussetzungen um so präziser festlegen, je schwerer die angedrohte Strafe"* sei[122].

Während zahlreiche Vertreter der Lehre diese These billigen, lehnt eine in der Literatur vertretene Minderansicht die Anwendung des Grundsatzes der Verhältnismäßigkeit im Rahmen des Art. 103 II GG entschieden ab[123]. Die Auffassung des BVerfG finde im Wortlaut des Art. 103 II GG keinerlei Stütze[124]. Zudem verstoße sie sowohl gegen den Zweck des Verhältnismäßigkeitsgrundsatzes als auch den des Bestimmtheitsgebotes des Art. 103 II GG[125]. Diese Verfassungsvorschrift wolle gerade Eingriffe in die individuelle Freiheit der

119 So bereits Bülow, Gesetz und Richteramt, 1885, S. 48.
120 Krey, Studien zum Gesetzesvorbehalt im Strafrecht, S. 113 ff.
121 BVerfGE 47, 109, 121, 124; 50, 250, 266 f; 64, 389, 393; 71, 108, 115; 73, 235; Tröndle/Fischer, § 1 StGB, Rdnr. 5.
122 BVerfGE 14, 245, 251; 26, 40, 43; 41, 314, 320.
123 Woesner, NJW 1963, S. 273, 274; Krahl, aa0, S. 319.
124 Woesner, NJW 1963, S. 273, 274.
125 Krahl, aa0, S. 319.

Bürger abwehren, so daß sich die Frage der Angemessenheit derartiger Maßnahmen erübrige[126]. Ferner beschwöre die Anwendung des Verhältnismäßigkeitsgrundsatzes im Rahmen des Art. 103 II GG die Gefahr herauf, daß der Gesetzgeber bei einem Teil der Tatbestände - nämlich den leichteren Delikten - künftig noch unpräziser formuliere als ohnehin bereits. Daher sei die Legislative, ungeachtet der Schwere der Straffolge, aufgerufen, den Tatbestand so konkret wie möglich zu fassen[127].

C. Vereinbarkeit des Straftatbestandes der unterlassenen Hilfeleistung mit dem strafrechtlichen Bestimmtheitsgebot des Art. 103 II GG ?

Es erscheint äußerst fraglich, ob § 323 c StGB selbst den geringen Anforderungen, die Art. 103 II GG nach Interpretation des BVerfG an die Bestimmtheit von Strafgesetzen stellt, gerecht wird. Denn die Bedenken an der inhaltlichen Bestimmtheit einer Strafvorschrift gewinnen beträchtlich an Gewicht, wenn insoweit nicht nur ein einzelnes Tatbestandsmerkmal zweifelhaft ist, sondern wie im Rahmen des § 323 c StGB eine Kummulation vager Merkmale vorliegt. Die einfachgesetzliche Auslegung der Strafvorschrift der unterlassenen Hilfeleistung hat gezeigt: Die Bedeutungsgehalte der tatbestandlichen Situation (Unglücksfall, gemeine Gefahr und Not), des gebotenen Verhaltens sowie der Zumutbarkeitsklausel sind nur äußerst schwierig zu erschließen. Allein mit dem Aspekt, der Gesetzgeber habe der Vielgestaltigkeit der Lebensverhältnisse gerecht werden müssen, läßt sich die ungenaue tatbestandliche Fassung des § 323 c StGB nicht rechtfertigen. Der Legislative wäre es nämlich sicherlich möglich gewesen, die Grenzen der Strafbarkeit zumindest in einzelnen Punkten näher zu präzisieren. Beispielsweise wäre bei den Tatbestandsmerkmalen des Unglücksfalles, der gemeinen Gefahr und Not die Angabe der Rechtsgüter, im Falle deren Gefährdung die Hilfeleistungspflicht zur Entstehung gelangen soll, möglich gewesen. Ohne entsprechende Aufzählung ist z.B. der Bedürfnisfall der gemeinen Gefahr, wie an vorheriger Stelle dargelegt, aus sich heraus nicht verständlich und keineswegs präziser als der Begriff der "öffentlichen Ordnung", dessen tatbestandliche Verwendung den BayVGH zur Kassation der Ziff. 21 des bayerischen Gesetzes Nr. 3 vom 16.10.1945 veranlaßt hatte[128].

Der Tatbestand des § 323 c StGB markiert m.E. die äußerste Grenze an inhaltlicher Unbestimmtheit einer Strafvorschrift, die noch als mit Art. 103 II GG vereinbar angesehen werden kann. Die Annahme der Übereinstimmung mit dieser Verfassungsvorschrift basiert auf der Prämisse eines zwischen der Konkretheit einer Strafvorschrift und derjenigen ihrer Auslegung bestehenden Zusammenhanges. Einerseits ist es möglich, daß nicht der Straftatbestand

---

126 Krahl, aa0.
127 Woesner, NJW 1963, S. 273, 274.
128 BayVerGH 4, 202 f.

als solcher, sondern die Auslegung, die er in der Judikatur gefunden hat, zu vage ist[129]. Andererseits ist es denkbar, daß eine nach dem bloßen Gesetzestext als zu unbestimmt erscheinende Strafvorschrift durch eine langjährige Rechtsprechung präzisiert worden ist. Entgegen der in der Literatur vertretenen Minderansicht muß bezüglich der Überprüfung der Vereinbarkeit einer Strafvorschrift mit Art. 103 II GG sehr wohl die Möglichkeit ihrer inhaltlichen Konkretisierung im Wege der Auslegung berücksichtigt werden.

Dies folgt aus dem Gebot zur verfassungskonformen Auslegung eines Gesetzes, zu der jeder Richter berechtigt und verpflichtet ist. Auf dieses Prinzip weist Krey[130] zur Legitimation des Art. 103 II GG i.S. eines Konkretisierungsgebotes an die Rechtsprechung zu Recht hin. Allerdings ist die verfassungskonforme Auslegung, was in diesem Zusammenhang besonders hervorgehoben werden soll, nicht uneingeschränkt möglich.
Sie hat nämlich ein Mindestmaß an inhaltlicher Bestimmtheit, die das Gesetz aufweisen muß, zur Voraussetzung. Die verfassungskonforme Auslegung ist unzulässig, falls erst der Richter den normativen Gehalt des Gesetzes festlegen würde. Diese für die verfassungskonforme Auslegung von Gesetzen im allgemeinen geltende Voraussetzung ist wegen des strafrechtlichen Bestimmtheitsgebotes für Strafgesetze im besonderen noch bedeutsamer. Denn der Schutz der Freiheit des einzelnen durch den Ausschluß staatlicher Willkür bei der Anwendung des Strafgesetzes ist nur erreichbar, wenn dem Richter insoweit kein zu weiter Entscheidungsspielraum eingeräumt wird. Zudem muß seine Ausübung an objektiv nachprüfbare Kriterien gebunden sein. Da die Strafe die einschneidendste dem Staat zur Sanktionierung der Bürger zur Verfügung stehende Maßnahme darstellt, erscheint es wegen des Gewaltenteilungsgrundsatzes und des Demokratieprinzips unerläßlich, daß der Gesetzgeber die Grenzen der Strafbarkeit im wesentlichen selbst bestimmt. Er muß dem Richter einen Regelungsrahmen zur Verfügung stellen, der nur noch in geringem Umfange der Ausfüllung bedürftig ist. Da Art. 103 II GG zumindest auch der Rechtssicherheit dient, namentlich die Vorhersehbarkeit der Strafbarkeitsgrenzen für den Bürger bezweckt, markiert der Wortlaut i.S. des natürlichen Sprachgebrauchs die äußerste Grenze dieses gesetzlichen Regelungsrahmens. Deshalb muß bereits nach dem Wortlaut der Strafvorschrift, zumindest in wesentlichen Grundzügen, erkennbar sein, welches Rechtsgut ihr zugrunde liegt und gegen welche Verhaltensweisen dieses geschützt werden soll.

Demgegenüber ist es ausreichend, wenn die Einzelheiten und die Grenzfälle der Strafbarkeit erst nach näherer Auslegung der Strafvorschrift erkennbar sind. Den zuvor beschriebenen Anforderungen wird die Strafvorschrift des § 323 c StGB gerade noch gerecht. Hinsichtlich der geschützten Rechtsgüter bietet dieses Delikt dem Bürger sowohl Raum für positive als

129 BVerfGE 47, 109, 122 f.
130 Krey, Keine Strafe ohne Gesetz, Rdnr. 121.

auch für negative Gewißheit. Nach dem Wortlaut des § 323 c StGB ist erkennbar, daß durch die Tatbestandsalternative des Unglücksfalles jedenfalls die Rechtsgüter des Lebens und der Gesundheit geschützt werden, dagegen die Ehre nicht. Allerdings muß eingeräumt werden, daß § 323 c StGB eine sehr breite Zone der Grenzfälle der Strafbarkeit enthält. Erinnert sei nur an die Problematik, ob das Eigentum und das Vermögen auch geschützt sind. Die Rechtsprechung hat im Wege der Auslegung die notwendige Konkretisierung des Tatbestandes dahingehend vorgenommen, auch diese Rechtsgüter dem Schutze des § 323 c StGB zu unterstellen.

Für die innerhalb dieser Strafvorschrift verwandte Zumutbarkeitsklausel kann ihre inhaltliche Bestimmtheit aber nur bejaht werden, wenn als Bewertungsgrundlage nicht auf das Sittengesetz zurückgegriffen wird. Entgegen der Ansicht Lemmels[131] stellt die Zumutbarkeitsklausel zwar kein Regulativ in dem Sinne dar, daß der Gesetzgeber keine eigene Wertentscheidung darüber getroffen habe, wann die Unterlassung der Hilfe strafbar sein soll. Denn die beiden Fallbeispiele der "erheblichen eigenen Gefahr" und der "anderen wichtigen Pflichten" lassen die Notwendigkeit einer Interessenabwägung erkennen. Dennoch erscheint die Zumutbarkeitsklausel im Hinblick auf ihre Vereinbarkeit mit Art. 103 II GG nicht unbedenklich, da der Gesetzgeber auf die Aufnahme einer für die Gewichtung der in die Abwägung einzustellenden Interessen maßgeblichen Bewertungsgrundlage verzichtet hat. Die an der inhaltlichen Bestimmtheit der Zumutbarkeitsklausel bestehenden Bedenken können nicht mit dem Hinweis abgetan werden, daß es sich um eine "Härteklausel" handele, der Gesetzgeber aber "für den Regelfall eine deutliche Entscheidung getroffen habe"[132] habe. Denn durch die Aufnahme des Zumutbarkeitskorrektivs in den Tatbestand der Strafvorschrift des § 323 c StGB kann stets erst unter Berücksichtigung der besonderen Umstände des jeweiligen Einzelfalles entschieden werden, ob ein Täter sich wegen unterlassener Hilfeleistung strafbar gemacht hat.

Es stellt m.E. einen Verstoß gegen das Gebot der inhaltlichen Bestimmtheit des Art. 103 II GG dar, wenn die Rechtsprechung zur Beurteilung der Zumutbarkeit auf den außerrechtlichen Maßstab des Sittengesetzes zurückgreift. Anfangs wurde dargelegt, daß in unserer Gesellschaft zwar ohne große Mühe die Existenz einer sozialethischen Pflicht zur Hilfeleistung festgestellt werden könne. In einer pluralistischen Gesellschaft bereitet die Ermittlung des Umfanges und der Grenzen dieser ethischen Pflicht aber erhebliche Probleme. Zur Frage, ob in einem konkreten Einzelfall eine moralische Nothilfepflicht besteht, existieren in der Regel unterschiedliche Auffassungen, oder es sind sogar überhaupt keine sozialethischen Wertungen hierzu für den Richter feststellbar. Diese Schwierigkeiten begründen die

---

131 Lemmel, aaO, S. 181.
132 In diesem Sinne aber Lemmel, aaO, S. 188 f.

Gefahr, daß der Richter nicht auf den außerrechtlichen Maßstab des Sittengesetzes abstellt, sondern an dessen Stelle zur Bestimmung des Umfanges der Hilfeleistungspflicht sein eigenes subjektives Werturteil setzt. Das führt zu willkürlichen, an objektiven Kriterien nicht nachprüfbaren richterlichen Entscheidungen, also gerade zu solchen, die nach der Intention des strafrechtlichen Bestimmtheitsgebotes des Art. 103 II GG ausgeschlossen werden sollen. Daher fordert dieser Verfassungsgrundsatz, die Zumutbarkeit der Hilfeleistung im Wege einer umfassenden rechtlichen Abwägung zu bestimmen. Zur Gewichtung der in die Abwägung einzustellenden Interessen ist ein Rückgriff auf die in der übrigen Rechtsordnung, namentlich dem Grundgesetz, zum Ausdruck kommenden gesetzgeberischen Wertentscheidungen geboten. Trotz einer solchen Vorgehensweise wird die richterliche Entscheidung, was Grenzfälle angeht, zwar nicht mit letzter Gewißheit vorhersehbar sein, zumindest ist sie aber, da sie aufgrund objektiver Kriterien ergangen ist, auf ihre Richtigkeit hin überprüfbar. Für die Notwendigkeit einer Abwägung unter Rückgriff auf die Wertungen der Gesamtrechtsordnung spricht zudem, wie an späterer Stelle noch zu zeigen ist, der *fragmentarische Charakter des Strafrechts*. Denn der Rückgriff auf das Sittengesetz zur Bestimmung der Zumutbarkeit hätte die totale Gleichsetzung der sittlichen mit der strafrechtlichen Pflicht zur Hilfeleistung zur Folge.

D. Das Bestimmtheitsgebot für Freiheitsentziehung anordnende Strafgesetze des Art. 104 I GG

I. Inhalt

Da in § 323 c StGB Freiheitsstrafe angedroht wird, könnten aus Art. 104 I GG besondere Anforderungen an die inhaltliche Bestimmtheit dieser Strafvorschrift abzuleiten sein. Während Gesetze i.S. des Art. 103 II GG nicht nur solche im formellen Sinne sind[133], ist im Rahmen des Anwendungsbereichs des Art. 104 I GG stets ein förmliches, d.h. ein im vorgeschriebenen Gesetzgebungsverfahren erlassenes Gesetz erforderlich[134]. Nach Ansicht des BVerfGs dient Art. 104 I GG, genau wie Art. 103 II GG, der Rechtssicherheit[135]. Zugleich bezwecke jene Vorschrift aber, daß der Gesetzgeber selbst die Verantwortung über die Androhung von Freiheitsstrafe trage[136]. Art. 104 I GG stellt nach ständiger Rechtsprechung des BVerfG an die Bestimmtheit von Strafgesetzen die Anforderung, daß der Gesetzgeber mit "hinreichender Deutlichkeit" selbst bestimmen müsse, was strafbar sein soll, sowie Art und Mindestmaß der Freiheitsstrafe im förmlichen Gesetz festzulegen habe[137]. In der Judikatur des

---

133 BVerfGE 32, 346, 362.
134 BVerfGE 14, 174, 186.
135 BVerfGE 14, 174, 187.
136 BVerfGE 14, 174, 187.
137 BVerfGE 75, 329, 342; 78, 374, 381 f; 80, 244, 257.

BVerfG finden sich jedoch keine näheren Ausführungen zu der Frage, was unter dem Topos der hinreichenden Deutlichkeit zu verstehen ist. Von Beginn an hat das BVerfG die Hauptbedeutung des Art. 104 I GG in der Begrenzung der Delegationsmöglichkeit der Strafgewalt von dem Gesetzgeber auf den Verordnungsgeber erblickt[138]. Das Gericht hielt zwar auf dem Gebiet der Freiheitsstrafe androhenden Gesetze Verordnungen nicht für ausgeschlossen. Allerdings dürfe der Exekutive innerhalb des zuvor beschriebenen Rahmens lediglich die nähere Spezifizierung des Straftatbestandes überlassen werden[139].

II. Divergenz zwischen dem Bestimmtheitsgebotes des Art. 103 II GG und dem aus Art. 104 I GG?

Anfänglich schien das BVerfG davon auszugehen, daß Art. 104 I GG höhere Anforderungen an die inhaltliche Bestimmtheit von Strafgesetzen als Art. 103 II GG stelle. So hob das BVerfG ausdrücklich hervor: Der Gesetzgeber dürfe, soweit nicht der besondere Gesetzesvorbehalt des Art. 104 I GG betroffen sei, dem Verordnungsgeber *"auch ein gewisses Ermessen hinsichtlich des Strafrahmens der einzelnen von der Ermächtigung umfaßten Tatbestände einräumen"*[140]. Da unter den Anwendungsbereich des Art. 104 I GG nur Freiheitsstrafe androhende Strafgesetze fallen, war diese Interpretation unter Berücksichtigung der bereits dargelegten Annahme des BVerfG, daß die Voraussetzungen der Strafbarkeit um so präziser bestimmt werden müßten, je massiver die Sanktion ist, konsequent. Denn in der Regel stellt die Freiheitsstrafe für den Bürger eine weitaus stärkere Belastung als die Geldstrafe dar. Neuerdings hat das BVerfG eine Angleichung des Aussagegehaltes beider Verfassungsvorschriften vorgenommen[141]. Zwar hebt es weiterhin hervor, daß der Gesetzgeber bei Erlaß einer die Freiheitsstrafe androhenden Strafvorschrift mit hinreichender Deutlichkeit selbst bestimmen müsse, was strafbar sein soll. Das BVerfG macht aber nunmehr verstärkt darauf aufmerksam, daß insoweit der gleiche Maßstab wie der zu Art. 103 II GG entwickelte gelte. An früherer Stelle wurde bereits darauf hingewiesen, daß das BVerfG nunmehr unter gleichzeitiger Inbezugnahme von Art. 103 II und Art. 104 I GG einheitlich vom strafrechtlichen Bestimmtheitsgebot spricht[142].

M.E. stellen beide Verfassungsvorschriften die gleichen An-forderungen an die inhaltliche Bestimmtheit von Strafgesetzen. Letztlich beruht nämlich Art. 103 I genau wie Art. 104 I GG insbesondere auf dem Grundgedanken der Gewaltenteilung und des Demokratieprinzips. Beide Vorschriften sollen die eigene Entscheidung des Gesetzgebers über das Wesentliche der

---

138 BVerfGE 14, 174, 186; 14, 245, 252; 32, 346, 363; 51, 60, 70 f.
139 BVerfGE 14, 174, 187; 51, 60, 71; 75, 329, 342; 78, 374, 383.
140 BVerfGE 32, 346, 362.
141 BVerfGE 78, 374, 383.
142 BVerfGE 78, 374, 381; 80, 244, 257.

Strafbarkeit sicherstellen. Für die Notwendigkeit gleich hoher Anforderungen an die inhaltliche Bestimmtheit von Strafgesetzen, gleichgültig ob diese Freiheits- oder nur Geldstrafe androhen, spricht ferner folgender Aspekt:
Jede Strafe stellt wegen der von ihr ausgehenden stigmatisierenden Wirkung eine in das allgemeine Persönlichkeitsrecht des Bürgers eingreifende Übelszufügung größten Ausmaßes dar[143]. Die auch mit der Verhängung einer Geldstrafe verbundene Brandmarkung des Täters als Krimineller läßt es nicht gerechtfertigt erscheinen, geringere Anforderungen an die inhaltliche Bestimmtheit des Tatbestandes zu stellen.

E. Vereinbarkeit des § 323 c StGB mit dem Bestimmtheitsgebot des Art. 104 I GG?

Mit Rücksicht auf die Übereinstimmung der Anforderungen, die Art. 103 II GG und Art. 104 I GG an die Bestimmtheit von Strafgesetzen stellen, entspricht § 323 c StGB trotz gewisser Bedenken auch der letzteren Verfassungsnorm.

§ 22 Ermittlung und Konkretisierung des für die Kontrolle der Verfassungsmäßigkeit des § 323 c StGB bedeutsamen materiellen verfassungsrechtlichen Prüfungsmaßstabes

A. Der Prüfungsmaßstab im Hinblick auf die Verfassungsmäßigkeit des durch den Straftatbestand des § 323 c StGB normierten Gebots als solchem

I. Betroffenheit der Grundrechtssphäre des Hilfspflichtigen und des Hilfsbedürftigen durch das Gebot zur Hilfeleistung

Der bereits behandelten Systematik der Überprüfung eines Strafgesetzes in **materieller** Hinsicht folgend ist nun zunächst die Frage aufzuwerfen, an welchen Grundrechten der *Sollenssatz* als solcher, das *Hilfeleistungs***gebot**, zu messen ist. Hierbei darf nicht übersehen werden, daß das Gebot zur Hilfeleistung nicht nur Grundrechte des Hilfspflichtigen berührt. Denn die Nothilfepflicht betrifft, worauf an früherer Stelle bereits aufmerksam gemacht worden ist, auch die *Grundrechtsposition des Hilfsbedürftigen* und zwar sowohl in positiver als auch in negativer Hinsicht. Positiv stellt sich für den Hilfsbedürftigen der Schutz seiner Grundrechte durch die Tätigkeit des Adressaten des § 323 c StGB dar. Demgegenüber besteht aber auch die Gefahr, daß der Helfer sich unerwünscht in die Angelegenheiten des Hilfsbedürftigen einmischt (aufgedrängte Hilfeleistung). Die Folge wäre eine Beeinträchtigung oder Gefährdung des durch Art. 2 I i.V.m. Art. 1 I GG geschützten allgemeinen Persönlichkeitsrechts des Hilfsbedürftigen. Es ist ausdrücklich hervorzuheben, daß die vorliegende Problematik die Frage der Drittwirkung der Grundrechte[144] nicht berührt. Denn hierunter wird

---

143 BVerfGE 39, 1, 45; Günther, JuS 1978, S. 8, 11.
144 Vgl. hierzu von Münch in: v. Münch, Art. 1-19 Vorb., Rdnr. 28 ff.

im Gegensatz zu ihrer prinzipiellen "Staatsgerichtetheit"[145] die Geltung der Grundrechte für Privatpersonen untereinander verstanden. Vorliegend geht es aber nicht um das unmittelbare bzw. mittelbare grundrechtliche Verhältnis zwischen dem Hilfspflichtigen und dem Hilfsbedürftigen. Vielmehr werden die Grundrechte beider in ihrer staatsgerichteten Funktion betroffen[146]. Zwischen Hilfspflichtigem und Hilfsbedürftigem befindet sich der Staat als Mittler. Der Staat greift im Wege des Sollenssatzes in die Grundrechte des Hilfspflichtigen ein, um die des Bedürftigen zu schützen. Neben diesem Schutz kann es aber auch zu einer Gefährdung der Grundrechte des letzteren kommen.

II. Die durch das Hilfeleistungsgebot des § 323 c StGB betroffenen Grundrechte auf der Seite des Hilfspflichtigen

1. Die Menschenwürde (Art. 1 I GG)

Für den Hilfspflichtigen könnte der § 323 c StGB zugrundeliegende Imperativ, in Notfällen Hilfe zu leisten, am Maßstab der durch Art. 1 I Satz 1 GG geschützten Menschenwürde zu messen sein. Denn, wie in den nachfolgenden Grundrechten deutlich zum Ausdruck kommt, ist ein essentielles Merkmal der Würde des Menschen die *freie Selbstbestimmung des Individuums*. Das Hilfeleistungsgebot berührt nämlich die eigenverantwortliche Entscheidung des Menschen, ob er seinem Mitmenschen hilft oder eine Leistung, die Ausdruck der Nächstenliebe ist, unterläßt. Insofern wird seitens des Staates durch das Hilfeleistungsgebot auf den Willensentschluß des einzelnen Einfluß genommen. Er wird in gewissem Umfange im wohlverstandenen Interesse seiner Mitmenschen verplant. Dennoch erscheint es zu weitgehend, diesen Aspekt zum Anlaß zu nehmen, um § 323 c StGB als eine völlig illiberale Vorschrift zu bezeichnen, die zu einer Gängelung der Bürger führt[147].

Jedenfalls verletzt das rechtliche Hilfeleistungsgebot die Würde des Hilfspflichtigen nicht. Nach überwiegender Ansicht in Rechtsprechung[148] und Literatur[149] wird der Aussagegehalt des Art. 1 I Satz 1 GG nicht positiv, sondern in Anlehnung an Dürigs "Objektformel"[150] negativ in dem Sinne bestimmt, daß die Würde des Menschen erst dann verletzt ist, wenn der einzelne zum *bloßen Objekt der staatlichen Tätigkeit* gemacht wird. Durch die Verpflichtung,

---

145 Hesse, Grundzüge des Verfassungsrechts, Rdnr. 351 ff.

146 I.d.S. auch Frellesen, aa0, S. 172 f bezüglich der Grundrechte des Hilfspflichtigen.

147 In diesem Sinne aber Geilen, Jura 1983, S. 78, 84.

148 BVerfGE 5, 85, 204; 7, 198, 205; 27, 1, 6; 57, 250, 274 ff; 63, 332, 337 ff.

149 Benda/Maihofer/Vogel, Handbuch des Verfassungsrechts der Bundesrepublik Deutschland, § 6, Rdnr. 19 ff; Pieroth/Schlink, Grundrechte, Staatsrecht II, Rdnr. 359 ff; Seifert/Hömig, Grundgesetz für die Bundesrepublik Deutschland, Art. 1 GG, Rdnr. 5; Zippelius in: BK, Art. 1 GG, Rdnr. 57 ff.

150 Dürig, AÖR 81 (1956), S. 117, 127: " Die Menschenwürde als solche ist getroffen, wenn der konkrete Mensch zum Objekt, zu einem bloßen Mittel, zur vertretbaren Größe herabgewürdigt wird."

in gewissen Notlagensituatioen im Interesse und zum Schutze des Nächsten tätig zu werden, wird der einzelne aber nicht bloß als Mittel gebraucht. Denn die Pflicht zur Hilfeleistung entfällt, falls diese für den Hilfspflichtigen unzumutbar wäre. Durch das Zumutbarkeitskorrektiv wird also die Einbindung des einzelnen in die Förderung des sozialen Zusammenlebens auf ein erträgliches Maß reduziert. Art. 1 I GG verdeutlicht, daß dem zur Zeit des Nationalsozialismus herrschenden Kollektivismus, der die Hilfeleistungspflicht in der heutigen Gestalt hervorgebracht hatte, einerseits eine Absage erteilt worden ist. Andererseits liegt dem Grundgesetz, insbesondere Art. 1 I Satz 1 GG, aber nicht das Menschenbild eines isolierten souveränen Individuums zugrunde. Vielmehr geht die Verfassung von der Gemeinschaftsgebundenheit und Gemeinschaftsbezogenheit des einzelnen aus[151]. Die Beziehung des Individuums zu seinen Mitmenschen i.S. der Brüderlichkeit ist Art. 1 I Satz 1 GG nicht fremd. Die Menschenwürdegarantie zielt auf einen den Eigenwert der Person wahrenden Ausgleich zwischen Individualismus und Kollektivismus ab. Diesen Grundsätzen trägt die rechtliche Hilfeleistungspflicht Rechnung, da sie im Falle der Unzumutbarkeit entfällt. Eine Verletzung des Art. 1 I Satz 1 GG durch das Hilfeleistungsgebot in Notfällen kommt also nicht in Betracht.

Ob über diese Feststellung hinaus der Grundsatz der Menschenwürde vielleicht sogar eine verfassungsrechtliche Fundierung für die in § 323 c StGB strafbewehrte Hilfeleistungspflicht beinhaltet, kann an dieser Stelle dahinstehen - hierauf ist zurückzukommen -.

2. Das Grundrecht auf Freiheit von Arbeitszwang (Art. 12 I GG)

In der **verfassungsrechtlichen Literatur** hat die Auffassung, die Art. 12 II GG als die zur Überprüfung der Hilfeleistungspflicht maßgebliche grundrechtliche Kontrollnorm ansieht, zahlreiche Anhänger gefunden[152]. Nach diesem Grundrecht darf niemand zu einer bestimmten Arbeit gezwungen werden, außer im Rahmen einer herkömmlichen allgemeinen, für alle gleichen, öffentlichen Dienstleistungspflicht. Während die überwiegende staatsrechtliche Ansicht das Hilfeleistungsgebot des § 323 c StGB insgesamt dem Maßstab des Art. 12 II GG

---

151 BVerfGE 4, 7, 15 f; 8, 274, 329; 12, 45, 51; 27, 1, 7; 30, 173, 193; 32, 98, 108; 33, 303, 334; 50, 166, 175; Starck in: v. Mangoldt/Klein/Starck, Das Bonner Grundgesetz, Bd. 1, Art. 1 Abs. 1 GG, Rdnr. 10; Seifert/Hömig, Grundgesetz für die Bundesrepublik Deutschland, Art. 1 GG, Rdnr. 4; Stein, Staatsrecht, § 28 III 2; Scholz, Die Koalitionsfreiheit als Verfassungsproblem, S. 70; Stern, Festschrift für Ulrich Scupin, S. 627, 637.

152 Breuer in: Isensee/Kirchhof, Handbuch des Staatsrechts, Bd. VI, § 147, Rdnr. 97; Göppel, Die Zulässigkeit von Arbeitszwang nach Art. 12 II Satz 1 des Grundgesetzes, S. 130, 234; Götz, VVDStRL 41, 1983, S. 8 ff, 28; Gubelt in: v. Münch, Art. 12 GG, Rdnr. 85; Guradze, Der Stand der Menschenrechte im Völkerrecht, S. 193; Gusy, JuS 1989, S. 710, 713; Hamann, Das GG für die BRD, Art. 12, Anm. 10; Held, DVBl 1954, S. 345; Mangoldt/Klein, Das Bonner GG, Bd. I, 2. Aufl., 1957, S. 393; Maunz/Zippelius, Deutsches Staatsrecht, 22. Aufl., § 22 II 2, S. 171; Mertens, Die Zulässigkeit von Arbeitszwang und Zwangsarbeit, S. 128 f, 140; Model/ Müller, GG für die BRD, Art. 12, Rdnr. 27; Weber, Handwörterbuch der Sozialwissenschaften, 6. Bd., S. 573 f.

unterstellt[153], sieht eine Minderansicht diese Möglichkeit auf die Bedürfnisfälle der gemeinen Gefahr und Not beschränkt[154]. Hingegen wird in der verfassungsrechtlichen Lehre die Ansicht, daß das Hilfeleistungsgebot insgesamt nicht Art. 12 II GG unterfalle, nur vereinzelt vertreten[155].

In dieser Anschauung setzt sich eine zur Zeit der Weimarer Republik vertretene Auffassung fort. Denn als partielle Vorläufervorschrift zu Art. 12 II GG kann Art. 133 I WRV angesehen werden. Diese im (mit "Grundrechte und Grundpflichten" überschriebenen) 2. Hauptteil befindliche Vorschrift hatte folgenden Wortlaut:

"Alle Staatsbürger sind verpflichtet, nach Maßgabe der Gesetze persönliche Dienste für den Staat und die Gemeinde zu leisten."

Seinerzeit wurde nahezu einhellig angenommen, daß die durch § 360 Ziff. 10 RStGB statuierte Nothilfepflicht eine Leistung zugunsten des Staates sei[156]. Im Gegensatz zur Weimarer Reichsverfassung und einigen Länderverfassungen hat das Grundgesetz den Grundpflichten keinen geschlossenen Abschnitt gewidmet und die Nothilfepflicht nicht wie z.B. die BayVerf (Art. 122), die BremVerf (Art. 10), die RhPfVerf (Art. 22) und die SaarlVerf (Art. 19) ausdrücklich aufgenommen.

Gleichwohl qualifiziert die herrschende verfassungsrechtliche Lehre die Nothilfepflicht des § 323 c StGB aber als öffentliche Dienstleistungspflicht i.S. des Art. 12 II GG. Diese ihrerseits wird wiederum von zahlreichen Vertretern jener Doktrin als eine Grundpflicht[157], d.h. eine unmittelbar in der Verfassung verankerte Pflicht des einzelnen gegenüber dem Staat verstanden[158].

Nach überwiegender Ansicht erfüllt das Hilfeleistungsgebot die materiellen Anforderungen, die Art. 12 II GG an die öffentliche Dienstleistungspflicht stellt.

---

153 Siehe die in der vorherigen Fußnote genannten Autoren.

154 Luchterhand, Grundpflichten als Verfassungsproblem in Deutschland, S. 506 f, 528; Ott, Die gemeindliche Straßenreinigung als Natural- und Geldlast, S. 19, 88.

155 Merten, BayVBl 1978, S. 554, 559; Rittstieg in: Alternativkommentar, Art. 12 GG, Rdnr. 159; Schulz, Grundgesetz I, Die Grundrechte, S. 211.

156 Anschütz, Die Verfassung des Deutschen Reichs, 14. Aufl., 1933, S. 615; Peters in: Nipperdey, Die Grundrechte und Grundpflichten der Reichsverfassung, 2. Bd. 1930, S. 290 f, 301; Poetsch-Herster, Handkommentar der Reichsverfassung, 3. Aufl, 1928, Art. 133, Anm. 2.

157 Bethge, JA 1985, S. 249, 250; Götz, VVDStRL 1983, S. 8, 28; Maunz/Dürig/Herzog, Art. 12 GG, Rdnr. 485; Maunz/ Zippelius, § 22 II 2; Merten, BayVBl 1978, S. 554, 557; a.A. Gusy, JuS 1989, S. 710, 713.

158 Bethge, JA 1985, S. 249, 251 f; Merten, BayVBl 1978, S. 554 f; Stober, Grundpflichten und Grundgesetz 1978, S. 12, 13; ders. Festschrift für U. Scupin 1983, S. 643.

Zunächst trage § 323 c StGB als formelles Gesetz dem grundrechtlichen Gesetzesvorbehalt Rechnung[159].

Ferner erfülle die Nothilfepflicht das Erfordernis der Herkömmlichkeit. Dieses Merkmal, das eine zeitliche und eine soziologische Komponente besitze[160], sei erfüllt, wenn die Dienstleistungspflicht im großen und ganzen über einen längeren Zeitraum fest in der Rechtsordnung und dem Rechtsbewußtsein verwurzelt sei. Hierbei dürfe der Wandel ihrer Einzelinhalte vernachlässigt werden[161]. Die Nothilfepflicht sei bereits in § 360 Nr. 10 RStGB von 1871 verankert gewesen. Die im Jahre 1935 erfolgte Ausdehnung der Pflicht von den polizeilich aufgeforderten Personen bis hin zu jedermann, der von der Notlage Kenntnis erlange, müsse inzwischen als herkömmlich angesehen werden, zumal es sich keineswegs um eine der Sache nach rechtsstaatswidrige Änderung gehandelt habe[162].
Die Nothilfepflicht erfülle auch die Erfordernisse der Allgemeinheit und Gleichheit der Dienstleistungspflicht: Diese beiden Merkmale, welche die Dienstleistungspflicht aufweisen müssen, seien besondere Ausprägungen des Gleichheitssatzes. Allgemein sei die Dienstleistungspflicht dann, wenn sie im Bereich eines bestimmten Hoheitsträgers jedermann, der zu ihrer Erfüllung in der Lage sei, auferlegt werde. Dieser Anforderung genüge die sich an jedermann wendende Nothilfepflicht. Das Merkmal der Gleichheit der Pflicht ziele auf die gleiche Belastung der Pflichtigen ab, wobei allerdings eine nach sachlichen Kriterien erfolgende Differenzierung durchaus zulässig sei. Die Nothilfepflicht habe eine gleichmäßige Belastung ihrer Adressaten in diesem Sinne zur Folge.

M.E. bestehen erhebliche Bedenken darüber, ob jene herrschende verfassungsrechtliche Auffassung, welche die Nothilfepflicht an Art. 12 II GG mißt, zutreffend ist, namentlich ob sie den Wandel, den die in § 360 Ziff. 10 RStGB verankerte unselbständige Nothilfepflicht durch Erlaß des § 330 c StGB a.F. erfahren hatte, hinreichend berücksichtigt. Eine Antwort auf diese Frage setzt eine nähere Interpretation des Art. 12 II GG voraus. Die grammatikalische und historische Auslegung dieser Vorschrift zeigen den engen Zusammenhang auf, in dem dieses Grundrecht zu der durch Art. 1 I GG geschützten Menschenwürde steht[163]. In den Beratungen des Parlamentarischen Rates wurde deutlich, daß der Verfassungsgeber das Ziel verfolgte, der Verletzung der Menschenwürde infolge Herabwürdigung der menschlichen Persönlichkeit durch die im Nationalsozialismus üblich gewordenen, aber auch im

159 Auf den Meinungsstreit, ob stets ein Gesetz erforderlich sei, bzw. auch Gewohnheitsrecht genügen kann, kommt es also nicht an. Vgl. hierzu: Mertens, aa0, S. 45 m.w.N.
160 Bettermann/Nipperdey/Scheuner, Die Grundrechte, 3. Bd., 1972, S. 260; Seifert/Hömig, Grundgesetz für die BRD, 4. Aufl., Rdnr. 18.
161 Breuer, aa0, § 147, Rdnr. 93; Gubelt, aa0, Art. 12 GG, Rdnr. 87; Gusy, JuS 1989, S. 710, 713; Mertens, aa0, S. 57; Ott, aa0, S. 86.
162 Göppel, Die Zulässigkeit von Arbeitszwang nach Art. 12 Abs. 2, Satz 1 des Grundgesetzes, S. 234.
163 BVerfGE 22, 380, 383; 74, 102, 116; NJW 1991, S. 1043, 1044.

Kommunismus anzutreffenden verschiedenen Formen der Zwangsarbeit entgegenzuwirken[164]. Aus diesem Grunde war in Art. 12 II GG das Grundrecht aufgenommen worden, grundsätzlich niemand zu einer bestimmten Arbeit zwingen zu dürfen. Nach dem Wortlaut ist Arbeit i.S. des Art. 12 II GG jede hoheitlich gebotene körperliche oder geistige Tätigkeit, die keine bloße Geld- oder Sachleistung darstellt und einen gewissen Umfang besitzt[165]. Aus der ratio legis des Art. 12 II GG ergeben sich weitere, den Begriff der Arbeit i.S. dieser Vorschrift kennzeichnende Merkmale.

Zweck des Art. 12 II GG ist es, dem Staat die Möglichkeit zu nehmen, den Menschen zu Arbeiten heranzuziehen, um sich auf diesem Wege preiswerte Arbeitskräfte zu verschaffen[166]. Hieraus ergeben sich folgende, den Normbereich des Art. 12 II GG einschränkende Merkmale.
Erstens: Es muß sich um eine Tätigkeit handeln, die zugunsten des Staates geleistet wird. Diese Einschränkung folgt aus der Ausnahme, die Art. 12 II GG im Falle der öffentlichen Dienstleistung macht. Denn als eine öffentliche Dienstleistung wird die von dem einzelnen zu erbringende Tätigkeit dann qualifiziert, wenn sie zum Nutzen des Gemeinwesens erfolgt[167]. Der von dem Dienst in erster Linie Begünstigte ist immer der Staat oder ein anderer Träger öffentlicher Gewalt[168].
Zweitens: Dem Staat muß es möglich sein, sich die von dem einzelnen zu erbringenden Leistungen über den allgemeinen Arbeitsmarkt zu verschaffen[169].

Die Erfüllung der Nothilfepflicht stellt sich wegen der beiden zuvor dargelegten einschränkenden Merkmale weder bei Vorliegen eines individuellen Unglücksfalles noch bei gemeiner Gefahr und Not als Arbeit i.S. des Art. 12 II GG dar. Im Rahmen der beiden letzten Bedürfnisfälle ist zwar die Allgemeinheit von der Notlage, zu deren Abwendung der Pflichtige tätig wird, betroffen. Die einfachgesetzliche Auslegung des § 323 c StGB hat aber ergeben, daß auch in diesen Fällen, genau wie bei einem individuellen Unglücksfall, die Nothilfepflicht dem Individualrechtsgüterschutz des einzelnen dient, mithin dem einzelnen unmittelbar zugute kommt. Zu der in § 323 c StGB verankerten Pflicht läßt sich auch nicht sagen, daß diese dem Privaten wegen des Nutzens für Staat und Gemeinschaft geleistet werde[170]. Eine derartige Sichtweise würde die Dinge auf den Kopf stellen. Sie berücksichtigt

---

164 JöR n.F. 1, 1951, S. 133 ff.
165 Breuer, aa0, § 147, Rdnr. 89; Gubelt, aa0, Art. 12 GG, Rdnr. 79; Gusy, JuS 1989, S. 710, 712; Maunz/Dürig/ Herzog, Art. 12 GG, Rdnr. 481; Ott, aa0, S. 82; Schulz, aa0, S. 210.
166 Mertens, aa0, S. 49; Rittstieg in: Alternativkommentar, Art. 12 GG, Rdnr. 159.
167 Breuer, aa0, § 147, Rdnr. 93; Göppel, aa0, S. 125; Gubelt, aa0, Art. 12 GG, Rdnr. 84; Stober, Grundpflichten und Grundgesetz, S. 40; Uber, Festschrift für Schack, S. 167, 173.
168 Gusy, JuS 1989, S. 710, 712.
169 Vgl. Seifert/Hömig, GG für die BRD, Art. 12 GG, Rdnr. 19; Uber, aa0, S. 167, 173, die betonen, daß die Tätigkeit geeignet sein muß, Erwerbszwecken zu dienen.
170 I.d.S. aber Göppel, aa0, S. 130.

nicht die Entwicklung, den die Nothilfepflicht genommen hat. Diese Auffassung war wenn überhaupt, zu § 360 Ziff. 10 RStGB vertretbar. Denn hiernach stellte sich die Nothilfe als Unterstützung der Polizei bei der Behebung von Notlagen dar. Da die Tätigkeit des einzelnen also unmittelbar staatlichen Organen zugute kam, ließ sich möglicherweise zu § 360 Ziff. 10 RStGB die Meinung vertreten, daß die Nothilfe dem Privaten wegen des Nutzens für die Gemeinschaft geleistet worden sei. Auf die Fragwürdigkeit dieser Sichtweise ist bereits hingewiesen worden. Denn auch hier wurde vom einzelnen letztendlich die Unterstützung der Polizei nur zu dem Zweck gefordert, den Mitmenschen aus einer Notlage zu befreien. Für die in § 323 c StGB statuierte unmittelbare Hilfeleistungspflicht ist jene Auffassung völlig fernliegend. Denn diese Vorschrift dient, wie wir gesehen haben, ausschließlich dem Individualrechtsgüterschutz des in Not Geratenen.

Die Nothilfepflicht stellt auch deshalb keine Arbeit i.S. des Art. 12 II GG dar, weil es sich bei der von ihrem Adressaten zu erbringenden Leistung gerade nicht um eine Tätigkeit handelt, die der Staat über den allgemeinen Arbeitsmarkt beschaffen könnte. Denn als am wichtigsten erweist sich die Nothilfe für den Bedürftigen, wenn organisierte Rettungsdienste noch nicht zur Stelle sind. Die Leistung Erster Hilfe ist für sein weiteres Schicksal oft entscheidend. Es liegt auf der Hand, daß eine derartige Tätigkeit nicht über den Arbeitsmarkt zu beschaffen ist.

Gegen eine Einbeziehung der Nothilfepflicht in den Anwendungsbereich des Art. 12 II GG spricht auch folgendes historische Argument: Im Parlamentarischen Rat waren als Beispiele der herkömmlichen öffentlichen Dienstleistungspflichten die "Feuerwehr, Hand- und Spanndienste sowie der Deichschutz" genannt worden[171]. Die Nothilfe war weder als ein Fall zulässiger noch unzulässiger öffentlicher Dienstleistungspflicht erwähnt worden. Hätte der Verfassungsgeber diese Pflicht als Arbeit i.S. des Art. 12 II GG qualifiziert, wäre sie sicherlich nicht unerwähnt geblieben. Die Nothilfepflicht war ja erst relaltiv kurz zuvor im Jahre 1935 vom nationalsozialistischen Gesetzgeber novelliert worden. Hinzu kommt, daß der Parlamentarische Rat sich beim Merkmal "herkömmlich" mit den Erscheinungsformen gewisser nationalsozialistischer Pflichten auseinandergesetzt hatte. Hierdurch sollte der Arbeitsdienst, der in Deutschland innerhalb des Zeitraumes von 1933 - 1945 verlangt worden war, ausgeschlossen werden[172].

3. Das Grundrecht auf Leben und körperliche Unversehrtheit (Art. 2 II S. 1 GG)

Durch die Nothilfepflicht wird aber das durch Art. 2 II S. 1 GG geschützte Grundrecht des Normadressaten auf Leben und körperliche Unversehrtheit berührt. Nach den Umständen des

171 JöR n.F. 1, 1951, S. 135.
172 JöR n.F. 1, 1951, S. 137, 138.

Einzelfalles kann nämlich die Gefahr bestehen, daß der Pflichtige sich bei ihrer Erfüllung Verletzungen zufügt bzw. sogar sein Leben verliert[173]. Trotzdem wird durch die Nothilfepflicht nicht der nach Art. 19 II GG absolut geschützte Wesensgehalt der Grundrechte auf Leben und körperliche Unversehrtheit verletzt[174]. Denn die Nothilfepflicht steht von vornherein unter dem Zumutbarkeitskorrektiv. Im Rahmen der einfachgesetzlichen Auslegung wurde gezeigt, daß die Hilfeleistung nur verlangt wird, wenn der dem Bedürftigen drohende Schaden deutlich schwerer wiegt als derjenige, der dem Helfer entstehen könnte. Vom Helfer wird weder die bewußte Lebensopferung noch das Inkaufnehmen einer nicht unerheblichen Gefahr für Leib oder Leben verlangt.

4. Das Grundrecht auf Freiheit der Person (Art. 2 II S. 2 GG)

Fraglich ist, ob die Nothilfepflicht den Schutzbereich des durch Art. 2 II S. 2 GG geschützten Grundrechts auf Freiheit der Person berührt. Denn sie verpflichtet den Helfenden, sich während der Zeitdauer, die für die Leistung der Hilfe erforderlich ist, an einem bestimmten Ort aufzuhalten bzw. den Unglücksort aufzusuchen. Diese Problematik wird in der verfassungsrechtlichen Literatur kontrovers beurteilt. Nach h.M. umfaßt der Schutzbereich des Art. 2 II S. 2 GG nicht den von § 323 c StGB ausgehenden Zwang, an einem Unglücksort zu bleiben und Hilfe zu leisten bzw. sich zu diesem Zweck zu einer Unfallstelle zu begeben[175]. Demgegenüber nimmt ein Teil der Lehre an, die Freiheit der Person beinhalte auch das negative Recht, jeden beliebigen Ort zu meiden[176]. Die Richtigkeit der letzteren Ansicht unterstellt, müßte die Nothilfepflicht auch an Art. 2 II S. 2 GG gemessen werden. Dann wäre nämlich der Schutzbereich dieses Grundrechts durch den von der Hilfeleistungspflicht ausgehende Zwang, sich "zu einem bestimmten Zeitpunkt nur an einem bestimmten Ort rechtmäßig aufhalten zu dürfen"[177], tangiert.

Meines Erachtens gebührt der h.A., welche die Hilfeleistungspflicht nicht Art. 2 II S. 2 GG unterstellt, aus folgenden Gründen der Vorzug: Aus dem systematischen Verhältnis des Art. 2 II S. 2 GG zu Art. 2 I GG geht eindeutig hervor, daß das Grundrecht auf Freiheit der Person nur die körperliche Fortbewegungsfreiheit schützt. Ferner ist im Rahmen der Interpretation des Art. 2 II S. 2 GG der mit Art. 104 GG bestehende Zusammenhang zu berücksichtigen. Er zeigt, daß die körperliche Fortbewegungsfreiheit in erster Linie nur durch unmittelbaren

173 Dürig in:Maunz/Dürig/Herzog, Art. 2 II GG, Rdnr. 16.
174 So zu Recht Dürig in: Maunz/Dürig/Herzog, Art. 2 II GG, Rdnr. 16.
175 Grabitz in: Isensee/Kirchhof, Handbuch des Verfassungsrechts, Bd. VI § 130, Rdnr. 6; Jarass in: Jarass/Pieroth, Art. 2 GG, Rdnr. 61; Mangoldt/Klein/Starck, Bd. 1, Art. 2 II GG, Rdnr. 180; Schmalz, Grundrechte, Rdnr. 469.
176 Hantel, JuS 1990, S. 865, 866; Pieroth/Schlink, Grundrechte, Rdnr. 413; Podlech in: Alternativkommentar, Art. 2 II GG, Rdnr. 46.
177 Podlech, aa0, Art. 2 II GG, Rdnr. 45.

physischen Zwang eingeschränkt werden kann. Das geht deutlich aus den in Art. 104 GG enthaltenen Begriffen wie z.B. "Ergreifen", "Festnahme", "Festhalten" usw. hervor. Hieraus wird ersichtlich, daß hoheitliche Gebote an den einzelnen, an einem bestimmten Ort zu bleiben bzw. sich zu einem bestimmten Ort zu begeben, um Hilfe zu leisten, vom Normbereich des Art. 2 II S. 2 GG nicht erfaßt werden.

5. Das Grundrecht auf freie Entfaltung der Persönlichkeit (Art. 2 I i.V.m. Art. 1 I GG)

a. Schutzbereich

aa. Allgemeines Persönlichkeitsrecht?

Durch das Hilfeleistungsgebot könnte das Persönlichkeitsrecht des Hilfspflichtigen berührt werden. Rechtsprechung und h.L., die dieses Recht als "unbenanntes" Freiheitsrecht aus Art. 2 I i.V.m. Art. 1 GG herleiten[178], betonen nämlich, daß hieraus ein Anspruch des einzelnen folgt, in Ruhe gelassen zu werden[179]. Obwohl der einzelne als Unbeteiligter bei Vorliegen einer Notlage gerade nicht in Ruhe gelassen, sondern zur Hilfeleistung verpflichtet wird, ist der Schutzbereich des allgemeinen Persönlichkeitsrechts durch den Sollenssatz des § 323 c StGB in der Interpretation, den dieser durch die h.L. erfahren hat, nicht betroffen. Denn die Funktion des allgemeinen Persönlichkeitsrechts wird darin gesehen, *"im Sinne des obersten Konstitutionsprinzips der `Würde des Menschen'(Art. 1 Abs. 1 GG) die engere persönliche Lebenssphäre und die Erhaltung ihrer Grundbedingungen zu gewährleisten"*[180]. Der Sollenssatz des § 323 c StGB berührt aber in der vorherrschenden Interpretation weder die engere persönliche Lebenssphäre noch ihre Grundlagen. Denn eine Pflicht zur Hilfeleistung besteht nur dann, wenn der Helfer die Lage des Bedürftigen verbessern kann.

Indes wäre das allgemeine Persönlichkeitsrecht betroffen, wenn die Nothilfepflicht, wie zur Zeit des Nationalsozialismus vertreten, ungeachtet dieser Voraussetzung bestünde. Es könnte insoweit zwar auf keines der Schutzgüter zurückgegriffen werden, das die Rechtsprechung als spezielle Ausformung dieses unbenannten Freiheitsrechts entwickelt hat[181], nämlich beispielsweise

- die persönliche Ehre,

---

178 BVerfGE 54, 148, 153; 63, 142; 72, 155, 170; 79, 256, 268; siehe auch Jarass, NJW 1989, S. 857; Jarass/Pieroth, Grundgesetz für die BRD, Art. 2 GG, Rdnr. 26; Starck in: Mangoldt/Klein/Starck, Art. 2 Abs. 1, Rdnr. 54, 84, welche in Art. 2 I GG die primäre Grundlage erblicken, die durch Art. 1 I GG verstärkt werde.

179 BVerfGE 6, 32, 41; 27, 1, 6 f; 44, 197, 203; Wintrich, Die Problematik der Grundrechte, S. 15 f.

180 BVerfGE 54, 148, 153; 79, 256, 268.

181 Vgl. die Zusammenstellung in BVerfGE 54, 148, 154.

- das Verfügungsrecht über die Darstellung der eigenen Person,
- das Recht auch informationelle Selbstbestimmung etc.

Sie umschreiben den Inhalt des allgemeinen Persönlichkeitsrechts aber nicht abschließend. Dem einzelnen muß gemäß Art. 2 I i.V.m. Art. 1 I GG ein Bereich autonomer Lebensgestaltung verbleiben, innerhalb dessen er, unbeeinflußt durch den Staat, seine Individualität entwickeln und wahren kann[182]. Hiernach ist es unzulässig, wenn die öffentliche Gewalt versucht, die Menschen i.S. einer kollektivistischen bzw. sozialistischen Persönlichkeit zu formen, denen der Gemeinnutz stets vor Eigennutz geht. Deutlich kommt das auch in den Art. 4 I und 5 I GG als speziellen Ausprägungen des Persönlichkeitsrechts zum Ausdruck. Im Rahmen ihres jeweiligen Schutzbereiches verpflichten sie nämlich den Staat zur religiösen und weltanschaulichen Neutralität[183]. Auf die Formung der menschlichen Persönlichkeit i.S. einer kollektivistischen Weltanschauung liefe es aber hinaus, würde der Staat den einzelnen, ungeachtet der Möglichkeit, die Lage des Bedürftigen zu verbessern, stets zur Hilfeleistung verpflichten. Die einfachgesetzliche Auslegung des Sollenssatzes des § 323 c StGB verbietet aber die Sichtweise, daß der Täter alleine bereits wegen der im Unterlassen zum Ausdruck kommenden schlechten Gesinnung bestraft werden soll.

bb. Allgemeine Handlungsfreiheit

Folglich kommt als grundrechtlicher Prüfungsmaßstab für die Verfassungsmäßigkeit des Hilfeleistungsgebotes aus § 323 c StGB nur das durch Art. 2 I GG geschützte Recht auf freie Entfaltung der Persönlichkeit in Betracht. Denn bekanntlich schützt dieses Grundrecht nicht nur den Bereich, den der Mensch benötigt, um seine Wesensanlage als geistig sittliche Persönlichkeit zu entfalten[184], sondern die menschliche Handlungsfreiheit in einem umfassenden Sinne[185]. Hiernach hat jedermann das Recht, zu tun und zu lassen was er will, und zwar innerhalb der Schranken der verfassungsmäßigen Ordnung, der Rechte anderer und des Sittengesetzes. Da Art. 2 I GG alles menschliche Handeln erfaßt, somit auch solches Ver-

---

182 BVerfGE 79, 256, 268. Der Staat überschreitet seine "verfassungsrechtliche Kompetenz", wenn er sich als "eine Anstalt zur Beförderung der Moralität" versteht und den einzelnen zu einer sittlichen Persönlichkeit zu erziehen versucht. Vgl. Sax in: Bettermann-Nipperdey-Scheuner, Die Grundrechte, Handbuch der Theorie und Praxis der Grundrechte, 3. Band, 2. Halbband, S. 918.

183 BVerfGE 12, 1, 4; 19, 206, 216; 27, 195, 201; v. Münch in: v. Münch, Art. 4 GG, Rdnr. 5; Hesse, Grundzüge des Verfassungsrechts der Bundesrepublik Deutschland, Rdnr. 159. In gewissem Umfange folgt diese Verpflichtung bereits aus Art. 1 I GG. Vgl. Podlech in: AK, Art. 1 Abs. 1 GG, Rdnr. 35.

184 So aber H. Peters, Die freie Entfaltung der Persönlichkeit als Verfassungsziel in: Festschrift für Laun, S. 669, 673.

185 Seit BVerfGE 6, 32, 36 (Elfes-Urteil) ständige Rechtsprechung; in BVerfGE 4, 7, 15 f (Investitionshilfeurteil) hatte das BVerfG sich noch zu keiner bestimmten Theorie bekannt. H.L., vgl. Bleckmann, Staatsrecht II, Die Grundrechte, § 22 II, Rdnr. 4 ff; Erichsen in: Isensee/Kirchhof, Handbuch des Staatsrechts der BRD, Bd. VI, § 152, Rdnr. 24 ff; Jarass/Pieroth, GG für die BRD, Art. 2, Rdnr. 3; Mangoldt/Klein/Starck, Art. 2 Abs. 1 GG, Rdnr. 8 ff; Schmalz, Grundrechte, Rdnr. 398.

halten, das Gegenstand der speziellen Freiheitsgrundrechte ist, stellt Art. 2 I GG einen Auffangtatbestand dar[186]. In Rechtsprechung[187] und Literatur[188] ist anerkannt: In die allgemeine Handlungsfreiheit des einzelnen kann nicht nur durch Verbote, sondern auch durch Gebote bestimmter Tätigkeiten eingegriffen werden kann. Da das Hilfeleistungsgebot nicht einer speziell thematisierten Freiheit zugeordnet werden kann, namentlich nicht dem Schutzbereich des Art. 12 II GG unterfällt, ist grundrechtlicher Prüfungsmaßstab für den Sollenssatz des § 323 c StGB der Art. 2 I GG.

III. Die Grundrechtsrelevanz der Hilfeleistungspflicht aus der Sicht des Hilfsbedürftigen

- Die Betroffenheit des Rechtes des Hilfsbedürftigen auf freie Entfaltung der Persönlichkeit nach Art. 2 I GG infolge der Gefahr der Einmischung in seine eigenen Angelegenheiten durch den Hilfspflichtigen -

Das Hilfeleistungsgebot braucht sich für den "Hilfsbedürftigen", worauf an früherer Stelle bereits hingewiesen worden ist, nicht immer positiv auszuwirken. Die einfachgesetzliche Auslegung des Sollenssatzes des § 323 c StGB hatte zwar ergeben, daß das Hilfeleistungsgebot nicht zu Eingriffen in die Rechte des Hilfsbedürftigen ermächtigt, sondern daß insoweit auf die allgemeinen Rechtfertigungsgründe zurückgegriffen werden muß. Das rechtliche Hilfeleistungsgebot begründet aber gleichwohl die Gefahr von Übergriffen, wenn der Helfende sich durch eine vermeintlich bestehende Pflicht gedrängt fühlt. Unerwünschte Rettungsmaßnahmen, die in die körperliche Unversehrtheit des Bedürftigen eingreifen, berühren den Schutzbereich des Art. 2 II Satz 1 GG[189]. Im übrigen bietet das durch Art. 2 I i.V.m. Art. 1 I GG grundrechtlich gewährleistete allgemeine Persönlichkeitsrecht dem einzelnen Schutz vor Einmischung in seine eigenen Angelegenheiten. Beide Verfassungsbestimmungen gehen von der prinzipiellen Autonomie des Menschen aus. Art. 2 I i.V.m. Art. 1 I GG schützen das Selbstbestimmungsrecht des Menschen[190]. Letzteres umfaßt auch die Befugnis des Menschen, selbst darüber zu entscheiden, welchen Gefahren er sich aussetzt[191]. Das BVerfG hat anerkannt, daß dem Hilfsbedürftigen gemäß Art. 2 I GG das Recht zustehe, angebotene Hilfe zurückzuweisen[192]. Die zuvor beschriebenen Einmischungen in die Ange-

---

186 BVerfGE 60, 215, 229; 64, 208, 213; 65, 196, 209 f; 65, 237, 248. Dies hat vorliegend zur Konsequenz, dass der Gesetzgeber bei Ausgestaltung des Hilfeleistungsgebotes keinen engen Grenzen unterliegt, da Art. 2 I GG keinen qualifizierten Gesetzesvorbehalt, der dem Gesetzgeber die Verfolgung bestimmter Interessen vorgibt, enthält. Vgl. Lagodny, aa0., S. 162.

187 BVerfGE 55, 144, 148; 57, 139, 158.

188 Bleckmann, Staatsrecht II, Die Grundrechte, § 22 II, Rdnr. 14.

189 BGHSt 11, 111, 113 f; Krey, Strafrecht, BT, Bd. 1, Rdnr. 212.

190 BVerfGE 55, 134, 140; Bleckmann, Staatsrecht II, Die Grundrechte, § 22 II, Rdnr. 36.

191 BVerwGE 82, 45, 48.

192 BVerfGE 58, 208, 225.

legenheiten des "Bedürftigen" werden von dem Sollenssatz des § 323 c StGB nicht gefordert. Das rechtliche Hilfeleistungsgebot begründet insoweit lediglich eine faktische Gefahr.
Anders verhält es sich bei der bei einem Suizidversuch nach § 323 c StGB geforderten Hilfe. Nach ständiger Rechtsprechung stellt nämlich selbst die freiverantwortliche Selbsttötung einen Unglücksfall dar, der den einzelnen zur Hilfeleistung verpflichtet[193]. Hierdurch besteht nicht nur die Gefahr, daß der Helfer über das Ziel hinaus schießt und, ohne rechtlich verpflichtet zu sein, den Autonomiebereich des Bedürftigen gefährdet. Im Rahmen jenes Anwendungsfalles des § 323 c StGB existiert vielmehr, die Richtigkeit jener Auslegung durch die Rechtsprechung unterstellt, eine rechtliche Verpflichtung hierzu. Da der Staat die Hinderung des Suizides unmittelbar bezweckt, läge unzweifelhaft ein Grundrechtseingriff vor, falls die Selbsttötung grundrechtlichen Schutz genießt.

Die Frage, ob ein grundrechtlich geschütztes Recht auf Selbsttötung existiert, ist in der Literatur heftig umstritten. Nach nahezu einhelliger Auffassung folgt ein solches Recht nicht aus Art. 2 II 1 GG[194]. Aus diesem Grundrecht resultiert zwar kein Verbot der Selbsttötung[195]; da aber in Art. 2 II 1 GG das Recht "auf Leben" geschützt ist, würde man den Schutzbereich dieses Grundrechts konterkarieren, wenn man hieraus ein Recht zur Selbsttötung ableiten wollte. Demgegenüber stellt der Versuch, dem eigenen Leben ein Ende zu setzen, nach h.M. grundsätzlich kein würdeloses Verhalten dar, das den Staat gemäß Art. 1 I GG verpflichten würde, den einzelnen vor sich selbst zu schützen[196]. Im Gegenteil, in der Literatur wird sogar überlegt, ob der Staat nicht um der Würde des Menschen willen verpflichtet sei, einen wohl erwogenen, in freier Selbstverantwortung gefaßten Entschluß zur Selbsttötung zu respektieren[197]. Der größere Teil der Lehre diskutiert die Frage, ob die Selbsttötung grundrechtlich geschützt ist, aber auf der Grundlage des Art. 2 I GG. Vor allem in der älteren Lehre wurde der Selbstmord überwiegend nicht als Ausfluß des Rechts auf freie Entfaltung der Persönlichkeit angesehen[198].

---

193 BGHSt 6, 147 (GS); 13, 162, 169; 32, 367, 375.

194 Dürig in: M/D/H, Art. 2 II GG, Rdnr. 12; Jarass/ Pieroth, Art. 2 GG, Rdnr. 44; v. Münch, Art. 2 GG, Rdnr. 41; Schmalz, Grundrechte, Rdnr. 462; Zippelius in: BK, Art. 1 Abs. 1 und 2 GG, Rdnr. 95; a.A. Pieroth/Schlink, Grundrechte, Rdnr. 392.

195 Knemeyer, VVDStRL 35 (1977), S. 221 ff, 256.

196 Dreier, Grundgesetzkommentar, Bd. I, Art. 2 II, Rdnr. 50, Art. 1 I GG, Rdnr. 93; Maunz/Zippelius, Deutsches Staatsrecht, § 24 II 1; Model/Müller, Art. 2 GG, Rdnr. 22; Zippelius in: BK, Art. 1 Abs. 1 und 2, Rdnr. 94. Hiervon ist aber die aus Art. 2 II Satz 1 GG resultierende Befugnis und Pflicht des Staates zum Schutze des menschlichen Lebens zu unterscheiden. Vgl. Jarass in: Jarass/Pieroth, Art. 2 GG, Rdnr. 53.

197 Maunz/Zippelius, Deutsches Staatsrecht, § 24 II 1; Zippelius aa0; siehe auch Podlech in: AK, Art. 1 GG, Rdnr. 55, der annimmt, daß ein Versuch des Staates, die Freiheit zur Selbsttötung prinzipiell auszuschließen, der Würde des Menschen zuwiderlaufe.

198 Frotscher, DVBl 1976, S. 695 ff, 702; Götz, Allgemeines Polizei- und Ordnungsrecht, 8. Aufl., Rdnr. 109.

Zwischenzeitlich befindet sich jedoch diejenige Auffassung stark im Vordringen, die den Suizid als einen Aspekt der durch Art. 2 I GG geschützten allgemeinen Handlungsfreiheit begreift[199]. Dieser Ansicht ist zuzustimmen. Denn im Rahmen des Rechts, zu tun und zu lassen was man will, können bestimmte Verhaltensweisen nicht von vornherein aus dem Schutzbereich ausgeschlossen werden. Hiervon zu unterscheiden ist die Frage, ob der Staat nicht aufgrund der Schranken des Art. 2 I GG befugt ist, die Selbsttötung zu hindern. Vorerst bleibt festzuhalten, daß der Sollenssatz des § 323 c StGB in der Auslegung der Rechtsprechung, nach der dieser die umfassende Pflicht zur Verhinderung eines fremden Suizids beinhaltet, jedenfalls in das Recht auf freie Entfaltung der Persönlichkeit des Suizidenten eingreift.

B. Der verfassungsrechtliche Prüfungsmaßstab hinsichtlich der "Strafbewehrung" des Hilfeleistungsgebotes

I. Der grundrechtliche Prüfungsmaßstab im Hinblick auf die "Strafbewehrung" des Hilfeleistungsgebotes aus der Sicht des Hilfspflichtigen

1. Die Androhung der Geldstrafe

a. Intensivierung des Eingriffs in den Schutzbereich des Rechts auf freie Entfaltung der Persönlichkeit des Art. 2 I GG

Nachdem die Grundrechte, die durch das Hilfeleistungsgebot als solches berührt werden, ermittelt wurden, sind nunmehr folgenden beiden Fragen zu beantworten:
Erstens: An welchen Grundrechten ist die Strafbewehrung des Hilfeleistungsgebotes zu messen ?
Zweitens: Wird die Strafvorschrift des § 323 c StGB diesem grundrechtlichen Prüfungsmaßstab gerecht ?

Zur Beantwortung dieser beiden Fragen soll wiederum zwischen der Grundrechtssphäre des Hilfspflichtigen und des Hilfsbedürftigen und zudem zwischen den beiden angedrohten Sanktionen der Geld- und der Freiheitsstrafe differenziert werden.

Bezogen auf den Hilfspflichtigen ist das strafbewehrte Hilfeleistungsgebot des § 323 c StGB am Maßstab des Art. 2 I GG zu überprüfen. Sowohl das Hilfeleistungsgebot als auch die Strafbewehrung als solche müssen mit diesem Grundrecht vereinbar sein. Ungeachtet ihrer

---

199 Fangmann/Blank/Hamner, GG, Basiskommentar, Art. 2, Rdnr. 16; Jarass/Pieroth, Art. 2 GG, Rdnr. 7a; v. Münch, Art. 2 GG, Rdnr. 50; Wassermann, DRiZ 1986, S. 293; a.A. Pieroth/Schlink, Grundrechte, Rdnr. 392, die das Recht zur Selbsttötung Art. 2 II S. 1 GG unterstellen.

Art und Höhe bewirken die angedrohten strafrechtlichen Sanktionen eine Intensivierung des mit dem Hilfeleistungsgebot verbundenen Grundrechtseingriffs, da die Strafe das stärkste Mittel ist, das dem Staat zur Verfolgung des mit der Nothilfepflicht beabsichtigten Zwecks zur Verfügung steht. Soweit § 323 c StGB Geldstrafe androht, führt dies zu einem weiteren Eingriff in Art. 2 I GG, weil zur Handlungsfreiheit auch die Verfügung über das eigene Vermögen gehört. Hinsichtlich der angedrohten Freiheitsstrafe ist die Strafvorschrift der unterlassenen Hilfeleistung, wie später noch zu zeigen sein wird, an Art. 2 II 2 GG zu messen[200]. Denn bereits die Androhung der Strafe und nicht erst ihre Verhängung und Vollziehung stellen einen besonders schwerwiegenden Grundrechtseingriff dar[201].

b. Schranken des Art. 2 I GG

aa. Rechte anderer?

Nachdem festgestellt wurde, daß das Hilfeleistungsgebot in die durch Art. 2 I GG geschützte allgemeine Handlungsfreiheit des Hilfspflichtigen eingreift, wobei dieser Eingriff durch die Strafbewehrung noch verstärkt wird, ist nunmehr zu prüfen, ob die Strafvorschrift des § 323 c StGB Ausdruck der Schranken dieses Grundrechts ist. Die freie Entfaltung der Persönlichkeit steht unter der sog. "Schrankentrias" der Rechte anderer, der verfassungsmäßigen Ordnung und des Sittengesetzes. Obwohl das aus diesen drei materiellen Grundrechtsschranken nicht ausdrücklich hervorgeht, steht Art. 2 I GG unter verfassungsrechtlichem Gesetzesvorbehalt, der den Gesetzgeber zur Einschränkung der allgemeinen Handlungsfreiheit berechtigt[202].

Die strafbewehrte Nothilfepflicht könnte legitimer Ausdruck des grundrechtlichen Vorbehalts der "Rechte anderer" sein. Nach h.M. werden zu den Rechten anderer aufgrund des Wortlauts des Art. 2 I GG und des Auslegungsprinzips der "Einheit der Verfassung" die Grundrechte anderer gerechnet[203]. Aber auch die in der einfachen Rechtsordnung, im Zivilrecht und im öffentlichen Recht zum Ausdruck kommenden Individualrechte fallen hierunter[204]. In der Literatur ist umstritten, ob zu den Rechten anderer auch die verfassungsrechtlich geschützten Gemeinschaftsgüter zählen[205]. Richtiger Weise sind diese Allgemeininteressen

---

200 Vgl. zu dieser grundrechtlichen Prüfungssystematik, BVerfG NJW 1994, S. 1577, 1578 - Strafbarkeit des unerlaubten Umgangs mit Cannabisprodukten -.

201 BVerfG NJW 1994, S. 1577, 1588.

202 Bleckmann, Staatsrecht II, Die Grundrechte, § 22 III, Rdnr. 41 ff; Erichsen in: Isensee/Kirchhof, Handbuch des Staatsrechts der BRD, Bd. VI, § 152, Rdnr. 30 ff; Mangoldt/ Klein/Starck, Das Bonner GG, Bd. 1, Art. 2 Abs. 1 GG, Rdnr. 19 ff.

203 Bleckmann, aa0, § 22 III, Rdnr. 48 ff; v. Mangoldt/Klein/Starck, Das Bonner GG, Bd. 1, Art. 2 Abs. 1 GG, Rdnr. 31 ff; v. Münch, Art. 2 GG, Rdnr. 25.

204 Erichsen, aa0, Rdnr. 39; Model/Müller, GG für die BRD, Art. 2 GG, Rdnr. 13; Seifert/Hömig, GG für die BRD, Art. 2 GG, Rdnr. 7.

205 I.d.S., Mangoldt/Klein/ Starck, aa0, Art. 2 Abs. 1 GG 3. Aufl., Rdnr. 22; grundsätlich a.A. BGH DVBl

auszuschließen, da die Schranke der verfassungsmäßigen Ordnung insoweit lex specialis ist. § 323 c StGB kann nicht als einfachgesetzliche Konkretisierung der Schranke der "Rechte anderer" verstanden werden. Denn durch die unterlassene Nothilfe wird kein Individualrecht des Mitmenschen geschädigt. Weder aus den Grundrechten noch aus dem einfachen Gesetz folgt ein Recht des einzelnen gegenüber seinen Mitmenschen auf Hilfe in Notlagen, ohne daß er zu ihnen in einer besonderen Beziehung stünde. Durch die Schranke der Rechte anderer werden in erster Linie die Unterlassungspflichten, das "neminem laedere" erfaßt[206].

bb. Das Sittengesetz

Die Strafvorschrift des § 323 c StGB könnte sich als eine Konkretisierung der dritten Grundrechtsschranke des Art. 2 I GG, nämlich des Sittengesetzes, erweisen. Welcher Bedeutungsinhalt dem Sittengesetz zukommt, ist umstritten. Insofern lassen sich in Rechtsprechung und Lehre im wesentlichen zwei unterschiedliche Auffassungen feststellen.

Nach der ersten stellt sich das Sittengesetz als eine statische, unveränderliche Größe dar. Es wird verstanden als den Menschen fest auferlegte Verhaltensregeln zu Gott, den Mitmenschen und dem Staat[207]. Hierbei handele es sich vornehmlich um die Regeln des Dekaloges.

Die zweite Ansicht, die auch vom BVerfG vertreten wird[208], dürfte in der Lehre herrschend sein. Nach ihr stellt das Sittengesetz kein unwandelbarer Verhaltenskodex dar. Vielmehr beurteilt sich die Frage der Zugehörigkeit von ethischen Verhaltensnormen zum Sittengesetz nach der in der Gesellschaft vorhandenen gemeinsamen Grundüberzeugung, die durchaus zeitlichen Wandlungen unterliegen kann[209]. Es ist anerkannt, daß zum Sittengesetz nicht nur Nichtstörungspflichten, sondern auch darüber hinausgehende Pflichten zur positiven Förderung der Interessen der Mitmenschen gehören können[210].

Es ist letztlich unerheblich, welcher Auffassung man zur Bestimmung des Sittengesetzes folgt. In ihrem Kernbereich unterfällt die (strafbewehrte) Nothilfepflicht nach beiden Ansichten dieser Grundrechtsschranke. Denn die Nothilfe ist sowohl Ausfluß des Gebotes der Nächstenliebe als auch Bestandteil der herrschenden Sozialmoral. Trotzdem erscheint es aus

---

1983, S. 434; Bleckmann, aa0, § 22 III, Rdnr. 51; Maunz/Dürig/Herzog, Art. 2 I GG, Rdnr. 15.

206 Bleckmann, aa0, § 22 III, Rdnr. 59.

207 Vgl. zu dieser Minderansicht die Darstellung bei Bleckmann, aa0, § 24 III, Rdnr. 59.

208 BVerfGE 6, 389, 435.

209 Erichsen, aa0, § 152, Rdnr. 41, 42; Jarass in: Jarass/Pieroth, GG für die BRD, Art. 2 GG, Rdnr. 16; Modell/Müller, aa0, Art. 2 GG, Rdnr. 14; Schmidt-Bleibtreu/Klein, Kommentar zum GG, Art. 2 GG, Rdnr. 13; a.A. Mangoldt/Klein/Starck, aa0, 3. Aufl., Art. 2 I GG, Rdnr. 26, welche annahmen, daß das Sittengesetz auf die "überlieferten sittlichen Vorstellungen" verweise.

210 Bleckmann, aa0, § 22 III, Rdnr. 59, 60.

folgenden Gründen fragwürdig, die Einschränkung der allgemeinen Handlungsfreiheit durch die strafbewehrte Nothilfepflicht mit der Schranke des Sittengesetzes zu legitimieren. Innerhalb des § 323 c StGB ist die sozialethische Nothilfepflicht nämlich nicht nur in ihrem elementaren Bereich, sondern weit darüber hinaus zur Rechtspflicht erhoben worden. Eine in unserer Gesellschaft existierende Grundüberzeugung von einer Pflicht, dem Nächsten, der sich in einer gravierenden Gefahr für Leib oder Leben befindet bzw. dem eine gravierende körperliche oder gesundheitliche Schädigung droht, zu helfen, ist noch relativ leicht festzustellen. Sobald es aber darum geht, Aussagen über die Existenz einer über diesen Kernbereich hinausgehenden sozialethischen Nothilfepflicht zu treffen, treten jedoch nahezu unüberwindbare Schwierigkeiten auf. Selbst wenn die rechtliche Nothilfepflicht des § 323 c StGB schlechthin dem Sittengesetz zugerechnet werden müßte, ließe sich mit einer solchen Feststellung noch nicht ohne weiteres ihre Pönalisierung legitimieren. Denn anders als das BVerfG in seiner - überholten - Entscheidung zur Strafbarkeit der männlichen Homosexualität[211] läßt die wohl überwiegende Auffassung in der Literatur die Zugehörigkeit einer Verhaltensforderung zum Sittengesetz alleine nicht genügen, um ihre Strafbewehrung zu legitimieren[212]. Demgegenüber geht das BVerfG in jener Entscheidung davon aus, daß das Sittengesetz über die Schranke der verfassungsmäßigen Ordnung hinaus *"einen sonst unzulässigen oder doch in seiner Zulässigkeit zweifelhaften Eingriff des Gesetzgebers in die menschliche Freiheit legitimieren kann"*[213]. Die beiden Problemkreise

- ob die strafbewehrte Nothilfepflicht des § 323 c StGB in vollem Umfang dem Sittengesetz angehört
- und ob diese Zugehörigkeit alleine genügt, um ihre Pönalisierung zu rechtfertigen,

müßten nicht vertieft werden, wenn diese Strafvorschrift Ausdruck der verfassungsmäßigen Ordnung wäre. Daher soll zuerst diese Frage beantwortet werden.

cc. Die verfassungsmäßige Ordnung

aaa. Die Legitimität des vom Gesetzgeber mit der strafbewehrten Hilfeleistung verfolgten Zweckes

aaaa. Die Lehre von den absoluten Pönalisierungsverboten im Hinblick auf ausschließlich gegen die Sittlichkeit verstoßende Verhaltensweisen

Innerhalb des Schrankentrias des Art. 2 I GG besitzt die "verfassungsmäßige Ordnung" nach der extensiven Auslegung, die sie in der Rechtsprechung des BVerfG und durch die h.L.

211 BVerfGE 6, 389, 434 ff.
212 Siehe Erster Hauptteil, S. 20 ff.
213 BVerfGE 6, 389, 434.

erfahren hat, eine übergeordnete Bedeutung, welche die beiden übrigen Schranken nahezu überflüssig macht[214]. Bekanntlich versteht das BVerfG seit dem "Elfes-Urteil" nämlich, korrespondierend mit seiner weiten Interpretation des Schutzbereiches des Art. 2 I GG, unter der verfassungsmäßigen Ordnung die "verfassungsgemäße“ Ordnung, d.h. die gesamte allgemeine Rechtsordnung, die mit den formellen und materiellen Normen der Verfassung übereinstimmt[215]. Die h.L. hat sich dieser Meinung des BVerfG angeschlossen[216] und die engere Interpretation der verfassungsmäßigen Ordnung in Art. 9 II, 20 III, 28 I, III und 98 II GG zu Recht nicht auf Art. 2 I GG übertragen, weil andernfalls die allgemeine Handlungsfreiheit regelmäßig einer sachgerechten Einschränkung nicht zugänglich wäre. Da die Schranke der verfassungsmäßigen Ordnung keine besonderen Anforderungen an die Zulässigkeit des die allgemeine Handlungsfreiheit einschränkenden Gesetzes stellt, kommt dem Grundsatz der Verhältnismäßigkeit, um ein Leerlaufen dieses Grundrechts in materieller Hinsicht zu verhindern, besondere Bedeutung zu[217]. Denn jener Grundsatz verlangt, daß der Eingriff in die Freiheit des einzelnen zur Erreichung des gesetzgeberischen Zieles geeignet, erforderlich und verhältnismäßig im engeren Sinne (angemessen) ist. Hierin liegt quasi die Hauptbedeutung des Art. 2 I GG: Die gesetzgeberische Beschränkung der allgemeinen Handlungsfreiheit muß dem Verhältnismäßigkeitsgrundsatz entsprechen[218].

Der Prüfung des Verhältnismäßigkeitsgrundsatzes denknotwendig voranzugehen hat aber die Feststellung, ob das mit der gesetzlichen Regelung verfolgte Ziel vor der Verfassung Bestand hat, insbesondere mit den außerhalb des Art. 2 I GG liegenden Bestimmungen und Grundsätzen wie z.B. dem Rechtsstaats-, Sozialstaats- und Demokratieprinzip vereinbar ist. Häufig wird dieser Prüfungspunkt in der Judikatur des BVerfG nicht ausdrücklich erwähnt. Doch finden sich auch zahlreiche Urteile, in denen das BVerfG hervorhebt: Das von dem Gesetzgeber mit der Regelung verfolgte öffentliche Interesse dürfe mit der Wertordnung des Grundgesetzes nicht unvereinbar sein[219].

Hinsichtlich § 323 c StGB kommt dieser Feststellung die Bedeutung zu, daß diese Strafvorschrift von vornherein kein Bestandteil der "verfassungsmäßigen Ordnung" sein könnte, wenn der mit der Strafvorschrift der unterlassenen Hilfeleistung verfolgte Zweck mit der Verfassung unvereinbar wäre. Zu Beginn des ersten Hauptteils wurde dargelegt, daß die Frage

---

214 Bleckmann, aa0, § 22 III, Rdnr. 47; Erichsen, aa0, § 152, Rdnr. 31; Stein, Staatsrecht, § 30 III.

215 Seit BVerfGE 6, 32, 37 ständige Rechtsprechung, vgl. BVerfGE 11, 234, 236; 12, 296, 303; 13, 181, 190; 14, 288, 305; 15, 235, 239; 50, 256, 262; 59, 275, 278; 72, 200, 245; 80, 137, 153; 90, 145, 171; 91, 335; 338; NJW 1996, S. 3146.

216 Erichsen, aa0, § 152, Rdnr. 31; Jarass/Pieroth, aa0, Art. 2 GG, Rdnr. 14; Schmalz, Grundrechte, Rdnr. 396, 406; a.A. Model/Müller, aa0, Art. 2 GG, Rdnr. 16.

217 Bleckmann, aa0, § 12, Rdnr. 113 ff; Mangoldt/Klein/Starck, Das Bonner GG, Bd. 1, Art. 2 Abs. 1 GG, Rdnr. 24.

218 Hierauf weist Schmalz, Grundrechte, Rdnr. 408 zu Recht hin.

219 BVerfGE 13, 97, 107; 53, 135, 145.

nach der Legitimität der durch die Strafvorschriften verfolgten gesetzgeberischen Zwecke Gegenstand der Lehre von den **absoluten Pönalisierungsverboten** ist.
Das BVerfG sieht die Pönalisierung einer **nur** moralwidrigen, nicht sozialschädlichen Handlung keineswegs ipso iure als verfassungswidrig an. Die Schranke des Sittengesetzes beeinflusse den Inhalt der verfassungsmäßigen Ordnung. Voraussetzung für die Zulässigkeit der Bestrafung ausschließlich moralwidrigen Verhaltens sei aber, "daß die soziale Gemeinschaft die Handlung eindeutig als im Widerspruch zu dem Sittengesetz stehend betrachtet"[220].

Innerhalb des ersten Hauptteils wurde darauf hingewiesen, daß demgegenüber die h.L. die Zulässigkeit der Pönalisierung nur unsittlichen Verhaltens ablehnt und insofern ein **absolutes Pönalisierungsverbot** vertritt. Sie beruft sich insoweit auf folgende Argumente: Die Strafgewalt des Staates ergebe sich aus dem Rechtsstaatsprinzip. Der soziale und demokratische Rechtsstaat, in dem alle Staatsgewalt vom Volke ausgehe, bilde die Grundlage der verfassungsmäßigen Ordnung unseres Staates[221]. Die Strafe dürfe nur dazu dienen, das friedliche Zusammenleben in unserer durch das Grundgesetz geprägten Gesellschaft und die Lebensbedingungen der Bürger zu sichern[222]. Denn ebenso wenig wie dem einzelnen das Recht zustehe, seine Mitbürger sittlich zu bevormunden, besitze der Staat, der seine Gewalt von den Menschen ableite, eine derartige Befugnis[223]. Wegen der Ableitung der Strafgewalt von den Menschen dürfe der Staat keine göttlichen oder sonst transzendenten, sondern müsse weltliche Ziele verfolgen[224]. Der Staat dürfe den Bürger nur dann zwingen, sein Verhalten an bestimmten sittlichen bzw. religiösen Wertvorstellungen auszurichten, wenn diesen Bedeutung zur Sicherung eines geordneten gesellschaftlichen Zusammenlebens in der Bundesrepublik zukomme[225]. Letztere Voraussetzung treffe auf ausschließlich moralwidriges, nicht sozialschädliches Verhalten keineswegs zu. Denn derartige Verhaltensweisen beeinträchtigten nicht die Freiheit der Mitbürger. Aus diesem Grunde komme auch die Bestrafung der bloßen rechtsfeindlichen Gesinnung nicht in Betracht[226]. Ein ausschließlich **moralwidriges Verhalten** pönalisierendes Strafgesetz stelle eine unzulässige Einschränkung der durch Art. 2 I GG geschützten allgemeinen Handlungsfreiheit dar und sei verfassungswidrig[227]. Die Schranke des Sittengesetzes müsse ausgehend von dem Grundsatz der Einheit der Verfassung unter Berücksichtigung des Rechtsstaats- und Demokratieprinzip interpretiert werden. Hieraus folge, daß ein unsittliches Verhalten nicht um seiner selbst willen, sondern nur im Falle der

220 BVerfGE 6, 389, 434 ff.
221 Müller-Emmert, GA 1976, S. 291, 294.
222 Rudolphi in: SK, Vor § 1 StGB, Rdnr. 1.
223 Müller-Emmert, GA 1976, S. 291, 294 f.
224 Roxin, JuS 1966, S. 377, 381.
225 Amelung, Rechtsgüterschutz, S. 318 ff; Rudolphi in: SK, Vor § 1 StGB, Rdnr. 1.
226 Kühl, GA 1977, S. 353, 363.
227 Roxin, Strafrecht AT, Bd. I, § 2, Rdnr. 35.

Sozialschädlichkeit bestraft werden könne. Das Sittengesetz beeinflusse nur in diesem Sinne die Auslegung der Schranke der verfassungsmäßigen Ordnung.

bbbb. Die Irrelevanz der Lehre von den absoluten Pönalisierungsverboten für den Straftatbestand der unterlassenen Hilfeleistung

Für die Richtigkeit der Lehre von den absoluten Pönalisierungsverboten spricht folgende Überlegung: Ein strafbewehrtes Verbot bzw. Gebot ist nur dann an Art. 2 I GG zu messen, wenn kein spezielles Freiheitsgrundrecht einschlägig ist. Außer dem durch Art. 2 I GG geschützten Recht auf freie Entfaltung der Persönlichkeit steht kein anderes Grundrecht ausdrücklich unter der Schranke des Sittengesetzes. Nach h.M. in Rechtsprechung und Lehre sind die übrigen Freiheitsrechte auch nicht durch die Schranken des Trias des Art. 2 I GG immanent begrenzt[228]. Die Verfassungsmäßigkeit der Pönalisierung ausschließlich moralwidrigen Verhaltens käme daher von vornherein nur innerhalb des Anwendungsbereichs des Art. 2 I GG in Betracht. Dieser Gesichtspunkt wird in der Diskussion um die absoluten Pönalisierungsverbote regelmäßig übersehen. Da in der Regel aber spezielle Grundrechte einschlägig sind, ist der Anwendungsbereich des Art. 2 I GG und demzufolge auch die Schranke des Sittengesetzes äußerst gering. Für die Interpretation des Sittengesetzes im Sinne der h.L. spricht die in der Verfassung zum Ausdruck kommende Verpflichtung des Staates zu religiöser und weltanschaulicher Neutralität.

Ob das Prinzip der Einheit der Verfassung dazu zwingt, daß auch im Rahmen des Schutzbereiches des Art. 2 I GG nur sozialschädliche Wirkungen hervorrufendes Verhalten pönalisiert werden darf, kann aber letztlich dahingestellt bleiben. Denn für den Straftatbestand der unterlassenen Hilfeleistung besitzt die Lehre von den absoluten Pönalisierungsverboten aus folgenden Gründen keine Relevanz. Die einfachgesetzliche Auslegung des § 323 c StGB hat ergeben, daß eine Strafbarkeit nach dieser Vorschrift nur dann in Betracht kommt, wenn der Täter es unterlassen hat, eine real existierende Rettungschance für den Hilfsbedürftigen wahrzunehmen. Er wird also nicht wegen der in der Unterlassung zum Ausdruck kommenden bösen Gesinnung bestraft. Es würde in der Tat die Kriminalisierung ausschließlich unsittlichen Verhaltens bedeuten, wenn es für eine Strafbarkeit nach § 323 c StGB gleichgültig wäre, ob objektiv die Möglichkeit bestand, die Situation des Bedürftigen zu verbessern oder nicht. Sofern der Täter aber eine wirklich bestehende Rettungschance hat verstreichen lassen, überschreitet die Unterlassung den Bereich der Sittlichkeit und erhält einen sozialen Bezug. Die unterlassene Hilfeleistung wird wegen ihrer sozialschädlichen Wirkungen bestraft. Der Unterlassende schädigt zwar keine fremden Rechtsgüter, er nimmt aber keine Handlung vor, die darauf gerichtet ist, jene Rechtsgüter im Falle ihrer Gefährdung zu

228 BVerfGE 30, 173, 192; 52, 223, 246; v. Münch in: v. Münch, GGK, Bd. 1, Art. 4 GG, Rdnr. 53.

schützen. In unserer Gesellschaft kann kein Individuum für sich alleine existieren. Vielmehr bestehen wechselseitige Abhängigkeiten der Menschen untereinander. Daher muß es für die Annahme der Sozialschädlichkeit und der Zulässigkeit der Sanktionierung eines Verhaltens genügen, wenn der einzelne im Falle der Bedrohung bedeutsamer Rechtsgüter seiner Mitmenschen den von der Gemeinschaft erwarteten positiven Beitrag zur Förderung des gemeinsamen Zusammenlebens unterläßt.

cccc. Die Frage nach der Zulässigkeit der Erhebung der in der Sittlichkeit wurzelnden Pflicht zur Hilfeleistung zur **strafbewehrten** Rechtspflicht

Mit der Feststellung, daß der Strafgesetzgeber durch die Schaffung des § 323 c StGB nicht gegen ein absolutes Pönalisierungsverbot verstoßen habe, ist die materiell verfassungsrechtliche Prüfung dieser Vorschrift aber noch nicht abgeschlossen. Im ersten Hauptteil dieser Abhandlung ist bereits zum Ausdruck gekommen, daß es sich bei der Hilfeleistungspflicht um eine sittliche, und zwar eine sozialethische Pflicht handelt, die der Gesetzgeber in weitgehendem Umfang nicht nur zu einer Rechtspflicht erhoben, sondern zudem strafbewehrt hat. Als Gebot, die Interessen des Nächsten positiv zu fördern, geht die Pflicht zur Hilfeleistung über die bloße Pflicht es zu unterlassen, den Mitmenschen bzw. der Gemeinschaft Schaden zuzufügen, weit hinaus. Letzteres Verbot als Ausdruck einer Nichtstörungspflicht begründet nämlich keine spezifische Belastung zugunsten eines Dritten, sondern zeigt regelmäßig nur die Grenzen der persönlichen Freiheit des einzelnen auf.

An früherer Stelle wurde bereits auf die aus diesem Grunde in der Literatur erwogene Notwendigkeit einer besonderen verfassungsrechtlichen Legitimation für die **Strafbewehrung** von Handlungs**geboten** hingewiesen[229]. Einer Entscheidung über die Berechtigung dieser Forderung bedürfte es nicht, wenn die Hilfeleistungspflicht bzw. der mit ihr verfolgte Zweck, die Rechtsgüter des Nächsten im Falle ihrer Bedrohung durch Inanspruchnahme eines Unbeteiligten zu schützen, in der Verfassung unmittelbar verankert oder zumindest anerkannt wäre. Denn in beiden Fällen könnte der durch § 323 c StGB verfolgte gesetzgeberische Zweck verfassungsrechtlich nicht beanstandet werden.

229 Erster Hauptteil, S. 42 ff.

dddd. Zulässigkeit des durch § 323 c StGB verfolgten gesetzgeberischen Zweckes im Falle seiner unmittelbaren Verankerung oder Anerkennung in der Verfassung

aaaaa. § 323 c StGB als deklaratorische Wiedergabe einer in Art. 1 I Satz 1 GG enthaltenen Pflicht zur Nächstenhilfe ?

In der Tat findet sich eine Lehrmeinung, die besagt, daß § 323 c StGB die deklaratorische Wiedergabe einer bereits unmittelbar im Grundgesetz verankerten Nothilfepflicht darstelle. So vertritt Luchterhand die Ansicht: Die in § 323 c StGB sanktionierte Hilfeleistungspflicht habe in Art. 1 I Satz 1 GG ihre verfassungsrechtliche Grundlage. Diese Bestimmung stelle eine die gesamte Rechtsordnung betreffende Fundamentalnorm des objektiven Rechts dar[230], die neben Rechten auch Pflichten begründe[231]. Adressat dieser Pflichten sei nicht nur der Staat, sondern auch der einzelne Bürger[232]. Art. 1 I Satz 1 GG beinhalte eine sich an jedermann wendende Menschenpflicht, die Würde des (Mit-) Menschen nicht zu verletzen[233]. Diese Rechtswirkungen des Art. 1 I Satz 1 GG stellten wegen ihres objektivrechtlichen Gehalts keinen Ausfluß der "Drittwirkung eines Grundrechts"[234] dar. Der Schwerpunkt des Bedeutungsinhalts des Nichtantastens der Menschenwürde liege nicht in der Art des Verhaltens, sondern in seinem negativen Erfolg begründet. Daher könne die Würde des Menschen sowohl durch aktives Tun als auch durch Unterlassen verletzt werden[235]. Wenn Menschen sich in einem derartigen Zustand der Hilfsbedürftigkeit befänden, daß sie "in der Gefahr schweben, nicht mehr Subjekt, sondern bloßes Objekt ihrer Umgebung zu sein", erweise sich das Unterlassen des in Untätigkeit verharrenden Mitmenschen, der helfen könne, als ein Antasten ihrer Menschenwürde. In einem derartigen Fall verdichte sich die sittliche zu einer rechtlichen Hilfeleistungspflicht von Verfassungs wegen[236]. Diese gelte unmittelbar, da ihr Verpflichtungsgrund nicht erst aus einer einfachgesetzlichen Konkretisierung des Art. 1 I GG folge. Bei der Hilfeleistungspflicht - einer im Bereich des Sittlichen beruhenden Pflicht - beziehe sich der staatliche Gesetzesvorbehalt nicht auf die Begründung der Pflicht als solcher, sondern nur auf die Ausgestaltung ihres Sanktionsmechanismusses[237]. Luchterhand faßt dies in der Formulierung zusammen: "Die Menschenpflicht ist sofort und aktuell `Pflicht'"[238]. Da die Hilfeleistungspflicht als "sittlich untermauerte Menschenpflicht" in Art. 1 I Satz 1 GG wurzele, sei ihre Abschaffung im Wege einer einfachen Gesetzesänderung unmöglich[239].

---

230 Luchterhand, Grundpflichten als Verfassungsproblem in Deutschland, S. 449.
231 Luchterhand, aa0, S. 445.
232 Luchterhand, aa0, S. 445.
233 Luchterhand, aa0, S. 447.
234 Luchterhand, aa0, S. 449.
235 Luchterhand, aa0, S. 453.
236 Luchterhand, aa0, S. 453.
237 Luchterhand, aa0, S. 358.
238 Luchterhand, aa0, S. 358.
239 Luchterhand, aa0, S. 588.

Nach der Auffassung Luchterhands stellt die Hilfeleistungspflicht, wie bereits erwähnt, eine Menschenpflicht, aber keine Grundpflicht dar, weil ihre Bedeutung für das Staatswesen und der "Grad ihrer Belastung" für den einzelnen als niedrig anzusehen sei[240].

Der Ansicht Luchterhands, die in der Literatur, soweit ersichtlich, bisher keine weiteren Anhänger gefunden hat, kann meines Erachtens nur teilweise zugestimmt werden. Art. 1 I Satz 1 GG bildet nicht die verfassungsrechtliche Grundlage einer bereits fertig ausgeformten Hilfeleistungspflicht, die der Gesetzgeber nur noch mit einem Sanktionsmechanismus zu versehen braucht.

Dieser Verfassungsbestimmung kann aber entnommen werden, daß die Heranziehung des einzelnen zum Schutze der Rechtsgüter seines Nächsten durch den Gesetzgeber in bestimmten gravierenden Notfällen verfassungsrechtlich zulässig ist. Rechtsprechung und Lehre erblicken einen Aspekt des Art. 1 I GG nämlich in der Gewährleistung einer menschenwürdigen Existenz[241]. Fehlen die äußeren Grundlagen für ein menschenwürdiges Dasein, so geht die Menschenwürde selbst verloren. Eine Ausübung grundrechtlicher Freiheit kommt faktisch nicht in Betracht, wenn die physischen und materiellen Voraussetzungen einer menschenwürdigen Existenz fehlen[242]. Auch insoweit existiert heute weitgehend Einigkeit darüber, daß materielle Not die Menschenwürde tangieren könne[243]. Der Inhalt der Menschenwürdegarantie wird gemäß dem Prinzip der Einheit der Verfassung durch das Sozialstaatsprinzip mitbestimmt[244]. Die Existenzgrundlagen, die erforderlich sind, um ein menschenwürdiges Dasein zu führen, können aber nicht nur im Falle materieller Not gefährdet sein. Luchterhand ist zuzustimmen, daß eine derartige Situation auch dann vorliegt, "wenn sich Menschen in einer Lage der Not, der Hilflosigkeit und der Hilfsbedürftigkeit befinden und in der Gefahr schweben, nicht mehr `Subjekt', sondern bloßes `Objekt' ihrer Umgebung zu sein"[245].

---

240 Luchterhand, aa0, S. 588.

241 Benda/Maihofer/Vogel, Handbuch des Verfassungsrechts der Bundesrepublik Deutschland, § 6, Rdnr. 18; Pieroth/Schlink, Grundrechte, Rdnr. 361; Schmidt-Bleibtreu/Klein, Art. 1 I GG, Rdnr. 13.

242 Breuer, Festgabe aus Anlaß des fünfundzwanzigjährigen Bestehens des Bundesverwaltungsgerichts, S. 89, 95. Morgenstern, aa0, S. 90 stellt zutreffend fest, daß Not Unfreiheit für den ist, der sie erleidet.

243 BVerfGE 40, 121, 133; 45, 187, 228; 48, 346, 361; Benda/Maihofer/Vogel, aa0,§ 6, Rdnr. 18, § 17, Rdnr. 90 Häberle in Isensee/Kirchhof, aa0 Bd. I, § 20, Rdnr. 77; Maunz/Zippelius, Deutsches Staatsrecht, § 23 I 4; Starck in: Mangoldt/Klein/ Starck, Art. 1 I GG, Rdnr. 36; Schmidt-Bleibtreu/Klein, Art. 1 I GG, Rdnr. 13, 14; Zippelius in: BK, Art. 1 Abs. 1 und 2, Rdnr. 102.

244 Häberle, aa0, § 20, Rdnr. 60; Maunz/Zippelius, Deutsches Staatsrecht, § 23 I 4; Podlech in: AK, Art. 1 Abs. 1 GG, Rdnr. 7, 18, 63; Wintrich, Zur Problematik der Grundrechte, S. 19; Zippelius in: BK, Art. 1 Abs. 1 und 2, Rdnr. 102.

245 Luchterhand, aa0, S. 453.

Wenn es in Art. 1 I Satz 1 GG heißt: "Die Würde des Menschen ist unantastbar" so kann aus diesem Satz dennoch nicht die allgemeine Menschenpflicht zur Hilfeleistung, wie sie in § 323 c StGB sanktioniert worden ist, hergeleitet werden.

Bei Art. 1 I Satz 1 GG handelt es sich, wie der Vorschrift des Art. 79 III GG mittelbar entnommen werden kann, nicht nur um eine "ethische Deklaration"[246]. Vielmehr besitzt die Menschenwürdegarantie den Charakter eines obersten Konstitutionsprinzips allen objektiven Rechts[247]. Die Frage, ob Art. 1 I GG nicht nur staatliche Organe, sondern auch Privatpersonen unmittelbar verpflichtet, ist in der Lehre umstritten. Eine in der Literatur vertretene Minderansicht lehnt eine direkte aus Art. 1 GG folgende Verpflichtung der Privatpersonen zur Wahrung der Menschenwürde ab[248]. Der Satz 2 des Art. 1 I GG zeige: Die Menschenwürdegarantie wende sich ausschließlich an die staatliche Gewalt, und zwar sowohl bezüglich der Pflicht zur Achtung als auch hinsichtlich der zum Schutze der Menschenwürde[249]. Die h.L. vertritt aber den gegenteiligen Standpunkt: Die Verpflichtung zur Wahrung der Menschenwürde bestehe auch für Privatpersonen[250]. Die Menschenwürdegarantie sei "Strukturnorm" für Staat und Gesellschaft[251]. Die umfassende Wirkung folge aus Satz 1 des Art. 1 GG, der die Menschenwürde schlechthin für unantastbar erkläre[252]. Luchterhand und der h.L. ist zuzustimmen. Die Pflicht, die Menschenwürde nicht anzutasten, stellt eine Verhaltensnorm für jedermann dar. Bereits der Wortlaut des Art. 1 I Satz 1 GG, die Garantie der Unantastbarkeit, betont die umfassende Wirkung der Menschenwürde. Beiden Sätzen des Art. 1 I GG kommt ein eigenständiger Bedeutungsgehalt zu. Lediglich hinsichtlich des zweiten Satzes des Art. 1 I GG ist einzig und alleine der Staat Adressat. Als oberstes Konstitutionsprinzip allen objektiven Rechts ist die Wirkung der Menschenwürdegarantie (Art. 1 I Satz 1 GG) aber nicht auf den Staat begrenzt, sondern wendet sich an jedermann. Diese Interpretation wird durch die Entstehungsgeschichte des Art. 1 I GG bestätigt. So ist im Parlamentarischen Rat ausdrücklich betont worden: Art. 1 I Satz 1 GG sei "eine absolute Feststellung, die sich gegen jedermann wendet, sowohl gegen die staatliche Gewalt wie auch gegen jeden Privaten und gegen jede Institution"[253]. Die unmittelbare Wirkung der Pflicht für

---

246 Benda/Maihofer/Vogel, aa0, § 6, Rdnr. 6; Starck, aa0, Art. 1 I GG, Rdnr. 23; Stern, FS für Scupin, S. 627, 632, 634.

247 Benda/Maihofer/Vogel, aa0, § 6, Rdnr. 6; Dürig, AöR 81 (1956), S. 117, 119.

248 Kunig in: v. Münch, Art. 1 GG, Rdnr. 35; Stern, FS für Scupin, S. 627, 635.

249 Kunig in: v. Münch, Art. 1 GG, Rdnr. 35; Stern, FS für Scupin, S. 627, 635.

250 Häberle, aa0, § 20, Rdnr. 59; Isensee, DÖV 1982, S. 609, 615; Maunz/Zippelius, Deutsches Staatsrecht, § 23 II; Podlech in: AK, Art. 1 Abs. 1 GG, Rdnr. 82; Schmidt-Bleibtreu/Klein, aa0, Art. 1 I GG, Rdnr. 5; Starck in: Mangoldt/Klein/Starck, Art. 1 I GG, Rdnr. 29; Stober, Grundpflichten und Grundgesetz, S. 27; Wintrich, Zur Problematik der Grundrechte, S. 12; Zippelius in: BK, Art. 1 Abs. 1 und 2, Rdnr. 35.

251 Häberle, aa0, § 20, Rdnr. 59.

252 Starck in: Mangoldt/Klein/Starck, aa0, Art. 1 I GG, Rdnr. 29; Maunz/Zippelius, Deutsches Staatsrecht, § 23 II.

253 Süsterhenn, JöR n.F. 1 (1951), S. 51.

jedermann, die Menschenwürde nicht anzutasten, wird durch die in Satz 2 des Art. 1 I GG enthaltene staatliche Schutzpflicht abgesichert.

Obwohl sich Art. 1 I GG also an jedermann wendet, kann dieser Verfassungsbestimmung dennoch nicht unmittelbar eine Pflicht zur Hilfeleistung in Notfällen entnommen werden. Denn die Verhaltensnorm, die Menschenwürde anderer nicht anzutasten, begründet für den einzelnen nur eine Unterlassungspflicht, d.h. ein Verbot. Eine positive Verpflichtung (Gebot) zum Handeln, um die Menschenwürde eines anderen zu schützen, kann hieraus nicht hergeleitet werden. Bereits der Wortlaut des Art. 1 I Satz 1 GG spricht für diese Interpretation. Die Würde des Menschen nicht anzutasten, begründet die Pflicht für den einzelnen, diese nicht anzugreifen; von ihm wird insofern negativ ein Unterlassen gefordert[254]. Dem Begriff "unantastbar" kommt also die Bedeutung zu, die Menschenwürde nur negativ gegen Angriffe abzuschirmen[255]. Ferner spricht hierfür der systematische Zusammenhang zwischen Satz eins und zwei des Art. 1 I GG. Nach Art. 1 I Satz 2 GG ist die öffentliche Gewalt nicht nur verpflichtet, die Menschenwürde zu achten; der Staat muß sie darüber hinaus auch schützen. Nach allgemeiner Ansicht bedeutet der Begriff "achten", daß in die Menschenwürde nicht eingegriffen werden darf und der Staatsgewalt also insoweit eine Unterlassungspflicht obliegt[256]. Zudem verpflichtet Art. 1 I Satz 2 GG mit dem Merkmal "schützen" den Staat zu positivem Handeln, sofern der Menschenwürde Gefahr droht[257].

Die beiden Begriffe, die Menschenwürde "nicht anzutasten", sondern sie zu "achten", könnten durchaus synonym verwendet werden. Entgegen der Ansicht Luchterhands kann weder bei dem Merkmal des Achtens noch bei dem des Nichtantastens alleine der negative Erfolg für maßgeblich angesehen werden. Nach dem Sprachgebrauch beider Begriffe kommt es auch auf die Art des die Menschenwürde verletzenden Verhaltens an, das beide Male nur in einem positiven Tun bestehen kann[258]. Innerhalb des ersten Absatzes des Art. 1 I GG hätte es der Aufnahme des zweiten Satzes nicht bedurft, wenn aus Satz 1 bereits für jedermann die Pflicht folgen würde, die Menschenwürde durch positives Handeln zu schützen. Satz 2 hat aber gerade deshalb Aufnahme in das Grundgesetz gefunden, um klarzustellen, daß die Ver-

---

254 BVerfGE 1, 97, 104; Maunz/Zippelius, Deutsches Staatsrecht, § 23 II 1; Kunig in: v. Münch, Art. 1 GG, Rdnr. 25; Seifert/Hömig, aa0, Art. 1 GG, Rdnr. 8; Schmidt-Bleibtreu/Klein, Kommentar zum GG, Art. 1 GG, Rdnr. 12.

255 BVerfGE 1, 97, 104; Kunig in: v. Münch, Art. 1 GG, Rdnr. 25; Seifert/Hömig, aa0, Art. 1 I GG, Rdnr. 8; Schmidt-Bleibtreu/Klein, aa0, Art. 1 I GG, Rdnr. 12.

256 Kunig in: v. Münch, Art. 1 GG, Rdnr. 29 f; Pieroth/Schlink, Grundrechte, Rdnr. 351; Podlech in: AK, Art. 1 Abs. 1 GG, Rdnr. 17; Zippelius in: BK, Art. 1 Abs. 1 und 2, Rdnr. 22.

257 Kunig in: v. Münch, Art. 1 GG, Rdnr. 30; Pieroth/Schlink, aa0, Rdnr. 351; Zippelius in: BK, Art. 1 Abs. 1 und 2, Rdnr. 22.

258 BVerfGE 1, 97, 104; Starck in: v. Mangoldt/Klein/Starck, Das Bonner Grundgesetz, Art. 1 Abs. 1 GG, Rdnr. 29 f; Maunz/Zippelius, Deutsches Staatsrecht, § 23 II 1; Seifert/Hömig, GG für die Bundesrepublik Deutschland, Art. 1 GG, Rdnr. 8; Schmidt-Bleibtreu/Klein, Art. 1 GG, Rdnr. 12; Zippelius in: BK, Art. 1 Abs. 1 und 2 GG, Rdnr. 35.

pflichtung des Staates über das Achten der Menschenwürde hinausgehe[259]. Art. 1 I Satz 1 GG kann also nicht unmittelbar die rechtliche Hilfeleistungspflicht in Notfällen entnommen werden. Unter dem Gesichtspunkt des Schutzes der Menschenwürde ist der Staat aber zur Statuierung einer Nothilfepflicht ermächtigt, soweit die Not einen Grad erlangt, in dem der Mensch nicht mehr Subjekt ist, sondern zum bloßen Objekt seiner Umgebung zu werden droht. Denn zum Schützen gehört nicht nur die Abwehr von Angriffen auf die Menschenwürde durch Dritte. Hierzu zählt die Abwendung menschenunwürdiger Not schlechthin[260]. Inwieweit der Staat zur Strafbewehrung der Hilfeleistungspflicht befugt ist, beurteilt sich dabei in erster Linie nach dem Grundsatz der Verhältnismäßigkeit.

bbbbb. Die Pflicht zur Solidarität als unmittelbare Ausprägung des Sozialstaatsprinzips?

Denkbar ist aber, daß dem Sozialstaatsprinzip - anders als Art. 1 I GG - nicht nur die Berechtigung für den Gesetzgeber zur Schaffung einer Hilfeleistungspflicht in Notfällen, sondern eine für die Mitglieder der Gesellschaft unmittelbar verbindliche Pflicht zur Solidarität entnommen werden kann. Das in den Art. 20 I und 28 I GG verankerte Sozialstaatsprinzip besitzt nicht nur bloßen Programmcharakter. Vielmehr stellt es eine in engem Zusammenhang mit der Menschenwürde[261] stehende Staatszielbestimmung dar. Konkrete Aussagen über den Inhalt dieses Staatsstrukturprinzips lassen sich aber nur äußerst schwer treffen. Nach Marcic ist der soziale Rechtsstaat "jene politische Gemeinschaftsform, in der der Mensch von Rechts wegen zur Nächstenliebe angeleitet wird"[262]. Die h.L. ist zurückhaltender, da sich die Nächstenliebe und das Bewußtsein des einzelnen, Glied eines größeren Ganzen zu sein, nicht erzwingen lassen[263]. Dennoch könnte das Sozialstaatsprinzip eine Pflicht des einzelnen Gesellschaftsmitgliedes zur Solidarität beinhalten. Als eine Aufgabe des Sozialstaatsprinzips wird die Gewährung von Hilfe in sozialen Notlagen angesehen. Hierzu kann nicht nur die Sozialhilfe nach dem Bundessozialhilfegesetz gerechnet werden; jene Hilfe in sozialen Notlagen umfaßt auch die Hilfe bei Unglücksfällen, Naturkatastrophen etc.[264]. Eine unmittelbare Pflicht des einzelnen zu solidarischem Verhalten in derartigen Notlagen könnte dem Sozialstaatsprinzip aber nur entnommen werden, wenn Verpflichtungssubjekt dieser Staatszielbestimmung neben dem Staat auch die Bürger wären.

---

259 Seifert/Hömig, aa0, Art. 1 GG, Rdnr. 8; Schmidt-Bleibtreu/Klein, aa0, Art. 1 I GG, Rdnr. 12.

260 Maunz/Zippelius, Deutsches Staatsrecht, § 23 II 1; Podlech in: AK, Art. 1 Abs. 1 GG, Rdnr. 14; Starck in: Mangoldt/Klein/Starck, aa0, Art. 1 I GG, Rdnr. 36; Zippelius in: BK, Art. 1 Abs. 1 und 2, Rdnr. 22; a.A. noch BVerfGE 1, 97, 104.

261 BVerfGE 35, 348, 355.

262 Marcic Rene, Vom Gesetzesstaat zum Richterstaat, S. 416.

263 Benda/Maihofer/Vogel, aa0, § 12, Rdnr. 179 ff.

264 Maunz/Zippelius, Deutsches Staatsrecht, § 14 I 3.

Übereinstimmung besteht zwar weitgehend darin, daß der "sozial gebundene Staat" auch den "sozial gebenden, gebundenen, verpflichtenden Bürger" braucht[265].

Uneinigkeit herrscht aber darüber, ob und inwieweit das Sozialstaatsprinzip den einzelnen Bürger unmittelbar verpflichtet.

Lediglich von einer in der Literatur vertretenen Minderansicht wird diese Frage in einem positiven Sinne beantwortet. Allerdings gehen innerhalb dieser Auffassung die Meinungen über den Inhalt der aus dieser Staatszielbestimmung den Bürger treffenden Pflicht auseinander. Nach einer nur von wenigen vertretenen Ansicht folgt aus dem Sozialstaatsprinzip für den einzelnen die unmittelbare Pflicht zur Solidarität, allerdings nur im Sinne eines Gebotes zur wechselseitigen Rücksichtnahme. Diese Meinung versteht die Solidaritätspflicht allein negativ als Verbot, andere zu schädigen[266]. Als Verfassungsrechtssatz komme diese Pflicht zudem innerhalb Art. 2 I GG in dem Verbot, die "Rechte anderer" zu verletzen, zum Ausdruck[267]. Demgegenüber sind andere Autoren der Ansicht, aus dem Sozialstaatsprinzip folge die Pflicht zur Solidarität in einem positiven Sinne. Das Sozialstaatsprinzip verlange von dem einzelnen nicht nur Rücksichtnahme, sondern auch Beistand seinen Mitmenschen gegenüber[268]. Die Vertreter dieser Ansicht greifen zur Begründung ihrer Auffassung auf folgende Argumente zurück. Das dritte Postulat der französischen Revolution, die fraternitè, komme für einen Teilaspekt bereits in Art. 14 II GG zum Ausdruck, wenn es dort heiße: "Eigentum verpflichet. Sein Gebrauch soll zugleich dem Wohle der Allgemeinheit dienen"[269]. Eine menschenwürdige und freiheitlich soziale Gesamtrechtsordnung sei ohne eine allgemeine Pflicht zur Solidarität nicht denkbar[270]. Bereits aus dem Wortlaut des Begriffs "sozial", der in Art. 20 I und 28 I GG dem Bundesstaat und dem Rechtsstaat vorangestellt worden sei, folge, daß die Mitmenschen sich nicht nur gegenseitige Rücksichtnahme, sondern auch Beistand in Notlagen schulden würden[271]. Die somit aus dem Sozialstaatsprinzip abzuleitende allgemeine Pflicht zur Solidarität in ihrer Ausprägung als Beistandspflicht sei Bestandteil der "verfassungsmäßigen Ordnung"[272].

---

265 Zacher in: Isensee/Kirchhof, aa0 Bd. I, § 25, Rdnr. 99.

266 Bachhof, VVDStRL 41, 1983, S. 97, 98; Menger, Der Begriff des sozialen Rechtsstaates im Bonner Grundgesetz, S. 24 f.

267 Huber, DÖV 1956, S. 200, 201; Menger, aa0, S. 25.

268 Bleckmann, Staatsrecht II, Die Grundrechte, S. § 11, Rdnr. 326; Ballerstedt in: Bettermann/Nipperdey/Scheuner, Die Grundrechte, Handbuch der Theorie und Praxis der Grundrechte, Bd. 3, 1. Halband, S. 57 ff; Dürig, JZ 1953, S. 193, 197, Huber, DÖV 1956, S. 200, 201.

269 Bleckmann, aa0, § 11, Rdnr. 326.

270 Ballerstedt, aa0, S. 57.

271 Marcic, Vom Gesetzesstaat zum Richterstaat, S. 415.

272 Ballerstedt, aa0, S. 57 ff.

Demgegenüber kann nach der Rechtsprechung des BVerfG[273] und nach h.L.[274] aus dem Sozialstaatsprinzip keine für die Bürger unmittelbar verbindliche Pflicht zur Solidarität abgeleitet werden. Dem Sozialstaatsprinzip komme zwar Bedeutung für die Interpretation der Grundrechte zu[275]. Es handele sich aber um eine hochabstrakte Staatszielbestimmung, die wegen ihrer Offenheit in besonderem Maße der Konkretisierung durch den Gesetzgeber bedürfe[276]. Ohne entsprechende gesetzgeberische Entscheidung könne dem Sozialstaatsprinzip keine unmittelbar verbindliche Pflicht, insbesondere eine solche zur Solidarität, entnommen werden. Diese Staatszielbestimmung sei ohne gesetzgeberische Konkretisierung nicht geeignet, den Grundrechten der Bürger als kollidierendes Verfassungsrecht unmittelbare Schranken zu setzen[277]. Mit dem Hinweis auf Art. 14 II GG lasse sich aus dem Sozialstaatsprinzip keine rechtliche Pflicht zur Solidarität begründen. Denn solange der Gesetzgeber nicht bestimmt habe, wozu der Eigentümer verpflichtet sein soll, enthalte Art. 14 II GG für diesen nichts anderes als einen moralischen Appell[278].

Der h.L. ist aus folgenden Gründen zuzustimmen. Als Staatszielbestimmung wendet sich das Sozialstaatsprinzip in erster Linie an den Staat. In den Art. 20 I und Art. 28 I GG werden mit dem Attribut "sozial" nämlich der Bundesstaat und der Rechtsstaat gekennzeichnet. Hier ist im Gegensatz zu Art. 1 II GG nicht von der "menschlichen Gemeinschaft" die Rede. Die Verfassung stellt dem Staat mit dem Strukturprinzip der Sozialstaatlichkeit eine Aufgabe, ohne aber genau zu definieren, was mit dem Begriff "Sozialstaat" gemeint ist und welche Wege zu seiner Realisierung eingeschlagen werden müssen[279]. Der Staat wird zwar bei der Verwirklichung der sozialen Aufgabe auf den sozialgebundenen Bürger nicht verzichten können. Wegen ihres hohen Abstraktionsgrades resultieren aus der Sozialstaatsklausel aber keine konkreten Pflichten der Bürger. Es ist primär Aufgabe des Gesetzgebers zu entscheiden, welche Maßnahmen der Staat zur Realisierung des Sozialstaates ergreift und ob er sich insoweit und wenn ja, in welchem Umfange, der Inanspruchnahme der Bürger bedient. Eine allgemeine Pflicht zur Solidarität im Sinne eines wechselseitigen Beistandes der Bürger bedarf der Statuierung durch den Gesetzgeber. Der Verfassung kann allenfalls eine unmittelbare Pflicht zur gegenseitigen Rücksichtnahme entnommen werden. Zu deren Herleitung bedarf es aber keines Rekurses auf das Sozialstaatsprinzip. Naheliegender ist es, insofern auf die in Art. 2 I GG enthaltene Schranke der "Rechte anderer" abzustellen.

---

273 BVerfGE 59, 231, 263.

274 Badura, DÖV 1989, S. 491, 492, 494; ders. DVBl 1982, S. 861, 869; Bieback, EuGRZ 1985, S. 657, 661; Isensee, DÖV 1982, S. 609, 613.

275 BVerfGE 59, 213, 263.

276 BVerfGE 1, 97, 105; Degenhart, Staatsrecht I , Rdnr. 358 ff; Isensee, DÖV 1982, S. 609, 613; Schmidt-Bleibtreu/Klein, Kommentar zum Grundgesetz, Art. 20 GG, Rdnr. 44 a.

277 BVerfGE 59, 231, 263; Jarass/Pieroth, aa0, Art. 20 GG, Rdnr. 80.

278 Isensee, DÖV 1982, S. 609, 613.

279 Grimm, NJW 1989, S. 1305, 1306 spricht von einer "inhaltlich nicht näher präzisierten Sozialstaatsklausel".

ccccc. Das Sozialstaatsprinzip und die Befugnis des Gesetzgebers zum Grundrechtsschutz als verfassungsrechtliche Legitimation zur Erhebung der sittlichen Hilfeleistungspflicht zur Rechtspflicht

Mit der Feststellung, aus dem Sozialstaatsprinzip könne keine unmittelbare Pflicht zur Solidarität im Sinne einer wechselseitigen Beistandspflicht der Bürger hergeleitet werden, ist noch nicht entschieden, daß dieser Staatszielbestimmung keinerlei Bedeutung für die strafbewehrte Hilfeleistungspflicht zukommt. Ganz im Gegenteil erscheint es aus folgenden Gründen nicht fernliegend, wenn von einigen Autoren in der strafrechtlichen Literatur, wie bereits dargelegt, zur Rechtfertigung der Strafvorschrift des § 323 c StGB auf das Sozialstaatsprinzip zurückgegriffen wird: Das BVerfG[280] und die herrschende staatsrechtliche Doktrin[281] gehen zu Recht davon aus, daß das Sozialstaatsprinzip als Legitimation für die Einschränkung von Grundrechten dienen könne. Bei der Überprüfung der Verfassungsmäßigkeit einer Grundrechtseinschränkung an dem Grundsatz der Verhältnismäßigkeit besitzt das von der Legislative mit einer gesetzlichen Regelung verfolgte Ziel, wenn es der Verwirklichung der sozialstaatlichen Idee dient, besonderes Gewicht. Der Staat darf die Bürger zur Erfüllung der sozialstaatlichen Aufgabe heranziehen und sie im Wege rechtlicher Regelungen zu sozialem Verhalten anhalten[282]. Die Behebung von Notlagen, und zwar nicht nur von solchen materieller Art, wird allgemein als ein zulässiges sozialstaatliches Ziel angesehen[283]. Insofern besteht zwischen dem Sozialstaatsprinzip und Art. 1 I GG ein enger Zusammenhang, als jene Staatszielbestimmung der Erhaltung und Sicherheit der menschlichen Würde von Nutzen ist[284]. Denn befindet sich ein Mensch in einem solchen Zustand der Hilfsbedürftigkeit, schwebt also in der Gefahr, nicht mehr Subjekt, sondern nur noch bloßes Objekt seiner Umgebung zu sein, so ist seine Menschenwürde betroffen. Art. 1 I Satz 2 GG macht dem Staat den Schutz der Menschenwürde aber zur Aufgabe. Diese Pflicht ist nicht auf die Abwehr von auf die Menschenwürde gerichteter Angriffe Dritter beschränkt. Der Staat ist auch dann zum Schutz der Menschenwürde aufgerufen, wenn bedeutsame Rechtsgüter des einzelnen, wie z.B. das Leben als die vitale Basis der Menschenwürde[285], in anderer Weise bedroht sind. Zur Begründung der Legitimation des vom Staat mit der strafbewehrten Nothilfepflicht verfolgten Zwecks kann über das Sozialstaatsprinzip und Art. 1 I GG hinaus auch auf die generelle Befugnis des Staates, Maßnahmen zum Schutze der Grundrechte zu ergreifen, rekurriert werden. Wäre lediglich Art. 1 I GG einschlägig, könnte der Staat die

280 BVerfGE 68, 193, 218, 220.
281 Badura, DÖV 1989, S. 491, 492; Benda/Maihofer/Vogel, aa0, § 17, Rdnr. 158 ff; Degenhart, Staatsrecht I, Rdnr. 363; Jarass/Pieroth, aa0, Art. 20 GG, Rdnr. 80.
282 Hamann, Grundgesetz und Strafgesetzgebung, S. 64, der zugleich auf die Grenze, die er in dem nicht antastbaren individuel geprägten engsten Persönlichkeitsbereich erblickt, hinweist.
283 Maunz/Zippelius, Deutsches Staatsrecht, § 14 I 3.
284 BVerfGE 35, 348, 355.
285 BVerfGE 39, 1, 42.

übrigen grundrechtlichen Werte nur innerhalb des schmalen Bereiches schützen, der zugleich Ausfluß der Menschenwürde ist. Es ist aber zu Recht anerkannt, daß der Staat über die Verfassungsbestimmung des Art. 1 I Satz 2 GG hinausgehend grundsätzlich zum Erlaß von Vorschriften, die dem Schutz der Grundrechte der Bürger dienen, berechtigt ist[286]. Ein staatlicher Eingriff in die grundrechtliche Freiheit kann also nicht nur mit dem Ziel, das Gemeinwohl, sondern auch mit der Intention, individuelle Grundrechtspositionen zu schützen, gerechtfertigt werden. Der Schutz der Grundrechte ist ein legitimer Zweck, um in die grundrechtlichen Freiheitspostionen der Bürger einzugreifen.

Aus dem Sozialstaatsprinzip[287] in Verbindung mit dem Schutz der Menschenwürde und der Befugnis zum Schutz der übrigen grundrechtlichen Werte folgt die Legitimität des mit der Strafvorschrift des § 323 c StGB von dem Gesetzgeber verfolgten Zweckes. Hieraus resultiert aber noch nicht die materielle Verfassungsmäßigkeit dieses Straftatbestandes. Die Frage nach der Zulässigkeit des Grundrechtsschutzes im Wege einer allgemeinen den Unbeteiligten treffenden Hilfeleistungspflicht und ihrer Strafbewehrung kann nur auf der Grundlage des verfassungsrechtlichen Verhältnismäßigkeitsgrundsatzes beantwortet werden[288]. Eine Einschränkung der durch Art. 2 I GG geschützten allgemeinen Handlungsfreiheit des Hilfspflichtigen ist nämlich nur insoweit zulässig, als dies zum Grundrechtsschutz des Hilfsbedürftigen unerläßlich ist. Der entscheidende materiell verfassungsrechtliche Prüfungsmaßstab des § 323 c StGB ist hier anzusiedeln. Er führt zu einer Verstärkung der Geltungskraft der Grundrechte, da er die Zulässigkeit der Einschränkung der Grundrechte ihrerseits begrenzt[289].

bbb. Die Beachtung des Verhältnismäßigkeitsgrundsatzes als "relatives Pönalisierungsverbot"

aaaa. Die Geeignetheit des Mittels

Der Verhältnismäßigkeitsgrundsatz kann aber, worauf an anderer Stelle bereits hingewiesen worden ist, der Pönalisierung eines Verhaltens durch den Gesetzgeber keine absolute Grenze setzen. Aus diesem Prinzip kann nämlich kein Verbot abgeleitet werden, die Pönalisierung bestimmter Verhaltensweisen schlechthin zu unterlassen. Denn die Feststellung der "Angemessenheit des Mittels" beruht letztlich auf einer Abwägung, die je nach der Gewichtigkeit des mit der Strafvorschrift verfolgten Zieles und des hiermit verbundenen Eingriffs in die

---

286 BVerfGE 49, 24, 53 f; Alexy, Theorie der Grundrechte, S. 424, 425; Bleckmann, Die Grundrechte, § 11 VII, Rdnr. 185 ff; Jarass, AÖR 110, 1985, S. 363, 383; Wahl/Massing, JZ 1990, S. 553, 560.

287 Vgl. zur Herleitung der Hilfeleistungspflicht aus dem Sozialstaatsprinzip: Köhler, ZStW 104, (1992), S. 3, 21 f; Krey, Strafrecht, BT 1, Rdnr. 806 a.

288 Müller-Emmert, GA 1976, S. 291, 301 f; Ostendorf, GA 1982, S. 333, 341.

289 Grimm, NJW 1989, S. 1305, 1308.

Freiheit des Täters unterschiedlich ausfallen kann[290]. Hinzu kommt, daß die Wertigkeit des in die Abwägung einzustellenden strafrechtlichen Rechtsgutes regelmäßig von den jeweils in der Gesellschaft herrschenden Wertvorstellungen abhängig ist[291]. Aus diesem Grunde stellt der Verhältnismäßigkeitsgrundsatz lediglich ein "relatives Pönalisierungsgebot" dar.

Nach Rechtsprechung und h.L. besteht dieser Grundsatz aus den Einzelprinzipien der Geeignetheit, der Erforderlichkeit und der Angemessenheit des Mittels[292].

Zunächst soll der Frage nachgegangen werden, ob die Strafvorschrift des § 323 c StGB geeignet ist, die Individualrechtsgüter des Hilfsbedürftigen bei Vorliegen eines Unglücksfalles, einer gemeinen Gefahr oder Not zu schützen. Hierbei ist folgende Besonderheit zu berücksichtigen. Eine Strafvorschrift erfordert eine zweistufige Verhältnismäßigkeitsprüfung. Das zeigt sich bereits bei dem Einzelprinzip der Geeignetheit des Mittels[293]. Sowohl die Nothilfepflicht als solche als auch ihre Strafbewehrung müssen zur Erreichung des mit § 323 c StGB bezweckten Individualrechtsgüterschutz geeignet sein. Im Rahmen der Strafbewehrung wird dabei wegen der unterschiedlichen Eingriffsintensität zwischen der Geld- und Freiheitsstrafe differenziert.

Die Eignung der rechtlichen Nothilfepflicht, den einzelnen zu veranlassen, dem in Not befindlichen Mitmenschen zu helfen, erscheint aus folgendem Grunde fraglich: In erster Linie sind es die Umstände des Einzelfalles sowie die Erziehung des Bürgers und weniger die Kenntnis der Nothilfepflicht, die ihn bewegen, dem Hilfsdürftigen zu helfen[294]. So nimmt die Bereitschaft zur Hilfeleistung infolge von Verantwortungsverlagerung bzw. sozialer Hemmung i.d.R. ab, wenn mehrere Personen Zeugen eines Unglücksfalles werden[295]. Personen die zur Achtung der Privatsphäre anderer erzogen wurden, können nur schwer durch eine Rechtsvorschrift motiviert werden, sich um die Angelegenheiten anderer zu kümmern.

Dennoch wäre es falsch zu behaupten, daß die strafbewehrte Nothilfepflicht zu dem vom Gesetzgeber mit ihr intendierten Individualrechtsgüterschutz ungeeignet sei. Dem Verfassungsprinzip der Geeignetheit des Mittels kommt nämlich nur eine geringe, die Strafgewalt des Gesetzgebers begrenzende Wirkung zu[296]. BVerfG[297] und h.L.[298] betonen im Hinblick auf die

290 Tiedemann, ZStW 86, (1974), S. 303, 309.
291 Vogler, ZStW 90, (1978), S. 132, 171.
292 BVerfGE NJW 1994, S. 1577, 1578; Hill in: Isensee/Kirchhof, Handbuch des Staatsrechts der BRD, Bd. VI, § 156, Rdnr. 22.
293 Günther, Strafrechtswidrigkeit und Strafunrechtsausschluß, S. 170.
294 Füllgrube, Kriminalistik, 1978, S. 160 ff.
295 Füllgrube, aa0, S. 161, 162.
296 BVerfGE 30, 250, 263 f; 47, 109, 117.
297 BVerfGE 71, 206, 215; 77, 170, 215; 80, 182, 186; 88, 203, 262; NJW 1994, S. 1577, 1578.
298 Badura, Staatsrecht, F, Rdnr. 14; Günther, Strafrechtswidrigkeit, S. 240; Krey, Studien zum

im Grundgesetz zwischen Judikative und Legislative zum Ausdruck kommende Funktionenteilung zu Recht den weiten legislativen Gestaltungsspielraum bei Erlaß von Gesetzen und das hiermit korrespondierende Gebot der gerichtlichen Zurückhaltung bei ihrer Überprüfung. Daher wird die Geeignetheit eines Gesetzes nicht nur bejaht, wenn mit seiner Hilfe der beabsichtigte Erfolg völlig erreicht wird. Vielmehr ist die partielle Zweckerreichung bereits genügend[299], wenn das Gesetz weitgehend seinen Zweck erfüllt[300]. Ausreichend ist also bereits, daß mit Hilfe des Gesetzes der Eintritt des beabsichtigten Erfolges gefördert werden kann[301]. Hierbei ist zu berücksichtigen, daß dem Gesetzgeber im Rahmen der Prognose der Wirksamkeit des von ihm eingesetzten Mittels eine Einschätzungsprärogative zukommt[302]. Die Verfassungswidrigkeit des Gesetzes kann wegen fehlender Eignung nur ausnahmsweise festgestellt werden. Dies ist nur dann der Fall, wenn das eingesetzte Mittel "objektiv untauglich"[303], "objektiv ungeeignet"[304] oder "schlechthin ungeeignet"[305] ist. Der aus dem Gewaltenteilungsgrundsatz und dem Demokratieprinzip folgende Entscheidungsvorrang des Gesetzgebers fordert, seine Prognose erst dann zu beanstanden, wenn ihr unrichtige tatsächliche Voraussetzungen zugrunde gelegt worden sind[306].

Aufgrund dieses Bedeutungsgehaltes des Prinzips der Geeignetheit des Mittels kann nicht davon ausgegangen werden, daß die rechtliche Nothilfepflicht hiergegen verstößt. Es läßt sich nämlich nicht ernstlich behaupten, daß es ein zu vernachlässigender, verschwindend geringer Teil von Rechtsunterworfenen sei, die sich in ihrem Verhalten durch die Rechtspflicht zur Hilfeleistung motivieren ließen. Dies um so weniger, als im Rahmen des § 323 c StGB die Pflicht zur Hilfeleistung in Notfällen strafbewehrt ist. Denn ungeachtet der sonstigen Strafrechtszwecke wird einer Strafvorschrift sowohl in der verfassungsrechtlichen Rechtsprechung als auch der Strafrechtslehre generalpräventive Wirkung beigemessen[307]. Dies gilt auch für die Androhung von Geldstrafe, die, wie die Freiheitsstrafe, stigmatisierende Bedeutung für den Täter besitzt. Trotz der Tatsache, daß § 323 c StGB in der Kriminalstatistik ein

---

Gesetzesvorbehalt im Strafrecht, S. 150; Stein, Staatsrecht, § 20 II 2; Stree, Deliktsfolgen und Grundgesetz, S. 9.

299 BVerfGE 47, 109, LS 1, 117.

300 BVerfGE 47, 109, 117; 71, 206, LS 1.

301 BVerfG NJW 1994, S. 1577, 1579; Günther, Strafrechtswidrigkeit und Strafrechtsunrechtsausschluß,

302 BVerfGE 71, 206, 215; BVerfG NJW 1994, S. 1577, LS 2a, 1579.

303 BVerfGE 16, 147, 181; 47, 109, 117.

304 BVerfGE 17, 306, 317; 47, 109, 117.

305 BVerfGE 19, 119, 126; 47, 109, 117; 30, 250, 263 f; 71, 206, 215.

306 BVerfGE 71, 206, 215; 47, 109, 117; 50, 142, 163; Hill in: Isensee/Kirchhof, aaO, § 156, Rdnr. 7.

307 Die generalpräventive Wirkung der Strafe wird einhellig anerkannt, obwohl nur geringe Kenntnisse über ihren genauen Effizienzgrad bestehen. BVerfGE 39, 1, 57; Günther, Strafrechtswidrigkeit und Strafunrechtsausschluß, S. 186; Jescheck in: Jescheck/Trifterer, Ist die lebenslange Freiheitsstrafe verfassungswidrig ?, S. 127, 139; Kaufmann Armin, Strafrechtsdogmatik zwischen Sein und Wert; Lackner, Gallas-FS 1973, S. 117, 134. Siehe auch Driendl, Zur Notwendigkeit und Möglichkeit einer Strafgesetzgebungswissenschaft in der Gegenwart, S. 41, der bemängelt, daß es keine gesicherten Ergebnisse über die generalpräventive Wirkung von Strafrechtsnormen gebe.

Schattendasein führt[308], kann zwar nicht von einem besonders hohen Maß generalpräventiver Wirkung dieser Strafvorschrift ausgegangen werden. Unter anderem wegen der häufig zwischen Täter und Opfer bestehenden Anonymität dürfte die Dunkelziffer dieses Delikts ziemlich hoch sein[309]. Hiermit läßt sich aber noch nicht die mangelnde Eignung des § 323 c StGB, die Individualrechtsgüter des Hilfsbedürftigen zu schützen, belegen. Die dieser Strafvorschrift zukommende positive Generalprävention darf nämlich nicht außer Betracht bleiben[310].

Gemäß § 323 c StGB ist die in der Gesellschaft bestehende sozialethische Pflicht zur Hilfeleistung zur Rechtspflicht erhoben worden. Hierdurch wurde den in der Rechtsgemeinschaft insoweit anzutreffenden solidarischen Wertvorstellungen Ausdruck verliehen[311]. Alleine der Existenz des § 323 c StGB muß schon Bedeutung für die künftige Wertbildung in der Bevölkerung beigemessen werden[312]. Für die Eignung des § 323 c StGB ist es bereits ausreichend, daß ein Teil der Rechtsunterworfenen ihr Verhalten an dieser Vorschrift orientieren. Hiervon kann trotz hoher Dunkelziffer sicherlich ausgegangen werden.

bbbb. Die Erforderlichkeit des Mittels

Nach dem Verhältnismäßigkeitsgrundsatz müßte die Strafvorschrift des § 323 c StGB ferner erforderlich sein, um den erstrebten Zweck zu erreichen. Der Grundsatz der Verhältnismäßigkeit in seiner Ausprägung als Prinzip der Erforderlichkeit zielt auf einen Vergleich mehrerer zur Erreichung eines bestimmten Zieles in Betracht kommender Mittel ab[313]. Nach dem Grundsatz der Erforderlichkeit - mit anderen Worten dem Prinzip des mildesten Mittels -

308 Spendel in: LK, § 323 c StGB, Rdnr. 14.

309 Aus einer hohen Dunkelziffer folgt aber nicht die Unzulässigkeit einer Strafvorschrift; vgl. Klug, Skeptische Rechtsphilosophie und humanes Strafrecht, Bd. 2, S. 186.

310 BVerfGE 88, 203, 272; erstmals anerkannt in BVerfGE 39, 1, 57; siehe zur positiven Generalprävention auch Roxin, Strafrecht, AT, § 3, Rdnr. 26; Tiedemann, Verfassungsrecht und Strafrecht, S. 21; Vogler, ZStW 90, (1978), S. 132, 142.

311 BVerfGE 39, 1, 59; Günther, Strafrechtswidrigkeit und Strafunrechtsausschluß, S. 186. Vgl. auch Schultz, ZStW 92, (1980), S. 611, 630, der auf die besondere Bedeutung des Rechts als Bindung an gemeinsame Werte, in Zeiten nachlassender Anerkennung religiöser Gebote und sittlicher Normen, hinweist.

312 In der BVerfGE 39, 1, 57 wird hervorgehoben, daß "schon die bloße Existenz einer solchen Strafdrohung" Einfluß auf die "Wertvorstellungen und die Verhaltensweisen der Bevölkerung" habe. Vgl. speziell zur Prägekraft des § 323 c StGB, Armin Kaufmann, Strafrechtsdogmatik zwischen Sein und Wert, S. 276, Fn. 28, der betont: " Seit die unterlassene Hilfeleistung bei Unglücksfällen unter Strafe gestellt worden ist (§ 330 c RStGB, jetzt § 323 c StGB), hat sich dieses rechtliche Gebot allgemein durchgesetzt, mag auch die Dunkelziffer - wie bei allen Unterlassungsdelikten - relativ hoch sein.

313 Ohne Rückgriff auf den Verhältnismäßigkeitsgrundsatz forderte v. Liszt bereits die "Notwendigkeit" und auch die "Eignung" als unerläßliche Voraussetzung der Strafe. Siehe v. Liszt, Der Zweckgedanke im Strafrecht in: Strafrechtliche Vorträge und Aufsätze, 1905, Bd. 1, S. 216 ff: "Wo andere sozialpolitische Maßnahmen oder eigene freiwillige Leistungen des Täters einen ausreichenden Rechtsgüterschutz gewährleisten können, darf - mangels Notwendigkeit - nicht bestraft werden, und auch wenn mildere Möglichkeiten nicht zur Verfügung stehen, ist auf die Strafe - mangels Eignung - zu verzichten, wo sie kriminalpolitisch wirkungslos oder gar schädlich ist."

dürfen Grundrechtseingriffe nicht weiter reichen als ihr Zweck es zwingend gebietet. Maßgeblich ist also, ob die unterschiedlichen Mittel zur Erreichung des Regelungszweckes gleichermaßen geeignet sind. Der Gesetzgeber braucht sich nur dann auf das mildere Mittel verweisen zu lassen, wenn der einschneidendere Grundrechtseingriff nicht zugleich auch einen besseren Erfolg verspricht. Die Legislative verfügt insoweit über einen Einschätzungsspielraum. Bestehen erhebliche Zweifel an der Effizienz des milderen Mittels, darf der Gesetzgeber auf das zweifelsfrei wirksamere, den einzelnen aber stärker belastende Mittel zurückgreifen. Wie bereits der Grundsatz der "Geeignetheit des Mittels", so besitzt auch das Erforderlichkeitsprinzip für die Verfassungsmäßigkeitsprüfung einer Strafvorschrift auf zwei Stufen Bedeutung.
Erstens: Die tatbestandliche Fassung des der Strafvorschrift des § 323 c StGB zugrundeliegenden Sollenssatzes muß erforderlich sein. Das ist nicht der Fall, wenn eine andere, den Rechtsgüterschutz gleichermaßen bewirkende Regelung den einzelnen weniger belastet.
Zweitens: Die Strafbewehrung als solche muß erforderlich sein. Hierbei ist zu beachten, daß auch die Androhung von Geldstrafe, selbst wenn sie nur in geringer Höhe erfolgt, als Strafe und demzufolge stärkste dem Staat zur Verfügung stehende Sanktion zu qualifizieren ist.

Das Prinzip der Erforderlichkeit ist der Standort des Strafbedürfnisses[314]. Dieses strafbegrenzende Merkmal fragt also nicht nur, ob die Strafe das einzige Mittel zum Rechtsgüterschutz ist, sondern auch nach der Erforderlichkeit des tatbestandlichen Umfanges des inkriminierten Verhaltens[315]. Verfassungsrechtsprechung und h.L. betonen zu Recht die Subsidiarität[316] des Strafrechts bzw. die Funktion der Strafrechtsnorm als die "ultima ratio"[317] im staatlichen Instrumentarium der Verhaltenssteuerung. Es darf kein anderes Mittel vorhanden sein, das gleichermaßen geeignet ist, das als sozialschädlich bewertete Verhalten zu

---

314 Günther, JuS 1978, S. 8, 11; Hamann, Grundgesetz und Strafgesetzgebung, S. 27; Hund, ZRP 1994, S. 4, 5; Jescheck/Weigend, Lehrbuch des Strafrechts, AT, § 7 I 1 a; Müller-Dietz, Strafe und Staat, S. 33; Ostendorf, GA 1982, S. 333, 341 f; Otto, Grundkurs, Strafrecht, Allgemeine Strafrechtslehre, § 1, Rdnr. 50; ders., Schröder-Gedächtnisschrift, S. 53, 56; ders., ZStW 96.1 (1982), S. 339, 348. Vgl. auch Sax in: Bettermann-Nipperdey-Scheuner, S. 925, der das Merkmal "Der-Strafe-Bedürfen" ebenfalls in diesem Sinne versteht, obwohl er es als ein Element der "Strafwürdigkeit ansieht, zu dem das weitere "Der-Strafe-Verdienen" hinzukomme. Siehe auch Volk, ZStW 97, (1985), S. 871, 896, der betont, man könne mit dem Begriff des Strafbedürfnisses auch das Prinzip der Geeignetheit und Erforderlichkeit des Mittels übergreifend erfassen.

315 Sax, aa0, S. 926, der hervorhebt, daß die Strafbedürftigkeit auch darüber entscheidet, "wie weit die Strafbarkeit an sich Strafe verdienender und ihrer bedürfender Rechtsgutsverletzungen durch Normierung von Versuchsstrafbarkeit oder Ausformung von Unternehmens- oder selbständigen Vorbereitungsstraftatbeständen in den Bereich der bloßen Rechtsgutsgefährdung vorverlegt werden darf".

316 Günther, JuS 1978, S. 8, 11; Hassemer in: AK, Vor § 1 StGB, Rdnr. 206; Jakobs, Strafrecht, AT, 2/26 ff; Kaufmann, Henkel-FS, S. 89, 102; Otto, ZStW 96.1. (1984), S. 339, 361, 375; Roxin, JuS 1966, S. 377, 382; ders., Strafrecht AT, Bd. I, § 2, Rdnr. 38 ff; Rudolphi in: SK, Vor § 1 StGB, Rdnr. 14; Schmidhäuser, Strafrecht, AT, Lehrbuch, Anm. 2/14, S. 29; Volk, JZ 1982, S. 85, 88.

317 Blei, Henkel-FS, 1974, S. 109; Jescheck/Weigend, Lehrbuch des Strafrechts, AT, § 1 I 2; § 7 I 1; Jescheck in: LK, Bd. 1, Einl., Rdnr. 3; Maurach/Zipf, Strafrecht, AT, Tb. 1, § 2 III A, Rdnr. 13; Otto, Grundkurs, Strafrecht, § 1, Rdnr. 49; Schultz, ZStW 92, (1980), S. 611, 626.

unterbinden bzw. das als sozialnützlich qualifizierte Verhalten zu veranlassen[318]. Hier und nicht erst später im Rahmen der Prüfung der Angemessenheit des Mittels ist der Standort für die Kontrolle, ob die Ausgestaltung einer Strafvorschrift als Ordnungswidrigkeit[319] ausreichend gewesen wäre[320]. Letztere Prüfung liegt für § 323 c StGB aus folgendem Grunde nahe. Vor der zur Zeit des Nationalsozialismus erfolgten Reform war die Nothilfepflicht gemäß § 360 Ziff. 10 RStGB als Übertretung ausgestaltet. Die Mehrzahl der Übertretungen ist 1975 in Ordnungswidrigkeiten umgewandelt worden.

Als weitere Maßnahmen der außerstrafrechtlichen Verhaltenssteuerung kommen solche auf dem Gebiet des Ordnungs- bzw. Sozialrechts in Frage. Für § 323 c StGB wäre bei Vorliegen einer der drei tatbestandlichen Bedürfnisfälle auch an den Erlaß einer an den "Nichtverantwortlichen" (Nichtstörer) adressierten ordnungsrechtlichen Verfügung zu denken. Ferner kommt als sozialrechtliche Maßnahme nicht nur, wie dies schon geschehen ist, die Einbeziehung des Helfers in die gesetzliche Unfallversicherung in Betracht. Gegenwärtig sieht § 539 I Nr. 9a RVO nur die Möglichkeit einer "sozialrechtlichen Entschädigung" nach den Grundsätzen der gesetzlichen Unfallversicherung vor[321]. Zu denken wäre in bestimmten Fällen, beispielsweise der Lebensrettung, an eine Belohnung bzw. öffentliche Belobigung des Helfers entsprechend dem in § 784 ALR enthaltenen Vorbild.

Der Gesetzgeber hat sich aber gemäß § 323 c StGB für eine Strafbewehrung der Nothilfepflicht entschieden. Weder der dem § 323 c StGB zugrundeliegende Sollenssatz noch die Strafbewehrung als solche, namentlich die Androhung der Geldstrafe, verstoßen gegen das Prinzip der Erforderlichkeit.

Im Gegensatz zur selbständigen, von polizeilicher Aufforderung unabhängigen Hilfeleistungspflicht des § 323 c StGB führt zwar eine unselbständige, wie sie in § 360 Ziff. 10 RStGB enthalten war, zu einer geringeren Belastung des Helfers. Denn der einzelne kann sich bei letzterer Nothilfepflicht hinsichtlich Art und Umfang der von ihm zu ergreifenden Hilfsmaßnahmen an der polizeilichen Aufforderung orientieren und läuft nicht Gefahr, weniger (oder mehr) zu tun, als von ihm erwartet wird. Trotzdem liegt kein Verstoß gegen

---

318 Lackner, Gallas-FS, 1973, S. 117, 118; vgl. zu den außerstrafrechtlichen Reaktionsmöglichkeiten auch Hanack, aa0, Rdnr. 36 ff.

319 So ist beispielsweise die in § 34 Abs. 1 Nr. 4 StVO enthaltene Pflicht jedes Beteiligten nach einem Verkehrsunfall den Verletzten zu helfen nicht als Ordnungswidrigkeit ausgestaltet worden. Jene Vorschrift verweist ausdrücklich auf § 323 c StGB.

320 Zutreffend die abweichende Meinung der Richterin Graßhof, BVerfG NJW 1994, S. 1577, 1586; Günther, JuS 1978, S. 8, 12.

321 Vgl. hierzu, Gitter, Sozialrecht, S. 89; Bley/ Gitter/Heinze, SGB, Sozialversicherung, RVO, Gesamtkommentar, 3. Buch, Unfallversicherung, § 539 RVO, Anm. 19 ff; Ricke in: Kasseler Kommentar, Sozialversicherungsrecht, § 539 RVO, Anm. 37 ff; Rüfner, Einführung in das Sozialrecht, 1977, S. 74 f.

den Grundsatz des mildesten Mittels vor. Die Einschätzung des Gesetzgebers, die unselbständige Hilfeleistungspflicht sei weniger effizient als die selbständige, kann nämlich nicht beanstandet werden. Beispielsweise bei einem Unfall ist nämlich in der Regel gerade der Zeitfaktor, wann die Erste Hilfe erbracht wird, entscheidend für die Möglichkeit, das gefährdete Individualrechtsgut zu retten. Wäre der einzelne erst im Falle der polizeilichen Aufforderung verpflichtet zu helfen, käme die Hilfe für das Opfer vielfach zu spät.

Aus diesem Grunde darf der Gesetzgeber weiterhin davon ausgehen, daß die nach Landesrecht vorhandene Ermächtigung zum Erlaß einer Ordnungsverfügung an den "Nichtstörer", Hilfe zu leisten, für einen effektiven Schutz von Hilfsbedürftigen durch Mitbürger in Notfällen nicht ausreichend ist.

Komplizierter stellt sich die Prüfung des § 323 c StGB am Maßstab der Erforderlichkeit des Mittels dar, soweit es um den Vergleich der Strafbewehrung der Nothilfepflicht mit einer Ausgestaltung als Ordnungswidrigkeit geht. Die angedrohte Geldstrafe stellt sich, selbst wenn ihre Höhe geringer als die einer Geldbuße ist, für den einzelnen belastender als das Bußgeld dar[322]. Der Grund liegt in der stigmatisierenden Wirkung der Strafe. Fraglich ist aber, ob ein Ordnungswidrigkeitentatbestand in gleicher Weise wie ein Straftatbestand geeignet wäre, die Individualrechtsgüter des in Not Geratenen zu schützen. Wie bereits erwähnt, kommt der Legislative insoweit ein Beurteilungsspielraum zu[323]. Aufgrund der grundgesetzlichen Funktionenteilung zwischen rechtsprechender und gesetzgebender Gewalt besitzt letztere die Einschätzungs- und Entscheidungsprärogative, ob das im Vergleich zur Strafandrohung weniger einschneidende Mittel der Androhung von Geldbuße wegen einer Ordnungswidrigkeit gleichermaßen geeignet ist, den einzelnen bei Vorliegen von Notlagen zur Hilfeleistung zu bewegen[324]. Die Beurteilung des Gesetzgebers, daß die Individualrechtsgüter des Hilfsbedürftigen bei Strafbewehrung der Nothilfepflicht wirksamer als im Falle der Behandlung von Verstößen gegen jene Pflicht als bloßer Ordnungswidrigkeit geschützt seien, erweist sich aus folgenden Gründen als plausibel: Da sich innerhalb der Rechtsordnung primär Verbote finden, unterstreicht die strafrechtliche Sanktion die besondere Bedeutung des Gebots, Hilfe zu leisten, wesentlich intensiver, als dies eine Geldbuße tun würde. Dem Bürger wird durch die Strafbewehrung der Nothilfepflicht und ihrer Stellung im StGB stärker verdeutlicht, daß er sich, ausgenommen im Falle der Unzumutbarkeit, bei Vorliegen eines Un-

---

322 A.A. Tiedemann, Verfassungsrecht und Strafrecht, S. 52, der sich gegen die herrschende ultima ratio Lehre wendet und betont, der punktuelle Einsatz des Strafrechts durch die Schaffung einzelner Straftatbestände könne milder sein, als "beispielsweise die Errichtung eines umfassenden verwaltungsrechtlichen Kontrollnetzes". Ablehnend, Volk, JZ 1982, S. 85, 88 unter Hinweis auf das prinzipielle Hinzutreten der Strafgesetze zu den Verwaltungsgesetzen in der Praxis.

323 BVerfG NJW 1994, S. 1577, 1579.

324 BVerfGE 77, 84, 106; Roxin, Strafrecht AT, Bd. I, § 2, Rdnr. 41; Tiedemann, Verfassungsrecht und Strafrecht, S. 31.

glücksfalles, gemeiner Gefahr oder Not seinen Mitmenschen gegenüber solidarisch erweisen müsse.

cccc. Die Angemessenheit (Verhältnismäßigkeit i.e.S.)

Damit die Strafvorschrift der unterlassenen Hilfeleistung, insbesondere die angedrohte Geldstrafe, auch dem Verhältnismäßigkeitsgrundsatz i.e.S. genügt, darf der von ihr ausgehende Eingriff in die grundrechtlich geschützte allgemeine Handlungsfreiheit nicht "unangemessen" sein. Sobald sich nämlich das eingesetzte Mittel für die Betroffenen als unzumutbar erweist, ist seine Anwendung
- selbst im Falle der Eignung und Erforderlichkeit zum Rechtsgüterschutz -
unzulässig[325]. Was die Angemessenheit von Strafvorschriften angeht, wird in Rechtsprechung und Literatur zu Recht auf die Notwendigkeit einer **zweistufigen Prüfung** hingewiesen[326]. Bei § 323 c StGB ist also zwischen dem grundsätzlichen Hilfeleistungsgebot und der Androhung von Kriminalstrafe, in diesem Zusammenhang zunächst von Geldstrafe, zu unterscheiden. Als Instrument zur Begrenzung der Verhaltenskriminalisierung besitzt der Grundsatz der Verhältnismäßigkeit i.e.S. im Vergleich zu den Prinzipien der Geeignetheit und der Erforderlichkeit des Mittels die größte Bedeutung. Es ist das Prinzip der Angemessenheit des Mittels, das dafür sorgt, daß das maßgebliche Grundrecht auch im Falle seiner Einschränkung durch den Gesetzgeber wirksam bleibt. Denn zwischen der Grundrechtsbeschränkung einerseits und dem hiermit erreichbaren Rechtsgüterschutz andererseits muß ein angemessenes Verhältnis bestehen.

Hieraus wird bereits deutlich, daß es sich bei dem Verhältnismäßigkeitsgrundsatz i.e.S. um ein **"wertabwägendes Prinzip"** handelt. Folglich läuft die Überprüfung der Verfassungsmäßigkeit eines Grundrechtseingriffs regelmäßig auf eine Abwägung zwischen dem eingeschränkten Grundrecht und dem geschützten Rechtsgut bzw. den geschützten Rechtsgütern hinaus.

Für die zweistufige Verhältnismäßigkeitsprüfung einer Strafvorschrift bedeutet das konkret: Die durch die Strafvorschrift des § 323 c StGB geschützten Rechtsgüter müssen ein derartiges Gewicht besitzen, daß die im Wege des Hilfeleistungsgebotes zu ihrem Schutz erfolgende Einschränkung der allgemeinen Handlungsfreiheit angemessen ist. Die Wertigkeit der geschützten Rechtsgüter muß aber noch darüber hinausgehen, um die Zumutbarkeit der **Strafbewehrung** rechtfertigen zu können[327]. Mit anderen Worten: Das vom Gesetzgeber als

325 Rudolphi in: SK, Vor § 1 StGB, Rdnr. 15.
326 BVerfG, NJW 1994, S. 1577, 1581; Günther, Strafrechtswidrigkeit und Strafunrechtsausschluß, S. 170; Müller-Dietz, Strafe und Staat, S. 33; Tiedemann, ZStW 86 (1974), S. 303, 309.
327 Tiedemann, ZStW 86, (1974), S. 303, 309; siehe auch Nowakowski, ÖJZ 1965, S. 281, 284, der in

sozialschädlich erachtete Verhalten muß strafwürdig sein[328]. Das Erfordernis der Strafwürdigkeit ist der spezielle Aspekt der zweiten Stufe der Angemessenheitsprüfung einer Strafvorschrift[329]. Hier stellt sich die Frage, ob das pönalisierte Verhalten unter Berücksichtigung von Erfolgs- und Handlungsunwert einen gesteigerten, den gravierenden Grundrechtseingriff legitimierenden Unrechtsgehalt aufweist[330].

Sowohl die im Rahmen der ersten Stufe (Überprüfung des Sollenssatzes) als auch der zweiten Stufe (Kontrolle der Strafbewehrung) zu vollziehende Abwägung setzt die Vornahme zusätzlicher Wertungen voraus. Der Grundsatz der Verhältnismäßigkeit i.e.S. trifft aber selbst keinerlei Aussage darüber, welche Interessen in die Abwägung einzustellen sind und welches Gewicht ihnen zukommt. Daher ist eine verfassungsrechtliche Entscheidung erforderlich, die sämtliche Umstände des Einzelfalles und die Besonderheiten des jeweiligen Sachgebietes berücksichtigt. Das BVerfG darf im Rahmen der Verhältnismäßigkeitsprüfung von Strafgesetzen, ebenso wie bei sonstigen Gesetzen, nicht seine eigene Entscheidung an die Stelle des Gesetzgebers setzen. Die legislative Abwägung ist nur eingeschränkt dahingehend justitiabel, ob sie mit der Wertordnung des Grundgesetzes in Einklang steht und auch den ungeschriebenen Verfassungsgrundsätzen wie z.B. dem Verhältnismäßigkeitsprinzip nicht widerspricht.

Hierfür ist zunächst notwendig, daß der Gesetzgeber mit der Strafvorschrift einen verfassungsrechtlich legitimen Zweck verfolgt, was ihm in bezug auf § 323 c StGB attestiert werden kann. Maßgeblich für die Überprüfung der Angemessenheit der Strafandrohung als solcher und ihrer Höhe ist der aus Art. 1 I GG i.V.m. dem Rechtsstaatsprinzip fließende Schuldgrundsatz. Es entspricht der h.A. in Rechtsprechung[331] und Literatur, daß die Strafe Schuld voraussetzt. Dieses Erfordernis kann aber nur eine rechtswidrige Tat erfüllen[332]. Rechtswidrig ist eine Tat, wenn sie als Unrecht zu qualifizieren ist. Nach überwiegender Auffassung ist das Unrecht graduierbar[333], wobei der Unrechtsgehalt einer Straftat durch den

---

diesem Zusammenhang auf folgendes hinweist: "Verbrechensverhütung ist gewiß sehr wichtig. Aber sie ist kein Höchstwert."

328 Müller-Dietz, Strafe und Staat, S. 33.

329 Jescheck/Weigend, Lehrbuch des Strafrechts AT, § 7 I 1 a; Otto, Grundkurs des Strafrechts, § 1, Rdnr. 49; ders., Schröder-Gedächtnisschrift, 1978, S. 53, 54; ders., ZStW 96.1 (1984), S. 339, 346 f.

330 Jescheck/Weigend, aaO, § 7 I 1 a, b, c, der als dritte Variable der Strafwürdigkeit noch den Gesinnungsunwert nennt; ders. in: LK, Bd. 1, Einl., Rdnr. 4. Vgl. auch Sax, aaO, S. 927, der diesen Aspekt dem zweiten Element der Strafwürdigkeit, nämlich dem "Strafe-Verdienen" zuordnet und fordert, daß der "Unwertgehalt eines gemeinschaftsstörenden Verhaltens hinreichend massiv ist, um zu dem erheblichen Maß an Unwert, das dem Handelnden durch Bestrafung bescheinigt wird, in eine erträgliche Proportion zu treten."

331 BVerfGE 9, 162, 167; 20, 323, 331; 25, 269 ff; 50, 125, 133; BGHSt 2, 194.

332 Krauß, ZStW 76, S. 19, 24, betont, daß der Grundsatz "Ohne Unrecht keine Schuld" zum allgemeinen Ausgangspunkt strafrechtlicher Dogmatik gehöre.

333 Vgl. zur Möglichkeit der Stufen des Unrechts, Hillenkamp, Vorsatztat und Opferverhalten, S. 174; Krauß, ZStW 76, 19, 56; Otto, Schröder-Gedächtnisschrift, S. 56; ders., ZStW 96.1, 1984, S. 339, 348;

Erfolgsunwert der Tat und ihres Handlungsunwertes[334] bestimmt wird[335]. Die Schwere des mit der Strafvorschrift für den Betroffenen verbundenen Grundrechtseingriffs muß durch den besonderen Unrechtsgehalt der Tat gerechtfertigt sein[336]. Das kann aufgrund des hohen Wertes des zu schützenden Rechtsgutes zu bejahen sein. Die erforderliche Proportionalität zwischen Belastung und Zweck kann aber im Falle geringeren Erfolgsunwertes auch durch einen hohen Handlungsunwert der Tat hergestellt werden[337]. Hieraus resultiert der fragmentarische Charakter des Strafrechts, da in letztetem Fall das Rechtsgut nur vor bestimmten, verwerflichen Verhaltensweisen geschützt werden darf[338]. Wegen des Verhältnismäßigkeitsgrundsatzes i.e.S. dürfen ein Rechtsgüter nämlich prinzipiell nicht vor sämtlichen Angriffen geschützt werden[339]. Demgegenüber darf das menschliche Leben aufgrund seines hohen Wertes einen umfassenden strafrechtlichen Schutz erfahren. Der Erfolgsunwert der Tat liegt bekanntlich in der Verletzung oder der Gefährdung des geschützten Handlungsobjekts[340], während der Handlungsunwert in der Art und Weise ihrer Begehung zu finden ist[341]. Zum Handlungsunwert gehören also die äußeren Verhaltensmodalitäten sowie in der Person des Täters liegende Merkmale.

Der Handlungsunwert der Strafvorschrift der unterlassenen Hilfeleistung ist als gering einzustufen. Im Gegensatz zu den unechten Unterlassungsdelikten gehören zum Tatbestand des § 323 c StGB keine speziellen "objektiv-täterschaftlichen Merkmale"[342]. Als Täter kommt jedermann in Betracht. Zudem wird das Verhalten nicht durch besondere Modalitäten gekennzeichnet. Die bloße Passivität des Täters ist bereits ausreichend. Lediglich der Vorsatz begründet hier den Handlungsunwert. Mithin kommt bei § 323 c StGB in erster Linie nur der

---

siehe auch Günther, JuS 1978, S. 8, 13. Vgl. zu den unterschiedlichen Graden des Handlungsunwertes, Hirsch, ZStW 93 (1981), S. 831, 858; ders., ZStW 94 (1982), S. 239, 250.

334 Vgl. zur Differenzierung Erfolgs- und Handlungsunwert, Hirsch, ZStW 94, S. 240, 253 ff; Jescheck/Weigend, Lehrbuch des Strafrechts, AT, § 24 III; Krauß, ZStW 76, S. 19 ff, 61; Rudolphi, FS für Maurach, 1972, S. 51, 73; Stratenwerth, Schaffstein-FS, S. 177, 182 ff; Wessels/Beulke, Strafrecht, AT, Rdnr. 15.

335 Vgl. zum Erfolgs- und Handlungsunwert als Bestimmungsfaktoren der Strafwürdigkeit, BVerfGE 39, 1, 45; Günther, JuS 1978, S. 13; Otto, Schröder-Gedächtnisschrift, S. 53, 56; ders., ZStW 96.1, (1984), S. 339, 348.

336 Günther, Strafrechtswidrigkeit und Strafunrechtsausschluß, S. 235 ff.

337 Vgl. Günther, JuS 1978, S. 8, 13, der ausdrücklich betont: "Je höher der Erfolgsunwert ansteigt, desto geringere Anforderungen können an den Handlungsunwert gestellt werden, wie umgekehrt bei sinkendem Erfolgsunwert das Ausmaß des Handlungsunwertes entsprechend zunehmen muß."

338 Günther, JuS 1978, S. 8, 13; Hanack, aa0, Rdnr. 32 f; Jescheck/Weigend, Lehrbuch des Strafrechts AT, § 7 II; Maiwald, Festschrift für Maurach 1972, S. 9, 11; Otto, Schröder-Gedächtnisschrift, S. 56.

339 Deshalb ist Morgenstern, aa0, S. 117 zuzustimmen, daß alleine der Gedanke des Rechtsgüterschutzes "noch keine hinreichende Legitimation" der Strafvorschrift der unterlassenen Hilfeleistung darstellt.

340 Rudolphi, FS für Maurach, S. 51, 65; Jescheck/Weigend, Lehrbuch des Strafrechts, § 24 III, 3; Jescheck in: LK, Vor § 13 StGB, Rdnr. 11.

341 Jescheck/Weigend, Lehrbuch des Strafrechts, § 24 III 3; Jescheck in: LK, Vor § 13 StGB, Rdnr. 11.

342 Es besteht keinerlei besondere Pflichtbindung des Täters gegenüber den durch § 323 c StGB geschützten Rechtsgütern. Vgl. zu diesem Mittel als Beschreibung des Handlungsunwertes, Rudolphi, Maurach-FS, S. 51, 62.

Erfolgsunwert in Betracht, um die mit dem Eingriff in die allgemeine Handlungsfreiheit des Helfers verbundene Belastung aufzuwiegen.

Damit die gesetzgeberische Abwägung überprüft werden kann, muß zunächst Klarheit über die mit der Hilfeleistungspflicht und ihrer Strafbewehrung verbundene Intensität der Belastung für den Helfer gewonnen werden. Aus folgenden Gründen ist m.E. das Hilfeleistungsgebot mit einem erheblichen Eingriff in die allgemeine Handlungsfreiheit des Helfenden verbunden: Durch ein Handlungsgebot wird der Verhaltensspielraum eines Menschen grundsätzlich in einem weit stärkeren Ausmaß eingeschränkt, als dies bei einem Verbot der Fall ist[343]. Bei Erfüllung des Verbotes verbleiben dem einzelnen unendlich viele andere Handlungsmöglichkeiten. Er darf nur die verbotene Tätigkeit nicht vornehmen. Demgegenüber wird er bei Erfüllung eines Gebotes in einer bestimmten Situation für einen mehr oder weniger langen Zeitraum auf die Ausübung eines ganz bestimmten Tuns festgelegt. Hierdurch sind für den Rechtsunterworfenen eine Vielzahl von Handlungen ausgeschlossen, soweit diese der Erfüllung des Gebotes abträglich wären. Der einzelne darf nur noch diejenigen Handlungen unternehmen, die sich mit dem Gebot, Hilfe zu leisten, vertragen. Dies sind aber nur äußerst wenige[344].

Gegen die zuvor dargestellte Sichtweise ist eingewandt worden, daß man die Gesamtheit der Normen in den Blick nehmen müsse, da sie alle, und nicht eine einzelne Norm, den Verhaltensspielraum des Bürgers bestimmen würden. Seine Betätigungsfreiheit könne aber im Falle der Häufung von Verbotsnormen wesentlich stärker als durch ein einzelnes Gebot eingeschränkt werden[345].

Dieser Vergleich geht aber schon im Ansatz in unzulässiger Weise von ungleichen Bedingungen aus. Denn es kann jeweils nur eine Verbots- mit einer Gebotsnorm verglichen werden. Werden mehrere Verbotsnormen in den Vergleich einbezogen, so müßten ihnen auch eine Mehrzahl von Gebotsnormen gegenüberstellt werden. Jener Forderung nach einer gesamtheitlichen Betrachtung liegt aber folgende, die besondere Belastung des Gebotes zutreffend, charakterisierende Erwägung zugrunde. Ein Gebot läßt sich nicht ohne weiteres in ein Verbot umformulieren. Vielmehr bedarf es hierzu einer Vielzahl von Verboten, um das Verhalten in die ursprünglich durch das Gebot bestimmte Richtung zu lenken.

Es kann auch keine Rede davon sein, daß manche Verbote, wie beispielsweise das an den Strafgefangenen gerichtete Verbot, die Gitterstäbe durchzusägen, den einzelnen stärker als

343 Bärwinkel, Zur Struktur der Garantieverhältnisse, S. 17.
344 Engisch, Monatsschrift für Kriminalbiologie und Strafrechtsreform, 1939, S. 414, 422 f; Engisch, Gallas-FS, S. 163, 173; Schmidhäuser, JZ 1955, S. 433, 435.
345 Samson, Welzel-FS 1974, S. 579, 586.

eine Mehrzahl von Geboten belastet[346]. Denn die Betrachtung darf die zeitliche Geltungsdauer der jeweiligen Norm nicht vernachlässigen. Während das Gebot, einem in Lebensgefahr schwebenden Schwerverletzten zu helfen, den einzelnen zur Ergreifung bestimmter Maßnahmen der Ersten Hilfe bzw. zur Alarmierung des Rettungsdienstes verpflichtet und hierdurch sämtliche anderweitigen Handlungsmöglichkeiten ausschließt, beläßt das Verbot an den Strafgefangenen, auszubrechen, ihm trotz eingeschränkten Verhaltensspielraums noch zahlreiche Handlungsalternativen. Beispielsweise könnte er ein Buch lesen, eine Zigarette rauchen etc., also eine Vielzahl von Handlungen vornehmen, die der Erfüllung des Gebotes, dem Schwerverletzten zu helfen, zuwider laufen würden.

Der Grad der von dem strafbewehrten Hilfeleistungsgebot für den Bürger ausgehenden Belastung ist im einzelnen von dem maßgeblichen Inhalt der Strafvorschrift des § 323 c StGB abhängig. So kann eine besondere intensive Belastung für den Adressaten dieser Strafvorschrift, vor allem für einen Arzt, darin liegen, daß er neben der Erbringung der eigentlichen Hilfe auch zum Aufsuchen der Unglücksstelle verpflichtet ist. Daher muß an späterer Stelle gründlicher untersucht werden, ob die anfangs gefundene einfachgesetzliche Auslegung des Straftatbestandes des § 323 c StGB im einzelnen mit dem Verhältnismäßigkeitsgrundsatz, vornehmlich in seiner Ausprägung der Angemessenheit des Mittels, vereinbar ist.

2. Die Androhung der Freiheitsstrafe

a. Der verfassungsrechtliche Prüfungsmaßstab des Art. 2 II Satz 2 GG

Während die Strafvorschrift des § 323 c StGB im strafbewehrten Gebot und der angedrohten Geldstrafe an Art. 2 I GG zu messen ist, stellt für die Androhung von Freiheitsstrafe Art. 2 II Satz 2 GG den grundrechtlichen Prüfungsmaßstab dar[347]. Denn durch die angedrohte Freiheitsstrafe ermöglicht § 323 c StGB einen Eingriff in das durch Art. 2 II Satz 2 GG geschützte Grundrecht auf Freiheit der Person. Die Androhung der Freiheitsstrafe als solcher und nicht erst ihre Verhängung bzw. ihr Vollzug stellen aber bereits einen massiven Grundrechtseingriff dar[348]. Mithin ist die in § 323 c StGB angedrohte Freiheitsstrafe an Art. 2 II Satz 2 GG zu messen.

---

346 In diesem Sinne aber Samson, Welzel-FS 1974, S. 579, 586.

347 BVerfG NJW 1994, S. 1577, 1578; Badura, Beratungen des Sonderausschusses für die Strafrechtsreform, Deutscher Bundestag, 6. Wahlperiode, S. 1091; Lagodny, aaO., S. 64, 116.

348 BVerfG NJW 1994, S. 1577, 1578; Müller-Emmert, GA 1976, S. 291.

b. Schranken des Grundrechts auf Freiheit der Person

Da die Freiheit der Person gemäß Art. 2 II Satz 3 GG unter Gesetzesvorbehalt steht, ist ein Eingriff grundsätzlich zulässig. Obwohl Art. 2 II Satz 3 GG selbst insoweit keine ausdrückliche Aussage enthält, wird die gesetzgeberische Gestaltungsfreiheit für den Eingriff in die "unverletzliche" Freiheit in mehrfacher Hinsicht eingeschränkt.

Nach h.A. in Rechtsprechung[349] und Literatur[350] ist die Freiheitseinschränkung nur aufgrund eines förmlichen Gesetzes zulässig. § 323 c StGB erfüllt als ein auf dem verfassungsmäßig vorgeschriebenen Weg erlassenes Strafgesetz diese Voraussetzung.

Ferner darf die Einschränkung der Freiheit der Person nur unter strikter Beachtung des Grundsatzes der Verhältnismäßigkeit erfolgen. Für die "Eignung" der Freiheitsstrafe als Mittel der Verhaltenssteuerung gilt das zuvor zur Geldstrafe Gesagte entsprechend. Desweiteren müßte die Freiheitsstrafe auch mit dem Grundsatz der Erforderlichkeit des Mittels übereinstimmen. Dies wäre nur dann der Fall, wenn die Androhung der Geldstrafe nicht als ausreichend erachtet werden kann. Denn im Vergleich zur Freiheitsstrafe muß die Geldstrafe als das mildere Mittel angesehen werden[351]. Das gilt selbst dann, wenn man die Möglichkeit der Aussetzung der Freiheitsstrafe zur Bewährung berücksichtigt. Der Täter muß nämlich im Falle der Begehung einer weiteren Straftat innerhalb der Bewährungszeit stets mit der Vollstreckung der ersten gegen ihn verhängten Freiheitsstrafe rechnen. Soweit § 323 c StGB im Höchstmaß eine Freiheitsstrafe von einem Jahr androht, kommt ein Verstoß gegen den Erforderlichkeitsgrundsatz nicht in Betracht. Denn wie bereits erwähnt, besitzt der Gesetzgeber eine Einschätzungs- und Entscheidungsprärogative, ob er die Geldstrafe in gleichem Maße wie die Freiheitsstrafe zur Verhaltenssteuerung und Internalisierung der Wertvorstellung, Hilfe in Notfällen zu leisten, als geeignet ansieht. Die Einschätzung des Gesetzgebers, daß von der Freiheits- im Vergleich zur Geldstrafe aber sowohl eine größere negative als auch positive generalpräventive Wirkung ausgeht, ist nicht zu beanstanden.

Die angedrohte Freiheitsstrafe bedarf einer sehr sorgfältigen Prüfung anhand des Grundsatzes der Angemessenheit des Mittels. Das BVerfG betont zu Recht: Die Freiheit der Person stelle ein so hohes Rechtsgut dar, daß sie nur "aus besonders gewichtigem Grund" eingeschränkt werden dürfe[352]. Wegen des hohen Wertes, welcher der menschlichen Freiheit nach der

349 BVerfGE 22, 180, 219.

350 Kunig in: v. Münch, Art. 2 GG, Rdnr. 80 m.w.N.

351 Dies gilt selbst im Hinblick auf die Bestimmung des § 43 StGB, die im Falle der Uneinbringlichkeit der Geldstrafe ihre Umwandlung in Ersatzfreiheitsstrafe vorsieht. Dem einzelnen bleibt nämlich bei Verhängung der Geldstrafe i.d.R. die Möglichkeit durch den Einsatz finanzieller Mittel, die er sich ggf. bei einem Kreditinstitut beschaffen kann, der Freiheitsstrafe zu entgehen.

352 BVerfGE 22, 180, 219; 45, 187, 223; NJW 1994, S. 1577, 1578.

grundgesetzlichen Wertordnung zukommt, müssen die Rechtsgüter, zu deren Schutz die Nothilfepflicht dient, der Freiheit in ihrem Wert entsprechen, damit der Grundsatz der Angemessenheit des Mittels gewahrt bleibt. Denn wie bereits gezeigt wurde, ist der Handlungsunwert der unterlassenen Hilfeleistung gering. Daher kann ihre Strafwürdigkeit, was die Androhung der Freiheitsstrafe anbetrifft, nur aus einem gravierenden Erfolgsunwert resultieren. Die Frage, ob die durch § 323 c StGB geschützten Rechtsgüter hinreichend gewichtig sind bzw. der Grad der Sozialschädlichkeit der unterlassenen Hilfeleistung ausreichend ist, um die Androhung von Freiheitsstrafe zu rechtfertigen, wird bei der verfassungsrechtlichen Überprüfung der bereits gefundenen einfachgesetzlichen Auslegungsergebnisse dieser Strafvorschrift einer Untersuchung unterzogen. Hierbei wird ein Verstoß gegen das Übermaßverbot nur dann in Betracht kommen, wenn der Gesetzgeber für geringfügige Verstöße keine milde Strafe zur Verfügung gestellt hat bzw. der Verstoß wegen seiner Geringfügigkeit überhaupt keine Strafe verdient[353].

3. Der allgemeine Gleichheitssatz des Art. 3 I GG als gemeinsamer Prüfungsmaßstab hinsichtlich der Androhung von Geld- und Freiheitsstrafe

Gemeinsamer Prüfungsmaßstab für die durch § 323 c StGB angedrohte Geld- und Freiheitsstrafe stellt Art. 3 I GG dar. Bekanntlich hat dieses Grundrecht, ungeachtet der Formulierung "vor dem Gesetz", nicht nur die Rechtsanwendungs-, sondern wegen Art. 1 III und Art. 20 III GG auch die Rechtsetzungsgleichheit zum Gegenstand. Nach h.A. in Rechtsprechung und Literatur kommt dem Gleichheitssatz für die Überprüfung der Verfassungsmäßigkeit einer Strafvorschrift in mehrfacher Hinsicht Bedeutung zu[354].
Erstens tangiert Art. 3 I GG die Strafbewehrung als solche, genauer gesagt, die tatbestandliche Differenzierung des Verhaltens, das strafbar sein bzw. es nicht sein soll[355].
Zweitens hat Art. 3 I GG Bedeutung für den Strafrahmen des § 323 c StGB. Der Tatbestand der Strafvorschrift der unterlassenen Hilfeleistung erfaßt unterschiedliche strafwürdige Unterlassungen, die in ihrer Tatschwere erheblich voneinander abweichen. Nicht nur der Schuld-, sondern auch der Gleichheitssatz richten an den Gesetzgeber die Forderung, dem Richter einen Strafrahmen zur Verfügung zu stellen, der ihm ermöglicht, dem unterschiedlichen Unrechts- und Schuldgehalt der jeweiligen Tat Rechnung zu tragen[356]. Daher kann sowohl im Hinblick auf die Ober- als auch die Untergrenze des Strafrahmens ein Verstoß gegen Art. 3 I GG in Betracht kommen.

353 Roxin, Strafrecht AT, Bd. I, § 2 Rdnr. 40 f.
354 Zipf, Kriminalpolitik, § 5, 2.2, S. 102.
355 Zipf, aa0; siehe auch Lang-Hinrichsen, FamRZ 1974, S. 497, 506, der die nach Art. 3 I GG einzuhaltende Systemgerechtigkeit hervorhebt, von welcher nur aus sachlichem Grund abgewichen werden dürfe.
356 BVerfGE 34, 267; Bockelmann/Volk, Strafrecht, AT, S. 12.

Drittens fordert Art. 3 I GG Beachtung für das Verhältnis des Strafrahmens des § 323 c StGB zu dem anderer Straftaten. Denn eine Gleichbehandlung der Bürger gebietet nicht nur, den Strafrahmen des einzelnen Deliktes entsprechend der Schwere der Tat und dem Verschulden des Täters zu bestimmen. Ferner muß auch zwischen den Strafrahmen der verschiedenen Strafvorschriften eine sachgerechte Proportionalität bestehen[357].
Dem BVerfG ist es jedoch, wie im Rahmen sonstiger Regelungsmaterien, so auch auf dem Gebiet des Strafrechts, verwehrt, eine Strafvorschrift wegen Verstoßes gegen Art. 3 I GG mit der Begründung aufzuheben, eine andere als die vom Gesetzgeber getroffene Regelung wäre zweckmäßiger oder gerechter gewesen[358]. Denn der Gleichheitssatz beläßt dem Gesetzgeber den ihm zukommenden weiten kriminalpolitischen Gestaltungsspielraum. Art. 3 I GG beinhaltet nämlich keinen formalen, sondern lediglich einen relativen Gleichheitssatz. Die Strafbewehrung und der Strafrahmen des § 323 c StGB könnten daher nur dann gegen Art. 3 I GG verstoßen, wenn sie als willkürlich bezeichnet werden müßten[359]. Art. 3 I GG gebietet, wesentlich Gleiches gleich und wesentlich Ungleiches ungleich zu behandeln. Er verbietet, wesentlich Gleiches ungleich und wesentlich Ungleiches gleich zu behandeln[360]. Da zwei verschiedene Lebenssachverhalte in der Regel nie in sämtlichen Punkten gleich sind, da sie ansonsten identisch wären, obliegt es dem Gesetzgeber, darüber zu befinden, *"welche Sachverhaltselemente so wesentlich sind, daß ihre Verschiedenheit eine Ungleichbehandlung rechtfertigt"*[361]. Das BVerfG darf die getroffene Entscheidung nur beanstanden, wenn sie nicht auf sachliche Gründe zurückgeführt werden kann.

Bei Anwendung dieser Grundsätze kommt ein Verstoß des Strafrahmens des § 323 c StGB gegen Art. 3 I GG nicht in Betracht. § 323 c StGB, der Geldstrafe und Freiheitsstrafe bis zu einem Jahr androht, sieht keine Mindeststrafe vor. Mit der Obergrenze von einem Jahr ist der Gesetzgeber auch weit hinter den für entsprechende Begehungs- und unechte Unterlassungsdelikte in Frage kommenden Höchstgrenzen zurückgeblieben. Beispielsweise beträgt die Obergrenze des Vergehens der Körperverletzung nach § 223 StGB fünf Jahre, und
- was von Bedeutung ist, wenn man Sachgüter durch § 323 c StGB als geschützt ansieht -
die des § 303 StGB zwei Jahre. Aufgrund des Strafrahmens des § 323 c StGB hat der Gesetzgeber dem unterschiedlichen Unrechtsgehalt der unterlassenen Hilfeleistung als Jedermannsdelikt im Vergleich zu den unechten Unterlassungsdelikten hinreichend Rechnung getragen. Jener Strafrahmen kann auch, soweit es um die unterlassene Lebensrettung geht, nicht als willkürlich bezeichnet werden. Denn dem hier im Vergleich zur drohenden "bloßen"

357 Entgegen der Ansicht Zipf's, Kriminalpolitik, § 5, 2.2, S. 104 ist dies nicht nur eine kriminalpolitische Forderung; siehe auch Jescheck in: Jescheck/Trifterer, Ist die lebenslange Freiheitsstrafe verfassungswidrig, S. 127, 139.
358 Zipf, Kriminalpolitik, aaO, § 5, 2.2, S. 102.
359 Hill, aaO, § 156, Rdnr. 24 ff.
360 Hill, aaO, § 156, Rdnr. 24.
361 BVerfGE 47, 109, 124.

körperlichen Beeinträchtigung höheren Unrechtsgehalt kann der Richter durch Ausschöpfung des Strafrahmens hinreichend berücksichtigen. Im Verhältnis zu einem Garanten, für den gemäß § 212 I i.V.m. §§ 13 II, 49 I Nr. 3 StGB eine Mindestfreiheitsstrafe von zwei Jahren in Betracht käme, besteht jedoch für die Strafbarkeit eines Unbeteiligten nach § 323 c StGB ein gravierendes Gefälle. Daher wird teilweise gefordert, die Obergrenze des Strafrahmens des § 323 c StGB anzuheben bzw. mindestens für den Fall des Todeseintritts des Hilfsbedürftigen eine Strafschärfung vorzusehen[362]. Trotz jenes beträchtlichen Strafbarkeitsgefälles liegt aber kein Verstoß gegen Art. 3 I GG vor. Denn soweit der Gesetzgeber der unterlassenen Lebensrettung eines Garanten aufgrund des gesteigerten Handlungsunwertes infolge seiner besonderen Beziehung zum Opfer bzw. zur Notsituation einen weit höheren Unrechtsgehalt beigemessen hat als derjenigen durch einen Nichtgaranten, liegt ein sachlicher Grund dafür vor. Die Frage, ob die in der Literatur geforderte Strafrahmenanhebung dem Gebiet lege ferenda zuzurechnen oder ob sie verfassungsrechtlich geboten ist, gehört zum Bereich des Bestehens und des Umfanges der Pönalisierungsgebote. Unsere Studie wird sich ihr an späterer Stelle zuwenden.

II. Die Grundrechtsrelevanz der strafbewehrten Hilfeleistungspflicht in bezug auf den Hilfsbedürftigen

1. Die Gefährdung der allgemeinen Handlungsfreiheit (Art. 2 I GG) des Hilfsbedürftigen infolge Einmischung des Helfers in seine Angelegenheiten

Es ist bereits darauf hingewiesen worden, daß die strafbewehrte Hilfeleistungspflicht, was leicht übersehen wird, nicht nur Relevanz für die Grundrechte des Hilfspflichtigen besitzt; ihr kommt nämlich zusätzlich sowohl eine positive als auch eine negative Bedeutung für die Grundrechte des Hilfsbedürftigen zu. Die positive besteht im Schutz seiner Grundrechte, zu dem der Helfer bei Strafe angehalten wird. Für den Hilfsbedürftigen kann § 323 c StGB sich aber auch negativ auswirken, wenn der Helfer in sein Selbstbestimmungsrecht eindringt. Die Dispositionsbefugnis über den eigenen Körper des "Hilfsbedürftigen" folgt aus Art. 2 II Satz 1 GG[363]; im übrigen ist das Selbstbestimmungsrecht des Menschen durch Art. 2 I i.V.m. Art. 1 I GG geschützt[364].

An früherer Stelle wurde schon auf die zwischen der Pflicht und der Befugnis zur Hilfeleistung bestehenden Wechselwirkung hingewiesen. § 323 c StGB gewährt dem Helfer, beispielsweise dem Arzt, keine Befugnis dazu, Eingriffe in die Rechtsgüter anderer

362 Vermander, aaO, S. 102; a.A. Blindauer, aaO, S. 135 f.

363 BGHSt 11, 111, 113 f; Jarass in: Jarass/Pieroth, Art. 2 GG, Rdnr. 48 a; Krey, Strafrecht BT, Bd. 1, Rdnr. 211 f.

364 BVerwGE 82, 45, 48; Wassermann, DRiZ 1986, S. 291, 293.

vorzunehmen. Vielmehr müssen insoweit die Voraussetzungen eines Erlaubnissatzes erfüllt sein. Die Pflicht zur Hilfeleistung kann nicht weiter reichen als die entsprechende Befugnis hierzu.

Sofern eine einsichtsfähige Person sich eine Hilfeleistung verbittet, entfällt die strafbewehrte Hilfeleistungspflicht des § 323 c StGB. Dies gilt entgegen der Rechtsprechung des BGH[365] auch im Falle eines freiverantwortlichen Suizids[366].

Die Interpretation des § 323 c StGB im vorstehenden Sinne besitzt folgenden verfassungsrechtlichen Hintergrund: Sie ist angesichts des grundrechtlich geschützten Selbstbestimmungsrechtes des Menschen angezeigt. Der BGH hat bei einer voll einsichtsfähigen Patientin, die eine lebensrettende Operation abgelehnt hatte, zu Recht die Befugnis des Arztes zur eigenmächtigen Vornahme körperlicher Eingriffe verneint und insoweit auf Art. 2 II Satz 1 GG rekurriert[367]. Die Statuierung einer strafbewehrten Hilfspflicht in einem derartigen Fall würde Art. 2 II Satz 1 GG sowie das aus Art. 2 I i.V.m. Art. 1 I GG fließende Selbstbestimmungsrecht verletzen. Das Grundrecht auf körperliche Unversehrtheit schützt den einzelnen vor Eingriffen in seinen Körper, ungeachtet dessen, ob sie mit der Intention der Heilung vorgenommen werden[368]. Die Befugnis des einzelnen zur Selbstgefährdung und -schädigung wird von seinem Selbstbestimmungsrecht umfaßt[369]. Die Einschränkung der beiden Grundrechte durch eine wider den Willen des einsichtsfähigen Hilfsbedürftigen bestehende Hilfspflicht verstieße gegen den Verhältnismäßigkeitsgrundsatz i.e.S.; sie wäre unangemessen. Einerseits ist der Staat zwar, wie an späterer Stelle noch gezeigt wird, im Hinblick auf die in Art. 2 II Satz 1 GG enthaltene objektive Wertentscheidung verpflichtet, die körperliche Unversehrtheit sowie das Leben seiner Bürger zu schützen. Andererseits mißt das GG dem aus dem Persönlichkeitsrecht herrührenden Selbstbestimmungsrecht des einzelnen aber einen hohen Rang zu. Denn das Persönlichkeitsrecht hat seine Wurzel in der durch Art. 1 I GG geschützten Würde des Menschen. Bei der Kollision von grundrechtlicher Schutzpflicht und Abwehrfunktion ist zu berücksichtigen, daß es um ein und denselben Grundrechtsträger geht und durch dessen freiverantwortliche Entscheidung weder Rechte Dritter noch der Allgemeinheit beeinträchtigt werden können. Bei Abwägung der widerstreitenden Grundrechte ist es unangemessen, dem einzelnen gegen seine eigene Ent-

365 BGHSt 6, 147 (GS); 13, 162, 169; 32, 367, 375.

366 Siehe Pawlik, GA 1995, S. 360, 367 ff, der das Recht zur Selbstgefährdung und Selbsttötung als Ausfluß der i.R.d. Auslegung des § 323 c StGB zu beachtenden Autonomiegedankens ansieht.

367 BGHSt 11, 111, 113.

368 Kunig in: v. Münch, Art. 2 GG, Rdnr. 62.

369 Jarass in: Jarass/Pieroth, Art. 2 GG, Rdnr. 7a, 53; Schulze-Fielitz, in: Dreier, Grundgesetz Kommentar, Bd. I, Art. 2 II GG, Rdnr. 50.

scheidung, in seinem "wohlverstandenen Interesse"[370], die Pflicht zur Duldung von Eingriffen in seine körperliche Unversehrtheit bzw. in sein Selbstbestimmungsrecht aufzuerlegen.

Die Einschränkung, welche die Rechtsprechung insoweit im Falle des Suizidversuchs macht, ungeachtet dessen, ob dieser auf einer freiverantwortlichen Entscheidung beruht oder nicht, indem sie grundsätzlich eine Hilfspflicht nach § 323 c StGB gegen den Willen des Suizidenten bejaht[371], verstößt gegen dessen grundrechtlich geschütztes Selbstbestimmungsrecht. Denn nach der zutreffenden neueren Auffassung beinhaltet Art. 2 I i.V.m. Art. 1 I GG das Recht des Menschen, den Zeitpunkt seines Todes frei zu bestimmen. Letztlich hat das Recht zur freiverantwortlichen Selbsttötung seine eigentliche Wurzel in der Würde des Menschen[372]. Die strafbewehrte Pflicht des § 323 c StGB zur Hinderung eines freiverantwortlichen Todes kann nicht als Ausdruck der Schranken des Art. 2 I GG angesehen werden. Zur verfassungsmäßigen Ordnung gehört bekanntlich die verfassungsgemäße Rechtsordnung; sie umfaßt alle Gesetze, die formell und materiell mit dem GG übereinstimmen. Eine nach § 323 c StGB bestehende Pflicht zur Hinderung eines freiverantwortlichen Suizids verstößt aber gegen den Verhältnismäßigkeitsgrundsatz in der Ausprägung der Angemessenheit des Mittels. Im Rahmen der vorzunehmenden Güterabwägung ist auch hier zu berücksichtigen, daß der Staat einerseits aufgrund der in Art. 2 II Satz 1 GG zum Ausdruck kommenden objektiven Wertentscheidung verpflichtet ist, das Leben seiner Bürger zu schützen. Andererseits gebietet Art. 2 I i.V.m. Art. 1 I GG dem Staat, die von dem einzelnen getroffene existentielle Entscheidung über Leben und Tod zu respektieren. Das Leben stellt zwar einen Verfassungshöchstwert dar; das GG mißt aber ebenso dem durch Art. 2 I i.V.m. Art. 1 I GG geschützten allgemeinen Persönlichkeitsrecht einen sehr hohen Stellenwert bei[373]. Die Menschenwürde steht an der Spitze der Verfassung. Vorliegend stoßen wiederum grundrechtliche Schutzpflicht und Abwehrfunktion in bezug auf einen Grundrechtsträger zusammen. Gegenüber der staatlichen Pflicht, das Leben zu schützen, ist dem Recht auf den eigenen Tod der Vorrang einzuräumen, sofern eine ernstgemeinte, freiverantwortliche innere Entscheidung vorliegt, die ausschließlich auf persönlichen Erwägungen beruht[374]. Es muß die Situation eines Bilanzselbstmordes gegeben sein. An die Freiverantwortlichkeit der Entscheidung sind dabei sehr hohe Anforderungen zu stellen. Ob ein ernsthaftes Verlangen nach dem eigenen Tod vorliegt, beurteilt sich nach dem Maßstab der "Einwilligungslehre". Anders als bei der

370 Bei objektiver Betrachtung.

371 BGHSt 6, 147 (GS); 13, 162, 169; 32, 367, 375; eine Ausnahme von dem Selbstbestimmungsrecht im Falle eines drohenden Selbstmordes wird auch von dem Bundesverwaltungsgericht erwogen; BVerwGE 82, 45, 49.

372 Dreier, Grundgesetz Kommentar, Bd. I, Art. 1 I GG, Rdnr. 93.

373 Die neuere Rechtsprechung mißt der Entscheidungsfreiheit des einzelnen insoweit eine sehr große Bedeutung zu. Vgl. BGHSt 40, 257, 260; BVerwGE 82, 45, 48 f.

374 Meines Erachtens kann man nicht davon ausgehen, daß der Wille eines Selbstmörders stets als unfrei gelten muß. In diesem Sinne aber wohl Knemeyer, VVDStRL (35) 1977, S. 221, 254.

analogen Anwendung der "Exkulpationsregeln" scheidet hiernach eine Freiverantwortlichkeit nicht nur bei Jugendlichen und geistig Behinderten, sondern bereits auch dann aus, wenn der Selbstmordversuch den Charakter eines Hilferufes trägt[375]. Erfüllt die Entscheidung des Suizidanten aber diese strengen Voraussetzungen, die für die Freiverantwortlichkeit vorliegen müssen, so stellt es einen unangemessenen Eingriff in sein Selbstbestimmungsrecht dar, falls eine andere Person im Wege des § 323 c StGB bei Strafe angehalten wird, den Selbstmordversuch zu verhindern[376].

Eine gemäß § 323 c StGB bestehende Pflicht zur Hinderung eines freiverantwortlichen Suizids wird auch nicht von der Schranke des Sittengesetzes umfaßt. Denn zum einen muß der Anschauungswandel, der sich insoweit in unserer Gesellschaft vollzogen hat, berücksichtigt werden. Die Befugnis des Menschen, seinen Todeszeitpunkt selbst zu bestimmen, wird, soweit ersichtlich, im wesentlichen nur von der katholischen Kirche abgelehnt[377]. Zum anderen müssen zur Ermittlung des Sittengesetzes die in der Verfassung und der Rechtsordnung zum Ausdruck kommenden Wertungen beachtet werden. Der Suizidversuch ist jedoch weder strafbar noch wird er an irgendeiner anderen Stelle unserer Rechtsordnung rechtlich mißbilligt.

2. Der Straftatbestand des § 323 c StGB als Verwirklichung eines verfassungsrechtlichen Pönalisierungsgebotes?

a. Explizite Pönalisierungsgebote des Verfassungsrechts

Die Strafvorschrift der unterlassenen Hilfeleistung führt aber ohne Zweifel nicht nur zu einer Gefährdung der Grundrechte des Hilfsbedürftigen. Vielmehr dient sie primär, worauf sich die Betrachtung in der Literatur regelmäßig beschränkt, seinem Schutz, und zwar dem seiner Individualrechtsgüter. Die von § 323 c StGB umfaßten Rechtsgüter wie beispielsweise das Leben und die körperliche Unversehrtheit sind, wie Art. 2 II GG zeigt, zugleich auch grundrechtlich geschützte Güter[378]. Mithin werden durch § 323 c StGB grundrechtliche Werte des Hilfsbedürftigen geschützt. Daher drängt sich die Frage auf, ob diese Strafvorschrift Ausdruck einer grundrechtlichen Schutzpflicht ist und eine Reduzierung des kriminalpolitischen Gestaltungsspielraumes des Gesetzgebers dahingehend vorlag, daß er die unterlassene Hilfe-

---

375 Krey, Strafrecht BT, Bd. 1, Rdnr. 86 ff m.w.N.

376 Jarass in: Jarass/Pieroth, Art. 2 GG, Rdnr. 24; Model/Müller, Art. 2 GG, Rdnr. 22; Wassermann, DRiZ 1986, S. 291, 294.

377 Wassermann, DRiZ 1986, S. 291, 293.

378 Die Frage, ob eine Einheitlichkeit zwischen den grundrechtlich geschützten Gütern und den strafrechtlichen Rechtsgütern besteht, ist umstritten. Bejahend: Driendl, Zur Notwendigkeit und Möglichkeit einer Strafgesetzgebungswissenschaft in der Gegenwart, S. 20, Fn 67. Verneinend: Nowakowski, ÖJZ 1965, S. 281.

leistung zumindest bezüglich der bedeutsamen Rechtsgüter des Lebens und der körperlichen Unversehrtheit unter Strafe stellen mußte. Um so erstaunlicher ist es, wie selten § 323 c StGB im Zusammenhang mit der Behandlung der verfassungsrechtlichen Pönalisierungs**gebote** Erwähnung findet[379]. Lediglich Sax behandelt jene Frage etwas eingehender und beantwortet sie in dem negativen Sinne, daß der Gesetzgeber, selbst soweit es um den Schutz des Lebens des Hilfsbedürftigen geht, nicht zum Erlaß dieser Strafvorschrift verpflichtet gewesen sei[380]. Die vorliegende Studie wird sich zunächst dem Bereich der verfassungsrechtlichen Pönalisierungsgebote im allgemeinen zuwenden und sodann das gewonnene Untersuchungsergebnis auf § 323 c StGB übertragen.

Der Verfassungsgeber hat von der Statuierung ausdrücklicher Pönalisierungsgebote nur äußerst zurückhaltend Gebrauch gemacht. Nach dem Wegfall der früher in Art. 143 VI GG a.F. enthaltenen Regelung der Pönalisierung des Hochverrates381 findet sich heute ein **ausdrückliches** Pönalisierungsgebot nur noch in Art. 26 I Satz 2 GG[382]. Letzterer verpflichtet den Strafgesetzgeber, friedensstörende Handlungen, insbesondere die Vorbereitung eines Angriffskrieges, unter Strafe zu stellen. Es handelt sich um ein **absolutes Pönalisierungsgebot**, das Art. 26 I GG entnommen werden kann, da es dem Gesetzgeber innerhalb des Anwendungsbereichs dieser Verfassungsbestimmung verwehrt ist, zur Verhaltenssteuerung auf ein anderes Instrumentarium als das der Strafe zurückzugreifen. Dieses Pönalisierungsgebot ist mit der Einfügung der §§ 80 und 80 a im Wege des 8. Strafrechtsänderungsgesetzes vom 25. Jun. 1968 in das StGB erfüllt worden.

Die Frage nach der Anerkennung weiterer Pönalisierungsgebote außerhalb der ausdrücklichen Regelung des Art. 26 I GG wird äußerst kontrovers diskutiert. Teilweise wird in der Literatur der Ausnahmecharakter des Art. 26 I GG betont und hieraus ein argumentum e contrario dahingehend abgeleitet, daß außerhalb des Anwendungsbereiches dieser Verfassungsbestimmung eine Verpflichtung des Staates zum Einsatz des Strafrechts von vornherein nicht in Betracht komme[383]. Weder das BVerfG noch die überwiegende Lehre teilen diese Schlußfolgerung, da sie eine Reihe von Verfassungsprinzipien unberücksichtigt läßt, die in eine andere Richtung deuten[384]. Allerdings ist die dogmatische Herleitung weiterer, über Art. 26 I GG hinausgehender, Pönalisierungsgebote äußerst umstritten.

---

379 Sax, JZ 1975, S. 137, 148; Wassermann, DRiZ 1986, S. 291, 295.

380 Sax, aa0.

381 Tiedemann, Verfassungsrecht und Strafrecht, S. 50.

382 Vgl. hierzu, Bockelmann/Volk, Strafrecht, AT, S. 11; Gallwas, MDR 1969, S. 892, 893; Hamann, Grundgesetz und Strafgesetzgebung, S. 14; Hassemer in: AK, Vor § 1 StGB, Rdnr. 199; Herrmann, Die Reform der Aussagetatbestände, S. 106; Rudolphi in: SK, Vor § 1 StGB, Rdnr. 1a.

383 Roellecke, Grundrechte und Abtreibungsverbot, in: Baumann, Das Abtreibungsverbot des § 218 StGB, S. 39 ff, 42.

384 Lang-Hinrichsen, FamRZ 1974, S. 497, 504; Reis, Geiger-FS, S.113, 141; ders. in: Jung/Müller-Dietz, § 218 StGB, Dimensionen einer Reform, S. 77, 84.

b. Meinungsstand zur Anerkennung von Pönalisierungsgeboten über die in der Verfassung ausdrücklich geregelten Fälle hinaus

aa. Befürwortende Auffassung
aaa. Die Rechtsprechung des BVerfG
aaaa. Die Kernbereichstheorie

Nach der Rechtsprechung des BVerfG ist von der Existenz auch solcher Pönalisierungsgebote, die sich nicht wie in Art. 26 I Satz 2 GG explizit aus der Verfassung ergeben, auszugehen. Am bekanntesten dürfte das erste Urteil des BVerfG zum Schwangerschaftsabbruch geworden sein, in dem sich der oberste Hüter der Verfassung eingehend mit der verfassungsrechtlichen Pflicht des Gesetzgebers zur Strafbewehrung zum Zwecke des Lebensschutzes des nasciturus sowie der dogmatischen Herleitung einer solchen Schutzpflicht auseinandergesetzt hat[385]. Entgegen dem ersten Anschein hat das BVerfG in der zweiten Entscheidung zur Problematik des Schwangerschaftsabbruches[386], wie noch zu zeigen sein wird, seine ursprüngliche Auffassung über die prinzipielle Anerkennung eines verfassungsrechtlichen Pönalisierungsgebotes zum Schutze des menschlichen Lebens nicht grundlegend revidiert.

Bereits vor dem Zeitpunkt der Entscheidung des BVerfG zur Fristenlösung im Jahre 1975 lassen sich Urteile aufzeigen, denen der Gedanke einer Pflicht des Gesetzgebers zur Strafbewehrung bestimmter Verhaltensweisenen zugrundeliegt[387]. In diesen Urteilen, in denen es regelmäßig um die Abgrenzung des Straf- vom Ordnungswidrigkeitenrecht ging, hatte das BVerfG entschieden, daß es Aufgabe des Strafrechts sei, die elementaren Werte des Gemeinschaftslebens zu schützen[388]. Die bedeutsamen Unrechtstatbestände, die dem Schutz derartiger elementarer Werte dienten, seien dem Kernbereich des Strafrechts zuzuordnen[389]. Demgegenüber erfasse das Ordnungswidrigkeitenrecht Verhaltensweisen geringeren Unrechtsgehalts. Die Festlegung der exakten Grenzlinie zwischen dem Kernbereich des Strafrechts und dem bloßen Ordnungswidrigkeitenrecht unterliege dem Gestaltungsspielraum des Gesetzgebers[390]. Hiernach ist es dem Gesetzgeber also nicht gestattet, einen Unrechtstatbestand, der dem Schutze elementarer Werte des Gemeinschaftslebens dient, der mithin dem Kernbereich des Strafrechts angehört, in eine Ordnungswidrigkeit umzuwandeln. Nach dieser Judikatur des BVerfG besteht also für den Kernbereich des Strafrechts ein an den Gesetz-

385 BVerfGE 39, 1 ff.
386 BVerfGE 88, 203 ff.
387 Reis, Geiger-FS, S. 113, 142.
388 BVerfGE 8, 197, 207; 9, 167, 171 f; 22, 49, 81 ; 22, 125, 132; 23, 113, 126 ; 27, 18, 29; 27, 36, 40. Siehe auch die spätere Entscheidung, BVerfGE 45, 272, 289.
389 BVerfGE 27, 18, 29.
390 BVerfGE 27, 18, 29.

geber adressiertes Pönalisierungsgebot. Das BVerfG hat aber bisher offengelassen, welcher Kreis von elementaren Werten zwingend bei Strafe zu schützen ist.

bbbb. Die Schutzpflichttheorie

Erstmals im Jahre 1975 hat das BVerfG, und zwar in seiner Entscheidung zum Schwangerschaftsabbruch, die Herleitung eines nicht ausdrücklich aus der Verfassung folgenden Pönalisierungsgebotes, und zwar eines solchen das menschliche Leben betreffend, dogmatisch näher begründet[391]. Das BVerfG versteht die Grundrechte nicht nur im Sinne des klassischen Verständnisses als dem status negativus der Bürger dienenden Abwehrrechte. Vielmehr kann nach Ansicht des obersten Gerichts aus Art. 2 II Satz 1 GG die Pflicht des Staates abgeleitet werden, das menschliche Leben zu schützen[392]. Bereits in früheren Entscheidungen auf anderen Gebieten hatte das BVerfG eine aus den Grundrechten[393] sich ergebende staatliche Schutzpflicht bejaht[394]. Anfangs zog es zur Begründung der Schutzpflicht neben dem einschlägigen Grundrecht auch Art. 1 Satz 2 GG heran, wonach die Menschenwürde nicht nur zu achten, sondern auch zu schützen ist[395]. Es ging offenbar davon aus, daß das Grundrecht des Lebens, soweit ihm Menschenwürdegehalt zukomme, an der Schutzpflicht des Art. 1 I Satz 2 GG teilnehme. Das Gericht sieht in der Menschenwürde nämlich die vitale Basis des Lebens verankert.

In späteren Entscheidungen stellt das BVerfG nur noch auf das spezielle Grundrecht ab und hebt hervor, daß dieses nicht nur ein Abwehrrecht, sondern zugleich eine objektivrechtliche Wertentscheidung darstelle. Letztere besitze für alle Bereiche der Rechtsordnung Geltung und begründe verfassungsrechtliche Schutzpflichten[396]. Das BVerfG betont in ständiger Rechtsprechung, daß jene Schutzpflicht umfassend sei. Hierdurch würden dem Staat nicht nur unmittelbare Eingriffe, z.B. in das Leben, verboten; vielmehr sei es ihm darüber hinaus geboten, "sich schützend und fördernd vor dieses Leben zu stellen, das heißt vor allem, es auch vor rechtswidrigen Eingriffen von seiten anderer zu bewahren"[397]. Angesichts des Höchstwertes, den das menschliche Leben darstelle, müsse diese Schutzpflicht besonders ernst genommen werden[398]. Während sich im Falle der Existenz einer Schutzpflicht der Gestaltungsspielraum des Gesetzgebers hinsichtlich des "Ob" des Schutzes des menschlichen

391 BVerfGE 39, 1, 36ff.
392 BVerfGE 39, 1, 41.
393 D.h. aus deren objektivrechtlichen Wertentscheidungen.
394 BVerfGE 20, 162, 175 - Spiegel -, 33, 303, 330 - numerus clausus -; 35, 79, 115 - Hochschulurteil -.
395 BVerfGE 39, 1, 41; 46, 160, 164 - Schleyer-Entscheidung -; 49, 89, 132 - Kalkar-Entscheidung -.
396 BVerfGE 53, 30, 57 - Mülheim-Kärlich -; 56, 54, 78 - Fluglärm-Entscheidung -; 77, 170, 214 - C-Waffen-Entscheidung -; 76, 1, 51.
397 BVerfGE 39, 1, 42; 46, 160, 164; 53, 30, 57; 56, 54, 73.
398 BVerfGE 46, 160, 164.

Lebens auf eine Pflicht zum Tätigwerden verdichte, treffe er die Entscheidung über das "Wie" prinzipiell in eigener Verantwortung[399]. Das BVerfG gesteht dem Gesetzgeber bei Erfüllung der Schutzpflicht im Grundsatz einen weiten *"Einschätzungs-, Wertungs- und Gestaltungsbereich"* zu[400]. Nur in speziell gelagerten Fällen könne sich die Pflicht zu einem effektiven Grundrechtsschutz auf die Wahl eines bestimmten Mittels verdichten[401]. Der Legislative könne dann der Einsatz des Strafrechts geboten sein. Wegen der Bedeutung der Strafnorm als der "ultima ratio" im Instrumentarium des Gesetzgebers sei dafür aber Voraussetzung, daß der durch das GG geforderte Schutz auf keine andere Weise zu erreichen sei. Demgemäß müsse das Strafrecht dann eingesetzt werden, wenn unter Rückgriff auf die übrigen Mittel ein effektiver Lebensschutz nicht anders erzielt werden könne[402].

Es ist unverkennbar, daß das BVerfG aus dem entsprechenden Grundrecht lediglich ein **relatives Pönalisierungsgebot** ableitet. Hierbei bildet in erster Linie das Prinzip der Erforderlichkeit des Mittels die Schnittstelle für das aus dem Verhältnismäßigkeitsgrundsatz sich ergebende relative Pönalisierungsverbot einerseits und das aus den Grundrechten abzuleitende relative Pönalisierungsgebot andererseits[403]. Solange ein im Vergleich zur Strafnorm ebenso geeignetes Mittel vorhanden sei, dürfe das Strafrecht nicht herangezogen werden. Existiere eine grundrechtliche Schutzpflicht und seien die übrigen Maßnahmen nicht ebenso effizient, so müsse das Instrumentarium des Strafrechts zur Anwendung gelangen. Das BVerfG spricht insoweit in seiner zweiten Entscheidung zur Frage des Schwangerschaftsabbruches von einem **Untermaßverbot**[404].

In seiner ersten Entscheidung zum Schwangerschaftsabbruch aus dem Jahre 1975 hatte das BVerfG den Gesetzgeber bereits dann zum Einsatz des Strafrechts für verpflichtet erachtet, wenn Zweifel daran bestünden, ob die außerstrafrechtlichen Instrumentarien in gleichem Maße zum Grundrechtsschutz wirksam seien wie ein entsprechender Straftatbestand[405]. Aufgrund der seitens des BVerfG in dieser Hinsicht an der Beratungslösung gehegten Zweifel hatte es die generelle Einschränkung der Strafbarkeit des Schwangerschaftsabbruches durch eine Fristenlösung für die ersten 12 Schwangerschaftswochen für verfassungswidrig erklärt.

---

399 BVerfGE 39, 1, 44.
400 BVerfGE 77, 170, 214.
401 BVerfGE 46, 160, 165.
402 BVerfGE 39, 1, 47.
403 Günther, JuS 1978, S. 8, 12; Jarass, AÖR 110, 1985, S. 363, 395; Tiedemann, Verfassungsrecht und Strafrecht, S. 51; Zipf, Kriminalpolitik, § 5, 2.3.1, S. 105.
404 BVerfGE 88, 203, 254.
405 BVerfGE 39, 1, 59; kritisch das Minderheitenvotum BVerfGE 39, 1, 78 wegen der Einschätzungsprärogative des Gesetzgebers.

In seiner zweiten Entscheidung zum Schwangerschaftsabbruch aus dem Jahre 1993 hat das BVerfG seine Ansicht aufrechterhalten, daß es prinzipiell möglich sei aus den Grundrechten verfassungsrechtliche Pönalisierungsgebote als Ausfluß einer staatlichen Schutzpflicht herzuleiten. Dies zeigt sich bereits in der Auffassung des BVerfG, daß die Verpflichtung des Arztes, den zeitlichen Entwicklungsstand der Schwangerschaft festzustellen und in den ersten 12 Wochen keine Angaben zum Geschlecht des erwarteten Kindes zu machen, im Rahmen eines Beratungskonzepts strafbewehrt sein müsse. Der Gesetzgeber würde der Schutzpflicht für das ungeborene Leben alleine durch eine berufsrechtliche Normierung nicht genügen[406]. Ferner sah das BVerfG für "Personen des familiären Umfeldes in bestimmtem Umfang strafbewehrte Verhaltensgebote und -verbote" als unerläßlich an[407].
Die Pönalisierungsgebote folgten aus der staatlichen Schutzpflicht für das menschliche Leben. Zu ihrer Herleitung vertieft das BVerfG die im ersten Urteil zur Schwangerschaftsunterbrechung gegebene Begründung. Während die Schutzpflicht in Art. 1 I GG ihren Grund habe, werde ihr "Gegenstand - und von ihm her ihr Maß" durch Art. 2 II GG näher bestimmt[408]. Das BVerfG betont auch in dieser Entscheidung: Es sei grundsätzlich Aufgabe des Gesetzgebers, "Art und Umfang des Schutzes im einzelnen zu bestimmen"[409]. Hierbei verbiete ihm allerdings das (bereits erwähnte) **"Untermaßverbot"**, völlig uneingeschränkt auf den Einsatz des Strafrechts zu verzichten[410].

Im konkreten Fall des Schutzes des ungeborenen Lebens hat das BVerfG den Verzicht auf die Strafbewehrung des Schwangerschaftsabbruches für die ersten 12 Wochen der Schwangerschaft für zulässig gehalten: Es sei dem Gesetzgeber zwar einerseits verwehrt, die Abtötung des nasciturus als rechtmäßig zu erklären, andererseits müsse er aber, um den Schwangerschaftsabbruch mit dem Verdikt der Rechtswidrigkeit zu versehen, nicht das Instrumentarium der Strafnorm verwenden. Die Einschätzung des Gesetzgebers, das Beratungskonzept sei bei Vornahme einiger Änderungen in gleichem Maße wie eine Strafvorschrift zum Lebensschutz geeignet, könne nicht beanstandet werden. Hieraus geht die Relativität der vom BVerfG aus den Grundrechten abgeleiteten Pönalisierungsgebote eindeutig hervor. Das **"Unter- und das Übermaßverbot"** stehen nicht beziehungslos nebeneinander. Vielmehr muß nach der Rechtsprechung des BVerfG der Gesetzgeber erst dann auf das Strafrecht zurückgreifen, wenn die übrigen Mittel zum Schutze des grundrechtlichen Wertes unzureichend sind.

406 BVerfGE 88, 203, 293.
407 BVerfGE 88, 203, 298.
408 BVerfGE 88, 203, 251.
409 BVerfGE 88, 203, 254.
410 BVerfGE 88, 203, 257.

bbb. Die Rechtsprechung des Europäischen Gerichtshofes für Menschenrechte

Ebenso wie das BVerfG aus den Grundrechten des Grundgesetzes leitet der Europäische Gerichtshof für Menschenrechte (EGMR) aus den Grundrechten der Europäischen Menschenrechtskonvention (EMRK) relative Pönalisierungsgebote ab. Dennoch hat seine Rechtsprechung in der Diskussion um die Verpflichtung des Gesetzgebers zum Einsatz des Strafrechts, soweit ersichtlich, kaum Beachtung gefunden.

Der EGMR hatte bereits in seinem Urteil vom 09.10.79 (Airey gegen Irland) für Art. 6 I EMRK betont: Die Erfüllung einer aus der Konvention folgenden Pflicht mache manchmal auch ein positives Tun seitens des Staates erforderlich[411]. In einem derartigen Fall dürfe dieser nicht passiv bleiben. Es bestehe dann "kein Raum für eine Unterscheidung zwischen Handlungen und Unterlassungen"[412]. So könne die aus Art. 6 I EMRK folgende Pflicht, einen wirksamen Zugang zu Gericht zu gewährleisten, auch durch das Unterlassen positiver Maßnahmen, d.h. effektive Zugangsmöglichkeiten zu schaffen, verletzt werden.

Später hat der EGMR dann in seinem Urteil vom 26.3.1985 für Art. 8 EMRK ausdrücklich die Möglichkeit der Ableitung eines Pönalisierungsgebotes aus der Konvention festgestellt. Nach Art. 8 I EMRK habe jedermann Anspruch auf Achtung seines Privat- und Familienlebens, seiner Wohnung und seines Briefverkehrs. Ziel des Art. 8 EMRK sei zwar in erster Linie, den einzelnen Bürger vor willkürlichen Eingriffen durch öffentliche Behörden zu schützen. Hinzukommen könne aber eine positive Schutzpflicht, "die Teil einer wirksamen Beachtung des Privat- oder Familienlebens" darstelle[413]. Im Falle eines Sexualvergehens gegen eine geistig behinderte Minderjährige sei der zivilrechtliche Schutz nicht ausreichend. Die Privatsphäre des Individuums i.S. des Art. 8 I EMRK erfordere im Sexualbereich einen wirksamen Schutz durch Strafvorschriften. Denn auf jenem Gebiet seien "grundsätzliche Werte und wesentliche Aspekte des Privatlebens betroffen", die eine effiziente Abschreckung zwingend erfordern würden. Letztere können aber nur eine Strafnorm erreichen. Der Einsatz des Strafrechts wird also auch hier nur insoweit gefordert als andere Mittel unzureichend sind. Hieraus wird die Relativität des vom EGMR aus den Grundrechten abgeleiteten Pönalisierungsgebotes deutlich. Bemerkenswert ist, daß die Niederlande für die Kategorie des relevanten Sexualdelikts grundsätzlich einen Strafrechtsschutz vorgesehen, allerdings für geistig behinderte Minderjährige eine Lücke gelassen hatten. Eine weitreichende Einschränkung des legislativen Gestaltungsspielraumes hatte das Urteil also nicht zur Folge.

---

411 EuGRZ 1979, S. 626, 628.

412 EGMR, Urteil vom 09.10.1979, EuGRZ 1979, S. 626, 628.

413 EuGRZ 1985, S. 297, 298.

ccc. Die überwiegende Ansicht in der Literatur

aaaa. Die Heranziehung des Sozialstaatsprinzips

Die überwiegende Ansicht in der Literatur ist dem BVerfG gefolgt und bejaht ebenfalls die Existenz verfassungsrechtlicher Pönalisierungsgebote über die Bestimmung des Art. 26 I GG hinaus. Vereinzelt verweist man für ihre dogmatische Herleitung auf das Sozialstaatsprinzip. So wird erwogen, daß dieses Staatsziel generell zur Begründung einer "Pflicht" des Staates zur Strafgesetzgebung im allgemeinen herangezogen werden könne[414]. Gleichzeitig weist man einschränkend auf die Unmöglichkeit hin, diesem Prinzip konkrete Aussagen für die Erfüllung jener Pflicht zu entnehmen. Nach anderer Ansicht kann aus dem Staatsstrukturelement der Sozialstaatlichkeit nur die Pflicht zur Pönalisierung gewisser Rechtsgüterverlezungen[415], bzw. bestimmten Lebensbereichen zugehörenden sozialschädlichen Verhaltens, abgeleitet werden[416]. So habe der Gesetzgeber den "Schutz sozial Schwacher und Abhängiger" durch Strafnormen zu sichern[417]. Als Beispiel der Erfüllung dieses Verfassungsauftrags wird die Einführung des § 302 f StGB (Mietwucher) durch das Gesetz zur Verbesserung des Mietrechts vom 04.11.1971 genannt[418].

bbbb. Die Ableitung aus dem Rechtsstaatsprinzip

Vielfach versucht man in der Literatur, dem Rechtsstaatsprinzip verfassungsrechtliche Pönalisierungsgebote zu entnehmen. Aufgabe des Rechtsstaates sei es, das friedliche Zusammenleben der Bürger sicherzustellen. Hieraus folge nicht nur die Befugnis, sondern auch die Pflicht zu einer entsprechenden Strafgesetzgebung[419]. Dies müsse um so mehr gelten, als heute das Gewaltmonopol beim Staat liege[420]. Das Rechtsstaatsprinzip gebiete dem Gesetzgeber, "essentielle Rechtsgüter" durch die Androhung strafrechtlicher Sanktionen vor Verletzungen zu schützen[421]. Eine Antwort auf die Frage, um welche Rechtsgüter es sich

414 Hamann, Grundgesetz und Strafgesetzgebung, S. 21.
415 Lang-Hinrichsen, FamRZ 1974, S. 497, 504.
416 Tiedemann, ZStW 86, 1974, S. 303, 311.
417 Tiedemann, aa0.
418 Tiedemann, aa0.
419 Hamann, Grundgesetz und Strafgesetzgebung, S. 86 f; Lang-Hinrichsen, FamRZ 1974, S. 497, 504; Würtenberger, Die geistige Situation der deutschen Strafrechtswissenschaft, S. 74.
420 Merten, Rechtsstaatlichkeit und Gnade, S. 21.
421 Merten, aa0.; ähnlich Reis, Geiger-FS 1974, S. 113, 141 f, der auf dieses Verfassungsprinzip neben der grundrechtlichen Wertordnung abstellt. Siehe auch BVerfGE 33, 367, 383. In diesem Beschluß betonte das BVerfG, daß der Grundsatz der Rechtsstaatlichkeit die Auf rechterhaltung einer funktionstüchtigen Rechtspflege verlange. Ablehnend, Müller-Dietz, Strafe und Staat, S. 51, der betont, daß dem Rechtsstaatsprinzip "schwerlich inhaltlich näher fixierte Pflichten des Gesetzgebers - etwa auf Pönalisierung eines bestimmten Verhaltens" entnommen werden könne.

handele, wird meist nicht gegeben[422]. Andere Vertreter in der Literatur betonen die Funktion des Rechtsstaats, die Menschenwürde zu schützen und verlangen deshalb für bedeutsame personale Rechtsgüter, wie beispielsweise Leben und körperliche Unversehrtheit, einen strafrechtlichen Schutz[423].

cccc. Kernbereichstheorie

In der Literatur finden sich zahlreiche Stimmen, die sich der anfangs beschriebenen **"Kernbereichstheorie"** des BVerfG angeschlossen haben. Sie geht von der Hypothese aus, daß es Rechtsverletzungen gibt, "die ihrer Art nach Straftaten sind, und solche, die genuin Ordnungswidrigkeiten darstellen"[424]. Es sei dem Gesetzgeber verwehrt, eine dem Kernbereich des Strafrechts zugehörige Rechtsverletzung in einen Ordnungswidrigkeitentatbestand umzugestalten. Umgekehrt dürfe er auch keine eindeutig dem Bereich des Ordnungswidrigkeitenrechts zugehörenden Normverstöße zu Straftaten aufwerten. Nur hinsichtlich des Grenzbereichs zwischen beiden Unrechtskategorien besitze die Legislative einen Gestaltungsspielraum.

Indes ist es äußerst schwierig feststellbar, welche Verstöße dem "Kernbereich" des Strafrechts zuzuordnen sind. Dem bisweilen von "allen bedeutsamen Unrechtstatbeständen" sprechenden BVerfG wurde vorgeworfen, diese Abgrenzungsformel sei nichtssagend[425]. Daher sind die Vertreter der Kernbereichstheorie um die Herausarbeitung eines eindeutigen Differenzierungskriteriums bemüht. Das Strafrecht müsse zum Schutz **"fundamentaler Rechtsgüter"** eingesetzt werden, soweit deren Schutz auf andere Weise nicht realisiert werden könne[426]. Als fundamental werden solche Rechtsgüter angesehen, die sich bereits aus der Verfassung ergeben. Denn hierdurch werde ihre besondere Schutzwürdigkeit und Bedeutung für das gesellschaftliche Zusammenleben dokumentiert[427]. Es handele sich also um solche Rechtsgüter, die den "verfassungsrechtlichen Grundwerten" weitgehend entsprächen[428]. Als Beispiele werden Rechtsgüter wie etwa das Leben, die körperliche Unversehrtheit, die Freiheit, die Ehre und das Eigentum genannt[429].

---

422 Merten, aa0; Lang-Hinrichsen, aa0.
423 Würtenberger, aa0, S. 74.
424 Dreher, Welzel-FS 1974, S. 917, 930.
425 Bockelmann/Volk, Strafrecht, AT, S. 11.
426 Roxin, Strafrecht, AT, Bd. I, § 2, Rdnr. 37, 51.
427 Zipf, Kriminalpolitik, § 5, 2.31.
428 Tiedemann, Tatbestandsfunktion im Nebenstrafrecht, S. 30; ders., Verfassungsrecht und Strafrecht, S. 53.
429 Dreher, Welzel-FS S. 917, 930 f; Tiedemann, Tatbestandsfunktion im Nebenstrafrecht, S. 30; ders., Verfassungsrecht und Strafrecht, S. 53; Zipf, Kriminalpolitik, § 5, 2.31.

dddd. Schutzpflichttheorie

Die h.A. in der Literatur hat sich im Rahmen der Herleitung verfassungsrechtlicher Pönalisierungsgebote der vom BVerfG vertretenen Schutzpflichttheorie angeschlossen[430]. Ihre Anhänger heben hervor, daß kein Zweifel an der Verpflichtung des Staates bestehen könne, den einzelnen durch die Androhung strafrechtlicher Sanktionen vor Verbrechen wie Mord und Totschlag zu schützen[431]. In Anlehnung an das BVerfG, das bisher die Möglichkeit der Ableitung einer sich nicht ausdrücklich aus der Verfassung ergebenden Schutzpflicht, in erster Linie für die in Art. 2 II GG genannten grundrechtlichen Güter, bejaht hat[432], wollen einige Vertreter der Lehre jene Pflicht, namentlich was die Pönalisierungsgebote anbetrifft, auf derart fundamentale Rechtsgüter beschränkt wissen[433]. Der enge Zusammenhang dieser Ansicht mit der Kernbereichstheorie ist unverkennbar[434]. Demgegenüber lehnen zahlreiche Stimmen in der Literatur die Notwendigkeit einer Beschränkung des aus der staatlichen Schutzpflicht fließenden Pönalisierungsgebots auf Rechtsgüter wie Leben und körperliche Unversehrtheit ab[435].

In der Literatur greift man zur Begründung der staatlichen Schutzpflicht im wesentlichen auf zwei dogmatische Ansätze zurück, die teilweise auch miteinander verbunden werden:

Die erste Auffassung überträgt das aus Art. 1 I Satz 2 GG stammende Gebot, die Menschenwürde zu schützen, auf die nachfolgenden Grundrechte[436]. Der Staat sei zu ihrem Schutz verpflichtet, soweit ihnen Menschenwürdegehalt zukomme. Hieraus zieht man die Schlußfolgerung, es sei möglich, aus Art. 1 I GG, "ein Minimalprogramm der Strafgesetzgebung" abzuleiten[437]. Angesichts der Schutzwürdigkeit der Art. 1 I GG nachfolgenden

---

430 Lorenz in: Isensee/Kirchhof, Handbuch des Staatsrechts der BRD, Bd. VI, § 128, Rdnr. 59 f; Isensee, Das Grundrecht auf Sicherheit, S. 33, nach dem die Schutzaspekte der Grundrechte "in ihrer Gesamtheit das Grundrecht auf Sicherheit" bilden.

431 Alexy, Theorie der Grundrechte, S. 413; Starck in: Mangoldt/ Klein/Starck, Das Bonner GG, Bd. 1, Art. 2 Abs. 2 GG, Rdnr. 197; Stern, Das Staatsrecht der BRD, Bd. III 1, § 69 IV 5, S. 949.

432 Das BVerfG hat die Schutzpflicht aber nicht auf diese Grundrechte beschränkt, sondern beispielsweise auch im Hinblick auf Art. 5 III (BVerfGE 55, 37, 68) und Art. 7 IV (BVerfGE 75, 40, 62) angenommen.

433 Müller-Dietz in: Jung/Müller-Dietz, § 218 StGB, Dimensionen einer Reform, S. 98; ders., noch zurückhaltender hinsichtlich der Anerkennung von Pönalisierungsgeboten, in: Strafe und Staat, S. 51. In bezug auf die Schutzpflicht ist h.L., daß diese prinzipiell aus sämtlichen Grundrechten hergeleitet werden kann; vgl. Stern, Das Staatsrecht der BRD, Bd. III/1, § 69 IV 5, S. 944.

434 Siehe auch Merten, Rechtsstaatlichkeit und Gnade, S. 22, der von seinem Ansatz der Ableitung der Pönalisierungsgebote aus dem Rechtsstaatsprinzip diese auf "essentielle Rechtsgüter" beschränkt.

435 Siehe z.B. Starck, in: Mangoldt/Klein/Starck, Das Bonner GG, Art. 2 Abs. 2 GG, Rdnr. 229, der auch bezüglich der Freiheit der Person eine Schutz- sowie Pönalisierungspflicht bejaht; weitergehend Krumbiegel, FamRZ 1975, S. 550, 554, der neben der Freiheit noch die Eigentumsgarantie erwähnt; keinerlei Einschränkung auf bestimmte Schutzgüter nimmt vor, Nowakowski, ÖJZ 1965, S. 281, 282.

436 Starck in: v. Mangoldt/Klein/Starck, Das Bonner Grundgesetz, Art. 1 Abs. 1 GG, Rdnr. 38. Siehe auch Müller-Dietz in: Jung/Müller-Dietz, § 218 StGB Dimensionen einer Reform, S. 77, 88 f.

437 Badura, Beratungen des Sonderausschusses für die Strafrechtsreform, S. 1091, 1098; ähnlich

Grundrechte, wird es teilweise für zulässig erachtet, diese in eine bestimmte Rangfolge zur Menschenwürde zu bringen. Hierbei werden insbesondere die Grundrechte auf Leben und körperliche Unversehrtheit als existentielle Rechte des einzelnen genannt[438].

Eine zweite Auffassung stellt hingegen unmittelbar auf die einzelnen Grundrechte ab, und zwar auf die ihnen zugrundeliegenden objektiven Wertentscheidungen. Letztere seien aufgrund Art. 1 III GG für die gesamte staatliche Tätigkeit verbindlich. Im Falle der erhebelichen Gefährdung oder Verletzung der grundrechtlichen Schutzgüter müsse der Staat eingreifen[439].

Von einigen ihrer Vertreter wird dabei Art. 1 I Satz 2 GG unterstützend herangezogen[440].

Beide Ansätze basieren regelmäßig auf der Vorstellung eines Dreiecksverhältnisses, an dem der Staat und zumindest zwei private Subjekte beteiligt sind[441]. Die Funktion der Schutzpflicht wird häufig ausschließlich darin gesehen, eine Privatperson im Wege staatlicher Mittel vor rechtswidrigen Angriffen einer anderen Privatperson zu schützen[442]. Daher wird von einigen die Schutzpflicht als ein Aspekt der Drittwirkung der Grundrechte betrachtet[443]. Andere lehnen dies ausdrücklich ab, da es nicht um die Frage der unmittelbaren oder mittelbaren Geltung der Grundrechte zwischen Privatpersonen gehe[444]. Die Drittwirkung bedeute nämlich nur, daß der Bürger, genauso wie der Staat, die Grundrechte des einzelnen zu beachten habe. Berührt werde auch hier die Abwehrfunktion der Grundrechte. Hingegen wende sich die über die Sicherung des status negativus hinausgehende Pflicht, positive Maßnahmen zu ihrem Schutz zu ergreifen, an den Staat[445]. Die Schutzpflicht habe nicht die Problematik zum Gegenstand, ob der Bürger Pflichtsubjekt der Grundrechte sein könne; denn

---

Würtenberger, Die geistige Situation der deutschen Strafrechtswissenschaft, S. 74.

438 Würtenberger, aa0, S. 74.

439 Stern, Das Staatsrecht der Bundesrepublik Deutschland, Bd. III/1, S. 969, IV 5, S. 948.

440 Driendl, Zur Notwendigkeit und Möglichkeit einer Strafgesetzgebungswissenschaft in der Gegenwart, S. 13 f; Nowakowski, ÖJZ 1965, S. 281, 282; siehe auch Starck in: Mangoldt/Klein/Starck, Das Bonner GG, Art. 2 II GG, Rdnr. 229.

441 Alexy, Theorie der Grundrechte, S. 410 f.

442 Badura, Beratungen des Sonderausschusses für die Strafrechtsreform, S. 1091, 1098; Jarass, AöR 110, 1985, S. 363, 379; Krumbiegel, FamRZ 1975, S. 550, 554; Starck in: Mangoldt/Klein/Starck, Das Bonner GG, Art. 2 II GG, Rdnr. 229. Nach a.A. ist die staatliche Schutzpflicht hierauf nicht bschränkt, vgl. Hesse in: Benda/Maihofer/Vogel, Handbuch des Verfassungsrechts der BRD, § 5, Rdnr. 50 f; Robbers, Sicherheit als Menschenrecht, S. 124; Stein, Staatsrecht, § 32 II 2.

443 Rüpke, Schwangerschaftsabbruch und Grundgesetz, S. 52, allerdings ohne Rückgriff auf die objektive Wertordnung. Siehe auch Herzog, JR 1969, S. 441, 443.

444 Isensee, Das Grundrecht auf Sicherheit, S. 35 f; Krumbiegel, FamRZ 1975, S. 550, 551; Müller-Dietz in: Jung/Müller-Dietz, § 218 StGB, Dimensionen einer Reform, S, 77, 88; ders., Dreher-Festschrift 1977, S. 97, 107; Naujoks, EuGRZ 1975, S. 359, 361; Reis, Geiger-Festschrift, 1974, S. 113, 139 ff; siehe auch Driendl, Zur Notwendigkeit und Möglichkeit einer Strafgesetzgebungswissenschaft in der Gegenwart, S. 10, 18 m.w.N. zum Meinungsstand.

445 Isensee, Das Grundrecht auf Sicherheit, S. 35, f.

ihr Adressat sei der Staat. Vielmehr gehe es bei ihr um die durch den Staat zu treffende Zuordnung "von Schutz- und Freiheitsbereichen im sogenannten horizontalen Bereich"[446].

Was die Frage nach der Auswahl der Mittel zur Erfüllung der staatlichen Schutzpflicht angeht, herrscht Einigkeit darüber, daß dem Gesetzgeber ein weiter Gestaltungsspielraum zukommt. Angesichts der Eigenschaft des Strafrechts als ultima ratio im staatlichen Instrumentarium zum Schutze der grundrechtlichen Güter müsse der Gesetzgeber aber vorrangig auf außerstrafrechtliche Möglichkeiten zurückgreifen. Strafrechtliche Sanktionen dürfe der Gesetzgeber erst einsetzen, wenn andere Maßnahmen keinen ausreichenden Schutz bieten würden[447].

bb. Kritische Stimmen zur Anerkennung von Pönalisierungsgeboten über die in der Verfassung ausdrücklich geregelten Fälle hinaus

Die Anerkennung von Pönalisierungsgeboten über die in der Verfassung ausdrücklich geregelten Fälle hinaus ist nicht nur auf Zustimmung gestoßen. Sie hat bereits im Minderheitsvotum zum Urteil des BVerfG vom 25. Febr. 1975[448] und dann auch in der Literatur erhebliche Kritik erfahren. Hierbei berufen die Kritiker sich im wesentlichen auf folgende Argumente:

Erstens: Die Entstehungsgeschichte des GG spreche gegen die Möglichkeit, aus den Grundrechten Kriminalisierungsgebote abzuleiten. Eine verfassungsrechtliche Pflicht des Staates zum Einsatz des Strafrechts könne nur anerkannt werden, wenn sie sich explizit aus dem Grundgesetz ergebe. Art. 26 I GG und der ehemalige Art. 143 GG machten nämlich deutlich, daß dort, wo der Parlamentarische Rat eine Strafsanktion für notwendig gehalten habe, eine ausdrückliche Regelung in das GG aufgenommen worden sei[449]. Dem liegt der Gedanke zugrunde, daß eine Verfassung, sofern sie den Einsatz des Strafrechts gebiete, dies ausdrücklich tun müsse[450].

Zweitens: Den stärksten Einwand sieht die Gegenansicht darin begründet, daß die Funktionen der Grundrechte in ihr Gegenteil verkehrt würden, wenn aus den ihnen zugrundeliegenden

---

446 Driendl, Zur Notwendigkeit und Möglichkeit einer Strafgesetzgebungswissenschaft in der Gegenwart, S. 18.

447 Müller-Dietz, Dreher-FS 1977, S. 97, 108; Eser, ZRP 1991, S. 291, 295.

448 BVerfGE 39, 1, 68.

449 BVerfGE 39, 68, 75; Abendroth, Kritische Justiz 1975, S. 121, 124; Herzog, JR 1969, S. 441, 444 f; siehe auch Herrmann, Die Reform der Aussagetatbestände, S. 110, der betont, daß die Verfassung nicht beantworten könne, welche in ihr genannten Werte bei Strafe zu schützen seien; Sax in: Bettermann-Nipperdey-Scheuner, Die Grundrechte, S. 930 f.

450 Abendroth, Kritische Justiz 1975, S. 121, 124.

objektiven Wertentscheidungen eine Pflicht des Gesetzgebers zum Erlaß von Strafnormen zu entnehmen wäre[451]. Aufgabe der Grundrechte sei es, die Strafgewalt zu begrenzen, nicht diese zu begründen[452]. Daher bedürfe der Erlaß einer Strafrechtsnorm, nicht aber die Streichung einer solchen Vorschrift der verfassungsrechtlichen Legitimation[453].

Drittens: Die Anerkennung derartiger Pönalisierungsgebote führe grundsätzlich zu einem schwerwiegenden Eingriff des BVerfG in den Funktionsbereich der Legislative. Selbst wenn man es für zutreffend erachte, aus den Grundrechten eine Schutzpflicht abzuleiten[454], müsse der weite, dem Gesetzgeber bei Erfüllung jener Aufgabe zukommende Gestaltungsspielraum respektiert werden. Durch die Pflicht, das Instrument der Strafe zum Grundrechtsschutz einzusetzen, werde das gesetzgeberische Ermessen regelmäßig mißachtet[455]. Angesichts der Vielzahl der dem Staat zur Erfüllung seiner Aufgaben zur Verfügung stehenden Mittel stelle es die absolute Ausnahme dar, wenn zum Grundrechtsschutz nur die Kriminalstrafe als das einzig sachgerechte Instrument angesehen werden könne[456]. Im Gegensatz zur Abwehr- berge die **Schutz**funktion also die Gefahr der Überschreitung des "judical self restraint" des BVerfG in sich.

Viertens: Gerade das Strafrecht sei in den vergangenen Jahren einem schnellen und starken Wandel unterlegen gewesen. Es müsse abgelehnt werden, diese Entwicklung durch das verfassungsrechtliche Festschreiben von Strafrechtsnormen zu stoppen.

cc. Eigener Standpunkt

Meines Erachtens ist der Rechtsprechung des BVerfG und der h.L. zu folgen, d.h. es sind "relative Pönalisierungsgebote" anzuerkennen. Dem steht der Aussagegehalt des Art. 26 I GG nicht entgegen. Aus der Einmaligkeit dieser Vorschrift kann im Wege eines argumentum e contrario nicht gefolgert werden, daß außerhalb ihres Anwendungsbereiches Pönalisierungsgebote ausgeschlossen sein sollen. Voraussetzung hierfür wäre, daß jener Verfassungsbestimmung abschließender Charakter zukäme, was aber im Hinblick auf ihre Entstehungsgeschichte zu verneinen ist. Die geistigen Urheber des Grundgesetzes verfolgten

---

451 BVerfGE 39, 68, 73; Naujoks, EuGRZ 1975, S. 359, 362 f; Podlech in: AK, Art. 2 Abs. 2 GG, Rdnr. 19.
452 BVerfGE 39, 68, 73.
453 Baumann/Weber, Strafrecht, AT, 9. Aufl., § 3 III 2; ähnlich Müller-Dietz, Strafe und Staat, S. 51 der betont, daß der Gesetzgeber bei der Aufhebung einer Strafvorschrift weniger strengen Bindungen unterliege.
454 Ablehnend insoweit Abendroth, Kritische Justiz 1975, S. 121, 124. Eine Schutzpflicht des Staates bestehe nur in den ausdrücklich angeordneten Fällen der Art. 6 IV und V GG.
455 Kriele, JZ 1975, S. 222, 223.
456 Herzog, JR 1969, S. 441, 445; siehe auch Jarass in: Jarass/Pieroth, GG für die BRD, Art. 2 GG, Rdnr. 51; Schmidt-Assmann, AÖR (106), 1981, S. 205, 216; Seebald, GA 1974, S. 336, 339; i.d.S. auch Rudolphi, ZStW 1971, (83), S. 105, 114.

mit dem "absoluten Pönalisierungsgebot" des Art. 26 I GG die Intention, dem künftigen Verbot sämtlicher Handlungen, die der Vorbereitung eines Angriffskrieges dienen, besonderen Nachdruck zu verleihen. Die Erinnerung an die Ereignisse, die den 2. Weltkrieg ausgelöst hatten, war bei ihnen noch frisch. Die Frage, ob weitere Pönalisierungsgebote anzuerkennen seien oder nicht, stand nicht zur Diskussion. Die zuvor beschriebene Singularität des Art. 26 I GG verbietet es, irgendwelche Schlußfolgerungen, und zwar weder in positiver noch in negativer Hinsicht, für sonstige Pönalisierungsgebote zu ziehen. Zudem könnte der o.g. Verfassungsbestimmung meines Erachtens ohnehin nur ein Argument gegen die Anerkennung weiterer **absoluter Pönalisierungsgebote** entnommen werden. Auf die hier in Rede stehende relative Pflicht des Gesetzgebers zur Strafbewehrung bestimmter Verhaltensweisen bezieht sie sich von vornherein nicht. Die Frage, ob derartigte Pönalisierungsgebote anzuerkennen sind, muß anhand sonstiger Verfassungsbestimmungen beantwortet werden. Es sind die Staatsstrukturprinzipien der Rechts- und Sozialstaatlichkeit sowie die Grundrechte, die insoweit herangezogen werden müssen.

Bereits aus der Kompetenznorm des Art. 74 Nr. 1 GG entspringt die Befugnis des Staates zum Einsatz des Instrumentariums der Strafe. Ihre eigentliche Grundlage findet die Strafgewalt allerdings im Rechtsstaatsprinzip (Art. 20 III, Art. 28 I GG). Nach diesem Prinzip obliegt es dem Staat, das friedliche Zusammenleben innerhalb der Gemeinschaft zu gewährleisten[457]. Zur Sicherung des inneren Friedens ist der Staat aber zum Einsatz des Strafrechts nicht nur berechtigt, sondern darüber hinaus auch verpflichtet, soweit andere Mittel versagen[458]. Dies ergibt sich aus folgender Überlegung: Nach einhelliger Auffassung folgt aus dem Staatsstrukturprinzip der Rechtsstaatlichkeit das staatliche Gewaltmonopol als ungeschriebenes Verfassungsprinzip. Dieses ist zwingende Voraussetzung für den inneren Frieden[459]; denn aus ihm folgt, daß dem einzelnen der Einsatz "physischer Gewalt" grundsätzlich verboten ist[460]. Nur ausnahmsweise, bei Vorliegen eines Rechtfertigungsgrundes, kommt ihm eine Befugnis zur Anwendung von Gewalt zu. Der einzelne besitzt aber auch dann kein Recht zur Selbstjustiz. Sofern der Staat auf der einen Seite dem Bürger solche Unterlassungspflichten auferlegt, ist es auf der anderen Seite ein zwingendes Gebot der Gerechtigkeit, ihn vor rechtswidrigen Angriffen seiner Mitmenschen durch Etablierung einer effektiven Rechtspflege zu schützen[461]. Aus dem Rechtsstaatsprinzip folgt insofern zumindest eine staatliche

457 Vgl. zur Herleitung der grundrechtlichen Schutzpflicht aus "der dem Staat prinzipiell auferlegten Friedensordnung", Stern, Das Staatsrecht der Bundesrepublik Deutschland, Bd. III/1, § 69 IV 5, S. 946.

458 I.d.S. auch Reis, Geiger-Festschrift 1974, S. 113, 141.

459 Krey, Zum Gewaltbegriff im Strafrecht, 1. Teil, in: Bundeskriminalamt - BKA- (Hrsg.), Was ist Gewalt ?, Bd. 1, Rdnr. 18 ff. m.w.N.

460 Merten, Rechtsstaat und Gewaltmonopol, S. 31.

461 Vgl. zu dem Zusammenhang der Friedenspflicht der Bürger und dem Gewaltmonopol des Staates und ihrer Bedeutung als Fundamente der Pflicht des Staates zur Gewährleistung von Sicherheit, Isensee, Das Grundrecht auf Sicherheit, S. 23, 24.

Schutzpflicht für den Bereich der rechtswidrigen Angriffe auf die fundamentalen Rechtsgüter des einzelnen Bürgers. Der Staat muß sich dabei des Einsatzes des Strafrechts bedienen, soweit andere Mittel zur ihrer Erfüllung unzureichend sind. Das Rechtsstaatsprinzip trifft aber selbst keine konkrete Aussage darüber, welche Rechtsgüter so bedeutsam sind, daß ausreichender staatlicher Schutz durch Strafnormen geboten ist.

Nichts anderes gilt für das Sozialstaatsprinzip. Ein Staat kann nicht als Sozialstaat bezeichnet werden, wenn dem einzelnen Bürger die existentiellen Grundlagen fehlen, um ein menschenwürdiges Dasein zu führen. Dem Staat ist nach diesem Strukturprinzip darüber hinaus generell der Schutz der gesellschaftlichen Voraussetzungen der grundrechtlichen Freiheit der Bürger aufgetragen[462]. Prinzipiell besitzt der Staat aber die freie Wahl der Mittel, die er ergreift, um diesen Schutz zu erreichen. Da von einem effektiven staatlichen Schutz im Falle des Versagens anderer Mittel nicht gesprochen werden kann, ist der Staat ausnahmsweise zum Einsatz von strafrechtlichen Sanktionen verpflichtet.

Bestätigt und konkretisiert wird die aus dem Rechts- und Sozialstaatsprinzip folgende relative Pflicht des Gesetzgebers zum Schutze der fundamentalen Rechtsgüter der Bürger das Strafrecht einzusetzen, durch die Grundrechte[463].

Bereits am Anfang des Grundgesetzes, nämlich in Art. 1 I Satz 2, wird die staatliche Schutzpflicht zum Verfassungsprinzip erhoben. Denn nach dieser Vorschrift ist der Staat nicht nur dazu verpflichtet, die Menschenwürde zu achten; vielmehr muß er sie darüber hinaus auch schützen. Wie bereits an früherer Stelle gezeigt worden ist, sind ihm durch das Tatbestandsmerkmal des "Achtens" Eingriffe in die Menschenwürde verboten. Demgegenüber verpflichtet ihn das Merkmal des "Schützens" dazu, positive Maßnahmen zur Förderung der Menschenwürde zu ergreifen. Der Staat ist zum Einsatz des Strafrechts verpflichtet, sofern andere Mittel zum Schutze der Menschenwürde nicht in Betracht kommen bzw. unzureichend sind. Hieraus resultiert folgende weitere Konsequenz: Bereits aus Art. 1 I GG läßt sich auch zum Schutz der nachfolgenden Grundrechte ein relatives Pönalisierungsgebot ableiten, allerdings begrenzt auf den jeweiligen Menschenwürdegehalt. Daher ist die Anknüpfung an Art. 1 I GG zur Herleitung der relativen Pönalisierungsgebote sowie die Aussage, daß aus dieser Verfassungsbestimmung ein "Minimalprogramm der Strafgesetzgebung"[464] folge, zutreffend. Allerdings setzt ein grundrechtliches Pönalisierungsgebot, worauf hier bereits hingewiesen werden soll, die Zulässigkeit des strafrechtlichen Instrumentariums im konkreten Fall voraus. Die Strafnorm darf nicht gegen ein Pönalisierungsverbot verstoßen. Denn es dürfte auf der

---

462 Isensee, Das Grundrecht auf Sicherheit, S. 18.

463 Vgl. zu dem Zusammenhang zwischen dem Sozialstaatsprinzip und der Schutzfunktion der Grundrechte, Stein, Staatsrecht, § 42 V, 6.

464 Badura, Beratungen des Sonderausschusses für die Strafrechtsreform, S. 1091, 1092.

Hand liegen, daß der Staat nur dann zum Einsatz des Strafrechts verpflichtet sein kann, wenn das anzuwendende Mittel auch zulässig ist.

Pönalisierungspflichten über den Menschenwürdegehalt des einzelnen Grundrechts hinaus können sich nur aus dem speziellen Schutzbereich der Art. 1 I GG nachfolgenden Grundrechte selbst ergeben. Dieser Weg ist für diejenigen Autoren von vornherein ausgeschlossen, die in den Grundrechten nur Abwehrrechte sehen. Aus ihrer Sicht liegt dann der Vorwurf nahe, daß durch die Anerkennung staatlicher Schutzpflichten die Funktion der Grundrechte in ihr Gegenteil verkehrt werde. Eine solche Anschauung erfaßt jedoch nur die negativen Folgen der staatlichen Schutzpflicht. Die Behauptung, die aus den Grundrechten abgeleitete Schutzpflicht führe zu einer Einschränkung der Freiheit, welche die Grundrechte dem einzelnen eigentlich gewähren sollen, ist eine Frage des jeweiligen Blickwinkels. Denn die grundrechtliche Freiheit desjenigen, dem die Schutzpflicht dient, wird durch sie gerade erst sichergestellt. Es ist genau die gleiche Problematik, die anfangs bereits bei der Darstellung der Wirkungen der Strafrechtsnorm in Erscheinung getreten ist, nämlich die der Freiheitssicherung durch Freiheitseingriff. Aus dem Wortlaut der einzelnen Grundrechte ist nicht zu schließen, daß sich ihre Funktion in der Statuierung eines subjektiven Abwehrrechts erschöpft, wenn es beispielsweise in Art. 2 II Satz 1 und 2 GG heißt: "Jeder hat das Recht auf Leben und körperliche Unversehrtheit. Die Freiheit der Person ist unverletzlich" bzw. in Art. 4 I GG: "Die Freiheit des Glaubens, des Gewissens und die Freiheit des religiösen und weltanschaulichen Bekenntnisses sind unverletzlich" oder in Art. 14 I GG: "Das Eigentum und das Erbrecht werden gewährleistet"[465]. Eine derartige Einschränkung folgt auch nicht aus Art. 1 III GG. Letztere Bestimmung, welche die Gesetzgebung an die "nachfolgenden Grundrechte" bindet, spricht eher für das Gegenteil, nämlich dafür, daß der Gesetzgeber die Grundrechte nicht nur bei freiheitsbegrenzenden Gesetzen beachten muß, sondern daß ihnen darüber hinaus ein steuernder Einfluß auf seine Tätigkeit insgesamt beizumessen ist. Daher betont das BVerfG seit dem Lüth-Urteil vom 22. Nov. 1951 zu Recht, daß die Grundrechte nach ihrer Entstehungsgeschichte zwar in erster Linie Abwehrrechte seien, sich hierin ihre Bedeutung aber nicht erschöpfe, da das Grundgesetz

"keine wertneutrale Ordnung sein will" und "in seinem Grundrechtsabschnitt auch eine objektive Wertordnung aufgerichtet hat"[466].

Hierdurch erfahren die grundrechtlichen Güter, denen heute unter Umständen weniger Gefahren durch staatliche Eingriffe als durch das Verhalten von Privatpersonen - insbesondere im Hinblick auf neue gesellschaftliche und technologische Entwicklungen - drohen, die notwendige Verstärkung ihrer Geltungskraft. Die grundrechtlich verbürgte Freiheit bliebe für den einzelnen derzeit weitgehend illusorisch, würde man die Bedeutung der

465 I.d.S. auch Nowakowski, ÖJZ 1965, S. 281, 282.
466 BVerfGE 7, 198, 205.

Grundrechte nicht über ihre klassische Abwehrfunktion hinaus ausdehnen. Wie könnte und sollte der einzelne sich z.B. ohne staatliche Hilfe wirksam vor den Gefahren der Atomkraft, Gentechnologie etc. schützen. Daher leitet das BVerfG zutreffend aus den in den Grundrechten zum Ausdruck kommenden objektiven Wertentscheidungen auch die Verpflichtung des Staates zu positiven, ihrer Verwirklichung dienenden Maßnahmen ab[467]. Daß die Grundrechte neben ihrer Funktion als Abwehrrechte eine objektive Wertordnung verkörpern, dürfte heute die herrschende Auffassung sein[468]. Selbst von den Richtern des dissenting vote zum ersten Schwangerschaftsurteil vom 25.2.1975 ist anerkannt worden, daß jene objektiven Wertentscheidungen der Verwirklichung durch aktives staatliche Handeln bedürften[469]. Es erscheint mir nur folgerichtig zu sein, wenn das BVerfG den Gesetzgeber zum Erlaß von Strafnormen für verpflichtet erachtet, um seiner aus der objektiven Wertordnung der Grundrechte resultierenden Schutzpflicht nachzukommen, falls die übrigen Mittel hierfür unzureichend sind[470]. Allerdings muß den Kritikern dieser Konzeption eingeräumt werden, daß die Anerkennung einer grundrechtlichen Schutz- und Pönalisierungspflicht zur Gefahr einer der staatlichen Funktionenteilung zuwiderlaufenden Kompetenzverschiebung zwischen BVerfG und Gesetzgeber führen kann. Die Problematik der staatlichen Schutzpflicht liegt weniger in dem "Ob" als vielmehr in dem "Wie", nämlich in der Frage, mit welchen Mitteln sie zu erfüllen ist. Dem demokratisch legitimierten Gesetzgeber kommt insoweit ein erheblicher Gestaltungsspielraum zu. Seine Entscheidung darf vom BVerfG nicht auf ihre Zweckmäßigkeit, sondern nur auf ihre Verfassungsmäßigkeit hin überprüft werden. Hier besteht nun die Gefahr, daß das BVerfG unter Überschreitung seiner Kompetenzen als Gericht ein anderes als das vom Gesetzgeber gewählte Mittel zur Erfüllung der Schutzpflicht für geeigneter hält und seine eigene Entscheidung an die Stelle der gesetzgeberischen setzt[471]. Eine Gefährdung des legislativen Gestaltungsermessens ist dann, wenn man die Grundrechte lediglich als Abwehrrechte versteht, selbstverständlich wesentlich geringer[472]. Bei Verstoß des Gesetzes gegen die Abwehrfunktion eines Grundrechtes ist jenes Gesetz verfassungswidrig und mithin nichtig, falls es nicht verfassungskonform ausgelegt werden kann. Dem Gesetzgeber verbleiben aber immer noch eine Vielzahl an Mitteln, um sein mit der ursprünglichen Regelung intendiertes Ziel zu erfüllen. Demgegenüber ist dies nicht der Fall,

---

467 Siehe auch BVerfGE 35, 114.

468 v Münch in: v. Münch, Art. 1-19, Vorb., Rdnr. 22 f, 28 f; Stern, Das Staatsrecht der Bundesrepublik Deutschland, Bd. III/1, § 69 IV,5, S. 948; a.A. Goerlich, Wertordnung und Grundgesetz; vgl. zur Ableitung einer Schutzpflicht aus den Grundrechten, Maunz/Zippelius, Deutsches Staatsrecht, § 23 II, 24 II.

469 BVerfGE 39, 1, 71.

470 Das Minderheitsvotum ist inkonsequent, wenn es einerseits die in den Grundrechten enhaltenen "objektiven Wertentscheidungen" akzeptiert, andererseits aber eine Pönalisierungspflicht als "ultima ratio" des Grundrechtsschutzes ablehnt. Vgl. Stern, Das Staatsrecht der Bundesrepublik Deutschland, Bd. III/1, § 69 IV 4, S. 941 f.

471 Rüpke, Schwangerschaftsabbruch und GG, S. 56, 57.

472 Schmidt-Assmann, AÖR 106, 1981, S. 205, 206.

wenn ihm in Erfüllung der Schutzpflicht die Wahl eines ganz bestimmten Instrumentariums - z.B. Erlaß von Strafnormen - vorgeschrieben wird.

Übergriffe von seiten der Judikative in den Funktionsbereich der Legislative sind jedoch keine unweigerliche Folge der Lehre von grundrechtlichen Schutzpflichten[473]. Mit der Bejahung einer staatlichen Schutzpflicht wird nämlich noch keine Aussage darüber getroffen, ob diese den Gesetzgeber zu maximalem oder minimalem Schutz verpflichtet. Bei der Bestimmung des Umfanges der Schutzpflicht und mithin der vom Gesetzgeber zu fordernden Maßnahmen ist zu beachten, daß die Abwehr- und die Schutzfunktion der Grundrechte nicht beziehungslos nebeneinander stehen. Das Verbindungselement beider grundrechtlichen Funktionen sowie das Instrument zur Lenkung des gesetzgeberischen Ermessens stellt jeweils der Verhältnismäßigkeitsgrundsatz dar[474]. Die aus den Grundrechten herrührende objektive Wertentscheidung kann den Einsatz eines bestimmten Mittels zur Erfüllung der Schutzpflicht nur dann verlangen, falls dieses seinerseits verfassungsmäßig ist[475]. Der Staat muß häufig, um die Grundrechtsposition des einen Bürgers zu schützen, in die des anderen eingreifen[476]. Beschreiben läßt sich diese Konstellation, die oft als Grundrechtskollision zu qualifizieren ist, mit Hilfe der geometrischen Figur des Dreiecks[477]. Selbst wenn das Grundrecht, in dessen Garantiebereich durch den Staat zum Schutze der Grundrechtsposition eines anderen Bürgers eingegriffen werden muß, unter einem grundrechtlichen Gesetzesvorbehalt steht, ist dieser Eingriff dennoch nicht unbegrenzt zulässig. Die bedeutsamste Schranke stellt insoweit der Verhältnismäßigkeitsgrundsatz dar. Dem Staat ist auch in Erfüllung der Schutzpflicht nur eine verhältnismäßige Beschränkung der Grundrechte Dritter gestattet[478]. Daher erfordert die Frage, ob der Staat zur Erfüllung der grundrechtlichen Schutzpflicht eine Strafnorm erlassen muß, regelmäßig eine umfassende Gesamtabwägung, und zwar am Maßstab des Verhältnismäßigkeitsgrundsatzes; hierauf weist das BVerfG zu Recht hin[479]. Der Gesetzgeber darf wegen des Prinzips der Erforderlichkeit des Mittels nur dann auf die den einzelnen stärker belastendere Maßnahme zurückgreifen, wenn sich die mildere zum Grundrechtsschutz nicht als gleichermaßen geeignet darstellt.

---

473 Zudem stellt das judical self restraint keine starre feststehende Schranke der Prüfungsbefugnis des BVerfG dar. Diese ist umso weitgehender als bedeutsame Grundrechte wie das Leben berührt werden. Hierauf weist Driendl, Zur Notwendigkeit und Möglichkeit einer Strafgesetzgebungswissenschaft in der Gegenwart, S. 13, 14 zu Recht hin.

474 I.d.S. auch Driendl, Zur Notwendigkeit und Möglichkeit einer Strafgesetzgebungswissenschaft in der Gegenwart, S. 33 ff; siehe auch Günther, JuS 1978, S. 8, 12; Jarass, AÖR 110, 1985, S. 363, 395; Tiedemann, Verfassungsrecht und Strafrecht, S. 51.

475 I.d.S. auch Wahl/Massing, JZ 1990, S. 553, 557 f.

476 Vgl. Isensee, Das Grundrecht auf Sicherheit, S. 2, der betont, daß die Sicherheit, die der Staat gewährleistet im Konfliktfall zu einem Eingriff in die Grundrechte der Bürger ruft.

477 Wahl/Massing, JZ 1990, S. 553, 556; Stern, Das Staatsrecht der Bundesrepublik Deutschland, Bd. III/1, § 69 IV 4, S. 942.

478 Lorenz in: Isensee/Kirchhof, Handbuch des Staatsrechts der BRD, Bd. VI, § 128, Rdnr. 46.

479 BVerfGE 39, 1, 45.

Was die Prüfung der Geeignetheit des Mittels betrifft, ergeben sich im Hinblick auf die zu erfüllende Schutzpflicht Besonderheiten. Wegen der Schutzpflicht ist grundsätzlich die Wahl des effizientesten Mittels notwendig. Freilich kann, wie noch zu zeigen sein wird, der Grundsatz der Angemessenheit des Mittels (Verhältnismäßigkeitsprinzip i.e.S.) den Gesetzgeber zum Rückgriff auf ein weniger wirksames Instrumentarium zwingen.

Aufgrund der rechtsstaatlichen Funktionenteilung besitzt der demokratische Gesetzgeber, auch im Rahmen der Beurteilung der Geeignetheit des Mittels für die Erfüllung der Schutzpflicht die Einschätzungsprärogative. Das gilt für Strafnormen, die wegen des Prinzips der Erforderlichkeit des Mittels die "ultima ratio" des gesetzgeberischen Instrumentariums zum Schutze der Grundrechte darstellen, um so mehr, als bis heute keine gesicherten wissenschaftlichen Erkenntnisse über ihre Wirkungsweise existieren.

Die Kompetenz, eine Prognose darüber zu treffen, ob ein außerstrafrechtliches Mittel gleichermaßen wie eine Strafrechtsnorm zum Rechtsgüterschutz geeignet ist, liegt, auch soweit es um die Erfüllung einer grundrechtlichen Schutzpflicht geht, bei der Legislative.

Auf das Instrumentarium des Strafrechts darf der Gesetzgeber nach dem Grundsatz der Erforderlichkeit des Mittels bereits dann nicht mehr zurückgreifen, wenn ein mildere außerstrafrechtliche Mittel die gleiche Eignung wie eine Strafrechtsnorm aufweist. Effizienter als diese braucht es aber nicht zu sein. Die erste Schnittstelle zwischen Abwehrfunktion und Schutzfunktion der Grundrechte bildet das Prinzip der Erforderlichkeit des Mittels. Hier berühren sich das aus der Eigenschaft der Grundrechte als Abwehrrechte stammende **Übermaßverbot** mit dem aus ihrem Schutzcharakter fließenden **Untermaßverbot**. Letzteres Prinzip gebietet dem Gesetzgeber, wirksame Maßnahmen zum Schutze der Grundrechte zu ergreifen. Stehen dem Interesse eines Rechtssubjekts nach wirksamem Grundrechtsschutz Interessen eines anderen Grundrechtsträgers entgegen, wird letzterer vor übermäßigen Belastungen durch den Grundsatz der Erforderlichkeit bewahrt. Verfügt der Gesetzgeber über ein weniger belastendes, aber gleich effizientes Mittel, so muß er auf dieses zum Schutze der Grundrechte zurückgreifen. Das Prinzip der Erforderlichkeit des Mittels schützt den einzelnen jedoch nur insoweit vor übermäßigen Eingriffen in seine grundrechtlichen Schutzgüter, als das belastendere Mittel nicht zugleich wirksamer als das mildere ist.

Hier liegt nun die besondere Bedeutung des weiteren Einzelelements des Verhältnismäßigkeitsgrundsatzes, nämlich das Prinzip der Angemessenheit des Mittels. Dieses bildet die **zweite Schnittstelle** der Grundrechte in ihrer Funktion als Abwehr- und Schutzrecht. Das Untermaßverbot steht von vornherein unter dem Vorbehalt der Angemessenheit des zu einem wirksamen Grundrechtsschutz in Betracht kommenden Mittels. Die Entscheidung, ob das

Schutzmaximum oder Schutzminimum zu realisieren ist, bedarf der umfassenden Abwägung, wobei insbesondere Art und Rang des grundrechtlichen Schutzgutes sowie Art und Intensität der ihm drohenden Gefahren zu berücksichtigen sind[480]. Hiernach ist der Gesetzgeber nur dann befugt, ein zum Schutz eines Grundrechts effizienteres aber belastenderes Mittel zu ergreifen, wenn sich aufgrund der gebotenen Abwägung dessen Angemessenheit ergibt. Die Belastung, zu welcher der Eingriff in die entgegenstehenden Rechtsgüter eines Menschen führt, darf nämlich nicht außer Verhältnis zu dem mit ihm erzielten Schutz der Grundrechte eines anderen stehen. Der Verhältnismäßigkeitsgrundsatz i.e.S. (Prinzip der Angemessenheit) kann also den Gesetzgeber dazu zwingen, eine grundrechtliche Schutzmaßnahme zu ergreifen, obwohl ihm deren geringere Eignung, im Vergleich zu einer anderen, bekannt ist. Dies gilt insbesondere für den Einsatz des Strafrechts. Ausgehend von dieser Überlegung kann meines Erachtens auch die Frage beantwortet werden, welchen Grundrechten verfassungsrechtliche Pönalisierungsgebote entnommen werden können. Prinzipiell kommen sämtliche Grundrechte in Frage, mit Ausnahme derer, bei denen, wie beispielsweise Art. 4 III, nur eine Verletzung durch den Staat in Erwägung gezogen werden kann. Demgegenüber kommt für alle anderen Grundrechte eine relative Pönalisierungspflicht in Betracht: Der Staat ist nur dann verpflichtet, zum Schutze der Grundrechte das Instrumentarium des Strafrechts einzusetzen, wenn mildere, gleich geeignete Mittel ausscheiden. Selbst wenn die Strafrechtsnorm wirksamer als eine außerstrafrechtliche Maßnahme ist, darf der Gesetzgeber sich ihrer aber im Falle der Unangemessenheit nicht bedienen. Letztlich ist also eine umfassende Abwägung unter Berücksichtigung sämtlicher Umstände, vor allem des Erfolgs- und Handlungsunwertes des als sozialschädlich erkannten und dem zu schützenden Grundrecht zuwiderlaufenden Verhaltens, notwendig.

c. Möglichkeit der Übertragung der verfassungsrechtlichen Dogmatik zu den Pönalisierungsgeboten auf das echte Unterlassungsdelikt des § 323 c StGB

Nunmehr ist die Möglichkeit einer Übertragung der zu den verfassungsrechtlichen Pönalisierungsgeboten entwickelten Dogmatik auf das echte Unterlassungsdelikt des § 323 c StGB zu prüfen. Auf den ersten Blick erscheint diese Übertragbarkeit fraglich. In der Rechtsprechung des BVerfG und des EGMR zur grundrechtlichen Schutzpflicht ging es bislang nur um die Strafbewehrung einer Verbotsnorm. Das gleiche Bild bietet die h.L. Gegenstand der Prüfung war jeweils die Frage nach der Verpflichtung des Gesetzgebers, den Eingriff einer Person in die grundrechtliche Position einer anderen bei Strafe zu verbieten,

480 BVerfGE 49, 89, 141 ff; zustimmend Driendl, Zur Notwendigkeit und Möglichkeit einer Strafgesetzgebungswissenschaft in der Gegenwart, S. 25 f; Starck in: Mangoldt/Klein/Starck, Das Bonner Grundgesetz, Bd. 1, Art. 2 Abs. 2 GG, Rdnr. 215; Stern, Das Staatsrecht der Bundesrepublik Deutschland, Bd. III 1, § 69 IV, 4, S. 942, 943.

beispielsweise das Leben "vor rechtswidrigen Eingriffen von Seiten anderer zu bewahren"[481]. Würde die grundrechtliche Schutzpflicht nur diesen Aspekt erfassen, erschiene es äußerst zweifelhaft, § 323 c StGB als Ausdruck eines grundrechtlichen Pönalisierungsgebotes anzusehen. Das müßte selbst für den Teilaspekt des Schutzes vor einem rechtswidrigen Angriff gelten, wenn man mit der h.A. hierin einen Unglücksfall sieht. Denn die Strafvorschrift des § 323 c StGB richtet sich, anders als die Verbotsnormen, gerade nicht gegen den Angreifer. Vielmehr wird dem "Nichtverantwortlichen" eine strafbewehrte Hilfeleistungspflicht auferlegt.
Die grundrechtliche Schutzpflicht kann meines Erachtens aber nicht nur auf die Abwehr rechtswidriger Angriffe begrenzt werden, obwohl sich ihre Betrachtung häufig hierin erschöpft[482]. Das BVerfG will sie ebenfalls, wie ich meine, keineswegs nur auf diesen Bereich erstrecken. So heißt es in dem Urteil vom 25.2.1975 wörtlich: ***"Die Schutzpflicht des Staates ist umfassend.*** *Sie verbietet nicht nur - selbstverständlich - unmittelbare staatliche Eingriffe in das sich entwickelnde Leben, sondern gebietet dem Staat auch, sich schützend und fördernd vor dieses Leben zu stellen, daß heißt vor allem, es auch vor rechtswidrigen Eingriffen von Seiten anderer zu bewahren"*[483]. Die Formulierung "vor allem" macht deutlich, daß das BVerfG die Schutzpflicht nicht auf die Abwehr rechtswidriger Angriffe beschränkt wissen will. Das wird ebenfalls in dem zweiten Schwangerschaftsurteil vom 28.5.1993 deutlich, wenn es dort heißt: *"Die Schutzpflicht bezieht sich **zumal** auf Gefahren, die von anderen Menschen ausgehen"*[484].

Im übrigen wäre eine Beschränkung der Schutzpflicht auf die Abwehr der von anderen Rechtsgenossen drohenden Angriffe auf die grundrechtlichen Schutzgüter des einzelnen auch zu eng[485]. Denn nicht nur das Verhalten anderer Menschen, sondern ebenso Natureinflüsse können Beeinträchtigungen der grundrechtlich geschützten Güter mit sich bringen. Man denke beispielsweise an Waldbrände, Überschwemmungen, Epidemien und ähnliches. Die Verpflichtung des Staates, die Menschenwürde zu schützen, wird allgemein nicht auf die Abwehr rechtswidriger Angriffe beschränkt. Hier ist zwischenzeitlich weitgehend anerkannt, daß sie zudem den Schutz vor existentieller Not umfaßt[486]. Es besteht kein Grund dazu, jene

---

481 BVerfGE 39, 1, 40.

482 Die Zweifelhaftigkeit der gegenteiligen Auffassung zeigt sich in dem von Starck aufgezeigten Beispiel des "Liegenlassen" von Neugeborenen. Er erblickt hierin einen Angriff auf das Leben. Vgl. Starck in: Mangoldt/ Klein/Starck, Das Bonner Grundgesetz, Bd. 1, Art. 2 Abs. 2 GG, Rdnr. 198.

483 BVerfGE 39, 1, 42; siehe auch BVerfGE 46, 160, 164 - Schleyer -; 49, 89, 141 - Kalkar -; 53, 30, 57 – Mülheim-Kärlich -; 56, 54, 73 - Fluglärm -; 77, 170, 214 f - C-Waffen -.

484 BVerfGE 88, 203, 252.

485 In diesem Sinne auch Robbers, Sicherheit als Menschenrecht, S. 124; Siehe auch Stein, Staatsrecht, § 22 I 2, der aus Art. 2 II Satz 1 GG die Pflicht des Staates zur Ergreifung von Umweltschutzmaßnahmen ableitet.

486 Benda in: Benda/Maihofer/Vogel, Handbuch des Verfassungsrechts, § 17, Rdnr. 90; Breuer, Festgabe aus Anlaß des fünfundzwanzigjährigen Bestehens des Bundesverwaltungsgerichts, S. 89, 95; Pieroth/Schlink, Grundrechte, Rdnr. 362; Schmidt-Bleibtreu/Klein, Art. 1 GG, Rdnr. 13;

Einschränkung bei den übrigen Grundrechten vorzunehmen. Vielmehr ist das Gegenteil der Fall, da Art. 1 I Satz 2 GG sowie das Sozialstaatsprinzip für eine Pflicht des Staates sprechen, die grundrechtlichen Schutzgüter ungeachtet der Herkunft der Beeinträchtigung zu schützen. Denn Art. 1 I Satz 2 GG gebietet, den nachfolgenden Grundrechten, soweit ihr Menschenwürdegehalt reicht, umfassenden Schutz zukommen zu lassen.

Nach dem Sozialstaatsprinzip obliegt es dem Staat ebenfalls, Maßnahmen zur Sicherung der existentiellen Lebensbedingungen des einzelnen - ohne Rücksicht darauf, aus welchem Grunde diesen Gefahr droht - zu ergreifen. Da es also gleichgültig ist, welche Bedingungen für die drohende Beeinträchtigung der grundrechtlich geschützten Güter ursächlich sind, ist es grundsätzlich möglich, die zu den verfassungsrechtlichen Pönalisierungsgeboten entwickelte Dogmatik auf § 323 c StGB zu übertragen. Die Strafvorschrift der unterlassenen Hilfeleistung dient nämlich beispielsweise, genau wie die Bestimmung des § 218 StGB, dem Schutz grundrechtlicher Güter. Anders als bei nahezu sämtlichen anderen Strafbestimmungen bedient sich der Gesetzgeber hier aber eines Nichtverantwortlichen, um jenen Schutz zu erreichen. Denn für die Tatbestandsmäßigkeit des § 323 c StGB ist es irrelevant, ob der Hilfeleistungspflichtige in irgendeiner besonderen sozialen Beziehung zum gefährdeten Rechtsgutträger steht. Bei allen übrigen Strafvorschriften, die wie z.B. die §§ 211 bzw. 212 StGB als Ausdruck eines verfassungsrechtlichen Pönalisierungsgebotes angesehen werden, versucht der Gesetzgeber den Grundrechtsschutz durch eine an den Verantwortlichen adressierte Verhaltensregelung zu erzielen.

Meines Erachtens bestand für den Gesetzgeber die verfassungsrechtliche Pflicht zur Strafbewehrung der unterlassenen Hilfeleistung, soweit im Rahmen einer Notlage dem unersetzlichen Rechtsgut des **Lebens** die Vernichtung droht und seine Gefährdung nicht auf das freiverantwortliche Verhalten des Rechtsgutträgers zurückzuführen ist. Ein angemessener und wirksamer Schutz des Lebens läßt sich im Falle eines Unglücksfalles, einer gemeinen Gefahr oder Not ohne eine Strafbewehrung nicht verwirklichen. Im Gegensatz zu den anderen in Betracht kommenden Schutzgütern des § 323 c StGB wie der körperlichen Unversehrtheit, der Freiheit etc. können bei dem unersetzbaren Rechtsgut des Lebens Zweifel an der Wirksamkeit anderweitiger Schutzmechanismen nicht zu Lasten des Lebensschutzes gehen.

Als andere mögliche Mechanismen zum Schutz des Lebens kämen, wie bereits erwähnt, eigene Maßnahmen des Staates in Betracht. Zu denken ist an den Einsatz der Polizei bzw. staatlicher Rettungsdienste. Der Sinn des § 323 c StGB besteht aber gerade darin, Hilfsmaßnahmen zum Lebensschutz bereits zu einem Zeitpunkt zu garantieren, zu dem noch keine staatliche Organe am Unglücksort eingetroffen sind. Im übrigen ist Gegenstand der Hilfeleistungspflicht auch die Alarmierung der Rettungsdienste bzw. der Polizei. Würde der

Gesetzgeber den Einsatz der Polizei und der Rettungsdienste zum Lebensschutz für ausreichend halten, so müßte eine derartige Prognose beanstandet werden. Nach Eintritt eines Unglücksfalles ist bei einer Bedrohung des menschlichen Lebens sofortige Hilfe von entscheidender Bedeutung. Wenige Minuten, sogar Sekunden, können dann über den Erhalt des Lebens entscheiden. Die Zweifel, die an der Lebensrettung bestehen, wenn darauf vertraut wird, daß ein Unglückszeuge die Polizei bzw. den Rettungsdienst alarmiert und diese später immer noch in der Lage sind, mit Aussicht auf Erfolg lebenserhaltende Maßnahmen zu ergreifen, können bei diesem unersetzbaren Rechtsgut keinesfalls hingenommen werden. Dies gilt um so mehr, wenn auf eine Pflicht des Unglückszeugen, sofortige Maßnahmen der Ersten Hilfe zu ergreifen, völlig verzichtet wird. Als weiteres außerstrafrechtliche Mittel des Lebensschutzes käme die bereits angesprochene finanzielle Belohnung nach dem Vorbild des ALR in Betracht. Die Effizienz dieses Mittels ist aber ebenfalls mit erheblichen und offenkundigen Zweifeln behaftet. So bleiben, ungeachtet der Höhe der ausgesetzten Belohnung, Fälle denkbar, in denen der einzelne die lebensrettenden Maßnahmen unterlassen könnte, weil die finanzielle Einbuße, die er während des Zeitraumes der Hilfeleistung erleidet, im Vergleich zur Belohnung höher ist. Bei dem Rechtsgut des Lebens kann, anders als bei sonstigen Rechtsgütern, deren endgültiger Verlust dem Hilfsbedürftigen im Falle nicht rechtzeitiger Hilfe droht, das Risiko, daß keine andere Person am Unglücksort vorbeikommt und wegen des finanziellen Anreizes Hilfe leistet, nicht hingenommen werden. Das gleiche gilt für die Ausgestaltung der Hilfeleistungspflicht als Ordnungswidrigkeit. Bei § 323 c StGB hat gerade die Strafbewehrung des Gebotes zur Internalisierung der Hilfeleistungspflicht im Bewußtsein der Bevölkerung geführt. Sie rief bei den Rechtsgenossen die Vorstellung hervor, daß nicht nur die Tötung eines Menschen verboten, sondern ebenso
- was keineswegs selbstverständlich ist -
grundsätzlich die Lebensrettung geboten ist. Mit der Herabstufung der Hilfeleistungspflicht zum Schutze des Lebens zur Ordnungswidrigkeit würde der Eindruck erweckt, es handele sich bei ihr im Vergleich zum Tötungsverbot um eine völlig unwichtige Pflicht.

Soweit § 323 c StGB das menschliche Leben schützt, ist ein Verstoß dieser Strafvorschrift gegen den Verhältnismäßigkeitsgrundsatz i.e.S. ebenfalls nicht gegeben. Die mit der Strafbewehrung für den Hilfspflichtigen verbundenen Eingriffe in seine Grundrechte nach Art. 2 I und Art. 2 II Satz 2 GG stehen nicht außer Verhältnis zum Schutz des menschlichen Lebens. Das Gebot der Hilfeleistung führt zwar zu einem schwerwiegenden Eingriff in die allgemeine Handlungsfreiheit des Helfers, da ihm für den Zeitraum der Hilfeleistung nahezu sämtliche anderweitigen Handlungsmöglichkeiten genommen werden. Die Androhung der Geldstrafe, die ebenfalls Art. 2 I GG berührt, intensiviert diesen Eingriff. Die Freiheit der Person ist ein hohes Gut, das nur aus einem besonders wichtigen Grund eingeschränkt werden darf; aber als ein solcher muß der Schutz des menschlichen Lebens angesehen werden. Der einzelne kann bei Strafe zur Ergreifung lebenserhaltender Hilfe verpflichtet werden. Denn dem § 323 c StGB liegt insoweit ein hoher Erfolgsunwert zugrunde, da selbst bezüglich des menschliche Lebens die Bedürfnisfälle des Unglücksfalles, der gemeinen Gefahr und Not erst erfüllt sind, wenn dem Leben eine konkrete Gefahr droht. Eine Vorverlagerung des Rechtsgüterschutzes tritt nämlich nur insoweit ein, als es für die Strafbarkeit gleichgültig ist, ob die Hilfeleistung den drohenden Rechtsgüterverlust tatsächlich abgewendet hätte oder nicht. Diese Vorverlagerung ist aber, wegen des besonders hohen Wertes, der dem menschlichen Leben zukommt, nicht unangemessen, obwohl der Pflichtige in keinerlei besonderer sozialer Beziehung zum Rechtsgutträger stehen muß und der Handlungsunwert als äußerst gering anzusehen ist.

Kapitel 2: Überprüfung des durch "einfachgesetzliche Auslegung" konkretisierten Straftatbestandes des § 323 c StGB am konkretisierten verfassungsrechtlichen Prüfungsmaßstab

§ 23 Unterlassene Hilfeleistung: Eine verfassungsmäßige Strafvorschrift bei verfassungskonformer Auslegung

A. Die tatbestandliche Situation

I. Unglücksfall

Nachdem der maßgebliche Kontrollmaßstab zur Überprüfung der Strafvorschrift des § 323 c StGB feststeht, soll diese nunmehr unter Zugrundelegung des im Wege "einfachgesetzlicher Auslegung" ermittelten Tatbestandes an jenem Maßstab gemessen werden. Den Beginn bildet der in der Praxis bedeutsamste Bedürfnisfall: Der Unglücksfall stellt sich nach "einfachgesetzlicher Auslegung" als ein plötzliches Ereignis dar, das eine erhebliche Gefahr für Personen bringt oder zu bringen droht. Auslegungszweifel waren bezüglich der Frage verblieben, ob entsprechend der h.M. bei Gefährdung jedes beliebigen Individualrechtsgutes, namentlich auch des Eigentums, von einem Unglücksfall gesprochen werden kann. Denn wie gezeigt, weisen Gesichtspunkte der Entstehungsgeschichte darauf hin, dieses Tatbestandsmerkmal nur im Falle der Bedrohung von Leben und körperlicher Unversehrtheit zu bejahen, während nach den übrigen Auslegungselementen eine derartige Einschränkung nicht zwingend geboten ist.

Jene Auslegungszweifel lassen sich unter Heranziehung der Verfassung beheben. Das Grundgesetz gebietet zwar, die unterlassene Hilfeleistung im Falle der Bedrohung des Lebens zu pönalisieren. Gleichzeitig verbietet es aber, meines Erachtens eine Strafbewehrung der Hilfeleistungspflicht für jedes beliebige Individualrechtsgut auszusprechen. Das Hilfeleistungsgebot führt nämlich, wie an anderer Stelle bereits eingehend dargelegt worden ist, zu einem gravierenden Eingriff in die durch Art. 2 I GG geschützte allgemeine Handlungsfreiheit des Pflichtigen. Desweiteren wird er durch die Androhung von Geldstrafe in diesem Grundrecht betroffen. Die Freiheitsstrafe darf im Hinblick auf Art. 2 II Satz 2 GG nur aus besonders wichtigem Grunde angedroht werden. Was die Frage nach der Verfassungsmäßigkeit der Einschränkung der Grundrechte des Hilfsbedürftigen anbetrifft, kann auch nicht damit argumentiert werden, daß diese Einschätzung ungeachtet der Art der Individualrechtsgüter, die man dem Tatbestandsmerkmal des Unglücksfalles zuordne, stets verhältnismäßig sei, weil das Hilfeleistungsgebot von vornherein unter dem Vorbehalt der Zumutbarkeit stünde.

Die strafbewehrte Hilfeleistungspflicht bei einem Unglücksfall entspricht nur dann der Angemessenheit des Mittels, wenn sie im Rahmen dieser tatbestandlichen Situation nur bei Gefährdung der höchstpersönlichen Rechtsgüter des Lebens, der Gesundheit und der Freiheit ausgelöst wird[487].

Das Gebot, positive Maßnahmen zum Rechtsgüterschutz zu ergreifen, belastet den einzelnen, wie bereits erwähnt, stärker, als das bei einem Verbot der Fall ist. Hinzu kommt, daß der Strafgesetzgeber, wie die fakultative Strafmilderung des § 13 II StGB zeigt, selbst bei den unechten Unterlassungsdelikten von der Möglichkeit eines hinter dem der entsprechenden Begehungsdelikte zurückbleibenden Unrechtsgehalts ausgeht. Das muß um so mehr gelten, als es im Falle des § 323 c StGB um das Unterlassen eines Nichtgaranten geht. Wie an

---

487 Die hier vertretene Auffassung stimmt insoweit mit der Ansicht Harzers überein. Allerdings erscheinen mir die von ihr vorgenommenen weiteren Einschränkungen der Hilfspflicht verfassungsrechtlich nicht geboten und im Hinblick auf die grundrechtliche Schutzpflicht des Staates bedenklich. Nach Harzer findet § 323 c StGB seine Legitimation nicht im Rechtsgüterschutz. Das Strafgesetz kenne Rechtsverhältnisse, Situationen und Zuständigkeiten. Demzufolge versteht sie das Strafgesetz als Ausdruck und Konkretisierung dieses Rechtsverhältnisses. Harzer, aa0, S. 192 ff sieht primär die Hilfskäfte (Polizei, Rettungsdienste etc.) zur Behebung von Notlagen für zuständig an. Sie erblickt in § 323 c StGB einen Prototyp "klassischer Vertragstheorie" (S. 221 ff). Denn in dieser Strafvorschrift sei "in erster Linie die Sicherstellung der Hilfe von Bürger und Bürgerinnen" untereinander geregelt. In diesem ursprünglichen Rechtsverhältnis erblickt sie die einzige legitime Quelle der strafrechtlichen Hilfspflicht. Dieses Rechtsverhältnis erachtet sie nur unter folgenden Bedingungen für betroffen. Erstens: Es muß eine Notlage vorliegen die existentielle Rechte bedroht. Als solche sieht sie ungeachtet des jeweiligen Bedürfnisfalles nur das Leben, die körperliche Unversehrtheit und die Freiheit der Person an (S. 216). Denn nur wenn der andere in seinen existentiellen Willen, der Wirklichkeit seiner Existenz aufgehoben werde, entstehe über die Verzichtsleistung die Verpflichtung diese Wirklichkeit der Existenz des anderen zu erhalten (S. 234). Zweitens: Die Situation des Mangels an Hilfskräften vermag die Hilfspflicht noch nicht zu legitimieren, sondern erst die fehlende Kenntnis der Hilfskräfte von der Notstituation. Demzufolge könne sich wegen unterlassener Hilfsleistung nur strafbar machen, "wer in einer `Situation des Nichtwissens'- also in Abwesenheit der ansonsten zuständigen Helfer - als einzige örtlich und zeitlich anwesende Person auf einen `bewußtlosen' Menschen trifft" (S. 214).

früherer Stelle bereits hervorgehoben, ist der Handlungsunwert der unterlassenen Hilfeleistung, abgesehen vom personalen Unwert des Vorsatzes, äußerst gering.
Einerseits kann ein Staat, dessen Aufgabe es nach dem Rechtsstaatsprinzip ist, die Sicherheit seiner Bürger zu garantieren, diesen Schutz nicht nur durch staatliche Organe bewältigen. Er ist auf die Mitwirkung seiner Bürger, und zwar wie die ordnungsrechtlichen Vorschriften über die Inanspruchnahme des "Nichtstörers" zeigen, auch derer, die für die Rechtsgutgefährdung ihrer Mitmenschen nicht verantwortlich sind, angewiesen.

Andererseits ist die Heranziehung des "Nichtverantwortlichen" aber nur angemessen, wenn bedeutsame Rechtsgüter auf dem Spiel stehen. Dies gilt um so mehr, als die selbständige Pflicht des einzelnen, bei Vorliegen eines Unglücksfalles zum Zwecke des Schutzes der Rechtsgüter seiner Mitmenschen tätig zu werden, strafbewehrt ist.
Mit Rücksicht auf die bei Strafvorschriften vorzunehmende zweistufige Verhältnismäßigkeitsprüfung i.e.S. (Angemessenheitsprüfung) müssen die von ihnen geschützten Rechtsgüter von einer derartigen Gewichtigkeit sein, daß sie sowohl die von der Hilfeleistungspflicht ausgehende Beschränkung der allgemeinen Handlungsfreiheit des "jedermann" als auch die mit der Strafbewehrung verbundenen Eingriffe in seine Grundrechte nach Art. 2 I GG und Art. 2 II GG aufzuwiegen vermögen. Denn wegen des geringen Handlungsunwertes der Unterlassenen Hilfeleistung kann nur ihr besonderer Erfolgsunwert die Nachteile für den Pflichtigen ausgleichen.

Da die Verantwortlichkeit für den Unglücksfall kein Tatbestandserfordernis des § 323 c StGB ist, müssen die zu schützenden Rechtsgüter diejenigen des Helfers, die durch diese Strafvorschrift beeinträchtigt werden, deutlich überwiegen. Das ist aber nur bei den Rechtsgütern des Lebens, der Gesundheit und der Freiheit der Fall.

Diese Schutzgüter, die in engem Zusammenhang mit der Menschenwürde stehen, stellen Höchstwerte dar. Das Leben und die Gesundheit bilden sogar die vitale Basis der Würde des Menschen. Durch den Standort am Beginn des Grundrechtskatalogs, gleich nach dem Hauptfreiheitsgrundrecht des Art. 2 I GG, gibt das Grundgesetz selbst zu erkennen, daß die Rechtsgüter des Lebens, der Gesundheit und der Freiheit vor dem Eigentum und dem Vermögen rangieren[488]. Im Gegensatz zu letzteren ist das Rechtsgut des Lebens und häufig auch das der Gesundheit irreparabel. Der einfache Strafgesetzgeber ordnet diesen Rechtsgütern ebenfalls höchsten Rang zu. Das kommt bereits in der Reihenfolge der Aufzählung der für die Auslösung des rechtfertigenden Notstandes des § 34 StGB relevanten Rechtsgüter zum Ausdruck. Die drei Rechtsgüter Leben, Leib und Freiheit werden nämlich vor der Ehre und dem Eigentum genannt. Zudem ist die Notstandslage des § 35 StGB nur im

488 BVerfGE 49, 24, 53 ff.

Falle einer nicht anders abwendbaren Gefahr für Leib, Leben oder Freiheit gegeben. Die strafbewehrte Hilfeleistungspflicht würde sich als ein unverhältnismäßiger Eingriff in die Grundrechte des "jedermann" darstellen, wäre es für das Tatbestandsmerkmal des Unglücksfalles gleichgültig, welchem Rechtsgut Gefahr droht. Die Inanspruchnahme eines nichtverantwortlichen Dritten ist innerhalb des Polizei- und Ordnungsrechts nur ausnahmsweise unter strikter Beachtung des Verhältnismäßigkeitsgrundsatzes rechtmäßig[489]. Die Verhältnismäßigkeit der Inanspruchnahme des Nichtverantwortlichen wird unter anderem dadurch konkretisiert, daß eine gegenwärtige erhebliche Gefahr vorliegen muß. Erheblich ist eine Gefahr i.S. des Ordnungsrechts, wenn der Schaden dem Leib, dem Leben, der Freiheit oder Sachen von bedeutendem Wert droht[490]. Die durch die Strafbewehrung des § 323 c StGB auf den einzelnen ausgehende Belastung erweist sich aber noch größer als es bei einer im Interesse eines anderen oder der Allgemeinheit erlassenen Polizei- bzw. Ordnungsverfügung der Fall ist. Daher erscheint die Auslösung der strafbewehrten Hilfeleistungspflicht durch eine individuelle Sachgefahr, selbst wenn ein Gegenstand von bedeutendem Wert Schaden zu nehmen droht, unangemessen. Im Gegensatz zu den höchstpersönlichen Rechtsgütern des Lebens, der Gesundheit und der Freiheit ist jede Sache prinzipiell ersetzbar[491]. Der einzelne hat die Möglichkeit, eine Schadensversicherung abzuschließen, die ihn vor etwaigem Verlust schützt. Es unterfällt seinem Risiko, ob er von dieser Möglichkeit Gebrauch macht oder nicht. Die Rechtsordnung weist ihm, wie sich aus § 903 BGB ergibt, das Eigentum zur autonomen Nutzung zu. Der Eigentümer kann andere von jeder Einwirkung ausschließen. Ihm steht es frei, die ihm gehörenden Gegenstände der Gefahr der Zerstörung auszusetzen. Dann ist es aber völlig unangemessen, den einzelnen Bürger dem Eigentümer gegenüber bei Strafe zur Hilfe zu verpflichten, wenn im Einzelfall einer seiner Sachen die Gefahr der Zerstörung droht.

Der Tatbestand des § 323 c StGB ist verfassungskonform dahingehend auszulegen, daß ein Unglücksfall die drohende Schädigung des Lebens, der Gesundheit oder der Freiheit einer Person voraussetzt.

Die übrigen, nach einfachgesetzlicher Auslegung zur Annahme des Tatbestandsmerkmals des Unglücksfalles in Betracht kommenden Rechtsgüter, namentlich das des Eigentums, sind von Verfassungs wegen auszuschließen. Die Beschränkung auf die Rechtsgüter Leben, Leib und Freiheit könnte im Hinblick auf das hochrangige Rechtsgut der sexuellen Selbstbestimmung

---

489 Knemeyer, Polizei- und Ordnungsrecht, Rdnr. 268, der betont, daß die Inanspruchnahme des "Nichtverantwortlichen" die ultima ratio im ordnungsrechtlichen Instrumentarium darstelle.

490 Götz, Allgemeines Polizei- und Ordnungsrecht, Rdnr. 266; Drews/Wacke/Vogel/Martens, Gefahrenabwehr, § 22, 2 a.

491 Vgl. zur unterschiedlichen Schutzbedürftigkeit der Vitalgüter Leben und körperliche Unversehrtheit einerseits sowie der Sachgüter Eigentum und Besitz andererseits, Isensee, Das Grundrecht auf Sicherheit, S. 38.

bedenklich erscheinen. Indes sind Sexualdelikte wie "Sexuelle Nötigung; Vergewaltigung" (§ 177 StGB) in der Regel zugleich Angriffe auf die Freiheit der Person.

Durch den Ausschluß der übrigen Rechtsgüter werden die Grenzen der verfassungskonformen Auslegung i.e.S. nicht überschritten. Denn bei der Sachgefahr handelt es sich um kein dem eindeutigen Begriffskern des Unglücksfalles zwingend zugehöriges Merkmal. Der klare Wortlaut dieses Tatbestandsmerkmals wird nicht unterschritten, wenn eine Einbeziehung des Rechtsgutes Eigentum unterbleibt. Mithin ist die formale Grenze der verfassungskonformen Auslegung gewahrt. Dieses Ergebnis verstößt auch nicht gegen die materiellen Schranken der verfassungskonformen Auslegung im engeren Sinne. Die der Strafvorschrift des § 323 c StGB zugrundeliegenden gesetzgeberischen Wertungen gebieten es nämlich nicht, die individuelle Sachgefahr dem Tatbestandsmerkmal des Unglücksfalles zuzuordnen. Denn es war die Intention des Gesetzgebers bei Erlaß des 3. Strafrechtsänderungsgesetzes vom 4. Aug. 1953, die Hilfeleistungspflicht einzuschränken und sie nicht zusätzlich über den Umfang hinaus, den sie zur Zeit des Nationalsozialismus gefunden hatte, zu extendieren. Die Ausführungen in der amtlichen Begründung in bezug auf das Gesetz zur Änderung des StGB vom 28. Jun. 1935 deuten aber, worauf bereits hingewiesen wurde, sehr stark darauf hin, daß der nationalsozialistische Gesetzgeber nur im Falle der Leib- und Lebensbedrohung von einem Unglücksfall sprechen wollte.

Die einfachgesetzliche Auslegung, nach der es für die Bejahung des Tatbestandsmerkmals des Unglücksfalles gleichgültig ist, welche Ursachen zur Gefährdung von Leben, Gesund-heit oder Freiheit geführt haben, läuft der Verfassung nicht zuwider. Allerdings ist beim Suizid eine Einschränkung zu machen. Das aus Art. 2 I i.V.m. Art. 1 I GG folgende Selbstbestimmungsrecht des einzelnen verbietet es, wie bereits dargelegt, den freiverantwortlichen Suizid als einen Unglücksfall i.S. des § 323 c StGB zu qualifizieren. Die Auffassung, daß für die Auslegung des Unglücksfalles der Grund der Rechtsgutgefährdung im übrigen ohne Belang sei, wird durch die grundrechtliche Schutzpflicht belegt. So gebietet beispielsweise Art. 2 II Satz 1 GG dem Staat, das menschliche Leben umfassend zu schützen. Für die staatliche Schutzpflicht spielen die Ursachen seiner Gefährdung, abgesehen von einem freiverantwortlichen Suizidversuch, keine Rolle. Deshalb erscheint es auch als verfassungsrechtlich angezeigt, ernsthafte Krankheiten dem Tatbestandsmerkmal des Unglücksfalles zuzuordnen[492]. Für die Qualifizierung einer Krankheit als Unglücksfall kommt es allerdings nicht entscheidend darauf an, daß diese eine plötzlich verschlimmernde Wendung nimmt. An

492 RG, DR 1941, S. 925, 926; RGSt 75, 160, 162; 77, 301, 303; BGHSt 6, 147, 152 f; 21, 50, 52; NStZ 1983, S. 313; NStZ 1985, S. 409; OLG Düsseldrof, NJW 1985, S. 799, AG Groß-Gerau, NJW 1982, S. 709; Blei, Strafrecht II, BT, S. 162; Bockelmann, Strafrecht BT/3, S. 218; Cramer in: Sch/Sch/L, § 323 c StGB, Rdnr. 6; Lackner/Kühl, § 323 c StGB, Rdnr. 2a; Rudolphi in: SK, § 323 c StGB, Rdnr. 6.

das Merkmal der Plötzlichkeit dürfen keine übertrieben hohen Anforderungen gestellt werden. Vielmehr ist sowohl hier als auch generell dem Aspekt der akuten Gefährdung[493] von Leib und Leben entscheidendes Gewicht beizumessen. Wie sich aus den nachfolgenden Gründen ergibt, ist die Zuspitzung der Situation maßgeblich.

Die Inanspruchnahme des "jedermann" als Nichtverantwortlichem und die Strafbewehrung der unterlassenen Hilfeleistung werden nur dann dem Verhältnismäßigkeitsgrundsatz i.e.S. gerecht, wenn an die tatbestandliche Situation hohe Anforderungen gestellt werden. Daher ist für die Annahme eines Unglückfalles die konkrete Gefährdung von Leib, Leben oder Freiheit in einer bestimmten Lage nicht ausreichend. Zusätzlich sind strenge Anforderungen an die Wahrscheinlichkeit des drohenden Schadenseintritts zu stellen. Die Situation muß sich akut zugespitzt haben, d.h. die Rechtsgutschädigung muß bereits eingetreten sein[494] oder doch zumindest unmittelbar bevorstehen. Indes ist eine Teilverwirklichung des Schadens nicht notwendig, da hierdurch der Hilfspflichtige regelmäßig stärker als bei einem Verzicht auf eine derartige Anforderung belastet würde. Sobald der Schaden sich teilweise realisiert hat, werden grundsätzlich umfangreichere Maßnahmen notwendig, um weiteren Beeinträchtigungen entgegenzuwirken, als wenn die Rechtsgutbeeinträchtigung unmittelbar bevorsteht.

II. Gemeine Gefahr

Den zweiten Bedürfnisfall des § 323 c StGB, die gemeine Gefahr, bildet bei "einfachgesetzlicher Auslegung" ein Zustand, der sich von dem gewöhnlichen, alltäglichen durch Abnormität unterscheidet und der bei ungehinderter Weiterentwicklung die objektiv hinreichende Wahrscheinlichkeit eines Schadenseintritts begründet. Hierbei muß der Schaden der Allgemeinheit, d.h. einer Vielzahl von Personen, drohen. Ebenso wie bei dem Tatbestandsmerkmal des Unglücksfalles sind auch bei jenem Bedürfnisfall Auslegungszweifel verblieben, ob neben einer Gefährdung von Leib und Leben auch die bloße Sachgefahr genügen kann. Anders als beim Unglücksfall spricht bei der gemeinen Gefahr aber bereits die Entstehungsgeschichte des § 323 c StGB für eine Einbeziehung der Eigentumsgefährdung unter dieses Merkmal.

Die einfachgesetzliche Auslegung in diesem Sinne widerspricht aus folgenden Gründen nicht den Vorschriften des Grundgesetzes. Die Heranziehung des Nichtverantwortlichen ist im

493 In diesem Sinne auch: Geilen, Jura 1983, S. 78, 89; Kreuzer, Ärztliche Hilfeleistungspflicht bei Unglücksfällen, S. 46; Vermander, aaO. S. 53.

494 Allerdings kommt dieser Fall bezüglich des Lebens nicht in Betracht. Sofern der Tod des Hilfsbedürftigen eingetreten ist, scheidet eine Pflicht nach § 323 c StGB unter dem Aspekt des Unglücksfalles aus. Entscheidend ist nämlich bei partieller Realisierung des Schadens, daß dem maßgeblichen Rechtsgut weiterer Schaden droht.

Falle der gemeinen Gefahr auch bei bloßer Bedrohung des Eigentums nicht unangemessen. Voraussetzung ist jedoch, daß Sachen von bedeutendem Wert von Beschädigung oder Zerstörung bedroht sind. Als Legitimation für die gravierende Belastung des jedermann kommt hier nämlich nicht nur die Wertigkeit des zu schützenden Rechtsgutes in Betracht. Bei dem Tatbestandsmerkmal der gemeinen Gefahr tritt der Aspekt der Gefährdung einer Vielzahl von Rechtsgutträgern hinzu. Dieser Gesichtspunkt läßt es bei der gemeinen Gefahr, im Gegensatz zum Unglücksfall, gerechtfertigt erscheinen, das im Vergleich zum Leben und der Gesundheit weniger gewichtige Rechtsgut des Eigentums in den Anwendungsbereich der Strafvorschrift der unterlassenen Hilfeleistung einzubeziehen. Zudem kann eine Sachgefahr für eine Vielzahl von Personen, wie das Beispiel eines Waldbrandes zeigt, sehr schnell auch in eine Gefährdung von Leib und Leben umschlagen[495]. Dagegen läge das für die gemeine Gefahr besondere Gewicht nicht vor, würde man bei Auslegung dieses Tatbestandsmerkmals die Gefährdung einer einzelnen, in ihrer Individualität nicht von vornherein feststehenden Person genügen lassen.

Der Verhältnismäßigkeitsgrundsatz in seiner Ausprägung der Angemessenheit des Mittels (Grundsatz der Verhältnsimäßigkeit i.e.S.) verlangt, das sich im Rahmen der "einfachgesetzlichen Auslegung" des Tatbestandsmerkmals der gemeinen Gefahr ergebende Erfordernis der "Konkretheit der Gefahr" bei der Subsumtion ernst zu nehmen. Die Inanspruchnahme eines Nichtverantwortlichen bei Strafandrohung erweist sich nur dann als vertretbar, wenn eine Situation nicht nur abstrakt, sondern konkret gefährlich ist, d.h. die Lage sich im Einzelfall bereits zugespitzt hat. Diese Voraussetzung der gemeinen Gefahr wird in der Judikatur des öfteren vernachlässigt. Zur Bejahung der gemeinen Gefahr wird es als genügend angesehen, wenn der Täter eine stark alkoholisierte bzw. bewußtlose Person auf der Fahrbahn hat liegen lassen[496]. Feststellungen dazu, ob durch die auf der Straße liegende Person, die sich als Verkehrshindernis für nachfolgende Kraftfahrer erweist, einer Vielzahl von Menschen (oder zumindest einer in ihrer Individualität nicht von vornherein feststehenden Person) im Einzelfall eine konkrete Gefahr drohte, werden aber nicht getroffen. § 323 c StGB ist jedoch verfassungskonform dahingehend auszulegen, daß nur eine konkrete gemeine Gefahr die strafbewehrte Heranziehung des Nichtverantwortlichen zur Hilfeleistung rechtfertigen kann. Nur bei akuter Zuspitzung der Gefahrenlage richtet diese eine besondere Appellfunktion an den potentiellen Helfer, deren Mißachtung die Strafwürdigkeit seines Verhaltens begründet. Es würde eine zu starke Einschränkung seiner Handlungsfreiheit bedeuten, müßte er zur Abwehr jeder abstrakten Gemeingefahr tätig werden.

495 Dies verkennt m.E. Harzer, S. 216, soweit sie generell das Rechtsgut Eigentum als unzureichend die Hilfspflicht auszulösen ansieht.

496 BayObIG, Urteil vom 6.9.1962, NJW 1963, S. 62.

III. Gemeine Not

Zwischen den Bedürfnisfällen der gemeinen Gefahr und Not besteht, wie die "einfachgesetzliche Auslegung" der tatbestandlichen Situation des § 323 c StGB gezeigt hat, ein enger Zusammenhang. Die gemeine Not stellt eine Notlage, d.h. einen Zustand schwerer Beengung und Bedrängnis der Allgemeinheit dar. Wie bei den beiden anderen Bedürfnisfällen, so ist auch bei diesem Tatbestandsmerkmal eine partielle Schadensrealisierung nicht notwendig. Im Gegensatz zum Unglücksfall und in Übereinstimmung mit der gemeinen Gefahr hat das Tatbestandsmerkmal der gemeinen Not nicht die Plötzlichkeit des drohenden Schadenseintritts zur Voraussetzung. Jedoch braucht - anders als bei der gemeinen Gefahr - die Realisierung des Schadens noch nicht unmittelbar bevorzustehen. Der Schaden muß den Rechtsgütern des Lebens und der Gesundheit bereits drohen.

Eine Restriktion der tatbestandlichen Situation der gemeinen Not auf die o.g. beiden Rechtsgüter erfolgt nicht ohne jegliche Rechtfertigung, wie das in der Literatur teilweise angenommen wird[497]. Vielmehr erscheint mir die Vornahme einer derartigen Einschränkung, auf deren Notwendigkeit bereits die historische Auslegung hindeutet, wegen des sehr intensiven Eingriffs der strafbewehrten Hilfeleistungspflicht in die Grundrechte des Nichtverantwortlichen auch verfassungsrechtlich geboten. Es ist wiederum der Verhältnismäßigkeitsgrundsatz in seiner Ausprägung der Angemessenheit des Mittels, der einen Ausschluß der übrigen, nach dem Sprachgebrauch der gemeinen Not in Betracht kommenden Individualrechtsgüter fordert. Sein besonderes
- die Belastung eines Unbeteiligten mit einer Hilfeleistungspflicht zugunsten anderer rechtfertigendes -
Gewicht erlangt dieser Bedürfnisfall zum einen durch die elementare Bedeutung der bedrohten Rechtsgüter und zum anderen durch die Vielzahl der gefährdeten Personen. Denn im Gegensatz zur gemeinen Gefahr erfordert die gemeine Not keine Lage, die unmittelbar in einen Schaden der geschützten Rechtsgüter umzuschlagen droht. An die zeitliche Nähe des Schadenseintritts sind bei der gemeinen Not, im Vergleich zur gemeinen Gefahr, also geringere Anforderungen zu stellen, wie die in der Literatur angeführten Fallbeispiele der Kriegs- und Hungersnot, der Epidemien und Seuchen[498] sowie das hier besprochene Beispiel der Schiffsbrüchigen zeigen. Damit der Bedürfnisfall der gemeinen Not aber zur Begründung der strafbewehrten Hilfeleistungspflicht als legitim angesehen werden kann, ist es notwendig, an die Art und die Vielzahl der bedrohten Rechtsgüter höhere Anforderungen als bei der gemeinen Gefahr zu stellen. Daher sind die Voraussetzungen der gemeinen Not nur dann als

497 Vgl. hierzu, North, aa0, S. 40; Spendel in: LK, § 323 c StGB, Rdnr. 80.

498 Bellebaum, aa0, S. 6; Blindauer, aa0, S. 56; Fahlenbock, aa0, S. 22; Leonhard, aa0, S. 12; North, aa0, S. 40; Vermander, aa0, S. 60.

erfüllt anzusehen, wenn die Rechtsgüter des Lebens und der Gesundheit bei einer nicht überschaubaren Vielzahl von Personen bedroht sind.

Diese Interpretation der tatbestandlichen Situation der gemeinen Not übersteigt die Grenzen der verfassungskonformen Auslegung i.e.S. nicht. Der eindeutige Begriffskern der Not zwingt nicht dazu, diesem Tatbestandsmerkmal noch weitere Rechtsgüter als das des Lebens und der Gesundheit zuzuordnen. Die Begrenzung der gemeinen Not auf diese beiden Rechtsgüter widerspricht auch nicht der § 323 c StGB zugrundeliegenden gesetzgeberischen Wertentscheidung. An früherer Stelle wurde bereits darauf hingewiesen, daß der Gesetzgeber mit Erlaß des 3. Strafrechtsänderungsgesetzes vom 4.8.1953 den Umfang der Hilfeleistungspflicht, den diese zur Zeit des Nationalsozialismus gefunden hatte, einzuschränken beabsichtigte. Aber schon die Entstehungsgeschichte des § 330 c StGB a.F. enthält, wie dargelegt, Anhaltspunkte für eine Beschränkung der gemeinen Not auf die Rechtsgüter des Lebens und der Gesundheit.

B. Die Bedeutung der Präposition "bei" (Unglücksfällen etc.)

Als bedeutsamer Anknüpfungspunkt für eine Restriktion des Tatbestandes des § 323 c StGB kommt die Präposition "bei" in Betracht. Die "einfachgesetzliche Auslegung" des Tatbestandes der Strafvorschrift der unterlassenen Hilfeleistung hat bereits gezeigt, daß es verfehlt wäre, diesem Tatbestandsmerkmal nur die Bedeutung von "anläßlich" eines Unglücksfalles beizumessen. Vielmehr bringt dieses Tatbestandsmerkmal neben den einzelnen Bedürfnisfällen das Erfordernis einer zeitlichen Beziehung zwischen Hilfspflicht und drohendem Schadenseintritt zum Ausdruck. Einerseits verdeutlicht es die fehlende Notwendigkeit eines Teilschadens und zwar auch beim Tatbestandsmerkmal des Unglücksfalles. Andererseits stellt es klar, daß die Nothilfepflicht mit vollständiger Schadensrealisierung endet.

Freilich blieb nach einfachgesetzlicher Auslegung des Tatbestandes des § 323 c StGB offen, ob durch die Präposition "bei" das Erfordernis einer räumlichen Beziehung zwischen Hilfspflichtigem und Hilfsbedürftigem aufgerichtet wird.

Meines Erachtens zwingen verfassungsrechtliche Gründe keineswegs dazu, der einen derartigen lokalen Zusammenhang fordernden Minderansicht zu folgen. In der auf die räumliche Beziehung zwischen Hilfspflichtigem und -bedürftigem verzichtenden Auslegung verstößt § 323 c StGB auch nicht gegen das GG. Die h.M. hat zwar infolge ihres Bestrebens, der Hilfeleistungspflicht eine größtmögliche Effizienz zu verleihen, zu einer weitreichenden Extension dieser Strafvorschrift geführt. Dennoch hat der Verzicht auf eine räumliche Beziehung zwischen Helfer und Opfer keinen Verstoß gegen den Verhältnismäßigkeitsgrundsatz, den Gleichheitsgrundsatz oder das Bestimmtheitsgebot des Art. 103 II GG zur Folge.

Die mit der Hilfeleistung für den Helfer ohnehin bereits verbundene Belastung kann zwar durch die zusätzliche Pflicht, den Unglücksort aufzusuchen, zunehmen. Die Ursache hierfür liegt meines Erachtens aber entgegen der Minderansicht nicht primär darin begründet, daß dem Pflichtigen die Möglichkeit genommen wird, selbst zu überprüfen, ob ein Unglücksfall vorliegt. Denn auch derjenige, der nicht am Unglücksort zugegen ist, kann die Möglichkeit einer entsprechenden Verifizierung besitzen. Dies gilt insbesondere dann, wenn der Hilfsbedürftige, z.B. ein Schwerverletzter, zu ihm gebracht wird[499]. In einem solchen Fall wird der Pflichtige ebenfalls von der Appellfunktion des Unheils, das dem Opfer widerfahren ist, in vergleichbarer Weise erreicht, als wenn er am Unglücksort zugegen gewesen wäre. Da hier eine zusätzliche Belastung durch das Aufsuchen des Opfers ausscheidet, kann es meines Erachtens nicht auf die räumliche Beziehung des Helfers zum Unglücksort ankommen.

Deshalb könnte in Anbetracht des Verhältnismäßigkeitsgrundsatzes allenfalls eine zwischen Helfer und Verunglücktem bestehende lokale Beziehung gefordert sein. Der Pflichtige kann aber auch bei Fehlen einer solchen Beziehung eine Überprüfungsmöglichkeit der Notwendigkeit seiner Hilfeleistung besitzen. So ist er bei einem Telefonat aufgrund der Stimme und der Schilderung des Anrufers regelmäßig in der Lage, die Ernsthaftigkeit der Notsituation zu erkennen. Wird Letzteres von ihm verkannt, weil ihm keine hinreichend glaubwürdigen Anhaltspunkte für das Vorliegen eines Unglücksfalles zugegangen sind, scheidet eine Strafbarkeit nach § 323 c StGB mangels Vorsatzes aus. Daher kann die zusätzliche Belastung, zu welcher der Verzicht auf eine räumliche Beziehung zwischen Helfer und Bedürftigem führt, grundsätzlich nur in der Zurücklegung des Weges zum Unglücksort und nicht etwa primär in der Gefahr der unnützen Inanspruchnahme gesehen werden. Bei der Überwindung der räumlichen Distanz handelt es sich um einen von mehreren Nachteilen, mit denen die Hilfeleistungspflicht für ihren Adressaten verbunden sein kann.

Die für den Adressaten mit der Verpflichtung, das Opfer aufzusuchen, ggf. verbundenen zusätzlichen Nachteile führen nicht zu einem unangemessenen Eingriff der strafbewehrten Hilfeleistungspflicht in seine Grundrechte nach Art. 2 I und Art. 2 II Satz 2 GG. Denn bei einem Unglücksfall gelangt die Nothilfepflicht nur dann zur Entstehung, wenn den fundamentalen Rechtsgütern des Lebens, der Gesundheit und der Freiheit Schaden droht. Im übrigen besteht die Hilfeleistungspflicht ja nur im Rahmen der Zumutbarkeit. An späterer Stelle ist noch zu zeigen, daß die Hilfspflicht nur dann zumutbar ist, wenn das Interesse des

---

499 Sachverhalt, welcher der Entscheidung des OLG Köln NJW 1957, 1609 ff. zugrunde lag.

Bedürftigen an der Hilfeleistung dasjenige des Pflichtigen, untätig zu bleiben, eindeutig überwiegt. Wird die für den Helfer mit der Pflicht, den Bedürftigen aufzusuchen, verbundene Belastung in diese Abwägung einbezogen, kann es nicht zu einem unangemessenen Eingriff in seine Grundrechte kommen.

Den Vertretern der Minderansicht ist allerdings einzuräumen, daß es in der Regel die "professionellen Retter" sind, die eine derartige Auslegung des Tatbestandes des § 323 c StGB zum Aufsuchen des Verunglückten zwingt. Dennoch ändert diese Interpretation des § 323 c StGB nichts an der Eigenschaft der Hilfspflicht als Zufallspflicht. Bei der Vielzahl der zugelassenen Ärzte bleibt es nämlich dem Zufall überlassen, wer von ihnen um Hilfe ersucht wird. Man könnte nun argumentieren, daß es wegen der großen Anzahl der approbierten Ärzte nicht erforderlich sei, den einzelnen bei Strafe zu verpflichten, den Verletzten aufzusuchen, um ihm zu helfen. Sofern ein Arzt nicht bereit sei, sich zum Hilfsbedürftigen zu begeben, werde sich eben ein anderer finden. Mit der vorstehenden Argumentation läßt sich aber die kriminalpolitische Erforderlichkeit der Nebenpflicht, den Verletzten aufzusuchen, als Zusatz zur eigentlichen Hilfspflicht nicht verneinen. Denn in der Regel hängt die Rettung des Hilfsbedürftigen entscheidend davon ab, wie schnell er Hilfe erfährt. Würde die Hilfspflicht aus § 323 c StGB die Pflicht, gegebenenfalls den Hilfsbedürftigen aufzusuchen, nicht umfassen, käme es beim Versuch, einen zur Behandlung des Bedürftigen bereiten Arzt zu finden, häufig zu einem Wettlauf mit dem Tod. Aufgrund der aus Art. 2 II Satz 1 GG folgenden Pflicht des Staates, das Leben und die Gesundheit der Menschen zu schützen, wäre ein solches Ergebnis völlig inakzeptabel, sofern das Interesse des Bedürftigen an schneller Hilfe das Gegeninteresse des benachrichtigten Arztes eindeutig überwiegt[500].

Es stellt keinen Verstoß gegen den Gleichheitssatz des Art. 3 I GG dar, wenn in der Regel der professionelle Retter im Verhältnis zu anderen Personen in erster Linie zur Hilfeleistung verpflichtet ist. Angesichts mehrerer zur Hilfeleistung in Frage kommender Personen ist zunächst derjenige zum Helfen aufgerufen, der dem Hilfsbedürftigen am wirksamsten helfen kann[501]. Ist dieser zur Hilfeleistung nicht bereit, lebt die Pflicht der übrigen wieder auf. Maßgeblich für die Auswahl des Helfers sind unter anderem dessen besonderen Fähigkeiten und im übrigen die Zumutbarkeitsvoraussetzungen für die Hilfeleistung. Ein Verstoß gegen Art. 3 I GG wäre nur dann in Erwägung zu ziehen, wenn sich ein vernünftiger Grund für diese an die besonderen Fähigkeiten des Helfers anknüpfende Differenzierung nicht finden ließe, diese also willkürlich wäre. Dies ist aber nicht der Fall. Denn dies Differenzierungskriterium

---

500 Aus diesem Grunde erscheint mir der Restriktionsversuch Harzers, aa0 S. 214 zu weitgehend, die Hilfspflicht nur dann zur Entstehung gelangen zu lassen, wenn jemand "in Abwesenheit der ansonsten zuständigen Helfer - als einzige örtlich und zeitlich anwesende Person eine `bewußtlosen'Menschen trifft."

501 BGHSt 17, 166, 170.

orientiert sich an der Abwehr der drohenden Rechtsgutverletzung. Den drohenden Schaden kann derjenige aber am sichersten abwenden, der über die beste Eignung verfügt.
Der Verzicht auf das Erfordernis einer räumlichen Beziehung des Hilfspflichtigen zum Verunglückten hat auch keinen Verstoß des § 323 c StGB gegen das strafrechtliche Bestimmtheitsgebot zur Folge. Er führt nicht zur völligen Konturenlosigkeit des Tatbestandes. Für den einzelnen bleiben die Strafbarkeitsvoraussetzungen, insbesondere seine Pflicht, sich notfalls zum Verunglückten zu begeben, erkennbar. Die Problematik, daß bei dieser Interpretation des § 323 c StGB häufig mehrere Personen als Hilfspflichtige in Betracht kommen, stellt keine Besonderheit dar. Denn selbstverständlich kann sich eine derartige Konstellation unmittelbar an der Unglücksstelle ergeben. Die Auswahl der potentiellen Helfer erfolgt dann über das Zumutbarkeitskorrektiv unter Berücksichtigung ihrer besonderen Fähigkeiten.

Die auf den räumlichen Zusammenhang zwischen Helfer und Opfer verzichtende Auslegung verstößt im übrigen auch nicht gegen das strafrechtliche Analogieverbot des Art. 103 II GG. Nach h.M. bildet der mögliche Wortsinn die Grenze der Auslegung, wobei der für den Adressaten verstehbare Wortlaut des gesetzlichen Straftatbestandes maßgeblich ist. Der Wortsinn des § 323 c StGB wäre nur dann überschritten, wenn die Präposition "bei" völlig eindeutig eine räumliche Beziehung zwischen Helfer und Opfer bzw. zum Unglücksort zum Ausdruck bringen würde. Ihr kommt aber, wie bereits dargelegt, eine solche Bedeutung nicht zu.

C. Die erforderliche Hilfe

Verfassungsrechtlich könnte eine Restriktion der Tathandlung des § 323 c StGB, dem Unterlassen der Leistung erforderlicher Hilfe, geboten sein. Die "einfachgesetzliche Auslegung" dieser Strafvorschrift hat die Unhaltbarkeit der These ergeben, daß der Strafvorschrift des § 323 c StGB ein schlichtes Tätigkeitsgebot zugrundeliege. Vielmehr fordert das Tatbestandsmerkmal der Erforderlichkeit der Hilfe eine nach objektiven Kriterien auf die Gefahrenabwehr abzielende Tätigkeit. Diese Interpretation ist auch verfassungsrechtlich angezeigt. Sofern die Hilfeleistung entsprechend der Auffassung des RG im Sinne eines bloßen Sich-um-das-Opfer-Kümmerns verstanden würde, läge häufig eine unverhältnismäßige Einschränkung der allgemeinen Handlungsfreiheit des Hilfspflichtigen vor. Denn nach jener Interpretation wäre der Adressat des § 323 c StGB sogar dann zur Hilfe verpflichtet, wenn es nichts mehr zu helfen gibt, z.B. der Helfer den drohenden Tod nicht abwenden kann und selbst die Möglichkeit einer Schmerzlinderung ausscheidet. Im Hinblick auf die der Strafvorschrift der unterlassenen Hilfeleistung zugrundeliegende ratio legis des Individualrechtsgüterschutzes wäre die Hilfspflicht in einem solchen Fall zur Gefahrenabwehr völlig ungeeignet. Die Abwehr eines drohenden Schadens für das menschliche Leben käme

nämlich nicht mehr in Betracht. Dem einzelnen würde ohne jeglichen Grund eine Belastung auferlegt, was aber nach dem Verhältnismäßigkeitsgrundsatz unzulässig ist.
Die "einfachgesetzliche Auslegung" des Tatbestandes des § 323 c StGB konnte die Frage nicht klären, ob der einzelne zur Ergreifung der nach objektiven Kriterien wirksamsten Hilfsmaßnahmen, zu deren Leistung er nach seinen individuellen Fähigkeiten in der Lage ist, verpflichtet ist oder bereits eine nach objektiven Gesichtspunkten ebenfalls erfolgversprechende, ihn aber weniger belastende Maßnahme genügt.
Wie die vorliegende Studie gezeigt hat, ist der Staat wegen der grundrechtlichen Schutzpflicht des Art. 2 II Satz 1 GG verpflichtet, die unterlassene Hilfeleistung unter Strafe zu stellen, soweit es um den Schutz des menschlichen Lebens geht. Der Staat hat, selbst wenn er zur Erfüllung dieser Schutzpflicht unbeteiligte Personen heranziehen muß, die wirksamsten Maßnahmen zu ergreifen, vorausgesetzt, der Grundsatz der Verhältnismäßigkeit bleibt gewahrt. Letzteres ist der Fall. Die an den einzelnen adressierte Pflicht, die effizientesten Maßnahmen zur Abwendung einer drohenden Lebensgefahr zu ergreifen, widerspricht nicht dem Verhältnismäßigkeitsgrundsatz in seiner Ausprägung der Erforderlichkeit des Mittels. An früherer Stelle wurde nämlich bereits darauf hingewiesen, daß nur bei gleich wirksamen Mitteln, von denen eines weniger belastend ist als das andere, ein Verstoß gegen das Erforderlichkeitsprinzip in Betracht kommt, wenn der Gesetzgeber sich für das belastendere entschieden hat.

Von dem einzelnen darf aber, selbst soweit es um den Schutz des menschlichen Lebens geht, nur eine **"Hilfe zur Selbsthilfe"** zugunsten des Opfers verlangt werden. Denn es obliegt grundsätzlich dem Bürger selbst, dafür Sorge zu tragen, daß die eigenen Rechtsgüter keinen Schaden nehmen. Ist er hierzu im Falle der tatbestandlichen Situation des § 323 c StGB, aus welchen Gründen auch immer, nicht in der Lage, sind ausnahmsweise seine Mitmenschen unter Androhung von Strafe zur Hilfeleistung verpflichtet. Der Schutz der Individualrechtsgüter des Bedürftigen ist zugleich Grund und Grenze der Pflicht zur Nothilfe. Deshalb endet die Erforderlichkeit der strafbewehrten Hilfeleistungspflicht dort, wo der Helfer den Bedürftigen dazu befähigt hat, den drohenden Schaden selbst abzuwenden. Die Hilfspflicht erlischt also, sobald der Helfer den Bedürftigen in eine Lage versetzt hat, die es ihm, ohne weitere Gefährdung für sein Leben, seine Gesundheit oder seine Freiheit, selbst ermöglicht, andere vertraglich mit der Durchführung weiterer Maßnahmen zu beauftragen. Wegen der § 323 c StGB zugrundeliegenden ratio legis, der Abwehr des den Individualrechtsgütern des einzelnen drohenden Schadenseintritts, verstößt eine über das zuvor beschriebene Ausmaß hinausgehende extensivere Auslegung der Hilfspflicht gegen das Prinzip der Erforderlichkeit des Mittels. Dies wird meines Erachtens in der Rechtsprechung, insbesondere soweit es um die strafbewehrte Nothilfepflicht von Ärzten geht, häufig verkannt. Ein Beispiel hierfür bildet das Urteil des BGH vom 26.10.1982[502]. In dieser Entscheidung hatte der BGH die Ver-

---

502 NStZ 1993, S. 313.

urteilung eines Arztes für Frauenheilkunde, der es versäumt hatte, die Angehörigen bzw. den Hausarzt einer an ihn überwiesenen Patientin wegen einer bei ihr diagnostizierten lebensbedrohlichen Eileiterschwangerschaft zu informieren, nach § 323 c StGB bestätigt. Die Hilfsbedürftige war von ihm über den Verdacht der anomalen Schwangerschaft sowie der damit verbundenen Lebensgefahr informiert worden. Hiermit hatte er die erforderliche Hilfe erbracht, da es der Schwangeren nunmehr möglich war, durch das Aufsuchen einer Fachklinik die drohende Lebensgefahr selbst abzuwenden. Entgegen der Ansicht des BGH bestand wegen des verfassungsrechtlichen Verhältnismäßigkeitsgrundsatzes eine weitergehende Pflicht des Arztes nicht. Hinzu kam die Ablehnung der Patientin, ihre Eltern und den Hausarzt durch den Angeklagten informieren zu lassen. War von dem BGH bisher ein entgegenstehender Wille nur bei einem Suizidpatienten als unbeachtlich angesehen worden, so ließ er hierfür nunmehr bereits die drohende Lebensgefahr genügen. An früherer Stelle ist dargelegt worden, daß eine derartige Interpretation der strafbewehrten Hilfspflicht mit dem grundrechtlich geschützten allgemeinen Persönlichkeitsrecht (Selbstbestimmungsrecht) des Opfers nicht vereinbar ist[503].

Die Auslegung des § 323 c StGB in dem Sinne einer Pflicht des Helfers, die nach objektiven Kriterien wirksamsten Maßnahmen zur Abwehr der drohenden Lebensgefahr bis zur Grenze der Selbsthilfemöglichkeit des Opfers zu ergreifen, verstößt nicht gegen das Prinzip der Angemessenheit des Mittels. Das Leben stellt einen Höchstwert dar. Die Pflicht, in einem Notfall die wirksamsten Hilfsmöglichkeiten auszuschöpfen, steht von vornherein unter dem Vorbehalt der individuellen Fähigkeiten des Helfers. Zudem endet sie, sobald das Opfer sich selbst zu helfen vermag. Letztlich erfährt die Hilfspflicht auch ein Korrektiv anhand der Zumutbarkeitsklausel, die im Einzelfall zu einer Herabstufung der an die Hilfe zu stellenden qualitativen Anforderungen führen kann.

Das dem § 323 c StGB zugrundeliegende Gebot ist nicht nur hinsichtlich des Lebens, sondern auch bei den übrigen im Rahmen des § 323 c StGB geschützten Individualrechtsgütern dahingehend auszulegen, daß der Helfer die nach objektiven Kriterien in Betracht kommenden wirksamsten Hilfsmaßnahmen ausschöpfen muß, vorausgesetzt, er ist hierzu in der Lage. Die Rechtsgüter der Gesundheit und der Freiheit stellen in der Rangfolge nach dem Leben ebenfalls Höchstwerte dar. Es besteht zwar keine Pflicht des Staates, die unterlassene Hilfeleistung im Falle der Gefährdung jener beiden Rechtsgüter zu pönalisieren. Dessen ungeachtet folgt aus den Grundrechten des Art. 2 II Satz 2 GG aber die Befugnis und zugleich auch die Pflicht des Staates, die Gesundheit und die Freiheit zu schützen, wenn auch der Schutz im Falle der Gefährdung durch Naturgewalten und untätig bleibenden außen-

---

503 In diesem Sinne auch: Lackner/Kühl, § 323 c StGB, Rdnr. 6; Seelmann in: NK, § 323 c StGB, Rdnr. 38; Rudolphi in: SK, § 323 c StGB, Rdnr. 22.

stehenden Personen nicht zwingend durch das Strafrecht erfolgen muß. Die vorherrschende Interpretation der Hilfspflicht, die den Adressaten des § 323 c StGB ohne Rücksicht auf die bedrohten Rechtsgüter, also auch bezüglich Gesundheit und Freiheit zur Erfüllung der nach objektiven Kriterien wirksamsten Hilfsmaßnahmen für verpflichtet ansieht, ist einerseits verfassungsrechtlich nicht zwingend geboten. Andererseits ist jene Auslegung aber auch nicht verboten. Denn sie führt nicht zu einem unverhältnismäßigen Eingriff in die allgemeine Handlungsfreiheit des Hilfspflichtigen, da die Hilfspflicht nach verfassungsrechtlich gebotener Interpretation endet, sobald der Helfer den Bedürftigen in die Lage versetzt hat, den seiner Gesundheit und Freiheit drohenden Schadenseintritt selbst abzuwenden. Darüber hinaus gelangt die Pflicht zur Hilfeleistung nur dann zur Entstehung, wenn die Interessen des Opfers diejenigen des Helfers eindeutig überwiegen (Zumutbarkeitskorrektiv). Letztlich kann dieses Korrektiv, wie bereits erwähnt, im Einzelfall zu einer zusätzlichen Reduzierung der an die Hilfeleistung zu stellenden qualitativen Anforderungen führen. Aus den genannten Gründen scheidet ein Verstoß gegen den Verhältnismäßigkeitsgrundsatz aus, auch wenn der Helfer selbst für den Fall, daß "nur" Gesundheit und Freiheit bedroht sind, prinzipiell die wirksamsten Hilfsmöglichkeiten nutzen muß. Da die vorstehende Interpretation unter Wahrung des Grundsatzes der Verhältnismäßigkeit zu einer größtmöglichen Schutzwirkung für die Grundrechte des Opfers führt, ist ihr der Vorzug zu geben.

Es bleibt die Frage zu beantworten, welcher Zeitpunkt für die Beurteilung der Erforderlichkeit der Hilfe maßgeblich ist. Die aus Art. 2 II Satz 1 GG folgende Pflicht des Staates, das menschliche Leben zu schützen und auch Unbeteiligte in Notfällen unter Strafandrohung zur Hilfeleistung anzuhalten, gebietet es m.E. im Falle der drohenden Vernichtung menschlichen Lebens, zur Bestimmung der Erforderlichkeit der Hilfe auf die Perspektive ex ante zurückzugreifen. Denn diese Sichtweise ist Voraussetzung für einen effizienten Lebensschutz. Demgegenüber hat die Betrachtung ex post eine nicht vertretbare Reduzierung der Wirksamkeit der Hilfeleistung zur Folge. Der Lebensschutz würde nahezu leerlaufen, da die ex post- Perspektive dem Täter die Schutzbehauptung ermöglichen würde, dem Opfer sei ohnehin nicht mehr zu helfen gewesen. Allerdings hat die ex ante Betrachtung eine Vorverlagerung des Strafrechtschutzes zur Folge. Der Täter wird nämlich auch in den Fällen wegen unterlassener Hilfeleistung bestraft, in denen die Wahrnehmung der Rettungschance aus nachträglicher Sicht nicht zur Abwehr eines drohenden Schadens führen konnte. Die ex ante Betrachtung birgt also das Risiko in sich, daß der Helfer ggf. zur Leistung von Hilfsmaßnahmen verpflichtet wird, die sich bei nachträglicher Untersuchung als überflüssig erweisen. Dennoch ist diese Vorverlagerung des Strafrechtsschutzes aufgrund des hohen Stellenwertes, den das menschliche Leben innerhalb der grundrechtlichen Wertordnung einnimmt, nicht unverhältnismäßig. Das gilt aber lediglich dann, wenn nicht nur aus der Sicht ex ante, sondern auch aus der Sicht ex post ein Bedürfnisfall vorlag, das menschliche Leben

somit wirklich gefährdet war[504]. Im Interesse eines effektiven Lebensschutzes ist es nicht unangemessen, den Helfer zu Hilfsmaßnahmen zu verpflichten, die sich einem objektiven Betrachter zum Zeitpunkt, in dem er den Unglücksfall bemerkt, zur Schadensabwehr als notwendig darstellen. Der drohende Verlust des Lebens des Opfers wiegt schwerer als die beim Helfer im Einzelfall bestehende Gefahr, zu einer nutzlosen Hilfeleistung verpflichtet zu werden.
Berücksichtigt man den Ausnahmecharakter des § 323 c StGB, so wird allerdings in der Judikatur die ex ante Perspektive für die Bestimmung der Pflicht zur Hilfeleistung eines nicht am Unglücksort Anwesenden zu extensiv angewandt. Der BGH sieht als maßgeblichen Zeitpunkt für die Beurteilung der Pflicht zur Hilfeleistung für jene Personen deren Herbeirufung und nicht ihre mögliche Ankunft am Unglücksort an[505]. Diese Rechtsprechung beruht im wesentlichen auf folgenden Erwägungen: Bereits die Fahrt zum Hilfsbedürftigen wird als Hilfeleistung im weiteren Sinne angesehen. Da es auf die Erfolgsaussichten der Hilfeleistung prinzipiell nicht ankomme, entfalle die Strafbarkeit nach § 323 c StGB nicht, wenn "dem Verunglückten bei Ankunft am Unglücksort nicht mehr hätte geholfen werden können"[506]. Diese auf eine Bestrafung der bösen Gesinnung des Täters hinauslaufende Judikatur führt meines Erachtens zu einer unverhältnismäßigen Beschränkung der allgemeinen Handlungsfreiheit des Hilfspflichtigen. Weder die Hilfeleistung als solche noch die Fahrt zur Unglücksstelle dienen einem Selbstzweck. Die Hilfeleistung zielt auf die Abwehr eines drohenden Schadenseintritts. Mit der unselbständigen Pflicht, die Unglücksstelle aufzusuchen, wird die eigentliche Hilfeleistung vorbereitet. Daher ist die aus der Sicht eines objektiven Beobachters ex ante zu treffende Prognose erheblich, es bestehe die Möglichkeit, den Hilfsbedürftigen bei seiner Ankunft noch lebend anzutreffen und ihm zu helfen. Der Verzicht auf dieses Erfordernis durch die Rechtsprechung läuft in den zuvor geschilderten Fällen auf die Verpflichtung des Helfers zur bloßen Geschäftigkeit hinaus. In Anbetracht der Schadensabwehr ist die von ihm geforderte Hilfeleistung, selbst aus der Sicht ex ante, völlig ungeeignet. Die gegenteilige Interpretation der Rechtsprechung verstößt gegen den Verhältnismäßigkeitsgrundsatz, der den Helfer vor unnötigen Belastungen schützt.

Für die übrigen nach § 323 c StGB geschützten Rechtsgüter der Gesundheit, der Freiheit und im Rahmen der gemeinen Gefahr des Eigentums ist es verfassungsrechtlich nicht geboten, zur Bestimmung der Erforderlichkeit der Hilfe die Sichtweise ex ante anzuwenden. Diese Perspektive kann und sollte aber einheitlich bei sämtlichen Rechtsgütern herangezogen werden, da sie trotz der Vorverlagerung des Strafrechtsschutzes, auch soweit das menschliche Leben nicht auf dem Spiel steht, zu keiner unverhältnismäßigen Einschränkung der allge-

---

504 Zu dieser Betrachtungsweise siehe ferner die Ausführungen S. 268 ff. dieser Arbeit.
505 BGHSt 17, 166, 172.
506 BGHSt 17, 166, 170.

meinen Handlungsfreiheit des Hilfspflichtigen führt. Denn wie bereits erwähnt, vermeidet die ex ante Sichtweise eine Aushöhlung der Hilfspflicht durch Schutzbehauptungen des Unterlassungstäters. Die Möglichkeit, im Einzelfall zu Hilfsmaßnahmen verpflichtet zu werden, die sich bei nachträglicher Betrachtung als nutzlos erweisen, steht nicht außer Verhältnis zu der hiermit verbundenen größeren Effizienz des § 323 c StGB. Das gilt auch, sofern im Rahmen der gemeinen Gefahr lediglich das Eigentum, mithin kein höchstpersönliches Rechtsgut bedroht ist. Denn zum einen muß diesem Rechtsgut erheblichen Schaden drohen, zum anderen muß die Allgemeinheit gefährdet sein. Beide Faktoren verleihen jenem Rechtsgut das notwendige Gewicht. Letztlich hat die Zumutbarkeitsklausel zur Folge, daß die Hilfspflicht ein eindeutiges Übergewicht der Interessen des Opfers gegenüber denen des Helfers voraussetzt.

D. Die Zumutbarkeitsklausel

Der Interpretation des Zumutbarkeitskorrektivs des § 323 c StGB kommt entscheidende Bedeutung für die Frage zu, ob die Beschränkung der allgemeinen Handlungsfreiheit des Helfers durch die strafbewehrte Hilfeleistungspflicht dem Verhältnismäßigkeitsgrundsatz i.e.S. genügt. Die "einfachgesetzliche Auslegung" der Strafvorschrift der unterlassenen Hilfeleistung hat zur Zuordnung der Inhalt und Umfang der Nothilfepflicht bestimmenden Zumutbarkeitsklausel zum gesetzlichen Tatbestand geführt. Ferner wurde die Notwendigkeit einer zwischen den Interessen des Hilfspflichtigen und des Hilfsbedürftigen vorzunehmenden Abwägung dargelegt. Im Wege "einfachgesetzlicher Auslegung" ließ sich aber nicht abschließend klären, welcher Bewertungsmaßstab zur Bestimmung der Zumutbarkeit heranzuziehen ist, das Sittengesetz oder die in der Rechtsordnung (Gesamtrechtsordnung) enthaltenen Wertungen.

Für die Einordnung des Zumutbarkeitskorrektivs innerhalb des Deliktsaufbaus in die Stufe des gesetzlichen Tatbestandes sprechen neben den bereits genannten Auslegungsargumenten zusätzlich verfassungsrechtliche Erwägungen, und zwar zum einen der Verhältnismäßigkeitsgrundsatz und zum anderen das strafrechtliche Bestimmtheitsgebot.

Der aus Art. 1 I Satz 1 GG und dem Sozialstaatsprinzip fließenden und sich an jedermann wendenden Pflicht zur Hilfeleistung in Notfällen kommt Ausnahmecharakter zu. Das an den für die Notlage nicht verantwortlichen, völlig Unbeteiligten gerichtete Gebot zu helfen, stellt aus den bereits dargelegten Gründen einen gravierenden Eingriff in seine durch Art. 2 I GG grundrechtlich geschützte allgemeine Handlungsfreiheit dar. Da vom Bürger nur ein Mindestmaß an mitmenschlicher Solidarität verlangt werden kann, fordert der Verhältnismäßigkeitsgrundsatz i.e.S., die Hilfspflicht von vornherein auf ein angemessenes Maß zu begrenzen.

Die Frage, ob dem einzelnen die unterlassene Hilfeleistung individuell vorgeworfen werden kann, ist von sekundärer Natur. Vorrangig ist die Überlegung, ob die Rechtsordnung einem Individuum überhaupt eine derartige Pflicht auferlegen darf. Das ist wegen des verfassungsrechtlichen Verhältnismäßigkeitsgrundsatzes i.e.S. nur dann der Fall, wenn die für den einzelnen mit der Hilfeleistung verbundenen Nachteile nicht außer Verhältnis zu den mit der Schadensabwehr für den Hilfsbedürftigen verbundenen Vorteilen stehen. Da es dem Gesetzgeber unmöglich war, jedes hierfür einschlägige Detail in den Tatbestand aufzunehmen, hat er auf die "Zumutbarkeitsklausel" zurückgegriffen.

Für die Zuordnung des Zumutbarkeitskorrektivs zum Tatbestand spricht, wie zuvor erwähnt, weiterhin Art. 103 II GG. Der normative Rechtsbegriff der Zumutbarkeit ist zwar mit dem strafrechtlichen Bestimmtheitsgebot vereinbar. Denn wegen der für die Begründung der Hilfspflicht zu berücksichtigenden zahlreichen Umstände des Einzelfalles kann der Gesetzgeber auf einen solchen generalklauselartigen Rechtsbegriff nicht verzichten. Daß die strafbewehrte Hilfeleistungspflicht an sich überhaupt eines tatbestandlichen Korrektivs bedarf, folgt aus dem verfassungsrechtlichen Grundsatz der Verhältnismäßigkeit. Dennoch ist diese Klausel wegen ihrer inhaltlichen Weite angesichts des strafrechtlichen Bestimmtheitsgebotes nicht unbedenklich. Im Einzelfall kann es für den Adressaten des § 323 c StGB kaum vorhersehbar sein, welche Interessen in die Abwägung einbezogen und wie sie vom Richter gewichtet werden. Das Bestrafungsrisiko sollte wegen des Bestimmtheitsgebotes im Falle eines Irrtums nicht zu Lasten des Täters gehen. Aufgrund der für die Strafbarkeit divergierenden Behandlung des Tatbestandsirrtums und des Irrtums über ein Schuldelement spricht eine an Art. 103 II GG orientierte Auslegung des § 323 c StGB für die Zuordnung des Zumutbarkeitskorrektivs zum gesetzlichen Tatbestand. Das strafrechtliche Bestimmtheitsgebot und der Verhältnismäßigkeitsgrundsatz sprechen nicht nur für die Einordnung der Zumutbarkeitsklausel innerhalb des gesetzlichen Tatbestandes. Beide Verfassungsprinzipien gebieten meines Erachtens auch als Bewertungsmaßstab des Zumutbarkeitskorrektivs, das Sittengesetz als Kriterium abzulehnen und statt dessen auf die innerhalb der Rechtsordnung enthaltenen Wertungen zurückzugreifen. Die Auffassung, daß es für die Bestimmung der Zumutbarkeit auf die eigene Gewissensentscheidung des Richters ankomme, ist von vornherein zurückzuweisen. Wäre diese Interpretation zutreffend, würde § 323 c StGB gegen Art. 103 II GG verstoßen. Die abschließende Entscheidung über Existenz und Umfang der strafbewehrten Hilfeleistungspflicht läge nicht mehr bei der Legislative, sondern letztlich bei der Judikative. Für den Bürger wäre die Strafbarkeit nicht nur in Grenzfällen, sondern generell nicht mehr vorhersehbar.

Im Gegensatz zu der auf die Gewissensentscheidung des Richters abstellenden Ansicht bedeutet der Rückgriff auf das Sittengesetz zwar eine erhebliche Steigerung der Möglichkeit für den einzelnen, die Voraussetzungen der Strafbarkeit der unterlassenen Hilfeleistung zu erkennen; dennoch wäre § 323 c StGB auch bei dieser Auslegung zu unbestimmt. Das Sittengesetz stellt nämlich keine allgemein anerkannte feststehende ethische Größe dar, auf die der Richter zur Ermittlung von Inhalt und Umfang der Hilfspflicht zurückgreifen könnte. An früherer Stelle wurde darauf hingewiesen, daß in unserer Gesellschaft die Existenz einer sozialethischen Hilfeleistungspflicht dem Grunde nach unbestritten ist. Erhebliche Unschärfen stellen sich jedoch bei der Ermittlung der Grenzen der ethischen Nothilfepflicht ein. Nach der jeweiligen Weltanschauung des einzelnen kann diese Grenzziehung unterschiedlich ausfallen. Zudem sind die Randbereiche der sozialethischen Hilfeleistungspflicht beträchtlichen Schwankungen unterworfen, und zwar u.a. nach dem jeweils dominierenden Zeitgeist. Sinn des Zumutbarkeitskorrektivs innerhalb der Strafvorschrift des § 323 c StGB ist es aber, im Hinblick auf die materielle Gerechtigkeit im Einzelfall den Umfang der strafbewehrten Nothilfepflicht verbindlich festzulegen. Es ist gerade die Zumutbarkeitsklausel, die letztlich darüber entscheidet, ob in einer konkreten Situation die Hilfeleistungspflicht zur Entstehung gelangt oder nicht. Für den einzelnen geht es insoweit nicht um einen Grenzfall, sondern um die grundsätzliche Frage der Strafbarkeit überhaupt. Es widerspricht dem strafrechtlichen Bestimmtheitsgebot, diese Entscheidung auf der Grundlage des Sittengesetzes zu treffen. Denn wegen der zuvor beschriebenen Besonderheiten des Sittengesetzes in unserer pluralistischen Gesellschaft ist es weder dem einzelnen noch dem Richter möglich, diesem Bewertungsmaßstab eine eindeutige und sichere Antwort auf die Frage nach dem Umfang der Hilfeleistungspflicht zu entnehmen. Das Gesagte gilt in gleicher Weise auch für die Frage der Gewichtung der in die Abwägung einzubeziehenden Interessen. Der Rückgriff auf das allgemeine Sittengesetz ist auch insoweit zu unbestimmt.

Demgegenüber führt die Abwägung, die bezüglich der Zumutbarkeitsprüfung auf die in der Rechtsordnung, namentlich dem Verfassungsrecht, zum Ausdruck kommenden Wertungen abstellt, zu einer weitaus größeren Objektivierbarkeit der Entscheidung über die Strafbarkeit der unterlassenen Hilfeleistung.

Durch die Anerkennung eines Wertes innerhalb der Rechtsordnung, vor allem der Verfassung, wird dieser der ständigen Diskussion um seine Geltung und Gewichtung entzogen. Der Gesamtrechtsordnung kann dann nämlich auch der Rang, der dem jeweiligen Interesse im Rahmen der nach § 323 c StGB vorzunehmenden Abwägung beizumessen ist, entnommen werden. Hierdurch wird die richterliche Entscheidung für den einzelnen vorhersehbarer als das bei einem Rückgriff auf das Sittengesetz der Fall ist.

Der Anwendung des Sittengesetzes als Bewertungsmaßstab für die innerhalb der Zumutbarkeitsüberprüfung vorzunehmende Abwägung steht auch der verfassungsrechtliche

Verhältnismäßigkeitsgrundsatz entgegen. Sofern zur Bestimmung der Zumutbarkeit auf das Sittengesetz rekurriert würde, hätte dies eine völlige Gleichsetzung der strafbewehrten mit der ethischen Hilfeleistungspflicht zur Folge. Die Ethik darf aber keine höheren Anforderungen an die Solidarität des einzelnen stellen, als dies dem Strafrecht von Verfassungs wegen gestattet ist. Die Gleichsetzung der sozialethischen mit der strafbewehrten Hilfeleistungspflicht würde zu einer Einschränkung der Handlungsfreiheit des Helfers führen, die nicht mehr in einem angemessenen Verhältnis zu der mit der Hilfeleistung bezweckten Schadensabwehr steht.

§ 24 Zusammenfassung der Ergebnisse der vorliegenden Untersuchung in Thesen

1. Das Strafrecht besitzt eine ambivalente Wirkung auf die Grundrechte der Bürger. Einerseits stellt es die grundrechtliche Freiheit der Bürger sicher; andererseits führt es zu dem gravierendsten Eingriff in die Freiheit der Rechtsbrecher.

2. Der Strafgesetzgeber besitzt einen weitreichenden kriminalpolitischen Gestaltungsspielraum, der allerdings durch unüberschreitbare verfassungsrechtliche Schranken in formaler und materieller Hinsicht begrenzt wird. Aufgrund des hohen Abstraktionsniveaus der Bestimmungen des Grundgesetzes markieren diese aber nur äußerste Grenzen der Kriminalisierung.

3. Der Strafgesetzgeber benötigte für die Pönalisierung der unterlassenen Hilfeleistung, im Vergleich zur Strafbewehrung eines Verbotes, zwar keine besondere verfassungsrechtliche Legitimation. Allerdings stellt sich bei der Pönalisierung eines Gebotes im Hinblick auf die prinzipiell stärkere Belastung des Normadressaten die Frage der Vereinbarkeit mit dem verfassungsrechtlichen Verhältnismäßigkeitsgrundsatz schärfer.

4. Zwischen der Hilfeleistungspflicht und der Befugnis zur Hilfeleistung besteht ein rechtslogischer Zusammenhang in dem Sinne, daß erstere nicht weiter als die Erlaubnis zur Hilfeleistung reichen darf.

5. Die strafbewehrte Hilfeleistungspflicht in ihrer heutigen weitreichenden Ausgestaltung hat zwar erstmals im Rahmen des § 330 c StGB i.d.F. des Gesetzes zur Änderung des Strafgesetzbuches vom 28.6.1935 Eingang in das geltende Strafrecht gefunden. Dennoch darf § 323 c StGB als solcher nicht als Ausprägung nationalsozialistischen Gedankengutes angesehen werden. Die Hilfeleistungspflicht findet heute in Art. 1 I Satz 1 GG i.V.m. dem Sozialstaatsprinzip (Art. 20 I und 28 I GG) ihre verfassungsrechtliche Grundlage.

6. Die h.M. in Rechtsprechung und Lehre bejaht einschränkungslos die Verfassungsmäßigkeit des § 323 c StGB. Eine eingehende Auseinandersetzung mit der Übereinstimmung der Strafvorschrift der unterlassenen Hilfeleistung mit dem GG hat demgegenüber im wesentlichen nur anläßlich der Erörterung der Problematik der Weitergeltung des § 330 c StGB a.F. nach dem Jahre 1945 stattgefunden. Es spielten insoweit die Frage der Vereinbarkeit der Strafvorschrift der unterlassenen Hilfeleistung mit dem strafrechtlichen Bestimmtheitsgebot des Art. 103 II GG, die suspekte historische Herkunft sowie ihr Ausnahmecharakter eine besondere Rolle.

7. Dem § 323 c StGB kommt heute die Bedeutung eines Lückenbüßers zur Erfassung zahlreicher Fälle der in der Rechtsprechung für strafwürdig erachteten Unterlassungen zu. Demzufolge besteht in Judikatur und Literatur die Tendenz zu einer extensiven Auslegung dieser Strafvorschrift. Eine Beschränkung der Hilfeleistungspflicht erfolgt im wesentlichen allein durch Rückgriff auf das Zumutbarkeitskorrektiv.

8. Allerdings ist in Rechtsprechung und insbesondere in der Lehre eine Gegentendenz, die für eine verfassungskonforme Restriktion der strafbewehrten Hilfeleistungspflicht eintritt, unverkennbar. Der Grund besteht in dem Ausnahmecharakter des § 323 c StGB und der besonderen, mit der Hilfeleistungspflicht für ihren Adressaten verbundenen Belastung.

9. Die verfassungskonforme Auslegung als normerhaltendes Prinzip findet in den Art. 1 III und 20 II GG ihren positiven Niederschlag.

10. Die verfassungskonforme Auslegung kann mit dem strafrechtlichen Bestimmtheitsgebot des Art. 103 II GG kollidieren. Daher sollten Strafvorschriften vor ihrer verfassungskonformen Auslegung auf ihre Vereinbarkeit mit dem Bestimmtheitsgebot überprüft werden, um festzustellen, ob sie unabhängig vom Einfluß verfassungsrechtlicher Wertungen das notwendige Mindestmaß an inhaltlicher Bestimmtheit aufweisen. Sofern einem Strafgesetz im Wege der verfassungskonformen Auslegung jeder beliebige normative Gehalt verliehen werden kann, ist es wegen Verstoßes gegen das Bestimmtheitsgebot für nichtig zu erklären.

11. Die verfassungskonforme Auslegung als normerhaltendes Prinzip stellt eine Art "vorgezogenes Normenkontrollverfahren" dar. Ein Gesetz ist zunächst unter Zugrundelegung seiner "einfachgesetzlichen" Auslegung an der Verfassung zu messen.

12. Zur Bestimmung der Grenzen der "verfassungskonformen Auslegung i.w.S." ist aus verfassungsrechtlichen und methodologischen Gründen zwischen der verfassungskonformen Rechtsfindung secundum, praeter und contra legem zu differenzieren.

13. Die verfassungskonforme Auslegung i.e.S. wird in formaler Hinsicht begrenzt durch den Wortlaut des Gesetzes, verstanden im Sinne des Sprachgebrauchs des täglichen Lebens. Der vom Gesetzgeber mit der Vorschrift verfolgte Regelungszweck, die ratio legis, bildet die materielle Grenze jener Auslegung.

14. Die verfassungskonforme Rechtsfindung praeter legem findet ihre Schranke an dem vom Gesetzgeber mit der Regelung verfolgten Zweck.

15. Zur Bestimmung der Schranken der verfassungskonformen Rechtsfindung contra legem ist zwischen vor- und nachkonstitutionellen Gesetzen zu unterscheiden. Bei ersteren liegt eine Überschreitung der Grenze der verfassungskonformen Rechtsfindung praeter legem vor, wenn das gesetzgeberische Ziel in sein Gegenteil verkehrt wird. Bei letzteren darf die richterliche Entscheidung das gesetzgeberische Ziel nicht in einem wesentlichen Punkt verfehlen oder verfälschen.

16. Die verfassungskonforme Auslegung als normerhaltendes Prinzip ist auch bei Strafgesetzen zulässig. Im Hinblick auf das strafrechtliche Bestimmtheitsgebot des Art. 103 II GG sollte der Ausspruch der verfassungskonformen Auslegung in die gemäß § 31 II Satz 3 BVerfGG zu veröffentlichende Entscheidungsformel aufgenommen werden.

17. Bei Anerkennung der verfassungskonformen Auslegung als normerhaltendem Prinzip können im Rahmen des Normenkontrollverfahrens nur "relativ eindeutige" Strafgesetze unmittelbar an der Verfassung überprüft werden.

18. Zur Wahrung der Grenzen verfassungskonformer Auslegung und des strafrechtlichen Bestimmtheitsgebotes sollten bei "mehrdeutigen" Strafgesetze zunächst die im Wege einfachgesetzlicher Interpretation ernsthaft in Betracht kommenden Auslegungsalternativen ermittelt und diese sodann mit Blick auf diese der verfassungsrechtliche Prüfungsmaßstab konkretisiert werden.

19. § 323 c StGB ist eine, und zwar in besonderem Maße auslegungsfähige und somit der verfassungskonformen Auslegung zugängliche Strafvorschrift.

20. In Judikatur und Lehre haben die tatbestandliche Situation (Unglücksfall, gemeine Gefahr und Not) sowie die Tathandlung (das Unterlassen erforderlicher Hilfe) des § 323 c StGB eine fortschreitend extensive Interpretation erfahren.

21. Nach herrschender Meinung dient die Strafvorschrift der unterlassenen Hilfeleistung dem Schutze jeglichen Individualrechtsgutes. Zur Einschränkung der Nothilfepflicht greift die überwiegende Auffassung fast ausschließlich nur auf die Zumutbarkeitsklausel zurück.

22. Aufgrund einfachgesetzlicher Auslegung des § 323 c StGB, insbesondere unter Berücksichtigung seiner Entstehungsgeschichte, ist aber bereits fraglich, ob diese Strafvorschrift jedes sich in Not befindliche Individualrechtsgut schützt.

23. § 323 c StGB ist bei verfassungskonformer Auslegung eine verfassungsmäßige Strafvorschrift.

24. Für das Rechtsgutes des menschlichen Lebens erfüllt der Staat mit jenem Strafgesetz nicht nur eine ihm nach Art. 1 I Satz 1 GG i.V.m. dem Sozialsstaatsprinzip zukommende Schutzaufgabe unter Heranziehung der Bürger. § 323 c StGB ist darüber hinaus Ausdruck eines aus Art. 2 II Satz 1 GG fließenden verfassungsrechtlichen relativen Pönalisierungsgebotes.

25. § 323 c StGB markiert wegen der Kumulation unbestimmter und normativer Rechtsbegriffe innerhalb seines Tatbestandes die äußerste Grenze inhaltlicher Unbestimmtheit einer Strafvorschrift, die noch mit den Art. 103 II und 104 I GG als vereinbar angesehen werden kann.
Das strafrechtliche Bestimmtheitsgebot verbietet es, die Zumutbarkeit der Hilfeleistungspflicht unter Rückgriff auf die "Sittlichkeit" zu ermitteln. Die Strafvorschrift der unterlassenen Hilfeleistung ist vielmehr verfassungskonform dahin auszulegen, daß zur Feststellung der Zumutbarkeit eine Abwägung unter Berücksichtigung der in der Rechtsordnung, vornehmlich den Bestimmungen des Grundgesetzes, zum Ausdruck kommenden Wertungen vorzunehmen ist.

26. Der § 323 c StGB zugrunde liegende Sollenssatz ist nicht, wie in der staatsrechtlichen Lehre vielfach angenommen, an Art. 12 II GG, sondern an Art. 2 I GG zu messen. Letzteres Grundrecht wird durch die Strafvorschrift der unterlassenen Hilfeleistung auch bezüglich des Hilfsbedürftigen berührt.

27. Das aufgrund des Art. 2 I i.V.m. Art. 1 I GG verfassungsrechtlich geschützte Selbstbestimmungsrecht des Bürgers verbietet es, die freiverantwortliche Selbstötung oder -gefährdung als Unglücksfall i.S. des § 323 c StGB anzusehen. Allerdings müssen wegen der staatlichen Schutzpflicht für das menschliche Leben strenge Anforderungen an die Freiverantwortlichkeit gestellt werden.

28. Da § 323 c StGB das Unterlassen der Nothilfe nicht wegen der in ihr zum Ausdruck kommenden bösen Gesinnung inkriminiert, kommt der Lehre von den absoluten Pönalisierungsverboten für diese Strafvorschrift keine Relevanz zu.

29. Die Strafvorschrift der unterlassenen Hilfeleistung ist im Hinblick auf die Notwendigkeit einer angemessenen Einschränkung der allgemeinen Handlungsfreiheit des Hilfspflichtigen insoweit verfassungskonform auszulegen, als nur im Falle der gemeinen Gefahr der drohende erhebliche Sachschaden tatbestandsmäßig ist. Demgegenüber umfaßt der Unglücksfall im Gegensatz zur gemeinen Gefahr und Not neben den Rechtsgütern Leben und Gesundheit auch das Rechtsgut der Fortbewegungsfreiheit.

30. § 323 c StGB verpflichtet nur zur Hilfe zur Selbsthilfe, sofern der Hilfsbedürftige hierzu in der Lage ist.

31. Die Einschränkung der allgemeinen Handlungsfreiheit des Bürgers im Wege des § 323 c StGB entspricht nur dann dem verfassungsrechtlichen Verhältnismäßigkeitsgrundsatz, wenn die Zumutbarkeit der Hilfe nur im Falle eines deutlichen Übergewichtes der Interessen des Bedürftigen gegenüber denen des Pflichtigen angenommen wird.
Diese verfassungskonforme Interpretation der strafbewehrten Nothilfepflicht entspricht im übrigen der des § 34 StGB und § 904 BGB.